謹以本輯獻給南京大學百廿華誕

國家“雙一流”建設學科“南京大學中國語言文學”資助項目

江蘇省2011協同創新中心“中國文學與東亞文明”資助項目

南京大學文科卓越研究計劃“十層次”資助項目

2019年文化名家暨“四個一批”人才項目“北朝隋唐的世界性文化”階段性成果

第二十三輯 ｜ 童嶺編

域外漢籍研究集刊

隋唐中國與域外文獻專號

中華書局
北京 2022

圖書在版編目（CIP）數據

域外漢籍研究集刊. 第 23 輯/童嶺編. —北京：中華書局，
2022. 7
　ISBN 978-7-101-15748-2

　Ⅰ.域… Ⅱ.童… Ⅲ.漢學-研究-國外-叢刊
Ⅳ. K207.8-55

中國版本圖書館 CIP 數據核字（2022）第 089137 號

書　　　名　域外漢籍研究集刊　第二十三輯
編　　　者　童　嶺
責任編輯　吳愛蘭
責任印製　陳麗娜
出版發行　中華書局
　　　　　　（北京市豐臺區太平橋西里 38 號　100073）
　　　　　　http://www.zhbc.com.cn
　　　　　　E-mail:zhbc@zhbc.com.cn
印　　　刷　三河市宏盛印務有限公司
版　　　次　2022 年 7 月第 1 版
　　　　　　2022 年 7 月第 1 次印刷
規　　　格　開本/710×1000 毫米　1/16
　　　　　　印張 29¼　插頁 2　字數 480 千字
國際書號　ISBN 978-7-101-15748-2
定　　　價　148.00 元

目　次

隋唐史與敦煌研究

武則天的神都、長安和日本都城

　　——8世紀初的東亞……………………………………　妹尾達彦（3）

關於劉晏（716—780）的"三教不齊論"：敦煌寫本的

　　問題研究………………　巴瑞特　撰　禹　點　譯　柳幹康　校（45）

日唐的改元與大赦

　　——讀《年號與東亞：改元的思想與文化》

　　　　　　所感………………　金子修一　撰　王　博　譯（55）

《佛地經》題記紀年再考　…………………………………　史　睿（75）

敦煌的縫綴裝冊子與外來寫本文化…………………………　馮　婧（83）

唐五代書札相關詞語釋義問題

　　——《中國佛教古佚書〈五杉練若新學備用〉研究》

　　　　　讀後……………………………………………　山本孝子（105）

日本漢籍研究

和刻本魏晉南北朝正史解題………　長澤規矩也　撰　童　嶺　譯（119）

楊守敬觀海堂舊藏《論語義疏》鈔本

　　略述…………………………　高田宗平　撰　張名揚　譯（125）

文本的再生長：重審《舊五代史》静嘉堂藏木　…………　唐　雯（149）

福州東禪寺版大藏經目錄的研究……………………………　池麗梅（163）

日本藏《新陰陽書》鈔本初探

　　——兼論日本的五姓法………………………………　梁辰雪（179）

日藏唐寫卷《瑀玉集》成書時代補證 ……………………… 鄭易林（199）

瀧川資言《唐張守節史記正義佚存》考論 ……………… 王亞橋（217）

"異域之眼"目光的深入
　　——評卞東波、石立善主編《中國文集日本古注本
　　叢刊》………………………………………………… 謝文君（251）

海東文化交流

唐代《曲瑒墓誌》"高麗都平壤城南魚鶴"發微 … 王連龍　叢思飛（269）

新羅智仁律師《大鈔記》輯考
　　——兼論南山律學在東亞的早期傳播……………… 國　威（279）

鼎正三韓
　　——高麗漢籍《三國史記》"始祖本紀"解析之一 … 馮立君（299）

《三國史記》"地理志"文獻徵引考論 ……………………… 黨　斌（309）

舊史新談
　　——《"再造藩邦"之師：萬曆抗倭援朝明軍將士
　　群體研究》讀後 …………………………………… 劉　陽（323）

漠北與安南

漠北回鶻汗國的突厥碑銘
　　——希内烏蘇碑北面銘文的
　　再討論……………… 鈴木宏節 撰　晏梓郁 譯　胡　鴻 校（339）

實證與創新
　　——荒川正晴《歐亞交通、貿易與唐帝國》讀後…… 馮培紅（353）

"拓跋國家"還是"關隴集團"？
　　——評森安孝夫《絲綢之路與唐帝國》 …………… 梁　爽（369）

早期中華帝國的南方腹地：唐代的
　　安南地區……………………… 何　肯 撰　魏美强 譯（387）

稀覯文獻研究與輯存

喀喇崑崙山道上的北魏使臣題記及其意義…………………… 孫英剛（413）

傅斯年圖書館藏劉郿碑拓本跋……………………………… 仇鹿鳴（419）

梁武帝撰《軍勝》新證
　　——《日本國見在書目録》所見唐前佚存書小考 …　陳　翔（433）
南監本《陳書》志村楨幹批識輯考 …………………　童　嶺　鄭宏宇（443）

隋唐史與敦煌研究

武則天的神都、長安和日本都城

—— 8 世紀初的東亞 *

妹尾達彦

緒言　武則天最晚年的長安行幸

武周朝（690—705）大足元年（701）冬十月三日，年近八十歲高齡的皇帝武則天，從神都洛陽去長安行幸。跟隨行幸的人員，有皇太子李顯（第三子，中宗）、李旦（第四子，睿宗）諸王、武氏一族和神都的官僚們，與皇帝武則天一同將中央官署從神都遷回長安。

---

* 本稿在妹尾達彦《長安 702 年：武則天と倭國朝貢使》、中尾芳治編《難波宮と古代都城》（東京：同成社，2020 年，頁 801—812）的基礎上，進行修改增補。修改增補時，基於以下拙稿的分析；（1）妹尾達彦《中原水都：隋唐洛陽城的社會結構與宗教空間》，孫英剛主編《佛教史研究》第 2 卷，浙江大學東亞宗教文化研究中心，2018 年，頁 111—165，（2）2019 年 12 月 7 日在北京師範大學召開的"中國中古制度與社會國際學術研討會"報告原稿《五陵親謁：從武周到玄宗的陵墓與都城》；（3）同《隋唐の王都》，広瀬和雄、山中章、吉川真司編《講座　畿內の古代學　第Ⅲ卷　王宮と王都》，東京：雄山閣，2020 年，頁 394—413；（4）2021 年 5 月 21—22 日在北京大學中國古代史研究中心召開的"帝都的格局與功能——中國古代都城考古與文獻研究"報告原稿《武則天的神都、長安和日本都城——八世紀初的東亞洲》；（5）同《通天帝國——武則天神都的佛教空間結構》，劉懿風、許源泰編《漢傳佛教與亞洲城市生活》，北京：宗教文化出版社，2021 年，頁 51—130。

　　武則天一行沿著連接洛陽和長安兩京的主路西行,於十九日後的十月二十三日抵達長安大明宫。武則天於翌月的十一月十日將元號改爲長安元年,之後花費兩年的時間把武周朝的中央官署遷回長安。至長安三年(703)十月,武則天因身體狀況不佳返回洛陽之前,武周末期執政於長安。

　　先是永淳元年(682)春,武則天和高宗由於饑荒從長安來到洛陽,之後便一直居住於洛陽。翌年的弘道元年(683),高宗駕崩於洛陽貞觀殿,武則天的第三子李顯(中宗)即位,但隨即被廢,第四子睿宗李旦即位,時年二十三歲。作爲皇太后的武則天便掌握了政治實權,光宅元年(684),把洛陽改稱爲神都,長安成爲實際上的陪都[1]。而701年的長安行幸,對於把洛陽作爲核心都城的武則天來説,約有二十年没有回到長安了。

　　以粟田真人爲執節使的倭國大寶二年(702)派出的"遣唐使"(實際是遣周使),向在長安的武周皇帝武則天進獻日本列島的特産物(方物),是在武則天回到長安的第二年,長安二年(702)十月。日本列島的政權向中國派遣朝貢使,時隔了三十二年的時間。粟田真人一行,大概在長安三年十月跟隨武則天一起返回了神都洛陽,在長安停留了約一年時間。

　　倭國朝貢使的目的,是想通過與中國大陸政權重建外交關係,來改變已將國號改爲"日本"的倭國國際地位。百濟與高句麗相繼滅亡,新羅統一了半島,概觀7世紀後半葉動蕩的東亞國際關係,倭國除了改善與新羅的外交關係,還要與中國大陸的政權建立正常外交,需要建立多方位的國際關係[2]。

---

① 妹尾達彦《陪京的誕生——6—12世紀東亞複都史再析》,包偉民、劉後賓主編《唐宋歷史評論》第5輯,北京:社會科學文獻出版社,2018年,頁15—55。

② 關於大寶二年(唐長安二年,702)派遣日本朝貢使的始末和意義,可以説幾乎被論述此時期的日本與東亞國際關係的所有論文所論及。大寶二年派遣的朝貢使的專論,有新藏正道《大寶の遣唐使派遣の背景》,續日本紀研究會《續日本紀研究》293,1995年,頁1—14;王仲殊《關於日本第七次遣唐使的始末》,《考古與文物》2000年第3期;森田悌《日本古代の驛傳と交通》,東京:岩田書店,2000年,頁185—190;金子修一《日本第八次遣唐使與則天武后》,趙文潤、辛加龍主編《武則天與咸陽》,西安:三秦出版社,2001年,頁26—34;森公章《遣唐使と古代日本の對外政策》,東京:吉川弘文館,2008年,頁20—49;東野治之《遣唐使の時代——"空白の三十年"をめぐって》,《平城遷都1300年記念大遣唐使展》,奈良:奈良國立博物館,2010年,頁276—279;河内春人《日本古代君主號の研究——倭國王、天子、天皇》,東京:八木書店,2015年,頁413—441等。(轉下頁)

　　大寶二年(長安二年)派遣的倭國朝貢使,得到皇帝武則天破格的待遇,國號由"倭"改爲"日本"被承認,成功與武周朝建立了正式的外交關係。這次在外交上的成功,爲(第二期唐朝)玄宗治世時,三回(717、733、752 年)大規模遣唐使的派遣打下了基礎。自此以後,日本列島的朝貢使節,便使用"日本"的國名代替之前的倭國。大寶二年派遣的朝貢使,成爲最後的倭國朝貢使。

　　本文基於以往關於大寶二年(長安二年)派遣的朝貢使的研究,將經過唐周革命成爲中國史上唯一女皇帝的武則天與倭國朝貢使,長安二年在長安見面的歷史意義,從中國都城史專攻的角度進行論述。倭國朝貢使在外交上的成功,筆者認爲是與武則天這樣罕見的女皇帝,以及當時錯綜複雜的政治環境有關。首先,筆者對武則天與都城的關係進行論述,其次,試對倭國朝貢使在長安的活動進行考察。

二　武則天與都城

(一)武則天的劇場型政治

　　武則天爲了掌握權力,想出一個新手法,即:把政治空間進行重組,破壞既存的權力行使,使自己變成主角創造戲劇和舞臺,發動大量觀衆進行權力滲透。

　　創造舞臺進行政治活動,古今東西隨處可見,並不僅僅限於武則天。只

(接上頁)另外,東野治之《遣唐使》,東京:岩波書店,2007 年;榎本淳一《遣唐使の役割と變質》,大津透等編《岩波講座日本歷史》第 3 卷・古代(3),東京:岩波書店,2014 年,頁 253—284;森公章《聖神皇帝と日本》,《唐代歷史研究》24,2021 年,頁 80—100;古畑徹《7 世紀から 8 世紀初にかけての新羅、唐關係》,《朝鮮學報》107,1987 年。後收入《渤海國と東アジア》,東京:汲古書院,2021 年,頁 23—115。古畑徹分析了大寶二年派遣了朝貢使的日本與當時新羅的關係。金子修一《古代東アジア世界史論考》(東京:八木書店,2019 年,頁 1—22)將大寶二年派遣的朝貢使在東亞國際環境中進行了歷史定位。又參看王勇《唐から見た遣唐使——混血兒たちの大唐帝國》,東京:講談社,1998 年;山田佳雅里《遣唐判官高階遠成の入唐》,《密教文化》219,2007 年,頁 73—102、141;古瀨奈津子著,鄭威譯《遣唐使眼裏的中國》,武漢:武漢大學出版社,2007 年;韓昇《遣唐使和學問僧》,香港:香港中和出版社,2011 年;郭雪妮《從長安到日本——都城空間與文學考古》,北京:社會科學文獻出版社,2020 年,頁 1—44。

是,武則天所創造的劇場規模、發動觀衆的數量、表演的獨創性和巧妙性,都是絶無僅有的。舞臺表演的手法、思想,也讓人感到豐富多彩,大概是動用了當時所有的技術和思想。若是非要和武則天做一個比較,那可以舉出西漢末的政治家、新朝的皇帝王莽(前 45—23),基於儒教理念構建劇場國都長安的事例。而實際上,武則天正是基於王莽漢新革命的前例,而實行了唐周革命。

武則天爲了將自己的政治意圖正統化,除了利用儒教、佛教和道教,還利用了從中亞傳來的普遍宗教摩尼教、預言學的符圖讖緯思想(符讖)以及民間信仰和傳説。從見識過武則天執政的政治家,武則天的孫子玄宗的典型事例可以看出,就連玄宗也無法逃脱那戲劇性政治手法的影響。參加過南郊祭天等多數王權禮儀的粟田真人等,對於武則天的政治運作,應該也受到了强烈衝擊。武則天不斷地展開連接都城與地方城市的活動,計劃以都城爲核心展開全國性、國際性的劇場網。全國各州設置的大雲寺,就是其中的一環。在神都洛陽、長安的宫廷和寺院抄寫的佛經,流傳至全國的寺院 ①。

武則天的父親,因爲不是名門出身,不屬於支配者集團,武則天就必須廣泛得到支配階級以外的官人、佛僧和道士等宗教者、知識份子、外國使節、工商民、農民等衆人的支持,來主張支配的正統性。因此,就需要出身、階層、身份和職業各不相同的人們一起參與,配合武則天的政治表演,讓人們從視覺上真實地看到武則天的權力和權威。基於這世俗的理由,而得到大衆的支持,武則天所尋求的東西,用一句話來説,就是政治的近代化。

武則天掌握權力的政治劇,由三幕構成。第一幕,長安太極宫向大明宫的主要宫殿的轉移(663—683)。第二幕,長安向洛陽的"遷都",神都洛陽心臟部的新禮儀空間的營造(684—701)。第三幕,執政期間最後的長安重訪和長安城市空間的改造(701—703)。就像是三幕構成的歌劇:

第 1 幕設定(以長安大明宫爲舞臺的皇后的集權化)

第 2 幕對立(以神都洛陽爲舞臺的武周政權的建立)

第 3 幕解決(再次以長安大明宫爲舞臺的李武宥和的推行)

倭國朝貢使的經歷,也相當於作爲其中的演員幸運地參加了這場政治劇

① 藤枝晃《敦煌出土の長安宫廷寫經》,《佛教史學論集：塚本博士頌壽記念》,塚本博士頌壽記念會,1961 年。黄海静《武則天佛教政策の新研究》,中央大學大學院文學研究科博士論文,2016 年。

的演出，而他們所參與的就是最後的第三幕。

（二）從 7 世紀到 8 世紀兩京比重變遷的特徵 [①]

在回顧 7 至 8 世紀的中國歷史時應該注意的一點是，中原王朝之都的長安和洛陽在行政上的比重，是與王朝交替相連動的，即與隋向第一期唐、武周，第二期唐的王朝交替相對應而反復發生變化的。如此一來，王朝交替必然使中央政治的政策發生轉變。現以王朝交替與宗教政策的轉變爲視點，整理出一個百餘年間的簡單年表，即爲表 1 兩京的行政比重和宗教政策的轉變與建造陵墓。

表 1　兩京的行政比重和宗教政策的轉變與建造陵墓

兩京 ／ 王朝	長安中心期的皇帝（在位）／宗教政策特色	洛陽中心期的皇帝（在位）／宗教政策特色
隋（581—618）	隋文帝（583—604）／佛教復興	隋煬帝（605—617）江南佛教振興，建造 ⑲ 文帝、獨孤皇后陵（604）
第一期唐（618—690）	唐高祖（618—626）‧太宗（626—649）‧高宗（649—683）／道教國教化（道先佛後）。※655 武則天爲皇后，660 武則天執政開始。	高宗末期（655 武則天爲皇后）
	建造祖陵：⑳ 太祖李虎永康陵（577 死，618 遷葬爲陵）、㉑ 世祖李昺興寧陵（572 死，618 爲陵）建造 ① 高祖獻陵（635）及 ② 太宗昭陵（649）	中宗（683）、睿宗（684—690）※684 年武則天，以洛陽稱神都（神都時期 684—705）／佛教復活。建造 ㉒ 楊氏（武則天母）墓（670），建造李弘（武則天長男）恭陵（675），建造 ③ 高宗乾陵（684）㉒ 楊氏墓改稱明義陵（689）

① 根據妹尾達彦《中原水都：隋唐洛陽城的社會結構與宗教空間》，孫英剛主編《佛教史研究》第 2 卷，頁 141—143。關於唐兩京比重改遷，參看萬晉《"改動"與"延續"視角下的唐代兩京研究》（北京：商務印書館，2019 年）第一章《長安與洛陽之間：唐前期"兩京"政治軸線的重建》，頁 12—40；李永《武則天與長安關係新探》（北京：商務印書館，2021 年），頁 1—12。

續表

兩京＼王朝	長安中心期的皇帝（在位）／宗教政策特色	洛陽中心期的皇帝（在位）／宗教政策特色
周（690—705）		武則天（690—705）／佛教國教化（佛先道後），佛教最盛期 ※ 武則天神都集權化。 ㉒ 楊氏明義陵改稱順陵（690） 重修 ㉒ 順陵，立武三思《大周無上孝明高皇后碑銘並序》（702）
第二期唐（705—907）	中宗（705—710）· 睿宗（710—712）·玄宗（712—756）／道教振興（道先佛後） ※ 玄宗長安集權化。 五陵制的誕生（① 高祖獻陵、② 太宗昭陵、③ 高宗·武則天合葬乾陵、④ 中宗定陵、⑤ 睿宗橋陵）	

【出處】據妹尾達彦《武則天の洛陽、玄宗の長安》，松原朗編《杜甫と玄宗皇帝の時代》（東京：勉誠出版，2018 年，頁 32）表 1 修改。

① 陵墓的數字。

① 高祖獻陵、② 太宗昭陵、③ 高宗·武則天合葬乾陵、④ 中宗定陵、⑤ 睿宗橋陵

如此年表所示，對中國大陸進行再統一的隋文帝，開皇三年（583）營造大興城，把據點設於長安，而之後的煬帝於大業元年（605）建造洛陽，開始實行兩京制度。唐高祖在隋末叛亂中得到了幾乎完好無損的長安，於是武德元年（618）把據點設在長安，而沒有設在因隋末叛亂而荒廢的洛陽，從此開始了其統治。

可是，永徽六年（655）十月，成爲高宗皇后並掌握了政治實權的武則天，與隋煬帝相同，再次把中央政治的據點轉移於洛陽。高宗駕崩於弘道元年（683）十二月，武則天在約二十八年零兩個月的時間裡，與高宗反反復復行幸洛陽總計七次，在洛陽停留了約十年零七個月的時間。

其間，武則天借助高宗之力使洛陽的行政機能、宗教活動的比重增加，把中央政治機能逐步由長安轉移至洛陽。作爲其中一環，武則天推動了洛陽南

郊龍門石窟的開鑿,促進了洛陽都市中軸線佛教化的發展。咸亨三年(672)至上元二年(675)完工。光宅元年(684)武則天稱洛陽爲神都,在行政上的位置於長安之上,天授元年(690)於神都建周朝登上皇位(神都期間,684—705)。

神龍元年(705)二月,由於武則天年邁體衰,唐朝便趁此時機完全復興,隨即把神都改稱爲之前的東都,同年十一月武則天崩逝,中宗把武則天的靈駕運回長安,翌年(神龍二年,706)五月,將其與高宗合葬於乾陵。與高宗的合葬,是爲了表示武則天僅是高宗的皇后的一種政治舉動。中宗於同年十月從洛陽的宮殿移居到長安的大明宮。此次移動,可以説實質上就是從洛陽向長安的"還都"。

只是,武則天之子的中宗、睿宗在位期間,把由武則天所實行的集中在洛陽的中央行政機能移回長安,並不是一件容易的事,武則天時期洛陽的許多都城機能仍舊殘存。很多中央官僚也仍在洛陽繼續生活。長安恢復成爲後期唐朝都城的理想的政治中心,是在玄宗(712—756在位)時期。

如上所述,兩京的比重,從隋重新統一中國大陸的6世紀末至玄宗開始治世的8世紀初這百餘年間反復轉換。這個事實,暗示了從6世紀末至8世紀初的中原政權,無論是在國內政治還是在國際關係上的局勢都不穩定,持續不斷地經歷了較大的變動。

在之後的安史之亂(755—763)時,洛陽雖然在短期間内成爲安禄山的燕王朝的都城(756—757),但叛亂平定後,長安再次成爲唐朝的政治中心。安史之亂以後,加速了玄宗時期進行的交通、財政改革、科舉制度的滲透等一系列集權化的發展,使長安的政治中心性存續至唐末。

另外,與江南相近的洛陽,在南朝文化滲透於華北地區的9世紀末,作爲唐朝首屈一指的文化都市,其濃厚的文化色彩吸引了長安的官人。唐末904年,長安遭到破壞而遷都洛陽,長安作爲都城的歷史至此結束。總之,兩京的行政比重的轉換,也是與國家的宗教政策、外交政策的轉變相對應的。南北朝時代以來,儒教、佛教、道教三教試著相互融合,到了唐朝雖然也提倡儒佛道三教的融合,但如表1所示,由於兩京比重的轉換,宗教政策的比重也隨之發生變化,先是由儒教、道教向佛教轉變,然後又轉變爲道教。

(三)唐周革命與唐復興的政治對應關係

雖然武周朝僅有武則天一代皇帝,但她作爲皇后、皇帝掌握政權已達半世紀,這個事實不僅給後期唐王朝皇帝,即武則天之子的中宗、睿宗,還給其孫玄宗的統治期間(712—756)也帶來很大的影響。玄宗統治的前半期,宣稱回歸唐初的政治,便把全力投入到抹消武周朝的存在和唐朝延續的證明當中,其結果卻創造出不同於唐初的政治體制。

關於從光宅元年(684)將都城洛陽改稱神都,至神龍元年(705)中宗復位、唐朝復活的武則天掌權時期的政策,參照表2(表2依據《資治通鑑》卷二〇三則天順聖皇后上之上至卷二〇八中宗大和大聖大昭孝皇帝上、《舊唐書》卷六《則天武后》、《新唐書》卷四《則天皇后》等)。從表2武則天周建國(唐周革命)過程與第二期唐的正統化政策的對應關係可以看出,玄宗在否定武周朝存在的同時,也深受武則天政治的強烈影響,説他把武則天洛陽的制度移植到長安也並非言過其實 ①。如果没有武則天在洛陽構築的統治制度,就不會出現玄宗的開元天寶之治。玄宗時期以武周制度爲基礎所構建的政治、經濟、軍事制度,在安史之亂(755—763)以後也被沿襲完善,進入 9 世紀,形成了前近代中國王朝後期的政治、財政機構的基礎。

表 2　武則天周建國(唐周革命)過程與第二期唐的正統化政策

西历（元号）	周建國（唐周革命）的正統化（年代順序）	第二期唐朝（中宗、睿宗、玄宗治世期）對武則天統治的政策
655（永徽六） 656（顯慶元） 670（咸亨元） 674（上元元） 675（上元二） 684（嗣聖元）	10月武則天爲皇后。 正月以皇后子李弘爲皇太子。 9月武則天母楊氏卒,建造楊氏墓（顯義陵〈順義陵〉,691年爲順陵。 皇帝稱天皇,皇后稱天后。10月令王公以下皆習《老子》,每歲明經,准《孝經》《論語》策試。自今父在,爲母服齊衰三年。 4月在洛陽合璧宮李弘卒。8月埋葬在恭陵。 正月中宗退位,睿宗皇帝即位,武則天臨朝稱制。8月葬高宗於乾陵。	※ 下線的政策是玄宗破壞武則天時期神都洛陽的政治中樞機能,謀求中樞機能向長安轉移的政策。哥特式文字是圍繞兩京周邊的陵廟建造政策的變遷。

① 關於玄宗與武則天的關係,參看金子修一《玄宗の祭祀と則天武后》,古瀬奈津子編《東アジアの禮・儀式と支配構造》,東京:吉川弘文館,2016 年,頁 179—195。

西历（元号）	周建國（唐周革命）的 正統化（年代順序）	第二期唐朝（中宗、睿宗、玄宗治世期） 對武則天統治的政策
684（光宅元）	9 月改東都爲神都，改中央官廳、官職名稱。武承嗣請在長安立武氏七廟。作武氏五台祠堂於並州文水縣。	705（神龍元）正月中宗復位，2 月復國號曰唐。郊廟、社稷、陵寢、百官、旗幟、服色、文字皆如永淳（682—683）以前故事。
685（垂拱元）	3 月颁垂拱格。	705（神龍元）神龍律令（格式），712（太極元）太極令，719（開元七）開元七年令頒佈。
686（垂拱二）	3 月武則天命鑄銅爲匭，9 月新豐縣東南有山踊出，改爲慶山縣。	705（神龍元）慶山縣重新改爲新豐縣。
688（垂拱四）	正月於神都立高祖、太宗、高宗三廟，立廟四時享祀如西廟之儀。立武氏崇先廟（長安道德坊 E11）以享武氏祖考。有長安崇先廟七室，太廟五室的建議。2 月毀乾元殿，於其地開始營造明堂。5 月親拜洛，受瑞石"寶圖"，刻有"聖母臨人，永昌帝業"。有事南郊，告謝昊天。武則天加尊號"聖母神皇"。7 月更命"寶圖"爲"天授聖圖"，洛水爲永昌洛水，封其神爲顯聖侯。改嵩山爲神嶽，封其神爲天中王。武則天潛謀革命，稍除唐宗室。12 月明堂成，號曰萬象神宮。又於明堂北起天堂以貯大像。	710（景龍元）廢除武氏崇恩廟（崇先廟）。 <u>717（開元五）破壞拜洛受圖壇，及顯聖侯廟。</u> 705（神龍元）唐宗室復興。初，武后誅唐宗室，中宗即位，宗室子孫相繼而至，皆召見，涕泣舞蹈，各以親疏襲爵拜官有差。 <u>717（開元五）復以明堂爲乾元殿。明堂大享祀消滅。</u>
689（載初元）	11 月始用周正。以周、漢之後爲二王後，舜、禹、成湯之後爲三恪，周、隋之嗣同列國。武則天文字製定。	700（久視元）周曆回到唐曆。 705（神龍元）武則天文字廢止。

續表

西历（元号）	周建國（唐周革命）的正統化（年代順序）	第二期唐朝（中宗、睿宗、玄宗治世期）對武則天統治的政策
690（永昌元）	以周文王爲始祖，主張直接接受西周木德的火德。不採用禪讓形式，否定隋唐王朝的存在。2月開始殿試。7月東魏國寺僧法明等撰《大雲經》四卷，表上之，言太后乃彌勒佛下生，當代唐爲閻浮提主。制頒於天下。9月關中百姓九百餘人詣闕上表，請改國號曰周。於是百官及帝室宗戚、遠近百姓、四夷酋長、沙門、道士合六萬餘人，俱上表請革命。中宗亦上表自請賜姓武氏。	699（聖曆二）以隋唐爲“二王”，周受唐土德稱金德（肯定隋唐的存在）。705（神龍元）依照舊曆5月，以周（西周）隋稱爲“二王”。
690（天授元）唐周革命	9月赦天下，以唐爲周，改元爲天授，尊號“聖神皇帝”。以中宗爲皇嗣，賜姓武氏。10月赦兩京諸州各置大雲寺一區，藏《大雲經》。	741（開元二十九）置玄元皇帝廟於大寧坊（I2），在兩京諸州設立玄元皇帝廟，設立崇玄學。
691（天授二）	正月改置社稷於神都，納武氏神主於神都太廟。以長安李氏太廟改稱爲享德廟，四時唯享高祖已下三廟，餘四室皆閉不享。廢唐興甯、永康、隱陵署官，唯量置守户。2月追尊母親楊氏爲“孝明高皇后”，以顯義陵（順義陵，武氏母墓）爲順陵。4月制以釋教開革命之階，升於道教之上。（佛先道後）。7月徙關内户數十萬以實洛陽。畿内制改編以神都爲中心。9月請立武承嗣爲皇太子。	705（神龍元）2月復國號曰唐。5月以東都武氏七廟神位移至長安武氏崇尊廟，在東都創建李氏太廟、社稷，8月整備長安李氏太廟七廟。707（神龍三）以武氏崇尊廟改稱爲崇恩廟。710（景龍元）廢除武氏崇恩廟。713（開元）雍州升格爲京兆府。733（開元二十一）在長安設京畿採訪使，以長安爲核心的畿内制施行。道先佛後復活。
692（長壽元）	初，隋煬帝作東都，無外城，僅有短垣而已，至是，鳳閣侍郎李昭德始築之。9月制於並州置北都。	730（開元十八）長安外城建造。705（神龍元）2月以北都爲並州。
693（長壽二）	正月罷舉人習《老子》，更習武則天所造《臣軌》。9月加尊號曰“金輪聖神皇帝”。作金輪等七寶，每朝會，陳之殿庭。	705（神龍元）2月罷舉人習《臣軌》，復習《老子》。

續表

西历（元号）	周建國（唐周革命）的 正統化（年代順序）	第二期唐朝（中宗、睿宗、玄宗治世期） 對武則天統治的政策
694（延載元）	5 月尊號曰 "越古金輪聖神皇帝"。 8 月武三思請鑄銅鐵爲天樞，立於端 門之外。	
695（證聖元）	正月加號"慈氏越古金輪聖神皇帝"。 明堂完成。不久密燒天堂，延及明堂。 火照城中如畫，比明皆盡。後在被 燒毀的天堂址上，佛光寺建立。4 月 在皇城端門完成天樞。命更造明堂、 天堂。又鑄銅爲九州鼎及十二神。	714（開元二）破壞天樞。 717（開元五）將明堂改名爲乾元殿。 737（開元二十五）撤去明堂（乾元） 上層。
695 （天册万岁元）	9 月合祭天地於南郊，加號"天册金 輪大聖皇帝"。	
	9 月尊號 "天册金輪大聖神皇帝"。 朦朧月嵩山之神爲天中王，夫人不 封靈妃。	
696 （萬歲登封元）	正月改長安崇尊廟（長安道德坊 E11）爲太廟。武氏兩京二太廟制。 2 月尊神嶽天中王爲神嶽天中黄帝。 3 月新明堂成，規模略小於舊。	705（神龍元）嵩山（神嶽）天中黄 帝爲天中王。 713（先天二）以華嶽神封爲金天王。
697（神功元）	4 月鑄九鼎成，徙置通天宮(新明堂)。	705（神龍元）中宗李顯復位，唐朝 復興。
698（聖曆元）	2 月武承嗣、三思求爲太子，武則 天無立承嗣、三思之意。3 月盧陵王 （中宗李顯）至神都。8 月武承嗣， 恨不得爲太子，意怏怏病薨。9 月立 盧陵王哲爲皇太子，復名顯。	
699（聖曆二）	正月賜太子顯姓武氏。3 月隋唐爲"二 王"，武周受唐土德、金德（肯定隋 唐的存在）。	705（神龍元）以周隋作爲"二王"。
700（久視元）	正月周曆回唐曆。	
701—705 （長安年間）	漕渠改修。	733（開元二十一）漕运改革。
701（大足元）	10 月長安行幸。	717—736 玄宗共 5 次洛阳行幸。

西历（元号）	周建國（唐周革命）的正統化（年代順序）	第二期唐朝（中宗、睿宗、玄宗治世期）對武則天統治的政策
702（長安二）	正月重修武則天母楊氏的順陵，建造“大周無上孝明高皇后碑”（順陵碑）。11月冬至，南郊親祭。	713（先天二）以順陵名稱返回王妃墓。
704（長安四）	4月復税天下僧尼，作大像於白司馬阪，李嶠等上疏罷役。	
705（神龍元）唐復興（周唐革命）	正月復李氏社稷，武則天傳位於太子，中宗即位。 2月復國號曰唐。郊廟、社稷、陵寢、百官、旗幟、服色、文字皆如永淳以前故事。復以神都爲東都、北都爲并州，老君爲玄元皇帝。尊號“則天大聖皇帝”。 11月武則天崩於上陽宮，年八十二。12月合葬乾陵。	705（神龍元）5月以洛陽武氏七廟移入長安崇尊廟，在長安復建李氏太廟。11月删除尊號“則天大聖皇帝”中皇帝爲“則天大聖皇后”。706（神龍二）5月武則天乾陵合葬，尊號“則天皇太后”。707（神龍三）以武氏崇尊廟改稱爲崇恩廟，710（唐隆元）“則天皇後”。睿宗營造中宗定陵。716（開元四）廟號以“天后聖帝”改爲“則天皇後”。10月玄宗營造睿宗橋陵，729（開元十七）11月玄宗五陵親謁。

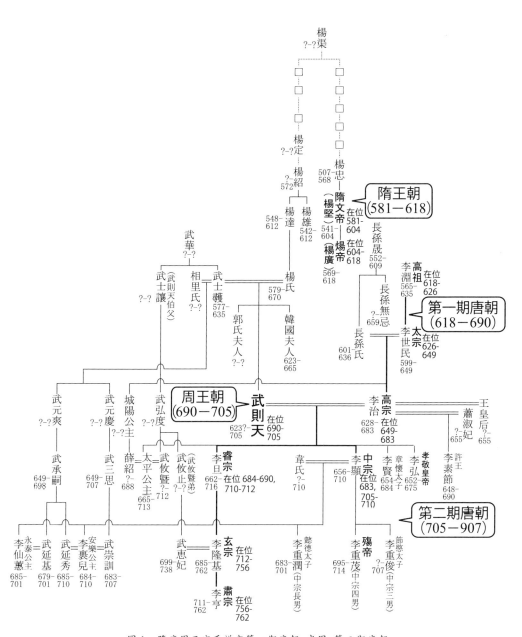

圖1 隋唐周王室系譜與第一期唐朝、武周,第二期唐朝

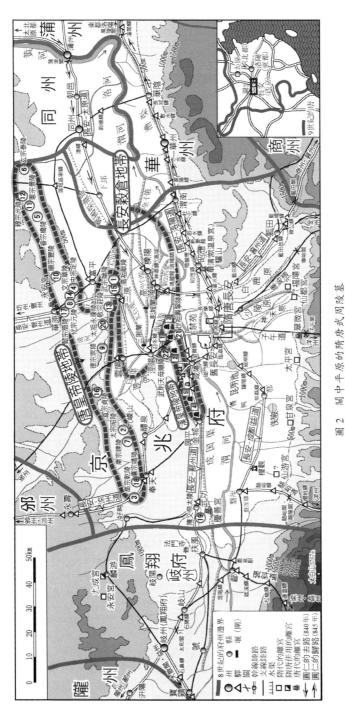

图 2　关中平原的隋唐武周陵墓

前漢皇帝陵的布局

▲　五陵（前漢的皇帝陵）

△　前漢的皇帝陵（五陵以外）

隋唐皇帝陵的布局

①高祖獻陵②太宗昭陵③高宗乾陵④中宗定陵⑤睿宗橋陵⑥玄宗泰陵⑦肅宗建陵⑧代宗元陵
⑨德宗崇陵⑩順宗豐陵⑪憲宗景陵⑫穆宗光陵⑬敬宗莊陵⑭文宗章陵⑮武宗端陵⑯宣宗貞陵
⑰懿宗簡陵⑱僖宗靖陵⑲隋文帝大帝⑳太祖（高祖李淵的祖父李虎）永康陵㉑世祖（高祖李淵的父李昞）
興寧陵㉒武則天時順陵

【出處】妹尾達彦《都城與葬地——隋唐長安官人居住地與埋葬地的變遷》,夏炎主編《中古中國的都市與社會——南開中古社會史工作坊系列文集》,上海:中西書局,2019 年,頁 91,圖 2。

(四)洛陽:武則天熱愛的城市

洛陽是武則天熱愛的城市。以父系血緣關係秩序爲本的儒教王權論,並沒有想到會有女皇帝的出現,因此,武周建國的正統化是不能僅依據儒教理論的。而武則天的王權正統化的特徵是,儘量綜合運用儒教、佛教、女神信仰、摩尼教等宗教、信仰。衆所周知,在武周建國時,特別是新編《大雲經疏議》和以天堂建築計劃爲代表的佛教王權論,發揮了重要的作用[1]。

武則天對依據儒教的王權論而建造的長安的都市構造表示嫌厭。這是由於,以太極殿爲核心的長安中軸線,是基於儒教理念重視陰陽調和,且具有象徵性的都市規劃,把男性原理的天子—皇帝制度進行了視覺化。長安的空間本身,是不允許武則天這樣的女皇帝出現的。而武則天在長安,只是在偏離了中軸線位置的大明宮居住,也只能無視這個對自己具有否定意義的都市空間了。

然而,洛陽從開始的都市規劃就沒有像長安那樣的東西近郊的都市中軸線,而且周圍有中國佛教傳來時所建的寺院白馬寺、南郊的龍門石窟、女神出現的洛河,還建有數量衆多的寺院和道觀的嵩山等等,洛陽有著與長安完全不同的景觀可以接納武則天。想做女皇帝的武則天,作爲其王權正統化的舞臺,沒有比洛陽更適合的場所了[2]。如果沒有洛陽,就不會誕生武周王朝。洛陽在歷史上最繁榮的時候就是武則天統治的這段時期了。

---

[1] 藤善真澄《隋唐時代の佛教と社會》,東京:白帝社,2004 年;氣賀澤保規《則天武后》,東京:講談社,初版 1995 年;周倩倩《敦煌本〈大雲經疏〉研究綜述》,《天水師範學院學報》2016 年第 1 期;吕博《讀 S.2658〈大雲經神皇授記義疏〉書後》,《周秦漢唐文化研究》第 10 輯,西安:三秦出版社,2018 年;大西磨希子著,祝世潔譯《武則天與佛教》,高田時雄主編《敦煌寫本研究年報》第 13 號,京都:京都大學人文科學研究所,2019 年,頁 33—50。

[2] 關於從漢魏洛陽城到隋唐洛陽城的中原都城系譜,參看杜金鵬、錢國祥《漢魏洛陽城遺址研究》,北京:科學出版社,2007 年。

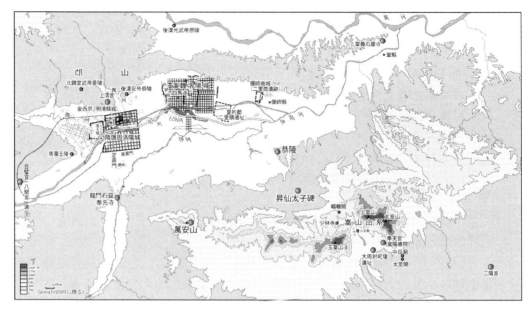

圖3　武則天洛陽與恭陵(武則天長子李弘墓)

【出處】本圖以段鵬琦《洛陽古代都城城址遷移現象試析》(《考古與文物》1999年第4期)頁42所載《圖1洛陽古代都城形勢圖》爲底圖。又參見妹尾達彥《唐代洛陽——新的研究動向》(首爾大學校東亞文化研究所編《中國歷代都市構造與社會變化——東亞洲學術研究叢書2》,首爾:首爾大學校出版部,2003年)。洛河、伊河、澗河、瀍河等的現在河道和洛陽的道路據Google 2013年地圖。漢魏洛陽城的都市計劃,據佐川英治《北魏洛陽的形成與と空間配置——以外郭和中軸線爲中心》(《大坂市立大學東洋史論叢特集號——21世紀COE項目中國都市的時空世界》,2005年)頁42圖D《以皇城東西爲五里的中軸線和左右對稱的方格形城市》和角山典幸《北魏洛陽的基礎研究》〔中央大學博士學位(甲)請求論文,2012年〕附圖10《北魏洛陽城平面圖》。

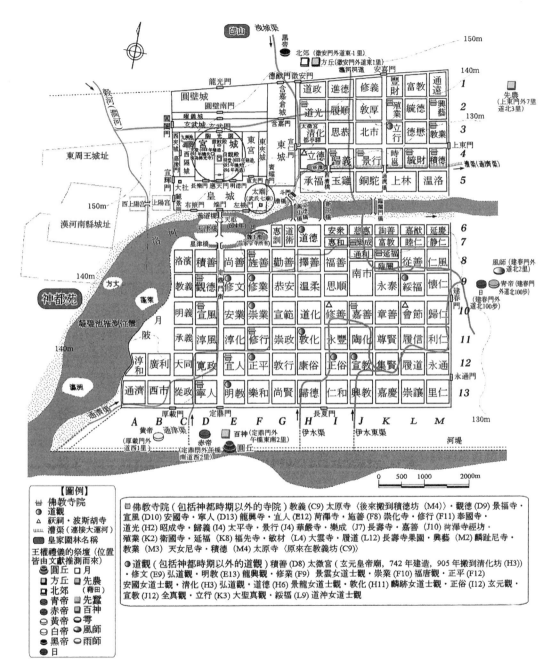

圖 4　武則天的洛陽

【出處】據妹尾達彦《武則天の洛陽、玄宗の長安》(松原朗編《アジア遊學　杜甫と玄宗皇帝の時代》,東京:勉誠出版,2018 年)頁 37 圖 2 修改製圖。本圖以中國社會科學院考古研究所洛陽工作隊《"隋唐東都城址的勘查和發掘"續記》(《考古》1978 年第 6 期)頁 373 所載圖 10《唐洛陽東都坊里復原示意圖》爲底圖。又參見王岩《隋唐洛陽城近年考古新收穫》(中國社會科學院考古研究所主編《中國考古學論叢》,北京:科學出版社,1995 年)頁 439 所載圖 1《隋唐洛陽皇城宮城平面布局示意圖》;傅熹年主編《中國古代建築史》第 2 卷《三國、兩晉、南北朝、隋唐、五代建築》(北京:新華書店,2001 年)頁 373 所載圖 10《河南洛陽隋唐東都平面復原圖》;洛陽市文物考古研究院編,方孝廉、商春芳、史家珍主編《隋唐洛陽天堂遺址發掘報告》(北京:科學出版社,2016 年)頁 3 所載圖 2《隋東都洛陽城與西苑積翠池通濟渠布局復原示意圖》;洛陽市文物考古研究院《近年來隋唐洛陽城水系考古勘探發掘簡報》(《洛陽考古》2016 年第 3 期)所載圖 8《谷水河道位置示意圖》、頁 11 所載圖 10《九洲池遺迹分布圖》、頁 12 所載圖 11《漕渠及新潭位置圖》;徐松輯,高敏點校《河南志》(北京:中華書局,1994 年);徐松撰,張穆校補,徐蘋芳、趙守儼點校《唐兩京城坊考》卷五(北京:中華書局,1985 年),頁 131—182。

(五)神都:轉輪聖王之都

其中,成爲武則天的洛陽都城化政策核心的是新編《大雲經疏議》和利用代表天堂建築計畫的佛教[①]。其他政策除了創造則天文字,都是在王都化時一般所使用的傳統政策和其變形,不是武則天所固有的東西。也就是說,武則天之所以要改造洛陽爲王都的理由之一就是由佛教都市北魏洛陽城的記憶和龍

---

① 武則天與佛教的關係,參見陳寅恪《武曌與佛教》,《金明館叢稿二編》,上海:上海古籍出版社,1980 年(初出 1935 年),頁 153—174 ;Antonino Forte, *Political Propaganda and Ideology in China at the End of the Seventh Century*, Napoli: Instituto Universitario Orientale, 1976; Idem, *Mingtang and Buddhist Utopias in the History of the Astronomical Clock the Tower, Statue and Armillary Sphere Constructed by Empress Wu*, Rome: Istituto Italiano Per Il Medio Ed Estremo Oriente Ecole Française d'Extrême-Orient, 1988; 礪波護《唐代政治社會史研究》第 4 部《佛教と國家》第一章《唐中期の佛教と國家等諸論考》,京都:同朋舍,1986 年。

門、白馬寺所代表的洛陽與佛教的緊密關係①。洛陽具有自稱爲"老子的後裔"的李氏的長安所没有的與佛教的緊密歷史性的牽連。是彌勒下生的佛教邏輯和被佛教點轍的都市洛陽自身導演了武則天政權的正統化②。

武則天不能僅僅依據儒教的革命論,因此,在建國時不得不把暗示女性君主存在的佛教的彌勒下生思想(彌勒下生救濟衆生)和轉輪聖王(基於佛法的統治帶來和平的理想帝王)的佛教王權論加以融合,進行最大限度的運用③。武則天把彌勒菩薩(慈氏)的女性氣質與轉輪聖王思想相融合,加尊號慈氏越古金輪聖神皇帝(既是救濟世界的彌勒菩薩又是轉輪聖王的皇帝)。又於神都洛陽的天堂安置了巨大的佛像,與都城南面的龍門石窟相連的佛教都市軸誕生了。武則天時代的洛陽,成爲轉輪聖王的武則天所統治的神聖佛教都市④。

---

① 7 世紀武則天執政於洛陽,龍門石窟的營造再入高潮,建造龍門窟龕的功德主,有洛陽居住的皇室、百官、僧尼、商業組合(行)、坊的住民、外國人、一般庶民等等,這説明了不同階層、身份、種族、出生地的佛教在當時被廣泛的階層所信仰。特別是賓陽南洞的窟龕,有居住於洛陽南市西南的思順坊(I9)的老少 124 名(全爲庶民身份)的祈願,刻有《唐洛州河南縣思順坊老若等造像彌勒像記》〔貞觀二十二年(648)刻〕,從此造像記中可以知道洛陽城内的坊民聚集於龍門開鑿佛龕的情況。參看水野清一、長廣敏雄《龍門石窟の研究》,京都:同朋舍,1980 年(初出 1941 年),頁 322—323。洛陽城内佛教信仰的滲透,成爲武則天基於佛理論在洛陽掌握政權的前提。武則天時期,彌勒信仰很流行。參看顔娟英《武則天與長安七寶臺石雕佛相》,《藝術學》1987 年第 1 期;肥田路美《初唐佛教美術の研究》第 3 章《則天武后の登极と寶慶寺石佛》,東京:中央公論美術出版,2010年,頁 239—296;楊效俊《武周時期的佛教造型:以長安光宅寺七寶臺的浮雕石佛群像爲中心》,北京:文物出版社,2013 年;羅世平《天堂法像——洛陽天堂大佛與唐代彌勒大佛樣新識》圖 1—圖 10,《世界宗教研究》2016 年第 2 期;王雪梅《彌勒信仰研究》,上海:上海古籍出版社,2016 年。

② 關於彌勒信仰與轉輪王信仰的關係,參看王雪梅《彌勒信仰研究》,上海:上海古籍出版社,2016 年,頁 137—146。

③ 孫英剛《轉輪王與皇帝——佛教王權觀對中古君主概念的影響》,《社會科學戰線》2013年第 11 期;《神文時代:讖緯、術數與中古政治研究》,上海:上海古籍出版社,2014 年;《武則天的七寶:佛教轉輪王的圖像、符號及其政治意涵》,《世界宗教研究》2015 年第 2期;《七寶莊嚴——轉輪王小傳》,北京:商務印書館,2015 年。

④ 吕博《轉輪王"化謂四天下"與武周時期的天樞、九鼎製造》,《魏晉南北朝隋唐史資料》第 31 輯,武漢大學歷史學院,2015 年,頁 183—195;同《明堂建設與武周的皇帝像——從聖母神皇到轉輪王》,《世界宗教研究》2015 年第 1 期。

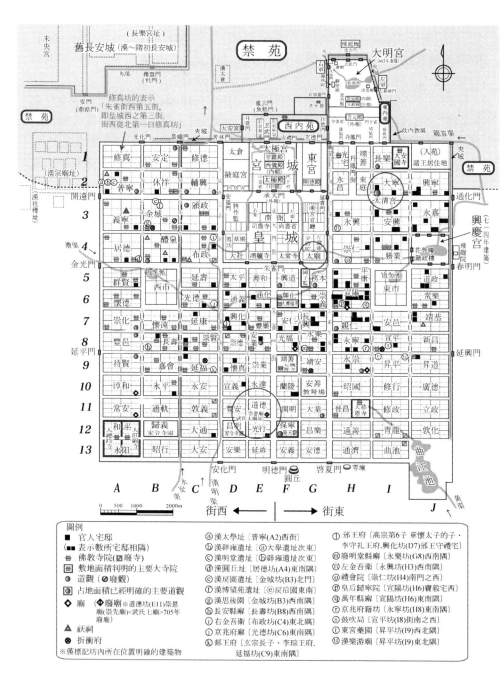

圖 5　玄宗的長安

【出處】本圖以妹尾達彥《韋述的〈兩京新記〉與八世紀前葉的長安》（榮新江主編《唐研究》第九卷，北京：北京大學出版社，2003 年）頁 30 圖 2《八世紀前葉的長安城》、《隋唐長安城的皇室庭園》（橋本義則編《東亞都城的比較研究》，京都：京都大學出版會，2011 年）頁 309 圖 13 爲底圖。

換言之，若没有佛教廣泛滲透於民衆，儒教作爲政治理念還没有獲得絕對權力的 7 世紀的這種時代狀況，武則天的皇帝即位和武周的建國是不可能發生的。實際上，佛教被儒教、道教等中國的傳統思想所吸收融合，在新儒教確立的 8 世紀以後，便再也没有女皇帝的出現。歐亞大陸東部，在近代導入西歐的君主論之前，能與儒教王權論相對抗的就只有佛教的王權論了。武周的神都洛陽，被創造爲既是彌勒佛又是轉輪聖王的女性君主武則天的統治之都。

武則天不喜歡基於儒教王權論建造的長安城市構造。這是因爲，如圖 5 武則天的長安所示，以太極殿爲中心的長安中軸線，基於儒教重視陰陽調和，是具有象徵性的城市規劃，將男性原理的天子——皇帝制度進行了視覺化的展現。長安的空間本身，就不允許武則天這樣的女皇帝誕生。因此，武則天在長安時，建議高宗去偏離中軸線的大明宮居住，是想無視這否定自身存在的城市空間。

但如圖 4 武則天的洛陽所示，洛陽從最初的城市規劃開始，就没有像長安那樣的東西均衡的城市中軸線，洛陽用與長安不同的景觀，迎接了武則天的到來。至於一心想當女皇的武則天的王權正統化的舞臺，没有比作爲中國佛教聖地的洛陽更加適合的場所了。没有洛陽，武則天的武周王朝就不會誕生。洛陽與中國佛教在歷史上最繁榮鼎盛的時期，就是武則天時期。

龍朔三年（663）四月，高宗與武則天，對長安城東北部高地上的大明宮進行了大規模的修建。建造了大明宮的正殿含元殿，試將政治核心，由太極宮轉移至大明宮。表面上的原因，是因爲地勢低窪的太極宮不適合身體狀況欠佳的高宗居住。但是，主要宮殿轉移的真正目的，如上所述是武則天的意向，建立新的政治空間來代替太極宮，是爲了更加集權高效的政治組織，建立以皇帝爲核心的親密的人際關係（圖 6）①。

---

① 關於武則天和大明宮的關係，參看李永《武則天與長安關係新探》，北京：商務印書館，2021 年，頁 39—110。

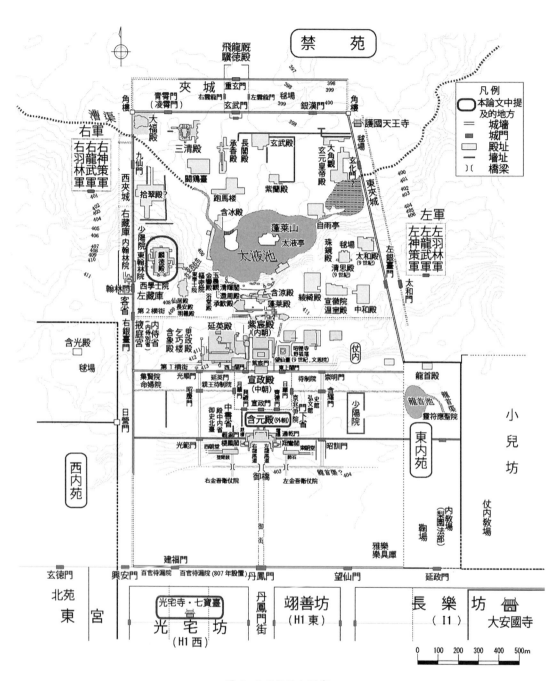

圖 6　8世紀的大明宮

【出處】以杜文玉《大明宮研究》（北京：中國社會科學出版社，2015 年）所載的《唐大明宮平面示意圖》爲底圖。又參看妹尾達彥《從太極宮到大明宮——唐長安宮城空間與都市社會的變貌》（新宮學編《近世東亞洲比較都城史的諸相》，東京：白帝社，2014 年）頁 37 所載的圖 6；何歲利著，馬彪譯《唐長安大明宮發掘的成果與課題》（《亞洲的歷史與文化》15 卷，2011 年）頁 35 所載的圖 2《唐大明宮遺址考古平面圖》；史念海主編《西安歷史地圖集》（西安：西安歷史出版社，1996 年）頁 89 登載的《唐大明宮圖》；中國社會科學院考古研究所西安唐城工作隊《唐大明宮含元殿遺址 1995～1996 年發掘報告》（《考古學報》1997 年第 3 期）所載的圖 1《含元殿遺址位置圖》；傅熹年主編《中國古代建築史》第 2 卷（北京：中國建築工業出版社，2001 年）頁 403 所載的圖 3-2-8《陝西西安唐長安大明宮平面復原圖》；中國社會科學院考古研究所、日本獨立行政法人文化財研究所奈良文化財研究所連合考古隊《唐長安城大明宮太液池遺址發掘簡報》（《考古》2003 年第 11 期）頁 10 所載的圖 3《太液池遺址 2001-2002 年發掘區位置圖》；王靜《唐大明宮的構造形式與中央決策部門職能的變遷》（《文史》2002 年第 4 輯）；《唐大明宮内侍省及内使諸司的位置與宦官專權》（《燕京學報》2004 年新 16 期）等論著。建築位置不少係推測繪製。

　　唐長安城的太極宮的建築空間，是沿襲了隋大興城的大興宮，基於儒教的王權論，中央官署的配置呈東西對稱式。東側（陽）設有門下省（武則天時期改稱鸞臺），西側（陰）設有中書省（鳳閣）。太極宮的官署，是隋唐初以來的舊勢力行使權力的據點。

　　對此，武則天新建的大明宮，設計巧妙，如圖 6 大明宮所示，意圖將權力進行重新分配，以主要宮殿爲核心，把重要官署進行功能性佈局，是一個可以有效執行政府決策的場所。只是，中央官署被移至大明宮以後，太極宮和皇城也仍然被使用，分擔著政治功能和禮儀功能①。

---

① 長安太極宮和大明宮的並存，讓人想到平城京的兩個核心區域（中央區、東區）的存在。只是，兩者的功能分擔有諸多不同，或許不可以輕易進行比較。平城京宮城的核心區域分爲兩部分，沒有採用左右均衡的建築形式，這一點與武則天時期長安的太極宮和大明宮的分設是相同的。妹尾達彥《從太極宮到大明宮：唐代宮城空間的變遷與都（轉下頁）

（六）武則天的王權禮儀

垂拱四年（688）二月，武則天拆毀神都洛陽紫微宮（宮城）的核心宮殿乾元殿，創建明堂，號稱萬象神宮（圖 4）。萬象神宮是道教用語，意思爲象徵宇宙的神殿。武則天刻意拆毀唐的乾元殿，就其地新建明堂，其用意是消滅隋唐初以來的舊體制，以及將武周王朝新體制的誕生進行視覺化。這是唐周革命的前兆。此後，神都洛陽的明堂，作爲紫微宮的正殿成爲武則天政治運作的主要舞臺。

明堂建築，是由方形和圓形組合而成，共有三層，高約九十米，形制奇特，承擔政治宗教等多種功能，已經超越了儒教本來的作爲理想祭祀空間的功能。明堂，被詮釋成彌勒 Maitreya 下生的化城（佛寺）、轉輪聖王 Chakravarti 的七寶臺（理想君主的宮殿）、道教聖君的仙宮（仙人居住的仙界宮殿），是被想像成爲萬象（宇宙）的神宮（神殿）。武則天，融合了儒教、佛教和道教的思想，賦予明堂獨特的宇宙論的色彩，想將其定義爲全宇宙的中心。以往在郊外舉行的祭天禮儀，也被設在明堂舉行[①]。長安四年（704），在神都舉辦的法門寺佛舍利的奉迎禮儀，也是在明堂舉行的。

武則天，想將以明堂爲中心的神都核心區，設置爲宗教和政治的旗艦劇場。與明堂一同被建造的，還有天堂，在天堂內，安置了高達三十米的巨大佛像。武則天爲施主，在天堂內舉辦了無遮會，城內外的百姓雲集於此。無遮會是佛教舉行的廣結善緣，無論尊卑貴賤，各種身份、階層的人都可以平等參與的齋會，是武則天掌握世論的絕佳手段，在明堂也被有效舉行。

延載元年（694）八月，武則天於皇城端門之南建造高約三十米的天樞，翌年正月，鑄造九州鼎（銅制）置於明堂內。天樞，是刻有"大周萬國頌德天樞"（萬國歌頌大周功德，連接天地的樞軸）的銅制紀念碑，還刻有百官及外國元首的名字。九州鼎，是刻有以神都洛陽爲核心，中國大陸九個統治空間的巨大的

（接上頁）城社會構造的轉型》，《跨越想的邊界：族群、禮法、社會中國史國際學術研討會論文集》，臺北：秀威資訊科技股份有限公司，2018 年，頁 393—447。又參看渡邊晃宏《平城京と木簡の世紀》，東京：講談社，2001 年，頁 100—106；《平城京と貴族の生活》，大津透等編《岩波講座日本歷史》第 3 卷·古代 3，頁 141—178。

① 金子修一《日本第八次遣唐使與則天武后》，趙文潤、辛加龍主編《武則天與咸陽》，西安：三秦出版社，2001 年；呂博《明堂建設與武周的皇帝像——從聖母神皇到轉輪王》，《世界宗教研究》2015 年第 1 期。

鼎,置於明堂。九州鼎,也象徵著宇宙中心的神都和明堂 ①。

　　武則天,連續將天堂—明堂(通天宮)、九州鼎—天樞這樣神聖的建築等設置在都城核心區的南北軸線上,是想顯示融合儒佛道三教的理想政治的誕生(參見圖4)。這條南北禮儀線,經過南面的天津橋(天橋)和天街(定鼎門街),到達城南天闕(伊闕)的龍門石窟。這條仿照宇宙萬象的洛陽南北禮儀線,與依據儒教中軸線而建的長安是完全不同的。日本列島的朝貢使,在往復長安的途中,於洛陽見識了武則天進行政治表演的劇場空間,應該體驗到了基於王權理論而建造的莊嚴的舞臺裝置。

(七)武則天晚年長安行幸的目的

　　大足元年(701)十月至長安三年(703)十月,武則天在長安停留兩年的主要目的,是爲了調和舊唐朝(第一期唐朝)的皇室李氏一族與武周朝的皇室武氏一族的關係,穩定當前武周朝的局面。武則天很早就計劃通過武氏與李氏聯姻使支配者集團相融合,建構"武李政權",延續武氏一族 ②。只是,當初的計劃進行得並不順利,武則天放棄了從武氏一族立太子的念頭,聖曆元年(698),讓一度被廢的中宗李顯改隨武姓,名爲武顯,重新立爲皇太子,這實際上開闢了恢復唐朝的道路 ③。長安行幸的其中一個目的,就是鞏固新皇太子武顯的地位 ④。

　　在這次的長安行幸中,眾人關注著武則天之後的繼承問題,一場風波不可

---

① 呂博《明堂建設與武周的皇帝像——從聖母神皇到轉輪王》,《世界宗教研究》2015年第1期。

② 陳寅恪《記唐代之李武韋楊婚姻集團》,《陳寅恪集·金明館叢稿初編》,北京:三聯書店,2001年(初出1954年),頁266—294;黃永年《説李武政權》,《黃永年自選集·文史探微》,北京:中華書局,2000年(初出1982年),頁220—242。又參看孟憲實《武則天研究》(成都:四川人民出版社,2021年)所載論文。

③ 關於武周朝末期的政治形勢,參見賈憲保《武則天爲棄周復唐所作的安排》,《武則天與天水》,太原:山西人民出版社,1989年,頁44—54;趙文潤《武則天》,西安:西安出版社,2007年,頁214—228;杜文玉《論武則天統治晚期的政策變化及原因》,《唐宋史研究論集》,北京:學苑出版社,2015年,頁47—52,等。

④ 金子修一《中國古代皇帝祭祀の研究》,東京:岩波書店,2006年,頁331;杜文玉《論武則天統治晚期的政策變化及原因》,《唐宋史研究論集》,北京:學苑出版社,2015年,頁47—52。

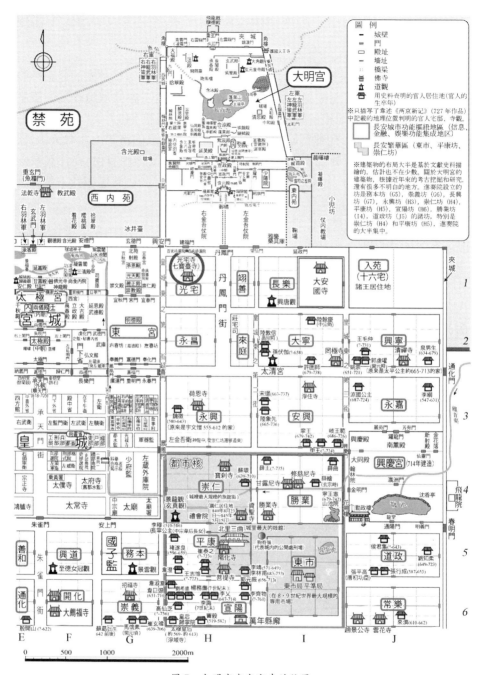

圖 7　大明宮與光宅寺的位置

【出處】根據妹尾達彥《唐長安の都市核と進奏院——進奏院狀（P3547、
S1156）をてがかりに》（土肥義和、氣賀澤保規編《敦煌・吐魯番文書の世界
とその時代》，東京：汲古書院，2017 年）頁 477 圖 3 修改。

避免,緊張、複雜的政治局面即將展開。執節使粟田真人歸國後的翌年神龍元年(705)正月,中宗復位恢復了唐朝(第二期唐朝),同年十一月武則天薨。倭國朝貢使,經歷了武則天死後襲來的政變風波之前的中國政界,作爲外國賓客置身於動蕩不安的中央政治的狹間,應該經歷並學到了許多事情。

武則天在長安停留期間,把大慈恩寺的大雁塔(652年建造)改建成現在的七層,以及在大明宮前的光宅坊(H1西)光宅寺中建造七寶臺(彰顯轉輪聖王、武則天的塔)等等,爲長安佛教的振興做了很大貢獻①。武則天的長安行幸的目的之一,確實是與長安佛教界的合作吧。而粟田真人等朝貢使,恰好置身在武則天的這段長安改造期間中。703年至704年所建造的大部分七寶臺浮雕石佛,在民國時期流落至海外,現在,陳列在東京國立博物館東洋館等地②。

(八)武則天的長安順陵參拜

筆者推測,最晚年時的武則天去長安行幸還有一個私人目的,就是自感大限將至,想去祭拜自己的母親楊氏。這是與在長安郊外長眠的母親最後一次相見。母親楊氏,生前曾經在武則天立后時,到處拜訪反對武則天立后的政府高官,請求協助等等,明裡暗裡支持著武則天的一生,九十一歲去世,埋葬於長安北郊的丘陵。武則天在長安停留期間,爲母親的順陵進行了擴建,這可以看出武則天對母親強烈的思念。大概,是感到自己大限將至,想爲一生中對自己影響最大的母親做最後的祭祀吧。楊氏死於咸亨元年(670),高宗以王禮埋葬。

武則天到達長安兩個多月後的702年正月,爲被追封爲孝明高皇后的母親,在順陵的神道(墓道)立了一通石碑(《大周無上孝明高皇后碑銘並序》,順陵碑),順陵在武則天的不斷擴建後,其規模和級別堪比皇帝陵墓。順陵碑,體型巨人,高達十米。此碑的碑文由武則天的侄子武三思撰文,第四子李旦(睿宗)書寫,表達了在武則天死後,希望李氏與武氏能够和睦相處的心願③。武則

---

① 孫英剛《轉輪王與皇帝——佛教王權觀對中古君主概念的影響》,《社會科學戰線》2013年第11期。

② 肥田路美《初唐佛教美術の研究》,東京:中央公論美術出版,2010年。

③ 武三思《大周無上孝明高皇后碑銘並序》,董誥等編《全唐文》卷二三九,北京:中華書局,1983年,頁2417—2423。

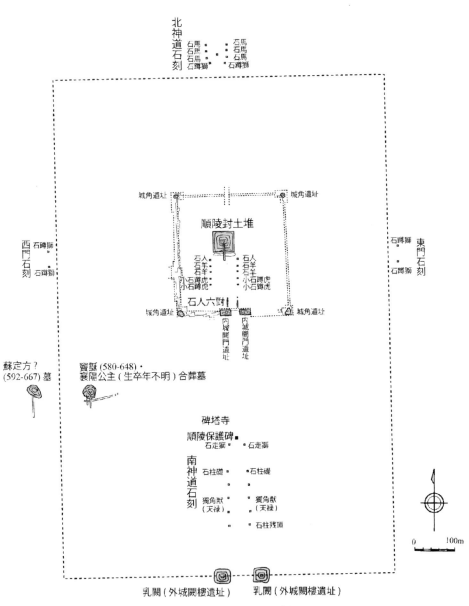

北神道石刻

馬石虎 石馬 石馬
石石馬 石馬
石石馬 石馬
石蹲獅 石蹲獅

城角遺址 城角遺址

順陵封土堆

石人 石人
石羊 石羊
石羊 石羊
石虎 小石蹲虎
小石蹲虎 小石蹲虎

石人六對

城角遺址 城角遺址

内城關門遺址 内城關門遺址

西門石刻
石蹲獅
石蹲獅

東門石刻
石蹲獅
石蹲獅

蘇定方？
(592-667) 墓

竇誕 (580-648)・
襄陽公主 (生卒年不明) 合葬墓

碑塔寺

順陵保護碑
石走獅 石走獅

南神道石刻
石柱礎 石柱礎

獨角獸
（天禄）
獨角獸
（天禄）

石柱殘頂

0   100m

乳闕 (外城關樓遺址)   乳闕 (外城關樓遺址)

圖 8　唐順陵(武則天母楊氏墓)平面圖

【出處】本圖以陝西省考古研究院、順陵文物管理所編《唐順陵》(北京：文物出版社,2015 年)頁 8 圖 6《順陵園平面勘探圖》爲底圖。

天統治晚期,她希望彌合李氏和武氏之間的矛盾①。《大周無上孝明高皇后碑銘並序》表示武則天晚年的心情。順陵,在武則天對其不斷地擴建後,規模宏大,最終擴大至唐高祖獻陵的兩倍②。

(九)兩京太廟問題

武則天所在的神都皇城內建有武氏太廟,由於長安皇城太廟的李氏太廟無法移動,所以,不得不將武氏太廟一直設置在城南道德坊(E11)的家廟中(圖4、圖5)。長安第一期唐朝的舊勢力,是一個無法忽視的强大存在。

由女皇帝執政的武周王朝,存在於天授元年(690)至神龍元年(705)是一個事實,而武周的初代皇帝武則天,也確實希望武氏王朝能够延續下去。於是,武則天爲了讓武氏王朝延續,於武周建國的690年,在神都洛陽的太廟設置武氏七廟,想把武周代替李唐的這場易姓革命正統化③。

革命思想是儒教王權論的核心,唐周的王朝交替(也稱爲周唐革命、武周革命、天授革命等等)也運用了儒教的易姓革命的理論做出解釋。可是,武則天顧及到任職於武周朝的唐朝舊勢力,便讓李氏宗廟繼續存在於長安皇城內,因此,也不能對前王朝的唐進行批判,想始終貫徹易姓革命的理論是一件困難的事④。

武則天到最後也没能廢除長安皇城內的太廟裡所安置的唐李氏的神位。長安的武氏七廟的神位,並不在皇城內的太廟,而是安置在垂拱四年(688)於外郭城的道德坊(E11)所建造的崇先廟內。武周建國的天授元年(690),便把

① 杜文玉《試論武則天統治晚期的政策變化及其原因》,王雙懷、郭紹林主編《武則天與神都洛陽》,北京:中國文史出版社,2008年。
② 關於順陵,參看王世和、韓偉《唐順陵勘察記》,《文物》1964年第1期;張崇德《唐順陵營建初探》,《涇渭稽古》1993年總第2期;張延峰《武則天與唐順陵》,《咸陽師範學院學報》2001年第6期;趙榮、權東計《唐順陵遺址現狀與形制探討》,《考古與文物》2002年第4期;權東計、趙榮《唐順陵遺址現狀與規劃營建探討》,《西北大學學報(自然科學版)》2002年第1期;劉向陽、郭勇《唐順陵石雕群及其組合研究》,樊英峰主編《乾陵文化研究(二)》,西安:三秦出版社,2006年。
③ 李永《宗廟與政治:武則天時期太廟體制研究》,《學術月刊》2017年第8期。後收入李永《武則天與長安關係新探》,北京:商務印書館,2021年,頁111—124。
④ 松浦千春《武周政權論》,《集刊東洋學》1990年第64號,頁1—20;同《玄宗朝の國家祭祀と王權のシンボリズム》,《古代文化》1997年第49號,頁47—58。

長安的武氏七廟的崇先廟改爲崇尊廟,行太廟之制,把皇城内的李氏太廟改稱爲享德廟。崇尊廟雖於 696 年改稱爲太廟,但太廟的立地實屬特殊。

　　神都和長安都存在武氏的太廟,而李氏"太廟"一直存在於長安皇城内這一事實,便產生了武則天與其説是武周朝的皇帝,倒不如説她僅是作爲唐朝的皇后、皇太后輔佐了唐的皇帝而已的説法,這成爲繼武則天之後武周朝中斷的要因。武則天没能廢止長安皇城内的李唐"太廟"(享德廟),確實爲被廢皇太子爲盧陵王的李顯,於聖曆元年(698)被召還於神都,並於神龍元年(705)作爲中宗復位創造了機會。

三　從"倭國"到"日本"——最後的倭國朝貢使、最初的日本朝貢使

(一)破格待遇

　　如上所述,大寶二年(702)派遣的倭國朝貢使,見識了武則天晚期的長安和神都洛陽的城市空間,學習了武周朝先進的國制(律令制)、政治思想(王權理論)、統治技術、宗教政策(特別是佛教政策)、藝術(特別是佛教藝術)、宫殿,以及佛寺的建築形式等等,並直接傳入日本列島,給以後日本的政治和文化帶來了影響。

　　對於倭國朝貢使來説有利的是,690 年發生的唐周革命,使武周朝替代了唐朝,曾經與其對立的唐朝(第一期唐朝)已不存在。另外,武周朝,是史上第一次由女性佛教徒成爲皇帝的中國政權。這對於同樣有著女性君主(佛教徒)歷史的日本來説,就相當於與武周朝有了共同語言,在爲兩國結成外交關係上有效地發揮了作用[①]。作爲轉輪聖王的武則天,在知曉篤信佛教的倭國女王的存在後一定很高興。

　　武周時期東亞國際關係的變化,也爲倭國朝貢使帶來有利的條件。686年至 687 年,突厥復興,突厥第二汗國建立,696 年,唐的羈縻州契丹和奚歸附突厥。698 年,趁武周朝東北部統治的弱化,渤海建國。在北亞和東北亞,武周政權的國際權威降低。這種國際形勢,確實能讓來自遠東的日本朝貢使受

---

① 河上麻由子《古代アジア世界の對外交涉と佛教》,東京:山川出版社,2011 年,頁 211—260。

到歡迎。不得不説，大寶二年（702）派遣的倭國朝貢使的事例，是説明既是天子——皇帝，也是轉輪聖王的武則天，她的恩澤和佛法，遍及世界各地的一個好例子。

更讓倭國朝貢使幸運的是，前面所提到的武周朝末期的政治形勢。晚年去長安行幸的武則天，自感大限將至，想要調和李氏與武氏的關係，因此，此時的武則天與皇后、皇太后時不同，表面上緩和了政治的對立。神龍元年（705），武周滅亡，唐朝復國，許多官僚依然活躍於政界，倭國朝貢使在武周朝建立的人際關係，在復興的第二期唐朝也被維持並有效地運用。

比如，長安三年（703），玄宗二十歲時，出席了在麟德殿舉辦的款待日本朝貢使的宴會，在此宴會上，應該與粟田真人等有過接觸，可以推測，從那以後，也一直對倭國（日本）抱有好感[①]。另外，在新發現的《杜嗣先墓誌》中記載，武周朝有名的高官們奉武則天之命，招待粟田真人一行，這暗示了在第二期唐朝也被維持的重要人際關係，在此時被建立[②]。長安二年的倭國朝貢使，正是有效地利用了這千載一遇的外交環境。

關於武則天的兩京禮儀活動，參看《杜嗣先墓誌》如下，同墓誌記載以日本（倭國）粟田真人（？—719）爲代表的長安二年（702）"遣周使"（第 8 次遣唐使）的活動[③]。如下墓誌記載："每至朝儀有事，禮申大祀，或郊丘展報，或陵

---

① 王勇《唐から見た遣唐使——混血兒たちの大唐帝國》，東京：講談社，1998 年，頁 122—123。

② 葉國良《唐代墓誌考釋八則》，同《石學續探》，臺北：大安出版社，1999 年（初出 1995年），頁 111—147；高橋継男《最古の「日本」——〈杜嗣先墓誌〉の紹介》，專修大學、西北大學共同プロジュクト編《遣唐使の見た中國と日本》，東京：朝日新聞社，2005 年，頁 316—330；伊藤宏明《〈徐州使史杜嗣先墓誌〉雜感》，《鹿兒島大學法文學部紀要——人文學科論集》2006 年第 63 號，頁 73—88；森公章《大寶度の遣唐使とその意義》，《遣唐使と古代日本の対外政策》，東京：吉川弘文館，2008 年，頁 20—49；金子修一《則天武后と杜嗣先墓誌——粟田真人の遣唐使と関連して》，《國史學》2009 年第 197 號，頁1—22；拜根興《杜嗣先、井真成墓誌與唐代中日關係》，《石刻墓誌與唐代東亞交流研究》，北京：科學出版社，2015 年（初出 2011 年），頁 28—40 等。

③ 關於日本第 8 次遣周使的禮儀活動，參看金子修一《則天武后と杜嗣先墓誌——粟田真人の遣唐使と関連して》，《國史學》2009 年第 197 號；嚴茹蕙《遣唐使粟田真人の參内時の禮服——進德冠・紫袍を中心に》，《金子修一先生古稀記念論文集　東アジアにおける皇帝権力と國際秩序》，東京：汲古書院，2020 年，頁 111—129。

廟肅誠,上帝宗於明堂,法駕移於京邑。元正獻壽,南至履長,朝日迎於青郊,神州尊於黑座。公,凡一攝太尉,三攝司寇,重主司空,再入門下。或獻替於常侍,或警衛於參軍,典禮經於太常,修圖書於大象矣。"禮部侍郎杜嗣先領導武則天時代的國家禮儀,主持恭陵、順陵等陵墓的祭祀。

杜嗣先墓誌

公諱嗣先,京兆人也。高祖,魏龍驤將軍、豫州刺史、惠公諱遇,字慶期,晉鎮南大將軍、當陽侯預之六代孫。預生新平太守躋,躋生南陽太守胄,胄生燕郡太守崴,崴生中書侍郎、新豐侯銓,銓生中書博士振,振生遇。有賜田於洛邑,子孫因家於河南之偃師焉,凡四代矣。曾祖,周新城太守琳。祖,隨朝散大夫、行昌安縣令歆。考皇朝滑州長史業。

公少好經史,兼屬文筆,心無僞飾,口不二言。由是鄉閭重之,知友親之。年十八,本州察孝廉。明慶三年(顯慶三年,658),釋褐蔣王府典籤。麟德元年(664),河南道大使、左相竇公,旌節星移,州郡風靡。出轘轅之路,入許潁之郊,官僚之中,特加禮接。時即表薦,馳驛就徵。逐於合璧宮引見,制試乾元殿頌,即降恩旨,授昭文館直學士。借馬并人,仍令於洛城門待制。尋授太子左率府倉曹參軍,又除國子監主簿。□入芳林門內,與學士高若恩、孟利貞、劉禕之、郭正一等供奉。

咸亨元年(670),鑾輿順動,避暑幽岐,沛王以天人之姿,留守監國。遂降勅日,駕幸九成宮。□令學士劉禕之、杜嗣先於沛王賢處參侍言論。尋授雍王記室參軍,與侍讀劉訥言、功曹韋承慶等參注後漢。

上元二年,藩邸昇儲,元良貞國。又遷太子文學,兼攝太子舍人。永崇元年(永隆元年680),以官僚故事,出爲鄆州鉅野縣令,又除幽州薊縣令。還私後,除汝州司馬,又除蘇州吳縣令。尋加朝散大夫,簡州長史入計。又除太子洗馬、昭文館學士,又遷給事中、禮部侍郎。以前數官,咸帶學士。其所撰兔園策府及雜文筆,合廿卷,見行於時。每至朝儀有事,禮申大祀,或郊丘展報,或陵廟肅誠,上帝宗於明堂,法駕移於京邑。元正獻壽,南至履長,朝日迎於青郊,神州尊於黑座。

公凡一攝太尉,三攝司寇,重主司空,再入門下。或獻替於常侍,或警衛於參軍,典禮經於太常,修圖書於大象矣。又屬皇明遠被,日本來庭。有勅令公與李懷遠、豆盧欽望、祝欽明等賓於蕃使,共其語話。

至神龍元年,又除徐州刺史。預陪祔廟,恩及追尊,贈公皇考滑州長史。公於是從心自逸,式就懸車。立身揚名,其德備矣。藏舟變叡壑,歸居奄及。粵以先天元年(712)九月六日,薨於列祖舊墟偃師之別第。春秋七十有九。以二年(713)二月二日,與夫人鄭氏祔葬於洛都故城東北首陽原當陽侯塋下,禮也。孤子貝州司兵維驥,失其孝養,痛貫骨髓,伏念遺訓,實録誌云。

將武則天會見倭國朝貢使時交涉的内容等概括如下:

1 承認國號由倭國改爲日本國。

2 武周朝與日本建立外交關係,承認文武天皇爲日本國王。

3 授予執節使粟田真人司膳卿同正(尚食局所屬宫官正六品)。

4 將白村江之戰(663)的俘虜交還給日本。

5 遞交國家間往來致書形式的國書①。

6 允許粟田真人一行參加南郊禮儀等國家禮儀(此點爲推測)②。

7 武則天在大明宫的麟德殿舉行招待倭國朝貢使的宴會。

8 武則天賜予許多執政時的珍貴寶物(法隆寺"四騎獅子狩文錦"、勸修寺《刺繡釋迦如來説法圖》、《王勃集》等書籍)③。

朝貢使一次就可以得到這種破格待遇,在遣唐使的歷史中是僅有的一次。

(二)最初的"日本"朝貢使對日本都城文化的影響

關於大寶二年(702)派遣的倭國朝貢使,就最初的"日本"朝貢使的經歷,爲日本的國家形成帶來的影響,已經從各方面被探討,列舉如下:

1. 都城制

都城制方面,有研究指出,日本先是建造藤原京,在親自目睹長安城後,爲

---

① 關於這一點,參見金子修一《則天武后と杜嗣先墓志——粟田真人の遣唐使と關連して》(《國史學》2009 年第 197 號)頁 441—442 富有啟發性的分析。

② 關於這一點,也參見金子修一《則天武后と杜嗣先墓志——粟田真人の遣唐使と關連して》(《國史學》2009 年第 197 號)頁 441—442 的研究。

③ 大西磨希子《唐代佛教美術史論攷——佛教文化の傳播と日唐交流》,京都:法藏館,2017 年;河上麻由子《古代日中關係史——倭の五王から遣唐以降まで》,東京:中央公論社,2019 年,頁 140—141。

仿照長安營造平城京創造了契機①，還有探討作爲武則天長安政治舞臺的大明宮對平城京大極殿的影響（武則天回到長安時對大明宮進行修建）②，以及論述長安城内的佛寺建築爲平城京的寺院建造帶來的影響等③。另外，還有研究指出則天文字，也是此時被傳入日本的④。

2. 佛教

在被武則天作爲王權正統化理論依據的佛教方面，武則天佛教王權的理論依據《寶雨經》《大雲經神皇授記義疏》傳入日本，大西磨希子探討了武則天的轉輪聖王思想爲日本佛教王權帶來的影響⑤。同時，愛宕元指出，武則天在全國設置大雲寺的政策，是以後的聖武天皇設置國分寺（741）的契機，光明皇后也模仿了武則天的政策⑥，另外，武周時期是中國佛教美術的鼎盛時期，此時期的佛教美術對日本佛教美術的影響也有相關的探討⑦。

3. 律令

律令方面，有考察在神都洛陽頒佈的垂拱律令（685）與日本養老令（718

---

① 小澤毅《日本古代宮都構造の研究》，東京：青木書店，2003 年，頁 201—231；井上和人《古代都城制條里制の實證的研究》，東京：學生社，2004 年；《日本古代都城制の研究》，東京：吉川弘文館，2008 年。當然，也應該注意的是，在這之前日本就已經瞭解到有關長安城的情況。關於這一點，參見佐川英治《唐長安城の朱雀街と日本平安京の朱雀大路——都城の中軸道路に見る日唐政治文化の差異》，《唐代史研究》第 21 號，2018 年。

② 王仲殊《試論唐長安城大明宮麟德殿對日本平城京、平安京宮殿設計的影響》，《考古》2001 年第 2 期。

③ 大寶二年派遣的朝貢使中的一員，僧道慈（？—744），718 年歸國後，參照長安延康坊（C7）西明寺的寺院佈局，建造了平城京的大安寺。參看福山敏男《奈良朝寺院の研究》，京都：綜芸舍，1978 年。

④ 藏中進《則天文字の研究》，東京：翰林書房，1995 年。

⑤ 道慈隨養老時期派遣的遣唐使（717—718）歸國時，將深受武則天重視的義浄（635—713）新譯的《金光明最勝王經》（703 年譯）帶回日本，爲日本護國佛教的發展帶來影響。關於《金光明最勝王經》研究，參看金岡秀友《金光明經の研究》，東京：大東出版社，1980 年。

⑥ 愛宕元《武則天と光明皇后》，《中國史 2》，東京：山川出版社，1996 年，頁 336—338。

⑦ 大西磨希子《唐代佛教美術史論攷——佛教文化の傳播と日唐交流》，京都：法藏館，2017 年。肥田路美《初唐佛教美術の研究》，東京：中央公論美術出版，2010 年。

年開始編纂）關係的研究[①]。

4. 文學

文學方面，有關於山上憶良（660—733）等將當時長安和神都洛陽的最新文學傳入日本的研究[②]。山口博認爲《萬葉集》的書名來源於武則天的《金輪萬歲集》[③]。

日本是有女性天皇歷史的國家，而被天帝選出的男性才能當天子—皇帝這種儒教的君主思想，在根本上與日本的現實相矛盾。中國與日本國制的根本不同點，在於中國的天子—皇帝是以易姓革命爲前提，而日本天皇制是以萬世一系爲前提，否定易姓革命。倭國引入律令時最大的問題點，就是倭國天皇制的王權思想，與律令中所規定的天子—皇帝制度在根本上是相克的。

在中國大陸基於佛教王權論的女帝國家的誕生，這對於爲天皇制和儒教王權論的整合性而費盡心思的日本來説，是劃時代的一件事。主要依據佛教的武則天皇帝建立的武周王朝的王權思想，爲基於佛教王權論的整個日本古代國家制度的建立，帶來强烈的衝擊。武則天的轉輪聖王思想，被日本天皇制接受，從 8 世紀初開始，支撐了以佛教王權爲統治根本的日本長達百年時間[④]。日本的王權，參考中國玄宗以後的政治，而重新接受儒教王權論，日本儒教化的發展，是從平城京，經過長岡京，進入 9 世紀建造平安京開始的[⑤]。

[①] 大寶二年派遣的朝貢使帶回的垂拱律令與日本養老律令制定的關係不詳。養老時期派出的遣唐使（717 出發，718 歸國）帶回的神龍律令（705）與養老律令的關係參看坂上康俊《律令制の形成》，大津透等編《岩波講座日本歷史》第 3 卷・古代 3，頁 1—34。

[②] 菊池英夫《山上憶良と敦煌遺書（萬葉集いま何が問題か表現への視角〈特集〉）（方法と歌人）》，《國文學解釋と教材の研究》28—7，1983 年，東京：學燈社。此外，許多研究論及大寶二年派遣的朝貢使與長安文學的關係。

[③] 山口博著，楊耀禄、李星編譯《〈萬葉集〉名的由來與則天武后的〈金輪萬歲集〉》，《唐都學刊》（社會科學版）1992 年第 3 期。

[④] 本鄉真紹《稱德朝神佛關係の再檢討——西大寺と八幡彌勒寺》，《立命館史學》2019 年第 40 期。

[⑤] 關於這一點，參看瀧川政次郎《革命思想と長岡遷都》，《京制並に都城制の研究》，東京：角川書店，1967 年；龔婷《桓武天皇の皇統意識》，《綜研大文化科學研究》2019 年第 15 期；大津透《律令國家と隋唐文明》，東京：岩波書店，2020 年。

結語　702 年日本朝貢使的意義

　　武則天，作爲一個異端分子，從既存的權力集團外部入侵到權力的中心，還作爲一個基於男性原理的儒教王權論的局外人，歷經種種磨難登上帝位，利用儒教、佛教和道教等各種思想建立了武周王朝。在激烈的政治鬥爭的漩渦中，武則天殺掉了包括親生骨肉在内的許多政敵。

　　武則天，不是名門出身，被權利社會所排斥，所以，順應時代的趨勢，利用民衆的力量，想要建立相對自由、比從前的制度更加普遍的制度。武則天擔任天子—皇帝、轉輪聖王、民間信仰的女神的化身等多種角色，推進政治空間的劇場化，實行統治（嶄新的集權政治、宗教政策、外交政策）。

　　倭國朝貢使之所以得到武周皇帝武則天的破格待遇，這與武則天的政治及當時的國際關係有關。武則天同意了改變國號的請求（由倭改爲日本），考慮將白村江之戰（663）時的被俘人員交還給日本列島，解決了過去在外交上的對立問題。705 年，武周滅亡，唐朝復國，與武周朝在外交上達成的協議得以延續。702 年派遣的朝貢使，可以説是古代日本在外交上取得的最大成功之一。

　　倭國在白村江戰敗以後，與唐的外交關係算不上理想，關於中國大陸、東北亞、朝鮮半島的政治形勢和文化，多數是通過與新羅的外交關係中掌握的。所以，7 世紀後半葉的倭國深受新羅影響[1]。702 年，倭國向武周朝派遣朝貢使，通過讓中國大陸政權承認日本國號，來提升日本在東亞國際關係中的地位。大寶二年派遣的朝貢使的事蹟，讓我們想起了日本爲實現近代化，於幕府末期派遣的歐美使節的存在和意義。

---

[1] 李炳鎬著，井上直樹譯《百濟・新羅からみた倭國の都城》，川尻秋生編《古代の都——なぜ都は動いたのか》，東京：岩波書店，2019 年，頁 228—268。

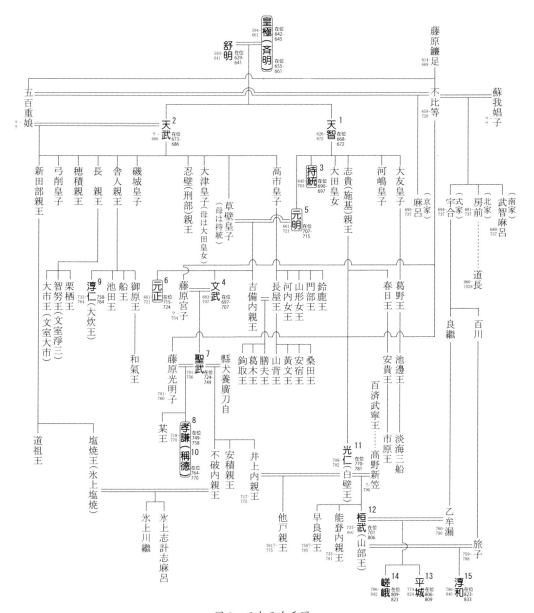

圖 9　日本天皇系圖

注：粗體字是大王、天皇。下面的數字是在位期間。左邊的數字是生卒年。圍着圓的天皇是女性。天皇右上角的數字顯示了天智天皇作爲第一位時天皇即位的順序。

【出處】仁藤敦史《奈良時代的皇室略譜》同著《女帝的世紀》（東京：角川書店，2006 年）頁 29 的改圖。

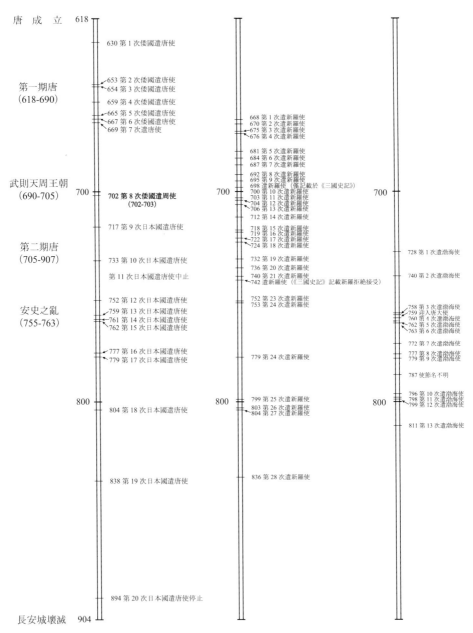

唐成立　618

630 第 1 次倭國遣唐使

第一期唐
(618-690)

653 第 2 次倭國遣唐使
654 第 3 次倭國遣唐使
659 第 4 次倭國遣唐使
665 第 5 次倭國遣唐使
667 第 6 次倭國遣唐使
669 第 7 次遣唐使

668 第 1 次遣新羅使
670 第 2 次遣新羅使
675 第 3 次遣新羅使
676 第 4 次遣新羅使

681 第 5 次遣新羅使
684 第 6 次遣新羅使
687 第 7 次遣新羅使

武則天周王朝
(690-705)　700

692 第 8 次遣新羅使
695 第 9 次遣新羅使（僅記載於《三國史記》）
698 第 10 次遣新羅使
702 第 8 次倭國遣周使
(702-703)
703 第 11 次遣新羅使
704 第 12 次遣新羅使
706 第 13 次遣新羅使
712 第 14 次遣新羅使

717 第 9 次日本國遣唐使

718 第 15 次遣新羅使
719 第 16 次遣新羅使
722 第 17 次遣新羅使
724 第 18 次遣新羅使

第二期唐
(705-907)

733 第 10 次日本國遣唐使

第 11 次日本國遣唐使中止

732 第 19 次遣新羅使
736 第 20 次遣新羅使
740 第 21 次遣新羅使
742 遣新羅使（《三國史記》記載新羅拒絕接受）

728 第 1 次遣渤海使

740 第 2 次遣渤海使

安史之亂
(755-763)

752 第 12 次日本國遣唐使
759 第 13 次日本國遣唐使
761 第 14 次日本國遣唐使
762 第 15 次日本國遣唐使

752 第 23 次遣新羅使
753 第 24 次遣新羅使

758 第 3 次遣渤海使
759 迎入唐大使
760 第 4 次遣渤海使
762 第 5 次遣渤海使
763 第 6 次遣渤海使

772 第 7 次遣渤海使
777 第 8 次遣渤海使
779 第 9 次遣渤海使

777 第 16 次日本國遣唐使
779 第 17 次日本國遣唐使

779 第 24 次遣新羅使

787 使節名不明

800

804 第 18 次日本國遣唐使

800

799 第 25 次遣新羅使
803 第 26 次遣新羅使
804 第 27 次遣新羅使

800

796 第 10 次遣渤海使
798 第 11 次遣渤海使
799 第 12 次遣渤海使

811 第 13 次遣渤海使

838 第 19 次日本國遣唐使

836 第 28 次遣新羅使

894 第 20 次日本國遣唐使停止

長安城壞滅　904

圖 10　遣唐使（遣周使）、遣新羅使、遣渤海使一覽

　　注：遣唐使（遣周使）參見石井正敏《石井正敏著作集》第 2 卷《從遣唐使到巡禮僧》，東京：勉誠出版，2018 年，頁 7—9。遣渤海使參見酒寄雅志《渤海與古代日本》（東京：校倉書房，2001 年）頁 476—477 附表 2 "渤海與日本的外交使節·遣渤海使一覽表"。

表 3　遣唐使一覧表

出國							歸國				
次數	西紀	日本年月	中國年代	執節使・押使・大使・副使	人數・船數	航路	西紀	日本年月	中國年代	航路	雑載
1	630	舒明2・8	貞觀四	犬上禦田鍬（三田耕）藥師惠日			632	舒明4・8	貞觀六	北路	
2	653	白雉4・5	永徽四	（大使）吉士長丹（副使）吉士駒	121人2雙		654	白雉5・7	永徽五	北路	
2	653	白雉4・5	永徽四	（大使）高田根麻呂（副使）掃守小麻呂	120人2雙						入唐途中在薩摩竹島附近遇難。
3	654	白雉5・2	永徽五	（押使）高向玄理（大使）河辺麻呂（副使）藥師惠日	2雙	北路	655	斉明1・8	永徽六	北路	
4	659	斉明5・7	顯慶四	（大使）阪合部石布（副使）津守吉祥	2雙	北路	661	斉明7・5	龍朔元	北路	第一船在去往的南海漂泊。
5	665	天智4・12	鱗德二	守大石坂合部石積		北路	667	天智6・11	乾封二.	北路	把唐使劉德高派到舊百濟領去駐紮的唐軍。
6	667	天智6		伊吉博德笠諸石			668	天智7			派唐使司馬法聰到舊百濟領去駐紮的唐軍。
7	669	天智8 唐にいたる	総章二	河内鯨							賀高句麗平定。

續表

		出　國						歸　國			
8	702	大宝2·6筑紫発	長安二	（執節使）粟田真人（大使）（高橋笠間）（大使）坂合部大分（副使）巨勢邑治		南路	704	慶雲1·7	長安四		第一船在去往的南海漂泊。副使於707年回國。大使與第九次遣唐使回國。
9	717	養老1·3難波発	開元五	（押使）多治比県守（大使）（阿倍仲麻呂）（大使）大伴山守（副使）藤原馬養	557人4雙		718	養老2·10	開元六		
10	733	天平5·4	開元二十一	（大使）多治比広成（副使）中臣名代	594人4雙		734	天平6·11同8·7	開元二十二	南路	第二船736年回國。第三船漂到昆侖。739年判官平群廣成等經由渤海回國。第四船消息不明。
12（11被中止）	752	天平勝宝4·閏3難波発	天寶十一	（大使）藤原清河（副使）大伴古麻呂（副使）吉備真備	第2·3船合計230余人4雙	南路	753 754	天平勝宝5·21同6·1同6·4	天寶十二	南路	回國途中，大使、阿倍仲麻呂等人乘坐的第一艘船漂到了安南。大使藤原清河也成爲唐朝的官人不回國。
13	759	天平宝字3·2	乾元二	（大使）高元度	99人1雙	渤海路	761	天平宝字5·8	上元二	南路	爲了迎接藤原清河，同行渤海使回國，經由渤海入唐。被唐使沈惟嶽等人送回國。

續表

		出　國						歸　國		
14	761	天平宝字5·10任中止	上元二	（大使）（仲石伴）（副使）（石上宅嗣）（副使）（藤原田麻呂）						因船破損而中止。
15	762	天平宝字6任中止	寶應一	（大使）（中臣鷹主）（副使）（藤原田麻呂）						未得航海的好風而中止。
16	775　777	宝亀6任　宝亀8·6筑紫発	大曆十一	（大使）（佐伯今毛人）（副使）（大伴益立）（副使）（藤原鷹取）（副使）小野石根（副使）大神末足	4雙	南路	778	宝亀9·10同9·11	大曆十三	未得航海的好風而中止。未得航海的好風而中止。
17	778　779	宝亀9任　宝亀10·5難波発	大曆十	送唐客（大使）布勢清直	2雙	南路	781	天応1·6	建中二	把遣唐使孫興進等人送到明州。
18	801　804	延曆20任　延曆23·7筑紫発	貞元二十	（大使）藤原葛野麻呂（副使）石川道益	651人4雙	南路	805	延曆24·6		第3船在去往的路上在肥前松浦郡庇良島海域遇難。第4船消息不明。空海、最澄等隨行了。

續表

		出　　國				歸　　國			
19	834 838	承和 1任 承和 5·7 筑紫 発	開成 三	（大使）藤 原常嗣 （副使）（小 野　篁）	651人 4雙	南路	839 840	承和 6·8 同 6·10 同 7·4	開成 四	第3船，從築紫出 航後遇難。船員140 人不入唐。僧人圓 仁隨行。第1船、4 船的乘務員雇傭了 新羅船，分乘回國。 第二艘船於840年 回國。
20	894	寬平 6·8 任 未实 施。	乾寧 元	（大使）菅 原道真 （副使）紀 長谷穀雄						

【出處】以石井正敏《遣唐使一覽表》(《石井正敏著作集》第2卷)頁7—
9爲主整理。在使節中,(　　)內的人物表示辭職或沒有入唐的人。

（作者單位：日本中央大學文學部）

關於劉晏(716—780)的"三教不齊論": 敦煌寫本的問題研究

巴瑞特 撰 禹 點 譯 柳幹康 校

　　作爲本文核心的敦煌文獻,"三教不齊論"是一篇包含在斯坦因手稿 S.5645(下文簡作 S.5645)中的寫本,因過去十年的學術發展,已經有了一次徹底的重新評估。以前,它與日本中古及近代早期,在"三教"評論傳統中保留的參考文獻之間的聯繫被證明是錯誤的,這一錯誤是將同一標題分配給兩個不同的唐代作品的結果。在轉向對敦煌文獻本身的嘗試性新解讀之前,我們先簡要地看一下促使這一重新評估發生的驚人新證據。我也希望將來能以新發現的材料作爲一個契機,描述日本豐富的評論傳統的發展,特別是在印刷術出現後,但爲了縮短我的陳述,我將在另一份著作中論述。

　　根據 S.5645,在敦煌文獻中發現的"三教"作品,被命名爲劉晏(716—780)的文章或彙編,於 1962 年首次由日本學者牧田諦亮引入現代學術讀者群。他指出,9 世紀最早訪問中國的兩位日本佛教領袖,最澄(767—822)與空海(774—835)所獲得的書籍中,有一部與"三教"同名的作品已被公開出版,這部作品沒有署名作者。之後,牧田諦亮進一步考證,並在其之後的一篇論及《三教指歸》的論文中數次提及該觀點,《三教指歸》的作者是空海[1]。劉晏是 8 世紀中國政府的主要參與者,所以他的任何著作都是令人感興趣的[2]。

---

[1] 牧田諦亮《關於劉晏的三教不齊論》(《劉晏の三教不齊論について》),載《佛教史學論集:塚本博士頌壽記念》,塚本博士頌壽記念會,1961 年,頁 694—715。

[2] 我們回到劉晏,他主要的名氣是作爲一名財務官員。杜希德(D.C. Twitchett)《唐代財政》(*Financial administration under the T'ang*),劍橋:劍橋大學出版社,1970 年,頁 52—53、92—94、111—113。

但在 20 世紀末,得益於全日本在圖書館前現代藏書的編目方面取得的進展,這兩位佛教徒帶回的藏品仍然存在。最終,人們發現了一份由最澄鈔寫的寫本,還有兩份爲空海鈔寫的寫本也被找到。

目前,推動這些新發現研究的主要爲東京駒澤大學的藤井淳,他於 2016 年在日本發表了一份關於這兩種材料的全面研究報告,這份研究報告實際上也是對劉晏文章的全面研究,該研究不僅含括了他自己的研究成果,還含括了其同事們的研究成果,包括池田將則、倉本尚德、村田みお與柳幹康;該研究報告包括完整版的文本,加上注釋和翻譯,以及合作者的研究論文①。這項傑出的集體研究的主要成果以多種方式增加了我們的知識,目前而言,可能限於以下幾點:

第一,新發現(或重新發現)的作品不是劉晏的,而是一個更不起眼的人物——姚晉。姚晉稱自己是一位參軍,且還是廬州(即今安徽)的行政長官。有兩部具有相同標題的不同作品並不奇怪,正如牧田氏在 1962 年指出的,他堅持認爲“三教不齊論”可被視爲對由 6 世紀後期的一位佛教批判者衛元嵩提出的一個具有影響力的相反論斷的回應②。第二,由於作者提及的創作日期爲 724 年,而最澄鈔寫的寫本末頁顯示的日期爲 774 年,所以該作品的創作時間應該是介於這中間的半個世紀。第三,姚晉的著作後來被一個宋朝的人修改和增補過,這從書中引用的新材料可以看出,正如牧田氏曾指出的,根據正式標題判斷,這部修訂本不是 1110 年代之前的作品,這之後,這個修訂過的作品以劉晏的名義在日本流傳,但有着新的標題——《三教優劣傳》,最終這部著作在 1650 年刊印③。通過檢索“三教不齊論”這份迄今爲止,未經審核的,關於宗教間辯論的 8 世紀材料,這群研究人員,及一些中文研究著作找出了一些新資料,這些新資料提供了一個重新審視敦煌原典的理想機會。即使只能提供一些更廣泛的知識背景説明當時以劉晏的名義創作其作品,它仍然可以幫

---

① 藤井淳等編《最澄・空海將來“三教不齊論”的研究》(《最澄・空海將來『三教不齊論』の研究》),東京:國書刊行會,2016 年,頁 59—71。
② 牧田諦亮《關於劉晏的三教不齊論》,頁 701。衛元嵩思想的重要性已由鎌田茂雄提出,《中國佛教思想史研究》(《中國仏教思想史研究》),東京:春秋社,1969 年,頁 264—297。
③ 牧田諦亮《關於三教優劣傳》(《三教優劣傳について》),載《佛教文化研究》(仏教文化研究)第 11 輯,1962 年,頁 87—98。

助我們理解劉晏"三教"作品的上下文。

　　儘管藤井氏編纂的集體研究以及早前的研究的結論仍舊是正確的，然而並不能說劉晏的作品爲理解姚曇的作品提供了任何線索，因爲從現存文獻來看，劉晏的作品不是一個對三教的討論，而是一份在中國文化背景下，没有提到具體道教傳統的，爲佛教行爲辯護的作品，即使它可能是一部更大作品的摘録，而這部更大的作品是有效地討論三教的[1]。目前，關於這一材料的所有引用都必須保持一些暫定性，因爲它顯然需要從三種不同的角度進行認真地考慮，但這三點尚未得到充分探討。

　　其中最基本的就是寫本學的視角，換句話説，需要對每個寫本正文的每個部分的各個方面進行分析，因爲若没有對整體的鑒賞，就無法對其特殊個體的重要性作出評估。雖然牧田氏確實用了一些篇幅簡要描述了用來構成 S.5645 的其他大部分作品，我們如今通過山姆·凡薛克氏（Sam van Schaik）和高奕睿（Imre Galambos）的工作，至少得出了一個標準，該標準證明了採用更全面方法解讀敦煌檔案中綜合文獻的好處[2]。據此，寫本還有一個形式特徵，即它可以立即提供有關其最早創作的日期及功能的線索。S.5645 所有頁面的每個角落都有圓角，此外，根據一次於 2019 年 4 月我與高奕睿博士的個人交流，其下一項研究發現，即便在西亞有更早的先例存在，中國的此類寫本也不可能早於 880 年代。我們期待他下一項研究能證明這一重要觀點，但同時其結論值得報告的是，這項新研究旨在提升寫本的可攜帶性。也因爲這項新研究，S.5645 似乎被視作一個小型的便攜式個人參考書，或是一種有用信息的集合或是某種備忘録。它可能由一位僧侶整理並作爲個人物品隨身攜帶，而不是從某個經藏借來的。

　　然而，必須立即指出的一點是，我們迄今爲止命名爲"三教不齊論"的轉録文本，實際上並没有這個標題。由於它是一篇從中段開始的文章，故没有任何形式的標題；"三教不齊論"這一文字及"劉晏述"，即"劉晏敘述"都只是出

①　注意，關於劉晏"三教不齊論"的結論，可參考張文良的《姚曇著〈三教不齊論〉考》頁 44，《姚曇著〈三教不齊論〉考》，載《輔仁宗教研究》2012 年總第 25 期。

②　山姆·凡薛克氏、高奕睿《寫本和旅人：十世紀佛教朝聖者的漢藏文獻》（*Manuscripts and Travellers: The Sino-Tibetan Documents of a Tenth-century Buddhist Pilgrim*），柏林：瓦爾特·德格魯伊特有限公司，2012 年。

現在文本的結尾,作爲其來源的明顯指示。這似乎表明,儘管考慮到文本給出的動詞"述",但我們現有的文本是從一個更大並擁有其本身題目的來源中摘錄出的。此外,目前尚不清楚劉晏與我們現有文本及其來源的關係。至少對我來説,因爲我不知道"述"這一動詞的用法是否不僅可以涵蓋我們現有的文本的構成,而且還可以涵蓋從其他各來源收集的更廣泛的文本檔案彙編。也許這僅意味着,這篇文章最初只是爲皇帝的利益而準備的,而不是爲公衆讀者準備的。

　　我將"述"英譯作"敘述"是基於我在之前的一些工作中,試圖確定這個詞的含義與 9 世紀早期另一份文獻標題的關係[1],但在之前的這些工作中,我並没有完全確信已掌握這個詞的用法。因此,我很感激寧梵夫(Max Deeg)最近在一份非常著名的 8 世紀晚期的文獻中評論了它的意義,迄今爲止,該詞在這份文獻中起到的作用尚未引起足夠的關注。這份文獻就是"大秦景教流行中國碑"("Nestorian Stele")。在他的研究和翻譯中,寧梵夫提醒注意了這個詞在中國歷史編纂學術語中的用法[2]。這一用法確曾在劉知幾(661—721)的《史通》中被討論過,但是結合上下文,這個詞的意思似乎有些專門化;在英語裏,"Recapitulation"(概括)可能是最好的詮釋[3]。這個詞在儒家經典中,無疑應出於《論語》第七章的開篇"子曰:'述而不作'",即孔丘説他自己"只傳播闡述前人的學説但不創作"。針對這句話,所有的注釋都同意這個詞表示接收信息並原封不動地傳遞它。"劉晏述説"就像我能想出的任何用法一樣,似乎是作者根據 S.5645 的例子所能做出的最恰當的翻譯,但肯定還有討論的空間。

　　正如牧田氏指出的,劉晏的材料被含括在一個小筆記本里,它只有 12×8.5

① 巴瑞特《從早期文學中的宗教意識形態到政治權術:佛道對抗的視角》(*From Religious Ideology to Political Expediency in Early Printing: An Aspect of Buddho-Daoist Rivalry*), London: Minnow Press, 2012, pp. 50—51.

② 寧梵夫《光輝教誨:西安石碑》(*Die Strahlende Lehre: Die Stele von Xi'an*), Berlin: LIT Verlag, 2018 年,頁 72,注 174。

③ 對於相關段落,有一個帶有法語翻譯的雙語版本,見劉知幾著, Damien Chaussende 譯《史通内篇》(*Traité de l'historien parfait. Chapitres intérieurs*), Les Belles Lettres, 2014 年,頁 70—71。"述"在法語版被翻譯爲"Propos"("話"),但這一翻譯對我來説並没有説明任何意義。

釐米大小,由七十頁紙組成,紙的右側用線縫在一起,内容是幾份不同的文本,以備忘録的形式記録下來。在劉晏作品前有其他七篇作品,前六篇是禮儀性的,即贊美詩、祈禱文和實用性的客套語,第七篇是一個用來解釋中國佛教歷史的小型資料彙編,其寫作日期爲 869 年;牧田氏指出,敦煌文獻 P. 2722 中有一個類似的小集子,上面的日期爲 880 年[①]。在劉晏作品之後,是一篇十七頁的不完整作品,牧田氏除了給出標題外没有評論——該文題爲《司馬頭陀地脈訣》,因爲它與之前的作品類型不同[②]。在某種意義上,牧田氏是對的,因爲它是一部占卜作品,而類似這種參考材料,在今天則被稱爲 "風水";根據較近的研究, "風水" 當然必須被承認是敦煌佛教神職人員生活的一部分[③]。馬克(Marc Kalinowski)翻譯了《司馬頭陀地脈訣》的一部分,並將此類作品稱爲 "家庭的堪輿"(domestic topomancy)。他的翻譯表明,這篇作品的作者在 9 世紀中葉生活在中國南方,似乎對收録那些對佛教神職人員有用的信息特別感興趣[④]。

　　不幸的是,這部筆記並不完好,而且不是簡單的最後幾頁被損壞了,而是在劉晏文章之前至少有兩頁(即至少一張紙)已確認丢失,現存劉晏作品的文字是從一整句中間開始的。我尚未在大英圖書館裡看到這本筆記本,但從已出版的照片看,可以略作一兩個嘗試性結論[⑤]。首先,修改的存在(在頁 23a、24b 和 33a)表明,這本筆記是被非常仔細地放在一起的 :它不僅僅是一份粗略的筆記,而是被故意編輯成一部小參考工具書,供其主人使用。其次,包含劉晏文章開頭的紙頁,遺漏了一張或多張,可能是偶然的,也可能是將紙張縫

---

① 牧田諦亮《關於劉晏的三教不齊論》,頁 700。

② 牧田諦亮《關於劉晏的三教不齊論》,頁 701。

③ 該寫本被收録在余欣《神道人心 :唐宋之際敦煌民生宗教社會史研究》的其他同類作品的説明中,《神道人心 :唐宋之際敦煌民生宗教社會史研究》,北京 :中華書局,2006 年,頁 179—182。

④ 馬克《中古中國的占卜與社會 :法國國家圖書館和大英博物館的敦煌手稿研究》(*Divination et société dans la Chine médiévale. Etude des manuscrits de Dunhuang de la Bibliothèque nationale de France et de la British Library*),法國國家圖書館(Bibliothèque nationale de France),2003 年,頁 563—564。

⑤ 以下觀察材料基於中國社會科學歷史研究所編纂的《英藏敦煌文獻 :漢文佛經以外部份》第九卷中的照片。中國社會科學歷史研究所編《英藏敦煌文獻 :漢文佛經以外部份》第九卷,成都 :四川人民出版社,1994 年,頁 1—18。

合在一起時做出的決定,但筆記本的主人顯然不認爲再次將筆記本拆開並插入遺漏的一張或多張紙,或(如果該材料已丟失)重鈔的一張或多張紙是重要的。簡而言之,我們現在擁有的筆記本内容,可能已經是其主人認爲需要保存的内容。

　　然而,暫且不論這些和其他寫本學問題的解決,還有兩個觀點需要至少先觸及一下。首先是内容問題;第二個是上下文問題,上下文在這裡指的是最適合我們現有的文本編纂的特定歷史背景。由於已經給出的原因,内容首先顯得尤爲重要:劉晏的"三教不齊論"很難滿足人們通常對"三教"所期望的評論。該文完全没有提到道教;尤其奇怪的是,該文在論述一個似乎至少需要稍稍提及道教的話題時也仍没提到道教。顯然,該文是被框定爲一份提交給皇帝的討論文件。這份文件的結尾與該類作品的慣例是一樣的,即短語"謹議"(即"這是我的拙見")會緊跟着幾句包含一系列相似短語的句子,如"愚臣所議"等。皇帝顯然想知道的是僧人是否應該向他鞠躬行禮(表達臣服),如果應該,應怎樣鞠躬——這對任何希望避免可能導致皇帝極度憤怒的人來說,都是一個極度微妙的問題。

　　這個問題本身並不新穎。從另一份在手稿 P.2954[①] 中關於同一主題的摘録(描述了初唐,但顯然不完全符合歷史事實)來看,大約在這個時期,其他敦煌居民似乎也對這個問題保持了興趣。在 662 年,唐廷曾舉行過廣泛的辯論,這些辯論後來被一位佛教僧人編進了一份綜合檔案,這份檔案還包括了可追溯到西元 4 世紀早期的辯論歷史記録[②]。艾利克(Eric Reinders)最近對整個卷宗進行了進一步總結,並將其置於一個更廣泛的背景下討論。所以,在這裡似乎没有必要重述辯論本身[③]。這部 662 年的彙編在内容上確實與 S.5645 中的類似材料形成了鮮明的對比,儘管它比劉晏那份一千多字的文本長了四十倍左右。誠然,爲進行完全可靠的詞彙對比,在理想情況下,敦煌的材料可能會

---

① 這份手稿曾被陳祚龍研究過。《敦煌學園零拾》,臺北:臺灣商務印書館,1986 年,頁 279—285。陳祚龍認爲這份作品的創作時間可以追溯到 795 年以後,手稿可能是 10 世紀的。

② 彦悰《集沙門不應拜俗等事》,《大正新修大藏經》52 册,2108 號。

③ 艾利克《佛教和基督教對中國磕頭問題的回應》(*Buddhist and Christian Responses to the Kowtow Problem in China*),倫敦:布魯姆斯伯里出版社(London: Bloomsbury),2015 年,頁 51—94。

更豐富,但仍然出現了一些非常有趣的模式(文字的)。在 S.5645 中的論述提到孔子時,或取其姓稱其爲"孔",或稱其爲"夫子",兩種稱呼各出現了三次;662 年的文件提及孔子時,稱姓氏二十一次,稱"夫子"一次。相比之下,斯坦因手稿中根本没有提過老子,而在 662 年的記録中則提到過四十一次。另一個廣爲人知的例子是一位早期的道教人物,他被認爲,曾無可非議地以一種超然的姿態面對一位漢代早期的皇帝(漢文帝),他就是早期(也可能不是那麼早)的《老子》注釋者,河上公。他在 662 年的文本中被提到了七次,而在敦煌文獻的辯論中則完全没有被提到①。

　　顯然 S.5645 摘録的内容還有很多可以討論的,從表面上看,其確實提出了一些關於劉晏一生所處環境中可能存在的難題。由此,可以理解,在這樣的環境下,培育出了劉晏如此獨特好辯的寫作技法。粗略閱讀一下唐帝室與佛教關係的年代調查,如斯坦利·威斯坦因(Stanley Weinstein)的開拓之作《唐代佛教》,就可以清楚地看到,儘管唐朝普遍對道教的支持超過佛教,但在 755 年安禄山叛亂之後,至少在一代人的時間裡,唐朝變得依賴來自外族的軍隊,由於他們可能對通過道教形式確保帝國合法性缺乏興趣,因此需要更多地展示唐帝國參與到更具有"泛亞洲"(pan-Asian)的宗教傳統中②。畢竟,基於"血與土"思想建立起的政治合法性體系,假設了一批基礎的支持者,是可以理解這種思想的。劉晏最終實際上是死於一位嫉妒他的政治對手(唐德宗時宰相楊炎)的司法謀殺,而劉晏死時在位的皇帝(唐德宗)確實表現出試圖恢復早期王朝(宗教)政策的跡象,但在那時,在劉晏生命的最後時刻,於任何情況下,他廣泛的官僚職責都可能妨礙他對文學或宗教的追求③。

　　即便如此,完全不提及道教,既表明了一種深思熟慮的謹慎,也强烈地指出了某種比朝堂政策轉變更重要的東西——更像是某種不穩定和危險的政治形勢,在這種形勢下,與皇帝的對話需要特別小心,"越少説越好"的方針是非

---

① 有一些認爲這個傳説甚至是前佛教時期的,見楠山春樹《老子傳説的研究》(老子伝説の研究),東京:創文社,1979 年,頁 171—198。在頁 186—191 中,專門介紹了這個傳説在唐代辯論中的作用。

② 斯坦利·威斯坦因《唐代佛教》(Buddhism under the T'ang),劍橋:劍橋大學出版社,1987 年,頁 57—59、77—89。

③ 斯坦利·威斯坦因《唐代佛教》(Buddhism under the T'ang),頁 89—90。此時的財政緊縮實際上是針對佛教和道教的。

常明智的。舉例來説,這種情況不是在叛亂後較長餘波中出現的,而是在叛亂之前的十年中就已出現。明皇,即玄宗(685—762、712—756 在位)當時正大力推行一項計劃,即將道教發展成帝國的意識形態。結果,佛教即使没有受到直接的迫害,但在帝王支持道教的情況下,也遭到了徹底的削弱[①]。唯一的問題是,似乎没有令人信服的理由説明爲甚麼應該在此期間就"磕頭問題"進行朝堂辯論。不過正如我將在本研究下面的結論中指出的那樣,在這一點上,我可能錯了。即便如此,據我所知,目前尚未有明顯的跡象表明,有任何與此("磕頭問題")相關的行政措施曾被制訂。

　　但這個問題在明皇因叛亂被兒子剥奪權力後被立即重新審議。然而,當時父親(玄宗)還活著,儘管他的聲望已完全崩潰了,但即使他因叛亂而處於極不穩定的境地時,仍然是一個潛在的政治參與者。760 年十月後期,新帝肅宗(756—762 在位),作爲他爲應對王朝面臨的新危險而轉變政策的一部分,他承認僧人在與皇帝講話時,不必自稱爲"臣",而似乎可信的是,在做出這一決定之前,朝堂進行了一些討論[②]。但這一時期的政治局勢是非常不確定的,當時這個國家的大部分地區仍在叛亂者手中,而前皇帝還活着,且有廢黜肅宗的潛在意圖。正如杜希德在撰寫歷史時有力指出的那樣,這令做出任何政治上有爭議的主張變得非常困難[③]。當時,在被要求評論一項關係到皇帝地位的政策時,最好避免説任何可能會給日後帶來不良影響的話。

　　假設劉晏是 S.5645 那篇著作的作者或編輯者,那麼這樣一個支持佛教提議,故意避免冒犯道教的日期,對劉晏的傳記來説是否合理? 劉晏其實是一位天才少年,很小的時候就引起了明皇的注意,所以他在這個時期之前就已在朝

[①] 斯坦利·威斯坦因《唐代佛教》(*Buddhism under the T'ang*),頁 51—57。
[②] 關於這一讓步的唯一早期材料源自贊寧在 10 世紀末編纂的《大宋僧史略》。魏雅博(Albert Welter)在其細緻入微的研究著作《中國佛教管理:贊寧與佛教僧侶專題概略的研究與翻譯(大宋僧史略)》(*The Administration of Buddhism in China: A Study and Translation of Zanning and the Topical Compendium of the Buddhist Clergy* (*Da Song Seng shilue*)〔Cambria Press,2018 年,頁 556,559(中文文本),565,注 41〕中也未能找到任何更早的文獻來證實這一信息。但在當時的情況下,它(讓步)本質上是合理的,關於這一點可見威斯坦因《唐代佛教》,頁 58。
[③] 杜希德《史家、讀者與時間曆》(*The Historian, His Readers, and the Passage of Time*),臺北:"中央"研究院歷史語言研究所,1997 年,頁 67。

堂中佔有了一定的地位。而他的第一份在八歲時（原文如此）的職位，是皇家圖書館的一個小文員，但在他被提升到中央政府的更高級職位前，不太可能會徵求他的意見，而這些都發生在叛亂爆發之前。然而，他在隨後爲朝廷方面的努力工作中贏得了新皇帝的認可，在 760 年初夏，他被召回重建的中央政府，並承擔了財政管理的重要職責[①]。或許應指出的是，儘管有研究説劉晏與僧人道遵（714—784）有過接觸，但在其他資料中發現，有關劉晏對佛教態度的證據是被描述爲負面的[②]。但是，這一觀點顯然建基於 9 世紀中葉的兩件軼事。其中一個，是關於他對一個和尚建議他“諸惡莫作，諸善奉行”的批評，劉晏認爲即使是小孩子也知道這一道理，但劉晏也提出了反駁，他指出即使是一個老人實際也做不到這點。不過，這段對話也被認爲有至少另外兩組起源，分別是兩組世俗人與僧人間的交談，一組早於劉晏，一組遲於劉晏。在這些例子中，歷史上，世俗人並不敵視佛教，所以在我看來，這則軼事不能用來證實佛教負面的聲名[③]。第二件軼事簡單地説，就是劉晏少好道術，而他這一追求長生術的興趣，並非總與佛教格格不入[④]。然而，這也確實表明，有理由相信劉晏對道家傳統的瞭解相對較深，這令他在“三教不齊論”中完全不提道教的行爲顯得更奇怪了。

　　不言而喻，“上下文”，即我們評估這一文本的第三個方向，也需要進一步仔細研究。因此，目前這一建議只能是一個研究假設，它是在沒有進一步調查評估這一文本來源所需的其他兩個視角的情況下，做出的有限判斷之一。然而，日本保存下來的“三教不齊論”卻爲這一假設提供了一些線索，它明確可以追溯到 774 年之前，同時它也可以追溯到 724 年的明皇在位初期，且明確提到了道教佈道，是作者想起他在一個當時廣爲人知的前朝道教奇蹟故事發生

①　我所知道最可靠的劉晏年譜是齊濤與馬新的《劉晏楊炎評傳》，南京：南京大學出版社，1998 年，頁 284—301。關於他在 760 年的晉升，見頁 291—292。

②　這似乎是柳田聖山的解釋，《初期禪宗史書の研究》，東京：法藏館，1967 年，頁 203—204、211—212。

③　見段成式《酉陽雜俎》續集卷四（北京：中華書局，1981 年，頁 230—231）及錢鍾書《管錐編》（北京：中華書局，1979 年，頁 683）。

④　李昉《太平廣記》卷三九，北京：中華書局，1981 年，頁 245，引自盧肇的《逸史》。

的地方所聽到的①。顯然,作者這樣做沒有任何不安,即使他忽略了該道教奇迹故事本身,而不是明確地否認它。這也更强化了一種印象,即劉晏"三教不齊論"這一本更進一步忽視一切有關道教故事的書一定是在特殊的情況下所編的。然而,這些材料在學術上都是較新的。時間會告訴我們未來應如何審視它們,但我們相信,已經有足够的證據指明了這一研究未來可探索的方向。

　　無論如何,上述意見顯然只是假設的,這些證據可能也有其他的解釋。因此,我非常感謝藤井教授在 2018 年 12 月的斯坦利·威斯坦因紀念研討會上的評論,正是因爲唐玄宗時期佛教密宗大師到達唐廷,從而引發了一些關於僧侶與君主關係的討論。這些人的傳記材料讓我們相信,他們對待皇帝的態度非常隨意②。這種"隨意"可能引起的評論,在將來會有被探討的可能性。同時,我很高興有機會引起大家注意到杜希德和斯坦利·威斯坦因的研究,這兩位朋友在向英語世界介紹日本的中國學時做出了很大貢獻。希望這種學術聯繫能够長久持續下去!

（作者單位：倫敦大學亞非學院。

譯、校者單位：禹點,南京大學文學院；柳幹康,東京大學

東洋文化研究所）

---

① 這個故事在藤井氏所編研究報告的頁 61 被提到,並且在頁 233—239 中,倉本尚德解釋了這個地點的重要性。

② 這種"隨意"在先驅學者周一良對這些人的研究所收集的材料中表現得很明顯。見理查德·佩恩（Richard K. Payne）的重印著作《東亞的密宗佛教》（*Tantric Buddhism in East Asia*）,波士頓：智慧出版社,2006 年,頁 59。不空金剛（其中一位密宗大師）稱呼唐玄宗爲"三郎",這是一種非常隨意的稱呼方式。

日唐的改元與大赦

——讀《年號與東亞：改元的思想與文化》所感

金子修一 撰　王　博 譯

一

就在 2019 年，因發生了自明治以來的第一次天皇讓位及隨之進行的改元，引發了社會各界對新年號的强烈關注。《年號與東亞——改元的思想與文化》（東京：八木書店，2019 年）一書是在經過充分準備的基礎上出版而成的，其時間節點也很合時宜。但遺憾的是在日本的唐代史研究會内部，本書的存在似乎並不太爲人所知悉。因此，我想首先對本書的内容做一個詳細介紹。在書中收録有近三十篇論文，其中並没有涉及論述"改元與大赦關係"的大作。然而，在中國改元之際通常會伴隨大赦的實施，或許日本在改元時實際並未實施大赦，亦或雖然實施了但在本書中較少提及，這一點吸引了我的注意。因此雖然我對日本史而言是外行，但仍斗膽將自己所考察的内容作爲備忘録忝列於其後。對本書中所有文章的豐富内容予以面面俱到的介紹顯然並不現實，文中會隨時闡述對所涉相關論文的簡單感受，乞請諸位作者多加包涵。

二

關於本書的結構，首先是涉及《第一幕：爲時間賦名》《第二幕：決定年號的人們》《第三幕：年號的確定方案》《第四幕：年號與漢籍》的"親王名字勘文寫”“改元仗議公卿交名”“經光卿改元定記　寬元寶治建長”“群書治要”
等史料彩圖，以及水上雅晴氏的序。其後目録如下所示，收録了各篇大作。

總論　—日本年號的來歷與特色—　　　　　　　　　　　　　所　　功
第一部　文字、語言、記録
　　1 關於迎陽記的改元記事　　　　　　　　　　　　　　小川剛生
　　2 金澤文庫本《群書治要》移點的意義　　石井行雄、猪野　毅、近藤浩之
　　3 從年號勘文所見日本中世的類書使用
　　　　　—以《修文殿御覽》爲中心—　　　　　　　　　　高田宗平
　　4 年號與貨幣—從中國貨幣“漢興”“大夏真興”説起—　　大形　徹
　　5 中國出土資料紀年考　　　　　　　　　　　　　　　名和敏光
第二部　朝鮮、越南與年號
　　1 近現代朝鮮的民族主義與年號　　　　　　　　　　　月脚達彦
　　2 試論越南年號史
　　　　　—以丁、前黎、李、陳朝期(十世紀～十四世紀)的
　　　　　事例爲中心—　　　　　　　　　　　　　　Pham Le Huy
第三部　年號與正統性
　　1 年號與王朝交替　　　　　　　　　　　　　　　　　清水浩子
　　2 受命與改元—圍繞漢末的改元—　　　　　　　　　　多田伊織
　　3 4～6世紀東亞的“治天下大王”與年號　　　　　　　甘　懷真
　　4 鐮倉時期年號勘申者的家與公武政權　　　　　　　　福島金治
　　5 南北朝期日本的不改年號與私年號　　　　　　　　　田中大喜
第四部“時”的支配
　　1 五胡十六國前期“列國元年”紀年研究序説　　　　　　童　　嶺
　　2 平安時代初期的王權與年號　　　　　　　　　　　　久禮旦雄
　　3 “一世一元”制度的淵源—圍繞明朝的年號—　　　　　鶴成久章
　　4 近世日本的一世一元論　　　　　　　　　　　　　　大川　真
　　5 年號與曆法—本居宣長的行爲“人作”與自然“神作”　清水正之
第五部　改元的思想要素
　　1 天命、曆法與年號　　　　　　　　　　　　　　　　鄭　吉雄
　　2 日本中世的改元與陰陽家　　　　　　　　　　　　　赤澤春彦

　　3 從祥瑞改元到災異改元　　　　　　　　　　　水口幹記
　　4 文字的想像力與改元—圍繞改元中的“camp”坎普概念—　尾形弘紀
　　5 難陳—朝廷上改元討論的實態—　　　　　　　水上雅晴
第六部　年號與時間
　　1 中國古代的曆運説—數理與開展—　　　　　　武田時昌
　　2 關於日本古代年號制的形成　　　　　　　　　細井浩志
　　3 術數的原理—以“兼良公三革説”爲中心—　　　末永高康
　　4 近世民衆的年號意識—以傳聞或狂歌爲例—　　　吉野健一
第七部　資料介紹
　　1 國立歷史民俗博物館所藏“經光卿改元定記　寬元寶治建長”
　　　—影印、附、略解題—　　　　　　　　　　高田宗平
　　2 靈元上皇宸筆　國立歷史民俗博物館所藏“年號事”覺書　所　　功
後記　　　　　　　　　　　　　　　　　　　　　水上雅晴

　　在所氏的總論中，在列舉出典的基礎上，通俗易懂地論述了年號在公文中的應用。即：自大寶儀制令開始正式規定在公文中需使用年號，這一做法在此後得以延續。從這一點來看，大寶改元及對令制的明文化無疑具有劃時代的意義。雖然昌泰四年（901）三善清行的“革命勘文”目的是爲打倒菅原道真，但其在後世被看作是“辛酉革命”的根源，自天德五年（961）將辛酉改元爲應和、應和四年又將甲子改元爲康保後，因“辛酉革命”“甲子革令”而進行的改元一直持續到江户時代末。在中國通常於即位翌年正月元日改元，而在日本只有奈良末期的“天應”（781，被認爲是辛酉革命早期的一例）進行過元日改元，這對於研究中國史的我而言，實在是感到有些不可思議。

　　小川剛生在《關於迎陽記的改元記事》中介紹了對自東坊城秀長《迎陽記》到足利義滿時期改元的相關爭論情況。在爭論者中，除有人引用《毛詩》毛傳、鄭箋外，還有人借助朱熹新注或《韻鏡》等這些自鐮倉以後傳至日本的文獻加以討論，反映出中世的日本受漢學影響的一面。

　　石井行雄、豬野毅、近藤浩之《金澤文庫本〈群書治要〉移點的意義》指出，對於在承久之亂後不得不輔助並指導朝儀的北條氏而言，收集改元的相關信息變得具有重要意義。作者指出在金澤文庫收藏了確定改元及年號所需典籍及其注釋，並爲準備改元專門進行過《群書治要》的講讀，解明了金澤文庫

本《群書治要》中進行移點的背景。

高田宗平《從年號勘文所見日本中世的類書使用——以〈修文殿御覽〉爲中心》著眼於曆博藏廣橋經光《經光卿改元定記 寬元寶治建長》,指出寬元度（1243）、寶治度（1247）、建長度（1249）進行的三次改元都典出自《修文殿御覽》。《修文殿御覽》是北齊祖珽等人於武平三年（572）完成的類書,推測在8世紀中期前後傳至日本。作者認爲,雖然至遲到鐮倉中期《修文殿御覽》《藝文類聚》《太平御覽》就爲公家、官員階層所使用,但各氏族、家、系流所用類書不同（藏者不同）。作爲年號勘文的出典,最早得以應用的類書是平安中期長久度（1040）的《翰苑》,其後直到鐮倉前期安貞度（1227）的《天地瑞祥志》,其間未見類書被應用於年號勘文出典。自此後的寬元度開始,類書作爲年號勘文的出典又變得盛行起來。《翰苑》《天地瑞祥志》《修文殿御覽》在中國成爲逸書,《太平御覽》的金澤文庫本影印本則廣爲流傳。從年號勘文這一視角回溯在中國已然成爲逸書的類書在日本落地並傳播,我對此印象深刻。

大形徹《年號與貨幣》對從東亞最初的年號錢——五胡十六國時期成漢的“漢興”（338—343）及夏的“大夏真興”（真興是419—425）開始,到唐代的東亞年號錢進行了詳細介紹,同時指出,在納入中國王朝册封體制以後,高句麗、百濟、新羅開始使用中國年號。高麗雖然使用宋、遼年號,但其錢幣曾發行過與唐相同的“乾元重寶”“開元通寶”。而納入明朝册封體制的足利政權時期的日本則大量使用“永樂通寶”。也提到了富本錢和同開珎。

名和敏光《中國出土資料紀年考》概述了截止西漢的出土資料紀年,指出自殷代起便存在王的即位紀年,春秋戰國時期除有周王紀年外,還存在諸侯紀年。在戰國時期,還曾以當年發生的某一重大事件作爲大事紀年。西漢的最初年號是武帝的“太初”,此前的建元到元封年號是後加上去的。帶有元封以前年號的出土資料（號稱出土資料之物）是僞刻,此外,作者還慎重地指出由於並未發現帶有太初紀年的出土資料,因此或許不能確定太初年號的使用與太初曆的制訂具有直接聯繫。

月脚達彦《近現代朝鮮的民族主義與年號》詳述了清末以來朝鮮紀年的問題。在此對大韓帝國以後的歷史進行介紹,“光武”是被作爲高宗皇帝即位產物的年號,在思想史上處於近代發生變化的小中華意識這一脈絡之上。建陽之後的《官報》及法令都使用陽曆日期,而《承政院日記》《明時曆》則主要使用陰曆日期,這一兩種曆法並存的狀態,並非是向近代發展的過渡性現象,而是與王權的正統性密切相關。

　　Pham Le Huy《試論越南年號史》通過與日本的對比,指出越南年號的特色。如關於踰年改元,在日本是自平安時期後正式得以實施,而在越南,則是自黎朝時期以來,因儒教備受重視取代佛教後開始實施的。踰年改元的實施背後,是處於禮制改革中的丁、前黎、李朝的特徵、堪稱"二君體制"的陳朝上皇制、奈良時代女帝禪讓的特質等越南與日本各自獨特的政治特性。此外,關於與涉及年號的祥瑞,相對於重視靈龜的日本而言,李朝則重視白象。該文是在意識到與日本差異的基礎上,對越南年號特徵的詳細闡述,對於日本史學者而言當有所助益。

　　清水浩子《年號與王朝交替》圍繞"自始創年號的西漢武帝到東漢光武帝時期,基於五行説、十干十二支產生的年代循環見解、漢代火德土德説及土德説,其思想依據是緯書"這一問題等進行了通俗易懂的講解。認爲在漢武帝時期,董仲舒以天人合一思想爲核心將皇帝予以絕對化,年號的制訂也應該是其思想的一個組成部分。

　　多田伊織《受命與改元》指出從春秋時期到漢武帝之前,"改元"是確認王或皇帝在位的用語,自武帝建立年號以來,改元的意思發生了變化。此外,對西漢末期關於哀帝的再受命與改元引起的爭論進行了詳細介紹,作者認爲在今後進一步研究當時的四字年號等問題時,辛德勇《建元與改元——西漢王莽年號研究》(中華書局,2013)中相關內容也值得參考。

　　甘懷真《4—6世紀東亞的"治天下大王"與年號》認爲,五胡十六國時期同時存在"大王""天王",即便不是皇帝也會建立年號,獲加多支鹵大王(雄略)的"治天下大王"並非是爲向中國王朝彰顯自立的產物,而是爲了使大陸胡族國家與天下並立的方法,倭的五王未建立年號當是因爲沒有接受中國(宋)册封之故。高句麗廣開土王在世之時爲"太王",年號永樂,顯示出與五胡諸國的並立。新羅也在西元536年法興王時期確立了"建元"年號,號稱大王。百濟雖然未建立年號,但這當與接受東晉南北朝的册封有關。這樣一種"並立天下"的狀態因隋統一中國和唐的建立而坍塌,新羅接受唐朝册封放棄了年號。但是日本的唐化運動具有兩面性,一方面日本積極模仿唐朝制度,另一方面借助於唐朝的制度確立日本自身的"大天下",並建立年號。

　　福島金治《鎌倉時期年號勘申者的家與公武政權》從勘文提出者的家與其家的故實、智識著手,探討鎌倉時期年號勘申者的歷史意義,並考察了國立歷史民俗博物館所藏勘解由小路經光《經光卿改元定記》的完成背景。在平安末期到鐮倉時期年號勘申者的家中,經光所屬的日野流由於發展較晚,在藏書等方面處於劣勢,但在朝廷内部因爲其成爲納言而較其他家俱有更高的地位。因此作者指出,有必要對故實的不足予以補充,《經光卿改元定記》是帶著確立和繼承自身家的立場這一意識的産物。

田中大喜《南北朝期日本的不改年號與私年號》認爲,南北朝時期足利直冬(尊氏的親兒子,投奔南朝的直義的養子)的貞和年號是由於朝廷未傳達觀應改元而不得不繼續使用的。相對而言,新田義貞的建武年號則是爲向抵觸無意改元的後醍醐天皇的公家們,而展現的不認可延元改元的一種姿態。兩人對新年號的不使用原因頗有不同。關於唯一可以確定使用者的私年號——白鹿年號(白鹿二年爲1346年),作者認爲是在南朝内部北畠親房派與反親房派對立的背景下,前者爲寄託自身願望而使用的。雖然作者指出可以將南北朝時期私年號的增加看作是與相對化了公年號——不改年號的出現具有共通性的現象,但這樣一來,足利直冬不改年號背後所給予京都朝廷的尊重,就已說明其不會隨波逐流作出改變。

童嶺《五胡十六國前期"列國元年"紀年研究序説》從稱元及皇帝即位著手,將4世紀前半葉稱帝的石氏後趙與慕容氏前燕加以比較,認爲石勒在成爲趙王後需要花費大量時間強化其勢力及聲望,慕容儁由於具備前期三代的準備階段,得以於燕王四年即位。他同時指出,與是否否定東晉的合法性無關,對於五胡政權而言,爲較其他五胡諸國強化自身正當性,使用較年號低一級的"某王元年"這一列國紀年方式是最有效的方式。作者在最後提出,雖然突厥沙鉢略可汗從隋文帝處獲賜曆,但突厥使用其中的十二支紀年法而不用年號紀年法,這是我們思考南下中原的南匈奴、羯、鮮卑等使用與中原王朝類似的稱元法内在意義的關鍵,這一見解頗有見地。

久禮旦雄《平安時代初期的王權與年號》從奈良到平安初期這一"起初由天皇與太上天皇並立共同行使權力的狀況到後來權力僅集中於天皇一人,再到後來藤原氏逐漸掌握權柄"時期的年號進行了探討,論述了天皇權力的蛻變及年號變化。對於接受平城天皇讓位的嵯峨天皇的"踰年改元"與藥子之變的關聯,以及因獻上白龜促成的仁明天皇的嘉祥改元與承和之變的關聯等,即伴隨國家權力脱離天皇掌控而導致的年號的多樣化這一政治過程進行了細心解讀。

　　鶴成久章《"一世一元"制度的淵源》認爲中國因没有一世一元這一用語而使用一君一元,並追溯了明清時期一君一元制確立的歷史經過。明朝初代皇帝朱元璋僅用洪武年號,永樂帝將建文四年(1402)改爲洪武三十五年,翌年改爲永樂元年(1403)。永樂帝出於篡奪帝位的内疚而努力試圖復原和繼承洪武帝的制度,並貫徹了父皇不於在位中改元這一做法。此後一君一元也得以延續,在明代後半期作爲明朝的一項優越制度而受到宣傳,特別是謝肇淛《五雜俎》在江户時代的日本廣泛流傳。在清朝,一君一元已成爲明代的歷史事實,對於一君一元的評價業已得到確定。對於出現探討是否吸納一世一元制度萌芽的江户時代而言,在中國,一君一元已是不可動摇的根深蒂固的制度這一事實十分重要。自漢至宋元,每個皇帝改元的頻度與年號長短都不盡相同。與下文大川氏指出的新井白石的年號觀相關,我們可以認爲明代確立一君一元制對於東亞世界而言也具有重要意義。

　　大川真《近世日本的一世一元論》在探討江户時期一世一元論之際,首先介紹了寬政元年(1789)中井竹山的《草茅危言》。其次作者選取關於改元論的林鵞峰《改元物語》,指出火災最常被作爲改元的藉口,幕府相當留意京都街頭對火災與年號的議論。作者還提到了與林鵞峰同時期的山崎闇齋《本朝改元考》,並在最後探討了新井白石的年號論,指出白石不拘泥於文字的吉凶,更加重視政治理念的表達,認爲改元的大權應該屬於天皇。所謂"不拘泥於文字的吉凶"意味著減少年號的數量,白石也意識到這對於東亞外交而言也是很必要的課題。在明朝採取一世一元制的東亞世界,頻繁使用年號也就意味著王朝的不安定。江户幕府雖然重視與朝鮮的外交,但對將心血注入改變國書格式與通信使待遇的白石來説,相對於不用清朝年號而採用干支的朝鮮,日本需要使用基於高度儒學知識的自己的年號,而且日本是以天皇、朝廷與將軍、幕府之間彼此協調、融合關係爲基礎的二元化王權,作爲與之相應的外交,也需要堅定地強調年號應屬於天皇權力之下這一思想。

　　清水正之《年號與曆法》選取本居宣長的《真曆考》〔天明二年(1782),53歲時完稿,寬政元年(1789)刊行〕,探討了年號制度的基礎——時間感與曆法間關係。作者指出,雖然36歲左右的宣長在開始執筆《古事記傳》之際因《日本書紀》是中國風格的書籍而給予較低評價,但在解讀《古事記》過程中仍認爲有必要將之與《日本書紀》加以比較。然而此後他在《真曆考》中則對《日本書紀》的記述進行了更爲徹底的批判。

鄭吉雄《天命、曆法與年號》從甲骨文和儒教等文獻對夏商周三代的曆法及王在位年代的記載進行了詳細説明,關於其内容的介紹在此割愛。

赤澤春彦《日本中世的改元與陰陽家》探討了中世時辛酉革命、甲子革令改元過程中陰陽家的作用及其特徵。認爲陰陽家對革命、革令改元的影響,很大程度上起因於康保元年(964)甲子革令改元中賀茂保憲的作用。11世紀賀茂、安倍氏掌控陰陽道之時,革命、革令中的勘申也爲兩氏所掌握,形成了陰陽道、曆道呈送勘文的體制。在陰陽道中以“陰陽博士”這一“職”内所規定的單獨勘申爲其基礎。與之相對,在賀茂氏獨佔職的曆道中,並不受“曆博士”這一“職”的束縛,而是採取基於賀茂氏内的排序及所承擔責任進行連署勘文這一形式。也就是説,諸道的勘申形態及勘申者是按諸道的實際情況所決定的,可以理解爲是基於當時朝廷運營基本形式——官司請負制的産物。然而,到14世紀中葉的南北朝時期以後,陰陽家進行的革命、革令勘申逐漸流於形式化。

水口幹記《從祥瑞改元到災異改元》概述了日本的改元從祥瑞改元轉爲災異改元的經過。指出在日本初期的年號大化、白雉中,白雉是來自祥瑞的年號,此後直到延喜改元都十分重視依據祥瑞進行改元的做法。然而,由於延喜改元時三善清行提出了倡導辛酉革命的“革命勘文”,此前除代始外僅以祥瑞出現爲由進行改元的局面發生變化,祥瑞之外的理由也成爲了改元的參考。自延喜到延長的改元都是以“水潦”(久雨)和“疾疫”爲由實施的,此後以祥瑞爲由的改元逐漸消失,災異、革命(革令)更多地開始作爲改元的理由。

尾形弘紀《文字的想像力與改元》引用[美]蘇珊·桑塔格(Susan Sontag)的坎普(camp)概念——人“往往以不依靠内容作判斷的態度”,“犧牲了其内容,強調浮於表面或形式的那些肉眼所見的氣質和感覺”的事物這一思維,來看待圍繞日本古代改元的言論,並列舉了具體實例。

水上雅晴《難陳》認爲難陳是追溯日本特別是關於漢籍學術知識的繼承與發展狀況時十分有用的資料群,並進行了詳細介紹。提倡有必要將難陳的資料作爲日本漢學此前長期忽視的信息來源而予以考察研究。

武田時昌《中國古代的曆運説》首先探明三善清行的立論源於唐代王肇《開元曆紀經》,對漢代至唐宋的曆運説進行了回溯式考察,並對清行的曆運説(三革説)的數理性基礎進行了確認。依次從西漢末期終末論的出現到王莽、光武帝的革命思想與緯書的發展,以及此後出現的道教的劫運説、唐代盛行的太乙術、宋朝的五福太乙信仰進行了説明。細緻介紹了晦澀的數理、計算的依據,這一研究對於外行而言頗爲有益。

細井浩志《關於日本古代年號制的形成》考察了日本年號確定的經過及其原因。貴族官員與地方豪族階層理解了年號所蘊含的意義,爲此建立了具備儒教意識形態的律令國家,並對年號進行了普及,因此大寶律令是與大寶建元相呼應的,在此後年號中也可以看出明顯的國家意志。其原因在於,第一,日本需要自身的年號以顯示從唐朝自立。第二,在日本,大王成爲天皇後,需要通過借助祥瑞證明自己的統治是天所授予的。第三,設想律令國家要保存超過六十年的長期的記錄。自8世紀天應、延喜以後,在祥瑞改元時,其年號並非具體的形象化名稱,而成爲了吉祥語句,近似於一世一元。然而自10世紀以來,律令國家內部開始發生變化,已然並非中央集權形式。此外,隨著年號的固定,革命、革令改元以及災異改元取代祥瑞改元成爲常態。年號對天皇治世的正當化這一作用告以終結,在自然災害之時其因社會的需要向社會性時間意識轉變。這段話也可以看作是對諸氏所論內容的概括內容吧。

末永高康《術數的原理》圍繞戊午革運、辛酉革命、甲子革令的三革説背後的術數原理,九條良經、一條兼良的解釋進行了介紹和説明。在此基礎上,列舉了解説三革説的《兼良公革命説》中有依據九條良經之説的部分,認爲就傳世的《兼良公革命説》中是否被附加有一條兼良之説需要作慎重探討。

吉野健一《近世民衆的年號意識》從傳聞和狂歌對改元的影響、民間關於改元的知識等觀點出發探討了江戶時期民衆對於年號的認識,認爲年號象徵著時代的空氣和形態的這種接近現代的思想在江戶時期就已存在。人們對於改元的熱情高漲,改元的情況在之前就常常流散於世,當時的知識份子甚至可以詳細知道改元的經過及年號方案、儀式的情況等,頗爲有趣。

在資料介紹部分,高田宗平《國立歷史民俗博物館所藏〔經光卿改元定記　寬元寶治建長〕—影印、附、略解題—》》提供了在本書中常被引用的《經光卿改元定記》影印本,並附有略解題。所功《靈元上皇宸筆　國立歷史民俗博物館所藏"年號事"覺書》在翻刻曆博藏《高松宮家傳來禁裏本》寶永(1704)改元之際的資料"年號事"的同時,與靈元天皇,即上皇(1687年讓位於東山天皇)的宸筆加以對比,認爲該資料也是靈元天皇的宸筆,並考察了其完成經過。

我通讀本書時,感覺平安後期以後的改元已經成爲"有職故實"世界的爭論,參與到其中的陰陽道和紀傳道的家族得以固定化,這也更爲接近佐藤進一氏所謂“官司請負制”的實際情況吧。因此十分認同赤澤氏的觀點。而且,以三善清行的勘文爲起點,辛酉革命、甲子革令的構想得以實現,改元成爲常規化做法,年號與國政間的關聯變得淡薄。而且伴隨從平安時期開始行政權脱離天皇之手,統治權限實質上轉移到貴族、將軍手中,上述情況也會進一步常態化。但這與災異改元取代祥瑞改元成爲常態之間並無直接聯繫。在中國,災異改元與祥瑞改元都頻繁實施,對於兩者間關係,中國史研究者也應該給予足够關注。但中國的改元多伴隨大赦實施,本書中並無涉及大赦的論考。然而,實際上在日本從很早開始改元就與大赦相隨,關於這一點詳見後文。但在日本改元之際,如果其並非像中國那樣,與大赦關係密切的話,反倒也該作爲今後的探討對象。

　　隨著改元的常規化,關於改元的議論是否有陷入某種知識遊戲的傾向。我認爲對有關難陳這樣年號的議論,應該反映出了官司請負制形成後日本的情況。因鄙人學術淺薄,通過本書第一次得知測字術的存在,如其歷史可以追溯到春秋時期的話,在中國制定年號的過程中,或許也存在如日本的難陳這樣的議論。只是我雖然知道在唐之前存在對發佈年號的批評言論,但對年號制定過程中的議論則因孤陋寡聞並不知曉。此外,在中國,隨著王朝統治的確立,緯書系統的書籍成爲忌諱,今日幾乎没有留存。雖然緯書本身不一定是預言書,但如果其預言性質的部分在日本被作爲制定年號的重要參考而受到重視的話,這也應該可以看作是與改元常態化相關的現象吧。

　　根據吉野氏的研究,在江户時期,改元的消息在事先就會流散於世,當時的知識份子能够詳細瞭解改元的經過和年號方案等信息。而在中國,年號的確定因爲直接關係到皇帝權威,很難相信相關信息會提前流入民間[①]。按照唐

[①]《舊唐書》卷一六六《白居易傳》載 :“長慶末,浙東觀察使元稹爲居易集序曰……長慶四年(824)樂天自杭州刺史以右庶子召還。予時刺會稽,因得盡徵其文,手自排續,成五十卷,凡二千二百五十一首。前輩多以前集中集爲名,予以爲陛下明年當改元,長慶訖於是矣,因號白氏長慶集。”當時與白居易齊名的詩人,也是他的友人元稹負責編集白居易文集,在命名方式上並未按此前慣例以文集次第命名,而是因敬宗翌年改元長慶而命名作《白氏長慶集》。穆宗於此年正月駕崩,敬宗即位,按照中國習慣,即位翌年正月進行改元,因此穆宗的長慶年號在此年告終。這段文字可以説是爲穆宗及其年號感到惋惜,同時也反映出即便是元稹這樣的高級地方官員,也並不知道寶曆這一新年號(北京 :中華書局,1975 年,頁 4357)。

律,擅自製作曆是被禁止的,況且在唐後半期,即位翌年皇帝親祀實施南郊祭祀時,往往伴隨著大赦改元,爲避免在大赦之前犯罪的增加,特別規定在宣言實施翌年親郊的郊禮赦發佈以後的犯罪不在大赦免除範圍内。在日本如果改元和大赦彼此未相聯繫的話,或許改元的消息在事先即便被洩露也没關係,如果以接近定期的形式實施改元,恐怕就會引起所謂改元的"世俗化"。

關於中國的年號,甘、童二氏選取的論述範圍是五胡十六國時期。在諸王朝或諸勢力並存狀態下,年號的情況當如甘氏所指摘的,應該擴大視野將日本(倭國)的"治天下大王"或朝鮮三國的年代問題也予以考察。其指出各國年號與有無册封的聯繫這一點也十分有趣。《舊唐書·倭國日本傳》云"題云白龜元年調布,人亦疑其僞",可見唐是掌握了日本建立年號的。白龜元年雖然不存在於日本年號中,但因爲靈龜二年(716)任命了遣唐使,因此當是靈龜的誤寫吧。另一方面,在新羅,真德王二年(648)派遣到唐的使節因使用自己的年號(私年號)而受到太宗責問(《三國史記·新羅本紀五》)。與新羅不同,日本(倭國)的白龜元年則並未受到唐的干涉,爲什麼日本的私年號未被責問,這一點也頗爲值得探討。此外,童氏指出突厥使用十二支紀年法而不用年號紀年法,Pham氏則對越南使用年號進行了解説。在關於東亞世界的議論中,有關年號傳播的問題還有很大更進一步深化研究的空間。

就我個人的興趣而言,久禮氏指出嵯峨天皇的弘仁改元是爲排除平城太上天皇政治影響力而進行的,這爲思考唐玄宗在十二月改元開元的原因時提供了線索。則天武后在自己開創的周朝頻繁實施改元,這也可以理解成爲讓人們對新的治世充滿期待而收攬人心的一種嘗試。本書在東亞世界方面提示了諸多思考一系列問題的啟示。在此感謝編者所付出的諸多辛勞。

三

在此就日唐的改元和大赦問題進行思考,首先從《唐大詔令集》卷3—5的"改元上·下"所收録的詔敕著手,簡單確認唐代改元與大赦的關係。一開始的太宗《改元貞觀詔》篇幅很短,其中没有關於大赦的内容。其次的高宗《改元總章詔》云"可大赦天下,改乾封二年(爲三年之誤,668)爲總章元年,大辟罪已下,皆赦除之",可以看出改元與大赦的關係。自《改元總章詔》以後的十九首詔令中含"可大赦天下"之類語句的占十四首。此外,武后《改元載初赦》（690）載："自載初元年正月一日子時已前，大辟罪已下，罪無輕重，已發覺、未發覺，已結正、未結正，繫囚見徒，皆赦除之。"德宗《改元貞元並詔討河中李懷光、淮西李希烈赦》（785）載："宜改興元二年爲貞元元年。自正月一日昧爽已前，大辟罪已下，已發覺……罪無輕重，皆赦除之。"僅順序上有所區別，内容完全一樣，這些内容也可以看作是大赦文。玄宗的《改天寶三年爲載制》稍微有些不同，在將數詞"年"改爲"載"的制（武后爲避諱，而將與"照"同音的"詔"改稱爲"制"）中云"其天下見禁囚徒，應雜犯死罪者，宜各降一等，自餘一切放免"，可以看作是對大赦限定條件的赦文。順便一提的是，赦文中所謂"繫囚見徒"，在日本新日本古典文學大系本《續日本紀》中被斷句爲"繫囚、見徒"而分開，除上文的"見禁囚徒"外，卷五《改元大和赦》（827）云"見繫囚徒"，可見似乎在"繫囚見徒"之間不作切割，讀作"繫囚的見（與現相同）徒"更爲妥當。

在《唐大詔令集》剩餘兩例中，卷五《改元廣明詔》（880）以"改乾符七年爲廣明元年"收尾，在《舊唐書·僖宗紀》裏基本收録有同樣的文字，其後載：

> 近日東南州府頻奏，草賊結連……就中廣州、荆南、湖南，盜賊留駐，人户逃亡，傷痍最甚。自廣州已前，諸色税賦，宜令十分減四。其河中府、太原府遭賊寇掠處，亦宜准此。

此前的乾符六年（879），黄巢率叛軍攻陷廣州，當時黄巢之亂勢頭大漲。因此對上述地區實施曲赦，這個改元詔也含有赦文内容。餘下的《改元建中赦》（780）並非詔、制而是敕，其云"其以大曆十五年爲建中元年，所司准式，庶協履端於始，載符皇極之義也"，看不到赦文之類的描述。但這一年也是唐後半期皇帝開始實施"太清宫、太廟、南郊親祭"這一與新皇帝相應儀式的第一年，雖然改元於正月一日實施，但此後的諸帝則是在一系列親祭最後的南郊祭祀之後實施改元。而且，建中元年起大赦也開始在南郊當天實施了[1]。從這一點來看，這一年的改元被與大赦文切割開，不是通過詔、制，而是作爲"敕"予以發佈，反而可以説帶有歷史性意義。

如上所述，在《唐大詔令集》收録的十九首改元詔中含有大赦語句的有十四首，含有與大赦同樣語句的有兩首，相當於曲赦的有一首，還有一首是改

---

[1] 參見拙著《中國古代皇帝祭祀研究》第七章《唐代郊祀、宗廟的運用》，東京：岩波書店，2006年，頁309—430。

“年”爲“載”並限定死罪恩典範圍的“制”，剩下的《改元建中敕》雖然完全不含赦的內容，但大赦於其後實施，這一例外反而表明該敕所具有的歷史意義。也就是說，唐代的改元詔基本都含有大赦內容。對這一點加以確認後，接下來看日本改元與大赦的關係，因爲我本人並非這一領域的行家，僅結合《日本書紀》《續日本紀》收錄的改元記載，對上述課題進行探討。

《日本書紀》在孝德天皇白雉元年（650）二月戊寅九日條記載穴戶國獻上白雉，對此，僧旻提到“……又晉武帝咸寧元年見松滋。是即休祥，可大赦天下”，其後孝德天皇詔曰：

> 穴戶國中，有此嘉瑞，所以大赦天下，改元白雉。仍禁放鷹於穴戶堺，賜公卿大夫以下，至於令史，各有差。於是襃美國司草壁連醜經，授大山，並大給祿。復穴戶三年調役。

是伴隨改元實施大赦的唯一一例。衆所周知，僧旻隨小野妹子的遣隋使入隋，其引用的是西晉武帝咸寧元年（275）的事情（《宋書》卷二九《符瑞志下》同年四月丁巳條“白雉見安豐松滋”），在上述天皇大赦文中也感覺不到來自同時期唐朝大赦文的影響。這一點與下文《續日本紀》的例子相較而言頗爲有趣。從白雉之前的大化年間到孝德天皇以後《書紀》記載的天皇中，沒有即位赦的例子。順便要說的是，天武天皇按照《書紀》記載是二年二月癸未二十七日即位，三月壬寅十七日大赦天下，這是由於備後國獻上白雉，似乎並不能說屬於即位赦。

根據《續日本紀》記載，在文武天皇大寶四年（704）五月改元爲慶雲之際，首次進行了大赦：

> 五月甲午，備前國獻神馬，西樓上慶雲見。詔大赦天下，改元爲慶雲元年，高年、老疾並加賑恤。又免壬寅年以往大稅及出神馬郡當年調。又親王、諸王、百官使部已上賜祿有差。

在此後則記載了面向個人的恩典。下一個例子是元明天皇慶雲五年（708）正月因武藏國秩父郡獻上和銅而改元爲和銅，雖然文章本身是宣命體，但關於大赦的部分則是正格漢文。這也成爲以後諸例子的樣本，由於其文字可以與唐的事例加以比較，因此雖文字較多，仍將相關部分全文列於此：

> 大赦天下。自和銅元年正月十一日昧爽以前，大辟罪已下，罪無輕重，已發覺、未發覺，繫囚見徒，咸赦除之。其八虐、故殺人、謀殺人已殺、賊盜，常赦所不免者，不在赦限。亡命山澤、挾藏禁書，百日不首，復罪如

初。高年百姓，百歲以上，賜秔三斛，九十以上二斛，八十以上一斛。孝子、順孫、義夫、節婦，表其門閭，優復三年。鰥寡惸獨，不能自存者，賜秔一斛。賜百官人等祿各有差。諸國之郡司加位一階。其正六位上以上不在進限。免武藏國今年庸，當郡調。

這段文字後以"詔天皇命乎衆聞宣"的宣命收尾。文武天皇即位之時，實施了免除今年田租、雜徭並半庸等恩典，在此不引用原文，其相較而言與慶雲元年改元恩典的文字頗爲相似。元明天皇慶雲四年（707）即位詔雖含大赦文，其文字也與和銅元年（708）改元大赦相關文字相近。在這些文字中應該是有一些共通的樣本存在。元明天皇在和銅八年九月庚辰二日讓位於元正天皇。在元正天皇詔書載：

> 其改和銅八年爲靈龜元年。大辟罪已下，罪無輕重，已發覺、未發覺，已結正、未結正，繫囚見徒，咸從赦除。但謀殺々迄，私鑄錢，强、竊二盜，及常赦所不原者，並不在赦限。親王已下及百官人……

雖然没有大赦的文字，但含有和銅元年改元詔所没有的"已結正、未結正"語句，是類似的表達。此詔並非宣命體而是正格漢文，是含有大赦内容的即位詔。元正天皇在美濃國不破的行宮得到美泉之水，因此於靈龜三年（717）十一月癸丑十七日改元養老，其詔云：

> 可大赦天下，改靈龜三年爲養老元年。天下老人年八十已上，授位一階，若至五位，不在授限。百歲已上者，賜絁三匹，綿三屯、布四端、粟二石……

初次記載了與養老年號相對應針對老人的恩典。此後雖然見不到"大辟罪已下"等句，但後面又以正格漢文記載著類似於唐代大赦文的語句：

> 孝子、順孫、義夫、節婦，表其門閭，終身勿事。鰥寡惸獨，疾病之徒，不能自存者，量加賑恤。仍令長官親自慰問，加給湯藥。亡命山澤、藏禁兵器，百日不首，復罪如初。又美濃國司及當耆郡司等，加位一階……

養老八年（724）二月甲午四日，元正天皇讓位，聖武天皇即位改元神龜，在含有大赦内容的宣命中載：

> 是以，先天下乎慈賜治賜久，大赦天下。内外文武職事及五位已上爲父後者，授勳一級，賜高年百歲已上穀一石九斗……孝子、順孫、義夫、節婦，咸表門閭，終身勿事。天下兵士，減今年調半，京畿悉免之……詔天皇御命，衆聞食宣。

僅關於大赦的恩典部分使用正格漢文。聖武天皇神龜六年（729）八月癸亥五日改元天平，其云："……而大赦天下，百官主典已上等冠位一階賜事乎始……"恩典部分也是宣命體。然而，其記載：

> 又天下百姓高年八十已上及孝子、順孫、義夫、節婦、鰥寡惸獨、疹疾不能自存者，依和銅元年詔。又左右兩京今年田租，在京僧尼之父今年所出租賦，及到太宰府路次驛戶租調，自神龜三年官物未納者皆免。

在相當於前引和銅元年（708）詔"高年百姓"等恩典的部分用正格漢文表達。聖武天皇因從陸奧國生產出黃金，於天平二十一年（749）四月丁未十四日改元天平感寶，《續日本紀》僅簡單記載爲"乙未（2日），大赦天下。自天平廿一年四月一日昧爽以前大辟罪已下，咸悉赦除"。大赦與改元有間隔是因爲分別要御臨東大寺盧舍那佛前殿。聖武天皇於同年七月甲午二日讓位，皇太子孝謙天皇（女性）即位，改元天平勝寶元年，此時雖然有即位宣命，但沒有關於大赦的記載。

孝謙天皇天平勝寶九年（757）七月，因爲發生了橘奈良麻呂之變，平定後的八月甲午十八日改元天平寶字。其敕云：

> 宜改天平勝寶九歲八月十八日，以爲天平寶字元年。其依先敕，天下諸國調庸，每年免一郡者，宜令所遺諸郡今年俱免。其所掠取賊徒資材，宜與士庶共遍均分。

雖然沒有敕命，但有恩典的指令，其指令相當具體，破有特點。據新日本古典文學大系本《續日本紀三》，上文所見"先敕"似乎是指爲慶祝天平勝寶元年在陸奧國產出黃金，對陸奧以外的諸國，以免除各國每年二郡庸調，其後將二郡改爲一郡之事（頁225腳註14）。天平寶字二年（758）八月庚子朔日，孝謙天皇讓位，淳仁天皇延續了天平寶字年號，並未改元。但在即位詔中云：

> 辭別宣久，仕奉人等中尓自何仕奉狀隨豆一二人等冠位上賜比治賜夫……又百官司乃人等，諸國兵士、鎮兵、傳驛戶等，今年田租免賜久止宣天皇敕，衆聞食宣。

伴隨其即位發佈了賜予恩典的"辭別宣"。

接下來，在稱德天皇（孝謙天皇的重祚）天平寶字九年（765）正月己亥七日改元天平神護時云：

> 敕曰：……今元惡已除，同歸遷善，洗滌舊穢，與物更新，宜改年號，以天平寶字九年爲天平神護元年。其諸國神祝，宜各加位一階。其從去

九月十一日至十八日，職事及諸司番上六位已下供事者，宜亦各加一階，
唯正六位上，位例賜物。其京中年七十已上者，賜階一級，布告遐邇，知朕
意焉。

以平定藤原仲麻吕之亂時各路相關人物爲中心施以恩典。此後，在天平神護
三年（767）八月癸巳十六日改元爲神護景雲：

　　　詔曰：……又大神宫乃禰宜、大物忌、内人等尓波叙二級……又六位
　　以下及左右京男女年六十以上賜一級……又孝子、順孫、義夫、節婦、力田
　　者賜二級，表刹其門，至於終身田租免給：……

其後有“是以改天平神護三年爲神護景雲元年止詔布天皇我御命遠諸聞食
止宣”的宣命之文，此後又有如：

　　　又天下有罪，大辟罪已下，罪無輕重，已發覺、未發覺……咸赦除
　　之……普告天下，知朕終焉。

以正格漢文記載大赦的語句。因此可以説這個改元詔也含有大赦内容。

　　稱德天皇於神護景雲四年（770）八月癸巳四日駕崩，十月己丑朔日光仁
天皇即位，在即位詔後有“辭別詔”，夾雜有“是以，改神護景雲四年爲寶龜元
年。又仕奉人等中尓，志何仕奉狀隨旦……”的宣命體之文，又以接近正格漢文
的文體綴有宣命體的大赦文如下：

　　　又大赦天下。又天下六位已下有位人等給一階，大神宫始旦諸社之禰
　　宜等給位一階……

但是在最後作“又孝義有人等，其事免賜。又今年天下田租免賜久止宣天皇
敕，衆聞宣”。“其事免賜”並非漢文語法，這件改元詔雖含有大赦文，但可以
説整體語調爲宣命體，頗有其特色。然而，在此後天應元年（781）正月朔日詔
中載：

　　　可大赦天下，改元曰天應。自天應元年正月一日昧爽以前，大辟以
　　下，罪無輕重，未發覺、已發覺，未結正、已結正，繫囚見徒，咸皆赦除。

是典型大赦文内容和正格漢文的表達。然而，“未發覺……已結正”與一般
“已……未……”的順序相反。

　　天應元年四月，在讓位於桓武天皇後，光仁天皇病死，桓武天皇於四月癸
卯十五日即位，在即位詔之後“辭別宣”如下：

　　　……又仕奉人等中尓自何仕奉隨旦一二人等冠位上賜比治賜夫。又大
　　神宫平始諸社禰宜，祝等尓一階，又僧綱平始旦諸寺智行人及年八十已上僧

尼等尓物布施賜夫。又高年、窮乏，孝義人等治賜養賜夫。又天下今年田
租免賜久止宣天皇敕，衆聞食宣。

發佈了宣命體的恩典文。翌年天應二年（782）八月己巳十九日，桓武天皇改
元，其詔曰：

宜改天應二年日延曆元年。其天下有位及伊勢大神宮禰宜、大物忌、
内人，諸社禰宜、祝，並内外文武官把笏者，賜爵一級。但正六位上者，廻
授一子，其外正六位者，不在此限。

僅對神社的禰宜和官員施加恩典。以上便是《續日本紀》所見改元詔敕中關
於大赦的内容[①]。

四

可以説，在日本的改元詔敕中大多都帶有大赦内容。我感興趣的是，如同
和銅元年（708）的宣命那樣，即便關於改元的文章全部都是宣命體，指示大赦
的内容部分則多爲正格漢文的例子。在和銅元年宣命裏有"挾藏禁書，百日不
首，復罪如初"這一内容，在當時的日本私藏禁書被排除在大赦範圍之外這究
竟意味著什麼。初期的改元詔等，即便多表現爲宣命體，但關於大赦部分的内
容都是正格漢文，這應該是以唐朝改元詔爲樣本而在很大程度上受其影響之
故吧。然而，在孝謙天皇天平寶字元年（757）改元敕中，恩典部分是關於橘奈
良麻吕之變的指示，同樣稱德天皇改元天平神護敕中其年號如神護所示，其核
心内容是對於平定藤原仲麻吕之亂的神職人員和官員施加恩典的指示。在光
仁天皇寶龜元年（770）時的"辭別詔"中，大赦部分雖接近於正格漢文，但基
本都是宣命體。或許我們可以認爲，日本關於改元的詔敕中，其大赦或恩典的

---

① 桃裕行《上代學制研究》有："在壽永元年（1182）的改元非常敕中，攝政基通敕免興福
寺惡僧，對作爲氏長者（攝政藤原基通）而言無妨，因爲寺家流毒欲進行拘留，但終因叡
慮悉數獲免，（《吉記》六月八日—原文'興福寺惡僧等被免，爲氏長者雖不可拘申，爲寺
家爲害毒之由，寺家痛申事也'），惡僧未必受大衆所支持。"偶然目睹此文，借此機會加
以介紹，參見桃裕行《上代學制研究》，東京：目黑書店，1947年，頁209。佐竹昭《古代王
權和恩赦》對漢至唐的大赦情況加以對比，探討了古代日本的恩赦制度與實際情況，本
文"三"所引用史料中也對其有所涉及，參見佐竹昭《古代王權和恩赦》，東京：雄山閣出
版，1998年，頁207—288。

内容及表達,隨著時間推移而不斷富有更貼近符合實際情況的某種柔軟性。

除白雉元年(650)外,自年號制度確立以來,第一次伴隨改元實施大赦的是慶雲元年(704),雖然很難説其是否受到粟田真人的遣唐使帶回來的消息的影響,但《唐大詔令集》中伴隨唐朝改元實施大赦的首例是668年的《改元總章詔》,恰好與粟田真人之前河內鯨的遣唐使的派遣時間相當。日本的改元詔或敕的大赦文在體例與內容上受到唐大赦文的影響,應該成爲今後充分給予探討的對象。

但是唐代大赦文是以即位赦等多種形式發佈的,由於日本這邊在即位詔中含有關於改元和大赦內容的例子,因此需要對《唐大詔令集》及《舊唐書》本紀中對即位時有無實施大赦加以確認。前者收錄有高祖、太宗、中宗、睿宗、玄宗、肅宗、代宗的即位赦。代宗之後的德宗雖然没有即位赦,但如前所述,是德宗重視於即位翌年正月在南郊祭祀後實施大赦之故。此後的順宗雖然在即位一個月後發佈了即位赦,但接受順宗讓位的憲宗則没有即位赦。再往後的穆宗有即位赦(參見文末附記),《唐大詔令集》中敬宗發佈的則是《即位優賜諸軍詔》。此後除文宗外,武宗、宣宗、懿宗都有即位赦。但在以上諸例中,也有從即位到大赦的發佈間隔一個月以上的例子。《唐大詔令集》中未收錄高宗的即位赦,其內容在《舊唐書》中可以得見。文宗於寶曆二年(826)十二月十二日即位,跨年後的翌年正月十三日改元大和,這與德宗相同,都是在即位翌年正月南郊祭祀之後實施大赦改元。《唐大詔令集》中懿宗没有即位赦,在此後的僖宗、昭宗、哀帝中,僖宗、昭宗没有即位赦,而是在即位翌年冬至親祭宗廟(僖宗),或南郊親祭(昭宗)後實施大赦改元。哀帝則全無實施改元和大赦的機會[①]。總的來説,唐朝諸帝在改元赦之前實施即位赦,自德宗開始因重視即位翌年郊祀等親祭,而省略了即位赦,改以翌年親祭後實施大赦改元。此外,武后建立周的天授元年(690)發佈了即位赦(《舊唐書·則天武后紀》)。

以上是我在通讀《年號與東亞》一書後,因其中未有涉及改元與大赦關係文章而斗膽草草撰寫的小文。因對日本史的研究史不甚明瞭,或許純屬畫蛇添足也未可知。乞請諸位方家指正。

_____

[①] 關於唐代皇帝即位或改元與大赦的關係,見拙著《中國古代皇帝祭祀研究》第7章,頁309—430(徐璐、張子如譯《中國古代皇帝祭祀研究》,西北大學出版社,2018年,頁217—310)。

附記：

黄永年《唐元和後期黨争與憲宗之死》（收入黄永年《唐史十二講》，北京：中華書局，2007年。原載《中華文史論叢》總第49輯，1992年）沿襲陳寅恪《唐代政治史述論稿》的説法，認爲弑殺憲宗的主謀是皇太子穆宗。在此基礎上，指出羅振玉《墓誌徵存目録》中的《趙氏夫人墓誌》（認爲非僞刻）作“以元和十五年少帝即位，二月五日改號爲永新元年”。而且雖然穆宗於元和十五年二月五日改元永新，並發佈改元赦，但因擔心産生對其即位的不自然出現批判聲，因此於翌年正月三日改元長慶，並在元和十五年二月五日的改元赦中删除了“改元永新”的語句。其結果導致《唐大詔令集》的元和十五年二月五日丁丑的赦文並不是改元赦，而是編進了距正月二十八日辛丑即位（弑殺憲宗是前一日，即二十七日）一個月後的改元赦（頁164—167）。我也認爲穆宗的即位赦從當日開始隔幾日後才發佈令人可疑。黄永年氏的見解值得留意。而且，發佈赦文的二月五日丁丑已是穆宗即位一個月後的日期。據《舊唐書·穆宗本紀》，穆宗的即位日期是元和十五年（820）閏正月三日景（丙）午，因此，上文的正月二十八日辛丑即位的記述，可能是指穆宗於當日獲得皇帝資格之意。

又，關於唐玄宗在十二月改元開元的問題，筆者曾提出過個人見解（見拙稿《關於唐帝讓位時的改元——爲什麼玄宗在12月改元開元》，《國學院雜誌》第122卷6號，2021年，頁39—52）。

（作者單位：日本國學院大學退休，名譽教授；

譯者單位：中國社會科學院古代史研究所）

《佛地經》題記紀年再考 *

史　睿

　　以有紀年寫經爲基准,將無紀年寫經與有紀年相比較,如果書法樣式相似,則斷定無紀年寫經的鈔寫年代與之相近。這是寫經書法斷代的基本方法,而且從近代以來已經成爲寫經書法斷代的理論共識。但是當寫經紀年並非鈔寫年代,則其作爲斷代基准的意義不復存在。前輩學者早已注意到類似的問題,但是作爲一種寫經中存在的通例問題,尚未有專文論述[①]。筆者特此提出 P.3709《佛地經》的例子,考察有紀年寫經當中紀年與實際鈔寫年代不同的現象,試圖總結成通例。

　　法國國家圖書館藏 P.3709《佛地經》有題記,内容包括寫經列位、譯場列位和寫經發願文,詳情如下[②]:

　　貞觀二十二年八月十九日直司書手臣郗玄爽寫

---

* 本文係榮新江承擔全國高等院校古籍整理研究工作委員會項目(2021 年)"法藏敦煌文獻重新整理研究與編目"階段成果之一。

① 例如隋仁壽四年楒雅珍寫經題記的《優婆塞戒經》,包括北京大學圖書館 D083、英國圖書館 S.4162、上海圖書館 091、S.4570、甘肅博物館 005、法國國家圖書館 P.2276 等卷,實際鈔寫於北朝後期,啓功據書法斷定上海圖書館 091 爲"六朝寫經卷",寫於卷首題籤,圖版見上海圖書館、上海古籍出版社編《上海圖書館藏敦煌吐魯番文獻》第二卷,上海:上海古籍出版社,1996 年,頁 340。參考林世田、汪桂海《敦煌寫本〈優婆塞戒經〉版本研究》,《文獻》2008 年第 2 期。

② 圖版見上海古籍出版社、法國國家圖書館編《法國國家圖書館藏敦煌西域文獻》第 27 册,上海:上海古籍出版社,2001 年,頁 40—41。題記釋文見池田温《中國古代寫本識語集録》,東京:東京大學東洋文化研究所,1990 年,頁 191。

　　凡五千五百二言

　　裝潢手臣輔文開

　　揔持寺沙門辯機筆受

　　蒲州普救寺沙門行友證文

　　玄法寺沙門玄賾證文

　　揔持寺沙門玄應正字

　　弘福寺沙門靈閏證義

　　弘福寺沙門靈範證義

　　弘福寺沙門惠明證義

　　弘福寺沙門僧勝證義

　　沙門玄裝譯

　　銀青光禄大夫行太子左庶子高陽縣開國男臣

　　許敬宗監閲

　　夫物情斯惑,潛於教悟,大聖貽則,寔

　　啓疑徒,而先匠譯辰,夢爾無記,爰使後

　　學,積滯於懷,今故具書,以彰來信,願傳

　　寫之儔,與余同志,庶幾彌劫,永無或焉。①

池田温、饒宗頤、林聰明等前輩學者都是按照這件寫經所寫的貞觀二十二年
(648)作爲鈔寫年代②,沈樂平甚至將此卷當作唐初書法的代表作③。對此,
季愛民首先提出質疑,"書法並不謹嚴,最後的題記有明顯的誤鈔",懷疑這
件《佛地經》是"宫廷寫本傳播到地方後的轉鈔本",但是並未詳加論證④。季
愛民提出的兩條疑點都非常正確,筆者認爲詳細論述則可以分爲四條:其一,

---

① 疑當作義,夢當作蔑,或當作惑,以上諸字係季愛民據《大菩薩藏經》卷三題記校正,見
　季愛民《隋唐長安佛教社會史》,北京:中華書局,2016 年,頁 54。
② 池田温《中國古代寫本識語集録》,頁 191;饒宗頤《法京所藏敦煌群書及書法題記》,
　《饒宗頤二十世紀學術文集》,臺北:新文豐出版公司,2003 年,第 11 册,頁 545—546;
　又見同作者《法藏敦煌書苑精華》"寫經"一,廣州:廣東人民出版社,1993 年,頁 191—
　195、246,文中"裝"當作"䫺";林聰明《敦煌文書學》,臺北:新文豐出版公司,1991 年,
　頁 373。
③ 沈樂平《敦煌書法綜論》,杭州:浙江古籍出版社,2009 年,頁 49。
④ 季愛民《隋唐長安佛教社會史》,頁 54。

這件書法樣式與貞觀二十二年前後的宮廷寫本有很大差距,劉濤指出 P.3709《佛地經》"楷法未臻唐楷的格調,猶多北朝餘緒"①。其二,題記部分寫經列位在前,譯場列位在後,這種形式和順序在唐代寫經題記中從未出現過,雖然有《五經正義》題記銜名是編纂列位與寫書列位共存,但是仍是編纂列位在前,而寫書列位在後②,按照書籍生產的時序排列,而 P.3709 反將寫經列位置於譯場列位之前,顯然有誤。其三,寫經列位和譯場列位的形式要求無論文字多寡,每位人名(包括結銜)都必須寫在一行,文字少者需拉開字距,充滿一行,文字多者壓縮字徑和字距,不可折行,而且各行高度齊平;而 P.3709 題記文字少者如"沙門玄奘譯"僅有五字,並未拉開字距,底部没有對齊,文字多者如"銀青光禄大夫行太子左庶子高陽縣開國男臣許敬宗監閲"不僅分作兩行,而且起頭文字高於譯場列位各行,這些特徵都與官方寫經不符。其四,題記重要文字有錯訛,如玄奘誤作玄裝,願文部分義徒誤作疑徒,蔑爾誤作夢爾,惑焉誤作或焉。關於第二點所論寫經列位或譯場列位格式對齊的問題,可以通過一系列敦煌寫經和日本寫經歸納爲通例。如同爲貞觀二十二年(648)的寫經,中國國家圖書館 BD14560《大菩薩藏經》卷三的題記可資對比③:

> 弘福寺沙門僧知仁筆受
>
> 弘福寺沙門靈雋筆受
>
> 大總持寺沙門道觀筆受
>
> 瑶臺寺沙門道卓筆受
>
> 清禪寺沙門明覺筆受
>
> 簡州福衆寺沙門靖邁證文
>
> 蒲州普救寺沙門行友證文
>
> 普光寺沙門道智證文
>
> 汴州真諦寺沙門玄忠證文

① 劉濤《評〈法藏敦煌書苑精華〉》,沈培方主編《書法研究》1998 年第 3 期。

② 圖版見法國國家圖書館、上海古籍出版社《法國國家圖書館藏敦煌西域文獻》,上海:上海古籍出版社,1995 年,第 23 册,頁 162;釋文見池田温《中國古代寫本識語集録》,頁 197—198。

③ 任繼愈主編《國家圖書館藏敦煌遺書》第 129 册,北京:國家圖書館出版社,2010 年,頁 306—321。此條彩色圖版見於國家圖書館 "敦煌遺珍" 數據庫,承劉波提示,謹誌謝忱。

　　弘福寺沙門明濬證文

　　大總持寺沙門玄應證文

　　弘福寺沙門玄謨證梵語

　　弘福寺沙門文備證義

　　蒲州栖巖寺沙門神泰證義

　　寶昌寺沙門法祥證義

　　羅漢寺沙門慧貴證義

　　實際寺沙門明琰證義

　　大總持寺沙門道洪證義

　　慈恩寺沙門玄奘譯

　　銀青光禄大夫行太子左庶子高陽縣開國男臣許敬宗監閲

　　夫物情斯惑,潛於教悟,大聖貽則,寔啓疑徒,而先

　　匠譯辰,蔑爾無記,爰使後學,積滯於懷,今故

　　具書,以彰來信,願傳寫之儔,與余同志,庶幾彌

　　劫,永無惑焉。

　　貞觀廿二年八月一日菩薩戒弟子蘇士方發心

　　願漸轉寫諸經論等,奉爲至尊皇后殿下儲妃,又爲師僧父母諸親眷屬

　　四生六道等出塵勞,法界有窮願無泯。頌曰:

　　寫妙法功德,普施於一切,

　　同證會真如,速成無上覺。

這件寫本題記嚴格遵守了官方譯經寫本的樣式,每行無論字書多少高度都是統一的,這樣的樣式符合唐初譯場列位的標準。其中"夫物情斯惑"一節願文是玄奘初期譯經的共同識語,又見於他本《大菩薩藏經》及《大毗婆沙論》[①]。"貞觀廿二年八月一日"以下部分則爲蘇士方的寫經願文。這件寫經是蘇士方的願經,並非官方寫經,其書法水平則不够完美,而其中譯場列位的部分肯定直接來自官方寫本,故能格式一致。與國家圖書館藏《大菩薩藏經》相似的還有一些日本古寫經,例如數件《大般若波羅蜜多經》題記鈔録了龍朔元年至二年(661—662)的譯場列位,其中小川爲二郎舊藏的卷二三二題記"太子少師

————————

① 《大毗婆沙論》題記釋文見池田温《中國寫本識語集録》,頁 201—202。

弘文館學士監修國史高陽郡開國公臣許敬宗等潤色監閱” 鈔作一行 ^①，而滋賀縣太平寺所藏的卷三四八題記 “太子少師弘文館學士監修國史高陽郡開國公臣許敬宗等閏色監閱” 則從公字轉行，明顯不符合官方寫經樣式 ^②。

從年代上看，玄奘翻譯《大菩薩藏經》和《佛地經》完成於貞觀二十年（646），《大唐大慈恩寺三藏法師傳》載玄奘進獻譯經表云：

〔貞觀二十年〕秋七月辛卯，法師進新譯經、論現了者，表曰：……蒙陛下崇重聖言，賜使翻譯，比與義學諸僧等專精夙夜，不墮寸陰，雖握管淹時，未遂終訖。已絕筆者，見得五部五十八卷，名曰《大菩薩藏經》二十卷、《佛地經》一卷、《六門陀羅尼經》一卷、《顯揚聖教論》二十卷、《大乘阿毘達磨雜集論》一十六卷，勒成八袟，繕寫如別，謹詣闕奉進。^③

以上所見《大菩薩藏經》和《佛地經》都是寫於貞觀二十二年（648），確實是在譯經之後。而貞觀二十二年頃有一個從皇室到民間的寫經活動，所寫佛經以玄奘新譯經典爲主，也包含前代所譯經典，目前所見還有一件同年的典型宮廷寫經，能夠顯示最高書法水平和經典樣式，此即傳世的國詮書《善見律》卷一二，其題記如下 ^④：

貞觀廿二年十二月十日　　　國詮寫

用大麻紙七張二分

淨住寺沙門道巋初校

會昌寺沙門法倫再校

裝潢手輔文裝

門下坊主事臣馬仁義監

右内率府録事參軍事臣趙模監

這一件雖非玄奘新譯經，但卻是貞觀二十二年（648）的官方寫經的標准樣式，内容包括寫經年代、書手、初校人、再校人、裝潢手、監寫經官人。此卷寫

---

① 《大般若波羅蜜多經》卷二三二題記釋文見池田温《中國寫本識語集録》，頁204—205。

② 《大般若波羅蜜多經》卷三四八題記圖版見奈良國立博物館編《特別展天平》，奈良：奈良國立博物館，1998年，頁8；釋文見池田温《中國寫本識語集録》，頁205。

③ 慧立、彥悰《大慈恩寺三藏法師傳》卷六，北京：中華書局，1983年，頁132—133。

④ 故宫博物院編《故宫博物院藏品大系·書法編》I晉唐五代，北京：故宫出版社，2012年，頁154—161。此寫本卷數被商人揩去以冒充全本，據《大正新修大藏經》，當爲卷一二。

經流傳有緒,有金代史處厚藏印,元趙孟頫、馮子振、倪瓚、趙巖,明邢侗、董其昌等九人題跋,自明都穆《寓意編》、詹景鳳《東圖玄覽》以下有著録,清代入"石渠寶笈",現存北京故宮博物院[①]。與之相比,無論譯場列位書寫樣式還是書法水平,P.3709《佛地經》都大不相同。有意思的是 P.3709《佛地經》題記中的裝潢手輔文開同時見於故宮博物院藏《善見律》。除了見於唐代官方寫經之外,輔文開還見於無紀年的 S.409《金光明經》卷一題記[②]:

> 經生輔文開抄,用紙廿二張
>
> 法師智彦三校
>
> 法華齋主大僧平事沙門法焕定

這件雖無紀年,但從相關參與寫經校經及正定經本的人物和題記樣式上,我們可以推斷輔文開是高昌國經生。證據見於天理圖書館藏《維摩詰經》卷下的延壽十四年(637)高昌王室寫經題記和發願文[③]:

> 經生令狐善歡寫
>
> 曹法師法慧校
>
> 法華齋主大僧平事沙門法焕定
>
> 延壽十四年歲次丁酉五月三日清信女　　　　稽首歸命常住三寶,蓋聞剥
>
> 皮析骨,記大士之半言,喪體捐軀,求般若之妙旨。是知金文玉牒,聖教真風
>
> 難見難聞,既尊且貴。弟子託生宗胤,長自深宮,賴王父之仁慈,蒙妃母之
>
> 訓誨,重霑法潤,爲寫斯經。冀以日近歸依,朝夕誦念,以斯微福,持奉父王,願

---

① 《秘殿珠林續編》卷二,《秘殿珠林石渠寶笈彙編》,北京:北京出版社,2004 年,第 3 册,頁 56—57。卷末所鈐北宋蘇軾"趙郡蘇氏"印、南宋高宗"紹興"連珠印、理宗"緝熙殿寶"印皆爲僞印。

② 黄永武編《敦煌寶藏》第 3 册,臺北:新文豐出版公司,1981 年,頁 383。

③ 天理圖書館藏,編號爲 183—イ 177,圖版見天理圖書館編《善本寫真集》25《古寫經》,奈良:天理大學出版部,1965 年,頁 3;釋文見王三慶《日本天理大學圖書館典藏之敦煌寫卷》,《第三屆國際敦煌學國際研討會論文集》,臺北:臺灣漢學研究中心,1991 年,頁 89—90。圖版出處承蒙榮新江老師提示,謹誌謝忱。

　　聖體休和，所求如意，先亡父遠，同氣連枝，見佛聞法，往生浄土，增大妃之餘算，

　　益王妃之光華，世子諸公，推延推壽，寇賊退散，疫癘消亡，百姓被煦育之

　　慈，蒼生蒙榮潤之樂，含靈抱識，有氣之倫，等出苦源，同昇妙果。

此是高昌王室寫經，發願人是高昌王麴文泰之女[①]，擔任正定寫經之責的“法華齋主大僧平事沙門法煥”當是高昌國的僧官[②]，同時也出現在無紀年的《金光明經》卷一題記之中。《維摩詰經》卷下的經生令狐善歡又見於延壽四年（627）麴文泰願經《仁王般若波羅蜜經》卷上的題記之中[③]，三件高昌國寫經中，令狐善歡顯然是年輩較長的經生，而輔文開則爲年輕一輩。令狐善歡延壽四年的寫經書法仍是高昌國舊法，而十四年寫《維摩詰經》卷下明顯學習了唐代寫經新法，這當與麴文泰延壽七年（唐貞觀四年）入貢長安不無關係；而輔文開則與令狐善歡後期寫經一樣繼承了新法。輔文開書法水平當在高昌國爲翹楚，即使與唐初寫經相比亦不遜色。由此判斷，輔文開爲經生的年代晚於令狐善歡，但仍在法煥任法華齋主大僧平事的時期，或爲延壽末年。有鑒於此，孟憲實推測此件《金光明經》卷一也是高昌國王室寫經。綜合天理圖書館藏《維摩詰經》卷下、英藏 S.409《金光明經》卷一、故宫藏《善見律》卷一二、法藏 P.3709《佛地經》的題記，可知此人早年爲高昌國王室經生，或受教於同爲高昌國王室經生的令狐善歡，貞觀十四年（640）之後高昌國滅，以戰俘身份至長安。其書法雖然接受唐代寫經書法影響，逐漸擺脱了高昌國舊法，但在高手如林、書法日新的長安仍不足以承擔寫經之任，故改充官府裝潢手。輔文開的人生軌跡始於高昌而終於長安。

　　總括以上各件寫經題記，我們可以得到以下結論：最初的玄奘新譯佛典

① 參考孟憲實《麴文泰與佛教》，中國人民大學國學院主編《國學的傳承與創新：馮其庸先生從事教學與科研六十周年慶賀學術文集》，北京：中國人民大學出版社，2013 年，頁1293。

② 參考姚崇新《試論高昌國的佛教與佛教教團》，《敦煌吐魯番研究》第四卷，北京：北京大學出版社，1999 年，頁 39—80。收入同作者《中古宗教藝術與西域歷史論稿》，北京：商務印書館，2011 年，頁 183—230。

③ 釋文見池田温《中國古代寫本識語集録》，頁 181；圖版、釋文見藤枝晃編著《トルファン出土仏典の研究：高昌殘影釋録》，京都：法藏館，2005 年，頁 64—65。

的官方鈔本皆有譯場列位,其後或有譯經題記,如《佛地經》《大菩薩藏經》或《大毗婆沙論》;若爲某個事項發願寫經的官方寫經,則僅有寫經列位和願文,不會同時保存譯場列位;民間以官方寫經爲底本所寫的願經,也包括日本的官方願經,則原原本本依照所據底本鈔寫,底本若有譯場列位或寫經列位者則依樣書寫,不過因爲不懂其樣式的意義,或者書寫技術上難以仿製相同的樣式,所以往往出現格式上的差異,主要是文字較短者占格較少,而文字較長者占格較多,以致題記參差不齊,甚至文字特多者需轉行書寫。凡是有以上一種特種的寫經,我們就能判斷是官方寫經的轉鈔本,至如本文所舉法藏 P.3907《佛地經》題記,則同時存有寫經列位和譯場列位,而且寫經列位在前,譯場列位在後,這是一種非常特殊的組合,已知寫經並無此種形式,筆者推測這是寫手根據至少兩種分別帶有譯場列位和寫經列位的官方寫經題記拼湊而成,其所據底本可能已經是官方寫經轉鈔本,故其題記樣式也與官方寫經不同。如果分析不誤,那麽這件寫經既非如其題記所云爲都元爽所書,亦非貞觀二十二年(648)所書,其時間應晚於貞觀二十二年,或至高宗初年。因其書法帶有明顯的北朝特徵,其書者或爲河西地區學習舊法的經生,雖然新樣在前,仍然不改舊法。這種地區差異實際上是時代差異的表現。總之,現存寫經題記所寫紀年與實際鈔寫年代的關係較爲複雜,必須根據相同年代的官方寫經、民間願經的題記樣式、組合關係加以比較分析,方能作出准確的定年。

（作者單位:北京大學中國古代史研究中心）

敦煌的縫綴裝册子與外來寫本文化

馮　婧

敦煌藏經洞發現的册子本的裝幀主要可分爲兩類:(1)紙頁對折,形成一個對開葉。對開葉折痕的外側抹上漿糊,與另一對開葉相粘。對開葉逐一粘接累加,形成一册(圖1左,粘合處以密斜線表示)。這種裝幀,或稱爲"粘葉裝"。(2)多張紙頁摞起後從中對折,形成一疊。疊與疊之間用繩線連綴,形成一册(圖1右)。這種裝幀可稱爲"縫綴裝"[①]。敦煌册子形制的寫本中,這兩種裝幀的數量最多。還有一些特殊的裝幀形式,也存在一册中混合使用粘葉裝和縫綴裝的情况,但數量較少,皆非主流。敦煌的縫綴裝册子,與西方的册子本有許多相似之處。在西方寫本學用語中,册子本被稱爲"codex",一摞紙從中對折形成的單元被稱爲"疊"(quire),或譯作"折"或"帖"。西方的册子,以"疊"爲基本單位。多個"疊"摞起形成書芯,再通過繩線縫綴,然後加裝封皮,即爲册子。這種形制的書籍發源於古典時期的地中海,流行於中世紀,並隨著基督教和摩尼教的足跡深入亞洲。在吐魯番發現的基督教和摩尼教寫本中,有許多册了殘片,還有少量較爲完整的册子本。在多個文化中存在類似的裝幀形態,讓我們很難忽視其中的關聯性。敦煌是中古絲綢之路上的重鎮,地處多民族、多語言、文化交流頻繁的地區。敦煌社會的許多方面都體現了中亞文化特徵,其與西域的溝通、交流也爲考古資料所證實。以此爲歷史

[①] 以上兩種裝幀,見杜偉生《敦煌古書縫繢裝和粘葉裝》,載杜偉生《中國古籍修復與裝裱技術圖解》,北京:北京圖書館出版社,2003年,頁451—459;方廣錩《談粘葉裝》,載方廣錩《方廣錩敦煌遺書散論》,上海:上海古籍出版社,2011年,頁154—183;方廣錩《從敦煌遺書談中國紙質寫本的裝幀》,載方廣錩《佛教文獻研究十講》,上海:復旦大學出版社,2020年,頁222—237。

背景,本文將採用跨文化的視角,將敦煌的縫綴裝册子置於廣域的寫本文化中考察;通過分析其寫本物質特徵(codicological characteristics),探究敦煌寫本文化與外來寫本文化的聯繫。

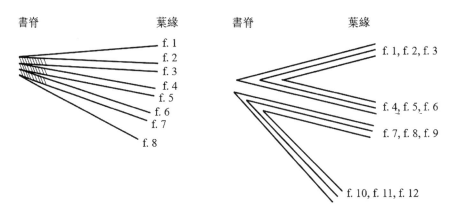

圖 1　敦煌册子本的兩種裝幀

　　關於册子本的來源,戴仁(Jean-Pierre Drège)推測册子本在漢文世界的出現或許與摩尼教或基督教的傳播有關[1]。高奕睿(Imre Galambos)指出敦煌册子本的内部結構和製作方式與古典時代晚期開始流行於歐洲和環地中海地區的册子本相同,其在漢文文化圈的出現很可能源於與西方寫本文化的接觸[2]。本文第一部分將概述敦煌寫本的多文化特徵,從跨文化的視角簡要討論貝葉寫本和硬筆,爲分析敦煌的縫綴裝册子提供文化背景。第二部分介紹非漢文傳統中的册子本,爲敦煌縫綴裝册子提供對照。第三部分則基於對敦煌册子本的物質特徵調查,比較敦煌藏經洞發現的縫綴裝册子與吐魯番發現的

[1] Jean-Pierre Drège, "Les codices", in Jean-Pierre Drège and Costantino Moretti, eds, *La fabrique du lisible: La mise en texte des manuscrits de la Chine ancienne et médiévale*, Paris, Collège de France, Institut des hautes études chinoises, 2014, p. 376; Jean-Pierre Drège, "Dunhuang and Two Revolutions in the History of the Chinese Book", in Huaiyu Chen and Xinjiang Rong, eds, *Great Journeys across the Pamir Mountains: A Festschrift in Honor of Zhang Guangda on his Eighty-fifth Birthday*, Leiden/Boston, Brill, 2018, pp. 27-28.

[2] Imre Galambos, *Dunhuang Manuscript Culture: End of the First Millennium*, Berlin, De Gruyter, 2020, p. 32.

册子,嘗試提供一些關於絲綢之路上寫本文化傳播的見解。

一　敦煌寫本的多文化特徵

　　1908 年 2 月,保羅·伯希和(Paul Pelliot)抵達敦煌。查驗過藏經洞中的寫本後,他致信印度學家埃米爾·塞納爾(Émile Senart),介紹了他在洞窟中的發現。這封信後來發表於《法國遠東學院學報》(Bulletin de l'École française d'Extrême-Orient),成爲敦煌學史的一份重要資料。在這封信中,他曾探討敦煌發現的貝葉寫本 :

> 　　中國人時常出於極度的虔誠去模仿印度的貝葉經。因此,在洞窟中發現的一定數量的 "漢文貝葉書" 是順著葉子的高度從頂部寫至底部。或者在其他情況下,順著寬度,有時甚至從左向右横行書寫,像在歐洲書上印刷漢文那般。[①]

信中提到的印度貝葉書,是用長條狀的棕櫚葉堆疊而成的寫本(palm-leaf manuscript),繩子穿過葉上的孔將葉子固定在一起。貝葉寫本起源於南亞,後來傳播到西藏、中亞、東南亞等地區。伯希和將漢文貝葉寫本的出現歸因於中國佛教徒的虔誠和對印度貝葉經的模仿,並觀察到了右行横書這種與傳統漢文不同的書寫方式。兩漢之際,佛教從貴霜王國通過敦煌等地區傳播到中原。其後的幾個世紀,敦煌成爲中古的佛教中心,爲接受這種來自印度、與佛教關係密切的書籍形制提供了信仰土壤。值得注意的是,敦煌藏經洞中的貝葉寫本多爲藏文寫本,漢文極少。可以推測,貝葉寫本在敦煌的大量出現與吐蕃勢力擴張至河西相關[②]。

[①] Paul Pelliot, "Une bibliothèque médiévale retrouvée au Kan-sou" , *Bulletin de l'École française d'Extrême-Orient*, 1908, p. 508.

[②] 敦煌貝葉寫本的介紹與討論,見 Jean-Pierre Drège, "Les ôles chinoises", in Jean-Pierre Drège and Costantino Morett, eds, *La fabrique du lisible: La mise en texte des manuscrits de la Chine ancienne et médiévale*, Paris, Collège de France, Institut des hautes études chinoises, 2014, pp. 361-364; Imre Galambos, *Dunhuang Manuscript Culture: End of the First Millennium*, pp. 25-27; 李致忠《中國書史研究中的一些問題——古書經折裝、梵夾裝、旋風裝考辨》,載《文獻》1986 年第 2 期;方廣錩《談梵夾與梵夾裝(上)》,載《版本目錄學研究》第 3 輯,北京 :國家圖書館出版社,2012 年,頁 433—460。

　　敦煌發現的貝葉寫本反映了中古時期該地區印度文化、吐蕃文化和漢文化的碰撞與交融，反映了中古敦煌社會的文化多元性。敦煌地處河西走廊西部，是陸上絲綢之路的重要商業中心和交通樞紐。往來的商旅、僧侶和使節不僅爲敦煌帶來了異域的物産，還帶來了異國的語言、藝術與宗教。不同族裔的人們經過或定居此處，他們使用外來的語言，崇拜不同的神明。在敦煌藏經洞發現的歸義軍時期的社司轉帖中，留有許多社内成員的姓名，其中有不少粟特姓氏，起名的習俗也受到中亞文化的影響①。有研究指出，歸義軍曹氏家族有可能是粟特後裔②。在敦煌寫本中，漢文寫本的數量最多，藏文寫本數量次之，占全數 30%—40%。其中有在吐蕃統治時期鈔寫的，也有在歸義軍時期鈔寫的，漢、藏文並用的寫本爲數不少。吐蕃從 9 世紀中葉起不再控制敦煌，而其文化仍在這一地區延續③。除藏文寫本外，藏經洞還保留了一些于闐文、粟特文、回鶻文、突厥文、梵文寫本，其中有譯自漢文的粟特文佛經、突厥文的占卜書、回

① Imre Galambos, *Dunhuang Manuscript Culture: End of the First Millennium*, pp. 220-247.
② 榮新江《敦煌歸義軍曹氏統治者爲粟特後裔説》，載《歷史研究》2001 年第 1 期；馮培紅《敦煌曹氏族屬與曹氏歸義軍政權》，載《歷史研究》2001 年第 1 期。
③ 關於歸義軍時期的藏文寫本，見 Tsuguhito Takeuchi, "A Group of Old Tibetan Letters Written Under Kuei-i-chün: A Preliminary Study for the Classification of Old Tibetan Letters", *Acta Orientalia Academiae Scientiarum Hungaricae* 44（1990）, pp. 175-190; Tsuguhito Takeuchi, "Old Tibetan Buddhist Texts from the Post-Tibetan Imperial Period（mid-9th C. to late 10th C.）", in Cristina Scherrer-Schaub, ed., *Old Tibetau Studies*（*Proceedings of the Tenth Seminar of the IATS, 2003, Volume 14*）, Leiden, Brill, 2012, pp. 205-215; Tsuguhito Takeuchi, "Sociolinguistic Implications of the Use of Tibetan in East Turkestan from the End of the Tibetan Domination Through the Tangut period（9th-12th c.）", in Desmond Durkin-Meisterernst, Simone-Christiane Raschmann, Jens Wilkens, Marianne Yaldiz and Peter Zieme, eds, *Turfan Revisited: The First Century of Research into the Arts and Cultures of the Silk Road*, Berlin, Reimer, 2004, pp. 341-348; Sam van Schaik, "Towards a Tibetan Palaeography: Developing a Typology of Writing Styles in Early Tibet", in Jörg Quenzer, Dmitry Bondarev and Jan-Ulrich Sobisch, eds, *Manuscript Cultures: Mapping the Field*, Berlin/Boston, De Gruyter, 2014, pp. 299-337; Tokio Takata, "Tibetan Dominion over Dunhuang and the Formation of a Tibeto-Chinese Community", in Erika Forte, ed., *BuddhistRoad Paper* 6.1, Bochum, BuddhistRoad, Ruhr-Universität Bochum, 2019, pp. 85-106.

鶻文的本生故事、梵文—于闐文的雙語醫典、漢語—于闐語的雙語短語手册。在 10 世紀,于闐王室成員時常造訪敦煌,並資助建造佛教洞窟。回鶻貴族也是敦煌藝術和佛教的重要贊助人。近期,一項對卷子葉邊、卷背和繪畫題記中的右行書寫的研究將這種特殊的書寫方式歸因於中亞寫本文化的影響,指出其在敦煌出現的時間與甘州回鶻汗國形成的時間相吻合[①]。

　　關於文字書寫,另一個值得關注的現象是雙瓣合尖筆(split-nibbed pen)的出現與使用。中國古代最常見的書寫工具是毛筆,而西北地區的考古發現證實了硬筆同樣存在[②]。20 世紀初的中亞遠征,斯坦因在新疆尼雅、樓蘭、米蘭、麻扎塔格和敦煌西北的漢代烽燧發現了若干由木杆削尖而成的硬筆[③]。敦煌藏經洞雖未發現類似的硬筆,但有不少硬筆書寫的寫本。這些寫本集中出現在 8 世紀末以後,即吐蕃勢力抵達敦煌以後。硬筆留下的字跡不似毛筆字,其筆畫僵硬,缺乏肥瘦、張縮的變化。使用硬筆的鈔寫者有時會利用類似雙鉤填墨的技法,或是補筆,來模仿毛筆的筆觸[④]。對歸義軍時期藏文書信的書跡分析(palaeographic analysis)表明,當時存在多種類型的硬筆,其中有一種雙瓣合尖筆。這種筆筆頭削尖後被切割成兩瓣,類似現代的鋼筆。墨水不足時,藏文字母的一條筆劃會分爲兩條平行的窄筆劃,説明鈔寫者使用的是雙瓣合尖筆[⑤]。在新疆米蘭遺

① Imre Galambos, *Dunhuang Manuscript Culture: End of the First Millennium*, pp. 139-194.

② 對木筆的研究,見李正宇《敦煌遺書硬筆書法研究——兼論中國書法史觀的革新》,臺北:新文豐出版公司,2005 年。

③ Marc Aurel Stein, *Serindia: Detailed Report of Archaeological Explorations in Central Asiu and Westernmost China*, Oxford, Clarendon Press, 1921, p. 267, p. 434, p. 440, p. 465, p. 481, p. 484, p. 774, p. 776, p. 783, p. 790, p. 1292.

④ 藤枝晃《敦煌寫本概述》,載《敦煌研究》1996 年第 2 期;藤枝晃《スタイン敦煌蒐集絵入り「観音経」册子(S.6983)——敦煌における木筆の使用》,載《墨美》第 177 號,1968 年,頁 3—8。

⑤ Sam van Schaik, "Towards a Tibetan Palaeography: Developing a Typology of Writing Styles in Early Tibet", in Jörg Quenzer, Dmitry Bondarev and Jan-Ulrich Sobisch, eds, *Manuscript Cultures: Mapping the Field*, Berlin/Boston, De Gruyter, 2014, p. 321. Brandon Dotson and Agnieszka Helman-Ważny, *Codicology, Paleography, and Orthography of Early Tibetan Documents: Methods and a Case Study*, Vienna, Arbeitskreis für Tibetische und Buddhistische Studien Universität Wien, 2016, pp. 61-62.

米蘭遺址發現的葦管筆(版權：大英博物館)　　麻扎塔格遺址發現的葦管筆(版權：大英博物館)

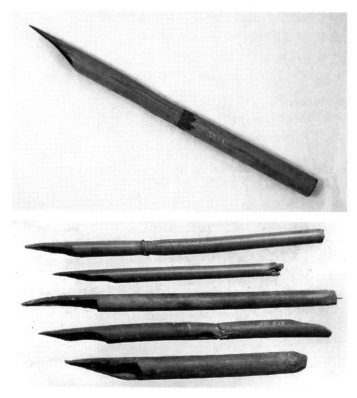

奧克西林庫斯遺址發現的葦管筆

(上圖版權：大英博物館；下圖版權：大都會藝術博物館)

圖 2　葦管筆

址和麻扎塔格遺址,發現了這種筆的實物(圖 2)①。筆杆中空,筆舌削尖,中剖一縫,以更好地控制墨水。年代較遲的,在甘肅張義堡西夏遺址中,發現三支 12 世紀的雙瓣合尖筆②。敦煌當地使用的雙瓣合尖筆,有可能是類似的形制。

　　在絲綢之路的另一端,以地中海爲中心的希臘—羅馬世界曾廣泛使用一種被稱爲葦管筆(reed pen)的書寫工具。這種筆由中空的蘆葦製成,一頭削尖,筆舌剖開一縫,形制和原理與現代鋼筆大致相同。葦管筆是古典時期最常見的書寫工具,直至 8 世紀前後才被羽毛筆(quill pen)取代。圖 2 的下半部展示了一批現存大英博物館和大都會藝術博物館的葦管筆,來自埃及的奧克西林庫斯(Oxyrhynchus)遺址。這一遺址以托勒密王朝和羅馬統治時期的莎草紙寫本而聞名,這些葦管筆的使用年代應是羅馬統治時期。奧克西林庫斯與米蘭、麻札塔格相距數千里,兩地發現的書寫工具卻展現了外觀、原理上的驚人相似,我們很難想象兩者之間毫無聯繫。中原的絲綢在漢代通過匈奴、粟特人輾轉至貴霜王國和帕提亞王國,進入巴爾米拉商人的手中,向西販運到地中海地區③。希臘—羅馬世界流行的葦管筆是否也通過某種方式抵達了絲綢之路的另一端? 西北邊域使用雙瓣合尖筆是否受到了域外的影響? 解決這些問題,還需繼續考察絲綢之路沿途國家以及相關族群的書寫文化。

　　歷史學家 Walter Scheidel 在他關於東西方比較研究的文章中認爲 "(比較)能將看似熟悉的事物陌生化", "使我們能够描繪出發展鏈,並在此過程中對既定的從 '本地' 出發的解釋(這種解釋最終可能是僞解釋)進行批判"④。寫本學家 J. P. Gumbert 也有類似的看法:

　　　　要想理解某一文化背景中的書籍,對當地的寫本進行形態研究是必需的;而比較視角下的寫本形態研究不僅能幫助我們理解鄰近文化中的

---

① Marc Aurel Stein, *Serindia: Detailed Report of Archaeological Explorations in Central Asia and Westernmost China*, p. 482, pp. 483-484, p. 1291.

② 李正宇《敦煌遺書硬筆書法研究——兼論中國書法史觀的革新》,頁 17—18。

③ Manfred G. Raschke, "New Studies in Roman Commerce with the East", in Hildegard Temporini, ed., *Politische Geschichte*(*Provinzen und Randvölker: Mesopotamien, Armenien, Iran, Südarabien, Rom und der Ferne Osten*[*Forts.*]), Berlin/Boston, De Gruyter, 2016, pp. 604-1362.

④ Walter Scheidel, "Comparing Comparison", in G. E. R. Lloyd and Jingyi Jenny Zhao, eds, *Ancient Greece and China Compared*, Cambridge, Cambridge University Press, 2018, p. 40, p. 42.

書籍,還能讓我們更好地理解自身文化中的書籍——通過比較,我們能看到不同之處;我們會意識到一些我們所認爲的"不證自明"的論斷並非不證自明;我們會開始提出一些過去從未意識到的問題;我們會開始以更廣闊的視野理解書籍形態的歷史[1]。

將視野拓展至更多的寫本文化,尤其是鄰近的寫本文化,將我們的研究對象置於更廣闊的地理、文化場景中,能揭示不同文化區域間寫本文化的交互與影響。敦煌地處東西交通要道,與西域的文化交往頻繁,對敦煌寫本的研究也需考慮這一地區的文化多元性。除了貝葉寫本和雙瓣合尖筆,另一個可從跨文化視角考察的對象是縫綴裝册子。類似的裝幀形式最早出現於 2 世紀的地中海地區,於 8 世紀前後出現在了吐魯番。

二　非漢文文化中的册子本

册子本最早可追溯至公元 2 世紀,其在西方的興起與基督教的發展相關。在 2 至 4 世紀的 290 份基督教寫本中,83% 是册子本;同一時期的 2435 份希臘文寫本中,88% 仍是卷軸裝[2]。基督教爲何對册子本情有獨鍾,這是學界討論的焦點[3]。2 至 6 世紀,我們觀察到册子本的勢力範圍逐漸擴張至非基督教寫本。在 2 世紀的寫本中,僅 4.9% 的寫本爲册子,73.8% 的寫本爲卷子。3 世紀時,册子和卷子的百分比分別爲 21% 和 56%。到了 4 世紀,册子增長至 56%,而卷子僅有 15%。這種趨勢持續至 6 世紀,在已經基督教化的希臘—羅馬世界,册子成爲最常用的書籍形制[4]。

早期的册子本多有殘損,保留了完整裝幀的例子數量較少,其中最著名的

---

① J.P.Gumbert, "Our Common Codicology (and Some Notes on the West)", *Comparative Oriental Manuscript Studies Newsletter* 8（2014）, p. 23.

② Colin H. Roberts and T.C. Skeat, *The Birth of the Codex*, London, Oxford University Press for the British Academy, 1983, pp. 37-44; J. A. Szirmai, *The Archaeology of Medieval Bookbinding*, Aldershot, Ashgate, 1999, p. 3.

③ 此問題的中文評介,見高峰楓《從卷子本到册子本》,載 C. H. 羅伯茨、T. C. 斯基特著、高峰楓譯《册子本起源考》,北京:北京大學出版社,2015 年,頁 5—26。

④ Larry W. Hurtado, *The Earliest Christian Artifacts: Manuscripts and Christian Origins*, Grand Rapids, Mich., Wm. B. Eerdmans Publishing. Co., 2006, pp. 43-61.

是 1945 年於上埃及地區的拿戈瑪第（Nag Hammadi）發現的 13 份莎草紙册子。這些册子被藏在一個陶罐中，大多是諾斯底教派的經書，年代在 3 至 4 世紀。封皮由皮革製成，並用廢棄的莎草紙作爲封皮内襯。依原樣中世紀時，册子封皮多使用堅硬的木板，也有少數由皮革、皮紙（parchment）或紙製成的軟封皮。縫綴方式、封皮的固定方式、對書脊的處理與封皮的設計，呈現多種樣態[①]。就内部結構而言，册子的基本構成單位是"疊"（quire），由一摞紙從中對折而成。根據每疊的葉數，疊分爲不同類型。例如，quaternion 是由四張紙疊在一起對折而成的八葉的疊，quinion 是五張紙疊在一起對折而成的十葉的疊（表 1）。Quaternion，即八葉一疊，是皮紙册子中最常見的類型。册子本也可分爲單疊册子（single-quire codex）和多疊册子（multiple-quire codex）。前者是由單個疊構成的寫本，後者是由多個疊構成的寫本，總體數量上後者居多。

表 1　册子本疊的類型 [②]

疊的類型	對開葉數	葉數
	1	2
binion	2	4
ternion	3	6
quaternion	4	8
quinion	5	10
senion	6	12
septenion	7	14
octonion	8	16

① 關於册子本的裝幀，見 J. A. Szirmai, *The Archaeology of Medieval Bookbinding*, 以及 Alessandro Bausi, ed., *Comparative Oriental Manuscript Studies: An Introduction*, Hamburg, COMSt, 2015, pp. 69-266 中的相關部分。

② 一張紙從中對折後形成一個對開葉（bifolium），由左右兩葉（folio）構成。一葉（folio）有正反兩頁 / 面（page），故一個對開葉有兩葉、四頁 / 面。此表取自 François Déroche, *Islamic Codicology: An Introduction to the Study of Manuscripts in Arabic Script*, London, Al-Furqān Islamic Heritage Foundation, 2006, p. 67.

　　4 世紀以前,册子的製作材料爲莎草紙。莎草紙原産埃及,從埃及出口至希臘、羅馬。5 世紀西羅馬帝國滅亡後,當地的皮紙取代莎草紙,成爲册子本的主要材料。紙張製成的册子本,較晚才出現在歐洲。造紙技術於 8 世紀中葉從中國傳出,通過阿拉伯和伊斯蘭文明傳播至東地中海和北非,於 11 世紀進入西班牙 ①。在這條傳播路線上,紙張很快被用於册子的生産。最古老的希臘文紙册子現藏梵蒂岡圖書館(Vat.gr.2200),其書跡特徵顯示其來自地中海東部,年代在 800 年前後。有明確紀年的最早的阿拉伯文紙册子近年發現於亞歷山大圖書館,年代爲 848 年 ②。

　　册子本的東傳,應與宗教有緊密聯繫。公元 4、5 世紀以來,羅馬帝國的分裂與神學層面的分歧讓基督教内部産生了離心力。東方基督教沿著絲綢之路向東發展,深入亞洲。誕生於 3 世紀的摩尼教也向東擴展,越過阿姆河傳入撒馬爾罕一帶以及新疆地區。8 世紀時,摩尼教成爲漠北回鶻汗國統治階層的信仰。9 世紀中葉以後,西域、河西一帶成爲摩尼教的中心 ③。在吐魯番,存留了不少基督教和摩尼教册子殘件。他們殘損嚴重,大多都僅是零散的葉子,但仍可看見縫綴留下的線孔。

　　吐魯番發現的基督教寫本多來自北部布拉依克(Bulayïq)的水盤遺址,主要用粟特語和敍利亞語寫成。其内容涵蓋聖經選文集、《詩篇》、禮拜用文獻、聖徒傳記等,缺乏非宗教文獻。Nicholas Sims-Williams 的研究表明,此處存在一個粟特語和突厥語雙語的基督教教團 ④。其中,MIK III 45,一本用敍利亞語鈔寫的禮拜用書,罕見地保留了相對完整的裝幀。這本册子現藏柏林亞洲藝術博物館,高 22cm,寬 14cm,含 61 葉,分爲五疊,用粗繩縫在一起。册子首尾殘缺,中間三疊分別有 14、14、16 葉。第一疊原有 14 葉,現缺 5 葉,僅存 9 葉;最後一疊原有 14 葉,現缺 6 葉,僅存 8 葉。册子使用古敍利亞字母

① Raymond Clemens and Timothy Graham, *Introduction to Manuscript Studies*, Ithaca, N.Y./London, Cornell University Press, 2007, pp. 3-9; Alessandro Bausi, ed., *Comparative Oriental Manuscript Studies: An Introduction*, pp. 71-75.

② Alessandro Bausi, ed., *Comparative Oriental Manuscript Studies: An Introduction*, p. 190.

③ 楊富學《回鶻摩尼教研究》,北京 : 中國社會科學出版社,2017 年,頁 23—38。

④ 辛姆斯·威廉斯《從敦煌吐魯番出土寫本看操粟特語和突厥語的基督教徒》,載《敦煌學輯刊》1997 年第 2 期。

（Esṭrangelā），應鈔寫於 8、9 世紀。對紙張的放射性碳檢測進一步縮小了時間範圍，定年在 771 至 884 之間 ①。

　　吐魯番摩尼教寫本的年代大致在 8 至 11 世紀，這些寫本往往有著奢侈的裝幀和精美的彩繪。繪畫圖像資料和存留的冊子封皮顯示了豐富而純熟的皮革裝飾技術，包括染色、浮雕、印花、燙金等。不少書葉的殘片也留有葉緣裝飾和藝術字體。結構最爲完整的冊子是 MIK III 53，一本祈禱、懺悔用書。冊子尺寸較小（高 9.5 cm，寬 3.8 cm），内容有庇麻節用的讀誦文本、用帕提亞語和中古波斯語書寫的讚美詩，和粟特語的懺悔儀軌。冊子有殘缺，現存 12 個對開葉，分爲 2 疊（分别包含 3 個對開葉和 9 個對開葉）。其原本的構成應至少有 3 疊，每疊至少有 15 個對開葉。書内天頭標題使用多種顔色的墨水，有橙紅色、紅紫色、藍色和綠色，並附有花卉圖案 ②。另一份值得一提的是 MIK III 203，一張來自一本讚美詩集的對開葉。其上的跋語記録這本讚美詩集鈔於 762 年，但未鈔完，保存在焉耆的摩尼寺中，直至 9 世紀初才最終完成 ③。在這張對開葉上，鈔寫者交替使用黑色和紅色的墨水書寫回鶻王庭成員名單，使葉面呈現紅黑相間的棋盤形方格圖案。冊子其餘部分已佚失，但根據吐魯番存留的類似題材的寫本，可以推測原先的冊子有豐富的葉面裝飾。在裝幀方面，這張對開葉高 21.1 cm，有 4 個縫綴孔。其中最小的直徑僅 0.06 cm，應是使用了金屬尖頭的刺孔工具，穿線用的也是細針，反映了一種精緻的裝幀工藝 ④。

　　沿著絲綢之路往東，另一個發現大量冊子本的地點便是敦煌。敦煌藏經洞的冊子數量超過 400 號（包括冊子殘片），其中有明確紀年題記的集中在 10

---

① Erica C.D. Hunter and J.F. Coakley, *A Syriac Service-Book from Turfan: Museum für Asiatische Kunst, Berlin MS MIK III 45*, Turnhout, Brepols, 2017.

② Zsuzsanna Gulácsi, *Mediaeval Manichaean Book Art: A Codicological Study of Iranian and Turkic Illuminated Book Fragments from 8th-11th Century East Central Asia*, Leiden, Brill, 2005, pp. 61-64; N. Sims-Williams, J. S. Sheldon and Z. Gulácsi, *A Manichaean Prayer and Confession Book*, Turnhout, Brepols, 2022, forthcoming.

③ 楊富學《回鶻摩尼教研究》，頁 134—141。

④ Zsuzsanna Gulácsi, *Mediaeval Manichaean Book Art: A Codicological Study of Iranian and Turkic Illuminated Book Fragments from 8th-11th Century East Central Asia*, p. 41, p. 66, p. 198.

世紀。也有根據書跡分析判斷爲 9 世紀書寫的藏文册子（ IOL Tib J 401 ）[①]。敦煌並非一座孤島，其與吐魯番地區的交往也爲許多資料所證實。兩地出現類似的書籍形式，應不是偶然現象。

三　敦煌的縫綴裝册子

　　與吐魯番發現的册子不同，敦煌的册子本保留了更完整的裝幀形態。首尾殘缺的册子爲數不少，但仍能觀察到其原先的裝幀。戴仁是較早對敦煌册子展開系統研究的學者，他發表於 1979 年的《敦煌寫本中的册子本》介紹了敦煌册子本的内容、年代、紙張特徵、開本尺寸、内部結構、裝幀、頁面佈局和插圖[②]。中國學者李致忠、杜偉生、方廣錩貢獻了許多重要的學術成果，他們的研究爲學界提供了豐富的關於敦煌册子形制、裝幀的信息[③]。本文的研究對象是來自英國國家圖書館、法國國家圖書館、中國國家圖書館以及中國和日本其他

① Agnieszka Helman-Ważny and Sam van Schaik, "Witnesses for Tibetan Craftsmanship: Bringing Together Paper Analysis, Palaeography and Codicology in the Examination of the Earliest Tibetan Manuscripts", *Archaeometry* 55.4 (2012), p. 720.

② Jean-Pierre Drège, "Les cahiers des manuscrits de Touen-houang", in Michel Soymié, ed., *Contributions aux études sur Touen-houang*, Genéve, Librairie Droz, 1979, pp. 17-28; Jean-Pierre Drège, "Les codices", in Jean-Pierre Drège and Costantino Moretti, eds, *La fabrique du lisible: La mise en texte des manuscrits de la Chine ancienne et médiévale*, Paris, Collège de France, Institut des hautes études chinoises, 2014, pp. 373-376.

③ 李致忠《英倫閲書記（上）》，載《文獻》1987 年第 3 期；李致忠《英倫閲書記（下）》，載《文獻》1987 年第 4 期；李致忠、吳芳思《中國書史研究中的一些問題（之二） ——古書梵夾裝、旋風裝、蝴蝶裝、包背裝、線裝的起源與流變》，載《圖書館學通訊》1987 年第 2 期；方廣錩《寧夏西夏方塔出土漢文佛典敘録》，載《藏外佛教文獻》第 7 輯，北京：宗教文化出版社，2000 年，頁 372—415。杜偉生《敦煌古書縫繢裝和粘葉裝》，載杜偉生《中國古籍修復與裝裱技術圖解》，北京：北京圖書館出版社，2003 年，頁 451—459；李致忠《敦煌遺書中的裝幀形式與書史研究中的裝幀形制》，載《文獻》2004 年第 2 期；李致忠《中國古代書籍的裝幀形式與形制》，載《文獻》2008 年第 3 期；方廣錩《談粘葉裝》，載方廣錩《方廣錩敦煌遺書散論》，上海：上海古籍出版社，2011 年，頁 154—183；方廣錩《現存最早的粘葉裝書籍——敦煌遺書斯 05478 號〈文心雕龍〉裝幀研究》，載《文獻》2016 年第 3 期；方廣錩《從敦煌遺書談中國紙質寫本的裝幀》，載方廣錩《佛教文獻研究十講》，上海：復旦大學出版社，2020 年，頁 222—237。

館藏的約 90 份縫綴裝册子和殘片。俄羅斯科學院東方寫本研究所的奧登堡收藏中也有縫綴裝册子。由於疫情,我只有機會調查該收藏中的一小部分册子,收集的數據不全面。俄藏敦煌寫本缺乏彩色照片,已出版的目録没有提供足够的關於裝幀、紙張、疊的類型、縫綴孔數等物質形態方面的信息。研究俄藏敦煌寫本的物質形態,有必要調查實物。

　　敦煌縫綴裝册子的基本特徵是在"疊"的折縫處穿孔,用線將若干疊縫綴在一起。一些寫本殘損嚴重,僅剩碎片,但仍可辨識出縫綴孔。一些册子的縫線已損壞、脱落,但殘留的繩索被包裹在折疊處,保存了下來(S.5531, S.5539)。有時即使縫線丢失,在折縫的内側也能看到縫線綁壓留下的縱向印痕。一些對開葉的第一頁、第二頁的文本和第三頁、第四頁的文本不接續,説明第一頁、第二頁與第三頁、第四頁之間曾夾有其他對開葉,可判斷爲縫綴裝册子的殘葉。不到 50% 的縫綴裝册子留有縫線,而保留原始縫線的比例會更低,因爲其中一些册子在運送到收藏機構後被重新裝幀過。在英、法攝製的縮微膠卷中,我們看到一些册子已經歷過修整,葉子折縫内側用現代的簽紙粘貼加固(S.5589, P.3904)。遺憾的是,早期的修復工作没有留下寫本修復前形態的記録。王重民、向達 20 世紀 30 年代在歐洲拍攝的早期照片涵蓋了 40 餘份册子[1],其中多是粘葉裝。至於過去三四十年的修復工作,理論上有跡可循。通過採訪當時的修復工作者或可得知具體的細節,一些館藏機構也建立了修復檔案。

　　對敦煌寫本的修復是保護敦煌遺珍的重要手段。當然,一些方法也受限於當時的修復技術與修復觀念。例如,給紙面覆網這種做法如今已不再使用。就册子本而言,過去的修復會影響研究者對裝幀技術細節的觀察。有時貼在折縫處用於加固的紙簽和覆蓋在紙面上的絲網會遮蔽縫綴孔。較爲特殊的情況下,縫綴孔會被軟紙堵塞。當時的修復工作者或許將這些縫綴孔視作破洞處理,填補破洞可防止紙面撕裂。若不使用光板逆光觀察原件,容易忽略這些縫綴孔。另一個問題是區分舊線和新線。一些縫綴線較新,例如 P.3836 的白色細線;白線壓於保護葉子的絲網之上,也能説明這是在現代的修復工作中添加的[2]。而一些看上去陳舊而粗糙的線,則較難判斷他們是否是原始的裝幀。

---

① 李德範校録《敦煌西域文獻舊照片合校》,北京 : 北京圖書館出版社,2007 年 ; 國家圖書
　館善本特藏部編《王重民向達所攝敦煌西域文獻照片合集》,北京 : 北京圖書館出版社,
　2008 年。
② 覆網然後用新線固定葉子的修復方法也運用於粘葉裝册子,例如 P.3451 bis。

敦煌寫本的修復工作至今仍在進行,例如,英國國家圖書館目前正在修復和數字化法華經寫本。2019 年,我在修復室中看到一位修復工作者正重新綁定册子 S.5458。中國國家圖書館藏敦煌册子本,應是盡可能保留了原本的面貌①。

　　縫綴裝册子中,較爲常見的縫綴方法是將線從内向外穿過第 1 疊折縫處的第 1 孔,再從外向内穿過下一疊的第 1 孔,將兩疊相連。縫線在第 2 疊的中縫下行,從内向外從第 2 孔穿出,再從外向内穿過下一疊的第 2 孔,將兩疊相連。如此循環往復,直至使用完所有的縫綴孔,所有的疊相連。這種縫綴方式杜偉生已有描述並輔以圖解②。一些册子的縫綴順序和縫線走向會有變動,並不嚴格遵循上述過程(例如第 1 孔穿入的繩跳過第 2 孔下行至第 3 孔穿出),但基本原則一致。縫綴孔通常爲 4、6 或 8 個,奇數並不常見。其一般均匀分佈在疊的中縫,縫綴孔之間的距離大體相同,這需要裝幀者在刺孔前預先測量、規劃。也存在分佈不均匀的情況,例如上文提及的 S.5458,其 8 個縫綴孔之間的距離由上至下逐漸變窄。

　　從功能性的角度來看,這種簡單的縫綴可以讓使用者輕鬆、平整地打開册子,不會過度彎折書葉靠近書脊的一側造成折痕和損傷。另一方面,由於疊與疊之間僅數線相連,展開册子時會對橫向縫線造成直接壓力。若紙張偏硬、缺乏柔韌度,册子展開時施加至縫線的壓力會更大,縫線更易斷裂。敦煌册子的紙張的硬度相對高,這種損傷也確實發生在許多縫綴裝册子中。對於那些縫線已缺失的册子,我們可以推測其原先的裝幀應同樣簡單。若採用複雜的裝幀加固書脊,紙質偏硬的册子在使用過後書葉靠近書脊一側會留下折痕,頻繁翻閱甚至會導致該處紙張折裂。而這種損傷在敦煌發現的縫綴裝册子中極爲少見。

　　縫綴册子的另一種方法,是在疊的折縫處刺兩孔,用繩子穿過第 1 孔,下行後穿過第 2 孔,與繩頭相接打結。回鶻文册子 P.3509 便是用這種方法綁定。這份册子由 20 個對開葉捆成一疊,有缺葉,内容是佛教本生故事,最接近的漢文版本是《大方便佛報恩經》中的惡友品。但兩者故事細節有差異,回鶻文版本不是直接譯自漢文。這本册子的字體區别於 8、9 世紀緊實、偏圓的字體,也不同於蒙古時期舒展、具有棱角的字形,是 10 世紀的過渡性字體。文本

---

① 感謝中國國家圖書館古籍館敦煌文獻組劉波提供的信息。

② 杜偉生《敦煌古書縫繢裝和粘葉裝》,載杜偉生《中國古籍修復與裝裱技術圖解》,北京：北京圖書館出版社,2003 年,頁 454—458。

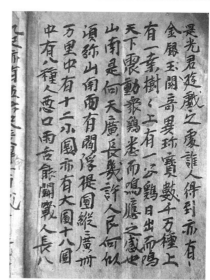

圖3　P.3509 葉子外緣的刺孔和 P.4016 中的縱向劃痕（版權：法國國家圖書館）

的一些語言學特徵源於古突厥語，也指向這個年代[1]。值得注意的是，這本册子的葉子外緣和靠近書脊的葉子内側，有錐形工具留下的刺孔，使用光板後可見（圖3 P.3509）。刺孔的位置恰好在每行文字的斜下方，使人聯想到西方册子本使用的刺孔然後繪製界欄的技法[2]。這些小孔應是劃欄的基準點，在葉子兩側刺孔後，依據孔洞的位置，在紙面上劃出界欄，供鈔寫者對齊書寫[3]。這本册子没有使用墨水劃界欄，原先應是用硬物在紙面劃出横向痕跡。只是劃痕原本較淺，或是紙質的原因，已觀察不到。在敦煌的一些漢文册子中，有劃欄工具留下的縱、横劃線。這些痕跡比我們想象中要常見，只是因爲在照片中較難觀察到，容易被忽視。有些劃痕較爲模糊，查驗原件時也需足夠的光亮才能看

---

① James Russell Hamilton, *Le conte bouddhique du bon et du mauvais prince en version ouïgoure*, Paris, Klincksieck, 1971, pp. 1-5.

② 關於西方册子本刺孔、劃欄的技術，見 Maria Luisa Agati, *The Manuscript Book: A Compendium of Codicology*, Roma, L'Erma di Bretschneider, 2017, pp. 171-216.

③ 方廣錩指出南北朝的一批寫本也有劃界欄用的針孔，位置一般在紙面右側，上下各一個，見方廣錩《敦煌遺書中的界欄——寫本學劄記》，載《圖書館雜誌》2021 年第 8 期。

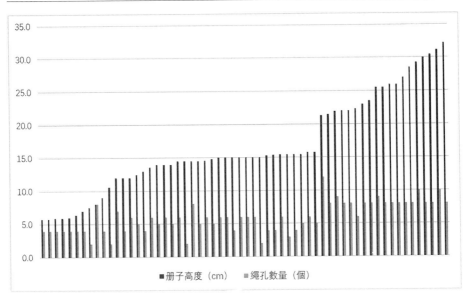

圖 4　縫綴裝冊子繩孔數量與冊子高度的關係

見。其中一種劃痕如圖 3 中 P.4016 所示，没有墨界欄，但有鋭物留下的若干
縱向劃痕，鈔寫者在劃痕之間鈔寫文字①。刺孔、劃欄的技法在 4 世紀的地中海
地區已運用於冊子本，敦煌冊子本使用的劃欄技術與西方的劃欄技術有多大
的相似性，兩者之間是否關聯，是值得進一步探索的問題。

　　有時我們會觀察到雜亂、冗贅的縫綴孔，這表明冊子被當時的使用者或現
代的修復工作者重新裝幀過。冊子二次裝幀時，繩一般會穿過葉子靠近書脊
一側的留白處，而非折葉的中縫。同時，並非所有有縫綴孔和綁繩的冊子都可
以歸類爲縫綴裝。爲防止粘葉裝冊子的葉子脱落（或是已經脱落），當時的使
用者會用繩索綁定書脊（S.5468，S.5536）。這並没有改變這些冊子由連續粘
貼的對開葉構成的内部結構，本質上仍是粘葉裝冊子。

　　圖 4 關於縫綴孔數量的統計也排除了二次裝幀造成的縫綴孔和粘葉裝冊
子中的縫綴孔，僅統計縫綴裝冊子中最初的裝幀留下的縫綴孔。這個圖表涵

① 方廣錩《敦煌遺書中的界欄——寫本學劄記》一文中也談及了敦煌寫本中的刻劃欄，見
　頁 108。

蓋了 60 件縫綴裝册子的數據,黑柱表示册子高度,依升序排列;灰柱代表對應的册子的縫綴孔數。如圖所示,縫綴孔的數量隨著册子高度的增加而增加,但前者上升幅度較小。15cm 左右及以下高度的册子中,縫綴孔的數量多爲 4 或 6。高度超過 20cm 的册子通常有 8 至 10 個縫綴孔。

　　古樂慈(Zsuzsanna Gulácsi)對吐魯番摩尼教寫本的物質形態研究提供了來自 8 份册子的可供對比的數據(表 2)[①]。表 2 的比較方法是以這 8 份册子的高度爲基準(表 2 左側),找出敦煌册子中近似高度的册子(表 2 右側),來比較近似高度情況下縫綴孔的數量。通過這個方法,能看出兩者的差異:同等高度下,敦煌册子的縫綴孔數量明顯多於吐魯番摩尼教册子。

表 2　吐魯番摩尼教册子與敦煌藏經洞册子對比:繩孔數量與册子高度[②]

吐魯番摩尼教册子			敦煌藏經洞册子		
館藏號	高度	繩孔數	館藏號	高度	繩孔數
MIK III 103	5.8 cm	2	IOL Tib J 510	5.8 cm	4
			Stein Painting 209	6.4 cm	4
			BD10905、上圖 103、	約 6 cm	4
			BD9302、BD10904、		
			BD10899		
MIK III 53	9.2 cm	2	IOL Tib J 401	8 cm	8
MIK III 101	11.5 cm	2	S.5433	9 cm	4
			P.3509	10.6 cm	2
			Д x .962、S.5531	12 cm	4
			P.3932	12 cm	6

[①] Zsuzsanna Gulácsi, *Mediaeval Manichaean Book Art: A Codicological Study of Iranian and Turkic Illuminated Book Fragments from 8th-11th Century East Central Asia*, pp. 64-67.

[②] 册子尺寸會出現不同人測量的數據有所出入的情況,這是因爲部分册子的邊緣是不規整的,當時的製作者經常將册子邊緣裁斜。測量高度時取靠近書脊一側還是靠近葉緣一側、測量寬度時取上緣還是下緣,得到的數據會不同。

續表

吐魯番摩尼教册子			敦煌藏經洞册子		
館藏號	高度	繩孔數	館藏號	高度	繩孔數
MIK III 203	21.1 cm	4	S.5692	21.3 cm	12
M 36	22 cm	4	S.5441	21.5 cm	8
			BD8884、BD11477	22 cm	8
			P.3861	22.3 cm	6
MIK III 4990	24.6 cm	4	S.5768	25.5 cm	8
M 797	25.2 cm	4	P.3907	25.5 cm	9
			P.3921	26 cm	8
			S.5460	26 cm	8
MIK III 8259	29.2 cm	4	P.3913	28.5 cm	8
			P.4092	29.3 cm	10
			P.4093	30 cm	8
			P.4071	30.5 cm	8

關於敦煌縫綴裝册子的疊的類型,70% 的册子爲 4 葉一疊或 8 葉一疊。超過 12 葉一疊的册子不常見,但也存在高達 26、28 葉一疊的例子(表 3 Pelliot tibétain 44,IOL Tib J 401)。上文提及的 P.3509 回鶻文册子,即使缺葉,也至少有 40 葉一疊。這些一疊葉數偏多的册子多爲單疊册子,即全册僅有一疊的册子,且多是非漢文寫本(主要是藏文册子)。這種厚疊在漢文册子中極爲少見。漢文册子一疊一般不超過 18 葉,且絕大多數是多疊册子。也有一些混合不同類型的疊的册子,例如表 3 中的 P.3824 和 P.3861。

表 3　敦煌藏經洞發現的單疊册子與多疊册子舉例

單疊册子 Single-quire codex

館藏號	文字	疊的類型	尺寸(高度／寬度)
S.5594	漢文	8 葉一疊	15/10.5 cm
IOL Tib J 510	藏文	12 葉一疊	5.8/13.8 cm
Pelliot tibétain 44	藏文	26 葉一疊	7.4/10.5 cm
IOL Tib J 401	藏文	28 葉一疊	8/19.4 cm

多疊册子 Multiple-quire codex

館藏號	文字	疊的類型	尺寸（高度／寬度）
S.5475	漢文	4 葉一疊，共 13 疊	27/11 cm
S.5539	漢文	4 葉一疊，共 3 疊	19.5/14 cm
S.5564	漢文	6 葉一疊，共 3 疊	7/6.5 cm
P.3823	漢文	6 葉一疊，共 3 疊	13.6/8.2 cm
P.3912	漢文	8 葉一疊，共 4 疊	15.4/10 cm
P.3913	漢文	8 葉一疊，共 11 疊	28.5/10 cm
P.3921	漢文	8 葉一疊，共 8 疊	26/10 cm
P.4092	漢文	8 葉一疊，共 3 疊	29.3/10.5 cm
P.3824	漢文	共 6 疊，葉數分别爲 6、1（第 1 疊和第 2 疊之間的單葉）、16、16、16、15（缺 1 葉）	14.6/10.6 cm
P.3861	漢文、藏文	共 5 疊，葉數分别爲 4、8、8、8、6	22.3/15.7 cm

　　表 3 中另有一本值得注意的册子是 S.5564。這本册子高 7 cm，寬 6.5 cm，共 18 葉，分爲 3 疊，6 葉一疊，通過 4 個縫綴孔綁定在一起。這本册子的葉子由上下兩部分拼接而成，上半部和下半部粘貼在一起形成完整的葉子，每葉中間有一條橫向的水平接縫。造成這種異常形態的原因，我有兩種猜想：一、這些葉子裁自舊卷子的接縫。利用舊卷子的背面或邊緣的空白鈔寫新文本的情況在敦煌寫本中很常見；册子本中也有幾例是拆解卷子製成的，在葉子上仍能看見卷子的縱向接縫或接縫撕開後的痕跡[1]。但特意裁出卷子凹凸不平的接縫處製成册子，不合常理。且將接縫橫向放置，僅有此一例。二、製作者有意將兩紙相粘成葉。這種拼接兩紙做成對開葉的做法存在於吐魯番發現的摩尼教

---

[1] 馮婧《西方寫本研究對敦煌寫本研究的啟發——以實物寫本學、比較寫本學爲例》，載《敦煌吐魯番研究》第 21 卷，上海：上海古籍出版社，2022 年。

册子中①。這本册子是否受到了吐魯番地區册子製作工藝的影響？當時製作者的想法，我們已無從知曉。以上兩點，僅是推測。

結　論

　　册子本普遍存在於各個寫本文化中。不同地區、不同文化傳統、不同生產環境下的册子本的形態會存在差異，但基本上都以"疊"爲構成單位。本文將敦煌的縫綴裝册子視作歐亞寫本文化的一部分進行考察，展示其與其他文化中册子本的相似性。中古時期的敦煌與中亞地區有著頻繁的文化交往，域外的紡織品、水果、香料、樂器、金銀器輾轉抵達中國，異域的宗教、語言和藝術也在隴右、河西留下了鮮艷的色彩。而承載語言和文本的書籍，同樣抵達了絲綢之路的東端。儘管敦煌的縫綴裝册子大多用漢文書寫，但其裝幀形式應是來自域外。正如前文提及的漢文貝葉寫本，雖内容是漢文，其外在形態和橫行右書的書寫方式是非漢的。

　　相同的書籍形式在不同的文化環境中也會呈現不同的樣態，這點在敦煌的縫綴裝册子與吐魯番的摩尼教册子的比對中表現明顯。兩者都具有"疊"的結構，皆以繩縫綴，但形態學的分析反映了一些差異。同等高度下，摩尼教册子傾向於使用較少的縫綴孔，敦煌册子的縫綴孔數量一般是摩尼教册子的兩倍。摩尼教册子以奢華的裝幀和精湛的製作工藝聞名，而敦煌的册子（無論是縫綴裝還是粘葉裝）主要使用紙張製成的軟封皮。大多數情況下，只是將册子第一葉或第一面留空，視作封皮；或是另用一紙包裹册子前後和書脊；或是在册子前後多貼一紙以加固。封皮缺乏裝飾，雖有少量緞面的册子本，但遠非精緻（P.3136，P.3759，P.3932）。册子内偶有插圖，但藝術字體和葉面彩飾是沒有的。這種差異源於不同的生產背景。鈔寫、製作摩尼教寫本的多是職業鈔手和專業的工匠。敦煌的册子則是佛教信衆和學郎自己製作、自己使用。他們關注的是通過親手鈔寫經文積累功德，製作易於攜帶的儀式用書，以及鈔寫、記錄學習材料。同時，在敦煌的縫綴裝册子内部，我們也看到了漢文册子

---

① Zsuzsanna Gulácsi, *Mediaeval Manichaean Book Art: A Codicological Study of Iranian and Turkic Illuminated Book Fragments from 8th-11th Century East Central Asia*, pp. 70-74.

與藏文册子的差異。藏文縫綴裝册子多爲單疊册子,且一疊中葉數較多。漢文册子絕大多數是多疊册子,4 葉一疊和 8 葉一疊最爲常見。造成這些差異的具體原因仍有待探索。

附記:

本文得到國家留學基金資助。對英藏、法藏敦煌册子的實物調查由劍橋大學亞洲與中東研究系和旭日國際佛學網絡資助。此文由高奕睿指導。

（作者單位:劍橋大學亞洲與中東研究系）

唐五代書札相關詞語釋義問題

——《中國佛教古佚書〈五杉練若新學備用〉研究》讀後 *

山本孝子

一 内容概述

　　《五杉練若新學備用》(又名《五杉集》)是南唐時期的一名禪僧應之編撰的佛教應用文書,除《釋氏要覽》等文獻徵引其中部分文字外,整本内容長期以來被認爲失佚不傳。今日本駒澤大學圖書館所藏朝鮮重刊本以數字化的方式重新面世①,各界專家學者予以了關注②。王三慶先生所著《中國佛教古

* 本文係日本學術振興會科學研究費若手研究(B)「中國・朝鮮半島・日本における書儀の普及と受容に關する比較研究」(17K13434)成果之一。

① 該書除卷上首部有殘缺外,上中下三卷均存(其中卷下有四葉補刻),卷下末葉有 "天順六年壬午歲(1462)朝鮮國刊經都監奉教重修" 的刊記。原在江田俊雄手中私藏,他曾在《李朝刊經都監と其の刊行佛典》一文中涉及這部珍貴罕見的孤本(《朝鮮佛教史研究》東京 : 國書刊行會,1977 年),但因其文重點探討李氏朝鮮時期的佛典刊行問題,而没有對本書内容細節加以説明。

② 朴鎔辰首次詳細介紹全書的内容結構,並展現了其價值及意義(《應之の〈五杉練若新學備用〉編纂とその佛教史的意義》,《印度學佛教學研究》第 57 卷第 2 號,2009 年)。筆者亦針對《五杉集》卷中進行了初步研究(《應之〈五杉練若新學備用〉卷中所收録的書儀文獻初探——以其與敦煌寫本書儀比較爲中心》,《敦煌學輯刊》2012 年第 4 期),另有幾篇關於卷中書儀内容的文章。其後이선이,王三慶先生、劉素香、李勤合等幾位學者進行個案研究並發表了其成果。이선이《『釋門家禮抄 』茶毘作法節次에 나타 (轉下頁)

佚書〈五杉練若新學備用〉研究》（新文豐出版公司，2018）是第一部關於《五杉練若新學備用》的專著，由上篇《南唐病釋應之述〈五杉集〉研究》與下篇《〈五杉練若新學備用〉校註本》組成，全書篇幅爲 539 頁。該著作對《五杉練若新學備用》一書進行了全面的整理、分析與討論，展現了《五杉練若新學備用》在佛教應用文獻、教育門内諸子的文獻傳承中的地位。

　　上篇部分共六章内容：第一章《諸論》，介紹了學界對該文獻的研究現狀，從學術史的角度來看《五杉集》的價值、文本特點，詳細描述了駒澤大學圖書館所藏本的形態及内容①。同時，亦對應之的生平及《五杉集》的編纂流傳做考證。第二章至第五章根據《五杉集》的結構，分別討論了該書的卷上（第二章）、卷中（由於卷中内容較爲豐富，將此再分成第三、四章）、卷下的内容（第五章）。

　　第二章《〈五杉集〉卷上研究：〈法數〉與〈家誨〉》，將《法數》與佛教類書、將《家誨》與唐五代以前的家訓分別進行對比分析，同時也探討了《五杉集》與敦煌文獻或前後時代的作品之間的呼應關係，以此揭示《五杉集》卷上反映的“三教混合的現象”或“釋應之的儒心佛體的背景”（頁 39）②。

　　《五杉集》無疑是探討佛教凶禮喪儀的重要資料，特別有助於分析當時的桑門服制問題。第三章《〈五杉集〉卷中研究（上）：凶禮服制的背景源流》及第四章《〈五杉集〉卷中研究（下）：凶禮服制、書儀式樣和影響》，對文本以及《僧五服圖》進行了闡釋，將研究的視角還延展到自古以來的儒家傳統服制和道教中的送終儀式，考察了佛教喪制的源流背景及其演化過程。亦與《五杉集》以後歷來所傳的禪林清規進行比較，分析了其對中國内外産生的影響和源流脈絡，闡釋了《五杉集》在中國佛教史上的重要地位及其在韓國釋門喪儀吸

（接上頁）난 無常戒에 대한 小考》，《한국선학（韓國禪學）》제 30 호，2011 年；이선이《『五杉練若新學備用』이 다비법『釋門喪儀抄』성립에 미친 영향》，《동양고전연구（東洋古典研究）》제 59 집，2015 年；劉素香《〈五杉集〉佛教喪葬儀式研究》，上海師範大學碩士論文，2018 年；李勤合《釋應之〈五杉集〉撰於廬山及其“書籍之路”》，《九江學院學報（社會科學版）》2020 年第 1 期。

① 本章的部分内容已發表於王三慶《病釋應之與〈五杉練若新學備用集〉的相關研究》，《成大中文學報》第 48 期，2015 年。

② 本章第一節與作者現已出版的《釋應之〈五杉練若新學備用〉上卷與敦煌文獻等“法數”編輯之比較研究》（《敦煌學》第 33 輯，2017 年）相呼應。

收運用和轉化①。

　　《五杉集》卷下的内容"對於僧家而言,可説是最具實用的部分"(頁355),舉例闡述了諸多不容忽視的問題,第五章《〈五杉集〉卷下研究:受戒、放生、追薦、祈願等道場疏齋文》是作者在本書中最爲具體詳盡的章節。文中重點解讀了《爲病人受五戒文》《放生文》《十念文》《施食》《懸幡》《孩子挂脱僧衣》《戴脱鉗子》《道場齋疏并齋文》,分析了各文的結構、使用場合及功能,並探討了其在宗教信仰推廣上的意義和作用等相關問題,同時也指出了出家僧人的儀式活動與民間習俗之不同②。

　　最後,第六章《結論》,對本書上篇的内容做一個簡短的總結,表述了《五杉集》的創新性及普遍性,再次强調其所反映的儒釋道三家之間的衝突與融合以及中國及東亞漢字文化圈内共同核心的普世價值。

　　下篇則是《五杉練若新學備用》的校註,還附加了三洞道士朱法滿編《要修科儀戒律鈔》卷之十五、十六、司馬光《書儀》十卷及朱子《家禮》卷四的内容,通過相關材料的梳理進一步深化了對《五杉集》一書的認識。

二　本書的學術意義及貢獻

　　如上已述,《五杉練若新學備用》在中國早已亡佚,駒澤大學所藏本是傳到朝鮮重修的,幸存於國外的"新見"孤本,其珍貴性不言而喻。原書彩色高清照片被公佈在駒澤大學圖書館電子貴重書庫的網址上③,只要連接到互聯網,就隨時隨地可以翻閲,但新材料的相關研究必須建立在可靠的文本上,文本的整理與校勘是必要的前提,也是此後研究的基礎。收錄於本書下篇精準的文本有利於學界的運用,爲日後進一步的研究提供了便利條件。

---

① 對卷中内容的分析討論,亦見於王三慶《敦煌本杜友晉〈書儀〉及〈五杉集〉之比較研究——以凶書儀中的"五服圖"爲討論中心》,《敦煌吐魯番研究》第 18 卷,2019 年。

② 關於《五杉集》卷下的内容,作者已發表過幾篇專論,本章可視爲作者《十念文研究》(《敦煌研究》2014 年第 3 期)、《敦煌文獻齋願文體的源流與結構》(《成大中文學報》第54 期,2016 年)、《釋應之〈五杉集〉中兩組特殊的齋會風俗與流變》(《成大中文學報》第58 期,2017 年)等文章的續章或總結。

③ http://repo.komazawa-u.ac.jp/opac/repository/collections/(2020 年 8 月 8 日),《五杉集》在"江田文庫"中。

　　《五杉集》的豐富内容,並非零星的幾篇論文所能及,仍有很大的研究空間。筆者也曾經發表過一些相關成果,多著意於卷中的書儀部分,多立足於某種書札格式的分析考證,至於卷上、卷下的内容遲遲没有觀照,以至缺乏對整本書全局性的理解。如作者自序所言"在敦煌學方面的研究,類書、書儀、齋願等文獻始終是我關注的焦點"(頁ⅱ)、"看到研究敦煌文獻二三十年,居然在這部書(《五杉集》)找到了同鳴共感的内容,因爲類書、家教、書儀、齋願文等應用文書,豈非過去我所留意的方向"(頁ⅲ),《五杉集》的内容與作者多年來所關注的焦點一致。譬如,《五杉集》卷上《家誨》與敦煌文獻中的家教類作品、卷中《僧五服圖》與 P.3637 杜友晉撰《新定書儀鏡》、《祭文式樣》與 P.3637 杜友晉撰《新定書儀鏡》及張敖 P.2622《吉凶書儀》所見的各種祭文、《慰書式樣》《屈尊人、平交人、其次人》等書札範文與敦煌寫本書儀中的吉書、凶書、《十念文》與敦煌的十念文等等關係都很密切。不論是研究的廣度還是深度,作者基於如此宏觀把握,構架了邏輯嚴密的論證體系,多方探求,收獲豐厚,取得了研究的突破性進展,並就《五杉集》的重要價值予以肯定。

　　該成果不僅對敦煌學的研究具有推進意義,作者還考察了佛教的中國化、文化匯流等方面,剖析了佛教如何與中土固有的習俗、觀念相融合,尤其在喪禮制度方面,還考索了對韓國佛教儀禮的影響,成果富有新意。

三　疏漏舉隅

　　本書難免也存在一些瑕疵,但絲毫不影響本書的學術價值,今略揀幾則如下:

　　上篇研究與下篇校註本之間偶爾會有彼此不完全對應之處。例如,《五杉集》卷中序文中出現的"釋氏喪儀疏"的理解,上篇頁 34 的引文爲"如《釋氏喪儀疏》引廬山慧遠大師",而後文解釋曰:"才有〈釋氏喪儀疏〉等篇章引用廬山慧遠大師與時賢討論僧尼喪服制度的問題……"下篇頁 561 的原文録文爲"如釋氏《喪儀疏》引廬山慧遠大師",此處使用雙書名號並加註云:"《喪儀疏》未聞,疑所言乃指釋喪禮之疏文而已。"筆者按,應該作《釋氏喪儀疏》,或許與《釋氏喪儀》有關。《釋氏喪儀》亦已亡佚,其書名見於《釋氏要覽》卷下《服制》[①]、《宋高僧傳》卷第七《漢棣州開元寺恒超傳》等。

---

① 同書《受弔》徵引的《喪儀》或許亦爲《釋氏喪儀》。

　　參考文獻引用方式，對一些不熟悉的讀者來說可能不方便查閱原文。關於敦煌文書，"050700 新定書儀鏡"（頁 151、264 等）、"120902 内外族題書狀樣"（頁 272）①、"1950007〔七〕〈號頭同前〉"（頁 482）等所使用的編號不是普遍通用的；頁 264—269 的表格中引用的 "張敖撰集《凶儀》卷下〔諸色祭文〕"②沒有文書編號〔筆者按：該書儀書題是《吉凶書儀上下兩卷》（P.2622 尾題）〕等等，即是此例。亦有徵引文獻的出處不詳者，如頁 573 註釋 44 "《五杉》云：小師……自掇妄罪焉"，不知其來源（筆者按：此段文字見於《釋氏要覽》卷下《送終·疏子》）。

　　另外，釋文也有些地方未經精校，致有疏誤，在此不一一贅述了③。

四　對《五杉練若新學備用》卷中所見書札用語之我見

　　《五杉集》向桑門提供了應該備用的各方面的知識，"可説集類書、家教、書儀及法會齋疏文等，盡是教育僧尼應急備用的重要參考著作，也是繼承南北朝以來，僧團教育的優良傳統，開展了宋代書院教育的先聲"（頁 37），使本書探討的覆蓋面亦自然而然地非常廣泛，筆者瞠乎其後，難以全面完整地評述。從而，下文中基於筆者關心的焦點，主要集中在上篇第四章《〈五杉集〉卷中研究（下）：凶禮服制、書儀式樣和影響》（頁 221—354）以及下篇卷中（頁 561—622）④，提取有關書札格式的記載，補充一些相關材料，略陳管見。《五杉集》的成書年代在敦煌寫本書儀與司馬光《書儀》之間，但是有些書札格式卻僅見

---

① 此處 "至於張敖的書儀也又 120902 内外族題書狀樣如下"，"又" 字應爲 "有" 之誤。前頁最後一行的 "業又" 應是 "也有" 之謬。
② 表格頁 266 下欄《啓柩祭文》中以 "※" 符號所示之處應補 "輴" 字。
③ 頁 544 凡例五曰："若有文句未順，又乏校本可據者，爲使讀者得以通讀，則逕據文義加以校改，並出註説明，亦存底本真象。" 但是也有沒有加註而改動原文的地方，錯字，還是有意修改難以判斷。如：將原書 "有弟兄在外" 改爲 "有兄弟在外"（頁 277、587），字旁不見有顛倒符號。
④ 下篇校註本，如迻録凡例三所述，"本録文偶加註釋，蓋緣於個人閲讀文本時，爲求理解，因而窮究原文及語詞的意義所作的查核結果。然而爲了節省大家寶貴時間，以及閲讀方便，亦不加捨棄，更非逐字詞而詳註，以免招徠不備或濫斥篇幅之嫌"（頁 544）。沒有一一註解，註釋内容較爲簡略。

於《五杉集》,其他書儀均没有保留①,因而學界未取得基本共識的定義,仍有疑慮,尚待商榷。

【短封】

頁 579 註釋 66：

> "短封"即簡短信函。唐·駱賓王《艷情代郭氏答盧照鄰》詩:"無那短封即疏索,不在長情守期契。"

按:《五杉集》收録的"短封"是"慰書"的一種格式②,援引《艷情代郭氏答盧照鄰》加註似有不妥。包括《五杉集》卷中的書儀所收録的書札範文可以分爲兩大類,即吉書及凶書。在不同場合下選用相應的格式,措辭行文亦需細心考究,吉凶之間不可混用③。

同樣問題亦見於頁 271 所列舉的封題,文中討論的是《五杉集》卷中《慰書式樣》所見的封緘方式,但除了一些弔慰書之外,還引 S.6537v14 鄭餘慶《大唐新定吉凶書儀·封啓樣》、P.2646 張敖《新集吉凶書儀·内外族題書狀樣》等吉書以及 P.2622《吉凶書儀·孝子答疏》的封題樣④,云"凡此封題形式皆可與釋應之《五杉集》封題樣互相比附,也可增進我們的了解"(頁 273)。《孝子答書》雖然是凶禮中使用的,但是收信人並不在服喪,如頁 272 圖示,捲封皮紙的方向有凶儀左卷和吉儀右卷,題書也寫在陽面、陰面相反的位置。

【籤子】

第 583 頁註釋 73：

> "籤子"即籤條,貼在封袋上的狹長紙條。宋·洪邁《容齋四筆·親

---

① 但並不意味著是《五杉集》獨自具有的,更不應該是桑門專用的,還是可以在敦煌寫本書儀或司馬光《書儀》中找到類似的格式或線索。

② 關於短封,請參看山本孝子《凶儀における"短封"の使用——唐·五代期における書簡文の變遷》,《敦煌寫本研究年報》第 10 號,2016 年;《〈高野雜筆集〉下卷所收録的兩封凶書相關問題研究》,《域外漢籍研究集刊》第 13 輯,2016 年。

③ 吉凶之間會有相對應或類似的形式,但是應用對象範圍、具體結構細節還是有區別的。請參看山本孝子《吉儀中是否有"三幅書"?——從通婚書説起》,《中國古代法律文獻研究》第 12 輯,2018 年。

④ 此處也只説"張敖的書儀"(頁 272),没有標註文書編號。

王回庶官書》：“錢丕《行年雜記》：‘昇王受恩命，丕是時爲將作少監，亦投賀狀，王降回書籤子啓頭。’”

按：此處“籤子”，應是司馬光《書儀》所謂“面籤”。

卷一《私書》《與平交平狀》及《啓事》皆加註云：“封皮用面籤”。另外，《與平交平狀》還有“重封題與大狀同。後封皮重封皆准此”的註釋。卷九《致賻襚狀》註曰：“此是亡者官尊其儀乃如此。若平交及降等，即狀内无年，封皮用面籤，題曰‘某人靈筵’下云‘狀。謹封’。”《謝賻襚書》註曰：“此與尊儀也。如平交即改‘尊慈’爲‘仁’，‘特賜’爲‘貺’，去下‘誠’字。後云‘謹奉陳謝。謹狀’。无年，封皮用面籤，餘如前。”從此可知，“面籤”是對尊人的禮儀。封皮上不僅用“面籤”，而且還會恭恭敬敬地再另外加封。《五杉集》《復書封樣》及《上尊人闊遠書》的標題後各加註云“或用籤子亦得。三幅書亦如此。封父母亡書亦如此，只不言孝院，只著‘僧 厶 狀封’”、“極尊人不合用圖書也。平交即可。時候等，此下皆同此例。須著籤子端謹小書”[1]。以籤子封緘的方式與圖書相比更加隆重，使用對象以尊人爲主。

《三幅書》亦云“短封於書邊以小紙片子同封定，不得用圖書”，“小紙片子”指的應該就是“籤子”。南宋·丁昇之《婚禮新編》卷之一《書儀》記載：

可漏子式　“某官”用籤帖，尊之也。後准此。

某官　台座	具位姓　某　啓上　謹封

同樣的可漏子，亦見於《新編婚禮備用月老新書後集》卷之一《大狀式·聘定禮物大狀式》，其插圖有畫線，貼籤的位置更明確：

可漏

親家某官台座	- - - - - - - 忝戚具位姓　某　啓上謹封　- - - - - - -

封皮紙捲好後，將細長的小紙片粘貼在其右上方標有收信人的信息；發信人的姓名卻寫在封皮紙的封口上。我們可以推測，《五杉集》的籤子或司馬光《書儀》的面籤的使用方式很有可能與此相似，或同封夾著或粘貼在封皮上。

---

[1] 類似的文字，亦見《謝上靈香紙或茶》“如當書月日，小作籤子端謹書”。

　　如上所示，簽子無論吉凶，都會使用。雖然《五杉集》未言及，但是用於簽子的紙條，在不同場合下，可能分別選用不同顏色。南宋・蔣叔輿《無上黃籙大齋立成儀》卷三曰：

　　　　諸可漏，並貼黃。一位者，用黃簽側貼。兩位以上者，用稍闊黃簽中貼。兩位四位，以右爲尊。三位五位，以中爲尊。

同書卷五〇又云：

　　　　奏狀五通，申狀六通，牒三道，關二紙，引二紙，錢馬單狀三紙，劄子紙十三幅^{每一幅作可漏六箇}，大狀紙六幅^{方函用，載爲寫之}，黃紙半幅^{貼黃及黃簽用}，狀紙十八幅^{關牒一道用紙一幅，封皮可漏用紙半幅}。

可漏，即封皮紙、封袋，粘貼在其上面的“黃簽”，應該是用黃色的紙製作的簽子。《新編事文類聚翰墨全書》癸集卷之三《釋教門文類・賀謁疏狀新式》^①，又云：

　　　　封皮，以上並用可漏，但賀生辰須用紅牋。申狀、門狀卻不用封。

　　“紅牋”應是“紅簽”，即紅色的簽子。明・朱舜水著，安積澹泊編《朱氏談綺》^②卷之上以圖示的方式介紹各種封皮、封袋，《封筒式》圖下說明曰：“有護封，不粘口。紅簽上只寫內函二字，不寫封上及某號姓老爺書等字”。《紅簽式》《藍簽式》標題下各加註曰：“慶賀平交通用。簽太闊非禮”“弔慰用之^③”。

---

① 市立米澤圖書館デジタルライブラリー［DB/OL］，元・詹友諒撰泰定元年（1324）麻沙吳氏友於堂刊本：http://www.library.yonezawa.yamagata.jp/dg/AA062_view.html. 元・劉應李撰市立米澤圖書館所藏正統元年（1436）善敬書堂刊本：http://www.library.yonezawa.yamagata.jp/dg/AA061_view.html（2020 年 8 月 8 日）（該葉不見於京都大學附屬圖書館所藏正統十一年翠巖精舍刊本）。

② 人文學オープンデータ共同利用センター・日本古典籍データセット，京都柳枝軒茨城多左衛門正德三年（1713）刻本：http://codh.rois.ac.jp/pmjt/book/200017278/（2020 年 8 月 8 日）

③ 日本尺牘資料中仍然沿用類似的方式，如大典顯常著《尺牘式（尺牘寫式）・扣版帖面式》曰：書柬ノ囊ヲ封筒トイフ。古ハ可漏子ト云。コレニ内函、外函、護封ノ三アリ。版面封筒ニハル紅唇ヲ紅簽ト云。凶事ニハ藍簽ヲ用ユ。（書柬之囊，稱之爲封筒，古稱可漏子。有内函、外函、護封之三。貼在版面封筒的紅紙叫紅簽。凶事就用藍簽。）《弔慰柬式》云：弔慰ノ禮ニハ紅色ヲ用ヒズ、青色ヲ用ユ。書柬ニ藍簽ヲ用ヒ、印モ藍色ニテ印ス。（弔慰之禮不用紅色，而用藍色。書柬則用藍簽，印章亦用藍色蓋。）引自早稻田大學圖書館藏，安永二年（1773）刊〔明和六年（1769）跋〕，https://archive.wul.waseda.ac.jp/kosho/bunko31/bunko31_e1720/bunko31_e1720.pdf，2020 年 8 月 8 日。

【腰封】

頁 280 第 3—4 行

將"書即腰封"一段解釋爲"把信函套入信封内方便攜帶者隨時可以置放腰間口袋"。

頁 591 註釋 91：

"腰封"舊時謝禮，將錢套入紅封，得者即揣入腰間，故稱。《金瓶梅詞話》第三五回："推了半日，金蓮方纔肯了。又出去教陳經濟換了腰封，寫了二人名字在上。"

按："腰"指的並不是攜帶書札的人之腰，而是封皮紙的中心部位。"腰封"一詞，《五杉集》中還見於〈單幅書〉，其注釋曰："其封只是腰封，更不作樣，迴書亦然。"這段文字説明的是單幅書封樣，腰封無疑是一種封緘方式①。《新編事文類要啓劄青錢》卷之九·前集《寫名刺式》云：

凡名刺，用好紙三四寸闊，左卷如著大，用紅線束腰，須真楷細書。或倉卒無絲線，則剪紅紙一小條，就於名上束定亦得。凡卑見尊者名刺以小爲貴。

以紅色的線捆縛名刺之腰部，用來固定捲好的紙張。同樣的封緘方式，亦見於司馬光《書儀》卷一《名紙》：

取紙半幅。左卷令緊實。以線近上橫繫之。題其陽面。_{凡名紙，吉儀左卷，題於左掩之端，爲陽面。凶儀右卷，題於右掩之端，爲陰面。}

無法追溯到比《五杉集》更早的書儀，但敦煌寫本書儀中函封時還是會用線綁紮書函的中心部分②，如 P.2646 張敖《新集吉凶書儀》云："其函了，即於中心解作三道路一，以五色線縛。"其封緘方法具有略微相似性。

腰封與函封的關聯性，從南宋時期的道教儀禮書中亦可以看得出來。蔣叔輿《無上黄籙大齋立成儀》卷一一《詞》曰"内封_{用黄紙三寸腰封}"、卷四五《昇天左右券》又曰"發真券可漏_{以黄紙三寸腰封}"。"内封"後有封題樣云："臣某，係法師名謄奏

---

① 詳情不明，但或許古代日本的"腰文(こしぶみ)"（又稱"切封""切懸封"）與此有些關聯。腰文是將書札的右端從下向上裁到中間切成細長的帶狀，以此束書札而裹住固定的一種封緘方式。

② 關於函封，請參看山本孝子《ハコを用いた封緘方法——敦煌書儀による一考察》，《敦煌寫本研究年報》第 7 號，2013 年。在不同場合下，選用的線繩顏色也會不同，周一良先生認爲這種橫束的線繩是"禮儀性裝飾，而非封緘"（周一良《唐代的書儀與中日文化關係》，《歷史研究》1984 年第 1 期）。

謹封。”另外還收録有“外方函”,其曰:“謹謹上詣三天門下請進。具法位姓名重封。”從此可知,重封時,内封爲腰封,外封則用函。可漏,又稱可漏子,即封皮、封套,也是一個腰封爲封緘方式的例證。

【大狀】【狀頭】

頁 280 第 2 行

將“大狀”解釋爲“大書狀信札”。

頁 282 第 9—10 行:

　　……“狀頭書”,即置大狀前頭的書狀信函,在此則是《大狀樣》書函的指稱。所謂大狀即上呈政府官員的書信。

頁 591 註釋 92:

　　所謂“大狀”蓋指重要書狀,宋·司馬光《書儀》卷一《私書》也有兩篇大狀範文,其一文例《上尊官問候賀謝大狀》云:“具位姓某右某述事云云謹具狀,上問尊候,申賀上謝隨事。謹狀。舊云:謹録狀上牒件狀如前,謹牒。狀未(末)姓名下亦云牒,此蓋唐末屬寮上官長公牒,非私書之體,及元豐改式,士大夫亦相與改之。年月日具位姓某狀。封皮狀上某位具位姓某謹封。重封上顯云:狀上某所某位,下云:謹重封。”

頁 605 註釋 124(《五杉集》原文爲“謝尊人到稍尊,即致大狀頭書”):

　　“狀頭”雖然意爲狀元,然此爲特大號書狀,謂之爲大狀頭。《資治通鑑·後周世宗顯德六年》:“凡群臣有才能及進士狀頭或僧道可與談者,皆先下蠶室,然後得進。”胡三省注:“進士第一人,謂之狀頭。”

按:大狀的確可以分兩大類,一是像司馬光《書儀》卷一《私書·上尊官問候賀謝大狀》,在書面上談正事的大狀,另一種是訪問別人時攜帶的大狀(屬於“門狀”),正事是要當面交談的,《謁大官大狀》則屬於這類。《五杉集》不僅收録兩種大狀,還有與此相應的答書。“狀頭書”是對文字的答謝,“大狀頭書”則是對造訪的答謝。“狀頭書”“大狀頭書”是由“大狀”或“狀”以及“頭書”的構詞成分組成的,不能抽出“狀頭”來釋義[1]。

---

[1] 詳細内容請參看山本孝子《〈(擬)刺史書儀〉〈封門狀回書〉與〈五杉練若新學備用·大狀頭書〉之比較研究——〈唐宋時代の門狀——使用範圍の擴大と細分化〉補遺》,《敦煌寫本研究年報》第 14 號,2020 年。

另外，《大狀樣》（頁 590）的標點句讀不慎害於文理，“具銜。某牒封樣，謹寫。狀上某官座前，具銜。某謹封”應改成“具銜某牒。封樣：謹寫狀上。某官座前。具銜某。謹封”[①]。

【前銜】

頁 591 註釋 93：

　　“前銜”過去的官銜。唐·楊嗣復《謝寄新茶》詩：“封題寄與楊司馬，應爲前銜是相公。”

按：“前銜”即大狀開頭部分所見的“具全銜厶”，如上所示，《五杉集》還收録有《前銜書》（又稱《狀頭書》）。詳情請參看山本孝子《唐宋時代の門狀——使用範圍の擴大と細分化》[②]。

【咨目】

頁 593 註釋 96：

　　“咨目”即咨請過目。宋·范仲淹《答安撫王内翰書》云：“某諮目，上安撫王内翰學士。”又《上吕相公並呈中丞諮目》曰：“某諮目，再拜上僕射相公。”都有此意。

按：咨目是一種書札格式。如《小師上和尚》後加註云“凡修本師書，不可引閑詞，全乖格式。或有事，即別著一紙咨目”，或《和尚咨目樣》曰“前有月日，此不用”，咨目就附屬於別的書札，不是單獨寄送的[③]。

【時候、問體】

頁 601 註釋 100：

　　“時候、問體”即書寫信函隨季節而問候對方身體情況，縱使知道没有

---

① 關於大狀的格式復原，請參看山本孝子《唐宋時代の門狀——使用範圍の擴大と細分化》，《續中國周邊地域における非典籍出土資料の研究》，大阪：關西大學東西學術研究所，2020 年。

② 山本孝子《唐宋時代の門狀——使用範圍の擴大と細分化》，《續中國周邊地域における非典籍出土資料の研究》，大阪：關西大學東西學術研究所，2020 年。

③ 山本孝子《敦煌發見の書簡文に見える「諮」——羽 071「太太與阿耶、阿叔書」の書式に關連して》，《敦煌寫本研究年報》第 9 號，2015 年。

違礙,也是一種禮貌。

　　按:"時候",同於"寒暄",構成書札的單位之一。《謝尊人遠書》《平交人》標題後所説的"時候、問體如前"指的就是《上尊人闊遠書》的寒暄、問體。P. 3906《(擬)書儀》(五代)亦曰:"凡修書,先修寒温,後便問體氣,別紙最後。"當時有分"時候/寒暄""問體""別紙"三段書寫的一種書札①。

(作者單位:廣島大學外國語教育研究中心)

---

① 山本孝子《吉儀中是否有"三幅書"? ——從通婚書説起》,《中國古代法律文獻研究》第12輯,2018年。

日本漢籍研究

和刻本魏晉南北朝正史解題

長澤規矩也 撰　童　嶺 譯

一　和刻本《三國志》解題

迄今爲止所見的和刻本《三國志》，都是附刻有刊記的。刊記不僅僅有書店的名稱，還有刊行的年月。這些刊記中比較早的是印有"山本平左衛門（左）""植村藤右衛門（右）"兩書肆之名。但是，這一刊記的頭注[①]明顯是加刻而成，我推測初印本郭[②]上位置是没有這些文字的。還有的刊記將右部"植村"改刻爲"二條通村上勘兵衛"，這就應該是後印本，因此刊行年月亦不盡相同。後印本的書店名稱，上記"浪華書林"，其下方兩行則刻入"澁川清右衛門（右）""松村九兵衛（左）"。比這一後印本更加後出的印本，它的奥附是列記了從高松的書肆茂兵衛到賀屋（即松村）的九兵衛之名，可以證明這是一個明治印本。鑒於印本的問題，故而《和刻本三國志》延期出版了。即便動員了社長、社員與友人一起全力尋找最初的印本，還是一無所獲。實在不得已，只能將比較早的印本，即嵯峨寬氏所藏本作爲影印底本，文字模糊之處則以他本補之；如果模糊之處所有印本皆然，則不再增改。以上是《和刻本三國志》發行延誤的原因，也是該影印版常常見到模糊文字的原因。然而，爲何就單單是《三國志》的衆多傳本之中，難以找到初印本呢？這實在令人費解。倘若勉强

---

① 譯注：川瀬一馬《日本書誌學用語辭典》云："頭注，正文上欄所加的注。附加頭注的本子被稱爲'頭注本'。"東京：雄松堂出版，1982年，頁206。
② 譯注：川瀬一馬《日本書誌學用語辭典》，"郭，外框"，頁58。

加上我的理解,那可能是因爲所謂的“初印本”並没有刊刻完成,它的刊行書店就經營不善,倒閉廢業了。其版木則賣給了澁川、松村。因爲這一理由,所以記有最初出版書店名稱的傳本,可能是完全不存在的吧。

進入明治時代之後,東京的印刷會社出版了活字版本。其中可以看到校者猪野中行的名字。只有《魏志》是由東京大成館排印出版的。這都是明治十年的出版品。東京印刷會社的刊本有句讀與返點,而大成館的刊本只有《魏志》正文附記了送假名並加以校訂,裴松之註文則没有送假名。如上所述,因爲木刻本的初印本無法覓得,而只有《魏志》附有送假名及校訂且傳本不多,因此《魏志》用大成館刊本代替。根據社員們的意見,本叢書計劃影印木刻本,爲此略作解説如上。最後,對於慷慨借出底本影印的嵯峨寬氏深表感謝。

〔原載《和刻本三國志》(東京 : 汲古書院,1972 年) 卷首 〕

二　和刻本《晉書》解題

本書是川越藩主柳澤吉保,覆刻明萬曆南監刊正史計劃中最早完成的一種,欄上校語之末可見“正誤凡幾　志村禎幹(或荻生茂卿)謹識”版心上魚尾的右上方,又可見“元禄辛巳年”。其中卷一的第一頁,尚有“崎陽鞍岡元昌補寫”數字。下魚尾的右下方則有“松會堂”三字。

從元禄十六年(1703)至寶永二 [①] 年(1705),此松會堂的松會三四郎陸續出版了南監本的覆刻本:

《晉書》　　　五三册
《南齊書》　　二一册
《宋書》　　　四五册
《梁書》　　　一五册
《陳書》　　　一三册

其中,《陳書》出版後很快受到火災,燒掉了《晉書》將近一半的版木。北朝三史的續刊計劃由此中止。至於説《晉書》,此後又在京都補刻出版。出版

---

① 譯注 : 寶永二年是公元 1705,但和刻本《陳書》成於寶永三年(1706),即清康熙四十五年,疑此處 “二” 當爲 “三”。

時有如下刊記：

風月莊左衛門

皇都書林

橫江巖之助

別葉的奥附①還記有：

二條通衣棚

京都書肆

風月莊左衛門

可見是時代更後的印本。因爲是架藏本，蒙得內閣文庫借出初印本，故在此聊表謝意。這次影印之際，沒有加以修補。與《陳書》相比，印刷效果略次，此亦原本之優劣故也。

〔原載《和刻本晉書》（東京：汲古書院，1971 年）卷首②〕

三　和刻本《宋書》解題

本書亦是川越藩主柳澤吉保，覆刻明萬曆南監刊正史計劃中的一種。《宋書》的傳本與《晉書》相比要少，但與《梁書》《陳書》相比則稍微多一些。底本爲大開本 45 册。

原南監本《宋書》是明萬曆二十二年（1594）刊行的。和刻本的第一到第四行遵照南監本刊刻，但第五行則把南監本“司業李道統校閱”改刻爲“日東志村三左衛門楨幹句讀”，各卷末刻有“正誤凡幾　志村楨幹謹識”一行。和刻本《宋書》無奥附，只在版心上部刻有年號“宋書寶永三年”，下部刻有“松會

---

① 譯注：川瀨一馬《日本書誌學用語辭典》云：“奥附，附於書物卷末之意，附印刊記。企業出版制度建立以來，這一形式就明確下來了。但是在江戶時代以前，刊記是以奥附的形式出現。起源於何時很難斷定。作爲出版書肆的書物，在元和時代（1615—1624）就有這一形式了。中國稱之爲‘版權頁’。”頁 50。

② 譯注：又可參童嶺《汲古書院和刻〈晉書·載記〉序論及漢趙部校證——五胡十六國霸史基礎文獻研究之一》，劉玉才、潘建國主編《日本古鈔本與五山版漢籍研究論叢》，北京：北京大學出版社，2015 年，頁 306—327；童嶺《汲古書院和刻〈晉書·載記〉後趙部校證——五胡十六國霸史基礎文獻研究之二》，《國學研究》第 44 卷，2020 年，北京：中華書局，頁 273—282。

堂"等文字。幾乎都是遵囑和刻本《晉書》的方式刊行,只是和刻本《宋書》並無《晉書》那樣存有奧附的後印本。

　　本次影印,承蒙內閣文庫諸位先生的厚意,得到了該庫所藏的初印本作爲底本,謹表謝忱之意。

〔原載《和刻本宋書》(東京:汲古書院,1971 年)卷首〕

四　和刻本《南齊書》解題

　　本書是明萬曆中南監本二十一史的覆刻本。它將底本卷頭刻有趙用賢、張一桂姓名的雙行改爲了單行,而增添入了施加句讀的荻生徂徠姓名的一行,每卷末則刻入"右正誤凡幾,補版凡幾,荻生茂卿謹識"。從版心則可知,此書刻於元禄十六年(1703)至寶永二年(1705),爲江户長谷川町的書店松會堂三四郎所出版。此書之出版,是川越(後、大和郡山)藩主柳澤吉保的二十一史翻刻計劃之一種。《史記》、兩《漢書》、《三國志》之四史已有了和刻本。南北朝時期以南朝爲正統,因此在元禄十四年從《晉書》開始,接著出版了本書,然後是宋、梁、陳三書。此外,還計劃出版魏、北齊、周之北朝三史以及隋、唐兩書。既刊的五史中,因《晉書》將近一半的版木被燒毀,故而只有《晉書》這一部是用補刻本行世。南齊、梁、陳三史傳本較少。《梁書》直接影印,底本是架藏本,影印之際不增加一筆,以保持原貌。

〔原載《和刻本南齊書》(東京:汲古書院,1970 年)卷首^①〕

五　和刻本《陳書》解説

　　本書於元禄十四年(1701)到寶永三年(1706)之間,爲江户長谷川町書店松會堂的松會三四郎所出版。這是他將明萬曆年中南監刊本二十一史加以訓點,覆刻出版的計劃之一。因爲《陳書》是所有計劃中最晚出的一種,所以根據《和刻本南齊書解題》提及的版木被燒毀一事,《陳書》的傳本可能是最少的。根據慣例,我要明言,此書在影印時未加一筆保存了原貌。本次內閣文

---

① 譯注:該譯文又載於《南監本〈南齊書〉荻生徂徠批識輯考》,收錄童嶺《南齊時代的文學與思想》附錄,北京:中華書局,2013 年,頁 182。

庫爲了學界研究之便利,特意提供了所藏的初印本作爲影印底本供我們使用。爲此,我想對内閣文庫長以及各位庫員表示深深的謝意。

〔原載《和刻本陳書》(東京:汲古書院,1970)卷首〕

六　和刻本《隋書》解題

和刻本《隋書》是在北監本,即明萬曆二十六年(1598)北京國子監的校刊本之上,施加句讀以及返點而成。從天保十四年(1843)到第二年,四國的高松藩學講道館奉幕府之命將《隋書》覆刻出版。每卷卷末,録有岡井馨等校點者的名字。關於"幕府之命",其實這一時期幕府的勢力已經逐漸衰弱,爲了達到削弱大藩財力的目的,就命令十萬石以上的大名校刊大部頭的書籍。大儒松崎慊堂評價道,這至少在表面上也是古今文學之大盛世,然後他列出了有必要校刊的古書目次,並寫成了一份意見書(明治二十二年,1887,山下重房刊《慊堂松崎先生遺墨》)。

高松藩響應這一幕府之命,校刊了《隋書》;二本松藩校刊了《明朝紀事本末》三十册;忍藩校刊了《東都事略》二十册、《南宋書》十六册;松江藩校刊了《南北史》一百册;高田藩校刊了《明史稿》八十册。等等。

作爲和刻本《隋書》的影印底本,每次都要感謝内閣文庫特別關照,得以使用該庫所藏初印本,同時也參用了後印本。後印本無"講道館圖書記"之印,在"天保十五年甲辰十月"刊年之後,刻有京都勝村治右衛門等四個書肆的名字。其表紙的顏色,也從紅色變爲藍色與褐色。

〔原載《和刻本隋書》(東京:汲古書院,1971年)卷首〕

七　和刻本《南史》解題

本書與既刊的《北史》,都是由弘化四年(1847)在松江藩刊行。本書與《北史》一樣,都得到了内閣文庫諸位先生的特別關照,以内閣文庫本作爲底本,不添加一筆影印出版。再次謹表謝意。

〔原載《和刻本南史》(東京:汲古書院,1972年)卷首〕

八　和刻本《北史》解題

　　這部《北史》的底本是明萬曆十九年(1591),在南京國子監校刊的南監本。弘化四年(1847),奉幕府之命,松江藩將南監本施加了句讀,覆刻出版。只是削去了底本版心的年號以及中國刻工名稱。

　　因爲高松藩的《隋書》,是奉幕府之命上木[①]的單獨刊本,所以《南史》四十册與《北史》六十册是合刻本。存有"弘化四年丁未奉""官命翻刻"兩行文字以及"松江圖書"的朱印。

　　此外,津藩修道館校刊的《資治通鑑》也是奉幕府之命出版的這一系列書物。

　　　　　　　　　　　　〔原載《和刻本北史》(東京:汲古書院,1971年)卷首〕

　　　　　　　　　　　　　　　　(作者單位:日本法政大學名譽教授;

　　　　　　　　　　　　　　　　　　譯者單位:南京大學文學院)

---

① 譯注:川瀬一馬《日本書誌學用語辭典》云:"上木,與出版、開版同義,亦云上梓、上版。"頁153。

楊守敬觀海堂舊藏《論語義疏》鈔本略述 *

高田宗平 撰　張名揚 譯

前　言

　　臺北故宮博物院（以下略爲臺北故宮）位於臺北市士林區至善路 2 段 221 號。臺北故宮圖書文獻館藏有宋版、元版、日本古鈔本、古活字版等善本計 21 萬餘册，其中楊守敬觀海堂（以下略爲楊氏觀海堂）舊藏本共計 1634 部、 15491 册①。

　　楊守敬（1839—1915）作爲清末民初之學者與書家爲人所熟知。他出身 湖北省宜都，1880 年作爲駐日公使何如璋的隨行人員赴日。楊守敬在來日期 間收集佚存書，撰有《日本訪書志》等著作，同時也和書家有所交流。在駐日 公使黎庶昌的指示之下，楊守敬推進古籍整理及出版事業，並出版了《古逸叢 書》②。

　　臺北故宮圖書文獻館所藏漢籍目録有臺北故宮博物院編輯之《"國立"故

* 本文爲日本學術振興會（JSPS）科學研究費助成事業（學術研究助成基金）青年研究（Ｂ） "日本中世漢學史的包括的把握への基礎的研究"（項目編號 :16K21103）之一部分成果。

① 宋兆霖主編，許媛婷執行編輯《鄰蘇觀海：院藏楊守敬圖書特展》，臺北：臺北故宮博物 院，2014 年，頁 2。

② 關於楊守敬，參看《鄰蘇老人年譜》，載謝承仁主編，王永瑞責任編輯《楊守敬集》第 1 册，武漢：湖北人民出版社，1988 年；陳捷《明治前期日中學術交流の研究—清國駐日公 使館の文化活動—》，東京：汲古書院，2003 年；宋兆霖主編，許媛婷執行編輯《鄰蘇觀 海：院藏楊守敬圖書特展》。

宮博物院善本書目》《"國立"故宫博物院普通舊籍目録》以及《"國立"故宫博物院善本舊籍總目》上、下①。關於同館所藏之楊氏觀海堂舊藏漢籍,阿部隆一有對之進行題解②。無需贅言,阿部的題解横跨經史子集,是不可不讀的著作。另,同館所藏之楊氏觀海堂舊藏漢籍,通過《鄰蘇觀海:院藏楊守敬圖書特展》亦可窺其梗概③。

　　至今爲止,筆者不斷對日本古代、中世《論語義疏》接受情況的轉變及鈔本《論語義疏》的流傳進行探討④。

　　在此,先對《論語義疏》進行一簡短的概述。《論語義疏》是中國六朝梁時皇侃(488—545)所撰寫的《論語》注釋書,是前此成書之《論語集解》的注釋。《論語義疏》的作者皇侃爲梁時吳郡人,師事以三禮爲家學的賀場(452—510),進而精通三禮、《論語》《孝經》⑤。據《隋書·經籍志》所述⑥,皇侃在《論

① 臺北故宫博物院編輯《"國立"故宫博物院善本書目》,臺北:臺北故宫博物院,1968年;《"國立"故宫博物院普通舊籍目録》,臺北:臺北故宫博物院,1970年;《"國立"故宫博物院善本舊籍總目》上、下,臺北:臺北故宫博物院,1983年。

② 阿部隆一《中華民國"國立"故宫博物院藏楊氏觀海堂善本解題——中國訪書志一》,載《斯道文庫論集》1971年第9輯。其後改題爲《中華民國"國立"故宫博物院藏楊氏觀海堂善本解題》,收入阿部隆一《中國訪書志》(東京:汲古書院,1976年。1983年增訂版)之《"國立"故宫博物院藏楊氏觀海堂善本解題》;《中華民國"國立"故宫博物院藏北平圖書館宋金元版解題——中國訪書志二》,載《斯道文庫論集》1974年第11輯。其後改題爲《中華民國"國立"故宫博物院藏北平圖書館宋金元版解題》,收入《中國訪書志》(東京:汲古書院,1983年增訂版)之《"國立"故宫博物院藏楊氏觀海堂善本解題(續)》。

③ 參看宋兆霖主編,許媛婷執行編輯《鄰蘇觀海:院藏楊守敬圖書特展》。

④ 高田宗平《日本古代〈論語義疏〉受容史初探》,載劉玉才主編《從鈔本到刻本:中日論語文獻研究》,北京:北京大學出版社,2013年;《曼殊院門跡所藏〈論語總略〉影印·翻印》,《國立歷史民俗博物館研究報告》2013年第175集;《〈令集解〉所引漢籍の性格について——〈論語義疏〉を中心に》,載福島金治編《學藝と文藝》,東京:竹林舍,2016年;《日本古代〈論語義疏〉受容史の研究》,東京:塙書房,2015年;《淺論日本古籍中所引〈論語義疏〉——以〈令集解〉和〈政事要略〉爲中心》,載《域外漢籍研究集刊》,北京:中華書局,2017年第15輯等。

⑤ 關於皇侃,參看《梁書》卷四八《皇侃傳》,北京:中華書局,1973年,頁680—681;《南史》卷七一《皇侃傳》,北京:中華書局,1975年,頁1744。

⑥ 《隋書·經籍志》引自興膳宏、川合康三《隋書經籍志詳攷》,東京:汲古書院,1995年。

語義疏》《禮記講疏》及《禮記義疏》之外，還有《喪服文句義疏》《喪服問答目》《孝經義疏》等著作，但除《論語義疏》外均已散佚。《論語義疏》在中國雖早已散佚，但仍存於日本是衆所周知的事實。關於其在中國的散佚年代，通過翻檢歷代書目可知：在北宋初期王堯臣等所撰的《崇文總目》，南宋前期晁公武的《郡齋讀書志》、尤袤的《遂初堂書目》中均有著録，但南宋後期陳振孫的《直齋書録解題》中已不見記載，可推測此書大約佚於南宋。在日本，天平十年（738）左右撰寫的《古記》和延曆六至十年（787—791）左右撰寫的《令釋》中都曾引用過《論語義疏》，因此基本上可以認爲該書在奈良時代便已經傳入日本。

　　鈔本《論語義疏》在日本國内外現存三十七種①。在日本國内外藏有鈔本《論語義疏》的機關中，臺北故宮圖書文獻館所藏數最多，共計七種，七種均爲楊氏觀海堂舊藏本。筆者認爲，在探討日本古代、中世《論語義疏》接受情況的轉變，以及鈔本《論語義疏》的流傳之際，從版本學的角度來討論鈔本《論語義疏》，將會扮演極爲重要的角色。此外，筆者也認爲在從文獻學、校勘學的角度來研究鈔本《論語義疏》之際，以版本學的觀點切入討論鈔本《論語義疏》是不可或缺之事。如前所述，在鈔本《論語義疏》的所藏機關中，臺北故宮圖書文獻館藏有最多的七種，就這一點觀之，筆者認爲，對同館所藏鈔本《論語義疏》進行題解，將會對《論語義疏》的文獻學研究、校勘學研究、接受情況研究等方面均有所裨益。

---

① 參看影山輝國《日本に殘った〈論語義疏〉》，收入同《〈論語〉と孔子の生涯》，東京：中央公論新社，2016 年。影山指出現存鈔本《論語義疏》共計 36 種，他雖也提及①足利學校遺蹟圖書館所藏《論語義疏》（存卷四，摹寫本）五册、②北京大學圖書館所藏《論語義疏》（影寫本）五册、③名古屋市蓬左文庫所藏《論語義疏》（存卷一，轉寫本）一册，但或許是因爲各爲摹寫本、影寫本、轉寫本之故，影山未將此三本列入現存三十六種之中。最近，日本公開了值得注目的鈔本，即 2017 年慶應義塾大學所購買之《論語疏》。該鈔本於 2020 年 10 月 7 日至 13 日，在第 32 回慶應義塾圖書館貴重書展示會“古代中世日本人の讀書”（展地：丸の内丸善本店：日本東京都千代田區）中展出。同展示會之圖録，即佐藤道生監修《第 32 回慶應義塾圖書館貴重書展示會：古代中世日本人の讀書》（東京：慶應義塾圖書館，2020 年）頁 8—15 收有《論語疏》之題解（住吉朋彥撰）。據之，此存卷六（《子罕》《鄉黨》）首闕本的鈔寫時期，被推定爲南北朝末至隋代。然筆者在展示會觀看該本後，認爲鈔寫時期尚有深入考察的餘地。關於新出之《論語疏》，由於與本文論題相異且篇幅有限，筆者將之視爲今後的課題，於此暫不討論。

　　如同上文所述,臺北故宮圖書文獻館所藏楊氏觀海堂舊藏本已有阿部隆一的細緻研究,爲必讀的圖書。然而,以七種《論語義疏》爲中心進行的版本學研究至今未見。由此觀之,對臺北故宮圖書文獻館所藏之鈔本《論語義疏》進行題解絶非徒勞。另,阿部的研究,與筆者的調查結果亦有若干相異之處。

　　有鑒於此,本文對臺北故宮圖書文獻館所藏楊氏觀海堂舊藏鈔本《論語義疏》七種進行題解,雖爲些許,也期望能够增補阿部的研究,並爲《論語義疏》提供研究的基礎。

提　要

凡例

一、排序依據臺北故宮圖書文獻館統一編號(善本舊籍)之先後順序。

二、版本事項(1)至(9)記録以下内容:

　　(1)裝幀,(2)封裏、襯頁,(3)目録、序,(4)内題,(5)正文款式、正文筆跡、正文用紙,(6)尾題,(7)跋、附録,(8)奥書(鈔寫者、校對者等所記録之與鈔寫、校對相關的事項)、識語(所藏者或是讀者等後人所記録之與書籍相關的事項),(9)印記、其他

三、爲圖方便,小字雙行(小字夾注)時以〔　　〕標示,換行則以／區別。

四、書寫時期等推定事項以〔　　〕標示。

五、記録人名之際,據其業績,可判斷爲漢學者、漢文學者之日人録其姓號,可判斷爲國學(期通過研究古代典籍,來闡明日本歷史文化之江户時代中期興起的學問)者之日人則録其姓名。

六、人名之姓號、姓名參考長澤規矩也監修,長澤孝三編《改訂增補漢文學者總覽》(東京:汲古書院,2011年)、國學院大學日本文化研究所編《和學者總覽》(東京:汲古書院,1990年)。

七、藏書印參考《日本書誌學大系》所收渡邊守邦、後藤憲二編《增訂新編藏書印譜》上(東京:青裳堂書店,2013年)、中(東京:青裳堂書店,2014年)、下(東京:青裳堂書店,2014年)。

八、臺北故宮圖書文獻館所藏楊氏觀海堂舊藏鈔本《論語義疏》七種各著録於《"國立"故宮博物院善本書目》,頁303、304;《"國立"故宮博物院善本舊籍總目》上,頁128、129;《增訂中國訪書志》,頁46—48。請一併參看。

論語義疏十卷　魏何晏集解　梁皇侃疏　闕序〔日本室町時代末期近世初期〕寫　五册

山田椿庭、鈴木真年、楊守敬遞藏　　故觀000018—000022

（1）裝幀

後補淺藍色雷文繫地桐唐草型押書衣。

大小：第一册24.9×17.9cm，第二册24.9×18.0cm，第三册25.0×17.9cm，第四册25.0×17.9cm，第五册25.0×18.0cm。

外題：第一册至第四册之前封面中央可見墨書打付（直接書寫於紙上即所謂“打付”）外題“何晏集解”。第五册前封面中央可見墨書打付外題“何晏集解終”。

裝幀：線裝本。五眼訂書法。裝線僅第一册改線（白線），第二册至第五册綠線。

（2）封裏、襯頁

全册封裏與封底裏均已剝離。全册無前襯頁與後襯頁。第一册卷一末尾與卷二開首之間綴有白紙一葉，第二册卷三末尾與卷四開首之間綴有白紙二葉，第三册卷五末尾與卷六開首之間綴有白紙二葉，第四册卷七末尾與卷八開首之間綴有白紙二葉，第五册卷九末尾（第三十二葉）之摺葉中綴有白紙二葉。以上白紙，有可能爲裝幀前之襯頁。

（3）目録、序

皇侃序、何晏集解序均闕。

（4）内題

各内題如下：第一册“論語義疏卷第一〔學而／爲政〕　何晏集解　皇侃疏／學而第一　疏”“爲政第二　疏”“論語卷第二〔八佾／里仁〕　梁國子助教吳郡皇侃撰／八佾第二　何晏集解／疏”“里仁第四　何晏集解／疏”。第二册“論語義疏卷第三〔公冶／雍也〕　梁國子助教吳郡皇侃撰／公冶長第五　何晏集解／疏”“雍也第六”“論語義疏卷第四〔述而／泰伯〕　梁國子助教吳郡皇侃撰／述而第七　何晏集解　疏”“泰伯第八　何晏集解／疏”。第三册“論語義疏卷第五〔子罕／鄉黨〕　梁國子助教吳郡皇侃撰／子罕第九　何晏集解／疏”“鄉黨第十　疏”“論語第六〔先進／顏淵〕　梁國子助教吳郡皇侃撰／先進第十一　何晏集解／疏”“顏淵第十二　何晏集解／疏”。第四册“論語義疏卷第七〔子路／憲問〕梁國子助教吳郡皇侃撰／論語子路第

十三　　何晏集解／疏”“論語憲問第十四　　何晏集解／疏”“論語義疏卷第八
［靈公／季氏］衛靈公第十五　疏”“論語季氏第十六疏”。第五册“論語義
疏卷第九［陽貨／微子］梁國子助教吴郡皇侃疏／陽貨第十七　　何晏集解／
疏”“微子第十八　　何晏集解／疏”“論語義疏卷第十　　何晏集解［凡廿五章／
疏廿四章］／子張第十九　疏”“堯曰第二十　　何晏集解［凡三／章］／疏”。

（5）正文款式、正文筆跡、正文用紙

正文款式如下：無邊欄無行界。字高 21.1cm，半葉 9 行 20 字。經文大字
單行，集解中字單行，疏小字雙行。集解若不换行空 1—6 格，若换行則低 1
格。解釋集解的疏亦低 1 格。第一册添寫的字句最爲周密，可見朱書句點、紅
線、墨書讀音順序符號、送假名、校勘注（“イ”等）、音注、義注等。第二册卷四
以後，可見墨書讀音順序符號、送假名等。在卷四、第三册卷六、第四册卷七與
卷八中，僅見一部分紅線。另，第一册朱書與第二册以後的朱書墨色不同。多
處可見藍色附籤。

關於正文的筆跡，第一册由一人鈔寫，第二册至第五册由另一人鈔寫，有
可能是由二人共同完成。正文之鈔寫年代，推定爲室町時代末期近世初期。

正文用紙爲楮皮紙。第四册卷七末尾（第四十二葉 b）可見墨書“四十二
丁”。第一册封底裏左下部可見“墨付七十二丁”，第二册封底裏左下部可見墨
書“墨付七十七丁”。全書正文用紙的天頭地腳均被裁斷。各册可見文字記
載的葉數分别爲第一册七十三葉，第二册七十八葉，第三册七十一葉，第四册
七十一葉，第五册五十一葉。

（6）尾題

各尾題如下：第一册“論語義疏卷第一”“論語義疏卷第二”。第二册“論
語卷第三”“論語義疏卷第四”。第三册“論語義疏卷第五”“論語卷第六”。
第四册“論語卷第七”“論語義疏卷第八”。第五册“論語義疏卷第九”“論語
義疏卷第十”。

（7）跋、附録

無。

（8）奧書、識語

各册末尾可見墨書“永普”。均爲同一人筆跡。永普未詳。

（9）印記、其他

第一册開首處可見單郭方形陰刻朱印“楊印／守敬”（逆時針方向作

“楊守敬印”。1.4×1.4cm）、單郭長方陽刻朱印“星吾海／外訪得／秘笈”（3.2×2.8cm）、單郭長方陽刻朱印“杉垣篠／珍藏記”（3.1×1.9cm）、單郭長方陽刻朱印“不存藏書”（3.7×1.2cm）、單郭方形陰刻朱印“宜都／楊氏藏／書記”（2.6×2.6cm）。

各冊末尾可見單郭方形陽刻朱印“慧／極”（2.1×2.1cm）。

第二冊至第五冊各冊開首處可見單郭長方陽刻朱印“杉垣篠／珍藏記”（3.1×1.9cm）、單郭長方陽刻朱印“不存藏書”（3.7×1.2cm）、單郭長方陽刻朱印“星吾海／外訪得／秘笈”（3.2×2.8cm）。

“楊印／守敬”“星吾海／外訪得／秘笈”“宜都／楊氏藏／書記”等印爲楊守敬所用印。楊守敬已在前文略有提及，此不贅述。

“杉垣篠／珍藏記”印爲山田椿庭（業廣，1808—1881）所用印。“不存藏書”印爲鈴木真年（1831—1894）所用印。

“慧／極”印爲何人所用印未詳。名作慧極，且爲人所知的人物有存命江户時代前期至中期之黃檗僧道明（1632—1721）。道明爲長門萩（今日本山口縣萩市）人，號慧斑，後號慧極。入宇都宮（今日本栃木縣宇都宮市）興禪寺出家。他爲河内（今日本大阪府）法雲寺、長門東光寺、伊勢（今日本三重県）海會寺開山，同時也是江户（今日本東京都）瑞聖寺第三世[1]。但他與本印記的關係不明。

各冊可見以下下切口題籤。第一冊“語何晏一二”，第二冊“語何晏三四”，第三冊“語何晏五六”，第四冊“語何晏七八”，第五冊“語何晏九十”。

論語義疏十卷　魏何晏集解　梁皇侃疏　日本享禄三年（1530）以前寫十冊

寺田望南、楊守敬遞藏　故觀 000023—000032

（1）裝幀

後補波刷毛目澀引及斜刷毛目澀引書衣。

大小：第一冊25.1×17.2cm，第二冊25.0×17.3cm，第三冊24.7×17.3cm，第四冊24.9×17.3cm，第五冊25.0×17.3cm，第六冊25.0×17.4cm，第七冊25.0×17.3cm，第八冊25.0×17.3cm，第九冊25.1×17.4cm，第十冊25.0×

---

① 駒澤大學内禪學大辭典編纂所《新版：禪學大辭典》，東京：大修館書店，2011年，頁941。

17.3cm。

　　外題：各册前封面左上角之墨書打付外題如下。

　　第一册"論語義疏第二"，第二册"論語義疏第三"，第三册"論語義疏第四"，第四册"論語義疏第六"，第五册"論語義疏第五"，第六册"論語義疏第九"，第七册"論語義疏第七"，第八册"論語義疏第八"，第九册"論語義疏第十"，第十册"論語義疏第十一"。以上打付外題筆跡一致。

　　第一册打付外題"第二"左側可見墨書"第一也誤テ二ト書後皆然"，同册打付外題"二"之右側可見朱書"一"。第二册打付外題"三"之左側可見朱書"二"，第三册打付外題"四"之左側可見朱書"三"，第四册打付外題"六"之左側可見朱書"四"，第六册打付外題"九"之左側可見朱書"六"，第九册打付外題"十"之左側可見朱書"九"，第十册打付外題"十一"之左側可見朱書"十"。

　　裝幀：線裝本。四眼訂書法。裝線爲白線。

　　（2）封裏、襯頁

　　第一册封裏剥離。第一册封底裏亦已剥離，封底裏内面右下可見墨書"入大十□□□／□ホリ□／古寫本／珍本也"。全册無前襯頁與後襯葉。

　　（3）目録、序

　　皇侃序卷首題署作"論語義疏卷第一　梁國子助教吳郡皇侃疏"；何晏集解序卷首題署作"論語序　何晏集解"。

　　（4）内題

　　各内題如下：第一册"論語義疏卷第一〔學而／爲政〕　何晏集解　皇侃疏／學而第一　疏""爲政第二　疏"。第二册"論語義疏卷第二〔八佾／里仁〕　梁國子助教吳郡皇侃撰／八佾第三　何晏集解""里仁第四　何晏集解／疏"。第三册"論語義疏卷第三〔公冶／雍也〕　梁國子助教吳郡皇侃撰／公冶長第五　何晏集解／疏""雍也第六"。第四册"論語義疏卷第四〔述而／泰伯〕　梁國子助教吳郡皇侃撰／述而第七　何晏集解／疏""泰伯第八／何晏集解"。第五册"論語義疏卷第五〔子罕／鄉黨〕　梁國子助教吳郡皇侃撰／子罕第九　何晏集解／疏""鄉黨第十　疏"。第六册"論語卷第六〔先進／顔淵〕　梁國子助教吳郡皇侃撰／先進第十一　何晏集解／疏""顔淵第十二　何晏集解／疏"。第七册"論語義疏卷第七〔子路／憲問〕　梁國子助教吳郡皇侃撰／論語子路第十三　何晏集解／疏""論語憲問第十四　□晏集解／疏"。第八册"論語義疏第八〔靈公／季氏〕　梁國子助教吳郡皇侃撰

／衛靈公第十五　疏”“論語季氏十六　疏”。第九册“論語義疏卷第九［陽貨／微子］　梁國子助教吳郡皇侃疏／陽貨十七　何晏集解／疏”“微子第十八　何晏集解／疏”。第十册“論語義疏卷第十　何晏集解［凡廿五章／疏廿四章］／子張第十九　疏”“堯曰第二十　何晏集解［凡三／章］／疏”。

（5）正文款式、正文筆跡、正文用紙

正文款式如下：四周單邊（17.9×14.4cm）。有行界（界幅1.6cm）。烏絲欄。半葉9行20字。第六册第十八葉b行款一致，但在用紙下欄下數3.1cm處可見一墨書橫線。經文大字單行，集解中字單行，疏小字雙行。集解若不換行空1—3格，換行則低1—3格。解釋集解的疏低1—3格。可見朱書句點等。文字因蟲蛀而難以判讀的情況，在旁側施有朱書補充。可見墨書讀音順序符號、送假名、義注等。欄上可見“朱云”（新注）等周密之墨書文字及朱書之校勘注貼紙。多處可見藍色附籤。

正文筆跡一致。如同下文所述，由於第八册第十六葉b（衛靈公第十五尾）左端中央處可見墨書“享禄三”，故正文之鈔寫時期，可推定爲享禄三年（1530）以前（正文鈔寫時期之下限爲享禄三年）。正文筆致、字樣亦與鈔寫時期之傾向不相矛盾。另，第九册第十六葉a第三行至第八行爲補寫的文字。

正文用紙爲楮皮紙。第二册末尾可見墨書“卌”，第三册末尾可見墨書“卌三丁”，第七册末尾可見墨書“卌二”，第十册末尾（末行下部）可見墨書“終十九丁”，第八册末尾中央部分及左下部尚存墨書痕跡。正文用紙天頭被裁斷。地腳亦有被裁斷的可能性。正文用紙底部經過修補。

各册可見文字記載的葉數分别爲第一册四十二葉，第二册四十葉，第三册四十三葉，第四册三十四葉，第五册三十六葉，第六册三十五葉，第七册四十二葉，第八册三十葉，第九册三十二葉，第十册十九葉。

第七册第三十九葉a第三行至第九行，以及第九册第十六葉a第三行至第九行是在接續的用紙上補寫正文。

（6）尾題

各尾題如下。第一册“論語義疏卷第一”，第二册“論語義疏卷第二”，第三册“論語卷第三”，第四册“論語義疏卷第四”，第五册“論語義疏卷第五”，第六册“論語卷第六”，第七册“論語卷第七”，第八册“論語義疏卷第八”，第九册“論語義疏第九”，第十册“論語義疏卷第十”。

（7）跋、附録

無。

（8）奧書、識語

第八册第十六葉 b（衛靈公第十五末尾）之左端中央處可見墨書"享禄三"（1530 年）。

（9）印記、其他

各册開首處可見單郭方形陽刻朱印"嵯／峩／藏"（5.9×5.9cm）、單郭方形陽刻朱印"讀杜／艸堂"（1.5×1.5cm）、單郭長方陽刻朱印"星吾海／外訪得／秘笈"（3.2×2.8cm）。又，第十册封底裏右下處可見單郭長方陽刻朱印"中華民國七十九／季度點驗之章"（3.0×1.7cm）、單郭長方陽刻朱印"教育部／點驗之章"（2.1×1.2cm）。

"讀杜／艸堂"印爲寺田望南（1849—1929）所用印。

"嵯／峩／藏"印爲何人所用印未詳。可推測與下文所述下切口題籤"嵯峨院本"（看似墨印記）中的"嵯峨院"爲同一人。"嵯峨院"未詳。

民國七十八年（1989）7 月，臺北故宫將所藏文物分爲磁器、玉器、銅器、雜項珍玩、書畫、善本圖書、檔案文獻七類，正式展開全面清點，清點結束的藏品，可見"中華民國七十九／季度點驗之章"之印記①。

第一册下切口處可見"一凡十／論語義疏　嵯峨院本"，第二册可見"二論語義疏"，第三册可見"三論語義疏"，第四册可見"四論語義疏"，第五册可見"五論語義疏"，第六册可見"六論語義疏"，第七册可見"七論語義疏"，第八册可見"八論語義疏"，第九册可見"九論語義疏"，第十册可見"十論語義疏"。看似墨印記。

各册書背下部（中央第二個裝幀孔穴和最下處裝幀孔穴之間）可見墨書"共十本"。這些書背墨書的筆跡一致。

論語義疏十卷　魏何晏集解　梁皇侃疏　闕皇侃序〔日本室町時代後期〕寫　五册

和學講談所、向山黄邨、楊守敬遞藏　故觀 002046—002050

---

① 宋兆霖主編《故宫院史留真》，臺北：臺北故宫博物院，2013 年，頁 133。頁 135 載有印記。頁 134 載有院藏文物總清點（書畫及器物）時的照片。

（1）裝幀

後補黃褐色書衣。

大小：第一册25.9×18.2cm，第二册25.9×18.2cm，第三册25.8×18.3cm，第四册25.8×18.3cm，第五册25.9×18.3cm。

外題：均無。

裝幀：線裝本。四眼訂書法。裝線僅第一册改線（白線）。第一册上、第二册上下、第三册上、第五册上各殘存裝飾、補強用的布片。後補的書衣推定爲江户時代中期所製。

（2）封裏、襯頁

全册封裏與封底裏皆已剥離。第一册封裏剥離，夾入寫有"日本室町時代末期寫本／和學講談所舊藏／表紙は江户中期に添えたもの／辛亥十月十三日　　川瀨"之講談社稿紙紙片（17.7×6.4cm）。見於稿紙之"川瀨"，爲日本書誌學者川瀨一馬（1906—1999）。

全册前襯頁有一葉，無後襯頁。全册封裏、封底裏、前襯頁用紙紙質相同（楮皮紙），全册封裏、封底裏、前襯頁用紙與正文用紙（楮皮紙）紙質相異。

（3）目録、序

無皇侃序。有題署爲"論語序"之何晏集解序。何晏集解序闕皇疏。

（4）内題

各内題如下：第一册"論語義疏卷第一［學而／爲政］　何晏集解　皇侃疏／學而第一　疏""爲政第二　疏""論語卷第二［八佾／里仁］　梁國子助教吳郡皇侃撰／八佾第三　何晏集解／疏""里仁第四　何晏集解／疏"。第二册"論語義疏第三［公冶／雍也］　梁國子助教吳郡皇侃撰／公冶長第五　何晏集解／疏""雍也第六""論語義疏卷第四［述而／泰伯］　梁國子助教吳郡皇侃撰／述而第七　何晏集解／疏""泰伯第八　何晏集解／疏"。第三册"論語義疏卷第五　［子罕／鄉黨］　梁國子助教吳郡皇侃撰／子罕第九　何晏集解／疏""鄉黨第十　疏""論語卷第六　［先進／顏淵］　梁國子助教吳郡皇侃撰／先進十一　何晏集解／疏""顏淵第十二　何晏集解／疏"。第四册"論語義疏卷第七［子路／憲問］　梁國子助教吳郡皇侃撰／子路第十三　何晏集解／疏""論語憲問第十四　何晏集解／疏""論語義疏卷第八［靈公／季氏］　梁國子助教吳郡皇侃撰／衛靈公十五　疏""論語季氏十六　疏"。第五册"論語義疏卷第九［陽貨／微子］　梁國子助教吳郡皇侃撰／陽

貨第十七　疏”“微子第十八　疏”“論語義疏卷第十［子張／堯曰］　何晏集解［凡廿五章／疏廿四章］／子張第十九　疏”“堯曰第二十　何晏集解／疏”。

（5）正文款式、正文筆跡、正文用紙

正文款式如下：四周單邊（18.3×15.3cm）。有行界（界幅1.2cm）。烏絲欄。正文用紙欄上可見一墨書橫線，設有上層（高5.3cm）。半葉9行20字。經文大字單行，集解中字單行，疏小字雙行。集解若不換行空1—5格，換行則低1格。解釋集解的疏低1格或隔1格。可見朱書讀音順序符號、送假名、句點等；墨書讀音順序符號、送假名、義注等。在上層可見墨書新注等記載。

依據筆跡，可判斷正文爲共同鈔寫而成。正文之鈔寫年代推定爲室町時代後期。

正文用紙爲楮皮紙。可見文字記載的葉數分別爲第一冊七十五葉，第二冊七十六葉，第三冊七十一葉，第四冊七十二葉，第五冊五十一葉。

（6）尾題

各冊尾題如下：第一冊“論語義疏卷第一”“論語義疏卷第二”。第二冊“論語卷第三”“論語義疏卷第四”。第三冊“論語義疏卷第五”“論語義疏卷第六”。第四冊“論語義疏卷第七”“論語義疏卷第八”。第五冊“論語義疏卷第九”“論語義疏卷第十”。

（7）跋、附録

無。

（8）奧書、識語

無。

（9）印記、其他

第一冊開首處可見單郭長方陰刻朱印“向黃邨／珍藏印”（2.5×1.2cm）、雙郭長方陽刻朱印“和學講談所”（7.0×0.9cm）、單郭方形陰刻朱印“楊印／守敬”（逆時針方向作“楊守敬印”。1.4×1.4cm）、單郭方形陰刻朱印“宜都／楊氏藏／書記”（2.6×2.6cm）、單郭長方陽刻朱印“星吾海／外訪得／秘笈”（3.2×2.8cm）。

第二冊至第五冊開首處可見雙郭長方陽刻朱印“和學講談所”（7.0×0.9cm）、單郭長方陽刻朱印“星吾海／外訪得／秘笈”（3.2×2.8cm）。

第五冊封裏表面可見單郭長方陰刻朱印“向黃邨／珍藏印”（2.5×1.2cm）、

第五册封底裏已剥離、在剥離的封底裏内面左下處可見單郭長方陽刻朱印"中華民國七十九／季度點驗之章"（3.0×1.7cm）、單郭長方陽刻朱印"教育部／點驗之章"（2.1×1.2cm）。

"向黄邨／珍藏印"爲向山黄邨（黄村）（榮。1826—1897）所用印。"和學講談所"印，爲國學者塙保己一（1746—1821）在得到幕府許可後設立之和學講談所所用印。

各册可見下切口題籤如下：第一册"侃疏一之二"，第二册"侃疏三之四"，第三册"侃疏五之六"，第四册"侃疏七之八"，第五册"侃疏九十終"。

論語義疏十卷　魏何晏集解　梁皇侃疏〔日本明治時代初期〕影寫　四册

楊守敬舊藏　故觀002051—002054

（1）裝幀

黄褐色書衣。

大小：第一册25.5×16.5cm，第二册25.0×16.7cm，第三册25.0×16.7cm，第四册25.0×16.7cm。

外題：各册前封面左上角貼有如下題籤。

第一册"論語義疏　一二"（14.9×3.4cm），第二册"論語義疏　三四"（14.9×3.4cm），第三册"論語義疏　五六"（14.7×3.4cm），第四册"論語義疏自七至十"（14.8×3.5cm）。

裝幀：線裝本。四眼訂書法。裝線爲白線。各册上下兩處施有裝飾、補强用的緑色布片。

（2）封裏、襯頁

各册均無前襯頁與後襯頁。

（3）目録、序

皇侃序卷首題署爲"論語義疏第一　梁國子助教吳郡皇侃疏"；何晏集解序卷首題署爲"論語序"。

（4）内題

各内題如下：第一册"論語義疏卷第一　何晏集解皇侃疏／學而第一疏""爲政第二／疏""論語義疏卷第二〔八佾／里仁〕梁國子助教吳郡皇侃撰／八佾第三　疏""論語里仁第四　何晏集解"。第二册"論語義疏卷第三〔公冶長／雍也〕梁國子助教吳郡皇侃撰／公冶長第五／疏""雍也第六""論語義疏卷第四［述而／泰伯］　梁國子助教吳群皇侃撰／述而第七　疏”“泰伯第八　疏”。第三册“論語義疏卷第五［子罕／鄉黨］　梁國子助教吳群皇侃撰／子罕第九　疏”“鄉黨第十　疏”“論語義疏卷第六　［先進／顏淵］梁國子助教吳郡皇侃撰／先進第十一　疏”“顏淵第十二　疏”。第四册“論語義疏第七［子路／憲問］／子路第十三疏”“憲問第十四疏”“論語義疏第八［靈公／季氏］　梁國子助教吳郡皇侃撰／衛靈公第十五　疏”“論語季氏十六　疏”“論語義疏卷第九　何晏集解［凡廿／四章］／陽貨第十七疏”“微子第十八　何晏集解［凡十／一章］／疏”“論語義疏卷第十　何晏集解［凡廿五章／疏廿四章］／子張第十九”“堯曰第二十／疏”。

　　（5）正文款式、正文筆跡、正文用紙

　　正文款式如下：無邊欄無行界。第一册卷一卷二、第二册卷三、第四册卷七至卷一〇爲半葉 10 行 20 字，字高 19.1cm 左右。第二册卷四、第三册卷五卷六爲半葉 8 行 20 字，字高 17.0cm 左右。經文與集解大字單行，疏小字雙行。集解若不換行空 3 格，換行則低 1 格。解釋集解的疏低 1 格。卷一前半可見朱書句點、墨書送假名等。卷四、五、六可見墨書送假名等。卷四朱書極少。卷三至卷六欄上可見“イ本”“朱本”“餘本”等校勘，亦可見墨書邢昺之《論語正義》及“太宰子云”“太宰子曰”（均爲太宰春臺之説）等字句。卷五可見墨書“家本”之校勘。

　　該本推定爲明治時代初期之影寫。正文筆跡，可分類爲第一册卷一卷二、第二册卷三、第四册卷七至卷一〇出自一人之手，第二册卷四、第三册卷五卷六出自另一人之手。由此，可知該本是由二人共同鈔寫而成。正文筆跡之分類，與正文有兩種相異款式之分類相符。有鑑於此，可知該本第一册卷一卷二、第二册卷三、第四册卷七至卷一〇的底本或是祖本，與第二册卷四、第三册卷五卷六的底本或是祖本雖可推測同爲室町時代書寫，但同時也可推測第一册卷一卷二、第二册卷三、第四册卷七至卷一〇的底本或是祖本，與第二册卷四、第三册卷五卷六的底本或是祖本相異。

　　正文用紙爲薄紙。可見文字記載的葉數分別爲第一册七十六葉，第二册七十七葉，第三册八十三葉，第四册一百一十五葉。另，第一册之皇侃序未附有葉數。如同何晏集解序至同册末尾記有“一”至“七十一”、第二册第一葉至第十一葉可見“七十二”至“八十三”一般，正文用紙 b 左下處可見墨書葉數。

（6）尾題

各尾題如下：第一册"論語義疏卷第一""論語義疏卷第二終"。另，在何晏集解序尾題位置可見"論語義疏卷第一　梁國子助教吴郡皇侃疏"。雖與第一册卷一卷二、第二册卷三、第四册卷七至卷一〇之正文同出一人之手，但在筆致上有若干相異之處。或許是正文鈔寫者在鈔寫完正文後添寫的文句。

第二册"論語義疏卷第三　［經一千七百一十一字／注二千八百二十字］""論語義疏卷第四"。第三册"論語義疏卷第五""論語義疏卷第六"。第四册"論語義疏卷第七""論語義疏卷第八""論語義疏卷第九""論語義疏卷第十終"。

（7）跋、附録

無。

（8）奥書、識語

無。

（9）印記、其他

第一册開首處可見單郭方形陰刻朱印"楊印／守敬"（逆時針方向作"楊守敬印"。1.4×1.4cm）、單郭方形陰刻朱印"宜都／楊氏藏／書記"（2.6×2.6cm）、單郭長方陽刻朱印"星吾海／外訪得／秘笈"（3.2×2.8cm），第二册、第三册、第四册各開首處可見單郭長方陽刻朱印"星吾海／外訪得／秘笈"，第四册封底裏左下處可見單郭長方陽刻朱印"中華民國七十九／季度點驗之章"（3.0×1.7cm）。

第一册末尾可見墨書"新井謙次作之"，第一册底封面左側可見墨書"［　　］□□／あら井次郎"（［　　］的部分爲經抹消無法判讀的部分），第二册底封面左下處可見墨書"あら井次郎"（此處墨書爲朱書抹消），第三册及第四册底封面左下處可見墨書"新井次郎"。由於在（日本埼玉縣）川越市立中央圖書館所藏《新井政毅藏書目録》中著録有《論語義疏》，墨書之"新井""あら井"，會令人聯想到新井政毅（1827—1902。江户時代後期至明治時代後期川越地區之藏書家，精通國學、漢學），但當前無法將墨書之"新井""あら井"斷定爲新井政毅或是川越之新井家。

另，第一册下切口處雖有墨書，但難以判讀。

論語義疏〔十〕卷　魏何晏集解　梁皇侃疏　闕皇侃序　存卷一、四、七、八　卷一〔日本室町時代後期〕寫　卷四、七、八〔日本江户時代中期〕寫　三册

楊守敬舊藏　　故觀 002055—002057

（1）裝幀

第一册（卷一）及第三册（卷七卷八）爲後補淺藍色書衣。第二册（卷四）爲後補深藍色書衣。

大小：第一册及第三册均爲 26.4×19.0cm，第二册 26.3×19.1cm。

外題：第一册前封面左上處貼有墨書題籤“論語義疏　［一］”（18.3×3.3cm），第三册前封面左上處貼有墨書題籤“論語義疏　［七之八］”（19.2×3.4cm）（由於第一册題籤蟲蛀部分較多，此處所録，爲現在能够測量的範圍計測到的數值）。第二册無外題。

裝幀：線裝本。四眼訂書法。第一册及第三册裝線淡綠色，第二册白線（改線）。僅第二册上下兩處施有裝飾、補强用的橙黃色布片。

（2）封裏、襯頁

第一册封裏已剥離。第三册封底裏亦已剥離。第一册可見後補之前襯頁及後補之後襯頁各一葉。第二册無前襯頁與後襯頁。第三册有前襯頁及後襯頁各一葉。第三册之前襯頁a可見墨書“七八”。

（3）目録、序

無皇侃序。有何晏集解序，卷首題署“論語序”。

（4）内題

各内題如下：第一册“論語義疏卷第一　何晏集解皇侃疏／學而第一　疏”“爲政第二／疏”。第二册“論語義疏第四［述而／泰伯］　梁國子助教吳郡皇侃撰／述而第七　疏”“泰伯第八　疏”。第三册“論語義疏卷第七［子路／憲問］　梁國子助教吳群皇侃撰／子路第十三　何晏集解／疏”“論語憲問第十四　何晏集解／疏”“論語義疏第八［靈公／季氏］　梁國子助教吳郡皇侃撰／衛靈公第十五　疏”“論語季氏十六　疏”。

（5）正文款式、正文筆跡、正文用紙

正文款式如下：第一册用紙底部經過修補（原正文用紙 22.6×15.8cm），四周單邊（21.4×13.1cm）。有行界（界幅 1.6cm）。烏絲欄。半葉 8 行 20 字。經文與集解大字單行，疏小字雙行。集解若不換行空 2—9 格，換行則低 1 格。解釋集解的疏低 1 格。正文用紙欄上可見一墨書橫線，設有上層（高 4.1cm）。

可見朱書句點、墨書送假名、義注等。上層有墨書義注、"イ本"等注記。第一册筆跡一致。第一册鈔寫時期推定爲室町時代後期。

第二册款式爲如下四種：

第一葉至第十葉施有襯紙（修補用紙。原正文用紙24.2×17.2cm）。四周單邊（17.1×12.2cm）。有行界（界幅1.3—1.8cm。第一行1.3cm）。烏絲欄。半葉8行20字。經文與集解大字單行，疏小字雙行。集解若不換行空3—4格，換行則低1格。解釋集解的疏低1格。可見墨書讀音順序符號、送假名及"朱本""邢本"之校勘。亦可見朱書"イ本"之校勘。

第十一葉至第二十九葉有襯紙（原正文用紙縱24.1cm），左右上欄雙邊，下欄單邊（17.5×13.1cm）。有行界（界幅1.7cm）。印刷有邊欄、界線。版心可見大黑口單黑魚尾。半葉8行20字。經文與集解大字單行，疏小字雙行。集解若不換行空2—4格，換行則低1格。解釋集解的疏低1格。可見墨書"イ本""朱本"等校勘及"太宰子曰"（太宰春臺之説）。亦可見插入朱書文句。

第三十葉至第三十三葉有襯紙（原正文用紙24.2cm），四周單邊（17.1×12.1cm）。有行界（界幅1.6cm）。烏絲欄。半葉8行20字。經文與集解大字單行，疏小字雙行。集解若不換行空2—3格，換行則低1—2格。解釋集解的疏低1—2格。可見朱書之訂正及文句插入。有塗白處。

第三十四葉至第三十九葉有襯紙（原正文用紙24.1cm），四周單邊（17.4—17.6×12.7cm）。無行界。烏絲欄。半葉8行20字。經文與集解大字單行，疏小字雙行。集解若不換行空3格、換行則低1—2格。解釋集解的疏低1—2格。可見墨書插入符、抹消符，亦可見朱書讀點、訂正、插入符等。有塗白處。

另，第二册爲共同鈔寫而成，鈔寫時期推定爲江户時代中期。

第三册四周單邊（19.8×15.4cm）。有行界（界幅1.8cm）。烏絲欄。半葉8行21字。經文與集解大字單行，疏小字雙行。集解若不換行空2—4格，換行則低1格。解釋集解的疏低1格。可見墨書讀音順序符號、送假名。僅第三册正文用紙b左端中央處可見墨書葉數。第三册筆跡一致。第三册的鈔寫時期推定爲江户時代中期。

如同以上所述，該本爲補配本（闕欠的卷、册由他書補入者，即所謂"補配本"）。

正文用紙爲楮皮紙。可見文字記載的葉數分別爲第一册四十二葉，第二册三十九葉,第三册七十九葉。

（6）尾題

各尾題如下:第一册"論語卷第一",第二册"論語義疏卷第四",第三册
"論語義疏卷第七""論語義疏卷第八"。

（7）跋、附録

無。

（8）奥書、識語

無。

（9）印記、其他

第一册及第三册開首處可見單郭長方陽刻朱印"星吾海／外訪得／秘笈"
（3.2×2.8cm）,第二册開首處可見單郭方形陰刻朱印"楊印／守敬"（逆時針
方向作"楊守敬印"。1.4×1.4cm）、單郭方形陰刻朱印"宜都／楊氏藏／書記"
（2.6×2.6cm）、單郭長方陽刻朱印"星吾海／外訪得／秘笈"（3.2×2.8cm）、
單郭長方陽刻朱印"有馬氏／溯源堂／圖書記"（3.1×3.1cm）。第三册
封底裏左下處可見單郭長方陽刻朱印"中華民國七十九／季度點驗之章"
（3.0×1.7cm）。同册封底裏剥離,内面右下處可見單郭長方陽刻朱印"教育部
／點驗之章"（2.1×1.2cm）。

由於"有馬氏／溯源堂／圖書記"印中可見"有馬氏",筆者對姓有馬之漢
學者、國學者進行查找,然該印記爲何人所用印、所有者爲漢學者或是國學者
未詳。

第一册可見墨書"一　論語義疏",第三册可見"四　論語義疏"之下切口
題籤。第一册及第三册書背下部可見墨書"共五"。

**論語義疏〔十〕卷　〔魏何晏集解〕〔梁皇侃疏〕　殘本（存卷四・述而第
七）〔日本室町時代末期近世初期〕寫　一册**

楊守敬舊藏　故觀 02078

（1）裝幀

新補淡藍色書衣。

大小:25.7×17.2cm。

外題:無。

裝幀:線裝本。六眼訂書法。

（2）封裏、襯頁

可推測前襯頁、後襯頁與書衣之新補時期相同。前襯頁及後襯頁與前封面、底封面紙質相同。

（3）目録、序

闕。

（4）内題

"論語義疏卷第四　述而第七"。

（5）正文款式、正文筆跡、正文用紙

正文款式如下：第一葉 a 至第二葉 b 爲四周單邊（19.0×13.0cm）。有行界（界幅 1.8cm）。烏絲欄。第三葉 a 以後爲四周單邊（19.0×12.7cm）。無行界。行數字數均爲半葉 7 行 21 字。經文大字單行，集解中字單行，疏小字雙行。集解若不換行空 1—2 格，換行則低 1 格。解釋集解的疏低 1 格。各章開首處可見朱書"○"，有朱圍。可見墨書送假名、補入符等。

正文用紙是將原紙貼附於新補紙之上。原紙爲楮皮紙（縱 22.9cm。橫向繫有裝線，無法計測）。可見文字記載的葉數共二十四葉。

（6）尾題

無。

（7）跋、附録

無。

（8）奧書、識語

無。

（9）印記、其他

卷首可見單郭長方陽刻朱印"星吾海／外訪得／秘笈"（3.2×2.8cm），卷尾可見單郭長方陽刻朱印"中華民國七十九／季度點驗之章"（3.0×1.7cm）、單郭長方陽刻朱印"教育部／點驗之章"（2.1×1.2cm）。

論語義疏十卷附論語發題　魏何晏集解　梁皇侃疏　〔日本江戶時代後期〕寫　五册

楊守敬舊藏　故觀 011767—011771

（1）裝幀

黃褐色書衣。

大小：第一册23.2×15.2cm，第二册23.3×15.1cm，第三册23.3×15.3cm，第四册23.3×15.2cm，第五册23.3×15.1cm。

外題：各册前封面右側至中央可見以下墨書打付外題。第一册“學而　爲政／八佾　里仁”，第二册“公冶　雍也／述而　泰伯”，第三册“子罕　鄉黨／先進　顏淵”，第四册“子路　憲問／衛靈　季氏”，第五册“陽貨　微子／子張　堯曰”。

各册前封面左上處可見以下墨書打付文字：第一册“溫”，第二册“良”，第三册“恭”，第四册“儉”，第五册“讓”。

裝幀：線裝本。四眼訂書法。裝線僅第一册改線，第二册至第五册白線。

（2）封裏、襯頁

第一册封裏剝離。第一册封裏右端可見朱書“盈進齋本”，同册之前襯頁b右上方可見朱書“盈進本”。另，第一册綴有楊守敬題識四葉。該題識左右雙邊（16.2×10.1cm）。有界（界幅1.3cm）。墨書於版心爲白口單黑魚尾的線格紙之上。半葉八行。

第二册封裏剝離。第三册封底裏剝離。第四册封裏及封底裏均已剝離。第五册封裏剝離。第五册封底裏一部分剝離。各册均有前襯頁一葉，無後襯頁。

（3）目録、序

皇侃序卷首題署“論語義疏　梁國子助教吳郡皇侃撰”（皇侃序計五葉），何晏集解序卷首題署“論語序　何晏集解　皇侃疏”（何晏集解序計四葉）。皇侃序、何晏集解序後可見“論語發題”之題署，附有《論語發題》（《論語發題》計四葉）。《論語發題》爲室町時代日人編纂之論語題解。該本所附《論語發題》闕圖。

（4）内題

各内題如下：第一册“論語義疏卷第一　［學而／爲政］　何晏集解皇侃疏／學而第一　疏”“論語爲政第二／疏”“論語義疏卷第二　［八佾／里仁］　何晏集解　皇侃疏／八佾第三　疏”“里仁第四　疏”。第二册“論語義疏卷第三［公冶／雍也］　梁國子助教吳郡皇侃撰／公冶長第五”“雍也第六”“論語義疏卷第四［述而／泰伯］　梁國子助教吳郡皇侃撰／述而第七”“泰伯第八”。第三册“論語義疏卷第五［子罕／鄉黨］　梁國子助教吳郡皇侃撰／子罕第九”“鄉黨第十”“論語義疏卷第六［先進／顏淵］　梁國子助教吳郡皇侃撰／先進第十一”“顔淵第十二”。第四册“論語義疏卷第七［子路／憲問］　梁國子助教吳郡皇侃撰／子路第十三”“憲問第十四”“論語義疏卷第八［靈公／季氏］　梁國子助教吳郡皇侃撰／衛靈公第十五”“季氏第十六”。第五册“論語義疏卷第九［陽貨／微子］　梁國子助教吳郡皇侃撰／陽貨第十七”“微子第十八”“論語義疏卷第十［子張／堯曰］　梁國子助教吳郡皇侃撰／子張第十九”“堯曰第二十”。

（5）正文款式、正文筆跡、正文用紙

正文款式如下：四周雙邊（19.6×13.0cm）。有行界（界幅1.5cm）。版心爲白口單黑魚尾，中縫可見“卷”，下象尾可見“○盈進齋藏”，即正文使用了印有“卷　○盈進齋藏”的線格紙。半葉9行20字。經文大字單行，集解中字單行，疏小字雙行。集解若不換行空1—4格，換行則低1格。解釋集解的疏低1格或空1格。可見朱書送假名、校異注、批點等。經文可見藍書句點。集解及疏可見朱書句點，亦可見極少數的墨書傍音訓。欄上可見朱書與刻本進行的校異。亦可見藍書、墨書。可見以藍線、藍筆的方式補寫脱漏文字之處。貼有紙片。

正文筆跡或許出自一人之手。正文之鈔寫年代推定爲江戶時代後期。

正文用紙爲楮皮紙。可見文字記載的葉數分別爲第一册八十葉（正文七十六葉，楊守敬題識四葉），第二册七十葉，第三册七十二葉，第四册七十五葉，第五册五十二葉。

（6）尾題

各尾題如下：第一册“論語卷第一”“論語義疏卷第二”。第二册“論語義疏卷第三”“論語義疏卷第四”。第三册“論語義疏卷第五”“論語義疏卷第六”。第四册“論語義疏卷第七”“論語義疏卷第八”。第五册“論語義疏卷第九”“論語義疏卷第十”。

（7）跋、附録

無。

（8）奥書、識語

無。

（9）印記、其他

第一册末尾及第二册至第五册開首處可見單郭方形陽刻朱印“豐城／大學”（2.7×2.7cm），第五册末尾可見單郭方形陰刻朱印“縢印／信□”（2.1×

2.1cm),第五册末尾可見單郭方形陽刻朱印"子咊／氏"(2.0×2.0cm)。第一册前襯頁及第五册封底裏可見虎頭虎尾文樣之單郭圓形陽刻朱印(直徑 2.1cm)、單郭長方陽刻朱印"中華民國七十九／季度點驗之章"(3.0×1.7cm)。第五册封底裏剥離,可見單郭長方陽刻朱印"教育部／點驗之章"(2.1×1.2cm)。各册開首處可見單郭長方陽刻朱印"星吾海／外訪得／秘笈"(3.2×2.8cm),第一册開首處亦見單郭方形陰刻朱印"宜都／楊氏藏／書記"(2.6×2.6cm)。另,第一册開首處雖可見三方形朱印(2.2×2.2cm),第二册至第五册開首處雖可見一方形朱印(2.2×2.2cm),這些印記均已被掩蓋,印文不明。

上述"豐城／大學""滕印／信□""子咊／氏"、圓形虎頭虎尾文樣印記之所用者未詳。

字子和者有江户時代前中期之漢學者、漢詩人平野金華(1688—1732)。但在《增訂新編藏書印譜》所載之平野金華使用印中,未見與該本"子咊／氏"印一致者。"子咊／氏"印與平野金華的關係不明。

同上所述,該本在正文用紙的版心處可見"盈進齋",在第一册封裏右上處可見"盈進本"。號盈進齋的人物有中村蘭林(1697—1761)與藤田春莊(1855—1860)。但見於該本之"盈進齋"及"盈進本"爲中村蘭林、藤田春莊或是何人難以推斷。阿部隆一在《中國訪書志》中亦稱該本雖有可能爲中村蘭林所持本,但並無確證①。

在現存舊鈔本《論語義疏》及其傳鈔本之中,未混入邢昺正義者,只有該本及日本新潟縣新發田市市島酒造株式會社市島史料館所藏,弘化二年(1845)之市島謙鈔寫本(以下略爲市島本),二本均爲江户時代後期之新寫本。二本未混入邢昺正義之主要原因,有以下兩種可能 :(一)二本之底本或是祖本本就没有混入邢昺正義,(二)鈔寫者删除了邢昺正義。有鑒於未混入邢昺正義之舊鈔本《論語義疏》僅有江户時代後期鈔寫的該本及市島本二本、筆者推測(二)鈔寫者删除了邢昺正義之可能性較高②。

---

① 阿部隆一《中國訪書志》,東京 :汲古書院,1983 年增訂版,頁 47。

② 關於該本與市島本未混入邢昺正義之主要原因,阿部隆一稱 :"特別值得注目的,是現存義疏本,不論何者均在篇題下混入了邢昺正義的文句,此本鈔寫年代雖較晚,未見邢昺義的這一點,仍極需重視。從該本爲江户後期之鈔寫本來看,或許是鈔寫者删(轉下頁)

另,各册可見如下下切口題籤:第一册"論語皇疏一之二",第二册"論語皇疏三之四",第三册"論語皇疏五之六",第四册"論語皇疏七之八",第五册"論語皇疏九之十"。各册書背下部可見墨書"共五"。

鑒於阿部隆一《中國訪書志》將諸多漢籍視爲對象進行考察,本文將考察對象鎖定爲《論語義疏》,作爲《論語義疏》傳鈔本研究的一環,對諸本進行了内容簡介,並成功地補充了《中國訪書志》未提及的多種事項。

本文僅爲臺北故宫圖書文獻館所藏楊氏觀海堂舊藏鈔本《論語義疏》(計七種)之簡略題解,距闡明《論語義疏》之傳鈔本全貌,還去之甚遠。關於《論語義疏》諸鈔本的系統等文獻學研究,作爲今後的課題,期在調查、研究《論語義疏》的各種鈔本,並對之進行題解後能够有所開展。與《論語義疏》正文校勘相關的各種研究,在對個别鈔本進行周密地調查後,其精度想必將會有所提升。

本文作爲一調查報告刊載於此,望博雅君子多所賜教。雖爲些許,也望能在鈔本《論語義疏》的傳鈔本研究等方面有所貢獻。

附記:

在閲覽、調查臺北故宫博物院圖書文獻館所藏鈔本《論語義疏》〔第一次(2018 年 1 月 10 日至 12 日)至第三次(2019 年 6 月 25 日)〕之際,承蒙該院圖書文獻處(現書畫文獻處)助理研究員曾紀剛先生關照。第一次調查時,承蒙日本近畿大學國際學部非常勤講師伊藤裕水(當時爲臺灣"中央"研究院中國文哲研究所訪問學人)、第二次調查(2019 年 2 月 19 日至 20 日)時,承蒙日本千葉大學大學院人文科學研究院教授内山直樹(當時爲臺灣"中央"研究院歷史語言研究所訪問學人)二位先生協助。另,在 2019 年 3 月 6 日、7 日閲覽、調查日本慶應義塾大學附屬研究所斯道文庫所藏,臺北故宫博物院圖書文獻館所藏鈔本《論語義疏》之縮微膠片時,承蒙慶應義塾大學附屬研究所斯道

(接上頁)除了祖本原有的記載。"(見前注)影山輝國稱:"市島本與盈進齋本相同,均未混入邢昺正義之文句。且從兩者均爲江户後期之鈔寫本來看,應是祖本原有的記載被删除了。"(《翻刻〈論語義疏〉(大槻本)——皇侃自序》,載《實踐國文學》2008 年第 74 號)阿部、影山二氏之見解與鄙見相同。

文庫教授堀川貴司先生關照。

　　本文寫作之際,承蒙南京大學文學院教授(現任文學院副院長、教授)童嶺先生關照。

　　謹記於此,以示筆者對於臺北故宮博物院圖書文獻館、慶應義塾大學附屬研究所斯道文庫以及上述諸位先生的由衷感謝。

　　另,本文爲拙文《臺灣故宮博物院圖書文獻館所藏楊守敬觀海堂舊藏鈔本〈論語義疏〉書誌解題稿(一)》(載大阪府立大學人文學會、高等教育推進機構、人間社會システム科學研究科《人文學論集》2020年第38集)以及《臺灣故宮博物院圖書文獻館所藏楊守敬觀海堂舊藏鈔本〈論語義疏〉書誌解題稿(二)》(載中央大學文學部《紀要》2020年第282號:哲學第62號)經改編後之中文版。以上二文亦請一併參看。

（作者單位:日本中央大學文學部;
譯者單位:日本實踐女子大學文藝資料研究所）

文本的再生長：重審《舊五代史》静嘉堂藏本

唐　雯

一　静嘉堂本性質質疑

日本静嘉堂藏鈔本《舊五代史》一百五十卷，原係邵晉涵家藏本（下簡稱"邵本"），張恆怡女史遵陳尚君先生囑，因訪學之便曾往校閲複製，並撰成《静嘉堂所藏〈舊五代史〉鈔本述略》（以下簡稱"張文"）一文詳述此本原委①，爲我們了解這一珍貴鈔本提供了相當重要的信息，其文結論大致如下：

1. 邵本以乾隆四十年（1775）七月進上的翰林院鈔本（此本後於 1921 年由熊羅宿影印，流通較廣，中華書局 1976 年點校本及 2015 年修訂本皆以此爲底本，下簡稱"庫本"）爲底本，而删去庫本誤輯的《鄭元素傳》，約鈔成於乾隆四十年七月至乾隆四十一年正月之間。

2. 邵本每卷皆將薛居正結銜貼改作"宋司空同中書門下平章事"，與彭元瑞據庫本録副之本（下簡稱"彭本"）同誤，故認爲邵晉涵可能依據彭本作過校改。

3. 邵本用紙係四庫館中工作用紙，又有簽條與四庫館臣所撰者雷同，且其中多有校改及貼條補充小注文字（下文如涉邵本所有校補内容則簡稱"邵本

---

① 張恆怡《静嘉堂所藏〈舊五代史〉鈔本述略》，載《文史》2015 年第 3 輯。本文所涉此篇觀點，出處仿此，下不一一標示。

校”），這些内容可分爲兩個部分，其一是對鈔寫過程中造成的邵本本身訛誤進行校正（下簡稱“邵本校記”），其二則是以貼條的形式補入大量考證性文字（下簡稱“邵本考證”或“考證”），故判此本爲進上庫本後館中隨即鈔録用以繼續修訂之工作底本，邵晉涵南歸後未曾攜出，邵本考證後爲四庫館臣吸收入武英殿刻本（下簡稱“殿本”）。

　　上述結論中第一條可成立，但仍可進一步細化。邵晉涵母親在乾隆四十年下半年去世[①]，邵氏因此南歸離館，此本鈔成當在此前，故其時間上下限可進一步縮小爲乾隆四十年（1775）七月至年底之間。第二、三條事關邵本性質，張文雖有考述，但結論仍有可商之處，本文即擬先就此再作申説，並進而揭示邵本及其兩種校記之價值。

　　首先，邵本校記所依據的並非彭本。邵本校記大抵可分這樣幾個部分：1. 改每卷結銜——將過録自庫本的“宋薛居正等撰”，統一改爲“宋司空同中書門下平章事薛居正等撰”。2. 改避諱——將闕筆諱統一調整爲改字諱，如弘改宏、玄改元、胤改允。3. 正訛糾謬。張文判斷邵本淵源於彭本的證據是薛居正“宋司空同中書門下平章事”結銜。考現存各本中，彭本、盧文弨過録本均係庫本派生（下簡稱“盧本”）、劉承幹嘉業堂據盧本重刻本（下簡稱“劉本”）結銜皆同邵本校記，劉本遲至 1925 年方才刊刻，茲不論。那麽邵本和彭本、盧本又有何聯繫呢？彭本現藏上海圖書館；盧本現藏國家圖書館，已在國圖官網刊佈全文。筆者目驗二本，發現邵本校記在多處關鍵地方與彭本不同而同於盧本，僅就張文比對過的卷一和卷九二而言，卷一“河東泛漲”，此處彭本與庫本、文淵閣四庫本（下簡稱“文淵閣本”）、殿本皆同，邵本校記、盧本作“河水泛漲”。卷九二《盧道傳》“均州鄭鄉縣”，彭本與庫本、文淵閣本同，邵本校記、盧本作“鄓鄉縣”[②]；同卷《鄭韜光傳》，“洛京清河人”，彭本與庫本、文淵閣本、殿本皆同，邵本校記、盧本作“洛京河清人”。僅此二卷即可見邵本校記所依據之本與彭本無涉而與盧本關係密切。且盧文弨本人與邵晉涵頗有交往，盧氏曾從邵氏處借鈔《栲栳山人詩集》[③]，則邵二雲據抱經先生借其鈔本以校正文字

① 章學誠《皇清例封孺人邵室袁孺人墓誌銘》，收入《章氏遺書》卷一六，復旦大學圖書館藏嘉業堂刊本，本卷頁 69。

② 張文 “鄓” 誤録作 “勛”。

③ 參黄雲眉《邵二雲先生年譜》乾隆四十九年事，收入氏著《史學雜考訂存》，濟南：齊魯書社，1980 年，頁 60。

亦屬題中之意。

其次，張文謂邵本爲庫本進上後館中鈔録用以繼續工作之底本，且邵晉涵離館後未攜走此本，四庫館臣因此本繼續校訂。其關鍵證據，一爲邵本卷一六〇頁 9 版框與裝訂綫之間有“吳正有號”長戳一枚，系四庫館中用紙，二爲原書中所夾若干簽條有“不必簽”等字樣，與館臣簽條類似。按筆者所據影印本中未見有簽條復印痕跡，即使原本確有，但僅僅根據翁方綱在其他書中也有類似簽記證明其一定出於館臣手筆則缺乏證據。其結論不通處試分疏如下：

1. 邵本有“正定經文”“晉涵之印”“晉涵之印”“邵氏二雲”“歸安陸樹聲藏書之印”“靜嘉堂藏書”七方藏書印，前四方皆邵氏本人所有，陸樹聲爲陸心源子，知此本在邵氏身後即歸皕宋樓，之後便進入了靜嘉堂，全書除張文所謂疑似簽條和用紙外，並無其他四庫館内編校痕跡。

2. 邵本所用吳有正號紙雖係四庫館中用紙，但使用相對隨意。考邵本版心“舊五代史”四字與版框及界欄係統一版印，卷次爲鈔寫時填入，與庫本及文淵閣本版心完全不同（見圖 1），由此可知，吳有正號雖曾爲館中處理《舊五代史》專門印製了一批紙張，但並非正式奏進本用紙，以此紙鈔成的邵本，相對並沒有那麼正式。如果結合邵本卷首鈔録《舊五代史》進表時省去了上表時間及十二行奏進人員名銜，以及本身各卷遍布極其嚴重的訛奪衍倒，很難想象它是爲繼續修訂而作的工作本，因爲工作本首先需要保證其自身的正確性，否則必然會增加許多本不必存在或者已經解決的問題，無疑會大大拖累後續的修訂工作。因此邵本不可能是四庫館中賴以繼續修訂的正式文本。

3. 我們今天可以在熊羅宿影印庫本的最後一册看到原本貼於卷内各處的明黄色簽條（下稱“粘簽”）和上面已經提及的批校。雖然粘簽中有不少爲增加工作成果而刻意虛構的情況[①]，但總體而言，粘簽和批校仍舊體現了此後館臣對庫本的進一步校核和正誤。考粘簽的内容與書寫格式與庫本原附的校勘類案語以及邵晉涵私人著作《舊五代史考異》中同類案語並無差異，但無任何一條體現在邵本以及邵本校中，顯然此後庫本到文淵閣本及殿本的過程中，館臣仍舊依託庫本進行處理，而與邵本無涉。

4. 邵本校中唯一可以確定時間的是卷首的乾隆所作《題舊五代史八韻》，

---

① 參仇鹿鳴《規範與“馬腳”——對〈舊五代史〉影庫本粘簽、批校的若干認識》，刊《隋唐遼宋金元史》第 6 輯，上海：上海古籍出版社，2016 年，頁 192—203。

（庫本）

欽定四庫全書

舊五代史卷一

太祖紀第一

宋　薛居正等　撰

太祖神武元聖孝皇帝姓朱氏諱晃本名溫

張文考此詩作於乾隆四十一年（1776）正月。如謂邵本校出於邵晉涵之手，則邵氏於乾隆四十年七月以後不久即遭母喪南歸，此後便不曾回到四庫館中[①]，校改應在當年七月至年底之前，爲何卷首會有作於四十一年正月的御詩？如謂御詩及邵本校皆出自其他館臣之手，又爲何與邵晉涵私人所作《舊五代史考異》中部分内容完全一致而無一條與庫本粘簽、批校、文淵閣本及殿本考證相合？

5.《舊五代史》作者薛居正題銜由先及後經歷了以下變化：保留初稿本面貌的孔葓谷鈔本（下簡稱“孔本”）以及庫本、邵本作“宋薛居正等撰”，邵本校記與彭本、盧本作“宋司空同中書門下平章事薛居正等撰”，乾隆四十九年（1784）鈔成的文淵閣本以及同年刻成的殿本作“宋門下侍郎參知政事監修國史薛居正等撰”。這三個階段的題銜中，“宋司空同中書門下平章事”是錯誤的，文淵閣本、殿本的結銜是館臣重新校正的結果。而邵本校記一律改作了“宋司空同中書門下平章事薛居正等撰”。若邵本在邵氏南歸後留置於四庫館，何以不改從最後考訂所得的正確題銜？

以上五個疑問皆源於張文將邵本視爲邵晉涵南歸後留置於四庫館中的工作本。但如果將邵本視作邵晉涵本人請館中書吏在匆忙中鈔成的庫本録副本，以上問題便可涣然冰釋。筆者認爲，四庫館中書吏用現成的空白《舊五代史》稿紙在較短時間内非常潦草地據庫本過録了這個本子，讓邵晉涵在南歸時帶走，此後一直保留在邵氏身邊，作爲他繼續校訂《舊五代史》的底本，直到邵氏身後流入皕宋樓，再流入静嘉堂，故而其本無四庫館臣校改痕跡，薛居正題銜亦未據文淵閣本、殿本加以改正。由於邵本本身鈔録不精，故邵晉涵取同源自庫本的盧本校正文字，同時以貼條形式將其後續對《舊五代史》的考證增入邵本之中（説詳下），同時在卷首鈔録了乾隆四十一年（1776）正月所作的御製詩，遂形成了今日邵本的面貌。要言之，此本正如陸心源所謂係“學士家底本”，而非張文所謂被廢棄的四庫工作本。

二　静嘉堂本所見庫本形成後《舊五代史》的再生長

邵本本身係庫本之過録本，其文字同於庫本而頗多錯訛，故從版本源流角

<hr>

① 陳尚君《〈舊五代史〉新輯會證》前言，上海：復旦大學出版社，2005年，頁39。

度,並無太大價值,但是邵本真正的價值在於邵本校所體現的四庫館在邵晉涵
南歸後所作的工作以及邵晉涵本人對《舊五代史》進一步的考訂,下文即對此
略作申説。

(一)邵本及邵本校記反映了在邵晉涵離開之後,四庫館中形成了一個介於庫本與删去出處的文淵閣本及殿本之間的中間文本

　　邵本校記據盧本所改的薛居正結銜表明,在邵晉涵離館以後,四庫館中另外過録了一個工作本,其作者題爲"宋司空同中書門下平章事薛居正等撰"。如上文所示,庫本各卷結銜僅作"宋薛居正等撰",邵本仍之。薛居正"司空同中書門下平章事"結銜的依據是庫本及邵本前所附乾隆四十年(1775)七月邵晉涵所作提要[①]。庫本鈔成在前,提要撰寫在後,故庫本及邵本各卷皆未著薛居正結銜。而隨著四庫館内修訂工作的展開,館臣應遣書吏重新鈔録過一個據提要完善了薛居正結銜的本子,彭元瑞以及盧文弨從四庫館中鈔出的本子即已是此本,故此彭本和以盧本爲底本的劉成幹嘉業堂本薛居正結銜皆題"宋司空同中書門下平章事",而邵本每卷皆極其謹嚴地貼去原"宋薛居正等撰"字樣,改從此銜,證明了其邵本校記所據盧本,其底本正是館中這一中間狀態的文本。

　　這個文本除了薛居正結銜有所不同,其他面貌我們也能根據邵本及邵本校略推一二。這個文本和庫本及文淵閣本、殿本相比,篇目上有所出入:邵本和庫本最大的差異便是卷九六《鄭玄素傳》的删落。因爲邵本的鈔成在乾隆四十年(1775)七月至當年年底,可以看到在進呈以後,修訂工作並未停止。庫本末頁有墨書大字兩行:"《舊五代史·晉書》内《鄭元素傳》,查係《永樂大典》誤題《薛史》,實係馬令《南唐書》,今應删去。"字跡、書寫體式與此頁前各條批校截然不同(圖2),顯非一時所書。結合邵本可知,這一行批校或係邵晉涵自書,也有可能是在進呈以後其他學者查證後返回的結果。而邵本迅速吸收了這一意見。作爲《舊五代史》最終版本的四庫本和殿本皆無《鄭玄素傳》,可知這一校勘成果已被後續的修訂所吸收。

　　另一方面,四庫本和殿本在卷七一多《淳于晏傳》,卷九八《張礪傳》被替換爲一個更長的文本。庫本批校云:"《張礪傳》,《永樂大典》有全篇,校刊本

---

① 二本書前所附提要開篇即云"舊五代史一百五十卷,併目録二卷,宋司空同中書門下平章事薛居正等撰"。

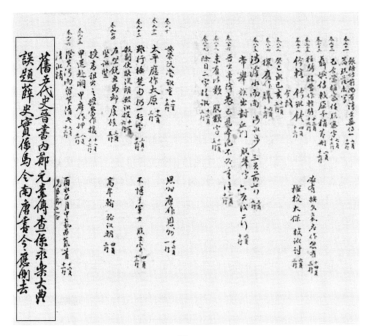

圖 2

補入。"邵本無《淳于晏傳》，《張礪傳》仍同庫本，邵本校亦無增補二傳的痕跡，則這一文本中尚未對《淳于晏傳》《張礪傳》進行增補，由此可知，二傳的增入和補輯時間較晚，大抵在四庫本和殿本寫定之際。

同時，庫本粘簽與批校未體現在邵本中，邵本校記及考證也與粘簽及批校毫無關涉，説明這一中間文本鈔成之時，館臣對庫本系統的修訂尚未展開。而邵本考證未利用粘簽、批校也説明邵晉涵當時無法利用到四庫館内的修訂成果，亦從側面證明邵本考證成立已在四庫館外，邵晉涵南歸時將邵本攜出作爲自己的私人收藏。

（二）邵本校所見邵晉涵對《舊五代史》的持續考訂

上文已明邵晉涵曾據盧本對邵本作了全面的校訂，但其工作並不止於糾謬訂訛以恢復庫本的面貌，事實上邵晉涵期望以邵本爲基礎整理出一個完善的，甚至可以作爲刊刻底本的文本，陸心源所謂"學士家底本"極爲準確地説明了邵本的性質，其體現在邵本的避諱全部由原先的闕筆諱調整爲改字諱，即弘改宏、玄改元、胤改允。而《舊五代史》所有現存文本中，除了殿本是改字諱,其他都是闕筆諱,邵晉涵據以校字的盧本也不例外,因此改避諱形式並非爲了與盧本保持統一,而是出於邵晉涵本人的考慮。或可從殿本的改字諱進一步推測,當時對於避諱的要求有所改變,因此邵氏將避諱統一改成了更符合要求的改字諱。

另一方面,邵本校記中部分校字並非源出盧本,而是邵晉涵自行考訂的結果。如張文中已經提及的卷九"睦州刺史錢傳琇、竇州刺史錢傳瓘",各本無異文,邵本校記"錢傳琇"改作"錢傳瓘"、"竇州"改作"賓州",其依據應爲《十國春秋》及《通鑑》[1]。邵本中頗有類似理校,如卷九二《梁文矩傳》:"(朱)友璋領鄆州,奏爲項城令。""項城",各本無異文,邵本校記改爲"須城"。按《太平寰宇記》卷一三《鄆州》下有須城縣[2],而項城屬陳州[3],與鄆州無涉,邵氏此處亦係理校。

又邵晉涵頗以文意改字,茲舉數例:

卷八九《趙瑩傳》:"唐同光中。"各本同,"唐",邵本校記改"後唐"後又删去"後"字。

卷八九"史臣曰":"此掇殁身之貨。"各本無異文,邵本校記改"殁"爲"殺"。

卷九〇《安崇阮傳》:"語崇阮監軍。""語",各本作"詔",邵本校記改"請",邵晉涵不取盧本,或以此時末帝尚未稱帝,不宜稱"詔"。

卷九二《鄭韜光傳》:"天唐長興中,歷尚書左右丞。""天唐",各本作"天成",邵本校記改"入唐",後塗去二字。按此句上文"莊宗平梁,(鄭韜光)遷刑部侍郎","天成長興"爲明宗年號,是,邵晉涵或以"平梁"二字,誤以下爲入唐事,後覺其非,又以下文"長興中",文意已足,故塗去二字。

以上所改,以文意論則是,然頗改原本面貌,此其非也。

值得注意的是,邵本中進表和提要兩處"邵晉涵"的"涵"字皆校改作"涵",其餘各本皆作"涵"。"涵"係"涵"古字,由此可見邵本校記應出於邵晉涵親筆,故特以古字取代其名之習慣寫法。

如果説邵本校記體現的是邵晉涵在校勘方面的工作的話,邵本考證則體

---

① 修訂本《舊五代史》卷九"校勘記一",北京:中華書局,2016 年,頁 160。

②《太平寰宇記》卷一三《河南道·鄆州》,北京:中華書局,2008 年,頁 247。

③《太平寰宇記》卷一〇《河南道·陳州》,頁 182。

現了《舊五代史考異》的編纂狀況。邵本考證共計 147 條，其内容除極個别條目與單行本《舊五代史考異》稍有出入（詳下）外，其餘皆完全一致。但是邵本考證並不能涵蓋《舊五代史考異》的全部内容，據筆者統計，《考異》一共 352 條①，邵本考證僅占其百分之四十强。如果把邵本鈔録自庫本的案語視作邵晉涵《舊五代史》考訂成果的最初形態的話，這 147 條考證便是對案語的進一步增補，而從它補入邵本的情況來看，它也可以視作後來單行本《舊五代史考異》的初稿，試分疏如下：

此 147 條校語皆雙行小注，每一條都採用了貼條擠寫的形式，即以紙條貼去原書文字，再將貼去原文及要加入的小注縮小鈔於紙條上，因此在原書上形成很明顯的擠寫痕跡〔參圖 1（邵本）〕。而貼條和鈔寫技術極爲老練，因爲雙行小注需要兩行對齊，要將貼去的原文和補入的文字權衡大小字後通盤計算，纔能知道需要貼掉多少原文纔能正好將兩者妥帖地壓縮填入新貼的紙條中，並將雙行小注拉平。從全部 147 校語來看，其分行計數，基本無誤，顯示鈔寫者處理這類鈔寫問題是相當專業的。我們來看其中最有代表性的一條：

卷一二七《景範傳》末有邵本校一條"案景範神道碑以順德三年十二月立扈載奉敕傳孫崇望月立今尚存奉敕書今在鄒平縣"。此處原有案語"案景範神道碑以順德三年十二月立月今尚存"。邵本"月立今尚存"數字鈔於"德三年十二"左側的空白處，而後被點去，邵本從"二"字以下有補鈔痕跡，字跡不同（圖 3）。顯然鈔寫者保留了原案語文字，而點去了"月立今尚存"數字，然後在"二"字下接寫了需要補入的文字。從這條可以看出，鈔寫者非常善於利用既有的文字達到減少鈔寫量的目的，同時也證明了據以鈔録的文本是謄清的、完整的，鈔寫者纔能精準地測算出應當如何貼條方纔能最便利地鈔入所需文字。

另一方面，這一條加線標誌的"順"字表明鈔寫這條校記的並非邵晉涵本人。如上所述，此條邵本校在"二"字以上皆邵本原鈔，因此邵本此處原作"順"字，與庫本一致，而《舊五代史考異》作"顯"②。此條校語録立碑年月，顯德是周太祖年號，無疑是正確的。由此我們可以推知鈔寫者在利用邵本原有案語的時候發現"順"字與所據底本不合，但又不明文意，不敢妄改，故劃線以

① 此據國家圖書館所藏面水層軒鈔本統計，全文已在國圖官網中國古籍資源庫刊布，本文所用《舊五代史考異》皆據此本。
②《舊五代史考異》卷四，頁 82b。

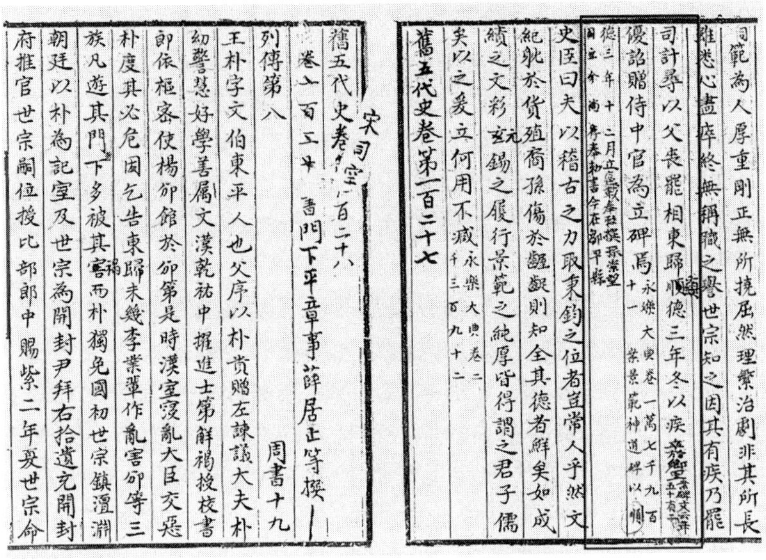
司範爲人厚重剛正無所撓屈然理繁治劇非其所長
雖悉心盡瘁終無稱職之譽世宗知之因其有疾乃罷
司計尋以父喪罷相東歸順德三年冬以疾卒
優詔贈侍中官爲立碑焉 永樂大典卷一萬七千九百十一 崇景範神道碑
史臣曰夫以稽古之力取秉鈞之位者豈常人乎然文
紀躭於貨殖裔孫傷於齷齪則知全其德者鮮矣如成
績之文彩玄錫之履行景範之純厚皆得謂之君子儒
矣以之爰立何用不臧 永樂大典卷二千三百九十二
舊五代史卷第一百二十七

舊五代史卷一百二十八
卷一百三十 周書門下平章事薛居正等撰
列傳第八　周書十九
王朴字文伯東平人也父序以朴貴贈左諫議大夫朴
幼警慧好學善屬文漢乾祐中擢進士第解褐授校書
郎依樞密使楊邠館於邠第是時漢室寖亂大臣交惡
朴度其必危因乞告東歸未幾李業輩作亂害邠等三
族凡遊其門下多被其害而朴獨免國初世宗鎮澶淵
朝廷以朴爲記室及世宗爲開封尹拜右拾遺充開封
府推官世宗嗣位授比部郎中賜紫二年冬世宗命

圖 3

志疑。如果此條係邵晉涵本人所鈔，應該會根據自己已寫就的《舊五代史考異》初稿本徑行改正這一極爲明顯的錯誤。由此對於張文中所提到的“下四行不必簽”“下六行不必簽”“不必簽”等簽條也可以有新的解釋：邵晉涵此時對邵本案語做了系統的增補，並將其逐條謄清，並將邵本中需要添補校語的地方簽出，請專業書手逐一貼條補入各處。而書手可能在鈔録過程中發現有不必簽處，因而貼簽指出。而《舊五代史考異》所列正文間或也與邵本校語插入正文處有所不同，如卷二四《李珽傳》中校語，《舊五代史考異》所引正文爲“河南有外黄小黄”①，邵本校語置於“太祖稱獎數四”下；卷九四《郭金海傳》中《考異》所引正文爲“商州刺史”②，邵本校語在傳末出處之後。這些校語位置的差異或許也是由於在謄寫之初邵晉涵簽出了校語補入位置，但書手在鈔寫時卻因種種原因移到了其他地方，這也表明邵本考證的鈔寫者非邵晉涵本人。

由此我們看到邵晉涵在南歸之後對於《舊五代史》的繼續考訂至少分爲

①《舊五代史考異》卷一，第 1 册，頁 88b—89a。
②《舊五代史考異》卷三，第 3 册，頁 58b—59a。

兩個階段：147 條考證事實上構成了後來《舊五代史考異》的初稿，其後邵氏在此基礎上形成了 352 條《舊五代史考異》定稿（下簡稱“定稿”），比對二者，我們可以發現邵晉涵續訂《考異》的時候作了相當的工作：

首先，《考異》定本完全吸收了 147 條邵本考證，並將邵本原有的小字案語也選擇性地吸收進來，同時新作了部分考證文字，使定本總條目增加到了352 條。

其次，考證中已寫定的校語有一部分在定稿中作了增補，茲舉數例：

案：《五國故事》作以“手板擊殺之”。馬令《南唐書》云：“知訓因求馬於瑾，瑾不與，遂有隙。俄出瑾爲静淮節度使，瑾詣知訓別，且願獻前馬。知訓喜，往謁瑾家。瑾妻出拜，知訓答拜，瑾以笏擊踣，遂斬知訓。”（《舊五代史考異》卷一，第 1 册，頁 49a 面，下僅注卷數、册數、頁碼）

案：《五代春秋》：正月，契丹陷博州。《歐陽史》作正月辛丑，《薛史》及《遼史》作二月。（卷三，第 3 册，頁 21a 面）

案：《東都事略·范質傳》：晉出帝命十五將出征。是夕，質宿直，出帝命諸學士分草制，質曰：“宫城已閉，慮泄機事。”遂獨爲之。《歐陽史》云：劉知遠爲北面行營都統，杜威爲都招討使，蓋略之也。（卷三，第 3 册，頁 23a、b 面）

上述三條中的劃線字，皆未見於邵本考證中，顯係出於後續之修訂。

第三，原有考證在定稿中删去，或有所改動：

尚輦奉御金彦英，案：以下疑有闕文。本東夷人也，奉使高麗，稱臣於夷王，故及於罪。（邵本《舊五代史》卷一二○）

此條定本無。按此條正文未交代金彦英如何“及於罪”，故邵晉涵疑有闕文。考《册府》卷六六四有此條記事：“金彦英，本東夷人，爲尚輦奉御。奉使高麗，稱臣於夷王。恭帝顯德六年，決杖一百，配流商州。”[1]“尚輦奉御金彦英”下所闕文字疑爲“決杖一百，配流商州”。邵氏或未尋得書證，故在定稿中將此條删去。

案：蔣殷在唐末，爲宣徽副使，譖殺蔣元暉；遷宣徽使，誣害何太后。其罪與孔循等，薛史未及詳載。（卷一，第 1 册，頁 54a 面）

按：蔣殷，初稿作“王殷”，《舊五代史·蔣殷傳》：“蔣殷，不知何許人。幼

---

[1]《册府元龜》卷六六四，北京：中華書局，1960 年，頁 7946。

孤,隨其母適於河中節度使王重盈之家,重盈憐之,畜爲己子……（殷）懼其連坐,上章言殷本姓蔣,非王氏之子也。末帝乃下詔削奪殷在身官爵,仍令却還本姓。"① 故邵晉涵初稱其爲王殷,是,定稿時疑爲與前後文統一而改作"蔣殷"。

第四,定稿傳鈔致訛而初稿無誤:

案:《東都事略·王溥傳》:世宗嘗問:"漢祖李崧蠟彈書結契丹,有記其辭者否?"溥曰:"使崧有此,肯示人耶? 蘇逢吉輩陷之爾。"是逢吉等陷崧,又謂其通契丹也。（卷四,第 4 册,頁 22a 面）

按:此條"漢祖",初稿作"漢相",無誤。

案:《洛陽搢紳舊聞記》:太子少師李公肅,唐末西京留守,齊王以女妻之。趙思綰在永興時,使主赴闕。思綰主藍田副鎮,有罪已發。李公時爲環衛將兼雍耀三白渠使、雍輝莊宅使、節度副使,權軍府事,護身脱之,來謝於李公。公歸宅,夫人詰之曰:"趙思綰庸賤人,公何與免其過? 又何必見之乎?"曰:"思綰雖賤類,審觀其狀貌,真亂臣賊子,恨未有朕迹,不能除去之也。"夫人曰:"既不能,何妨以小惠啖之,無使銜怨。"自後夫人密遣人令思綰之妻來參,厚以衣物賜之,前後與錢物甚多。乞漢朝,公以上將軍告老歸雍。未久,思綰過雍,遂閉門據雍城叛,衣冠之族,遭塗炭者衆,公全家獲免。終以計勸思綰納款。（卷四,第 4 册,頁 27a 面）

按:此條"雍輝莊宅使"之"輝",初稿作"耀";"既不能"下初稿有"除去";"乞漢朝"之"乞",初稿作"及",皆是,宜據之改補。

案:《五代會要》:"顯德二年九月,敕云:"今采銅興冶,立監鑄錢,冀使公私,宜行條制。今後除朝廷法物、軍器、官物及鏡,并寺觀内鐘磬、鈸、相輪、火珠、鈴鐸外,其餘銅器,一切禁斷。"（卷四,第 4 册,頁 42b 面）

按此條"今采銅興冶"之"冶",初稿作"冶";"冀使公私"之"使",初稿作"便";"相輪"之"輪",初稿作"輪",皆是,宜據之改補。

從考證所反映的《舊五代史考異》初稿狀況,我們可以看到《考異》的成書是分階段進行的,邵晉涵將考證如此細心地倩人貼入可能作爲將來刊印底本的邵本中,或可認爲一開始,《考異》規模僅此而已,並預備附《舊五代史》本書而行,但其後或許出於其他考慮,邵晉涵放棄了刊刻邵本,而是增輯完成

---

① 修訂本《舊五代史》卷一三,頁 207—208。

了五卷本的《舊五代史考異》。

結論與餘論

通過以上對邵本及邵本校記、考證的分析，我們對於邵本性質及《舊五代史》在庫本上呈後的續訂工作有如下新認識：

1. 此本鈔成於乾隆四十年（1775）七月上呈以後至當年年底之間，其間邵晉涵因母喪南歸，即將此本攜出，作爲後續工作的底本。

2. 邵晉涵以盧本校邵本，並作了一定程度的理校，形成邵本校記。與此同時，《舊五代史考異》初稿完成，以貼條形式補入邵本中，形成邵本考證。邵晉涵整比邵本或欲作爲刊刻底本。

3. 邵晉涵在邵本整比完成後繼續對《考異》作了大幅度增補，從邵本考證的 147 條增至 352 條，同時也對原有考證作了小幅度的删改，不過《考異》通行的面水層軒鈔本稍有誤字，可據邵本考證校正。

4. 乾隆四十年七月庫本上呈以後，四庫館中對《舊五代史》續訂情況如下：在邵晉涵當年年底南歸前，《鄭玄素傳》已經被删落，此後薛居正題銜根據書前提要作了改動，形成了一個新鈔本。後續館臣依託庫本，以粘簽和批校的形式對全書作系統校訂，並對篇目作增删的一系列工作皆在這一新鈔本形成之後。

另一方面，邵本也提示我們，在輯復《舊五代史》中形成的各類考證性文字，其實有著不同的來源和性質：庫本進呈之時已經形成的案語、館臣再修訂時形成的粘簽和批校以及後來體現在文淵閣本和殿本中的考證皆是四庫館中的職務作品，而邵晉涵本人的《舊五代史考異》則是其南歸以後的私人著作。幾種著作作者不同，撰修背景也大不相同，雖然彼此之間有重合的部分，但實際上不宜混爲一談。中華書局原點校本當年在整理《舊五代史》之時以民國熊羅宿影印庫本爲底本，本著尊重底本的原則，對於影庫本案語這一底本有機組成部分給予了最大程度的重視，因此案語與其他各類考證文字所述內容雷同之時則徑取以其他考證中溢出案語者以補足之而棄其重複部分，茲舉一例：

> 卷二一《王彥章傳》："王彥章，字賢明，鄆州壽張縣人也。案：《歐陽史》作鄆州壽昌人。《通鑑》從《薛史》作壽張。"點校本校記："《通鑑》

從《薛史》作壽張’以上八字原闕,據《舊五代史考異》卷一補。"①

　　2015年出版的修訂本也沿襲了這一體例。這從操作上當然有很大的便利性,也避免了案語、《考異》和殿本考證近似内容之間疊床架屋的情況。但是從尊重各類考證文字各自的性質、保存各自面貌的角度來講,未必是最妥當的處理方法。如果《舊五代史》再有機會修訂,應當尤其注意各種考證文字之間如何更好地共存,並盡可能保存其本來面貌。

（作者單位:復旦大學中國古代文學研究中心,

復旦大學中國語言文學系）

---

①《舊五代史》卷二一,北京:中華書局,1976年,頁294。

福州東禪寺版大藏經目録的研究

池麗梅

　　唐代中期以來，福建佛教漸趨興盛，唐末的威武軍節度使王潮（846—898）以及五代閩國之主王審知（862—925，909—925 在位）皆以護佛聞名。南唐保大二年（945）閩國滅亡後，福州歸屬吳越國，吳越錢氏亦篤信佛教。時至北宋，福州號稱"佛國"，寺院的地位崇高、經濟實力雄厚。在這樣的社會背景下，北宋後半期，一向以印刷業和造紙業聞名的福州，迎來了兩部刻本大藏經的接踵誕生。兩宋之際誕生的"福州藏"，一方面繼承了唐代寫本大藏經的傳統，另一方面則開創了私版大藏經的先河，是宋元代江南系統大藏經的源頭。

　　宋元時代的刻本大藏經被分爲三個系統，即中原開寶藏系統（《開寶藏》《金藏》《高麗藏》）、北方契丹藏系統（《遼藏》）、江南大藏經系統（"福州藏"、《思溪藏》《磧砂藏》《普寧藏》）[①]。其中，繼《開寶藏》和《遼藏》等官版大藏經之後問世的"福州藏"，是起步最早的私版（即主要由私人資助編纂刊刻的）大藏經。所謂"福州藏"，是對福州一地接踵誕生的兩部大藏經的統稱：一是東

[①] 關於宋元刻本大藏經的分類，參照竺沙雅章《契丹大藏經小考》，《東洋史論集：内田吟風博士頌壽記念》，京都：同朋舍，1978 年，頁 311—329。後收入竺沙雅章《宋元佛教文化史研究》，東京：汲古書院，2000 年，頁 292—311；竺沙雅章《漢譯大藏經的歷史——從寫經到刊經》，京都：大谷大學，1993 年。後收入《宋元佛教文化史研究》，頁 271—291；方廣錩《八—十世紀佛教大藏經史》，中國社會科學院研究生院世界宗教系博士學位論文，1988 年。後收入《法藏文庫》碩博士學術論文，高雄：佛光山文教基金會，2002 年；方廣錩《佛教大藏經史（8—10 世紀）》，北京：中國社會科學出版社，1991 年；方廣錩《中國寫本大藏經研究》，上海：上海古籍出版社，2006 年等。

禪等覺禪院自北宋元豐三年(1080)至政和二年(1112)三月初步完成的刻本
大藏經,俗稱"崇寧藏";一是開元寺自政和二年三月至紹興二十一年(1151)
二月初步完成的刻本大藏經,俗稱"毗盧藏"。南宋乾道、淳熙年間,福州二藏
各有續雕,後來幾經修補,直至元代仍用於印造和流通①。

　　福州二藏在國内失傳已久,在日本尚有幾套完整藏品,但都是兩種版本的
"混合藏"②,有時一册東禪寺版中補配一兩葉開元寺版,或者情形相反,這種合
成本叫"混合册"③。福州二藏的内容結構和外形特徵非常接近,如今又以混合
藏或混合册形式傳世,所以二者又被合稱爲"福州藏"。已知的"福州藏"目録
多爲各收藏單位根據藏經實物製作的藏書目録,因現存藏品本身多爲混合藏,
所以通過目録很難斷定二藏的結構性差異。設若藏經本身失傳而僅有目録傳
世,亦難以斷定該藏及其目録之版本種類。因此,福州二藏的異同及其關係,
是"福州藏"研究的一大難點④。

　　最近,筆者注意到,除了傳統意義上的經録、目録以外,在日本還流傳著一
種外形獨特的"福州藏"目録。其特殊性在於它是一幅大型版畫,以一幅平面
構圖來展現全藏五百餘函的排列分布。這些現存的版畫目録雖是日本刻本,

---

① 關於"福州藏"的研究史,參見拙論《福州藏百年學術史綜述》,《佛學研究》2021 年第 1
　　期。關於東禪寺版大藏經的初雕史,參見拙論《福州東禪寺版大藏經初雕史問題考述——
　　以開板年代爲中心》,待刊。
② 關於國内外現存的"福州藏",參見中村菊之進《宋福州版大藏經考(一)》,《密教文化》
　　1985 年第 152 號;沈乃文《宋雕"崇寧藏""毗盧藏"殘卷考》,《中華文史論叢》2008 年
　　第 3 期;梶浦晉《日本的漢文大藏經收藏及其特色——以刊本大藏經爲中心》,《版本目
　　録學研究》第 2 輯,北京 :國家圖書館出版社,2010 年,頁 436—457,等。
③ 野澤佳美在《金澤文庫藏宋(福州)版一切經について》中指出,金澤文庫藏本有 15 册
　　開元寺版經本中混雜了一兩葉東禪寺版散葉,他稱此類經本爲"混合帖"(即混合册)。
　　後來,牧野和夫《宋刊一切經に關する一,二の問題 :我邦舶載東禪寺版の〈刊・印・修〉
　　の問題を軸に》(《實踐國文學》第 73 號,頁 87—102)又介紹了幾種東禪寺版經本中混
　　雜了開元寺版散葉的事例。中村一紀《關於宮内廳書陵部所藏福州版大藏經中的混合
　　與印章》,《漢文大藏經國際學術研討會論文集》,上海師範大學宗教研究所,2007 年 ;《關
　　於宮内廳書陵部所藏福州版大藏經中的混合册與印章》,《藏外佛教研究》第 12 輯,北京 :
　　中國人民大學出版社,2008 年,頁 451—456,談到了宮内廳書陵部藏本中的混合册。
④ 關於初雕期福州二藏之關係,參見拙論《"崇寧藏"與"毗盧藏"之稱謂及關係考實》,
　　待刊。

但其版本源流當出宋版，其編目依據當爲某個時期的東禪寺版大藏經。此類版畫目録展示了東禪寺版大藏經的整體結構，從而有助於我們審視福州二藏之間的結構差異，對解決 "福州藏" 研究中的上述難題有重要意義。因此，本文擬先歸納宋元刻本大藏經的目録分類，再介紹版畫目録的現存狀況及先行研究，最後分析東禪寺版大藏經的結構特徵及其演變過程。

一　宋元刻本大藏經之目録及其分類

　　現存宋元刻本大藏經的目録，主要有三類：一是入藏目録，二是大藏目録，三是勘定目録[①]。宋元大藏語境中的 "入藏目録"，是指大藏經正藏480函的目録[②]，它規定了入藏典籍的分類、排序、經題、卷數、分帙等，既是編刻大藏的基本前提和依據，也是劃分大藏系統的指標之一[③]。此類入藏目録的雛型，是唐開元十八年（730）前後問世的《開元釋教録》（二十卷）最後所附兩卷《入藏録》（即《開元入藏録》）。此後，《開元入藏録》被應用於藏經的統計和管理，逐步增加了千字文編號、譯者、撰者等信息，最終演化成爲獨立且具備實用功能的管理目録。這種管理目録，隨著各地大藏經的實際收藏情況，逐漸分化成爲有地方特色的入藏録[④]，甚至獨立成書並入藏流通。例如：東禪寺版大藏經 "英" 480 函收録的《開元釋教録略出》（四卷），即爲江南諸藏共同依據的入藏目録[⑤]。

[①] 上海師範大學王招國教授（定源法師）提醒筆者，刻本大藏經的目録還有一種叫作 "流通目録"，這種目録以大藏目録爲基礎，但標明了各函、各種、各卷經書的價格，用於大藏經的募資和行銷。但宋元刻本大藏經中，尚未發現此類目録。另外，"勘定目録" 的定名亦承蒙王教授指教。在此注明，以表謝意。

[②] 宋元時代刊刻的大藏經，主要由兩個部分組成：一、主體部分是按照 "入藏録" 收録的前480函典籍，筆者稱其 "正藏"，它是大藏經的正編部分，也是判斷該藏系統分類的標準；二、自第481函開始以後的收編典籍稱之 "續藏"，大藏經的續編部分往往是該藏個性最爲突出之處。

[③] 竺沙雅章《宋元佛教文化史研究》，頁 271—291；方廣錩《中國寫本大藏經研究》，頁400。

[④] 方廣錩《中國寫本大藏經研究》，頁 340。

[⑤] 關於《開元釋教録略出》的成書及其性質，參照方廣錩《中國寫本大藏經研究》，頁 403—418。

　　所謂“大藏目録”,是指雕造事業告成以後,由主事寺院編刻的全藏目録。此類大藏目録涵蓋正藏、續藏兩個部分,登録了實際入藏典籍的經題、卷數、千字文編號等信息,比上述入藏目録更爲完整和精確①。這種由主事寺院或編藏團隊根據實際經板統計和編撰的大藏目録,不僅是雕藏主體用於管理大藏經板的必備賬簿,也是所有贖購該藏的收藏單位用於管理印本藏經的必備工具。刻本大藏經數量龐大,動輒五百餘函、六千餘卷,對於收藏單位而言,上到經藏經櫥的配置上架、定期的庫存清點,下到日常的經本借還,大藏目録都是不可或缺的管理工具。在已知的宋元大藏中,成立較早的《開寶藏》《契丹藏》以及“福州藏”尚未發現完整的大藏目録,但後世的《思溪藏》②、《磧砂藏》③和《普寧藏》④等江南諸藏皆有目録傳世。

　　所謂“勘定目録”,是指各大寺院或收藏單位,根據清點庫存的結果,編制或修訂的實際藏書目録。無論最初多麼完整無缺的大藏經,在近千年的流傳過程中,因天災人禍、脱手轉讓、收藏環境等變化,都難免出現破損、殘缺或遺失。因此,收藏單位需要定期或不定期地清點經藏或館藏,重新統計並修訂藏書目録,此即傳統所言勘定目録。現存的“福州藏”目録,包括近代製作的各類調查報告書、解題目録等,基本上都屬於勘定目録範疇。

---

① 理論上説,正藏 480 函的收編內容當嚴密遵照“入藏録”規定,但現實情況並非如此。宋元刻本大藏經,不論官版、私版皆受時代或地域制約,編藏之際因地制宜的妥協或讓步是必不可免的。因此,各大藏經的正藏內容與“入藏録”之間總是存在一定程度的分歧。參照何梅《歷代漢文大藏經目録新考》上册,北京:社會科學文獻出版社,2014 年。

② 宋版《思溪藏》目録主要有兩種:一、水原堯榮在高野山發現的《唐本藏經目録》,亦即高楠順次郎編《昭和法寶總目録》第三卷收録的《湖州思溪圓覺禪院新雕大藏經律論等目録》二卷,東京:大正一切經刊行會,1934 年,頁 667—685。二、楊守敬自日本攜歸的天安寺舊藏本《安吉州思溪法寶資福禪寺大藏經目録》二卷,原件現藏於臺北故宮博物院。相關研究,可參照上杉智英《後思溪藏版大藏經目録研究——現存文本及其相互内在關係之考證》,《佛教文化研究》2017 年第 3 輯。

③ 例如:京都大學圖書館藏經書院文庫藏有南宋端平元年(1234)刊《平江府磧砂延聖院新雕藏經律論等目録》二卷,該録被編入《昭和法寶總目録》第一卷,1929 年,頁 927—945。

④ 例如:東京的增上寺和淺草寺各自藏有元代大德三年(1299)十二月如瑩序《杭州路餘杭縣白雲宗南山大普寧寺大藏經目録》四卷。增上寺藏本被編入《昭和法寶總目録》第二卷,1929 年,頁 239—270。

　　以上是宋元刻本大藏經的三種主流目録，而本文擬討論的版畫目録，則在嚴格意義上不屬於上述任何一種分類。它不但外形獨特，而且至今亦僅見於福州東禪寺版大藏經，甚爲稀有。接下來，本文先介紹此類版畫目録的現存文本。

二　東禪寺版大藏經版畫目録的現存文本

　　最早注意到版畫目録的是日本學者小川貫弌，他曾介紹過兩幅與東禪寺版大藏經有關的版畫目録：其一是日下無倫（1888—1951）收藏的覆宋版《福州東禪大藏經目録》，末尾可見刊記："自天字函至於英字函，已上《貞元録》五千藏。自《法苑珠林》至於《華嚴合論》，福州新入。永享二年（1430）佛生日。"另一題名《一切經之目録》（收藏者不詳），無刊記，結構内容與前録無二。同時，小川認爲，此類覆宋版《福州東禪大藏經目録》乃是現存福州藏目録之底本①。此後，他在《大藏經——成立與變遷》（1964）中登載前者的圖版，雖不甚清晰，但仍可辨識標題"福州東禪大藏經目録"以及末尾刊記等②。令人

---

① 關於日藏的幾種版畫目録，小川貫弌在1958年發表的《福州崇寧萬壽大藏の雕造》中指出："英字函爲止是《開元録》所收經律論，跋語所謂'貞元'乃'開元録'之筆誤。南宋時代的大藏結構、内容如下：天—英：《開元録》經律論，480函；杜—羅：《法苑珠林》百卷，10函；蔣—稼：宋朝新譯經論八百七十卷，20函；振—溪：《景德傳燈録》《宗鏡録》《天聖廣燈録》《建中靖國續燈録》《大藏綱目指要録》，20函；伊—佐：御製偈頌，3函；時—阿：《註楞伽》，2函；衡—勿：宋朝新譯，《貞元録》新譯，28函；多—號：《大慧語録》《楞嚴義海》《天臺章疏》，16函。番外：《華嚴合論》等15函；《圓覺注疏》1函；總共580函。與北宋勅版大藏經相比，《法苑珠林》以後的佛典很有特色，但排序或有調整，收録典籍的種類亦有出入。高野山勸學院現存《宋版一切經目録》（見《高野山學志》）唯見正藏，未收南宋續雕的《大慧語録》《天臺章疏》等。東寺《一切經目録》收録了續雕。最爲完備的是上醍醐寺《一切經目録》二卷（《昭和法寶目録》所收）。覆刻宋版《福州東禪大藏經目録》這種'簡明目録'，正是現存福州藏目録之底本。"《印度學佛教學研究》1958年第6卷第2號。小川的論述中有幾點失誤。例如，"衡"536函《菩薩名經》並非北宋譯經而是中土著述，而"圓覺注疏一函"乃是開元寺版大藏經"衡"536函所收典籍，東禪寺版大藏經未曾收編此著；最後，現存福州藏目録皆爲根據藏經實物製作的勘定目録，與掛軸版畫目録《福州東禪大藏經目録》並無直接關聯。

② 大藏會編《大藏經——成立と變遷》，京都：百華苑，1964年，頁46，圖版18"福州東禪大藏經目録（日本覆刻）十一世紀"。

遺憾的是,這些目録在後來的"福州藏"研究中並未引起足夠重視①。

　　1998 年,神奈川縣立金澤文庫舉辦的"唐物和宋版一切經"展覽會上②,展出了兩幅版畫目録:其一爲町田市立國際版畫美術館收藏的江户時代刊《一切經之目録》(下文簡稱《町田本》)③;另一即金澤文庫館藏鎌倉時代刊《宋版一切經配架目録》(暫名)殘卷④。據圖録解説,兩件目録皆爲掛軸版畫,中央印有佛像,佛像四周是按照千字文號排列的東禪寺版大藏經一覽圖⑤。此外,大阪府河内長野市的高野山真言宗遺跡本山觀心寺也藏有一件《一切經之目録》(下文簡稱《觀心寺本》),此或即小川所言無刊記本《一切經之目録》。

　　1992 年 12 月 12 日,在京都大谷大學舉辦的第 77 回大藏會展覽上,展出了一幅版畫目録《福州東禪大藏經目録》,據其解題爲:"卷軸,日本覆刻,永享二年(一四三〇)刊,刊記'永享二年佛生日',日下無倫舊藏。"⑥2005 年,這幅目録在大谷大學博物館舉辦的"佛教的歷史與亞洲文化 IV(佛教の歷史とアジアの文化 IV)"展覽會上再次展出。這件現藏於大谷大學圖書館的版畫目録(下文簡稱《大谷本》),當即小川當年提及的日下無倫舊藏本。

　　最後,小川所謂《福州東禪大藏經目録》簡目,即《昭和法寶總目録》第三卷收録的高野山親王院水原堯榮藏《福州東禪大藏經目録》(下文簡稱《高野

---

① 小川以後,版畫目録幾乎已被遺忘。例如,京都諸宗學校連合會編《新編大藏經——成立と變遷》(京都:法藏館,2020 年)是《大藏經——成立と變遷》的改版新編,不但正文没有提及版畫目録,甚至前者登載過的《福州東禪大藏經目録》圖版亦被删除,令人遺憾。

② 神奈川縣立金澤文庫於 1998 年 10 月 1 日至 11 月 29 日間舉辦了重要文化財指定記念特別展"唐物と宋版一切經",並出版了圖録《唐物と宋版一切經——特別公開、弘明寺本尊十一面觀音菩薩立像》,神奈川縣立金澤文庫,1998 年。

③ 關於町田市立國際版畫美術館藏《一切經之目録》,參見《唐物と宋版一切經——特別公開、弘明寺本尊十一面觀音菩薩立像》,圖版(No.14)見頁 9,解説見頁 42。

④ 關於金澤文庫藏《宋版一切經配架目録》,參見《唐物と宋版一切經——特別公開、弘明寺本尊十一面觀音菩薩立像》,圖版(No.46)見頁 29,解説見頁 46。

⑤《宋版一切經配架目録》的解説認爲,該目録是按千字文號排列、分類的宋版大藏經一覽圖,將其懸掛在經藏牆壁上便於查詢經本的位置。見《唐物と宋版一切經——特別公開、弘明寺本尊十一面觀音菩薩立像》,頁 46。

⑥ 大谷大學編《第 77 回大藏會展觀目録》,京都:大谷大學,1992 年,圖版 82,解説見頁 57。

本》)。《高野本》本身並非版畫,而是一件享保十五年(1730)鈔本,其文字内容極其簡潔,卷末可見底本原刊記:"自天字至於英字,已上《貞元録》五千藏;自《法苑珠林》至於《華嚴合論》,福州新入。永享六年(1434)佛生日。"①此刊記除年代稍晚幾年以外,行文與前述《大谷本》刊記如出一轍。觀《高野本》之内容即文中鈔録的原刊記,可推知其底本即永享六年(1434)刊《福州東禪大藏經目録》,當與永享二年刊《大谷本》爲同源版畫目録。

　　綜上所述,現有四件版畫目録以及一件手鈔文字版簡目,全部都與"福州藏"尤其是東禪寺版大藏經關係密切:一、金澤文庫藏鎌倉時代刊本斷片(《金澤文庫本》);二、大谷大學圖書館藏室町時代刊《福州東禪大藏經目録》(《大谷本》);三、江户時代刊《一切經之目録》(《町田本》);四、觀心寺藏《一切經之目録》(《觀心寺本》);五、享保十五年(1730)鈔永享六年(1434)刊《福州東禪大藏經目録》(《高野本》)。

　　經比較可知,上述五種目録,又可歸爲以下兩類文本:第一類是《福州東禪大藏經目録》,包括《大谷本》和《高野本》;第二類是《一切經之目録》,包括《金澤文庫本》《町田本》和《觀心寺本》。第二類文本中的《金澤文庫本》雖僅殘存中間一段,亦無標題、刊記,但其中的佛畫、目録的排版、内容皆與《觀心寺本》一致,説明兩者版本相同;又因金澤文庫本被判定爲鎌倉時代刊本,可見《一切經之目録》之版本源流可以回溯至鎌倉時代。此外,與《觀心寺本》相比,《町田本》的標題、版面、内容都完全一致,唯其中的佛畫大相徑庭。筆者分析,《町田本》的印刷年代或比《觀心寺本》要晚,但兩者當爲同版;佛畫的差異是因爲《觀心寺本》保留了版畫原貌,而《町田本》的佛畫部分並非版畫,而是修復或替換後的彩色手工畫②。

────────

① 《高野本》卷末有兩條題記,除其所據底本的永享六年刊記以外,還有《高野本》的鈔寫者真源的一段題記:"享保庚戌(1730)初夏十八日,於高野山龍光院,以古本謄寫了。此則去戊申(1728)之冬,天野寶藏經本蠹朽闕失,對撿録之中《福州藏略目録》云者,乃是此之本也。爲使後覽哲士無索搜之勞,今寫以附焉云耳。金剛峰寺沙門入寺真源謹誌。"(《昭和法寶總目録》第三卷,頁690中)
② 關於觀心寺藏《一切經之目録》,承蒙京都國立博物館學藝部美術研究員上杉智英的指教,在此注明以表謝意。上杉指出,《觀心寺本》與《町田本》當爲相同版本,但是兩者中央的佛畫不同。筆者亦認爲兩本爲同版,佛畫的差異當是因爲《觀心寺本》的佛畫爲原版,但《町田本》的佛畫乃是修復或替換過的手工彩繪。

第一類文本和第二類文本相比,兩者的構圖相似但不相同,説明兩者屬於不同的版本。並且,兩類目録的文字之間也有很多差異(參見文末附録 I“《福州東禪大藏經》校異”)①。首先,兩者的標題不同:第一類叫作“福州東禪大藏經”,當爲宋版目録之原題;第二類叫作“一切經之目録”,屬於典型的日式命名。其次,兩種版本各有少量筆誤②,可以通過校勘取長補短;還有幾處不約而同的筆誤,顯示出兩者版本源流一致③。第三,第一類文本更爲精確,第二類文本含有更多的筆誤或闕文④。第四,第一類文本將千字文“慎”刻作“謹”,此當爲避南宋孝宗名諱(趙慎),透露出該版之起源當爲南宋刊本;而第二類文本將“謹”改回“慎”,可見此類版本已被日人改版修訂。綜上所述,第一類文本即《福州東禪大藏經》本身的刊印年代或晚於第二類文本即《一切經之目録》,但就版本源流而言,前者比後者更加接近此類目録的起源——南宋刊《福州東禪大藏經》。接下來,就讓我們據此兩類文本,來討論版畫目録之內容及其特徵。

三　東禪寺版大藏經版畫目録之內容

無論《福州東禪大藏經目録》(《大谷本》)還是《一切經之目録》(《金澤文庫本》《觀心寺本》和《町田本》)都是掛軸裝幀的大型版畫:中央是一幀佛

---

① 比較重要的差異可總結如下:一、經題的文字差異共 16 處,11 處當依第一類文本、5 處當據第二類文本修正;二、卷數的文字差異共 14 處,9 處當依第一類文本、4 處當據第二類文本修正,另有 1 處兩者皆誤;三、異體字的主要差異共 5 種(第一類文本—第二類文本:鹹—醎、慧—惠、職—軄、升—陞、廻—迴)。

② 兩者各自的筆誤共有 22 處:第一類文本有 5 處筆誤,第二類文本有 14 處,另有 3 處兩者皆誤。

③ 兩者共通的筆誤有 4 處:一、“喻伽師地論”(正作“瑜伽師地論”);二、“三法華經”(正作“三法藏經”);“大慧語録共二十卷”(正作“大慧語録共三十卷”);“李長者合論華嚴一十三卷”(正作“李長者合論華嚴一十三函”)。

④ 兩類文本各有一處闕文:第一類文本作“大寶積經共百二十卷”,“百”字前有一格空白,觀第二類文本作“大寶積經共一百二十卷”,可知第二類此處漏掉了“一”字;此外,第二類文本作“阿育王等”,後有一行空白,觀第一類文本作“阿育王等經八十卷”,可知第二類文本此處漏掉了“經八十卷”。

畫,四周是自右向左、自上向下依序排列的千字文編號,每個編號下有簡略經題。此類版畫並非純粹的藝術品,它們作爲東禪寺版大藏經的一覽圖,在管理和檢索藏經方面具有實用性功能[①]。現存的兩類版畫目錄,雖各自的排版方式不同,文字亦有細微差異,但兩者所呈顯的大藏經的基本結構是完全一致的:

(一)"天"1函—"英"480函(正藏480函)

1."天"1函—"群"479函(《開元釋教錄略出》著錄典籍,共479函)

2."英"480函(《開元釋教錄略出》四卷,1函)

(二)"杜"481函—"勿"564函(續藏84函)

1."杜"481函—"羅"490函(《法苑珠林》,共10函)

2."將"491函—"轂"510函(第一期北宋譯經,共20函)

3."振"511函—"溪"530函(禪宗燈史等,共20函)

　　①"振"511函—"世"513函(《景德傳燈錄》,共3函)

　　②"禄"514函—"茂"523函(《宗鏡錄》,共10函)

　　③"實"524函—"碑"526函(《天聖廣燈錄》,共3函)

　　④"刻"527函—"磻"529函(《建中靖國續燈錄》,共3函)

　　⑤"溪"530函(《大藏經綱目指要錄》,1函)

4."伊"531函—"佐"533函(北宋御製撰集,共3函)

5."時"534函、"阿"535函、"衡"536函(南宋補雕,共3函)

　　①《注大乘入楞伽經》十卷("時"534函)

　　②《楞伽經纂》八卷("阿"535函)

　　③《菩薩名經》十卷("衡"536函)

6."奄"537函—"綺"553函(第二期北宋譯經,共27函)

7."廻"554函—"武"559函(《貞元續開元釋教目錄》著錄中唐譯經,共6函)

8."丁"560函—"勿"564函(第三期北宋譯經,共5函)

(三)"多"565函—"號"580函(南宋續雕16函)

1."多"565函、"士"566函、"寔"567函(《大慧普覺禪師語録》,共3函)

---

① 金澤文庫的圖錄解說如下:"宋版一切經總數多達六千册,數量龐大,爲了便於整理和檢索,所以製作了按千字文分類排列的全藏目錄……此次展出的兩種一切經目錄都是掛軸裝幀,中央爲形似釋迦的佛畫、四周爲經論題名即其千字文編號,都是東禪寺版一切經的一覽。"《唐物と宋版一切經——特別公開、弘明寺本尊十一面觀音菩薩立像》,頁42。

2.“寧”568 函、“晉”569 函、“楚”570 函(《首楞嚴經義海》,共 3 函)

3.“更”571 函——“虢”580 函(天臺教典八十一卷,共 10 函)

(四) 無千字文編號(附録 :《大方廣佛華嚴經合論》等八種,百三十卷,共 13 函)

　　版畫目録中的東禪寺版大藏經,整體上分四部分 :(一) 初雕正藏 480 函 (天—英);(二) 初雕續藏 84 函(杜—勿);(三) 南宋續雕 16 函(多—虢); (四) 附録 13 函(無千字文號)。接下來,就結合我們對東禪寺版雕造史的基本 理解,來簡單梳理此四部分的雕造過程。

　　東禪寺版全藏的雕造,上起北宋元豐三年(1080),下迄南宋淳熙三年 (1176)。其中,初雕期自北宋元豐三年(1080)至政和二年(1112),其間雖有 疏漏或不足,但基本完成了(一) 正藏 480 函、(二) 續藏 84 函、(四) 附録 13 函 的雕版工作。其中,(一) 正藏總共 480 函,包括《開元釋教録略出》著録的典 籍和目録本身;(二) 續藏共 84 函,品類較雜,包括唐代佛教類書《法苑珠林》、 北宋新譯佛典(共三期)、五代至北宋成書的各類禪籍、北宋御製撰集,以及《貞 元新定釋教目録》著録的 8 世紀後半期唐代譯經等 ;(四)《大方廣佛華嚴經合 論》等 13 函李通玄著作群(下文簡稱 “合論 13 函”)的雕造始於北宋紹聖二年 (1095)六月,迄至紹聖三年(1096)二月完工。最後,東禪寺版的續雕期始於 南宋乾道七年(1171),迄至淳熙三年(1176)前後,其間雕造了《大慧禪師語 録》《首楞嚴經義海》以及天臺教典共 16 函[1],亦即版畫目録的第(三)部分。

　　我們對照上述刊刻歷史,可知製作版畫目録時所依據的東禪寺版大藏 經版本,在整體結構方面頗具特色。首先,該目録著録了南宋時期的續雕 16 函,因此其所據藏經成立於淳熙三年以後。其次,此時 “合論 13 函” 雖未獲 得千字文編號,但已作爲附録隨大藏經一同流通[2]。最後,該録第(二)部分中 “時”534 函、“阿”535 函、“衡”536 函(下文合稱 “時阿衡三函”)收録了《注 大乘入楞伽經》《楞伽經纂》和《菩薩名經》三部中土著述,而開元寺版所收則 爲《傳法正宗記》《輔教編》和《大方廣圓覺略疏注經》,兩者截然不同。值得

---

① 關於福州二藏的南宋續雕,參照拙論《〈大慧禪師語録〉之入藏始末及其意義》《天臺教 典的海外回流及入藏始末》和《〈首楞嚴經義海〉之雕造及入藏始末》,待刊。

② 關於《大方廣佛華嚴經合論》等 13 函典籍的來歷、雕造以及入藏經過,參照拙論《李通 玄著作群之入藏始末與海外流傳——以福州版 “合論十三函” 爲中心》,待刊。

注意的是，"時阿衡三函"的内容差異在區别福州二藏方面具有重要意義：查現存藏經，可知其東禪寺版乃於南宋紹興二十七年（1157）至二十九年（1159）間補雕，其開元寺版乃於隆興二年（1164）以後補雕①。由此可知：福州二藏在各自初雕結束而續雕尚未開始以前，於南宋紹興二十七年至隆興二年間，曾分别著手補雕"時阿衡三函"，但所收典籍不同，目録也因此出現歧異。

四　東禪寺版大藏經版畫目録之成立年代

無論《福州東禪大藏經》還是《一切經之目録》，現存版畫目録都是日本刊本。若論此類目録之版本淵源，當可回溯至孝宗朝以後的南宋刻本，否則難以解釋《大谷本》中的避諱。那麼，該版畫目録之宋版原型當成於何時呢？或者説，版畫目録的製作依據，屬於哪個時期的東禪寺版大藏經呢？據目録收録内容，可知其成形不會早於孝宗淳熙三年（1176），而若要進一步鎖定年代下限，則尚需將版畫目録與現存"福州藏"等進行比較。

以東禪寺版爲主體的"福州藏"有四：金剛峰寺藏本（1179—1189年間印造）②、醍醐寺藏本（1189—1196年間印造）③、東寺藏本（1234年以後印造）④、

---

① 關於福州二藏"時阿衡三函"的雕造和收編過程等，參照拙論《契嵩著作之入藏始末——兼論福州二藏之分歧點》，待刊。

② 根據水原堯榮《勸學院藏宋板一切經目録》（《高野山見存藏經目録》，東京：森江書店，1931年，頁140—548。《高野山見存藏經目録》後收入《水原堯榮全集》第四卷，京都：同朋舍，1981年）收録的題記録文，可知金剛峰寺藏本中含有淳熙己亥（1179）的補刻題記，没有1189年前後安撫賈侍郎的施財刊記，所以學者推測該藏的印造年代在1179年以後、1189年以前。

③ 參照《新指定重要文化財8：書跡、典籍、古文書II》，東京：每日新聞社，1983年。

④ 參照野澤佳美《金澤文庫藏宋（福州）版一切經について》（1999年度立正大學史學會大會的口頭發表，1999年6月20日）認爲，東寺藏本的印造年代在1239年以後、1242年以前。但是，牧野和夫在《我邦舶載東禪寺版の刷印時期についての一事實——東寺藏一切經本東禪寺版と本源寺藏一切經本東禪寺版の刷印時期》〔文部省科學研究費特定領域研究（A）東アジア出版文化の研究編《ナオ・デ・ラ・チーナ》第6號，2004年，頁11—15〕，《宋刊一切經に關する一、二の問題：我邦舶載東禪寺版の「刊・印・修」の問題を軸に》中指出，東寺藏本的最終補刻當在端平元年（1234），印造年代尚在此後。

本源寺藏本（1234 年以後印造）[①]。此中，印造年代最早的金剛峰寺藏本從
“天”1 函到 “勿”564 函，雖有初雕期諸經和南宋補雕 3 函（即《注大乘入楞
伽經》《楞伽經纂》《菩薩名經》），但没有南宋續雕 16 函和附録 13 函。其次，
醍醐寺藏本、東寺藏本收録至 “虢”580 函，包括初雕期諸經、南宋的補雕 3 函
和續雕 16 函，但未發現附録 13 函。最後，本源寺藏本收録至 “土”582 函，亦
有附録 13 函的零本。由此可知，東禪寺版大藏經的内容結構，隨時代推移有
遞增趨勢，後期全藏的千字文編號已增至 582 函，此外還有隨藏流通的附録
13 函。與此四種傳世藏經相比，版畫目録比金剛峰寺本多出續雕 16 函和附
録 13 函，比醍醐寺和東寺藏本多出附録 13 函，但比本源寺本少了 “踐”581、
“土”582 二函。據此推測，版畫目録的出現想必要比金剛峰寺本晚，比本源寺
本早，當與醍醐寺和東寺藏本相去不遠；若初步推算，版畫目録的成立年代約
在 1189 年以後、1234 年以前。

　　除現存藏經外，還有一種目録有助於我們比定版畫目録的成立年代，即
高山寺本《唐本一切經目録》[②]。該目録相傳是日本鐮倉時代的明惠上人高辨

---

① 野澤佳美《金澤文庫藏宋（福州）版一切經について》推測本源寺藏本是 1226 年以後印
　造的。但是，牧野和夫在《我邦舶載東禪寺版の刷印時期についての一事實——東寺藏
　一切經本東禪寺版と本源寺藏一切經本東禪寺版の刷印時期》（頁 12）、《宋刊一切經に
　關する一，二の問題：我邦舶載東禪寺版の「刊・印・修」の問題を軸に》中指出：“本源
　寺藏《十誦律》卷第二十六（東禪寺版）第 17 版第一面和第二面的夾縫處可見‘甲午冬
　經司換’，東寺藏本亦同。‘甲午冬經司換’中的‘甲午’相當於端平元年（1234）。所以，
　本源寺藏宋版一切經，以及東寺藏宋版一切經中的東禪寺版的最終補刻年代，當在端平
　元年（1234）。”（頁 91）。

②《唐本一切經目録》是日人據南宋傳來的 “福州藏” 編製而成的一種勘定目録。該目録
　現有兩種鈔本傳世：其一爲高山寺藏 13 世紀前半期的寫本，相傳是明惠親筆所書，分上
　中下三卷，卷中散佚，現存上下兩卷；另一即東寺所藏寬元二年（1244）的三卷鈔本。東
　寺本的底本是寬喜二年（1230）鈔本，此寬喜二年本很可能是高山寺本的摹寫本。《唐本
　一切經目録》於 1929 年收入《昭和法寶總目録》第 2 卷時，上、下兩卷以高山寺本爲底
　本，以東寺本對校，卷中則採用東寺本爲底本。此外，在 1998 年出版的《明惠上人資料
　第四》（高山寺資料叢書第 18 册，東京：東京大學出版會）中，首次公開了高山寺本《唐
　本一切經目録》的圖版、録文和解説。見築島裕、小林芳規、石塚晴通《唐本一切經目
　録卷上卷下（第四部二〇八函七號）》，頁 219—386；石塚晴通《唐本一切經目録書志解
　題》，頁 353—360。

（1173—1232）親筆製作，反映了 13 世紀初高山寺舊藏“福州藏”的組織結構。位於京都的高山寺是後鳥羽上皇於建永元年（1206）創建的古刹，全盛期藏有兩種宋版大藏經。據《高山寺緣起》記載，當年的高山寺內設東西“經藏二宇”，東藏經奉納宋版《思溪藏》，西經藏“奉納置一切經《唐本，福州本云々》，合大小乘經律論、賢聖集等，六千三百三十九卷”[①]。遺憾的是，這些宋版藏經大多流失，《思溪藏》尚有零本傳世，“福州藏”則已全數散佚，唯餘兩册目録。

據《唐本一切經目録》統計，該藏“都合六千三百三十九卷”[②]，與上述《高山寺緣起》記載的總卷數相吻合。據目録可知，高山寺舊藏“福州藏”自“天”1 函至“土”582 函，包括：一、初雕期諸經（“天”1 函—“勿”564 函）；二、補雕“時阿衡三函”收編《注大乘入楞伽經》《楞伽經纂》《菩薩名經》；三、續雕 16 函（“多”565 函—“虢”580 函）；四、增補 2 函（“踐”581—“土”582 函）收編《傳法正宗記》《輔教編》；五、附録 13 函等典籍。

關於高山寺舊藏“福州藏”之版本種類，至今未有定論。但如上所述，通過版畫目録的討論，已知福州二藏間最爲顯著的差異即在於“時阿衡三函”收録典籍不同：東禪寺版收編《注大乘入楞伽經》《楞伽經纂》《菩薩名經》，而開元寺版收録的則是《傳法正宗記》《輔教編》《大方廣圓覺略疏注經》。據此可知高山寺舊藏“福州藏”乃是東禪寺版大藏經，並且該藏的結構比版畫目録中的大藏結構更進了一步，因爲它在“虢”函後增設了“踐土二函”用於補編《傳法正宗記》和《輔教編》。此既是本源寺本等晚期東禪寺版大藏經獨具的特徵，也是東禪寺版和開元寺版（編目僅止於“虢”580 函）大藏結構的第二點主要差異。總上可知，高山寺舊藏“福州藏”當爲東禪寺版大藏經，其組織結構和全藏規模與本源寺本最爲接近。

最後，高山寺舊藏東禪寺版入藏經是何時傳至日本的呢？據明惠《華嚴佛光三昧觀冥感傳》：“其後見出新渡《通玄論》中上所引佛光觀文。此《論》未廣流布，依不慮因緣，從大宋朝得之。予見此文，深生愛樂。並見《論主事蹟》，

---

① 順性房高信（1193—1264）撰《高山寺緣起》，《大日本佛教全書》第 83 卷，東京：財團法人鈴木學術財團，1972 年，頁 280 上。

②《唐本一切經目録》卷下，高楠順次郎編《昭和法寶總目録》第 2 卷，東京：大正一切經刊行會，1929 年，頁 148。

又生敬思心。即改前圓覺三昧,修此佛光三昧。"[1] 所謂"新渡通玄論"即《華嚴經合論》、"論主事蹟"即《李長者事蹟》;明惠在其他作品還引用過《決疑論》和《十明論》,這些典籍都是"福州藏"附録 13 函的内容[2]。明惠的思想形成,在很大程度上受益於高山寺的豐富藏書[3]。因此,他所接觸到的《華嚴經合論》等,很有可能就是高山寺舊藏東禪寺版大藏經之附録 13 函。他的《華嚴佛光三昧觀冥感傳》成書於 1221 年,那麼東禪寺版大藏經在此之前想必已傳至日本和高山寺。

如前所述,高山寺舊藏東禪寺版大藏經的結構和規模與本源寺藏本最爲接近,不但全藏的千字文編號增至 582 函,還有無編號的附録 13 函。若再結合明惠的《華嚴佛光三昧觀冥感傳》,則可進一步推斷東禪寺版大藏經於 1221 年傳至日本以前已擴增至 582 函。既然如此,編號止於 580 函並附録 13 函的版畫目録,其編目年代當亦更早,無論如何不可能晚於 1221 年。綜上所述,版畫目録的製作年代,或者説其所依據的東禪寺版大藏經流通的歷史時期,約在 1189 年和 1221 年之間。

結　語

本文介紹了東禪寺版大藏經的兩類版畫目録:一是《福州東禪大藏經目録》,包括《大谷本》和《高野本》;二是《一切經之目録》,包括《金澤文庫本》《町田本》《觀心寺本》。現存的版畫目録皆爲鎌倉、室町、江户時期雕造或鈔寫的文本,但有跡象顯示其版本起源當始於南宋版《福州東禪大藏經目録》。

版畫目録中的東禪寺版大藏經有三點特徵:一、《大方廣佛華嚴經合論》等 13 函典籍此時作爲附録隨藏流通;二、其"時阿衡三函"收録《注大乘入楞伽經》《楞伽經纂》《菩薩名經》,與開元寺版所收録《傳法正宗記》《輔教編》

---

[1] 明惠《華嚴佛光三昧觀冥感傳》,高山寺典籍文書綜合調查團編《明惠上人資料第四》(《高山寺資料叢書》第 18 册),1998 年,東京:東京大學出版會,頁 204 上。

[2] 宋版大藏經中,同時收編《華嚴經合論》《論主事蹟》《決疑論》《十明論》的唯有"福州藏"。柴崎照和指出,明惠是通過宋版大藏經接觸到了李通玄著作群,《明惠上人思想の研究》,東京:大藏出版,2004 年,頁 228。

[3] 大塚弘紀《高山寺の明惠集團と宋人》,《東京大學史料編纂所研究紀要》2010 年第 20 號。

《大方廣圓覺略疏注經》截然不同;三、經與現存的東禪寺版大藏經及高山寺藏《唐本一切經目錄》對比,可知版畫目錄中的大藏結構介乎醍醐寺、東寺藏本與高山寺舊藏本之間,其流通年代約在 1189 年和 1121 年之間。

　　以上關於版畫目錄的討論,不但凸顯了南宋期東禪寺版的結構特徵,而且對於理解福州二藏之關係演變亦饒富啟示。首先,福州二藏編目的最顯著差異,即在於"時阿衡三函"所收典籍不同。其次,雖然二藏所收之"時阿衡三函"典籍不同,但它們皆爲南宋時期補雕:東禪寺先於紹興二十七年(1157)至二十九年間著手,而開元寺於隆興二年(1164)動工。據此可知,福州二藏於初雕期過後、續雕尚未開始前的紹興二十七年至隆興二年間,曾著手補雕"時阿衡三函",唯其所收典籍不同,遂成二藏的主要區別。筆者認爲,該時段當被視爲福州二藏之補雕期,雖爲期不過六年左右,雕版不過三函,但實爲福州二藏從初雕期向續雕期的重要過渡。

(作者單位:國際佛教學大學院大學)

日本藏《新陰陽書》鈔本初探

——兼論日本的五姓法

梁辰雪

古代日本持續吸收中國漢籍,尤其是奈良(710—784)、平安(794—1185)時代,遣唐使將大量漢籍帶去了日本。平安時代末期以降,日本學術以家族傳承爲主,學問體系封閉,漢籍的傳承也主要限於貴族和僧侶集團内部。也因此,這種封閉體系中所傳承的不少漢籍都保留了中國文獻的原貌。與版刻文化興盛的中國不同,日本的這些漢籍大多是以鈔本形式傳承的。

早稻田大學圖書館藏有一種籤題爲《新撰陰陽書》(内題爲《新陰陽書》)的鈔本,宮内廳書陵部藏有與此書内容相同的鈔本,題名爲《新陰陽書》。《新撰陰陽書》在新舊唐書中均有著録:"《陰陽書》五十卷吕才撰,《新撰陰陽書》三十卷王粲撰"(《舊唐書·經籍志》)、"王璨《新撰陰陽書》三十卷,吕才《陰陽書》五十三卷"(《新唐書·藝文志》)①。兩唐書中所著録的兩種陰陽書都没有全本傳世。首先就結論而言,不應當僅根據早稻田本的籤題判斷這份鈔本即爲王粲的《新撰陰陽書》②。本文將嘗試探討這一鈔本的性質,並進一步分析這份文獻與陰陽書的關係。

---

① 劉昫等《舊唐書》,北京:中華書局,1975年,頁2044;歐陽修、宋祁《新唐書》,中華書局,頁1556、1557。

② 鑒於以上的觀點,未免混淆,本文以《新陰陽書》一名稱呼這裡所討論的日本鈔本,而以《新撰陰陽書》一名指涉王粲(璨)所撰者。

一　《新陰陽書》的鈔本與釋文

《新陰陽書》有兩種鈔本，分別藏於宮內廳書陵部和早稻田大學圖書館。

（一）宮內廳書陵部柳原本（以下略稱爲"柳原本"）①

柳原本《新陰陽書》的籤題爲"諷誦願文古草　奧加新陰陽書拔萃"，第 20 葉上有"新陰陽宅圖"，23 葉下有跋文（奧書）如下：

　　　　右以永久寺古卷令書寫訖。可秘書。

　　　　寬政十一年正月　花押（柳元紀光）印（紀）。

柳原本《新陰陽書》附於《諷誦願文古草》卷末，合爲一册。根據跋文的記載，可以看出《新陰陽書》這部分内容是寬政十一年（1799）以永久寺古鈔本爲底本鈔寫而成的。柳原紀光（1746—1800）是江戶時期的公卿，以《續史愚抄》的著者而聞名。《新陰陽書》的正本《諷誦願文古草》，由山崎誠做出過録文，判定其爲《江都督納言願文集》的卷三部分，並推測永久寺的原本可能是鐮倉時代（1185—1333）的鈔本或寬政年間（1789—1801）的臨摹本，其底本至少應該是鐮倉初期之前所鈔寫的②。《江都督納言願文集》是平安後期學者大江匡房在康平四年（1061）至天永二年（1112）所寫的願文集③。永久寺，又名内山永久寺，是永久年間（1113—1118）依據鳥羽院敕願所創，位於現在的奈良縣天理市。明治初年，永久寺因廢佛毀釋而被毀，寺院所藏的佛像、佛畫、經典大部分散佚，一部分流向了海外④。故此本《新陰陽書》可以上溯的鈔寫時間應該與《諷誦願文古草》相當，爲鐮倉時代之前的鈔本。

（二）早稻田大學圖書館本（以下略稱爲"早稻田本"）

早稻田本籤題爲《新撰陰陽書》，第一葉上寫有"新撰陰陽書　宅圖墓法"，

---

① 鈔本圖像可參考 https://shoryobu.kunaicho.go.jp/Toshoryo/Viewer/1000444680000/caa3f48c85ad42a3808b5a8239a5a489 https://shoryobu.kunaicho.go.jp/Toshoryo/Viewer/1000444680000/caa3f48c85ad42a3808b5a8239a5a489（2021 年 11 月 30 日最終確認）。關於柳原家舊藏書籍情況，參見吉岡慎一《柳原家舊藏書籍羣の現狀とその目録——藏書群の原形復原のための豫備的考察》，載《禁裏・公家文庫研究》第 5 期，2003 年。

② 參見山崎誠《宮內廳書陵部藏〈諷誦願文古草〉》，載《國書逸文研究》1984 年第 14 期。

③ 參見山崎誠《江都督納言願文集注解》，東京：塙書房，2010 年，頁 3—20。

④《奈良縣の地名》，東京：平凡社，1981 年，頁 156。

第二葉上作"新陰陽書"①。由於没有跋文等記録,很難判斷其書寫年代。第一葉上有"明治四十年一月二十日購入"的朱印,可以説明早稻田大學在明治四十年(1907)購入了這一鈔本。

　　與早稻田本相比,柳原本更爲精善,故下文以柳原本《新陰陽書》爲底本做出録文②,並進一步分析其文本構成與性質。

　　　新陰陽書宅圖西南院相料也

　　1.A 凡居宅,左青龍,東有南流。右白獸,西有大路。前朱雀,南有澤池。

　　2. 後玄武,北有陵。此四神備,其地大。若不能盡備,得一神二神亦吉。若

　　3. 山川險隘,鄉土窪近狭,其地刑(形)不合前法者,但取山

　　4. 川形勢得一宜及姓利,居之無咎也。B 東高西下,法出狐(孤)場也③。南

　　5. 高北下絶無此門户,此皆相地之大路。然東高雖凶,但有水南流,則

　　6. 水藏之地。宜在西近水,居之大吉。南高雖凶,但有水東南流,則

　　7. 曰水藏之地。宜在西近水,居之大吉。南高雖凶,但有水東流,居水

　　8. 之北吉。東有澤,居之吉,若有澤池,居之自在也。東南有澤,居之富,吉利。南有

　　9. 池北陂,居其内吉,若南有林木,居之凶也。西南有高岳④,居之富,吉也。若西南有澤,

　　10. 居之自如。南有東流水,居水之北大吉。西有流水通達江河,有池,

　　11. 居之並吉。西小陵,北方高,南有東流水,居之,若東有南流水,居之彌吉。

　　12. 西北有山,南有東流水,名曰山藏之地。居之者連山近水,出有禄。

　　13. 住人公卿也。北方高或有丘後(陵)及西北有,居之吉。若南有東

　　14. 流水,居之富貴也。西北有澤,居之凶也。北高或有兵(丘),東南流水,

　　15. 有西有□阜,名口天倉之地,居之大吉。北有澤,居之,若澤南有高地,

────────────

① 鈔本圖像可參考 https://www.wul.waseda.ac.jp/kotenseki/html/ro14/ro14_01290/index.html
　(2021 年 11 月 30 日最終確認)。
② 原鈔本中殘闕位置用[原闕]表示,闕字可據別本或上下文意補足時,用[ ]括注表示。字跡模糊無法辨識,或字跡清晰但不識者以□表示。原鈔本中的錯别字、俗字、異體字均照録,用( )將正字注於該字之後。
③ 法出□場也,早稻田本作"法出孤"。
④ 岳,早稻田本作"丘"。

16. 樹木茂好富,名澤藏之地。居其南大富利,居其北凶也。北有流水通達江河,或

17. 有枯澗池,各去宅卅五步内,大凶①。東北有丘,居水之北,吉。有澤池,

18. 富之大吉。東北有澤,居之凶。四方有山,其内水東南流,居水之北

19. 吉。内高四方下,名曰天柱之地,衆姓居之大凶。東西下,内獨

20. 高,名曰罪土之地,居人者出利人狐(孤)案(寡)。若從南極北如隴,無

21. 水無陵起高而立兩邊下,名曰軸地,居其東曰陽,則富,居其西曰陰,

22. 則貧賤,居其上,則有飛禍也。凡居水曲或長原之曲,曲内龍腹,居之富貴。曲外

23. 龍背,居之貧窮也。居有兩山間,川谷及巷衝②名曰番風前,子孤

24. 衰云。宅南有道或西有道,宜近之。北有或東有道,宜遠行。四

25. 面及四角有道,居之凶。東高西下,名曰角地,角姓居之自如也。

26. 南高北下,名曰徵地,徵姓居之自如也。北高南下,名曰羽地,

27. 五姓居之吉。地平坦内下,辰戌丑未地高,名宫地,五姓居之吉。

28. C凡宅不欲近斷堤頭,出市(吊)死。凡居宅,不欲近逆流水通

29. 達江河者,食之凶。逆流,西流、北流水是。凡宅有八不可居地。一曰

30. 故城塢,闕丘交錯之陽及壞城四角處。二曰五數(穀)場,

31. 蔥韭地,丘墓坑窖及陶故處。三曰祠[原闕][神之所]并廟東,

32. 社西及南。四曰亭郵破侯故處,并亭西及臨日先處。

33. 五曰營壘,戰場并故獄處及獄北。六曰官府故處及

34. 在南。七曰星宿隕墮之處。八曰窮纖(阡)斷陌,耶(邪)徑及射

35. 推(堆)東也。前八所居之者,令人死亡,連縣官、盜賦(賊)、病疾,

36. 縱修福德,不能勉(免)咎。D黄帝曰,山陵諸提屬各異乎。天

37. 老曰,中央隆高,水四面流,名鱉龜宜買亭興郎。人民

38. 居之患禍數來。居之三年,一人入地獄。故水處,車道

39. 所居上[原闕]曰地丘,雖可久居,泣虫及爲童孤。

---

① 大凶,早稻田本作"凶"。

② 衝,早稻田本作"街"。

40. 四方皆高，中央有不生魚鱉，不生蒲葦，名曰宿死，名

41. 曰裏地，不可久居築舍，其□全成主也。四方中央下，水道東流名曰

42. 地實，懸（縣）官居之，宜爵祿也。民居之，僮僕滿室，此百曾之地，富貴可居之。西方中央有

43. 水，雖不生蒲葦，若魚鱉多而數見氣之源泉出處，名

44. 曰地刑，築金西北傍大富貴，二千石居之無絕也。前低後仰，中央豐滿，南有

45. 流水，西有曲堤，名曰天倉，天使人民居之，僮僕滿堂，大吉。山在其[①]水

46. 出其下，朝夜不見日星，然出時名曰流出，亦曰塞地。

47. 居之五數不成，牛馬多死，婦女乳死。雖食口三百餘，猶到滅門。刑（形）如飛鳥，中央隆高

48. 四面空虛，名曰雞雉首之陵。依此後而居之，雖以久居法出贅婿及童孤也。

49. 四了地名曰梁土，居之出大富貴人也。地中去獨下，名曰周土，居之大富。西

50. 高東下有流水，名曰魯地，居之出[原闕]。四方高中央下名曰

51. 衛地，居之累富昇貴。東西俱下名曰燕地，居之多子孫也。東高西

52. 下，名曰趙地，居之[原闕]而有孤寡（寡）。平田猥下名曰宋地，居之

53. 貧，必短命。前高後下名曰楚地，不可居之，必出盲人及孤寡（寡）。中央高名

54. 曰魏地，居之貧，必必短命。後高前下有流水，名曰齊地，居之昏出

55. 工功。南高北下有東流水，名曰鄭地，居之富而父子□難不見轉葬。

56. 後高前下，西有小陵，東有南流水，名曰秦地，居之大富，出二

57. 千石，萬事必傳階下。

58. 一　相墓地法

59. 南有兩罡，東西相對大吉。南二百步許有小罡，國如

60. 倉□[原闕]地，主富。南二三百，小罡如覆笠，墓所兩端

61. 正，名鳳銜印綬，大吉。南有高罡之北有東流水，葬水

62. 北大吉。東方有社凶，西方北方皆凶。

63. [原闕]人墓凶。丑地有他墓凶。寅地有他墓凶。卯地

---

① 此處疑有闕字。

64. ［原闕］他墓近之凶。［原闕］吉吉戌亥地有他人墓吉。自余

65. ［原闕］多且大略也。［原闕］［東］方朔居宅法,張良［原闕］

二　《新陰陽書》的結構

現存的《新陰陽書》,由"宅圖"和"相墓地法"兩部分構成,分別爲選取住宅和墓地的方法。

(一)宅圖

如録文中大寫字母所示,"宅圖"可以大致分爲四個部分。

1. 四神具備(1—4 行 A)

四神指青龍、白虎、朱雀、玄武,選擇宅地時,以四神具備爲吉。所謂四神具備,是指東有南流(左青龍),西有大陸(右白虎),南有澤池(前朱雀),北有丘陵(北玄武)。鈔本中的"白虎"寫作"白獸",是避唐諱的改字。柳原本和早稻田本均是如此,可以推測其底本應是中國傳入的文獻。

2. 地形吉凶(4—27 行 B)

地形吉凶,主要是依據地形高低、水流方向等判斷某地作爲宅地的吉凶。部分位置由其地形、附近的水流方向而被賦予專名,如水藏之地、山藏之地、天蒼之地、天柱之地。25—27 行又提及角姓、徵姓、五姓,應該是東漢以來便用於相宅相墓的五姓法。五姓法是將姓氏按照音韻分爲宮商角徵羽五姓,與占卜要素相結合,判定各姓的吉凶宅地(或葬地)。東漢王充在《論衡》[①]中已經對五姓法有所記載。唐初被太宗委以編纂《陰陽書》的呂才曾批判過五姓法的流行[②],但是這種批判帶來的影響似乎非常有限,敦煌的相宅相地類文獻大

① 王充《論衡》卷二五《詰術篇》記載如下 :"夫門之與堂何以異? 五姓之門,各有五姓之堂,所向無宜何? 門之掩地,不如堂廡,朝夕所處,於堂不於門。圖吉凶者,宜皆以堂。如門人所出入,則户亦宜然。孔子曰:'誰能出不由户?'言户不言門。五祀之祭,門與户均。如當以門正所嚮,則户何以不當與門相應乎?"黄暉《論衡校釋》,北京:中華書局,1990 年,頁 1038。

② 《舊唐書》卷七九《呂才傳》:"至於近代師巫,更加五姓之説……驗於經典,本無斯説,諸陰陽書,亦無此語,直是野俗口傳,竟無所出之處。"《舊唐書》,頁 2720—2721。

都利用了五姓法的原則[①]。

　　3. 八不可居地(28—36 行 C)

　　這部分陳述不可居地,在斷頭堤和逆流水外,還羅列了八處不可居地,若宅地位於這八種地點,會招致死亡、官司、盜賊、疾病等殃咎。

　　4. 黃帝對天老(36—57 行 D)

　　以黃帝問天老答的對話形式敘述"山陵諸提屬各異",與 B 部分類似,吉凶判斷主要是依據地形和水流方向,並列舉了鼈龜、地丘、宿死(裏地)、地實、塞地、雞雉首之陵、周土、衛地、燕地、趙地、宋地、楚地、魏地、齊地、鄭地、秦地等對特定地理位置的名稱。上文提及的唐太宗時期呂才批判五姓法時,曾提到"黃帝對於天老,乃有五姓之言",可以推測黃帝與天老問答的形式應該常見於這類相地文獻中。

　　(二)相墓地法

　　相墓地法僅餘 7 行,現存部分主要是依據山岡和水流判斷葬地的吉凶,末尾還提及了《東方朔居宅法》一書。《日本國見在書目錄》中記載 "《東方朔書》十一卷",許多日本占書都將其典據系於東方朔[②]。

[①] 關於五姓法的具體討論,已經有相當多的研究成果,此處僅列舉部分代表性論著。關於敦煌五姓法的研究最早當屬茅甘(Carole Morgan),高田時雄關注敦煌藏文本《人姓歸屬五音經》,此後余欣又進一步挖掘了敦煌風水、曆日文獻中的五姓材料。在考古方面,宿白在 20 世紀 50 年代就將五姓法與墓葬的排列相結合進行探討,近年來劉未進一步用五音姓利説來分析宋代的皁陵佈局。參見 Carole Morgan, "L'Ecole des cinq noms dans les manuscrits de Touen-houang", *Contributions aux Études de Touen-Houang* volume III, Paris, École française d'Extrême-Orient, pp. 255-261。高田時雄《五姓を説く敦煌資料》,載《國立民族學博物館研究報告別冊》1991 年第 14 卷。余欣《神道人心 : 唐宋之際敦煌民生宗教社會史研究》,北京 : 中華書局,2006 年,頁 171—177。宿白《白沙宋墓》,北京 : 三聯書店,2017 年(1957 年初出),頁 128—130。劉未《宋代皇陵佈局與五音姓利説》,載《浙江大學藝術與考古研究》2018 年第 3 集,杭州 : 浙江大學出版社,頁 165—189。

[②] 孫猛《日本國見在書目錄詳考》,上海 : 上海古籍出版社,2015 年,頁 1589—1590。

三　《新陰陽書》與敦煌宅經葬書及《地理新書》的比較

　　由上一節的分析可以發現，《新陰陽書》的現存部分主要記載對宅地和墓地的吉凶選擇，避唐諱，其底本應是源自中國。唐宋時期與此相似的有敦煌的宅經葬書類文獻，以及從景德二年（1005）《乾坤寶典》中析出的、歷經修訂而於嘉祐元年（1056）成書的《地理新書》①。下面嘗試將《新陰陽書》與敦煌宅經葬書、《地理新書》做出對比，以進一步明確其性質。

（一）與敦煌宅經葬書的比較

　　根據學者二十餘年來的統計和研究，敦煌文獻中有宅經 29 件、葬書 13 件，均記載對宅地和葬地吉凶選擇②。先就結論而言，P.4686（P.t.1297）的一部分與《新陰陽書》的 B、C 基本相同，P.2615 中有部分與《新陰陽書》的 A、D 有相似之處。下面將展開對兩種文獻的具體對比。

　　P.4686（P.t.1297）漢文部分共 129 行，首尾殘闕，有"相土輕重法第二""阡陌步法第三""陰陽宅第四"等子目，整理者擬題爲《陰陽宅圖經》。以下列舉 P.4686 中與《新陰陽書》B、C 內容相同的部分。（※ 表示《新陰陽書》與 P.4686 的不同之處）

---

① 關於《地理新書》的研究，可參考如下論著：宮崎順子《宋代の風水思想：〈地理新書〉を中心に》，《関西大學文學會紀要》（24），2003 年，頁 49—71。沈睿文《〈地理新書〉的成書及版本流傳》，載北京大學中國考古學研究中心《古代文明》2010 年第 8 卷，北京：文物出版社，頁 313—336。潘晟《〈重校正地理新書〉及宋代地理術數的知識演變》，《知識、禮俗與政治：宋代地理術的知識社會史探》，南京：江蘇人民出版社，2018 年，頁 55—132。

② 黃正建最早統計敦煌宅經有 19 件、葬書 13 件，並做出了解題。其後金身佳對宅經葬書、陳於柱對宅經做出了校釋。關長龍近年重新梳理了敦煌文獻中堪輿文書並進行了釋文與研究。黃正建《敦煌占卜文書與唐五代占卜研究》，北京：學苑出版社，2001 年。金身佳《敦煌寫本宅經葬書校注》，北京：民族出版社，2007 年。陳於柱《敦煌寫本宅經校録研究》，北京：民族出版社，2007 年。關長龍《敦煌堪輿文書研究》，北京：中華書局，2013 年。

表 1　P.4686 與《新陰陽書》的對比

P.4686[①]	《新陰陽書》
［原闕］東流，居水之北亦吉。［原闕］若有汙池自如，東南有澤，居之富。南有池，北有陂，居其内吉。若南有林木，居之凶。西南有高丘，居之富，吉。若南有東流水，居之北大吉。若西南有澤，居之［原闕］。西有流水通達江河或有汙池，居之並凶。西有小陵方高，［原闕］流水，居之吉。東有南流水，居之彌吉。西北有山，南有東流水，［原闕］之地。居之者遠山近水，出有禄位人。北方有高或有［原闕］丘，居之吉。西北有澤，居之凶。※若澤南高地樹木茂好，名澤藏之地，居之其南，大富利。若居其北，凶。有流水通達江河，或有枯澗枯池，若去宅卌五步内，大［原闕］。東北有丘，居之吉。南有汙池，居之大富。東北有澤，居之凶。四方有山，其内有水東南流，居水北大吉。内高四下，名曰天柱地，衆姓居之凶。東西下，内獨高，名曰罪土之地，居者令人孤寡。從南極北如隴起，高而直，兩邊下，名爲地軸，居其東曰陽，則富貴，居其西曰陰，則貧，居其上則有飛禍。凡居水曲或近長原之曲，曲内爲龍腹，居之富貴，曲外爲龍背，居之貧窮。居在兩山間，川谷及巷衝之，曰當風門，子孫衰。宅南有道［原闕］宅北有道或東有道，宜遠之。四面及四角有道 ※［原闕］辰戌丑未地高，居之吉。［原闕］不欲近斷堤頭［原闕］通達江河者逆流水，謂西流北流是也。一曰故城塪，闕丘交錯之陰及壞城四角處。二曰五穀場，蔥韭地，丘墓，坑窖及陶冶故處。三曰祠神之所并廟東［原闕］及社南。四曰亭郵破侯故所并亭西及醫署處。五曰營壘［原闕］故獄處及獄北。六曰［原闕］。七曰星宿殞墜之所。八曰［原闕］斷［原闕］徑及射堠東。以前八，居之令人死亡，連遭縣官盜賊疾病，縱修福德，不能［原闕］。	7 行 “但有水東流” ※14 行 “北高或有丘，東南流水，有西有□阜名曰天倉之地，居之大吉。北有澤，居之。” ※25—27 行 “東高西下，名曰角地：……地平坦内下”

　　P.2615a 共 563 行，首題《（諸雜）推五姓陰陽宅圖經一卷》，並有“子弟董文員寫記通覽”，應該是歸義軍時期的寫卷[②]。其中子目“推泉源水出處及山宅

---

① P.4686 的釋文參照《敦煌堪輿文書研究》（頁 191—204）並做出了必要修正。
② 董文員之名可見於 P.3558b+P.3288（957 年）、S.8516（956 年）、《十王經圖》（和泉市久保惣記念美術館藏，911 或 971 年）、《觀世音菩薩毗沙門天王像》（中國歷史博物館，930 年）。參考土肥義和《燉煌氏族人名集成：八世紀末期一十一世紀初期》，東京：汲古書院，2015 年，頁 545。

莊舍吉凶法”中引用《皇(黄)帝宅經》如下:

> 《皇(黄)帝宅經》云:皇(黄)帝問地曲(典):“凡人居宅,何者大吉,子孫富貴。重疊[原闕]左青龍,右白虎,前朱雀,後玄武。皇(黄)帝問地典曰:“何爲青龍,朱雀,白虎,玄武。”地曲(典)答曰:“左有南流水爲青龍,右有南行大道爲白虎,前有污地(池)爲朱雀,後有丘陵曰玄武。”

　　《黄帝宅經》有敦煌本(P.3865)和《道藏》《四庫》等傳世本,均没有這部分内容,但其中黄帝與地典的對話方式以及所述四神具備的内容,均與《新陰陽書》一致。而見於 P.4686 的《新陰陽書》C “八不可居地”也在 P.2615a 中有 “凡居宅地有八不可居” 的類似内容。此外,《新陰陽書》中的 D 部分也與 P.2615a 對地形的記載有相似之處。

表 2　P.2615a 與《新陰陽書》的對比

P.2615a[①]	《新陰陽書》
其地東有流水即名齊地,居之即五年小富,十二年大富,生貴子。凡地刑(形),西北有高,東南有下,名曰楚地,居之先富後貧,出孤寡。南有流水,名曰魏地,居之富貴,子孫六畜食食中口七十,出貴子。凡地平(四)[②]方平中央高名曰魏地,居之富貴。如四方高中央下名曰周地,一名地藏之地,居之富貴,君子吉小人凶。凡地平正,[中][③]央高有横流一水者,居之絶世。凡安宅,前下後高,有流水東南流,居之富貴,宜子孫。凡宅西(四)[④]方高中央下,并有水住(注)[⑤]地,唯絶不出,名曰宫地,宜子孫富貴。凡地四方高名曰天住之地,五姓並不可[居],煞人及六畜,鬼入大門,凶。凡地刑(形)平掌,名周地,東南有流水,居十年大富貴。宅西南高但中央下,富貴六畜。宅四方平,名暴續之地,居之七年,大富貴,久居生貴子。凡宅下地勢續高,有西流水,名楚地,居之,先富後貧,出逆子,滅門。	54 行。後高前下有流水,名曰齊地,居咠出工功。 53 行。前高後下名曰楚地,不可居之,必出盲人及孤寡。 54 行。中央高名曰魏地,居之貧,必必短命。 49 行。地中去獨下,名曰周土,居之大富。 50 行。四方高中央下名曰衛地,居之累富昇貴。

---

① P.2615a 的釋文參照《敦煌堪輿文書研究》(頁 227—314)並做出了部分修正。

② 據 P.3492 改。

③ 據 P.3492 補。

④ 據 P.3492 改。

⑤ 據 P.3492 改。

《新陰陽書》D 部分中列舉的齊地、楚地、魏地、周地同樣見於 P.2615a，在地形的描述和吉凶判斷方面均一致。“中央高四方下”的吉地，即《新陰陽書》的“衛地”，在 P.2615a 中記作“周地”。P.2615a 寫本中有諸多子目，且章節不甚規範，應是由於其雜鈔的性質所致。而上引内容大多在“卜安宅要訣 依諸家圖抄説之”這一子目下，應該是旁採諸説而成。《新陰陽書》在結構上與 P.2615a 基本相同，在細節方面雖然存在區别，但可能是采録類似性質文獻的結果。

（二）與《地理新書》的比較

北宋編纂的《地理新書》中也有與《新陰陽書》B、D 類似的、以地形判斷吉凶的部分。《地理新書》卷二由“宅居吉凶”“地形吉凶”“形氣吉凶”“土壤虚實”構成，“宅居吉凶”中也有與《新陰陽書》中類似的内容。

表 3　《地理新書》與《新陰陽書》的對比

《地理新書》[①] 卷二“宅居地形”	《新陰陽書》
東高西下，孤寡。有南流水，宜近水，大吉。	51—52 行 “趙地”
中高四慣，謂之天柱，大凶，居之滅族。	18—19 行 “天柱地”
中高東下，謂之罪地，大凶，居之後有刑人。	19—20 行 “罪土之地”
水曲及堤防曲，宅在曲中，謂之龍腹，大吉。曲北謂之龍伏殺，主貧乏，絶後。	22—23 行 “龍腹，龍背”

《地理新書》卷二“宅居地形”的結構與《新陰陽書》整體相似，《地理新書》作爲北宋的官修地理書，是在真宗時期鈔撮衆書的《乾坤寶典》地理三十篇的基礎上完成的，因此與前引兩件敦煌文書也有重合之處。

通過《新陰陽書》與敦煌文書和《地理新書》的對比，加之以其中避唐諱“虎”字而改爲“獸”，基本可以認爲該鈔本的祖本是唐宋時期的文獻。

---

① 引用《地理新書》的部分參考以下二書：金身佳整理《地理新書校理》，湘潭：湘潭大學出版社，2012 年，頁 80—81；關長龍點校《中華禮葬·禮數卷·堪輿之屬》，杭州：浙江大學出版社，2016 年，頁 388。

四　《新陰陽書》與日本陰陽道文獻

（一）《新撰陰陽書》的東傳

根據上文的分析，基本可以判定柳原本和早稻田本《新陰陽書》是由中國傳入而經日本人鈔寫的相宅相墓類文獻。

前文已經提到，新舊唐書的《經籍志》和《藝文志》中都著録有《陰陽書》和《新撰陰陽書》，成書於寬平三年（891）的《日本國見在書目録》中也有“《大唐陰陽書》五十一卷、《新撰陰陽書》五十卷，吕才撰”的記載。通常認爲這裡的《新撰陰陽書》即是新舊唐書中王粲（璨）所作三十卷書，《見在目》誤記了卷數和作者。王粲的經歷和《新撰陰陽書》的情況在中國的史料中都不甚清晰，但此書傳入日本後成爲了陰陽寮的重要參考書。

大寶元年（701）日本制定法典《大寶律令》，在中務省下設置陰陽寮，其後《養老律令》繼承《大寶律令》，其注釋書《令集解》職員令、陰陽寮條中記載如下：

> 頭一人，掌天文、曆數、風雲氣色，有異，密封奏聞事。助一人，允一人，大屬一人，少屬一人。陰陽師六人，掌占筮相地。陰陽博士一人，掌教陰陽生等。陰陽生十人，掌習陰陽。曆博士一人，掌造曆及教曆生等。曆生十人，掌習曆。天文博士一人，掌候天文，氣色有異密封及教天文生等。天文生十人，掌習候天文氣色。漏刻博士二人，掌率守辰丁伺漏刻之節。①

陰陽寮的設置，整體上是模仿唐初秘書省下的太史局和太常寺下的太卜署②。其中，陰陽頭掌天文曆法占候，陰陽師主要掌相地，此外還有培育相關方面人才的職能。在官署設立方面模仿唐制之外，陰陽寮的教科書也來自唐土。《續日本紀》天平寶字元年（757）十一月癸未有如下記載：

---

① 新訂增補國史大系《令集解》，東京：吉川弘文館，2011 年（1939 年初出），頁 36。

② 李林甫《大唐六典》卷一〇祕書省太史局記載：“太史令掌觀察天文，稽定曆數。凡日月星辰之變，風雲氣色之異，率其屬而占候焉。”卷一四太常寺記載：“凡大卜占國之大事及祭祀卜則日……太卜令掌卜筮之法，以占邦家動用之事。”陳仲夫點校《唐六典》，北京：中華書局，1992 年，頁 395、412。參見厚谷和雄《陰陽寮の成立について》，載《大正大學大學院研究論集》1977 年第 1 期。

敕曰，如聞，頃年諸國博士、醫師，多非其才，託請得選，非唯損政，亦無益民。自今已後，不得更然。其須講經生者三經……陰陽生者《周易》、《新撰陰陽書》、《黃帝金匱》、《五行大義》。①

由此可見，天平寶字元年（757）以來，《新撰陰陽書》與《周易》《黃帝金匱》和《五行大義》一道成爲了陰陽寮的教材。如前文所述，《新撰陰陽書》未有全本存世，而日本陰陽家勘文和著作中保留了部分佚文②，從佚文中可以看出書中包含了選擇時日和位置吉凶的方法。但早稻田本《新陰陽書》爲何以《新撰陰陽書》爲籤題，確實未有明確的證據。就現有材料而言，可以認爲《新撰陰陽書》中應該有和《新陰陽書》類似的内容，但很難確定二書原爲一書。

（二）《新陰陽書》與日本陰陽道文獻

在《新撰陰陽書》之外，《日本國見在書目録》中所著録與相宅相墓相關的還有《五姓宅撓》一卷、《合五姓宅圖》二卷、《五姓葬圖》一卷、《地判經》一卷，在日本均未發現有鈔本傳存。不難看出，中古時期相宅相墓之術，尤其是五姓法的部分曾東傳日本。關於《地判經》，孫猛認爲“判”或“刑”之誤，與“形”相通，若“判”字無誤，則疑爲日本人所撰③。大約11世紀藤原明衡所作《新猿樂記》一書在描寫陰陽先生時有如下經記載：“加之、注暦・天文の図、宿曜・地判経、マタモッテ了々分明ナリ。”④《新猿樂記》一書中列舉了平安時期各行業人物的典型形象，其中的陰陽師便有精通《地判經》的技能。現此書存佚狀況不明，但“《地判》云”等散見於其他陰陽道文獻中。

平安時代中晚期，陰陽道相關知識的傳承也逐漸由陰陽道學者賀茂氏和安倍氏所壟斷，假託安倍晴明的《簠簋内傳》和賀茂氏家傳的《陰陽雜書》中

---

① 新訂增補國史大系《續日本紀》，東京：吉川弘文館，2000年（1935年初出），頁243。
② 關於《新撰陰陽書》的佚文，可參考中村璋八和山下克明的輯佚。中村璋八《〈大唐陰陽書〉考》，《日本陰陽道書の研究（增補版）》，東京：汲古書院，2000年，頁573—591。山下克明《〈大唐陰陽書〉の考察——日本の傳本を中心に》，《平安時代陰陽道史研究》，京都：思文閣出版社，2015年，頁338—360。
③ 孫猛《日本國見在書目録詳考》，頁1590。
④ 其現代日語譯爲：“そればかりでなく、さらに、天文暦數に明るく、宿曜の方術にも達し、『注暦』や『天文図』、『宿曜経』や『地判経』といった方面の書物にもよく通達している。”試譯中文如下：“加之，曉注暦、天文之圖，明宿曜、地判諸經。”參見川口久雄譯注《新猿樂記》，東京：平凡社，1983年，頁132—134。

都有與《新陰陽書》相似的内容。

《簠簋内傳》一書託名爲安倍晴明所撰,《本朝書籍目録》中未見著録,通常認爲成立於鐮倉末、室町初期(14 世紀後半),有數種鈔本和刻本存世,其中以尊經閣本爲最古,鈔寫於室町中期。《簠簋内傳》地形判事有如下記載:

> 四神相應地。東有流水曰青龍地,南有澤畔曰朱雀地,西有大道曰白虎地,北有高山曰玄武地。右此四物具足,則謂四神相應地,尤大吉也。若一闕,則災禍自其方至。[①]

《新陰陽書》中所謂"四神備"即是這裡的"四神相應",水流方向與山陵位置均一致,這一思想對日本的都城營造産生了很大的影響[②]。

《陰陽雜書》爲平安時期活躍的陰陽師賀茂家榮所做,現存較早的是尊經閣所藏應仁二年(1469)的鈔本。《陰陽雜書》地判有如下記載:

> 凡家地東北西高,南方獨下者,五姓人皆可居,必得富貴,吉。但其地如箕輪者,温病鬼魁之所聚,爲凶。東南北高,西方獨下者,五姓人自如,然温病易至。若有道路茂林者,温病不至,吉。南西北高,東方獨下,亦有南流水,吉。出富貴後世盛,吉。南東西高,北方獨下者,不出三年,滅門鬼魁合集,大凶。
>
> 凡水曲之内,名曰龍腹,居者大吉。巽水流乾,更折流坎,又折南流,又折西流,又折坤流者,舍屋置左右而造宅者,必出大富貴長命,遂得封侯公卿之位,後世無絶,大吉。[③]

這裡的地形吉凶的表述方式與《新陰陽書》類似,但除"水曲之内,名曰龍腹,居者大吉"與《新陰陽書》中的"曲内龍腹,居之富貴"基本一致,其他地形和吉凶的判斷都有一定差别。

由此可見,《新撰陰陽書》東傳日本被陰陽寮用作教科書,日本陰陽家的著作中,經常可以看到引用此書的記載。而現存《新陰陽書》的鈔本,雖然難以判定確爲唐代書目中《新撰陰陽書》的殘本,但其内容源自中土應當無誤。

---

① 中村璋八《日本陰陽道書の研究》,東京:汲古書院,1985 年,頁 306。
② 可參見牧尾良海《風水思想の一局面——四神相應について》,《密教學研究》1971 年第 3 期;水野杏紀《四神相應と植物:〈營造宅經〉と〈作庭記〉を中心として》,《人間社會學研究集録》2007 年第 3 期。
③ 中村璋八《日本陰陽道書の研究》,頁 137—138。

而且在後世陰陽道學者的著作中，依然能够見到與《新陰陽書》相似内容的記録，可見這類文獻傳入日本後所産生的影響。直至江户時代，這一鈔本仍然爲學者所鈔寫。

五　日本的五姓法

上文已經指出，《日本國見在書目録》中著録有《五姓宅撓》《合五姓宅圖》《五姓葬圖》等書，可以明確五姓法曾東傳日本。高田時雄曾提及日本江户日用百科書《萬萬雜書》卷末有“五音竝五性名かしら”的部分，將人名用字分爲木性、土性、火性、水性和金性，指出是五姓説東傳後的某種變相①。

在此之前，平安時代以降的陰陽道書中便可以看到將“五姓”用於營造房屋選擇吉凶的記載，但與漢唐以來將姓氏按照音韻分類的五姓法有明顯不同。爲便於行文，將各書中對五姓的記載以表格的形式整理如下：

表 4　日本陰陽道書中的五姓吉凶

五姓	《陰陽雜書》②	《篝篝内傳》③	《三寶吉日》④
木姓	子年作、大富貴長命。丑年作、始吉後死亡、大凶。寅年作、三人死。卯年作、家亡。辰年作、始吉後死亡。巳年作、三十年富貴。午年作、六年内大福來。未年作、始吉後凶。申年作、子孫絶亡。酉年作、大凶。戌年作、三人死。亥年作、富貴自在安樂也。	沐子歲没身。官丑歲登位。臨寅歲半吉。帝卯歲富貴。衰辰歲不吉。病巳歲得病。死午歲大吉。墓未歲豐饒。絶申歲逢災。胎酉歲出世。養戌歲福來。長亥歲繁昌。	子年大吉。丑寅吉。卯凶。巳午吉。未申凶。酉惡。戌半吉。亥吉。正二四八十二月吉。春夏吉。秋半吉。冬凶也。丙戌。丁亥。己酉。壬寅。癸未日最大吉。

① 高田時雄《五姓を説く敦煌資料》，頁 251。筆者所見爲小泉吉永所藏本，圖片資料參見 http://kotenseki.nijl.ac.jp/biblio/100311788/。關於這類雜書的研究，參見森田登代子《大雜書研究序説——〈永代大雜書萬曆大成〉の内容分析から》，《日本研究》2004 年第 29 期。
② 中村璋八《日本陰陽道書の研究》，頁 102。
③ 中村璋八《日本陰陽道書の研究》，頁 307。
④《三寶吉日》爲室町時期的陰陽書著者與成立時間不明。塙保己一編《續群書類従》第 31 輯下，東京：八木書店，1989 年，頁 27。

續表

五姓	《陰陽雜書》	《篕篃内傳》	《三寶吉日》
火姓	子年作、大凶。丑年作、三年内富來。寅年作、大福來。卯年作、富貴。辰年作、安樂、大吉。巳年作、始小吉後凶。午年作、同上。未年作、大吉。申年作、病患多。酉年作、大吉。戌年作、大吉。亥年作、大凶也。	胎子歲出世。養丑歲福來。長寅歲繁昌。沐卯歲没身。官辰歲登位。臨巳歲半吉。帝午歲富貴。衰未歲不吉。病申歲得病。死酉歲大吉。墓戌歲豐饒。絶亥歲得災。	子年大吉。丑寅卯吉。辰凶。巳半吉。午凶。未半吉。申酉戌亥凶。二六四十一春大吉。夏秋吉。冬凶。
土姓	子年作、大凶。丑年作、三人死。寅年作、二人死。卯年作、死亡。辰年作、大凶。巳年作、富貴長命。午年作、大福來。未年作、大凶。申年作、大福來。酉年作、大富貴。戌年作、大凶。亥年作、大凶。	帝子歲富貴。衰丑歲不吉。病寅歲得病。死卯歲大吉。墓辰歲豐饒。絶巳歲得災。胎午歲出世。養未歲福來。長申歲繁昌。沐酉歲没身。官戌歲登位。臨亥歲半吉。	子年大吉。丑凶。卯半吉。辰巳午未凶。申酉戌吉。亥凶。二三八九十二夏秋大吉。
金姓	子年作、大富貴。丑年作、大吉。寅年作、大凶貧窮。卯年作、大凶。辰年作、子孫繁、大吉。巳年作、大凶。午年作、大凶。未年作、四十年富貴。申年作、口舌懸官、大凶。酉年作、大凶。戌年作、大福來。亥年作、大吉。	死子歲大吉。墓丑歲豐饒。絶寅歲得災。胎卯歲出世。養辰歲福來。長巳歲繁昌。沐午歲没身。官未歲登位。臨申歲半吉。帝酉歲富貴。衰戌歲不吉。病亥歲得病。	子年大吉。丑年凶。寅半吉。卯凶。辰吉。巳凶。午未吉。申酉戌凶。亥吉。
水姓	子年作、始吉後凶。丑年作、病患多。寅年作、大福來。卯年作、大吉。辰年作、大凶。巳年作、大凶。午年作、大凶。未年作、大凶。申年作、大富來。酉年作、大福貴自在。戌年作、大凶。亥年作、大凶。	水土同也	子年大吉。丑凶。寅卯辰吉。巳半吉。午未申酉吉。戌惡。亥半吉。二四七十二月庚申辛卯未大吉。戌寅己巳亥大惡。

通過以上表格可以看出,這裡的"五姓"並非是宮、商、角、徵、羽,而是金、木、水、火、土。雖然三書中吉凶判定並不完全一致,但據五行分類,並進一步按照年支判定吉凶的方式,在中國的典籍中也有跡可循。這種占斷方式的依據,應該是源於五行生死的理論。即金、木、水、火、土五行,生、壯、老、死於各自對應的地支,而生、壯、老、死又自然而然地成爲了吉凶的表征。

對五行生死的論述,最早可見於放馬灘秦簡中的《五行》篇:"火生寅,壯午,老戌;金生巳,壯酉,老丑;水生申,壯子,老辰;木生亥,壯卯,老未;土生木,木生火,火生土。"[1]而更爲學者所熟悉的是《淮南子‧天文訓》中的記載:"木生於亥,壯於卯,死於未,三三辰皆木也。火生於寅,壯於午,死於戌,三辰皆火也。土生於午,壯於戌,死於寅,三辰皆土也。金生於巳,壯於酉,死於丑,三辰皆金也。水生於申,壯於子,死於辰,三辰皆水也。"[2]到隋代成書的《五行大義》中,五行生死相關的記載就更爲豐富,發展出了受氣、胎、養、生、沐浴、冠帶、臨官、王、衰、病、死、葬等愈加擬人化的環節。

> 五行體別,生死之處不同。遍有十二月、十二辰而出没。木受氣於申,胎於酉,養於戌,生於亥,沐浴於子,冠帶於丑,臨官於寅,王於卯,衰於辰,病於巳,死於午,葬於未。火受氣於亥,胎於子,養於丑,生於寅,沐浴於卯,冠帶於辰,臨官於巳,王於午,衰於未,病於申,死於酉,葬於戌。金受氣於寅,胎於卯,養於辰,生於巳,沐浴於午,冠帶於未,臨官於申,王於酉,衰於戌,病於亥,死於子,葬於丑。水受氣於巳,胎於午,養於未,生於申,沐浴於酉,冠帶於戌,臨官於亥,王於子,衰於丑,病於寅,死於卯,葬於辰。土受氣於亥,胎於子,養於丑,寄行於寅,生於卯,沐浴於辰,冠帶於巳,臨官於午,王於未,衰病於申,死於酉,葬於戌。[3]

不難看出,《簠簋內傳》在判定五姓人在各年動土吉凶時,基本沿襲了《五行大義》中的記載,不過十二階段皆用簡稱,細節上略有出入,"土"的生死所也有所不同。《五行大義》在上引部分之後,提及關於水、土的生死所歷來便存在爭議,又將土分爲辰土、未土、戌土、丑土(即十二支中屬土的各支),對應不同

---

[1] 圖版參見甘肅省文物考古研究所《天水放馬灘秦簡》,北京:中華書局,2009 年,頁 18。釋讀參見孫占宇《天水放馬灘秦簡集釋》,蘭州:甘肅文化出版社,2013 年,頁 125。

[2] 劉文典撰,馮逸、喬華點校《淮南鴻烈集解》,北京:中華書局,1989 年,頁 121。

[3] 中村璋八《五行大義校註》,東京:汲古書院,1985 年,頁 50。

的生死所①。但在《五行大義》之後，大部分涉及五行生死的文獻，基本都以水、土生死所相同，具體而言是將水、土的生死所系於《五行大義》中水的生死所。而對生死各階段的稱呼，在唐代的時候還存在諸説，《唐六典》卷一四中作“受氣、胎、養、生、沐浴、冠帶、臨官、王、老、病、死、葬”，《赤松子章曆》中作“長生、沐浴、冠帶、臨官、帝王、衰、病、死、墓、絶、囚死、廢休”，宋代逐漸定形爲長生、沐浴、冠帶、臨官、帝旺、衰、病、死、墓、絶、胎、養②。從吉凶判定而言，這十二階段在宋以後的命書相書中非常常見，結合人生各階段分析，通常視胎、養、長生、冠帶、臨官、帝旺爲吉，而其餘爲凶，日本的《吉日考秘傳》中也作同樣解釋③，但《簠簋内傳》中以“墓”爲豐饒似乎存在一定問題，也與其他兩書的判定存在齟齬。但這種以五行作五姓（性），判斷某姓（性）人在某年是否可以興建房屋（五姓人屋造吉凶法，五姓人造家吉凶事）的擇吉方式，可能是日本學者對中國“五姓法”的一種改造。不過劃分金姓人、木姓人等五姓人的依據，筆者尚未能找到明確的記載，推測或許是基於生年干支的五行。

那麼日本這種五行的“五姓”，是否與中國的五音存在對應關聯呢？《陰陽雜書》和《簠簋内傳》中都提及了“五姓人”與地形吉凶的關係。

---

① 《五行大義》卷二“五行書云，土雖有寄王於火鄉，生於巳，葬於辰，然土分王四季，各有生死之所。辰土受氣於申酉，胎於戌，養於亥，生於子，沐浴於丑，冠帶於寅，臨官於卯，王於辰，衰病於巳，死於午，葬於未。未土受氣於亥子，胎於丑，養於寅，生於卯，沐浴於辰，冠帶於巳，臨官於午，王於未，衰病於申，死於酉，葬於戌。戌土受氣於寅卯，胎於辰，養於巳，生於午，沐浴於未，冠帶於申，臨官於酉，王於戌，衰病於亥，死於子，葬於丑。丑土受氣於巳午，胎於未，養於申，生於酉，沐浴於戌，冠帶於亥，臨官於子，王於丑，衰病於寅，死於卯，葬於辰。”《五行大義校註》（增訂版），頁51—52。

② 《唐六典》，頁412。《赤松子章曆》卷一《五音利用》，《道藏》第11册，上海：上海書店、北京：文物出版社、天津：天津古籍出版社，1988年，頁179下欄—180上欄。趙彦衛撰，傅根清點校《雲麓漫鈔》，北京：中華書局，1996年，頁51。《金鎖流珠引》卷二一《二十八宿旁通曆仰視命星明暗扶衰度厄法》，《道藏》第20册，頁451下欄。廖宇依據《赤松子章曆》《五行大義》和《星曆考原》將這十二階段總結爲“五行寄生十二宫”，參見廖宇《道教時日禁忌研究》，北京：社會科學文獻出版社，2021年，頁33—37。

③ 《吉日考秘傳》十二運第五十六：“臨、王、胎、養、長、冠，此六皆吉祥。衰、病、死、葬、絶、沐，此六皆凶。”中村璋八《日本陰陽道書の研究》，頁461。

表 5　《陰陽雜書》《簠簋內傳》載地形與五姓吉凶

地形	木姓人	火姓人	土姓人	金姓人	水姓人
西高東下（東低西高）青龍地	大富貴、貧	大富來、富	病患多、病	大凶、災	大吉、榮
北高南下（南低北高）赤龍地	大吉、榮	富貴大吉、貧	長命、富	大凶、亡	大吉、患
東高西下（西低東高）白龍地	死亡、沒	大凶、患	大吉、榮	富貴、貧	大吉、富
南高北下（北低南高）黑龍地	壽命長遠、樂	大凶、沒	大凶、患	大吉、榮	大富貴、貧
中高四方下（中低方高）黃龍地	大凶、半	大富貴自在、樂	大吉、貧	大吉、吉	大凶、病

　　而《新陰陽書》中的第 25—28 行中也有類似地形的敘述，同樣的表述也見於前引 P.2615a《（諸雜）推五姓陰陽宅圖經一卷》之中。

表 6　P.2615a 載地形與五姓吉凶

地形	五姓	五姓居住吉凶
東高西下	角地	羽、徵居之吉
南高北下	徵地	宮居之吉
北高南下	羽地	角居之吉
西高東下	商地	羽居之吉
四方高中央下	宮地	商居之吉

　　結合《新陰陽書》與 P.2615a 中的的吉凶判定，與《陰陽雜書》《簠簋內傳》進行對比，可以發現五行的五姓與五音幾乎完全不存在對應關係，比如角姓人宜居的地點，對於相對應的木姓人而言則是凶地。由此可見，雖然五音與五行原本一一對應，但日本的陰陽道學者在改造五姓法時，不再把五音納入考量，新體系下的吉凶原理也就不再遵循宮—土、商—金這樣的對應關係。

結　論

　　題爲《新陰陽書》的江户時代的鈔本在日本有兩種,分别收藏於宫内廳書陵部和早稻田大學圖書館。兩種鈔本現僅存"宅圖"和"相墓地法"的部分,避唐諱"虎"。從現存文本的結構和内容來看,都與敦煌宅經葬書及宋代官修地理書《地理新書》相似,應原爲中國陰陽書的一部分,後傳入日本爲寺院所收藏,江户時代又再次爲學者所鈔寫。

　　9世紀之前,《大唐陰陽書》和《新撰陰陽書》都曾傳入日本,並在天平寶字元年(757)以來被用作陰陽寮的教科書。早稻田本《新陰陽書》的籤題爲《新撰陰陽書》,但題籤的依據尚無法判定,也没有證據可以説明《新陰陽書》爲《新撰陰陽書》的殘卷。不過,日本後世陰陽家的著作中包含了與《新陰陽書》類似的内容,可以説明此類内容確實對日本陰陽家産生了相當的影響。

　　受到《新陰陽書》影響的日本陰陽道文獻相地的相關部分中,也出現了"五姓人"擇地的記載,但其中的五姓是金、木、水、火、土而非中國常用的五音。從《日本見在國書目録》等書目和本文的研究對象《新陰陽書》這樣的鈔本來看,以宫、商、角、徵、羽五音爲基礎的五姓法確曾傳入過日本。但是按照音韻將姓氏劃分五音的做法,在日本的占卜實踐中可能存在一些問題,於是日本的陰陽道學者便對五姓法進行了改造。這種改造過的"五姓法"是將人依五行分類,並進一步根據年支判斷造屋的吉凶,而這種判斷則是依據五行生死的理論,這一理論在秦簡中便已有跡可循,流行於宋代以來的命書相書中,被稱爲"五行十二運"或"五行寄生十二宫"。

（作者單位:復旦大學文史研究院）

日藏唐寫卷《琱玉集》成書時代補證

鄭易林

　　《琱玉集》是一部中國早期類書,雖在國内失傳已久,但殘卷存於日本名古屋真福寺寶生院。此書只收録人物故事,體式頗似六朝時的雜傳、小説。清末黎庶昌將殘卷刻入《古逸叢書》,它纔逐漸進入中國學者的視野。早期學人顧頡剛、余嘉錫的研究中都曾利用到此書[①],日本學者山田孝雄、柳瀬喜代志對此書進行了較爲全面的介紹,近年童嶺也有專文討論[②]。

　　《琱玉集》最具争議的問題是成書時代,清末以來學界有六朝末與唐初兩説。筆者基於《琱玉集》的一條内證,判斷此書成於南朝末年梁陳時期。在明確了成書時代之後,對《琱玉集》内容與形制的討論纔得以有的放矢。作爲一部早期類書,它呈現出一種從書鈔到類書功能轉變的過渡形態:它的主體部分與南朝所興盛的史鈔、雜傳、小説等體式相類,每一類目的篇首小序又具備後

[①] 顧頡剛將《琱玉集·感應篇》中"杞良妻泣崩城"作爲孟姜女故事衍變中的一環。詳見顧頡剛《孟姜女故事研究》,《孟姜女故事研究集》第1册,國立中山大學語言歷史學研究所編印,1928年,頁45—47。程樹德《〈琱玉集〉中的杞良妻滴血》,《孟姜女故事研究集》第3册,頁92—95。余嘉錫利用《孟子正義》疏文與《琱玉集·美人篇》"西施絶倫"、《壯力篇》"五丁拔蟒山崩"兩則的重合,論證《孟子正義》並非孫奭所作,而是邵武士人的僞疏。詳見余嘉錫《〈孟子正義〉辨證》,《四庫提要辨證》上,北京:科學出版社,1958年,頁75—76。

[②] 山田孝雄《典籍説稿》,東京:西東書局,1935年,頁314—329。柳瀬喜代志、矢作武《琱玉集注釋》,東京:汲古書院,1985年。童嶺《六朝時代古類書〈琱玉集〉殘卷考》,《域外漢籍研究集刊》第6輯,北京:中華書局,2010年。後收入氏著《六朝隋唐漢籍舊鈔本研究》,北京:中華書局,2017年。

世類書的檢索功能。以南朝爲歷史背景來考察《琱玉集》的編纂方式,對我們
了解南朝知識人的興趣風尚,以及不同知識載體間的關聯與變遷都有所裨益。

一　《琱玉集》殘卷概況

《琱玉集》殘卷現存十二、十四兩卷,卷軸有尾張藩主德川慶勝"琱玉集"
三字題簽,紙背爲《不空三藏和尚表制集》二、三卷[①]。澀江全善、森立之《經籍
訪古志》中對該寫卷介紹如下:

　　《琱玉集》零本二卷　舊鈔卷子本　尾張真福寺藏

　　　　原十五卷,現存十二、十四兩卷。每卷首題"《琱玉集》卷第幾",次行列
　　書篇目。界長七寸一分,幅六分弱。十四卷末記云:"用紙一十六張,天平
　　十九年歲在丁亥三月寫。"文字遒勁,似唐初人筆蹟,真罕覯之寶笈也。但
　　此書未詳撰人名氏。其目僅見《現在書目》及《通志·藝文略》,知其佚已
　　久。所引各書如《蔡琰别傳》、《語林》、《史記》、《晉抄》、王智深《宋書》、《帝
　　王世記》,近多不傳,亦得藉此以存其梗概。雖斷簡殘篇,豈可不貴重哉![②]

　　殘卷十二卷末記:"寫天平十九年歲在丁亥秋七月日。"十四卷卷末記:
"天平十九年歲在丁亥三月寫。"[③]可知寫於日本平安時代聖武天皇天平十九年
(747),對應中國唐代玄宗朝天寶六載。由於兩卷爲同一人筆跡,鈔寫間隔四
個月之久,柳瀬喜代志認爲這是一部私人寫卷[④]。

---

① 黑板勝美《真福寺善本目録》,1935 年,頁 2。
② 澀江全善、森立之《經籍訪古志》,《解題叢書》,東京:國書刊行會,1916 年,頁 79—80。
　筆者覆覈清光緒十一年徐承祖聚珍排印本,二者文字一致。詳見賈貴榮輯《日本藏漢
　籍善本書志書目集成》第 1 册,北京:北京圖書館出版社,2003 年,頁 291—292。另外,
　《經籍訪古志初稿》與此稿差别較大,兹録如下:"《琱玉集》卷第十二卷子零本尾張真福
　寺藏 '《琱玉集》卷第十二,《聰慧》《壯力》《鑒識》《感應》,《聰慧篇》第一,昔張三篋'
　云云。卷末有 '天平十九年歲在丁亥三月寫' 之跋。無界行,每行墨痕,七寸一分。"詳
　見《經籍訪古志初版》,據昭和十年(1935)日本書志學會影印本複印,臺北:廣文書局,
　1967 年,頁 181—182。
③ 1933 年日本古典保存會影印的《琱玉集》中紀年部分已有破損,筆者據《古逸叢書》本
　《琱玉集》補。
④ 柳瀬喜代志、矢作武《琱玉集注釈》,頁 249。

　　《珮玉集》最早目録記載爲《日本國見在書目録·雜傳家》:"《珮玉》十五卷。"[①] 中國目録見載於《崇文總目·類書》《通志·藝文略·類書》《宋史·藝文志·類事類》[②],均記爲二十卷。中、日涉及二十與十五兩種分卷,究是分卷差異、抑或内容多寡本身不同,已不可考。《宋史·藝文志》是此書國内可考的最晚目録記載。清末黎庶昌在日本尋得此書,摹刻入《古逸叢書》:

　　　　此僅存兩卷,其體例每類以二字名篇,先撮所引人物爲耦語冠首,再列故事書名於後,略似小傳,實小説家言。書法頗勁,疑遺唐學生之所爲。末題"用紙若干張,天平十九年歲在丁亥玄宗天寶六載某月",可考見唐時卷子本舊式。惟譌字頗多,是必傳鈔之誤,原纂不如是也。[③]

　　正如黎氏所言,《珮玉集》形制與雜傳、小説相類,分門不以名物,而似人物品評。此殘卷保存類目十二個,卷十二爲聰慧、壯力、鑒識、感應四目,卷十四爲美人、醜人、肥人、瘦人、嗜酒、別味、祥瑞、怪異八目。每一類目開篇先列小序,以"昔"或"昔則"冠首,用四言或六言偶句概括此目下的人物事跡。如《聰慧篇》小序言"昔,張安三篋,應奉五行;蔡琰二弦,楊脩八字"云云;又如《壯力篇》小序言"昔,共工崩山折柱,殷紂索鐵舒鉤;典韋持戟百斤,石番負沙千斛"云云。其後依照小序的人物順序,逐條敘述具體故事,每則以"人物名、時代籍貫、事件、出處"的形式寫就。據筆者統計,《珮玉集》殘卷共收録人物故事 171 則:經部 14 則,史部 130 則,子部 22 則,集部無,另有 5 則未詳出處[④]。典源涉及六藝、諸子與史書,其中尤以《漢書》《後漢書》《晉抄》三部史書出典爲最多。

① 孫猛《日本國見在書目録詳考》,上海:上海古籍出版社,2015 年,頁 11。狩谷棭齋注《日本國見在書目録》言:"《珮玉集》十五卷。"詳見狩谷棭齋撰,巿島春城寫《日本現在書目證注》第 3 册,早稻田大學圖書館藏,頁 69。
② 王堯臣、歐陽修撰,錢東垣、錢侗等輯釋《崇文總目》卷三,1968 年,臺北:廣文書局,頁 419。鄭樵《通志二十略·藝文略》,北京:中華書局,1995 年,頁 1734。《宋史》卷二〇七,北京:中華書局,1977 年,頁 5295。
③ 黎庶昌《古逸叢書·敘目》,《叢書集成初編》,上海:商務印書館,1936 年,頁 11。
④ 筆者與童嶺《六朝時代古類書〈珮玉集〉殘卷考》統計有細微差異,主要是對同一則出於多處的條目算法不同,不影響對出典整體分佈的認識。附童嶺統計結果:"經部 14 則,史部 126 則,子部 21 則,集部未見,尚有 5 則由於原鈔本磨損等原因未注明典故出處。"

二　《瑶玉集》成書時代之争

關於《瑶玉集》的成書時代,學界歷來有六朝末與唐初兩説。

六朝末説首倡者爲清末李慈銘,他以爲《瑶玉集》"蓋是六朝末季底下之書"[1]。其後日本學者山田孝雄、小島憲之、内山知也、福田俊昭,中國學者胡道静、童嶺均從此説[2]。概而言之,六朝末説主要從殘卷的内容與形制方面立論:

其一,在《瑶玉集》殘卷以及目前的輯佚中,出典人物與引書下限均在南朝梁代以前。

童嶺詳細分析了殘卷中出典人物的時代,其中以後漢、西晉爲最,人物下限是劉宋的陶淵明[3]。柳瀬喜代志考察了殘卷所引典源的成書時間,除《秉部鈔》《同賢記》無考外,其餘可考者均不晚於南朝梁代:《續齊諧志》編者吴均卒於梁普通元年(520),《語林》編者裴子野卒於中大通二年(530),《晉鈔》編者張緬卒於中大通三年(531)[4]。

山田孝雄、川口久雄先後從日本典籍注疏中輯録了《瑶玉集》佚文[5],其中覺明注《三教指歸》11 條[6]、《和漢朗詠集私注》1 條[7]、《政事要略》1 條[8]。佚

---

① 李慈銘《越縵堂讀書記》,上海:上海書店,2000 年,頁 809。
② 山田孝雄《〈瑶玉集〉と本邦文學》,《藝文》1924 年第 11 期。山田孝雄《瑶玉集解説》,東京:古典保存會,1933 年。山田孝雄《典籍説稿》,頁 315。小島憲之《上代日本文學と中國文學:出典論を中心とする比較文學的考察》,東京:塙書房,1962 年,頁 1444。内山知也《隋唐小説研究》,東京:木耳社,1977 年,頁 193。福田俊昭《敦煌類書の研究》,東京:大東文化大學東洋研究所,2003 年,頁 143。胡道静《中國古代的類書》,北京:中華書局,1982 年,頁 55。童嶺《六朝時代古類書〈瑶玉集〉殘卷考》,頁 251—262。
③ 童嶺《六朝時代古類書〈瑶玉集〉殘卷考》,頁 294。
④ 柳瀬喜代志、矢作武《瑶玉集注釋》,頁 251—252。吴均、裴子野、張緬三人卒年均見《梁書》。
⑤ 山田孝雄《瑶玉集解説》。川口久雄《敦煌本〈類林〉と我が國の文學》,《日本中國學會報》,1970 年。後收入氏著《敦煌よりの風 3:敦煌の仏教物語》,東京:明治書院,1999 年,頁 63。柳瀬喜代志據山田、川口氏の輯佚做了彙總,詳見《瑶玉集注釋》,頁 260—266。
⑥ 覺明注《三教指歸》第 1、2、3、5 册,1634 年。在線電子版可參國立國會図書館デジタルコレクション。
⑦ 山内潤三、木村晟、杤尾虎編《和漢朗詠集私注》,東京:新典社,1982 年,頁 113。
⑧ 惟宗允亮《政事要略》,瀧本誠一編《日本経済大典》第 2 卷,東京:明治文獻,1966 年,頁 31。

文共涉及 12 個人物：將閭、伯夷、阮宣、鍾繇、張芝、孟母、華他、公輸般、吕望、周文王、善卷、胡威，最晚者爲西晉阮宣。不過《珥玉集》佚文均無典源出處的記載。

其二，《珥玉集》具有六朝書鈔的形制風格。山田孝雄認爲此書是"《世説新語》亞流"[①]，小島憲之將《珥玉集》與《世説新語》並列，視爲六朝"雜話風"的書籍。童嶺具體考察了《珥玉集》引書，發現其中以史部文獻最多，尤以《漢書》爲重，符合六朝史學之風。他還認爲，殘卷小序中的四言、六言也代表了齊梁以來追求駢偶的學術風氣。

其三，《珥玉集》成書時代的爭論核心在於它與另一部類書《類林》的關係。《珥玉集》殘卷中有"出《類林》"者七則。而據《新唐書·藝文志》記載，小説家類有梁代"裴子野《類林》三卷"、類書類又有初唐的"于立政《類林》十卷"[②]。《珥玉集》所引《類林》究是裴本還是于本，是判斷其成書時代的關鍵。讚成六朝末説的學者認爲此書所引《類林》爲裴本。如童嶺認爲，《珥玉集》題"出《類林》"的七則故事都發生在劉宋以前，且早已被《漢書》《異苑》等典籍記載，應是經裴子野裁剪、改動進入《類林》，又被《珥玉集》編纂者所收錄[③]。内山知也認爲，裴子野所作《類林》是不標出處的小説集，而于立政所作《類林》是援引典源的類書。《珥玉集》所引典源均不爲類書，且《珥玉集》編纂者即使利用了于本《類林》，也應標注其原始出典，而不應直題這本類書的書名[④]。

與此對立的，是《珥玉集》成書時代的唐初説。此説的支持者以敦煌學者爲主：日本學者西野貞治是此説之先導，其後川口久雄、山崎誠、王三慶完善此説。另外，柳瀨喜代志基於《珥玉集》的引書情況，亦從唐初説。

持唐初説的絶大部分學者重在論證《珥玉集》所引《類林》是于立政本，即反駁六朝末説的第三條立論。概而言之，他們的論證邏輯如下：

首先，論證敦煌本《類林》爲于立政本。目前所見的《類林》均爲殘卷，分別是 P.2635、Dx.970、Dx.6116 三個寫卷。其中 P.2635 有"《類林》卷第九"

---

① 山田孝雄《典籍説稿》，頁 315。
② 歐陽修、宋祁《新唐書》卷五九，北京：中華書局，1975 年，頁 1539、1564。
③ 童嶺《六朝時代古類書〈珥玉集〉殘卷考》，頁 253—259。
④ 内山知也《隋唐小説研究》，頁 108。

之語,而按照《新唐書》所載,于立政《類林》十卷、裴子野《類林》三卷,故含"卷九"者當爲于本①。

　　其次,針對内山知也的質疑,敦煌學者認爲:《珠玉集》引類書《類林》而不載原始出處,是因爲這些故事恰好在《類林》中未載出處,故只得題先行類書《類林》爲出處。王三慶認爲,于立政《類林》文本的大體面貌在金代王鵬壽《重刊增廣分門類林雜説》一書(以下簡稱《類林雜説》)中得到了保留②,他通過比較《珠玉集》殘卷和《類林雜説》,發現《珠玉集》七則題"出《類林》"者在《類林雜説》中本就未標明出處③。

　　再次,判斷 S.2072 爲《珠玉集》别本。敦煌學者鑒别的依據各有不同:西野貞治發現 S.2072 每則故事的出典題作"出某書"而非"某書曰",這與《珠玉集》引書體例相合,且二者存在大量引書重合④。川口久雄進一步比對了 S.2072 與《三教指歸》覺明注所引的《珠玉集》佚文,其中公輸般、善卷兩則文字幾乎一致⑤。王三慶又比較了 S.2072、敦煌《類林》與《類林雜説》,發現其中《機巧》《方術》《醫卜》《占夢》諸篇的十一則人物故事均有對應⑥。

　　最後,將于立政《類林》視爲源頭,梳理出它發展的兩條分支:一條是敦煌本所見《類林》諸篇殘卷,以及經王鵬壽之手擴展門類的《類林雜説》;另一條則是日本所存的殘卷《珠玉集》,以及敦煌卷子 S.2072 的《珠玉集》别本⑦。

　　另外,柳瀨喜代志從《珠玉集》内容、體式出發,論證此書應成於初唐至盛唐時期:其一,《珠玉集》殘卷頻繁徵引《尚書中候》,他認爲《中候》在隋唐後更爲流行⑧。其二,殘卷中的孟姜女一則與《文選鈔》所引故事的細節接近,按

---

① 王三慶《敦煌類書》,高雄:麗文文化事業股份有限公司,1993 年,頁 31—34。

② 王三慶《敦煌類書》,頁 68。

③ 王三慶《敦煌類書》,頁 74。

④ 西野貞治《珠玉集と敦煌石室の類書》,《人文研究》1957 年第 8 期。

⑤ 川口久雄《敦煌よりの風 3:敦煌の仏教物語》,頁 60。

⑥ 王三慶《敦煌類書》,頁 74。

⑦ 川口久雄《敦煌よりの風 3:敦煌の仏教物語》,頁 76。山崎誠《〈類林〉追考—中世紀漢物語の源流》,《國文學研究資料館紀要》第 17 號,1991 年。

⑧ 柳瀨氏認爲,隋唐前《論衡》《白虎通》《水經注》三書各徵引過《尚書中候》一次,以及鄭玄注釋過此書,其他引用未見。而隋唐以後,賈公彦《周禮疏》、李善《文選注》中引用此書條目更多。筆者案:引文數量與傳世文獻自身的性質和流傳情況密切相關,(轉下頁)

照飯倉照平對《文選鈔》寫作時代的考察,《瑂玉集》成書時代應在李善、陸善經完成《文選》注釋之後。其三,《瑂玉集》篇首小序的語對形式在傳世類書中首見於《初學記》,《瑂玉集》小序應是受其影響,特爲初學者而設①。

三　補證:"南梁城"之地理稱謂

關於《瑂玉集》成書時代,前人考察均從旁證入手:無論是比對書中的典源與故事形態,抑或是參照敦煌卷子中的互見内容,都是藉助他書來對照此書。而《瑂玉集》與大多數傳世類書不同,它的編纂者在書中並非了無痕跡,而是在纂集過程中不時留下了案語。

筆者先將《瑂玉集》編纂者的案語摘録如下,以下劃線標注:

卷十二《聰慧篇》"季扎知音":

季札,周時吳國壽夢之子。嘗聘於魯,請觀四代之樂。及採諸國之音,皆知當來盛衰之分。但文多不録耳。出《春秋》。

卷十二《壯力篇》"石番負沙千斛":

石番,周時衛人也。爲人甚壯,無有匹敵(敵),能負沙一千六百斛。出張華《博物志》。余疑"千"當爲"十","百"當是"剩",後人寫誤耳。

卷十二《感應篇》"曹娥没水獲公翁":

曹娥,後漢會稽女也。其父没江而死,屍靈不獲。曹娥乃緣江蹄哭,七日七夜,不絶聲音。娥遂投江覓父,逕由三日,乃抱父屍俱出,皆死。水畔家人,因收葬焉。時人爲之立碑於江上,碑今見在也。出《後漢書》。

卷十二《感應篇》"梁輔焚身得澤":

梁(諒)輔,後漢人也,當(嘗)爲郡吏。時夏大旱,輔欲告天乞雨,身坐庭前,在傍多積薪柴,乃誓曰:"至日中不雨,即自燒身。"未及日中,天忽大雨也。出《後漢抄》。一云:魯僖公亦自焚得雨,梁(諒)輔同也。

(接上頁)難以依據數量上的對比作出判斷。且《尚書中候》只見載於《隋書》,在新舊《唐志》《日本國見在書目》均未載。"《中候》在隋唐後更爲流行"一說,僅爲柳瀨氏個人意見,並非學界共識。

① 柳瀨喜代志《〈瑂玉集〉について》,《學術研究國語·國文學編》第 25 號,1976 年。後收入氏著《瑂玉集注釈》,頁 254—257。

卷十二《感應篇》"杞良妻泣崩城":

　　杞良,周時齊人也。莊公襲莒,杞良戰死。其妻收良屍歸,莊公於路吊之。良妻對曰:"若良有罪而死,妻子俱被擒。設如其無罪,自有廬室。如何在道而受吊乎?"遂不受吊。莊公愧之而退。出《春秋》。一云:杞良,秦始皇時北築長城,避苦逃走,因入孟超後園樹上……出《同賢記》。二説不同,不知孰是。

卷十四《美人篇》"王昭越衆":

　　王昭,前漢南郡秭歸人也……昭君臨發,泣淚作五言詩十二首辭漢帝,文多不録。出《前漢書》。

卷十四《別味篇》"師曠食飯別薪":

　　師曠,周時晉國卿也。晉平公曾賜曠御食。既食曰:"此必是勞薪爲爨。"平公試問宰人。宰人對云:"用故車腳炊飯。"出《史記》。《世説》一云:荀勗亦然。

卷十四《怪異篇》"梁孝足生牛背":

　　梁孝,前漢文帝第二子也,名武,封爲梁王。王時獵於梁山,有人獻一牛,足出背上。孝王惡之,其日即薨。今南梁城是也。出《前漢書》。[①]

　　據此可知,《珉玉集》是一部私人書鈔,編纂者可自由剪裁引文的内容與篇幅,如他以"文多不録"省略了季札、王昭君兩則中的具體引文。且編纂者在鈔書過程中彙集衆説,如梁輔、杞良、師曠三則,他以"一云""二説不同,不知孰是"的方式羅列故事。更爲重要的是,編纂者偶爾會對所鈔内容進行校勘與解釋:如石番一則中,他依據度量衡校正文字;又如曹娥、梁孝王兩則,他以當代情況介紹了文中的地理位置。

　　其中《怪異篇》的"梁孝足生牛背"一則,編纂者以爲梁山所在之地爲"今南梁城"。此則題爲"出《前漢書》",覆覈《漢書·文三王傳》,二者文字大體一致,可知編纂者確從《漢書》中鈔録此條:

　　三十五年冬,(梁孝王)復入朝。上疏欲留,上弗許。歸國,意忽忽不

---

① 《珉玉集》卷一二、卷一四,東京:古典保存會影印,1933 年。在綫電子版可參:國立國會圖書館デジタルコレクション。考慮到本文不涉及寫鈔本用字的討論,筆者録文時將原本中的俗字、異體字徑改爲常用字。

樂。北獵梁山,有獻牛,足上出背上,孝王惡之。六月中,病熱,六日薨。①

由於《琱玉集》全書每則故事均以"人物名、時代籍貫、事件、出處"的固定格式寫就,編纂者在鈔書時對《漢書》原文略作調整,增加了梁孝王的時代籍貫信息。而"今南梁城是也"這句應爲編纂者所加的案語,解釋了梁山所在的地理位置。有趣的是,若考索文獻,這條案語其實存在地理的史實錯誤,而這一錯誤産生的原因恰好顯示了編纂者所處的時代。

首先,我們來看《漢書》所載梁孝王的封地梁國與出獵地梁山的地理位置。

按照《漢書·地理志》所載,梁國的情況如下:

> 梁國,故秦碭郡,高帝五年爲梁國。莽曰陳定。屬豫州。……縣八:碭,甾,杼秋,蒙,已氏,虞,下邑,睢陽。②

《漢書補注》引閻若璩、王鳴盛之説,論證梁國治所是八縣之末的睢陽,即今河南省商丘市睢陽縣:

> 閻若璩曰:梁國不治碭縣而治睢陽,以《梁孝王武傳》知之。吳楚七國反,梁王城守睢陽。後廣睢陽城七十里,大治宮室。王國以内史治其民,而梁内史韓安國從王於睢陽。非以睢陽爲治而何?

> 王鳴盛曰:賈誼請徙代王都睢陽,代王即孝王武。後果徙王梁,如誼策。睢陽爲梁都甚明。③

不過《漢書·地理志》所反映的行政區劃時代斷限爲漢成帝元延三年(前10)④,而在梁孝王所薨的漢景帝中六年(前144),梁國範圍較《地理志》要廣袤得多,正處於其封域的極盛時期。這主要得益於七國之亂中梁孝王力挽狂瀾,故得以益封。據馬孟龍考察,此時梁國封地北至穀城,東至湖陵、杼秋,西至平丘、高陽,南至棘壁⑤,即司馬遷《梁孝王世家》所稱讚的"居天下膏腴地。地北界泰山,西至高陽,四十餘城,皆多大縣"⑥。

---

① 班固《漢書》卷四七,北京:中華書局,1962 年,頁 2211。

②《漢書》卷二八下,頁 1636。

③ 王先謙《漢書補注》卷二八下,北京:商務印書館,1959 年,頁 2990。

④ 馬孟龍《漢成帝元延三年侯國地理分佈研究》,《歷史研究》2011 年第 5 期。

⑤ 馬孟龍《西漢梁國封域變遷研究》,《史學月刊》2013 年第 5 期。

⑥ 司馬遷《史記》卷五八,北京:中華書局,1959 年,頁 2082—2083。

此梁山在今山東省濟寧市梁山縣,西漢時又稱良山。漢高祖十一年(前196)"罷東郡,頗益梁"[1],梁山被劃入梁國,故梁孝王得以遠赴此地狩獵。案《漢書補注·文三王傳》:

> 先謙曰:梁山,《史記》作良山。《索隱》引《述征記》云:"良山際清水。今壽張縣南有良山。"服虔云:"是此山也。"《正義》:"《括地志》云:'梁山在鄆州壽張縣南三十五里',即獵處也。"案唐之壽張,前漢之壽良縣,屬東郡……《高紀》十一年立子恢爲梁王,罷東郡,頗益梁。疑以故郡之良山改名梁山,或光武諱叔父名,改壽良爲壽張,此良山時人遂併改梁山耳。[2]

孝王既薨,梁國被析分爲濟川國、濟東國、山陽國、濟陰國、梁國五地,封域大幅削減,梁國只存故國南部地。其後濟川、濟東、山陽、濟陰四王皆絕於身、國除屬漢,因此在《漢書·地理志》中梁山所在的壽良縣復爲東郡所轄[3]。

接下來,我們來考察《瑂玉集》編纂者的案語。他將梁孝王所薨的梁山解釋爲南梁城。南梁城所在何處,又是什麼時代的地理稱謂呢?

按照顧祖禹《讀史方輿紀要》考證:

> 南豫 初治歷陽……統郡十有九:……曰南梁,治睢陽縣,今壽州東北南梁城是……皆僑置於淮南境內。[4]

> 梁城　亦曰南梁城。晉太元中僑立南梁郡於淮南,兼領僑縣,義熙中土斷,始有淮南故地,屬南豫州。宋大明六年屬西豫州,改爲淮南郡,八年復故。《志》云:南梁郡治睢陽。蓋宋析壽春地僑置,即此城也。《水經注》"淮水經壽春城北,又東經梁城"是矣。齊永元二年,南梁郡入魏,因別置梁郡,治北譙。胡氏曰:"梁城在鍾離西南,壽陽東北。"[5]梁天監五年,徐州刺史昌義之,魏將陳伯之,戰於梁城,敗績,伯之尋自梁城來歸,義之因進克梁城。既而魏將邢巒與元英合攻鍾離,義之退還。六年,元英攻鍾離不克,單騎遁入梁城,緣淮百餘里,尸相枕籍。十五年,魏將崔亮攻趙祖悅於硤石,詔昌義之等泝淮赴救,魏兵守下蔡,斷淮流,義之屯梁

---

①《漢書》卷一下,頁72。
②《漢書補注》卷四七,頁3675。
③《漢書》卷二八上,頁1558。
④ 顧祖禹《讀史方輿紀要》卷四,北京:中華書局,2005年,頁154。
⑤ 因避簡文帝鄭太后鄭阿春名諱,南朝時"壽春"多改稱"壽陽"。

城不得進。後魏仍置南梁郡,隋開皇初廢。[①]

南梁城又稱梁城。顧祖禹認爲,這是一座在僑郡背景下所立之城,以"南梁"郡名命名。天監五年(506)的這次梁魏之戰首載於《魏書》,《梁書》《資治通鑑》俱載。胡三省補注中對梁城位置做了考證:"晉孝武太元中,僑立梁郡於淮南壽春界,故有梁城,其地在壽陽東北,鍾離西南。"[②]可知此城位於今安徽壽縣東北、鳳陽縣西南,安徽地方志均從胡氏此說[③]。

南梁城之稱產生於東晉南朝盛行的僑州郡縣制度之下。依據胡阿祥研究,僑州郡縣是指某州某郡某縣的實有領地陷沒,而政府仍保留其政區名稱,借土寄寓,並且設官施政,統轄民户(多爲原州郡縣僑流及其後裔)。由於僑置既久,部分僑州郡縣通過土斷等途徑分割當地州郡縣,擁有了實土,但名稱一般沿用僑名[④]。東晉南渡,晉廷將失去的梁郡(今河南省商丘市睢陽縣)僑置在壽春(今安徽省淮南市壽縣)的實土上,稱南梁郡或梁郡。

筆者依據正史記載,參考譚其驤《中國歷史地圖集》[⑤]、胡阿祥《東晉南朝僑州郡縣考表》[⑥],具體考察東晉南北朝時期南梁郡的地理沿革。

永嘉之亂後,豫州爲石勒所據。成帝咸和四年(329)在江南僑立豫州,以蕪湖爲治所。其後依據戰事,治所在邾城、牛渚、姑熟、歷陽、壽春多地輾轉。義熙十四年(418),劉義慶鎮壽春,此後壽春長期爲豫州治所[⑦]。寧康元年

---

① 顧祖禹《讀史方輿紀要》卷二一,頁997。

② 司馬光編著,胡三省音注《資治通鑑》卷一四六《梁紀二》,北京:中華書局,1956年,頁4556—4557。

③ 例如:嘉慶《懷遠縣志》、光緒《壽州志》《鳳臺縣志》、民國《安徽通志》。

④ 胡阿祥《六朝疆域與政區》,北京:學苑出版社,2005年,頁191。

⑤ 譚其驤主編《中國歷史地圖集》第4册,北京:中國地圖出版社,1982年。

⑥ 胡阿祥《東晉南朝僑州郡縣考表》,收入《東晉南朝僑州郡縣與僑流人口研究》,南京:江蘇教育出版社,2008年。

⑦《南齊書》:"十二年,劉義慶鎮壽春。後常爲州治。"蕭子顯《南齊書》卷一四,北京:中華書局,2017年,頁280。關於劉義慶鎮豫州之年,覆覈《宋書·州郡志》"十三年刺史劉義慶鎮壽陽",校勘記言:"按本書卷二《武帝紀》中、卷五一《宗室·臨川烈武王道規傳》附《義慶傳》,義熙十二年義慶從伐長安,十三年尚未歸。萬斯同《東晉方陣年表》,劉義慶刺豫州自義熙十四年始。"詳見沈約《宋書》卷三六,北京:中華書局,2018年,頁1203。據此,筆者從"劉義慶義熙十四年鎮壽春"說。

（373），晉孝武帝在浣川僑置梁郡；安帝時，割壽春實土，將今河南睢陽縣的梁郡僑於今安徽壽縣。僑郡在原郡名前加一"南"字，稱南梁郡[1]，南齊以後又多省"南"字而稱梁郡，僑郡治所沿襲舊名，稱睢陽。

由於《晉書·地理志》斷代年限大致在西晉太康年間，故《宋書·州郡志》可視作對南梁郡的最早記載：

> 南梁太守　晉孝武太元中，僑立於淮南，安帝始有淮南故地，屬徐州。武帝永初二年，還南豫，孝武大明六年廢屬西豫，改名淮南，八年復舊……今領縣九……睢陽令，漢舊名。孝武大明六年，改名壽春，八年復舊。前廢帝永光有義寧、寧昌二縣併睢陽。所治即二漢、晉壽春縣，後省。[2]
>
> 梁郡太守　秦碭郡，漢高更名。孝武大明元年度徐州，二年還豫。領縣二……下邑令，漢舊縣。何云魏立，非也。碭令，漢舊縣。[3]

《宋志》反映了孝武帝大明八年（464）的地理情況。此前，武帝收復了河南梁郡故地的下邑、碭兩縣，故宋廷分立南北兩梁郡。《宋志》所載南梁郡領九縣：睢陽、蒙、虞、穀熟、陳、義寧、新汲、崇義、寧陵。與西晉時梁國睢陽、蒙、虞、下邑、寧陵、穀熟、陳、項、長平、陽夏、武平、苦十二縣相較[4]，重合較大。除義寧、寧昌二縣外，南梁郡基本沿襲了梁郡原縣名，仍以睢陽爲郡治所，可知東晉以來確有大量河南梁郡的流民遷入壽春一帶。

劉宋末，淮北青冀徐兗四州及豫州的淮西六郡再失，河南的梁郡淪没北廷[5]。南齊只踞淮水以南，沿襲劉宋舊制，依然在今安徽壽縣僑置南梁郡。胡阿祥懷疑，南齊將劉宋所僑之南梁郡分置爲梁郡、北梁郡、南梁郡三處[6]，如《南齊書·州郡志》載：

> 梁郡　《永元元年地志》，南梁郡領睢陽、新汲、陳、蒙、崇義五縣。
>
> 北譙　梁　蒙　城父　《永元志》屬南譙

---

[1] 學界一般認爲，大部分僑郡名中的"南"字都是劉宋以後所加。但錢大昕、洪亮吉、胡阿祥認爲，東晉在僑立梁郡之初便已加"南"字，稱南梁郡。詳見胡阿祥《東晉南朝僑州郡縣與僑流人口研究》，南京：江蘇教育出版社，2008 年，頁 475。

[2]《宋書》卷三六，頁 1170—1171。

[3]《宋書》卷三六，頁 1179。

[4] 房玄齡《晉書》卷一四，北京：中華書局，1974 年，頁 421。

[5]《宋書》卷八，頁 180。

[6] 胡阿祥《東晉南朝僑州郡縣與僑流人口研究》，頁 189。

北梁郡　《永元元年地志》無

北蒙　北陳[①]

東昏侯時，壽春也落入北魏[②]。《梁書》《陳書》無地理志，此時南梁郡的具體情況不甚明了，蓋沿用南齊舊制。依據正史記載，梁陳時期的南朝政權只短暫收回壽春數年，便又被北廷所佔。梁武帝天監年間多次北伐，直至普通七年（526）趁北魏內亂之際終於收復壽春，以壽春爲豫州治所[③]。後來他任侯景爲豫州牧，鎮壽春。太清二年（548），侯景據壽春反，攻入建康。次年正月至三月，侯景攻克梁臺城，包括鍾離、壽春在內的江北諸州先後北降，成爲東魏疆域，後又歸入北齊政權[④]。陳太建五年（573），吳明徹北伐，再度佔領壽春，但太建十一年（579）又被北周所克[⑤]。自此至南朝末，安徽所僑南梁郡一直爲北朝所統。案《魏書·地理志》載，今河南睢陽縣屬南兗州梁郡，今安徽壽縣屬揚州淮南郡[⑥]。

隋一統南北，僑州郡縣制不再廣泛實行，《隋書·地理志》載"壽春舊有淮南、梁郡、北譙、汝陰等郡，開皇初並廢"[⑦]。今河南睢陽縣在隋開皇間稱梁郡宋城，唐武德間稱宋州宋城，玄宗天寶元年（742）改宋州爲睢陽郡，乾元元年（758）復爲宋州[⑧]。今安徽壽縣在隋開皇間稱淮南郡壽春，唐武德間稱壽州壽春，玄宗天寶元年改壽州爲壽春郡，乾元元年復爲壽州[⑨]。

爲方便觀覽，筆者將兩地在不同時代的地理稱謂列表如下，僑州郡縣以下劃線表示：

---

① 《南齊書》卷一四，頁281。

② 《南齊書》卷七，頁105。

③ 姚思廉《梁書》卷二，北京：中華書局，1973年，頁42—43。《梁書》卷三，頁70—71。

④ 《梁書》卷五六，頁841。

⑤ 姚思廉《陳書》卷九，北京：中華書局，1972年，頁162。《陳書》卷三··，頁419。

⑥ 魏收《魏書》卷一百六中，北京：中華書局，1974年，頁2541、2581。

⑦ 魏徵《隋書》卷三一，北京：中華書局，1973年，頁874。

⑧ 《隋書》卷三〇，頁836。劉昫等《舊唐書》卷三〇，北京：中華書局，1975年，頁1440。

⑨ 《隋書》卷三一，頁874。《舊唐書》卷四〇，頁1576。

時間	今河南省商丘市睢陽縣		今安徽省淮南市壽縣	
	疆域所屬	地理稱謂	疆域所屬	地理稱謂
前 144	漢景帝中六年	梁國睢陽	漢景帝中六年	淮南國壽春
418	前秦玄始七年	梁郡睢陽	東晉義熙十四年	南梁郡睢陽
464	劉宋大明八年	梁郡	劉宋大明八年	南梁郡睢陽
499	北魏太和二十三年	梁郡睢陽	南齊永元元年	（南）梁郡睢陽
506	北魏正始三年	梁郡睢陽	蕭梁天監五年	（南）梁郡睢陽
573	北齊武平四年	梁郡睢陽	陳太建五年	（南）梁郡睢陽
582—600	隋開皇年間	梁郡宋城	隋開皇年間	淮南郡壽春
618—626	唐武德年間	宋州宋城	唐武德年間	壽州壽春
742—755	唐天寶年間	睢陽郡宋城	唐天寶年間	壽春郡壽春

　　最後，我們來解釋《琱玉集》編纂者爲何以南梁城注解梁山。

　　南梁城位於南梁郡睢陽，或稱梁郡睢陽；而梁山所在的梁國也以睢陽爲治所。正是因爲兩地均以“梁”爲名，郡名相同，領縣接近，且皆以睢陽爲治所，故《琱玉集》編纂者在案語中錯將安徽壽春所僑之南梁郡當成了河南梁郡。此梁郡非彼梁國，此睢陽亦非彼睢陽，這一錯誤産生的歷史背景便是南朝的僑州郡縣制度。事實上，此制度時常給南北朝人帶來地名的混亂，北魏韓顯宗就曾感歎：“自南僞相承，竊有淮北，欲擅中華之稱，且以招誘邊民，故僑置中州郡縣。自皇風南被，仍而不改，凡有重名，其數甚衆。疑惑書記，錯亂區宇。”[1]另外，宋孝武帝曾在今安徽當塗縣天門山立博望、梁山雙闕，南朝所稱梁山多指此山[2]。此梁山恰好距壽春不遠，這可能是《琱玉集》編纂者寫作此案語的又一原因。

　　由此可見，這條案語的錯誤絶不發生在《琱玉集》殘卷鈔寫時的天平十九年（747），而是《琱玉集》原始編纂者在書寫案語時留下的。筆者判斷《琱玉集》編纂者應是南朝末人，即使地名稱謂在實際運用中有延遲性，也絶不會晚

---

①《魏書》卷六〇，頁 1341。
②《宋書》卷六，頁 145。

至唐代以後。結合全書所引典源均不晚於梁代，此書成書最可能是在南朝的梁陳時期。

敦煌本《類林》中恰好也收録了梁孝王這則故事，文字略異：

> 漢梁孝王者，景帝第二子。孝王遊獵於梁山，有獻牛足出背上，孝王惡之，即薨南梁城。《前漢書》。①

此處的"即薨南梁城"很可能是未加詳考便直接沿襲了《瑂玉集》中的案語。基於此，裴子野《類林》、《瑂玉集》、于立政《類林》三者關係也可釐清：裴子野《類林》是一部梁代小説集，其形態類似於裴啟《語林》、邯鄲淳《笑林》，只記人物故事，不録典源。南朝梁陳時期，某位編纂者以書鈔形式編纂了《瑂玉集》一書，其中收録了裴子野《類林》中的故事。至唐代，于立政在編纂《類林》時，直接或間接地借鑒了《瑂玉集》中的案語。

四　作爲早期類書的《瑂玉集》

成書於南朝的《瑂玉集》保存了類書的早期面貌。與傳世大型類書相比，它的編寫體制頗爲獨特：主幹部分既像史傳，又似小説，篇首小序部分又近於後代類書、蒙書的事對。

首先，東漢以來，史學盛行，史傳不斷發展，《瑂玉集》中故事的記載方式可視作史鈔與類傳雜交的産物。此書只收人物，不收名物，全書仿若分類編纂的人物别傳合集。

史鈔是一種興盛於中古的史書編纂形式。東漢衛颯撰《史要》十卷，"約《史記》要言，以類相從"②，楊終"受詔删《太史公書》爲十餘萬言"③。徐蜀總結，史鈔是以舊史爲依據，以删繁就簡爲原則，它們的産生是爲了改變紀傳史卷帙浩繁、不易傳播的狀況④。

《瑂玉集》全書呈現出的"人物名、時代籍貫、事件、出處"體式便是延續了紀傳體史書的形態。編纂者在鈔録故事時，對原文進行了人工剪裁，並補充每

---

① 王三慶《敦煌類書》，頁 232。

②《隋書》卷三三，頁 961。

③ 范曄《後漢書》卷四八，北京：中華書局，1965 年，頁 1599。

④ 徐蜀《史鈔的起源與發展》，《史學史研究》1990 年第 2 期。

一位傳主的時代籍貫信息以保持格式統一。不過編纂者的這種信息添加難免百密一疏，因此存在傳主與時代不對稱的情況。如《瘦人篇》"孔安不勝重服"條載："孔安，姓孔，字安國，前漢人也。爲武帝時博士，至臨侯太子。爲人瘦弱羸劣，少力不勝重勝。"[①] 歷史上，西漢、東晉均有名"孔安國"者，此條所載本指東晉孔安國，事跡又見《晉書》："安國，字安國……及帝崩，安國形素羸瘦，服衰經涕泗竟日。"[②] 但《珠玉集》編纂者誤判此爲西漢孔安國，故增加了"前漢人也。爲武帝時博士，至臨侯太子"等錯誤的時代信息。

魏晉以來史鈔盛行的同時，私家編著的雜傳勃興。雜傳數量的增加使史家對人物歸類更爲細致，獨立類傳的名目增多。《隋志》所載雜傳中，《美婦人傳》《感應傳》《志怪記》的類名與《珠玉集》中美人、感應、怪異的篇目相對應。而魏晉南朝其他雜傳如《高士傳》《高隱傳》《孝友傳》《良吏傳》的類名也在《類林》《增廣類林》中有所延續。

其次，《珠玉集》出典的標記方式可在殷芸《小説》中尋得蹤跡。

據姚振宗考證，殷芸《小説》雖被後代目録歸爲子部小説家，實則是梁武帝作《通史》時的史部文獻殘餘[③]。根據目前輯佚的成果來看，殷芸《小説》所載人物没有遵循嚴格的史傳形式，不載籍貫而只記事件。不過它每則故事均追本溯源，標明出處，題作"出某某書"。余嘉錫考證："考芸所纂集，皆取之故書雅記，每條必注書名，《續談助》及《説郛》所引尚存其原式，他書則逕刪去。體例謹嚴，與六朝人他書隨手鈔撮不著出處者不同。"[④] 這一出處的標注方式與《珠玉集》一致。

最後，《珠玉集》篇首小序與正文間存在矛盾，這種矛盾體現了類書在發展過程中作用的轉變。

《珠玉集》小序是"人物 + 事件"的四、六言對偶韻文，以此統攝篇目之下的所有故事。《初學記》的事對、《蒙求》的四字韻文，都是以類似的韻文來排

---

① 《珠玉集》卷一四，古典保存會影印，1933 年。筆者案：據《漢書》，"臨侯太子"應作"臨淮太守"；據《晉書》，"重勝"應爲"重服"之訛。

② 《晉書》卷七八，頁 2054。

③ 姚振宗《隋書經籍志考證》第 3 册，《二十五史藝文經籍志考補萃編》第 15 卷，北京：清華大學出版社，2014 年，頁 1294。

④ 余嘉錫《殷芸〈小説〉輯證》，《余嘉錫論學雜著》上，北京：中華書局，2007 年，頁 280。

列人物故事,幫助童蒙掌握歷史知識。

韻文小序本應兩兩對偶,但《琱玉集·壯力篇》共收錄故事 13 則,其中"梁鴻妻"一則獨有故事,並無對應的小序。這種現象可以有兩種解釋:第一種是在後代傳鈔中的漏鈔,那麼鈔錄者不僅將小序中一對韻文漏鈔,且又將與"梁鴻妻"對應的另一則故事也一併漏鈔。另一種解釋是,《琱玉集》原本就只有故事,並無小序,後人爲了便於記誦與檢索,重新編排此書,删減了其中不利於對偶的故事,增加了篇首的韻文小序,那麼"梁鴻妻"便是這位改編者漏删的一則。

筆者更傾向於後一種解釋,因爲《琱玉集》小序與故事偶爾會出現文不對題的現象。最明顯的例證是《鑒識篇》"孔子重憂"一則,此小序對應的正文共收錄了孔子六則故事,而"孔子重憂"只對應六則中的最後一則。童嶺已發現此則不同尋常處,解釋爲"作爲一部未成形的類書,《琱玉集》中存在剛剛完成史料蒐集而未經加工處理的條目"[1]。這種"未經加工處理"的條目並非個案:卷十二《鑒識篇》"劉向石人"一則並載劉向、王莽二事,"張華童子"一則記錄張華識老狸外,又載其對海鳧毛的鑒識。

從前文所引《琱玉集》案語可知,編纂者將它視作自己的私人書鈔:他彙聚衆説,將相似的人物故事列於一處,以"一云"的案語補充説明。因此《琱玉集》的一則故事中常含有一人多事,或多人多事。而《琱玉集》篇首"人物 +事件"的小序,提煉了每則故事中單一的人物事件來方便讀者的檢索與記誦,它的作用更多是面向公衆的。筆者推測,《琱玉集》小序與正文之間的齟齬,是它原始編纂者與後期小序改編者的不同初衷造成的,反映了這部小書從私人書鈔到公衆類書的功能轉變。

五 結論

前輩學者對《琱玉集》成書存在六朝末與唐初兩説,筆者爲六朝末説提供了一條補證。《琱玉集》編纂者在鈔錄故事時留下了若干條案語,其中一則以"今南梁城是也"解釋西漢梁孝王出獵地梁山。通過考察梁山與南梁城二者的地理位置和時代沿革,筆者推測寫下這條案語的編纂者應生活在僑州郡縣

---

① 童嶺《六朝時代古類書〈琱玉集〉殘卷考》,頁 289—290。

制興盛的南北朝時期。自晉廷失去北土以來,南方政權將河南的梁郡僑置在了安徽壽春的實土上,改稱南梁郡,仍以睢陽爲治所,以此安置原郡縣的流民。《珮玉集》編纂者錯將僑置的南梁郡睢陽當作了西漢時梁國的治所睢陽,因此寫下了這則案語。結合全書典源的時代分佈,可知《珮玉集》應成書於南朝的梁陳之際,而絕不會晚至南北統一的唐代以後。

在確定了《珮玉集》成書時代的基礎上,筆者將全書的編纂方式與南朝流行的史鈔、雜傳、小説等體式對比。《珮玉集》編纂者鈔撮故事時沿襲了史傳的敘述方式,每則故事都嚴格按照“人物名、時代籍貫、事件、出處”四部分寫就,重視人物的時代籍貫。全書的類目命名、出典方式也可在南朝同時期的雜傳、小説中找到相似之處。另外,《珮玉集》以韻文寫就的篇首小序概括了正文每則故事的梗概,但小序與正文偶爾存在文不對題的情況。筆者猜測,這體現了《珮玉集》的功用發生了轉型:它從一部彙集知識的私人書鈔,轉變爲供大衆知識檢索的公共類書。

附記:

本文寫作過程中,曾先後得到中國人民大學徐建委、曾祥波、徐正英、吳真老師指教,又承南京師範大學廖基添老師提出寶貴意見,南京大學童嶺老師幫助複印《珮玉集注釈》一書,謹此一併致謝。

(作者單位:北京大學中文系)

瀧川資言《唐張守節史記正義佚存》考論 [①]

王亞橋

引　言

　　《史記》三家注在合刻之初,便被大量删削,其中以張守節《史記正義》最爲嚴重。瀧川資言是《史記正義》輯佚的功臣,不僅爲《史記》學提供了新史料,也開啓了新的研究課題。《史記正義》佚文是瀧川資言《史記會注考證》一書的重要貢獻,同時,《史記會注考證》也是《史記正義》佚文傳播最廣、影響最大的輯本。水澤利忠評價説:"《史記正義》佚文的發現之功將在《史記》注釋史上放射出永久不滅的光彩!"[②]

　　然而,鮮爲人知的是,在《史記會注考證》之前,瀧川資言已輯有《唐張守節史記正義佚存》一書。袁傳璋説:"手稿是瀧川資言編輯《史記會注考證》時增補《史記正義》佚文的底稿之一。"[③] 這是瀧川資言輯録《史記正義》佚文的開山之作,也是編纂《史記會注考證》的重大契機。1913 年,《唐張守節史記正義佚存》手稿由瀧川資言依據日本公私藏《史記》鈔本、刊本上的《史記正義》佚文鈔録成書,是瀧川資言的第一個《史記正義》佚文輯本。可惜的是,手

① 感謝評審專家對本文提出的修改意見。本文的寫作受到陳桐生教授的悉心指導,謹致謝忱。
② 水澤利忠撰《瀧川龜太郎》,見於江上波夫編《東洋學の系譜》第 2 集,東京:大修館書店,1994 年,頁 5。注:瀧川龜太郎即瀧川資言。譯文由筆者譯出。
③ 瀧川資言著,小澤賢二録文,袁傳璋校點《唐張守節史記正義佚存》序言二,北京:中華書局,2019 年。

稿一直流失民間。直到 2019 年 2 月,由瀧川資言手録、小澤賢二録文、袁傳璋校點的《唐張守節史記正義佚存》,作爲中華書局推出的《史記正義佚文輯證》系列的第二種正式出版,嘉惠士林。

　　該書上卷爲瀧川資言手録影印本,下卷爲小澤賢二録文,書前附有小澤賢二和袁傳璋序言二篇,書末附有袁傳璋對讀札記。小澤賢二從《唐張守節史記正義佚存》手稿流存的角度,詳細介紹了瀧川資言手稿流失民間並被輾轉收藏的曲折過程。袁傳璋從具體的佚文出發,充分考證了《唐張守節史記正義佚存》手稿對《史記正義》及《史記》學研究的七方面價值。而對讀札記則從校勘比對的角度詳考並證實了手稿的文獻學價值。可以説,這是《唐張守節史記正義佚存》手稿研究的奠基之作。本文基於瀧川資言手稿和前輩學者的研究成果,力爭梳理出《唐張守節史記正義佚存》的取材和傳存情況。不妥之處,望方家指正。

一　《唐張守節史記正義佚存》内容述評

　　作爲鈔録《史記正義》佚文的底稿,《唐張守節史記正義佚存》手稿保留了瀧川資言鈔録時的原始樣態。最直觀可見的是,瀧川資言用墨、朱兩種顔色的筆進行鈔録,其中主體部分用墨筆完成。據筆者統計,全書共有 1659 條《史記正義》佚文,其中朱筆鈔録的《史記正義》佚文有 173 條[①]。然而,經過比對,筆者發現手稿與《史記會注考證》中的《史記正義》中佚文有較大差異。首先是數量不一致;其次是内容有增删。這對於考察瀧川資言輯佚《史記正義》佚文的傳存過程和選録標準有重要的文獻價值。

　　（一）《唐張守節史記正義佚存》中的朱筆佚文

　　瀧川資言輯録《史記正義》佚文,雜用墨、朱兩種顔色的筆進行鈔録。同時在《唐張守節史記正義佚存》手稿框内的字裏行間和框郭欄外,瀧川資言作了大量的校勘記和考證文字。這是瀧川資言參校衆本對《史記正義》佚文作出的研究成果。《唐張守節史記正義佚存》手稿的正文部分爲什麽雜用墨、朱兩種顔色的筆鈔寫佚文和校勘記? 兩種顔色又代表什麽意義? 這些問題,瀧川資言在手稿中並没有交代。但是,這些顔色標記和校記資料後來都成爲

---

① 包括整條由朱筆鈔寫的 141 條、部分由朱筆鈔寫的 32 條。

瀧川資言編纂《史記會注考證》時選録《史記正義》佚文的重要參考依據。因此，通過考察瀧川資言對《唐張守節史記正義佚存》手稿的內容，以及考察《史記會注考證》對《唐張守節史記正義佚存》手稿的揚棄，可以探究這些不同顏色代表的意義，同時，也可以進一步推斷瀧川資言判定《史記正義》佚文的標準。

比對《唐張守節史記正義佚存》手稿與《史記會注考證》可以發現，瀧川資言用朱筆鈔録的 173 條《史記正義》佚文中，只有 10 條作爲《史記正義》佚文被選入《史記會注考證》中。通過以下朱筆佚文事例可以明確這類顏色標記的特殊含義。

第一，有三條注文在旁注中標記與舊《史記正義》[1]其他卷帙重合，故以朱筆鈔録存疑，詳例如下：

　　a. 聊、莒、即墨。（《史記・燕召公世家》）

《唐張守節史記正義佚存》："《括地志》云：'故聊城在博州聊城縣西二十四（旁注：無。）里。莒即密州莒縣是。即墨故城，在萊（旁注：密，《孝景本紀》五，一一《正義》引《括地志》。）州膠水縣〔東〕南六十里。'（旁注：《高祖本紀・正義》。）"

　　b. 齊田單伐我，拔中陽。（《史記・燕召公世家》）

《唐張守節史記正義佚存》："《括地志》：中陽故城，在汾州隰城縣南十里。（旁注：《秦本紀・正義》。）"

　　c. 敗趙於長平。（《史記・燕召公世家》）

《唐張守節史記正義佚存》："長平故城，在澤州高平縣西二（旁注：三。）十一里，秦、趙戰時所築也。（旁注：《趙世家》校注，《正義》佚文有文字異同。）"[2]

以上二條注文在通行本《史記正義》的其他卷帙中已存。《唐張守節史記正義佚存》手稿中的旁注文字，正是瀧川資言查對後所作的標記，表示出各自在舊本中的重合及其差異情況。基於此，瀧川資言把三條注文都作爲佚文增補進《史記會注考證》中。

第二，還有與舊《史記正義》重合的朱筆注文，被瀧川資言捨棄，不作爲

① "舊《史記正義》" 是指三家注合刻通行本《史記》中既有注文。
②《唐張守節史記正義佚存》，頁 379。

《史記正義》佚文。如下例：

　　a. 文侯受子夏經藝，客段干木，過其閭，未嘗不軾也。（《史記·魏世家》）

　　舊《史記正義》："過，光臥反。文侯軾干木閭也。皇甫謐《高士傳》云：'木，晉人也，守道不仕。魏文侯欲見，造其門，干木逾牆避之。文侯以客禮待之，出過其閭而軾。其僕曰：君何軾？曰：段干木賢者也，不趣勢利，懷君子之道，隱處窮巷，聲馳千里，吾安得勿軾！干木先乎德，寡人先乎勢；干木富乎義，寡人富乎財。勢不若德貴，財不若義高。又請爲相，不肯。後卑己固請見，與語，文侯立倦不敢息。'《淮南子》云：'段干木，晉之大駔，而爲文侯師。'《吕氏春秋》云：'魏文侯見段干木，立倦而不敢息。及見翟璜，踞於堂而與之言。翟璜不悦。文侯曰：段干木，官之則不肯，祿之則不受。今汝欲官則相至，欲祿則上卿至，既受吾賞，又責吾禮，無乃難乎？'"①

　　《唐張守節史記正義佚存》手稿："過，光臥反。文侯軾干木閭也。皇甫謐《高士傳》云：'木，晉人也……'《淮南子》云：'段干木，晉之大駔，而爲文侯師。'"②

因爲瀧川資言《唐張守節史記正義佚存》手稿中鈔録的文字與舊《史記正義》完全一致，所以瀧川資言直接用省略號代替，但在最終編纂《史記會注考證》時徑直捨棄。這説明瀧川資言是出於審慎的態度，鈔録備考。最終，對這些朱筆《史記正義》佚文作出判斷之後，或是將其選入《史記會注考證》中，或是捨棄不録。由此可以推斷：瀧川資言用朱筆鈔録的佚文是用特殊顏色作爲標記，表示對相應的《史記正義》佚文持有懷疑態度。

經過查對，瀧川資言捨棄了《唐張守節史記正義佚存》手稿中的 300 條《史記正義》佚文，其中包括用朱筆和墨筆鈔寫的《史記正義》佚文。所以説，對朱筆《史記正義》佚文持懷疑態度之餘，並不代表瀧川資言對墨筆《史記正義》佚文就完全信任。這種懷疑態度在一定程度上可以反映出瀧川資言對《史記正義》佚文的判定標準具有模糊性。瀧川資言在鈔録《唐張守節史記正

---

① 司馬遷撰，裴駰集解，司馬貞索隱，張守節正義《史記》卷四四，北京：中華書局，2014 年，頁 2224。

②《唐張守節史記正義佚存》，頁 432。省略號爲瀧川資言加，經查對，其中省略的内容，與舊《史記正義》重複。

義佚存》手稿時,對《史記正義》佚文的選録標準還不够成熟。其中夾雜了很多疑問而不能確定爲佚文,因此瀧川資言用朱色筆鈔録,存疑未決。基於此,瀧川資言開始利用多方資料對《史記正義》佚文進行校勘和考證。這也是《唐張守節史記正義佚存》手稿的另一價值所在。

(二)《唐張守節史記正義佚存》中的校勘記

瀧川資言利用各版本《史記》中《史記正義》佚文和傳世文獻對《唐張守節史記正義佚存》手稿作了大量的校勘記,大體有以下四種情況:

一是依據日藏古活字本《史記》慶長本欄外標記所作校勘記,如下例:

　　a. 委國事大臣。(《史記·秦始皇本紀》)

《唐張守節史記正義佚存》:"慶長本標記:'大曰政,小曰事。紀綱法度曰政,動作云爲曰事。'"①

二是依據古本校勘記《博士家本史記異字》所作校勘記。

　　b. 度九山。(《史記·夏本紀》)

《唐張守節史記正義佚存》:"(旁注:博。)《釋名》曰:'山者,産也。'按:洪水已去,九州之山川所生物産,視地所宜,商而度之,以致其(旁注:貢,博。)賦也。"②

此外,《史記正義》佚文中有與《史記集解》《史記索隱》重複的注文。瀧川資言將《史記正義》佚文與《史記集解》《史記索隱》進行比對研究,發現重複的注文中有異文異字的情況也作出標記。

三是瀧川資言在《唐張守節史記正義佚存》手稿上的標記:"與《集解》異。"

　　c. 姓姒氏。(《史記·夏本紀》)

《史記集解》:"《禮緯》曰:'祖以吞薏苡生。'"③

《唐張守節史記止義佚存》:"(旁注:博。)《禮緯》云:'禹母脩己,吞薏苡而生禹,因姓姒氏。'顧野王云:'薏苡,干珠也。'"(旁注:與《集解》異。)④

四是瀧川資言在《唐張守節史記正義佚存》上的標記:"略同《索隱》。"

---

① 《唐張守節史記正義佚存》,頁333。
② 《唐張守節史記正義佚存》,頁322。
③ 《史記》卷二,頁102。
④ 《唐張守節史記正義佚存》,頁323。

　　d. 子惠伯兒立。(《史記·管蔡世家》)

　　《史記索隱》:"按:年表作'惠公伯雉',注引孫檢,未詳何代,或云齊人,亦恐其人不注《史記》。今以王儉《七志》、阮孝緒《七録》並無,又不知是裴駰所録否?"①

　　《唐張守節史記正義佚存》:"集解孫檢曰。孫檢,或云齊人,不知何代。《史記注》內有此人,其注無別音異,略存名字而已。王儉《七志》、阮孝緒《七録》竝無,疑非裴駰所録,恐此人自加之。"②

　　此例爲張守節疏解《史記集解》中孫檢的釋文。從這些校勘記可以看出,瀧川資言在鈔録《唐張守節史記正義佚存》手稿以後,又對這些《史記正義》佚文作了校勘。此外,瀧川資言還將各本之間的文字異同一一羅列,這些校勘成果也成爲瀧川資言編纂《史記會注考證》的參考依據。

(三)《唐張守節史記正義佚存》中的考證文字

　　瀧川資言對《唐張守節史記正義佚存》手稿的考證,主要是從出處、《史記正義》標記等角度對鈔録的《史記正義》佚文進行定性、辨僞。瀧川資言不僅參考了《史記幻雲抄》《博士家本史記異字》,還用《史記正義》本身所引用的傳世文獻進行考證,尤其是《左傳》《國語》《世本》《戰國策》等。總的來看,瀧川資言對《唐張守節史記正義佚存》手稿中注文所作的判斷包括肯定、否定、闕疑三種情況。

　　第一,《史記正義》佚文出處有據,肯定爲佚文。這也是瀧川資言鈔録《唐張守節史記正義佚存》手稿和編纂《史記會注考證》的基礎。如下例:

　　a. 幼而徇齊。(《史記·五帝本紀》)

　　《唐張守節史記正義佚存》:"(旁注:博。)幼,謂七歲以下時也。(徇,音俊。齊,自稽反。楓山,三條,南化。)"③

　　其中"博"字是指《博士家本史記異字》一書,這是瀧川資言對此條佚文出處的標記。

　　第二,瀧川資言標記"不引《正義》",判定不是《史記正義》佚文。

　　a. 子胥屬其子於齊鮑氏。(《史記·吳太伯世家》)

①《史記》卷三五,頁 1899、1900。
②《唐張守節史記正義佚存》,頁 381。
③《唐張守節史記正義佚存》,頁 319。

《唐張守節史記正義佚存》:"(旁注:不引《正義》。)譙周云:'託其子於鮑氏,以爲王孫氏。'"①

　　b. 埋之北門。(《史記·齊太公世家》)

《唐張守節史記正義佚存》:"(旁注:不引《正義》。)《左傳》云:'埋其首於周首北門。'杜預云:'周首,齊邑也。北穀城縣東北周守(旁注:?)庭。'"②

上例,《唐張守節史記正義佚存》手稿中標記的"不引《正義》",指的是在鈔録之後經過進一步考證,瀧川資言認識到這類注文不是來自《史記正義》,所以採用這種形式進行標記。此外,瀧川資言通過考察注文内容和來源,判定不是《史記正義》佚文。

　　c. 秦破華陽約。(《史記·周本紀》)

《唐張守節史記正義佚存》:"《桃源抄》云:'司馬貞云約者,契約之約。宜讀:華陽之約。'陸善經云:'約,地名。華陽、約,兩地之名。'"③

　　d. 周陽。(《史記·孝景本紀》)

《唐張守節史記正義佚存》:"絳州聞喜縣東二十九里,有周陽故城。(旁注:《通鑑》注。)"④

　　e. 後十四年,晉亦不昌。(《史記·晉世家》)

《唐張守節史記正義佚存》:"劉言改葬後十四年晉君不昌也。(旁注:寬永本校注。)"⑤

以上注文中,瀧川資言的校勘記文字分別表示鈔録自《史記桃源抄》《通鑑注》和寬永本《史記》校注。最終瀧川資言在編纂《史記會注考證》時都没有選録。可以看出,瀧川資言對此持否定態度。此外,在《唐張守節史記正義佚存》手稿中還有一些被瀧川資言判定爲僞佚文而直接用朱色筆劃線塗抹的事例。如圖1左上角部分。

第三,瀧川資言在《唐張守節史記正義佚存》手稿中還使用了一些特别的

---

① 《唐張守節史記正義佚存》,頁364。
② 《唐張守節史記正義佚存》,頁367。
③ 《唐張守節史記正義佚存》,頁331。
④ 《唐張守節史記正義佚存》,頁345。
⑤ 《唐張守節史記正義佚存》,頁400。

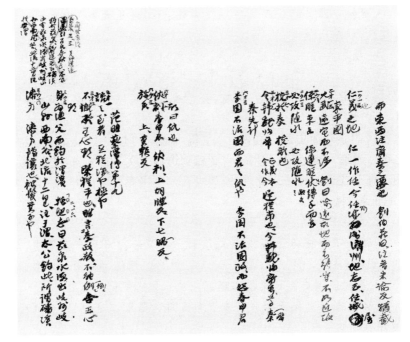

圖 1　《唐張守節史記正義佚存》手稿頁 18 表之塗抹一例

標記,比如問號、省略號、闕疑類文字以及"應再校"字眼的校勘記。這些標記符號和文字表示瀧川資言對此類注文尚存有疑問。

　　一是標記"？",表示闕疑。

　　　　a.《注》徐廣曰：深澤侯云云。(《史記·封禪書》)

　　《唐張守節史記正義佚存》:"《功臣表》曰：'頭(旁注：？)字。景帝九年,有罪絶。頭子夷胡復封。至元朔五年國除。'"①

　　瀧川資言用"云云"來表示省略,在"頭"字旁標記"？",表示瀧川資言對此注文持有疑問。

　　二是標記"應再校",表示闕疑。

　　　　a. 丏沐沐我。(《史記·外戚世家》)

　　《唐張守節史記正義佚存》:"《禮記·王制》：'湯沐之邑',《注》'給齋

①《唐張守節史記正義佚存》,頁 353。

戒自潔清之，用湯沐，用潘。'（旁注：應再校。）"①

瀧川資言首先用朱筆鈔録，然後在文末尾注：應再校。這是爲了便於之後對這條《史記正義》佚文再校所作的提醒標記。

三是標記"否《正義》歟？"，表示闕疑。

a. 以開金縢書。（《史記·魯周公世家》）

《唐張守節史記正義佚存》手稿有朱筆佚文："按《尚書》，武王崩後，周公被流言而東征，王亦未敢誚公，乃有風雨之異。此乃是周公卒後，疑太史公不見《古文尚書》，有斯乖誤矣。《古（文）［史］考》云（旁注：此條否《正義》歟？）：'金縢之事，失其本末。今據《金縢》篇中，克商二年，王有疾不愈。且武王即位崩，何將十年事終而續二年之後，得爲《金縢》之篇後？'孔安國云：'此以（旁注：已。）上在《大誥》後，因武王喪竝見之。'則誚周之言不虛誕矣。太史公有所見乃作《世家》。"②

瀧川資言將此注文中"按《尚書》……有斯乖誤矣"部分作爲《史記正義》佚文選入《史記會注考證》中。但在"《古（文）［史］考》云云"用朱筆旁注："此條否《正義》歟？"最終，後半部分注文未被選入《史記會注考證》中。由此可見，《唐張守節史記正義佚存》作爲手鈔本的底稿，在校勘的符號和文字使用方面具有不成熟、不完善等特點，在規範方面表現出一定的隨意性。

綜上可知，瀧川資言在《唐張守節史記正義佚存》手稿中對《史記正義》佚文作了初步的校勘和考辨。其成果在於校出了諸多的文字訛誤，也證僞並捨棄了部分《史記正義》僞佚文。但是，《唐張守節史記正義佚存》手稿在鈔録、批注方式等方面表現出較強的隨意性。從中也可以看出，瀧川資言對於《史記正義》佚文的判定標準還比較模糊。總的來看，瀧川資言《唐張守節史記正義佚存》手稿中的校勘、考證爲《史記會注考證》增補《史記正義》佚文奠定了文獻基礎。

二　《唐張守節史記正義佚存》取材來源考辨

一般來説，瀧川資言以東北大學所藏慶長、寬永活字本《史記》上欄"添寫

---

① 《唐張守節史記正義佚存》，頁 444。
② 《唐張守節史記正義佚存》，頁 373。

批注"爲底本鈔録了《史記正義》佚文這一事實是没有争議的。但是,有學者認爲《史記會注考證》中所見之《史記正義》佚文就是東北大學藏活字本《史記》欄外的"一千二三百條"①。實際上,這種説法是因爲瀧川資言《唐張守節史記正義佚存》手稿被埋没而不被人知所造成的誤會。

　　單從各本《史記正義》佚文數量的角度來看,這種觀點就是不成立的。東北大學藏活字本《史記》上"一千二三百條"《史記正義》佚文與瀧川資言《唐張守節史記正義佚存》有直接關係。但是,瀧川資言鈔録的《唐張守節史記正義佚存》共有 1659 條;而東北大學藏活字本《史記》上《史記正義》佚文卻是"一千二三百條",即便是之後的《史記會注考證》一書收録的《史記正義》佚文也只是 1418 條。從數字上的差額來看,《唐張守節史記正義佚存》一書顯然不只是包含東北大學藏活字本《史記》上的"一千二三百條",瀧川資言必然另有所據。三者之間不是簡單的等同關係,因此,需要重新考察瀧川資言的取材來源。

(一)東北大學藏活字本《史記》欄外"添寫批注"

　　根據小澤賢二《史記正義佚存訂補》所載校讎資料一覽,可以確定瀧川資言所見東北大學兩種藏本在《史記會注考證校補》中分别對應水澤利忠所稱之"狩"本和"野"本。筆者選擇小澤賢二《史記正義佚存訂補》所作的文獻出處標記爲依據,考察"狩"本和"野"本欄外《史記正義》佚文的數量②。經查對,小澤賢二《史記正義佚存訂補》中標記"狩"本的《史記正義》佚文共 1050 條,標記"野"本的《史記正義》佚文共 191 條,合計有 1241 條。瀧

---

① 程金造説:"此一千三百條,始於何時,録自誰手,瀧川並不清楚。而只説是依元代彭寅翁本……論其時代,它不及黄善夫三家注本《史記》早……至於千三百條之内容實質,還應作進一步考核。"見程金造《史記管窺》,西安:陝西人民出版社,1985 年,頁 102。賀次君説:"原東北大學所藏慶長、寬永活字本《史記》,即瀧川資言據以輯《正義佚存》者,亦是彭寅翁本之翻板,可知其時代並不甚早。"見賀次君《史記書録》,北京:商務印書館,1958 年,頁 229。魯實先説:"瀧川據日本僧幻雲抄本補入《史記正義》千餘條,不知《史記正義》佚文,中土自有古籍可求,無庸取之三島。"見魯實先《史記會注考證駁議》,長沙:嶽麓書社,1985 年,頁 23。

② 因爲在搜集日本藏各本《史記》欄外的《史記正義》佚文方面,小澤賢二《史記正義佚存訂補》在數量和出處的標注方面都幾乎做到了窮盡,所以説是目前可見的最全面的輯本。

川資言所説 “東北大學所藏慶長、寬永活字本《史記》,上欄添寫批注《正義》
一千二三百條” 即是指 “狩” 本和 “野” 本上的添寫批注 1241 條。

　　但是,“狩” 本和 “野” 本這兩種版本上的 “添寫批注” 重複了 145 條,所
以,“狩” 本和 “野” 本共存 1095 條《史記正義》佚文。而且經過校對,筆者發
現瀧川資言在鈔録《唐張守節史記正義佚存》和編纂《史記會注考證》時,實
際上並没有把 “狩” 本和 “野” 本中的 1095 條佚文全部鈔録進去。其中《唐張
守節史記正義佚存》中存有 “狩” 本和 “野” 本《史記正義》佚文 1050 條;而
《史記會注考證》一書中存有 “狩” 本和 “野” 本《史記正義》佚文 1045 條 ①。

　　一方面,“狩” 本和 “野” 本中的《史記正義》佚文在被瀧川資言鈔録和
編纂的過程中,都有缺失的情況發生。瀧川資言第一次手鈔的《唐張守節史
記正義佚存》缺失了 45 條,第二次編纂《史記會注考證》時,又缺失了 5 條。
最終,“狩” 本和 “野” 本中的《史記正義》佚文在《史記會注考證》中保存了
1045 條。

　　另一方面,瀧川資言《唐張守節史記正義佚存》中的《史記正義》佚文遠
遠超過 “狩” 本和 “野” 本中的《史記正義》佚文總和。這從數量上證實了瀧
川資言另據別本鈔録《史記正義》佚文的事實。據瀧川資言本人説,《唐張守
節史記正義佚存》取材還包括《史記桃源抄》《史記幻雲抄》和《博士家本史
記異字》,下文將分別考察。

(二)《史記幻雲抄》和《博士家本史記異字》

　　首先,瀧川資言所説據《史記桃源抄》增補《史記正義》佚文實際上是一
個誤會。水澤利忠在《史記之文獻學的研究》一書中説:“《史記桃源抄》上所
載《史記正義》佚文實際上是非常稀少的 ②。瀧川博士將其作爲鈔録《史記正

---

① 在《唐張守節史記正義佚存》中,實際上收録了 “狩” 本 1022 條、“野” 本 254 條,二者重
　　合的有 140 條。在《史記會注考證》中,實際上收録了 “狩” 本 1000 條、“野” 本 180 條,
　　二者重合的有 136 條。因此,在《唐張守節史記正義佚存》和《史記會注考證》中,實際
　　上有 “狩” 本和 “野” 本欄外的《史記正義》佚文分別是 1136、1044 條。
② 據水澤利忠考證:《桃源抄》實際上徵引的《史記正義》佚文極少,僅有 3 條。詳見水澤
　　利忠《史記會注考證校補》第 6 册,臺北:廣文書局,1972 年影印版,頁 4030。此處,瀧
　　川資言將幻雲在米澤市立圖書館藏《桃源抄》上添加的《史記正義》佚文誤以爲是桃源
　　所作。其原因是《桃源抄》各册的題箋上有 “桃源抄”,但是實際上是《幻雲抄》。此説同
　　見水澤利忠《史記會注考證校補》第 6 册,頁 3896。

義》佚文的資料的説法完全是一種誤解。這一誤解産生的原因是,瀧川博士所用的米澤市立圖書館藏的《桃源抄》雖然在各册題箋處都有‘《桃源抄》’標記。但是,《桃源抄》實體大部分是《幻雲抄》。”① 因此,瀧川資言所説的《史記桃源抄》實際上還是《史記幻雲抄》。

其次,《史記幻雲抄》是瀧川資言訂補《唐張守節史記正義佚存》的重要參考資料。經統計,《史記幻雲抄》中共有 945 條《史記正義》佚文②,其中出現在《唐張守節史記正義佚存》中的有 882 條。反觀《唐張守節史記正義佚存》,有 286 條《史記正義》佚文不是出自“狩”本、“野”本,而是從《史記幻雲抄》補入。由此可見,《史記幻雲抄》是瀧川資言鈔録《唐張守節史記正義佚存》的取材來源之一。

再次,《博士家本史記異字》是瀧川資言《唐張守節史記正義佚存》中前五卷《史記正義》佚文的取材來源。通過水澤利忠《史記會注考證校補》的考證可以知道:《博士家本史記異字》實際上包括《博士家本史記異字》(3 條佚文)、《博士家本史記異字中彭本》(31 條佚文)、《博士家本史記異字中韓本》(30 條佚文)三種③。而且,這些佚文僅出現在《唐張守節史記正義佚存》前五卷④,這恰好與瀧川資言的説法吻合。瀧川資言《史記正義序》説:“前田侯爵書庫有《博士家本史記異字》五卷,所録《正義》概與《桃源抄》合。”⑤ 在《唐張守節史記正義佚存》中,瀧川資言用朱筆書寫“博”字標記,代表相應的《史記

---

① 水澤利忠《史記之文獻學的研究》,見《史記會注考證校補》第 6 册,臺北:廣文書局,1972 年影印版,頁 3896。譯文由筆者譯出。

② 水澤利忠在《史記之文獻學的研究》一書中説:“瀧川博士的《正義》佚文輯集把《幻雲抄》作爲資料之一採録了大部分《幻雲抄》中的《正義》佚文。但是,《史記會注考證》中載鈔録的還有一些不能被看作是《史記正義》佚文的若干注文。現在《史記會注考證校補》中採録的《正義》佚文總計 945 條,本紀中 102 條,世家中 10 條,列傳中 833 條。”筆者根據《史記正義佚存訂補》統計得 935 條。有十條差額。

③ 其中,《中韓本》與《中彭本》二者只有一條之差,即小澤賢二《史記正義佚存訂補》第 7 條,其他條目,二者皆是同時出現。見水澤利忠《〈史記正義〉の研究》,東京:汲古書院,1994 年,頁 665。

④ 前五卷包括《五帝本紀》《夏本紀》《殷本紀》《周本紀》《秦始皇本紀》。其中,《秦本紀》缺文未録。

⑤ 瀧川資言《史記會注考證》,北京:文學古籍刊行社,1955 年影印版,《史記正義序》,頁 3。

正義》佚文鈔録自《博士家本史記異字》①。因此，《博士家本史記異字》也是瀧
川資言鈔録《唐張守節史記正義佚存》的取材來源。

（三）其他《史記》版本及其"添寫批注"

經查對，在《史記會注考證》的 1418 條《史記正義》佚文中，有 1342 條
《史記正義》佚文在《唐張守節史記正義佚存》中已存，76 條《史記正義》佚文
並未出現在《唐張守節史記正義佚存》中。這 76 條《史記正義》佚文是瀧川
資言編纂《史記會注考證》時新增補的，從來源上可以分爲四類，分述如下：

第一，從武英殿本《史記》中鈔録的《史記正義》佚文。

　　a. 其内五星，五帝坐。（《史記·天官書》）

《史記正義》佚文："群下從謀也。"②

水澤利忠《史記會注考證校補》："殿本考證：監本《正義》遺'群下從謀
也'五字，今據本書補。"③ 瀧川資言據殿本增補。

第二，從黃善夫合刻本《史記》三家注中鈔録。

　　b. 伯夷列傳第一。（《史記·伯夷列傳》）

《史記正義》佚文："老子、莊子，開元二十三年奉敕升爲列傳首，處夷、
齊上。然漢武帝之時，佛教未興，道教已設。道則禁惡，咸致正理。制禦
邪人，未有佛教可導。故列老、莊於申、韓之上。今既佛道齊妙，興法乖
流，理當居列傳之首也。"④

以上注文僅見於黃善夫合刻本《史記正義》，金陵書局本未見。瀧川資言
據黃善夫本補⑤，體現了不同《史記》版本之間注文數量的差異。水澤利忠《史

---

① 《唐張守節史記正義佚存》前五卷有朱筆標記"博"字，表明《博士家本史記異字》有此
　佚文。
② 《史記會注考證》卷二七，頁 16。
③ 水澤利忠《史記會注考證校補》卷二七，頁 15。
④ 《史記會注考證》卷六一，頁 1、2。另見國立歷史民俗博物館所藏黃善夫本《史記》第 8
　册，東京：汲古書院，1996—1998 年，頁 9。
⑤ 南宋黃善夫刊本《史記》現存一部半，其中一部全本現藏日本國立歷史民俗博物館。另
　外半部現藏中國國家圖書館。此外，東京大學、上海圖書館散存部分殘卷。本文所稱黃
　善夫本是指日本國立歷史民俗博物館所藏黃善夫本，這個本子上帶有各種"添寫批注"。
　這個本子有東京汲古書院 1996—1998 年影印版，北京國家圖書館 2018 年影印汲古書
　院版。

記會注考證校補》不載此《史記正義》佚文。

第三,從張文虎《校刊史記集解索隱正義札記》中鈔録的《史記正義》佚文。即瀧川資言還利用張文虎的校記資料作了輯佚工作。

  c. 太伯之奔荆蠻,自號句吴。(《史記·吴太伯世家》)

《史記正義》佚文:"宋忠《世本》注云:'句吴,太伯所居地名也。'"①

水澤利忠在《史記會注考證校補》中注曰:"慶、彭、淩、殿、金陵各本皆無此注,瀧川本據張文虎《校刊史記集解索隱正義札記》補。"據此可以知道,瀧川資言是吸收了張文虎的輯佚成果。另外,《唐張守節史記正義佚存》中所作的文字標記,可以作爲瀧川資言直接見到並吸收張文虎輯佚成果的旁證。如下例:

  d. 越遂復棲吴王於姑蘇之山。(《史記·越王勾踐世家》)

《唐張守節史記正義佚存》:"夫差棲於姑蘇山,轉戰于西北,敗干遂。(《札記》引《吴郡志》。)"②

瀧川資言在《唐張守節史記正義佚存》中用朱筆標記"《札記》引《吴郡志》",證實了瀧川資言根據張文虎《校刊史記集解索隱正義札記》增補《史記正義》佚文的事實。

第四,僅見於《史記會注考證》,不見於其他文獻。如下例:

  e. 明年,伐犬戎。(《史記·周本紀》)

《史記正義》佚文:"《山海經》云:'有人,人面獸身,名曰犬戎。'"③

《史記會注考證校補》不載此《史記正義》注文。此條佚文僅見於瀧川資言的《史記會注考證》,來源出處不明。這種僅見於《史記會注考證》中、不見於他本的《史記正義》佚文到底從何而來、是真是假等問題還未得到解決。這一類注文雖然數量不多,但是説明了一個問題,那就是瀧川資言編纂《史記會注考證》時所作的《史記正義》佚文輯補工作並非僅僅從東北大學藏慶長、寬永本《史記》欄外的"添寫批注"和《史記幻雲抄》鈔録而來,還包括了其他傳世文獻。這是前輩學者對《史記正義》佚文來源認識不全面的地方。

---

①《史記會注考證》卷三一,頁 3。

②《唐張守節史記正義佚存》,頁 421。此佚文又見於瀧川資言《史記會注考證》卷四一,頁 13。注:",'敗干遂'作'敗于遂'。"

③《史記會注考證》卷四,頁 13。

總體來看,瀧川資言《唐張守節史記正義佚存》主體上是以東北大學藏慶長、寬永活字本《史記》爲底本,參考《史記幻雲抄》《博士家本史記異字》增補和校勘而成,還有少量來源於其他刊本《史記》欄外的"添寫批注"和傳世文獻中徵引的《史記正義》注文。這就充分説明,瀧川資言所輯《史記正義》佚文來源有據。對於《史記正義》佚文來源的質疑,可予以強有力的回應。

三　《唐張守節史記正義佚存》傳存考察

現有的《史記正義》佚文輯本有瀧川資言的《唐張守節史記正義佚存》手稿和《史記會注考證》、水澤利忠的《史記會注考證校補》、張衍田的《史記正義佚文輯校》、小澤賢二的《史記正義佚存訂補》五種①。各種輯本所存《史記正義》佚文的數量各不相同。《唐張守節史記正義佚存》手稿是第一個輯本,也是瀧川資言編纂《史記會注考證》的重要參考資料,是各輯本增補研究的基礎。因此,本節將以《唐張守節史記正義佚存》手稿爲中心,對主要輯本中的《史記正義》佚文進行比較研究,考察《史記正義》佚文的傳存情況。

(一)《史記正義》佚文各輯本對比研究

首先,筆者將《唐張守節史記正義佚存》手稿與《史記會注考證》進行比較研究。可以發現,《唐張守節史記正義佚存》手稿全書鈔録有 1724 條《史記正義》佚文,除去重複,共有 1642 條②。根據張衍田《史記正義佚文輯校》的統

---

① 其中,張衍田將《史記會注考證》和《史記會注考證校補》中的《史記正義》佚文整合、編序、考訂,有一點參考價值,但是沒有新增《史記正義》佚文。故不作爲比對研究的對象。
② 需要説明的是,《唐張守節史記正義佚存》總數是 1724,其中,有 77 條舊《史記正義》、5 條重複類注义,共 82 條,現分別標記所在位置,如下:
　　第一,《唐張守節史記正義佚存》中有一部分是與舊《史記正義》佚文重複的注文,凡 77 條。瀧川在輯補過程中,在上卷《三王世家第三十》終處,又補鈔了三家注合刻本《秦本紀》及《秦始皇本紀》的部分《史記正義》七。未知是何緣故。另外,其他篇目中散見有舊《史記正義》注文,誤被瀧川資言鈔録在《唐張守節史記正義佚存》中。經查對有舊《史記正義》注文 77 條:331 頁 1 條、332 頁 5 條、346 頁 1 條、370 頁 1 條、461—474 頁 64 條、497 頁 1 條、499 頁 1 條、516 頁 1 條、627 頁 1 條、629 頁 1 條。以上頁碼以 2019 年出版的中華書局本《唐張守節史記正義佚存》爲依據。
　　第二,《唐張守節史記正義佚存》一書在頁面天頭位置對鈔録的《史記正義》(轉下頁)

計可知,瀧川資言《史記會注考證》和水澤利忠的《史記會注考證校補》兩書中共有 1645 條《史記正義》佚文。其中《史記會注考證》中有 1418 條,《史記會注考證校補》中有 227 條①。

　　經過一一比對,筆者發現:《史記會注考證》中有 1342 條佚文可以在《唐張守節史記正義佚存》手稿中找到;另外,有 76 條《史記正義》佚文在《唐張守節史記正義佚存》手稿中未能找到。因此,瀧川資言《史記會注考證》中的大部分佚文與《唐張守節史記正義佚存》手稿重合,而另外的 76 條佚文是瀧川資言鈔録《唐張守節史記正義佚存》手稿之後的新發現。與此同時,瀧川資言編纂《史記會注考證》時捨棄了《唐張守節史記正義佚存》手稿中近三百條注文②。

　　其次,水澤利忠《史記會注考證校補》一書在將《史記會注考證》中 1418 條《史記正義》佚文在各本中的存、佚情況一一標示出來的基礎上,新增《史記正義》佚文 227。將《唐張守節史記正義佚存》手稿與《史記會注考證校補》一書進行比較。筆者發現,《史記會注考證校補》中除有 123 條與《唐張守節史記正義佚存》手稿相重合之外,有 104 條《史記正義》佚文是水澤利忠獨立發現的。因此,從客觀的角度説,《史記會注考證校補》一書中與《唐張守節史記正義佚存》手稿一書不重合的 104 條,纔是水澤利忠在《史記正義》佚文輯補方面所作出的新貢獻③。

（接上頁）作有注釋。其中,有重出注文 5 條。這 5 條《史記正義》佚文或是完全重鈔,或是在文字上與正文有較小的差異。但是,這些都不是新出現的《史記正義》佚文,因此在數目上沒有影響,故視作重出。重複出現的注文 5 條:335 頁 1 條、346 頁 1 條、364 頁 1 條、377 頁 1 條、514 頁 1 條。以上頁碼以 2019 年出版的中華書局本《唐張守節史記正義佚存》爲依據。

① 張衍田《史記正義佚文輯校》,北京:北京大學出版社,1985 年,序言之頁 4。

② 這裏的餘數近三百條是查對後剩餘的書目,不是總數 1642 減去 1342 的結果。因爲比較研究發現,瀧川資言《史記會注考證》中的《史記正義》佚文與《唐張守節史記正義佚存》中佚文並非一一對應,二者之間有一對多和多對一的情況。

③ 這 123 條佚文便得以依託《史記會注考證校補》一書傳存。水澤利忠之後親見《唐張守節史記正義佚存》一書,發現了這一現象,並在《〈史記正義〉の研究》序言中説"自己搜集的 227 條佚文中有 105 條注文已在《唐張守節史記正義佚存》中出現。但未知瀧川捨棄這些注文的原因"。小澤賢二也曾做過這一比對研究,在發表於京都大學人（轉下頁）

　　再次，小澤賢二《史記正義佚存訂補》一書除了將瀧川資言《史記會注考證》和水澤利忠《史記會注考證校補》重新校勘之外，又增補了29條《史記正義》佚文。將《唐張守節史記正義佚存》手稿與小澤賢二《史記正義佚存訂補》進行比較，筆者發現在29條新增《史記正義》中，有7條在《唐張守節史記正義佚存》手稿中已經被鈔録。亦即是説，小澤賢二實際上新發現了22條《史記正義》佚文。在京都大學人文研究科《中心研究年報（2013）》（《センター研究年報2013》）中，小澤賢二發表的《唐張守節史記正義佚存》一文也曾做過比對研究，文章指出：“《唐張守節史記正義佚存》中有7條甚至是《史記會注考證》和《史記會注考證校補》都未曾見到的佚文。”①

　　總之，《唐張守節史記正義佚存》手稿中的《史記正義》佚文，被瀧川資言保存了1342條、水澤利忠重拾123條、小澤賢二再拾7條。因此，實際上有1472條被保存，這些是《唐張守節史記正義佚存》手稿中被日本學者傳存下來的部分。

　　最後，除了以上被三本著作收録的部分，《唐張守節史記正義佚存》手稿中還剩下有164條注文没有被收録。對這些被捨棄的佚文再進行考察，可以發現這些佚文的情況各有不同。其中有一部分，經瀧川資言考證不是《史記正義》佚文，這一部分或被作爲考據資料引用到《史記會注考證》的“考證”部分，或直接被捨棄不録。另有一部分未經瀧川資言考證，徑直被删去。總之，《唐張守節史記正義佚存》手稿中的注文共有三種去向：一是被瀧川資言收録在《史記會注考證》中；二是被水澤利忠《史記會注考證校補》、小澤賢二《史記正義佚存訂補》補録；三是既未被瀧川資言收録，也未被水澤利忠和小澤賢二補録，最終被捨棄的部分。具體情況列表如下：

　　（接上頁）文研究科2013年年報中的《唐張守節史記正義佚存·書志》一文指出：“水澤利忠博士《史記會注考證校補》發現的227條《史記正義》佚文中，已有108條爲《〈史記正義〉佚存》所存，另有7條甚至是《史記會注考證校補》亦未曾見到的佚文。”雖然日本兩位學者查對的數字與筆者查對的123條不一致，但是重合的現象是毋庸置疑的。

① 水澤利忠説105條與《唐張守節史記正義佚存》重合；小澤賢二説108條與《唐張守節史記正義佚存》重合，另有7條甚至是水澤利忠《史記會注考證校補》未曾見到。本文查對有123條與《唐張守節史記正義佚存》重合，另有171條是水澤利忠《史記會注考證校補》未曾見到的。但是，這171條中有多少是真《史記正義》佚文，尚需要仔細考證。

表 1　《唐張守節史記正義佚存》手稿中佚文傳存情況

佚文來源 佚文版本	《史記會注考證》	《史記會注考證校補》增補	《史記正義佚存訂補》增補	各輯本未收録部分	合計
《唐張守節史記正義佚存》手稿	1342	123	7	164	1635*
其他來源	76	104	22	—	204
合計	1418	227	29	164	—

　　* 除去重複，《唐張守節史記正義佚存》手稿有 1642 條佚文，數目上有 7 條差額，是由於《唐張守節史記正義佚存》手稿中的佚文被轉録的過程中，存在將一條拆分爲兩條、三條，或者有的兩條被合併爲一條的情況，特此説明。

（二）從《唐張守節史記正義佚存》到《史記會注考證》

　　從鈔録《唐張守節史記正義佚存》手稿到編纂《史記會注考證》，瀧川資言在《史記正義》佚文的來源考察、文字校勘、真僞判定、價值判斷等諸多方面都有精深的考證。可以説，瀧川資言是有意識、有條件地選取了《唐張守節史記正義佚存》手稿中的《史記正義》佚文補入《史記會注考證》。被選入《史記會注考證》中的《史記正義》佚文一直以來是學術界研究的焦點。除此之外，還有不被作爲《史記正義》佚文而被捨棄的部分，其中一部分被直接捨棄，還有一部分被《史記會注考證》當作參考資料應用在“考證”部分。總起來看，《唐張守節史記正義佚存》手稿中被瀧川資言捨棄的注文有三種去向：第一種是被瀧川資言捨棄而湮没；第二種則是被《史記會注考證》作爲考據材料加以引用；第三種是被水澤利忠、小澤賢二從其他文獻資料中再次輯得。詳述如下：

　　一是被瀧川資言捨棄而湮没的部分。

　　《唐張守節史記正義佚存》手稿中有 120 多條注文没有特別的標記和注釋，瀧川資言《史記會注考證》捨棄未録。此後，在水澤利忠的《史記會注考證校補》和小澤賢二編《史記正義佚存訂補》中也均未被收録。根據注文的内容，可以把這一類佚文分爲以下幾種情況：

　　（1）訓詁類注文。

　　　a. 其女娃嬴。（《史記·趙世家》）

《唐張守節史記正義佚存》："娃，於佳反。孟，長也。姚，舜姓也。"①

此例在黄善夫本"添寫批注"中没有"《正義》曰"三字標記。可知是旁注，疑非《史記正義》佚文②。

　　b. 六極：一曰凶短折，二曰疾，三曰憂，四曰貧，五曰惡，六曰弱。（《史記・宋微子世家》）

《唐張守節史記正義佚存》："疾，孔安國云：常抱疾苦。憂，常憂苦。貧，困於賕。"③

此例在黄善夫本"添寫批注"中没有"《正義》曰"三字標記④，疑非《史記正義》佚文。除此之外，在《唐張守節史記正義佚存》手稿中有大量的注音、釋義類注文被瀧川資言捨棄。這類注文在三家注合刻時就是被删削的主要對象，瀧川資言在編纂《史記會注考證》中時亦未收録。

　　（2）校勘記類注文。

　　a. 播時百穀。（《史記・五帝本紀》）

《唐張守節史記正義佚存》："鄒云：'時，是也。音如字。或作蒔，音侍。'"⑤

此例在黄善夫本"添寫批注"中，没有"《正義》曰"標記，而是標記爲"師説"⑥。應是添寫批注作者移録別書批注。

　　b. 召公奭贊采。（《史記・周本紀》）

《唐張守節史記正義佚存》："《禮樂志》引《史記》'贊采'作'貢兵'。鄒誕生作'贊策'。"⑦

此例見於黄善夫本"添寫批注"中，也没有"《正義》曰"標記⑧。疑此二例非《史記正義》佚文。這類注文應是其他《史記》相關文獻中的校勘記，批注作者鈔録備考。

---

① 《唐張守節史記正義佚存》，頁429。
② 日本國立歷史民俗博物館所藏黄善夫本《史記》第7册，頁46。
③ 《唐張守節史記正義佚存》，頁394。
④ 日本國立歷史民俗博物館所藏黄善夫本《史記》第6册，頁279。
⑤ 《唐張守節史記正義佚存》，頁321。
⑥ 日本國立歷史民俗博物館所藏黄善夫本《史記》第1册，頁178。
⑦ 日本國立歷史民俗博物館所藏黄善夫本《史記》第1册，頁327。
⑧ 日本國立歷史民俗博物館所藏黄善夫本《史記》第1册，頁318。

（3）版本異文類注文。

  a. 奇正相生。（《史記·田單列傳》）

  《唐張守節史記正義佚存》：“《正義》本作‘相當’。”[①]

  b. 少時陰賊。（《史記·遊俠列傳》）

  《唐張守節史記正義佚存》：“《正義》作‘陰城賊’。”[②]

  根據這類注文可知，唐代應有多種《史記》古本流存，且張守節所據底本與《史記集解》《史記索隱》底本不同。而幻雲又把張守節《史記正義》單注本作爲校勘《史記》三家注的參考資料，校勘、標注了大量異文異字，爲我們展示了《史記正義》舊本史之原貌。因此，筆者認爲此類注文不應作爲《史記正義》佚文看待，應是鈔録者所作的校勘記。瀧川資言根據日本公私藏古本《史記》鈔録了這類注文，最終没有作爲《史記正義》佚文編纂到《史記會注考證》中去。

  （4）轉引古注類注文。

  a. 司星。（《史記·宋微子世家》）

  《唐張守節史記正義佚存》：“《淮南子》高誘《注》云：‘司星者，今之太史官。’”[③]

  b. 令使謂秦繆公。（《史記·晉世家》）

  《唐張守節史記正義佚存》：“《左傳》云：‘若使燭之武至秦軍，師必退。’杜預云：‘燭之武，鄭大夫。’”[④]

  a 例見於黄善夫本“添寫批注”中，但是没有“《正義》曰”標記[⑤]。b 例，黄善夫本未見。疑此二例非《史記正義》佚文。張守節在其書中引用了大量古籍文獻，如《國語》《戰國策》《左傳》《漢書》《淮南子》等，以及杜預、孔安國、顏師古、劉伯莊、顧野王、高誘等人所作經傳古注。這些注文也都被瀧川資言捨棄不録。

  （5）疏解《史記集解》類注文。

  a. 俀私事襄仲。（《史記·魯周公世家》）

---

① 《唐張守節史記正義佚存》，頁 515。

② 《唐張守節史記正義佚存》，頁 614。

③ 《唐張守節史記正義佚存》，頁 396。

④ 《唐張守節史記正義佚存》，頁 407。

⑤ 日本國立歷史民俗博物館所藏黄善夫《史記》第 6 册，頁 294。

《史記集解》：“服虔曰：‘襄仲，公子遂。’”①

《唐張守節史記正義佚存》：“服虔曰：‘襄仲，公子遂也。’《世本》云：‘莊公，無襄仲。按，居東門，因號曰東門襄仲也。’”②

此例見於黃善夫本“添寫批注”中，没有“《正義》曰”標記③，瀧川資言在《史記會注考證》中捨棄不録，疑非《史記正義》佚文。

　　b. 修己而不責人，則免於難。太子帥師，公衣之偏衣。(《史記·晉世家》)

《史記集解》：“服虔曰：‘偏裻之衣。’”

《唐張守節史記正義佚存》：“顧野王云：‘裻，背縫。’”④

《史記會注考證》之【考證】：“顧野王曰：‘裻，背縫。’”⑤

以上 b 例見於黃善夫本“添寫批注”中：“顧野王云：‘裻，縫。’”没有“《正義》曰”標記⑥，疑非《史記正義》佚文。瀧川資言在鈔録過程中誤增“背”字，以致在編纂《史記會注考證》時，作爲疏解《史記集解》的文字引入“考證”部分，同時也沿襲了這一失誤。這類注文雖然没有被瀧川資言作爲《史記正義》佚文收録，但是，被有所選擇地吸收在《史記會注考證》中。從這個角度看，瀧川資言在鈔録《唐張守節史記正義佚存》手稿時，《史記正義》佚文的判定標準還不成熟。

　（6）考釋史實類注文。

　　a. 趙聽將渠，解燕圍。(《史記·燕召公世家》)

《唐張守節史記正義佚存》：“言將渠初諫燕王，不令伐趙。趙人聞之，必將渠受和者，以識與己之徵故也。”⑦

　　b. 所以形服。(《史記·田敬仲完世家》)

《唐張守節史記正義佚存》：“形服見齊之形勢，燕、楚所以服。”⑧

---

①《史記》卷三三，頁 1857。

②《唐張守節史記正義佚存》，頁 376。

③ 日本國立歷史民俗博物館所藏黃善夫本《史記》第 6 册，頁 145。

④《唐張守節史記正義佚存》，頁 398。

⑤ 瀧川資言《史記會注考證》卷三九，頁 17。

⑥ 日本國立歷史民俗博物館所藏黃善夫本《史記》第 6 册，頁 321。

⑦《唐張守節史記正義佚存》，頁 379。

⑧《唐張守節史記正義佚存》，頁 439。

　　以上二例在黄善夫本中存,但是都没有"《正義》曰"三字標記①,疑此兩例非《史記正義》佚文。

　　(7)地理注釋類注文。

　　　　a. 繁龐。(《史記·魏世家》)

　　　　《唐張守節史記正義佚存》:"繁龐,蓋在同州。"②

　　此例在黄善夫本《史記》欄外的"添寫批注"中没有"《正義》曰"三字標記,疑非《史記正義》佚文③。需要説明的是,《唐張守節史記正義佚存》這類解釋山川地望的注文大量地被瀧川資言捨棄。

　　(8)轉引《戰國策注》所引《史記正義》注文。

　　　　a. 南有碣石。(《史記·燕召公世家》)

　　　　《唐張守節史記正義佚存》:"《策》注:'碣石山在平州,燕東南。'"④

　　　　b. 吾將胡服騎射。(《史記·趙世家》)

　　　　《唐張守節史記正義佚存》:"《趙策》:'吴師道《注》引《正義》云:胡服,今時服。廢除裘裳也。'"⑤

　　以上,a 例瀧川資言鈔録在《唐張守節史記正義佚存》的《燕召公世家》一卷,然而,"南有碣石"實則應屬《蘇秦列傳》一卷;b 例瀧川資言鈔録在《唐張守節史記正義佚存》的《趙世家》一卷。然而,此二例注文在黄善夫本中未見,瀧川資言《史記會注考證》亦未録。之所以將《戰國策注》徵引的《史記正義》注文單作一類,是因爲有七條標記了出自《戰國策注》的注文被瀧川資言鈔録在《唐張守節史記正義佚存》手稿的天頭位置。而這種補録説明了瀧川資言是在鈔録手稿以後,又以《戰國策注》爲輯補材料增補《史記正義》佚文。這也證實了前文所説瀧川資言從傳世文獻輯補《史記正義》佚文的説法。

　　(9)無實際内容類注文。

　　　　a. 蕭桐姪子。(《史記·晉世家》)

---

① a 例見於日本國立歷史民俗博物館所藏黄善夫本《史記》第 7 册,頁 215。b 例見於日本國立歷史民俗博物館所藏黄善夫本《史記》第 6 册,頁 179。

②《唐張守節史記正義佚存》,頁 432。

③ 日本國立歷史民俗博物館所藏黄善夫本《史記》第 7 册,頁 113。

④《唐張守節史記正義佚存》,頁 377。此注重出,見該書頁 487《蘇秦列傳》卷:"《燕策》注引《正義》:'碣石山在平州,燕東南。'"

⑤《唐張守節史記正義佚存》,頁 429。

《唐張守節史記正義佚存》：“解在《齊世家》也。”①

b. 鄔郢。（《史記·平原君虞卿列傳》）

《唐張守節史記正義佚存》：“《通鑑注》引《史記正義》曰。”②

以上兩例,在黃善夫本中未見。其中 a 例採用互見法。但是,經查對,《史記·齊世家》中僅有“蕭桐叔子”③,而無相關的《史記正義》注文,可知張守節注文已佚。b 例注文脫落,無實際内容。

總體來看,以上被瀧川資言捨棄的注文,其中大多數在黃善夫本《史記》中没有出現,或没有“《正義》曰”標記,最終瀧川資言在《史記會注考證》中没有鈔録進去。另有一些從古籍注書鈔録的《史記正義》佚文也未被選録,如《戰國策注》《通鑑注》④等轉引的《史記正義》注文。由此可見,瀧川資言對於鈔録《史記正義》佚文,基本上以“《正義》曰”標記爲依據。而且,在鈔録《唐張守節史記正義佚存》手稿之後,編纂《史記會注考證》之前,《史記正義》佚文的判定標準逐漸形成。

二是被《史記會注考證》作爲考據材料加以引用部分。

（1）具體來看,瀧川資言在鈔録的過程中對一部分條目作了考證、校勘工作。其中有的是標記注文的出處,然後被引用在《史記會注考證》中。如下例：

a. 寧秦。（《史記·曹相國世家》）

《唐張守節史記正義佚存》：“秦,作泰。”⑤

《史記會注考證》之【考證】：“《桃源抄》云：‘《正義》本：寧秦作寧泰。’楓、三本,亦作‘寧泰’。”⑥

上例是幻雲校勘記,與前文瀧川資言的徑直捨棄不同,此處瀧川資言將其作爲考證資料使用。可見,瀧川資言不把這類注文作爲《史記正義》佚文,而只取其校勘價值。

（2）瀧川資言未標記來源,直接加以引用。如：

a. 秦楚争彊,而公徐過楚以收韓,此利於秦。（《史記·樗里子甘茂列

---

① 《唐張守節史記正義佚存》,頁 409。

② 《唐張守節史記正義佚存》,頁 506。

③ 《史記》卷三二,頁 1812。

④ 前文已論：瀧川資言從《通鑑注》鈔録了胡三省徵引的《史記正義》,但没有作爲佚文輯補。

⑤ 《唐張守節史記正義佚存》,頁 448。

⑥ 《史記會注考證》卷五四,頁 7。

傳》）

《唐張守節史記正義佚存》：“劉伯莊云：‘過，猶毁責也。’”①

《史記會注考證》之【考證】：“劉伯莊曰：‘過，猶毁責也。’”②

b. 佩之金玦。（《史記·晉世家》）

《唐張守節史記正義佚存》：“顧野王云：‘玦如環而缺不連。’”③

《史記會注考證》之【考證】：“顧野王曰：‘玦如環而缺不連。’”④

以上 a 例在黃善夫本中未見，b 例在黃善夫本存，但是没有“《正義》曰”標記⑤。疑非《史記正義》佚文。瀧川資言在《史記會注考證》中直接作爲考據資料引用，而不作爲《史記正義》佚文。

（3）瀧川資言標記注文出處，並作爲考據材料引用。如下例：

a. 姓公孫，名曰軒轅。（《史記·五帝本紀》）

《唐張守節史記正義佚存》：“（旁注：《博》。）鄒曰：‘作軒冕之服，故曰軒轅。’”⑥

《史記會注考證》之【考證】：“《大戴禮·帝系篇》：‘少典産軒轅，是爲黄帝。’《博士家本史記異字》引鄒誕生《音》云：‘作軒冕之服，故曰軒轅。’愚按：《大戴禮·五帝德》無‘姓公孫’三字，未詳史公所本。崔述曰：‘公孫者，公之孫也。公族未及三世則無氏，氏之以公孫，非姓也，況上古之時，安有是哉！’”⑦

上例注文明顯是校勘記文字，瀧川資言標明了注文的來源，然後作爲考據資料對史文進行校勘、注解。這爲考釋《史》文提供了幫助。可以證實，此例不是《史記正義》佚文。

（4）瀧川資言考辨、判定注文後標注“不引《正義》”，意指不是《史記正義》佚文。這類注文應是後人旁注，但是也被瀧川資言引用作爲《史記會注考證》的考證材料。舉例如下：

---

① 《唐張守節史記正義佚存》，頁 497。

② 《史記會注考證》卷七一，頁 17。

③ 《唐張守節史記正義佚存》，頁 398。

④ 《史記會注考證》卷三九，頁 17。

⑤ 日本國立歷史民俗博物館所藏黃善夫本《史記》第 6 册，頁 321。

⑥ 《唐張守節史記正義佚存》，頁 319。

⑦ 《史記會注考證》卷一，頁 4。

　　a. 巨公。(《史記·封禪書》)

　　《唐張守節史記正義佚存》:"(不引《正義》)張晏云:天子爲天下父,故曰巨公。"①

　　《史記會注考證》之【考證】:"《漢志》'巨'作'鉅'。張晏曰:'天子爲天下父,故曰巨公。'"②

　　上例,在黄善夫本《史記》欄外的"添寫批注"中没有"《正義》曰"三字標記③。瀧川資言明確其非《史記正義》注文,因此不予選録。但是,因爲這些注文具有釋讀《史記》的價值,而被瀧川資言作爲考證材料加以利用。可見,瀧川資言對這些欄外"添寫批注"資料的重視態度。

　　《唐張守節史記正義佚存》手稿中的注文,要麽被瀧川資言作爲《史記正義》佚文選録在《史記會注考證》中,要麽被捨棄不録。而被捨棄的部分或被瀧川資言作爲考證資料加以利用而發揮其價值,或被瀧川資言捨棄便湮没不存。此外,被水澤利忠、小澤賢二從其他文獻資料中再次輯得的部分可見於相應的《史記正義》佚文輯本,兹不贅述。

　　總的來看,《唐張守節史記正義佚存》手稿與《史記會注考證》是兩個不同的《史記正義》佚文輯本,二者有明顯的區别:一是取材來源不同,其中《史記會注考證》的取材更加廣泛。二是文本形態不同,《唐張守節史記正義佚存》手稿是瀧川資言手鈔本,在文本形態上更具隨意性,而《史記會注考證》是刊行本,後者經過整理、校對,更加嚴謹。三是實際數量不同,《唐張守節史記正義佚存》手稿中共有 1659 條注文,而《史記會注考證》中共有 1418 條。四是研究程度不同,學界對《史記正義》佚文的研究都是以《史記會注考證》爲底本展開的,而《唐張守節史記正義佚存》手稿一直流傳民間,没有得到充分研究。

　　但是,二者之間也有非常密切的關係:一是繼承關係,《史記會注考證》中的《史記正義》佚文大體上與《唐張守節史記正義佚存》手稿重合,同時接受了手稿中的校勘、考證成果。二是發展關係,《史記會注考證》一定程度上繼承了《唐張守節史記正義佚存》手稿的判定標準,但是表現出明顯的發展關係。總體而言,瀧川資言《史記會注考證》對《史記正義》佚文的判定標準更

---

① 《唐張守節史記正義佚存》,頁 357。

② 《史記會注考證》卷二八,頁 74。

③ 日本國立歷史民俗博物館所藏黄善夫本《史記》第 2 册,頁 454。

加嚴謹、明確。同時,在文獻方面既繼承了《唐張守節史記正義佚存》,同時也有所擴展,新輯 76 條《史記正義》佚文是《史記會注考證》的特別價值。

(三)從《唐張守節史記正義佚存》到《史記會注考證校補》

經統計,從《唐張守節史記正義佚存》到《史記會注考證校補》,有 123 條《史記正義》佚文被瀧川資言捨棄,而被水澤利忠從其他文獻資料中再次輯得。那麼,瀧川資言到底爲什麼捨棄這 123 條佚文呢? 如果說被捨棄的《史記正義》佚文是瀧川資言所判定的僞佚文,那麼,被水澤利忠再次輯得的《史記正義》佚文將作何解釋呢? 筆者嘗試根據瀧川資言對其中部分佚文所作的校勘記,探討瀧川資言捨棄這些注文的依據和思路。

(1)瀧川資言校記"慶本標記",表示鈔録自慶長本《史記》欄外的添寫批注。

　　a. 百姓昭明,合和萬國。(《史記·五帝本紀》)

　　《唐張守節史記正義佚存》:"《正義》:合,作叶。(慶本標記。)"①

經水澤利忠考證,這條注文見於"梅、崇、狩、中彭、中韓本"②。值得注意的是,校勘類的《史記正義》佚文是瀧川資言捨棄的主要類別。同時,《唐張守節史記正義佚存》手稿說明此注文是"慶本標記",而帶有這種校勘標記的注文往往是瀧川捨棄不録的。筆者認爲此類注文並非是《史記正義》佚文,應視作鈔録者根據張守節《史記正義》對通行本所作的校勘記,後文將對此類校勘記進行全面整理。

(2)瀧川資言標記"多訛誤,不可讀"。

　　a—1. 以雞卜。(《史記·封禪書》)

　　《唐張守節史記正義佚存》:"鼠卜者,左邊安吉門,用竹箆長四寸,墨並塗通(累)[黑],並安齊等,布粳米七粒置門。右邊安凶門,用粉塗通(日)[白],安置如前,亦米。咒曰:'靈姑今十玄,事若吉,食門外米,仍屎尿凶門下。'"③

　　a—2. 以雞卜。(《史記·孝武本紀》)

　　△《史記正義》佚文:"鼠卜者,左邊安吉門,用竹箆長四寸,墨塗通

---

① 《唐張守節史記正義佚存》,頁 320。
② 《史記會注考證校補》卷一,頁 26。意指日藏此五種本子載有此《史記正義》佚文。
③ 《唐張守節史記正義佚存》,頁 359。

黑,並安齊等,布粳米七粒置門,右邊安凶門,用粉塗通白,安置如前,亦米。咒曰:'炙姑今十玄事,若吉,食門外米,仍屎尿凶門下。'"①

　　a—1中,瀧川資言在此注文對應的天頭上注曰:"多訛誤,不可讀。"可知是因爲注文雜亂訛誤,故捨棄不錄。a—2中,水澤利忠根據多種資料進行校勘、整理,疏通注文,又加以補錄。

　　(3)瀧川資言標記"慶校注不言《正義》"。

　　　　a. 弗辟而攝行政者。(《史記·魯周公世家》)

　　《唐張守節史記正義佚存》:"《正義》曰:'辟,音避。'(旁注:通行本。)又屏亦反。辟,君也。言我所以不君魯、攝行政,名爲成王少,恐天下叛周也。言不辟者,以成王少,不避管、蔡之流言。(慶校注,不言《正義》。)"②

　　　　△《史記正義》佚文:"'辟,音避'下有'又并亦反,辟,君也。言我所以不君魯、攝行政者,爲成王少,恐天下叛周也。言不辟者,以成王少,不避管、蔡之流言'。"③

　　"慶校注不言《正義》",應是瀧川資言的考證結論,這一標記在慶長本中被判定不是《史記正義》佚文,所以瀧川資言捨棄不錄。但是,水澤利忠重新考證指出,此佚文分別見於"南化、楓、栰、三"等版本④。筆者查對發現,此注在黄善夫本《史記》中存,但是卻没有"《正義》曰"三字標記⑤,可以確認不是《史記正義》佚文。因此,瀧川資言正確,水澤利忠校補失誤。這就説明,水澤利忠在進行增補的過程中也有誤輯旁注的情況發生。尤其是瀧川資言已然考證並標記"不言《正義》"的這類注文是應當捨棄的。

　　(4)瀧川資言標記"有缺文",説明注文不完整,故瀧川資言不予選錄。

　　　　a. 世俗之言匈奴者。(《史記·匈奴列傳》)

----

①《史記會注考證校補》卷一二,頁44。《孝武本紀》與《封禪書》重文,瀧川資言將這一部分的《史記正義》佚文安插在《封禪書》中,而水澤利忠安插在《孝武本紀》中,故二者標記的《史記》所在位置不同。標記"△"的條目爲水澤利忠《史記會注考證校補》一書中的《史記正義》佚文。

②《唐張守節史記正義佚存》,頁371。

③《史記會注考證校補》卷三三,頁10。

④《史記會注考證校補》卷三三,頁10。

⑤ 日本國立歷史民俗博物館所藏黄善夫本《史記》第6册,頁121。

《唐張守節史記正義佚存》："世俗説匈奴者患苦。(有缺文)"①

△《史記正義》佚文："言世俗説匈奴者患者。"②

據此可知,瀧川資言在《唐張守節史記正義佚存》手稿中所説的"有缺文"是指此條佚文文字缺失,語句不通,意義不明。水澤利忠經過校勘之後加以補録。

（5）瀧川資言標記"與《集解》如淳説複"。

　　a. 治行。(《史記·汲鄭列傳》)

《史記集解》："如淳曰:'治行謂莊嚴也。'"③

《唐張守節史記正義佚存》："(治行,謂莊嚴也。) 與《集解》如淳説複。"④

　　△《史記正義》佚文："治行,謂莊嚴也。"⑤

《史記正義》作爲疏解《史記集解》的注本,張守節不應僅僅重鈔《史記集解》作爲注文。從"與《集解》如淳説複"這一標記,可以明顯看出瀧川資言是因爲《史記正義》佚文與《史記集解》重複,而且,瀧川資言加以括弧,表示懷疑,故不予選録。但是,水澤利忠《史記會注考證校補》將其作爲佚文重新增補進來。筆者懷疑此《史記正義》佚文是不完整的。

（6）瀧川資言標記"博士本"。

　　a. 桃林之虚。(《史記·周本紀》)

《唐張守節史記正義佚存》："《博士本》:'虚,音墟。墟,廢林也。'"⑥

　　△《史記正義》佚文："虚,音墟,廢林也。"⑦

實際上,這一注文在黃善夫本《史記》中没有"《正義》曰"三字標記⑧。此條佚文應是《博士家本史記異字》的"師説"注文,疑非《史記正義》佚文。瀧川資言捨棄不録的做法是正確的,而水澤利忠將其補録在《史記會注考證校

---

①《唐張守節史記正義佚存》,頁 571。

②《史記會注考證校補》卷一一〇,頁 41。

③《史記》卷一二〇,頁 3781。

④《唐張守節史記正義佚存》,頁 595。

⑤《史記會注考證校補》卷一二〇,頁 7。

⑥《唐張守節史記正義佚存》,頁 328。

⑦《史記會注考證校補》卷四,頁 38。

⑧ 日本國立歷史民俗博物館所藏黃善夫本《史記》第 1 册,頁 325。

補》中是不正確的。

（7）瀧川資言標記“《桃源抄》”。

    a. 亦有所據。（《史記·龜策列傳》）

    《唐張守節史記正義佚存》：“《桃源抄》：‘據，音倨，敖也。’”①

    △《史記正義》佚文：“據，音倨，教也。”②

瀧川資言捨棄此注文不作爲《史記正義》佚文，但是這一注文被作爲考證資料引用到“考證”中。《史記會注考證》：“《桃源抄》云：‘據，音倨，教也。罔、網同。數，音朔，細也。’”③ 並且，《史記會注考證》所引比《唐張守節史記正義佚存》手稿中多了“罔、網同。數，音朔，細也”八字。在黃善夫本《史記》中也没有“《正義》曰”三字標記④。疑非《史記正義》佚文，應是水澤利忠誤鈔。

總之，在水澤利忠重拾的《史記正義》佚文中，其中有一部分標記有“《正義》曰”三字，這一類應當是《史記正義》佚文無誤。另外，有一部分在黃善夫本《史記》中没有“《正義》曰”三字標記的後人旁注，且已經被瀧川資言判定是僞佚文。這説明水澤利忠的鈔録標準是明確的，但是偶有誤鈔的情況發生。因此，水澤利忠所增補《史記正義》佚文亦有待重新判定其真僞。總體來看，在瀧川資言的捨棄和水澤利忠重拾這一差異之中，一方面可以看到瀧川資言編纂工作和水澤利忠輯佚工作中不可避免地會發生一些失誤，另一方面也可以看到二人《史記正義》佚文輯佚工作中所見資料不同，以及對佚文的判定標準也不完全一致。

（四）瀧川資言《史記正義》佚文的判定標準考察

從瀧川資言的《唐張守節史記正義佚存》手稿到《史記會注考證》，《史記正義》佚文的輯佚經歷了校勘、考證、甄別、篩選、整合這樣一個複雜的過程。這一過程反映出瀧川資言從一開始鈔録《唐張守節史記正義佚存》手稿到最終編纂《史記會注考證》，對《史記正義》佚文的認識有一個變化過程。這一變化涉及兩方面問題：一是瀧川資言對《史記正義》佚文的考校；二是瀧川資言判定《史記正義》佚文標準的形成。

---

① 《唐張守節史記正義佚存》，頁 622。

② 《史記會注考證校補》卷一二八，頁 10。

③ 《史記會注考證》卷一二八，頁 29。

④ 日本國立歷史民俗博物館所藏黃善夫本《史記》第 12 册，頁 330。

　　基於黄善夫本《史記》的文本形態可以看到，在衆多的"添寫批注"中，《正義》曰"是《史記正義》佚文的一個明確標誌。那麽，"《正義》曰"從何而來，在形態上到底是怎樣的存在呢？得益於室町幕府時期學者的嚴謹，整理者在鈔録《史記正義》及其他注文時，在欄外的"添寫批注"中對各注文的來源添加了出處標記，如"《正義》曰""師古曰""劉伯莊曰"等文字標記。其中的"《正義》曰"，是日本學者根據單注本《史記正義》進行"添寫批注"時所作的標記。因此，《史記正義》佚文能够因"《正義》曰"這一極其鮮明的標記在衆多的"添寫批注"中被辨識出來。

　　如前文所述，瀧川資言《唐張守節史記正義佚存》手稿是用朱、墨兩色筆鈔録的。這些朱色筆鈔録的部分代表瀧川資言持有的懷疑態度。也就是説，瀧川資言鈔録《史記正義》佚文時對其真僞判定有一個初步的認識，並利用不同顔色做出標記以闕疑待考。顯然，《唐張守節史記正義佚存》手稿中的注文大部分都有"《正義》曰"標記，可以説瀧川資言是把"《正義》曰"標記作爲輯録《史記正義》佚文的一個重要標準。但是，《唐張守節史記正義佚存》手稿中同時也收録了大量没有"《正義》曰"標記的注文。這説明瀧川資言鈔録《史記正義》之初，對《史記正義》佚文的認識和判定標準是不明確的，帶有一定的模糊性和不確定性。

　　之後，瀧川資言在編纂《史記會注考證》時，對《唐張守節史記正義佚存》手稿中的《史記正義》佚文進行二次判斷和嚴格篩選，這是瀧川資言有意爲之。這也説明，瀧川資言對《史記正義》佚文的判定標準有所變化，但是，《唐張守節史記正義佚存》手稿鈔録標準是什麽？以及《史記會注考證》的收録和捨棄標準是什麽？對此，瀧川資言都没有明確説明。但是，可以明確的是瀧川資言《史記會注考證》對《史記正義》佚文的判定標準更加嚴謹、明確。

　　可以明確的是，水澤利忠《史記會注考證校補》一書對"《正義》曰"的標記給予了高度的重視。水澤利忠曾在《史記之文獻學的研究》中，對瀧川資言輯録《史記正義》的工作過程提出批評：

　　　　《史記會注考證》的輯佚工作缺乏嚴密性。瀧川資言博士所輯《史記正義》佚文的基本資料來源就是通常所説的"添寫批注"，而且其上是否冠以"《正義》曰"三字是最顯而易見的。但是，瀧川資言博士偶爾把一些没有冠以"《正義》曰"三字注文的認定作《史記正義》佚文。此外，在"添寫批注"中，儘管也冠以"《正義》曰"三字，但是因不明確注文的起止位置,加之判定上的不够嚴謹,而誤將"《正義》曰"不包含的注文部分誤認作是《史記正義》佚文。①

由此可知,水澤利忠把"《正義》曰"看作是唯一的判定標準。而且,水澤利忠認爲瀧川資言的判定標準同樣是"《正義》曰"三字標記。水澤利忠的《史記會注考證校補》依據"《正義》曰"標記對《史記正義》佚文進行真僞判斷,這一做法是值得肯定的。但是,水澤利忠認爲瀧川資言也同樣是以"《正義》曰"標記爲唯一判定標準,則忽視了瀧川資言對《史記正義》佚文判定標準的演變過程。

實際上,在《唐張守節史記正義佚存》手稿和《史記會注考證》中都保存了没有冠以"《正義》曰"三字標記的注文。這説明瀧川資言鈔録《唐張守節史記正義佚存》手稿和編纂《史記會注考證》都不是以"《正義》曰"標記爲唯一判定標準。在水澤利忠看來,瀧川資言把没有"《正義》曰"三字標記的注文看作是《史記正義》佚文,這是由於瀧川資言輯佚工作時的不嚴謹造成的。如我國學者朱東潤在《史記考索》中指出:"《魏世家》:魏獻子生魏侈。《史記正義》佚文曰:'侈,音他。侈,尺氏反。'移字下得兩音,此中顯有訛誤。"② 這一例錯誤便得到了水澤利忠的確認。水澤利忠説:朱東潤指出的這一條注文的確有問題,其中"侈,音他"三字是《史記正義》佚文,而以下的"侈,尺氏反"則是瀧川資言誤鈔"添寫批注"中臨近的旁注導致的失誤③。

值得肯定的是,水澤利忠在《史記會注考證校補》一書中明確了"《正義》曰"三字標記是《史記正義》佚文的唯一判定標準。這就爲《史記正義》佚文的輯佚和增補工作確立了嚴格的標準,同時,這也爲接下來的考僞工作確立了明確標準,可以克服因輯佚標準的模糊性而造成的真僞混雜。另外,筆者發現,在《唐張守節史記正義佚存》手稿中有瀧川資言標記了"不引《正義》"卻被誤以爲是《史記正義》佚文而收録在《史記會注考證》中的情況。這些已經被判定不是《史記正義》佚文而被誤輯的部分應當是瀧川資言誤鈔造成的失誤。舉例如下:

①《史記之文獻學的研究》,頁 3929。譯文由筆者譯出。
② 朱東潤《史記考索》,上海:華東師範大學出版社,1997 年,頁 168。朱東潤所舉《史記正義》佚文的例子見於瀧川資言《史記會注考證》卷四四,頁 6。
③《史記之文獻學的研究》,頁 3901。譯文由筆者譯出。

　　a. 鼎大異於衆，鼎文縷無款識。(《史記·封禪書》)

　　《唐張守節史記正義佚存》："劉伯莊云：'自古諸鼎皆有銘，記識其事。此鼎獨無款識也。'(旁注：不引《正義》。)"①

　　《史記正義》佚文："劉伯莊曰：'自古諸鼎皆有銘，記識其事，此鼎能無款識也。'"②

　　需要説明的是，"不引《正義》"是瀧川資言在《唐張守節史記正義佚存》手稿中對自己搜集的《史記正義》佚文所下的判斷，代表僞佚文的意思。這一類注文，在編纂《史記會注考證》時，是應當捨棄的。但是，瀧川資言誤將其收録在《史記會注考證》中。這些因爲誤鈔而被作爲《史記正義》佚文收録在《史記會注考證》中的情況並非是個例。

　　總的來看，瀧川資言是把"《正義》曰"標記作爲鈔録《唐張守節史記正義佚存》手稿的重要取材標準。但同時，瀧川資言也把一些没有"《正義》曰"標記的注文鈔録在《唐張守節史記正義佚存》手稿中。因此，瀧川資言《唐張守節史記正義佚存》手稿中鈔録的並非全都是《史記正義》佚文。雖然瀧川資言在編纂《史記會注考證》時，捨棄了部分注文，但是，由於《史記正義》佚文本身的複雜性以及"添寫批注"文本形態本身的混雜性，瀧川資言的《史記會注考證》中存在很多誤鈔旁注的情況。水澤利忠《史記會注考證校補》在很大程度上清理了一些瀧川資言的失誤，但是筆者發現，還有部分類似上例的錯誤尚未得到清理。

結　論

　　瀧川資言《唐張守節史記正義佚存》手稿是不同於《史記會注考證》的一個輯本，與《史記會注考證》中的《史記正義》佚文相比，佚文的數量和内容並不完全一致。手稿本身在文獻研究方面具有價值。本文基於《唐張守節史記正義佚存》，比對其他各種佚文輯本，考察《史記正義》佚文的來源和傳存，可以得出以下幾點認識：

　　第一，瀧川資言《唐張守節史記正義佚存》手稿的發現，進一步證實了《史

---

①《唐張守節史記正義佚存》，頁 355。
②《史記會注考證》卷二八，頁 61。

記正義》佚文取材來源的可靠性,糾正了前人對瀧川資言輯錄《史記正義》佚文來源認識的不足。雖然《唐張守節史記正義佚存》手稿和《史記會注考證》中的《史記正義》佚文,主要取材於日本藏古本《史記》欄外的"添寫批注",但是,手稿是以東北大學藏慶長、寬永活字本爲代表性來源。同時,《博士家本史記異字》《史記幻雲抄》、黃善夫本、楓山本、三條本等古本《史記》欄外的"添寫批注"也是瀧川資言鈔錄的重要參考資料。此外,瀧川資言還關注到了中國的傳世文獻,如黃善夫本《史記》、金陵本《史記》、殿本《史記》、張文虎的《校刊史記集解索隱正義札記》等等。這與《史記會注考證》的編纂過程略有不同。

第二,《唐張守節史記正義佚存》手稿是瀧川資言編輯《史記會注考證》時增補《史記正義》佚文的底稿之一。但是,瀧川資言鈔錄《唐張守節史記正義佚存》與編纂《史記會注考證》是兩個互相區別的學術事件。手稿實際上是以《史記正義》佚文爲主體、混雜有少量原三家注文和一些疑似日人注釋、校記等非《史記正義》佚文的輯本。手稿中佚文的傳存情況各異,其中可資利用的則爲《史記會注考證》吸收應用,部分明確非《史記正義》者則被捨棄,部分系日人注釋者則被標記出處,闕疑待考。

第三,證實了瀧川資言輯錄《史記正義》佚文的標準是一個逐漸成熟的過程。這也是瀧川資言《唐張守節史記正義佚存》手稿中部分條目未被輯錄在《史記會注考證》中的主要原因。而"《正義》曰"標記最終成爲《史記正義》佚文的唯一判定標準是正確的。

第四,《唐張守節史記正義佚存》手稿對於《史記正義》佚文的流傳和保存功不可沒,且對於校勘《史記正義》佚文具有重要文獻價值。《史記正義》佚文在被傳鈔的時候,不可避免地產生了文字上的訛、脫、衍、倒等錯誤,各本之間有大量的文字差異。瀧川資言基於多種資料,作了一些校勘、考證和篩選,最終形成《史記會注考證》。

此外,關於《唐張守節史記正義佚存》一書,還有一些問題尚不明確。如,瀧川資言在將《史記正義》佚文填入《史記會注考證》時捨棄了部分注文,而其中原因尚有待詳細考證。再如,瀧川資言在手稿部分條目下偶作考證之文,但不是全部。其中緣故尚需繼續研究。

（作者單位：中山大學歷史學系）

"異域之眼"目光的深入

——評卞東波、石立善主編《中國文集日本古注本叢刊》

謝文君

一　引言

　　近年來,南京大學文學院卞東波教授、上海師範大學哲學學院石立善教授(1973—2019)都致力於日本漢籍的整理與研究。卞東波主攻文學,石立善長於經學,二者皆有日本訪學的經歷,對日本漢學及文獻搜集抱有濃烈興趣,並都致力於向國內學界推廣日本漢學界的研究成果。卞東波是南京大學域外漢籍研究所的成員,也是《域外漢籍研究集刊》的主編之一,並通過《日本漢籍圖錄》(與沈津合編,廣西師範大學出版社,2014年)、《寒山詩日本古注本叢刊》(鳳凰出版社,2017年)、《朱子感興詩中日韓古注本集成》(上海古籍出版社,2019年)等書的編纂工作積累了豐富經驗。石立善生前一直力圖"重整、創建與經營中國古典學"①,曾任中國比較文學學會古典學專業委員會副會長,於2015年創辦了中國古典學的第一部專業刊物《古典學集刊》,先後編纂了《日本先秦兩漢諸子研究文獻彙編》(與周斌合編,上海社會科學院出版社,2017年)、《日本漢學珍稀文獻集成‧年號之部》(與水上雅晴合編,上海社會科學院出版社,2018年)等書,並主持了國家社科基金重大項目"日本十三經注疏

---

①　石立善《編後記》,載石立善主編《古典學集刊》第1輯,上海:華東師範大學出版社,2015年,頁645。

文獻集成",文獻功底扎實、深厚。在前期工作的基礎上,卞東波與石立善合作主編的這一套《中國文集日本古注本叢刊》(下簡稱《叢刊》,上海社會科學院出版社,2020 年),便如合璧連珠一般,令人非常期待。本書凡四輯二十四册,共收録中國古代别集、總集五十種的日本古代注本,每部注本前皆有詳細的解題,故閲讀這套《叢刊》,既可以通過影印件了解古代典籍的原貌,也可以通過書前的解題深入了解其價值與特色。

事實上,《叢刊》選書精良,體例規範,不僅是域外漢籍研究在文獻搜集與整理方面的新材料,也爲研究中國古代詩文、日本漢詩文乃至日本漢文學接受史提出了新的問題,並爲如何編纂、利用中國文集域外古注本這一類域外漢籍中的特殊文獻,提供了寶貴的思路。

二　文獻整理:中國古代詩文域外接受史研究的一手材料

張伯偉先生曾將域外漢籍分爲三個層次,中國古書外流者爲第一層次,域外人士鈔、刻、選、注、評、校的中國古書爲第二層次,域外人士以漢字獨立完成的著述爲第三層次[①]。從第一層次到第三層次,域外人士的學習姿態愈發積極主動,對漢籍、漢文學的接受程度也逐級加深。學界目前已經刊刻出版的,日本以江户時代幕府大學頭林述齋所輯《佚存叢書》爲最早,又以長澤規矩也編撰的《和刻本明清資料集》(汲古書院,1974 年)與《和刻本類書集成》(汲古書院,1976 年)爲代表,國内則以黎庶昌在日本精刻的《古逸叢書》〔現較常見者爲據光緒十年(1884)東京使署影刊本的江蘇古籍出版社 2002 年版〕爲發端,繼以《日本宫内廳書陵部藏宋元版漢籍選刊》(安平秋,上海古籍出版社,2012 年)、《日本藏漢籍古鈔本叢刊》(寶玥齋,華東師範大學出版社,2020 年)等,此類叢書都聚焦於第一層次即中國古書外流者。《和刻本中國古逸書叢刊》(金程宇,鳳凰出版社,2012 年)、《和刻本四部叢刊》(翟金明,西南師範大學出版社,2014 年)、《北京大學圖書館藏日本版漢籍善本萃編》(朱强,西南師範大學出版社,2014 年)、《日藏詩經古寫本刻本彙編》(王曉平,中華書局,2016 年)、《日本五山版漢籍叢刊》(劉玉才等,北京大學出版社,2018 年)、

---

① 張伯偉《域外漢籍研究——一個嶄新的學術領域》,《學習與探索》2006 年第 2 期。後載張伯偉《域外漢籍研究論集》,北京:北京大學出版社,2011 年,頁 1—2。

《日本所藏稀見明人別集彙刊·明代卷》（陳廣宏、侯榮川，廣西師範大學出版社，2021 年）等，皆注目於以域外人士鈔或刻爲主的漢籍，尚居第二層次前列。第三層次的域外漢籍，就叢刊而言，日本學者所編的《抄物大系》（中田祝夫，勉誠社，1970 年）、《杜詩叢刊》（黃永武，大通書局，1974 年）、《和刻本漢詩集成·唐詩篇》（長澤規矩也，汲古書院，1974 年）、《和刻本漢詩集成·總集篇》（長澤規矩也，汲古書院，1978 年）、《禪學典籍叢刊》（柳田聖山、椎名宏雄，臨川書店，2000 年）、《新抄物資料集成》（大塚光信，清文堂，2000 年）等散見部分中國文集日本古注本，可見並無將此類漢籍結集出版的明確意識，《日本所編中國詩文選集彙刊·明代卷》（下僅稱書名，陳廣宏、侯榮川，廣西師範大學出版社，2019 年）的成書時間則限於江戶至明治時期，內容也僅爲明人詩文選集。也有部分第三層次的漢籍得以單獨影印出版，如市河寬齋的《陸詩考實》（一海知義，朋友書店，1996 年），而曹洞宗僧人廓門貫徹的《注石門文字禪》更是經過張伯偉等人點校[1]，但此類整理本的數量相當有限。相較於以上種種刊物，本《叢刊》的視線投射得更深，視域也拓展得更廣，聚焦在有助於中國古代詩文域外接受史研究的第一手文獻：中國文集日本古注本。

　　《叢刊》所收之書，既有卞東波的個人收藏，也有哈佛大學哈佛燕京圖書館、日本國立公文書館、京都大學文學部圖書館、關西大學圖書館、山梨縣立圖書館等藏書機構的藏本。《叢刊》第一輯四册爲別集，收入的日本古注本包括陶淵明詩一種、杜甫律詩四種、釋貫休詩一種、釋重顯詩一種、陸游詩二種、朱熹詩二種、釋英詩一種、汪道昆尺牘一種、王世貞尺牘一種，共計九人、十四種注本。第二到第四輯皆爲總集，少部分爲詩文評，分別編入《古詩紀》一種、《古詩十九首》二種、《古詩大觀》一種、唐詩總集八種（包括句解、譯說、掌故、集注與通解）、《三體詩》三種、《宋三大家絶句》一種、《江湖風月集》三種、《中興禪林風月集》一種、《唐宋八家文讀本》一種、《謝選拾遺》一種、《古文真寶》六種、明詩七種、《錦繡段》一種，共計九類、三十六種注本。至於室町時代（1336—1573）非常重要的蘇軾詩古注本《四河入海》《翰苑遺芳》《坡詩脞說》《天下白》，以及黃庭堅詩古注本《帳中香》《山谷幻雲抄》等，因其體量較

---

[1] 惠洪著，釋廓門貫徹注，張伯偉、郭醒、童嶺、卞東波點校《注石門文字禪》，北京：中華書局，2012 年。

大，卞東波計劃“另行整理出版”①。相較於目前學界出版的、動輒上百冊的大型影印資料叢書，《叢刊》僅二十四冊，卻幾乎將對日本漢文學影響重大的詩文皆包含在内，且呈現出清晰的編選理路，實非匠心獨具者不可爲。

其一，《叢刊》所選日本古注本絶大多數皆是首次影印，版本精良，可與現有出版物相參爲用。例如，大塚光信主編的《新抄物資料集成》（清文堂，2000年）第一卷收入了《中興禪林風月集》室町時代古注本的鈔本，《叢刊》所録則爲寬永十五年（1640）刊本《中興禪林風月集注》。再如，題名南宋臨濟宗禪僧松坡宗憩所編的《江湖風月集》，其日注本在柳田聖山、椎名宏雄合編的《禪學典籍叢刊》（臨川書店，2000年，下同）第十卷中已有影印，包括《襟帶集》《江湖風月集略注》《江湖集夾山鈔》《首書江湖風月集》《江湖集考證》《江湖風月集訓解添足》等。因此，《叢刊》收入“很有可能是《江湖風月集》各本中體現出明確校勘意識的最早版本”，同時“應是《江湖風月集》存世最多的版本”的《新編江湖風月集略注》②，以及“反對爲了突出偈頌之體的佛禪意味而對詩句過度闡釋”③的《江湖風月集略注取捨》，在版本和闡釋兩個層面都給學界提供了新的參考。而在《禪學典籍叢刊》所收的《江湖風月集》首書本中，《襟帶集》《江湖集夾山鈔》皆爲假名首書，故《叢刊》取全以漢文作注的《首書江湖風月集》爲個中代表，適應了中國學者閱讀、取用之需。對於内容相同的注本，《叢刊》亦盡量選擇保存狀況較好、清晰度較高的善本。如《弇州先生尺牘解》，《日本所編中國詩文選集彙刊·明代卷》第九卷收入寶曆七年（1757）京二條丸屋市兵衛刊本，是本蟲洞較多，紙張亮度也比較低，《叢刊》所選則是同年江户須原茂兵衛等人所刊本，既無蟲洞侵入正文，紙面亦黑白分明、字跡歷歷，讀之悦目，可謂“讀者友好型”版本。

其二，《叢刊》所搜羅的中國文集日本古注本都極具代表意義，或注重其注釋乃國内所無、只此一家的珍稀性，或取其於同類中注本成書最早、規模最大、影響最廣等特點，或著眼於其揭櫫新的版本系統、提供新的研究思路之功用，意在從時間、地域等多個角度勾連起東亞漢詩文的歷史發展脈絡。其中，

① 卞東波、石立善主編《中國文集日本古注本叢刊·前言》第 1 輯第 1 册，上海：上海社會科學院出版社，2020 年，頁 42。以下簡稱《中國文集日本古注本叢刊》。
②《中國文集日本古注本叢刊》第 3 輯第 4 册，頁 318。
③《中國文集日本古注本叢刊》第 3 輯第 5 册，頁 4。

《冠注祖英集》《禪月大師山居詩略注》與《嘉靖七子近體詩集》(實爲李攀龍一家之詩注)皆是中土所無,“題名南宋臨濟宗禪僧松坡宗憩所編的《江湖風月集》本無注釋,其於中土亦沉隱不顯;而在東鄰日本,卻衍生出《襟帶集》《江湖風月集略注》等一系列箋注本”①,此類注本皆有益於延展現有的詩學闡釋空間,而透過日本注者不同於中土的審美偏好,更可一窺漢文化圈詩學的豐富變態,在對比研讀中深化詮解語境。需要注意的是,在利用此類新注時須下一定的考證工夫,不可輕信。如被視爲已佚的、《古文真寶》日本鈔物之一的奇英注,就把“《淮南子》曰:‘日出暘谷,浴於咸池,拂於扶桑。’”的“拂”解釋爲:“拂,作沸。”②而高誘注“拂,猶過。”③《離騷》的“折若木以拂日兮”,也被學者認爲是“即淮南拂於扶桑之義”④,奇英所據底本或爲鈔寫致誤。此類情形在日本古注中並不鮮見,尤其應該對已佚本提高警惕,畢竟,文獻的流失既有可能是意外,也有可能意味著一種淘汰。

又如,《叢刊》所收的《陸詩考實》是現存最早的陸詩注本,《三體詩備考大成》則是規模最大的《三體詩》漢文注本,由是,比勘後學,可識首創之功;對照前勁,又能觀集大成之力。正是對域内、域外漢籍的前瞻後顧,纔能在將《汪南溟尺牘輯注》與明萬曆刻本《太函集》的“書牘”部分相較後,發現其乃源自另一版本系統;正是對文獻的地毯式搜集,纔能發現《古文真寶後集舊解拾遺》實乃“適合熟悉《古文真寶》的學子深入學習或教師面向有一定基礎的學子傳道授業,而非以初學者爲對象”⑤,從而打破日本古注本多是“面向初學”的刻板印象,發皇其作爲教材的進階性特徵。也正由於對現有文獻較爲全面的認識,卞東波前期曾整理並出版 16 種《感興詩》⑥,纔能將朱子學者山崎闇齋所撰的《感興詩注》選爲代表,並與山村勉齋的《朱詩一班》相映成趣,得見朱熹在日本學者眼中“理過乎辭”與“優調婉雅”的迥然面貌。

選材的精良,必然得力於編者對東亞漢籍的深入了解和研究現狀的精準

---

① 《中國文集日本古注本叢刊》第 3 輯第 4 册,頁 315。
② 《中國文集日本古注本叢刊》第 4 輯第 4 册,頁 217。
③ 劉安編,劉文典撰,馮逸、喬華點校《淮南鴻烈集解》,北京:中華書局,2013 年,頁 768。
④ 俞樾《讀王觀國學林》,載王觀國撰,田瑞娟點校《學林·附錄》,北京:中華書局,1988 年,頁 383。
⑤ 《中國文集日本古注本叢刊》第 4 輯第 4 册,頁 305。
⑥ 卞東波《朱子感興詩中日韓古注本集成》,上海:上海古籍出版社,2019 年。

把握。事實上，卞東波多年專注於域外漢籍研究領域，並赴日本、美國等地訪求各類漢籍，涉獵宏深、視域廣闊，此套《叢刊》已能令讀者窺見其搜求文獻的冰山一角。另一方面，也正是在文獻考證方面的長期沉潛，方令卞東波敏鋭預知了對域外漢籍之整理向更深層次進發的必然趨勢，圍繞中國文集日本古注本作了大量集中研究①，並於 2014 年主持國家社科基金一般項目"唐宋詩日本古注本與唐宋文學研究"、2019 年起主持國家社科基金重大項目"東亞古代漢文學史"，最終推出《叢刊》這一重要成果。若希望進一步叩尋《叢刊》所收古注本的東亞書籍交流及其學術價值，卞東波此前發表的相關論文，讀者亦可加以參考。

三　編排體例：中國文集日本古注本如何産生

對於一部編選而非全集式的叢刊來説，除了所選典籍自身的價值，編者的選書目的、不同典籍之間如何編排並體現出其詩學思想，也許是更需要優先考量的。據卞東波自述："對於歷來没有注本的中國文集而言，這些日本古注本無疑有益於我們理解這些文本；而有注的中國文集，日本之注亦多有可資考證及補充之處。同時，這批文獻也是研究中國古代文學在域外傳播與接受的寶貴史料。"②藉助中國文集的日本古注這一"異域之眼"，向内探視，有望克服中國古代詩文研究可能出現的盲點；向外展望，可知日本文人、學者、僧侣對漢詩文之理解及時代觀念之演進。由是，中國文集日本古注本的産生過程，也不妨看作中國古代詩文域外接受史的深入展開過程，而利用域外文獻助益中國古代文學研究，乃本《叢刊》編纂的初心所在。

就此而言，《叢刊》的體例規整而極具示範性。從全書先前言、再解題的内容鋪設，到各注本順序的精心排布，都顯現出清晰的文學史意識：前言作爲

---

① 見卞東波《寒山詩日本古注本的闡釋特色與學術價值》，《南京大學學報》（哲學·人文科學·社會科學版）2016 年第 3 期；卞東波《唐代詩僧貫休詩歌的日本古注本——海門元曠〈禪月大師山居詩略注〉考論》，《南京大學學報》（哲學·人文科學·社會科學版）2018 年第 6 期；卞東波《宋代文本的異域闡釋——黄庭堅〈演雅〉日本古注考論》，《吉林大學社會科學學報》2019 年第 1 期；卞東波《宋詩東傳與異域闡釋——四種宋人詩集日本古注本考論》，《聊城大學學報》（社會科學版）2019 年第 5 期，等。
②《中國文集日本古注本叢刊·前言》第 1 輯第 1 册，頁 41。

統束,大致梳理了平安時代以來日本漢詩文風潮之流變,此後每一注本的解題,則仿如流爲日本漢詩文大海的一條條江河。

　　在前言中,卞東波梳理了中國文集日本古注本產生的學術背景。作爲日本古代漢詩文接受的深入展開,中國文集日本古注本誕生較晚,約始於平安時代被稱爲"菅原證本""大江證本"的《文選》講義。五山時代,出現了《古文真寶》《三體詩》《唐宋千家聯珠詩格》及杜詩、韓文、東坡詩、山谷詩等的鈔物。最後,江户時代杜詩熱潮的再興、古文辭學派推動下唐詩與明代詩文的隆升、江湖詩社宣導的宋詩的重振,這三次高峰也催生出相應的中國文集日本注本。由此可見,"中國文集日本古注本的刊行與日本詩壇詩風的變遷、典範的遞嬗、學術風會的演進關係密切"①。緊接著,卞東波將中國詩歌注釋的傳統分爲以《文選》李善注爲代表的"事實"派、以《詩小序》爲代表的"演義"派,以及日本特有的"事唯標用某事""時添一字""意解""分段解詩"等闡釋方法,並指出,江户時代大部分中國文集日本古注本的闡釋方法屬於"事實"派,而諸如黃庭堅的《演雅》注本、江户時代的《古詩十九首解》等則傾向於"演義"派。最後,卞東波在輯佚中土失傳文獻、填補中國文集注釋空白、豐富中國詩文接受史等方面闡發了中國文集日本古注本的學術價值。在如此詳實的編者自道之下,即令初涉域外漢籍的讀者,也能迅速知悉日本的中國文集接受史之大致脈絡,就其興趣所之,經由目錄定位至某一時段或某一類別的特定注本,並結合與日本漢詩總集如奈良時代《懷風藻》、平安時代初期"敕撰三集"及各類作家別集等的對比,繼續研讀。

　　再看解題。日本古版、古寫的漢籍解題書最早是由該國學者編纂的,如森立之等編的《經籍訪古志》六卷、《補》一卷,但僅有對書籍外部形態的敘述;杉山精一主編、昌平坂學問所出版的《官版書籍解題目錄》二卷已有對書籍内容的評論,卻又每每遺落了底本的信息②。而《叢刊》的解題則由卞東波及其門下博士生、碩士生共同撰寫,"主體上採用由外部形態到作者簡介,再到書籍内容評介的由外及内的行文順序;這樣也是爲了避免在往往具有密切關聯的作者行事與書籍内容之間造成割裂"③。顯然,"書——作者——書"的這一解

①《中國文集日本古注本叢刊·前言》第1輯第1冊,頁18。

② 長澤規矩也著,童嶺譯《日本書志學研究史》,載童嶺主編《秦漢魏晉南北朝經籍考》,上海:中西書局,2017年,頁339。

③《中國文集日本古注本叢刊·前言》第1輯第1冊,頁42。

題體例不僅是對程千帆、徐友富所著的《校讎廣義·目録編》的借鑒，更是緣自編者多年進行文獻考證、整理工作的心得。《叢刊》解題的篇幅較長，內容也極爲豐富，幾可視爲書目之前的一篇兼具學術深度與普及旨趣的論文。以《弇州先生尺牘解》的解題爲例，《日本所編中國詩文選集彙刊·明代卷》先述書的外部形態，再及對序一及序二所提示撰述緣由的摘録、日本注者河世俊的簡介、序二作者岡白駒的簡介、書籍內容及所藏地情況的説明，各條信息作平行排列，每條字數皆在百字左右，河世俊的簡介更是不到二十字，所含的有用信息較爲有限。而《叢刊》的解題，相較於前者，在書的外部形態中删卻開本、內框的高度及廣度等參數，而補充了"沈一貫選""日本曾有原訓點"等文本信息，及版心下所記"翠筠舍藏"等版本信息。其次，解題介紹了沈一貫、曾有原、河世俊、岡龍洲的生平，針對材料稀見的河世俊，則全文引用宮廷高、岡龍洲的序文，以豐富讀者的認知。《叢刊》解題還根據宮廷高的序，梳理了《弇州先生尺牘解》的成書源流，指出《弇州先生尺牘選》乃《弇州山人四部稿選》部分的別裁本，與《弇州先生尺牘解》的篇目、分卷全同，甚至在拆分汪道昆尺牘的錯誤上也都延續了《弇州山人四部稿選》。此後，解題舉出大量例證，讓讀者對是書"釋事而不忘義""結合生平，詳考語境""取不同篇章相互發明""解釋口語詞""考察致信人"等注釋特點有直接的認識。不僅如此，解題還結合是書刊行年代及復古風潮，介紹了江户中期明人尺牘的流行情況，則注者所具的蘐園學派背景自可不言而喻。最後，解題補充了遼寧省圖書館這一所藏地，爲希望趕赴實地、對勘原本的中國學者提供了更多的選項。此種介紹動輒千言，對專業讀者有深入之功，對一般讀者有普及之用，滿足了學界對優秀的書目解題的期待。

　　注本編排的順序也頗值得注意。本叢刊不是單純地以中國文集或日本古注本的成書時間爲序，而是綜合兩者，形成原作爲主、注本從之的時間嵌套框架。各注本首先按照中國文集作者所處的朝代順序進行編排，同一文集的注本再按照成書時間前後相列，這就爲文獻內容的對比研讀提供了便利，而關鍵特徵的總結、信息的補充，也存於相互參照的眼光之中。就日本古注本而言，文獻出處的缺失似是常有之誤，以同類注本互爲參照就顯得極爲必要，如蘇軾《喜雨亭記》"此篇題小而語大，議論干涉國政、民生大體，無一點塵俗氣"[①]

---

①《中國文集日本古注本叢刊》第 4 輯第 4 册，頁 122。

之評語的作者,就被《冠注古文真寶後集》隱去,而在《增評補注古文真寶校本後集》的總評中顯示爲“姜鳳阿”①,《古文真寶後集舊解拾遺》更從“題小而語大”的提示發散開去,注釋出“‘喜雨’二字出《穀梁傳》”②的重要信息。再自解題中舉一典型的例子,熊谷荔齋《三體詩備考大成》與松永昌易《首書三體詩》的部分内容互見,某些條目便可相互補充印證,其中較爲重要的一條是關於《三體詩》成書時間的記載。“我國目前傳世文獻中不見關於《三體詩》成書時間的記載”,而松永寸雲注釋《三體詩》詩名時,“首次言明《三體詩》的成書時間爲‘淳祐十年’(1250)”③。但是,“《首書三體詩》並没有標明‘梅庵曰’的文獻出處”,“根據《三體詩備考大成》之記載,‘梅庵’應爲五山禪僧萬里集九。則在《首書三體詩》之前,在日本已有文獻記録《三體詩》的成書時間。《首書三體詩》中‘淳祐十年’的記録或源於萬里集九”④。若被删去了文獻出處的《首書三體詩》一葉蔽目,則有關《三體詩》成書時間討論的更早淵源,又將如何知會?

　　另外,此種排序方式也較易考察注本各自不同的排版風格、注釋體例與内容特色。僅以《古文真寶》爲例,隨著年代變化,似有内容從冗雜到精審、排版從密佈到清爽的區别。然而,“先出爲繁”“後出轉精”之規律也不可一概而論,天秀道人的《新編江户風月集略注》,相較於其後産生的《江湖集夾山鈔》《首書江湖風月集》等若干《江湖風月集》注本,便省約得多。這難免令人好奇:隨著時間的遞移,不同文集存在著由多到少、從簡至繁等注釋規律的迥異,這在注者的點評目的、審美偏好之外,是否也與印刷技藝、時代風氣相關? 從這個意義上來説,叢刊的影印,對於考察東亞漢文學接受的物質形態及演變同樣頗有助益。

四　開拓領域:日本古代漢文學研究新問題的發明

　　與域外漢籍的三層次相呼應,張伯偉還把域外漢籍研究分爲了注重“新材

①《中國文集日本古注本叢刊》第4輯第5册,頁107。
②《中國文集日本古注本叢刊》第4輯第4册,頁395。
③《中國文集日本古注本叢刊》第3輯第1册,頁4。
④《中國文集日本古注本叢刊》第3輯第2册,頁8。

料”（文獻的收集、整理和介紹）、“新問題”（分析、闡釋内容所藴含的問題）、“新方法”（針對文獻特征探索獨特的研究方法）的三個階段①。這一提法的最初靈感或得自其師程千帆“將考證與批評密切地結合起來”或“文獻學與文藝學相結合”的主張：“考論結合，不發空言，提倡‘有意義的考據’，即在文本細讀的基礎上對文獻進行全面的考訂，目的是解決具體的問題，在解決問題的基礎上闡發其中所藴含的價值與意義。”②《叢刊》主編之一的卞東波師承張伯偉，顯然也對此法心領神會。當目前的域外漢籍研究大部分處於注重“新材料”這一階段之時，《叢刊》力圖將文獻考證與文藝批評結合起來，不僅展現了對“新問題”的强烈關注，也隱隱流露出對“新方法”的思考。

　　《叢刊》對日本古代漢文學研究新問題的發明，很大程度上源於所收古注本之前的五十篇解題，對比研究則是《叢刊》利用新材料、發現新問題的主要方法。對比研究的方法也許並無出奇之處，但是，一方面，《叢刊》盡量讓一位撰者擔任同類注本的解題工作，既能方便該撰者在諸注本之間行思游刃、細察秋毫，解決關鍵問題（如前述《三體詩》成書時間的辨明），又能兼顧全書的整體性（如某注本的作者簡介若在此前的解題中出現，便可以“參見某某解題”略之③）。另一方面，總體而言，《叢刊》的解題依然由不同人撰寫而成，從而有可能提供多樣的觀察視角。

　　對於不同古注本，解題撰者或搜羅異中之同，或尋繹同中之異，陳述現象、發明問題，爲後人的研究留下了餘地。有的解題通過對比《叢刊》收録的新材料，直接提示了下一步的整理工作。例如，撰者發現，《陸詩考實》與《陸詩意注》“注文多有相似處，甚至《考實》中的注解有誤處在《意注》中亦被同樣繼承”，同時，“《意注》排印不精，文字時有舛誤，可利用此二書中文字一致處，對二本進行互校，辨析文字”④。又如，撰者對比《汪南溟尺牘輯注》的著者汪南溟與注者皆川淇園的文學主張，發現二者皆是“以古爲法”而又並非“仿古者”，對王世貞等人的復古主張頗有批評⑤，從而揭示出對二者之詩文作比較研讀的

---

① 張伯偉《從新材料、新問題到新方法——域外漢籍研究的回顧與前瞻》，《古代文學前沿與評論》2018 年第 1 期。
② 卞東波《南宋詩選與宋代詩學考論》，北京：中華書局，2009 年，頁 20。
③《中國文集日本古注本叢刊》第 3 輯第 4 册，頁 3。
④《中國文集日本古注本叢刊》第 1 輯第 4 册，頁 6。
⑤《中國文集日本古注本叢刊》第 1 輯第 4 册，頁 405。

可行性。

　　有的解題則對比注本的注釋特色。如宇野明霞在注釋《嘉靖七子近體集》時提出了“意解”的觀點,編者便指出,這“與宮瀬龍門《明李王七言律解》所謂的‘意悟’之説有相似之處”①。宮瀬龍門和宇野明霞皆受古文辭學派漸染甚深,那麽,二人的“意悟”“意解”是同義詞,還是存在某些細微差異? 兩人是否存在交遊或師承關係? 這都有待解答。

　　也有解題關注注者們對同一事物的不同用語,並提煉出新的問題。如在通讀各類注本後,編者揭示出一個頗值玩味的現象:“《明李王七言律解》等其他江户時代的七子詩集注本,日本注家在注釋中經常講到‘倭寇’,言説的立場完全站在中國方面。《詩解》只有一處提到‘倭寇’……其他地方總是避免使用此詞。”②《明七子詩解》的此種用詞偏好,在所謂“本土意識”覺醒之外,與該書作者井上蘭臺作爲折衷學派的立場恐亦不無關係。諸如此類議題,皆需要通過中國古代文學批評領域中的“推源溯流”法③（其意頗近於比較文學研究方法中的影響研究）,並參之以比較文學批評領域的平行研究法、文學的考古學方法④等作進一步探討。

　　如果藉助分段法,把解題撰者對原始文獻的對比劃爲《叢刊》之閱讀研究的第一層,那麽,讀者對解題的對比,以及在解題的引導下對不同原始文獻的對讀,不妨看作第二層、第三層。層級越往後,掌握的信息點越豐富,對文獻的理解也可能更深入。於是,《叢刊》便搭建起一個實現多層次對比研究的平臺,懷抱不同關注點的讀者可在此激撞出靈感的火花。解題撰者就自己的研究興趣出發,已經提出了相當一部分問題。作爲讀者,若將不同解題進行對比研讀,許多有待解決的學術問題亦呼之欲出。譬如,通讀有關江户時代杜律注本的解題可以發現,指出《杜律集解》誤收“僞蘇注”,是《杜律發揮》《杜律要約》《鼇頭增廣杜律集解》等注本的共性,但相較《杜律發揮》,《杜律要

---

① 《中國文集日本古注本叢刊》第 4 輯第 6 册,頁 443—444。

② 《中國文集日本古注本叢刊》第 4 輯第 6 册,頁 179。

③ 張伯偉首次提出“推源溯流”法,卞東波亦曾於研究中參考此法。見張伯偉《中國古代文學批評方法研究》,北京：中華書局,2002 年,頁 104；卞東波《域外漢籍與宋代文學研究》,北京：中華書局,2017 年,頁 273。

④ “文學的考古學方法”又稱“第三種比較文學的方法”,可參考張哲俊《第三種比較文學的觀念》,北京：北京大學出版社,2016 年。

約》《鼇頭增廣杜律集解》自身也存在誤收“僞蘇注”的現象。既然“僞蘇注”是如此盛行而難以辨識，那麼，就有必要進一步追問：是否可以統計《杜律要約》《鼇頭增廣杜律集解》誤收的“僞蘇注”，並藉此考察《杜律發揮》，判定其是否同樣存在誤收的情況？“僞蘇注”對日本漢詩人的蘇軾接受又產生了哪些影響？

　　同時，《叢刊》直接呈現的種種現象，也提供了其他的研究線索。首先，最直接的是一些佚名注本作者的出現，此類注本包括《冠注古文真寶後集》《鼇頭白雲詩集》《首書江湖風月集》《中興禪林風月集注》《冠注古文真寶後集》五種，作者皆身份不明，有待進一步考證。注本中的某些注文，亦存在未知的作者，如《冠注古文真寶後集》直接引用其注釋最多的奇英。

　　其次是日本編者與中國本土趣味的迴異。這種“域內開花域外香”的例子，在前述《江湖風月集》一類之外，尚有多種，比如，“沈德潛《唐宋八家文讀本》在清朝的影響力並不明顯，不及稍前的《御選唐宋文醇》與稍後姚鼐所編的《古文辭類纂》，但在日本卻成爲了具有廣泛深遠影響的文章選本”[1]。又如，“《古文正宗》在清代並未成爲流行的古文選本，本書（《冠注古文真寶後集》）中卻大量引用此書之評”[2]。異域與本土殊異的選擇傾向，自然有利於保護本土文獻的多樣性，而個中緣由，亦需要結合具體的歷史背景進行解讀。有趣的是，“元代以後在中國本土失傳，但在日、韓兩國流傳不替”[3]的《唐宋千家聯珠詩格》，還參與並揭示了東亞漢文學交流中的“中介者”現象。一方面，宇都宮遯庵的《錦繡段詳注》在評價所選詩人時，直接援引了《唐宋千家聯珠詩格》的評語，另一方面，朝鮮徐居正等人所編的《精選唐宋千家聯珠詩格增注》也爲宇都宮遯庵所借鑒，《錦繡段詳注》常見對該書有關詩人評語、詩意闡釋的襲引[4]。小島憲之曾指出，中、日兩國文學的交流關係以朝鮮半島諸國爲中介，故傳播路線較爲迂迴，在此情況下，可以把中國文學未經朝鮮半島而傳播到日本的視爲日本漢文學的直接源泉，而把中國文學經由朝鮮半島再抵達日本的

---

①《中國文集日本古注本叢刊》第 3 輯第 6 册，頁 128。
②《中國文集日本古注本叢刊》第 4 輯第 4 册，頁 5。
③ 卞東波《以〈唐宋千家聯珠詩格〉補宋詩人小傳》，《文獻》2006 年第 1 期。
④《中國文集日本古注本叢刊》第 4 輯第 7 册，頁 350。

視爲間接源泉①。循此思路,在中國文集日本古注本之中,來自中國文學的直接
影響與來自朝鮮半島的間接影響分别有哪些? 二者呈現出怎樣不同的特征?
彼此之間的關係如何? 中國文集日本古注本是否曾經傳入朝鮮半島,並成爲
後者接受中國文學的中介呢? 隨著《錦繡段詳注》一類文本來源較爲豐富的
日本古注本的相繼發現,這些問題的答案也將愈發明朗。

　　另一個現象同樣不容忽視,即日本書商在漢籍傳播中起到的關鍵甚至是
主導作用。無論是尾張藩書肆發起的補注、刊刻《古詩紀》之文化活動②,還是
託名大家之《唐詩訓解》的編纂出版,書商對於中國文集在日本的流播顯然有
推動之力。然而,書商的文學造詣一般並不精深,也每每招致傳遞錯誤信息的
罵名:"日本注者在徵引材料時援引字書、韻書、類書或雜家小説之情形較多,
並非所有文字都能够從經世文獻中追溯源頭。援引類書或韻書中轉抄之經史
文獻易出現訛誤,造成注錯、誤注等情形。"③ 不過,經書商之手編纂而成的書
籍,其傳播價值與學術價值需要辯證看待。以《唐詩訓解》爲例,與衆多書商
託名之作的弊端相同,其質量並不精良,"所載之詩大致襲用《唐詩選》,並對
蔣一葵注、唐汝詢解等進行删補形成注解,然虛妄謬誤之處甚多,傷及主旨,
其序文更是移植袁宏道《郝公琰詩叙》與《識雪照澄卷末》部分文字,拼湊痕
跡顯而易見"④。但是,《唐詩訓解》諸體全備而有注解,甚至受到了雪巖杜多的
推崇,不僅"將日本所刊《唐詩選故事》作爲《唐詩訓解》的輔助讀物",其所著
《唐詩譯説》也"以啟蒙後學,辨正《唐詩訓解》爲編纂主旨"⑤。在雪巖杜多看
來,"私人書籍對於貧寒學子爲不可多得之物,若能辨僞存真,《唐詩訓解》則
爲可用之書"⑥。可見,歷史的條件往往有限,當需要在獲取部分錯誤的信息與
完全獲取不到正確的信息二者之中作出抉擇之時,也許應該放棄某種精神潔
癖,畢竟在互通有無的前提之下,接受纔有可能發生。由是,在對書商牟利之
作的證僞、辨正工作之外,《叢刊》又啟發了一些新的問題:作爲商品流通的書

① 小島憲之《上代日本文學と中國文學:出典論を中心とする比較文學的考察》,東京:塙
　　書房,1971 年,頁 18。
②《中國文集日本古注本叢刊》第 2 輯第 1 册,頁 6。
③《中國文集日本古注本叢刊》第 4 輯第 3 册,頁 5。
④《中國文集日本古注本叢刊》第 2 輯第 2 册,頁 4。
⑤《中國文集日本古注本叢刊》第 2 輯第 3 册,頁 5—7。
⑥《中國文集日本古注本叢刊》第 2 輯第 3 册,頁 4。

商編著,製造出了什麽樣的審美傾向? 迎合的是哪一類人群的閱讀品味? 在日本的反響如何? 在託名大家的手段之外,此類作品是否存在著排版、内容上的某些共通之處? 彼此之間是否也會相互影響? 經由與出自學人之手的同類編著的對比,或可揭橥日本漢文學接受史中的"商品化傾向"及其歷史意義。

五　結語

當然,大型叢刊的影印出版難免白璧微瑕。如第 4 輯第 7 册所録天隱龍澤編、宇都宫遯庵注的《錦繡段詳注》,目録、扉頁、側邊書名皆作《錦繡段詳解》,似應統一。同樣,第 2 輯第 6 册《唐詩正聲箋注》的解題,言東夢亭"學於山口凹巷,與菅晉帥、筱崎弼交好"①,而山口凹巷學於宣導唐詩的皆川淇園、宣導宋詩的菅茶山,此處"菅晉帥"其實就是"菅茶山"。日本作者的名、字、號等甚繁且常有多次變更,若能擇其更廣爲流傳者,並令其稱謂前後一致,或許可以令閱讀過程更爲順暢。

再如,雖然作者在編排時已有種種精細的考量,似乎仍有可以優化之處,有些同類文集的注本按照成書時間之先後進行排序,或更恰切。據考證,"在《陸詩考實》完成五年後,寬齋又給乾隆《御選唐宋詩醇》中的五百餘首放翁詩作了注解,著成《陸詩意注》"②。《陸詩考實》的成書已在《陸詩意注》之前。即使就刊寫時間而言,《叢刊》所收的《陸詩考實》爲文化十一年(1814)寫本,《陸詩意注》爲明治四十三年(1910)排印本,也應將《陸詩考實》置前爲是,目前的佈置,也許是爲平衡第 1 輯第 3 册、第 4 册篇幅的無奈之舉。同樣,第 2 輯第 4 册録入了户崎淡園編纂的《唐詩選餘言》,並提及其所著的《唐詩選箋注》(日本習稱《箋注唐詩選》,下同),而"《唐詩選餘言》實爲淡園《唐詩選箋注》之衍生産物"③。日本現存户崎淡園的《箋注唐詩選》有天明元年(1781)、天明四年(1784)兩種刊本,前者僅二松學舍那智左典先生惇齋文庫有藏,存卷第二、第六、第八;後者藏於二松學舍大學圖書館、北上市立圖書館、洲本市立圖書館等地,僅金澤泉丘高等學校和洲本市立圖書館所藏較全,爲八册。

①《中國文集日本古注本叢刊》第 2 輯第 6 册,頁 3。
②《中國文集日本古注本叢刊》第 1 輯第 4 册,頁 6。
③《中國文集日本古注本叢刊》第 2 輯第 4 册,頁 636。

《箋注唐詩選》顯然是可與《唐詩選餘言》對讀並一窺戸崎淡園之詩學觀念所必不可少的資料,若能將之收入叢刊,或亦應按照成書時間置於《唐詩選餘言》之後。

其實,任何有過訪求域外漢籍經歷的學者都深知,在覓書不易、申請文庫授權影印較爲困難等現狀之下,《叢刊》目前的編纂當然以盡早將日本古注本推廣至學界爲要務,有關書目排序的問題,難免有些苛求。而據卞東波見告,其已將天明四年(1784)江戸嵩山房小林新兵衛刊本《箋注唐詩選》八卷列入《叢刊》第5輯中,將於2021年底出版;又有新見《唐詩選夷考》一種,擬編入第6輯。可見,隨著後續研究的推進,《叢刊》必將得到源源不斷的補充、完善,而這正是一個開放的學術系統所應具有的強大生命力。待繁瑣的文獻搜集工作暫告一段落,也許可以期待一部編排更爲精良的《叢刊》整理本的誕生。

臨當掩卷,愛而不釋。印象最深刻的,還是本《叢刊》嚴謹、規範的編纂體例,以及其中流露的架構文學史、發掘問題的自覺意識。這種對整體脈絡的明確追求,令人聯想到卞東波目前主持的國家社科基金重大項目“東亞古代漢文學史”的研究。東亞古代漢文學史,很大一部分便是由朝鮮、日本、越南等鄰國的漢文學接受史構成,中國文集日本古注本便是日本漢文學接受史的重要一環,卞東波、石立善對之進行的發掘、整理,勢必引起學界的關注,有望帶動對中國文集朝鮮古注本乃至越南古注本等文獻的搜集熱潮,並在不同國別之中國文集古注本的相互參照與對比之中,將東亞古代漢詩文史的研究推上新的高度。就此點而言,《叢刊》的編纂體例,對於收集整理其他國家的同類文獻,無疑也有方法論上的啟示。此外,在中國古書的域外流傳、域外闡釋(如域外人士對中國古書的鈔、刻、選、注、評、校等)以及域外的漢文著述等三個層次上,都完成了對囊括詩、詞、文三種文體的文集的整理之後,可以預見,不遠的將來,漢文的小說、戲曲等也會成爲域外漢籍重點整理的對象。

(作者單位:北京大學中文系)

海東文化交流

唐代《曲瑒墓誌》
"高麗都平壤城南魚鶴"發微 *

王連龍　叢思飛

　　唐代曲瑒墓誌,近年出土於洛陽南郊,現藏洛陽師範學院。墓誌記載了曲瑒家族世系、宦績功業、婚姻子女等史實。其中,誌文提到曲瑒在唐高宗龍朔三年(663)八月卒於"高麗都平壤城南魚鶴",涉及高句麗末期都城平壤城及安鶴宮比定問題,具有重要史料價值。筆者擬結合傳世文獻及其他碑誌材料,對該墓誌略作考證,以期於相關問題研究有所裨益。

　　爲行文之便,謄録誌文如次:

　　　　大唐伊川府故校尉曲府君墓誌并序

　　　　公諱瑒,字彥璋,河東郡人也。遠祖金聲戚里,蟬冕天庭,九州之長承規,七雄之輔師軌,加斑祚土,後裔因而氏焉。所以代襲剖符,簪纓相煥。曾祖遊,博能多識,德冠群英,隨任弘農郡河陰縣長。祖伯,富經贍史,逸秀多端,鄙趙一之小懷,蘊酈生之高揩。輕名利,重閑居,池竹可以陶情,琴書以申雅趣。公纂餘慶,製錦超年,捧雉振芳,如珪幼挺,識藥物之遺沉痾,辯陰陽之妙理,居仁履孝,庭桂傳芳,代有其人,公之謂也。公小崇覺道,洞理三乘,長效忠誠,專精七德。韜光掩慧,同院公之經步兵;重國輕軀,有馬伏波之操。西靜崦嵫之表,東掃扶桑之外,遂令九種氛息,三韓喪精。冀名光帝朝,標奇史策,豈期嘉福無徵,革斂俄及。公春秋五十有一,乃以龍朔三年八月奄輝於高麗都平壤城南魚鶴之内。長韜柘月,劍隱蓮

* 本文爲國家社科基金重大項目"中國古代石刻文獻著録總目"(19ZDA288)階段性成果。

花；素盖悲風，旌還故里；四海雨涕，九族摧傷；追仰德音，競銘行狀。公未冠結婚東都伊闕縣丞賀萬之長女也。四德咸備，恭睦六姻。以公氣盡朝鮮，細君不求生於帝里，不盈多歲，奄終私第。孤子思敬等，孝逾王郭，瘞子笋抽，哀慕無寧，思温枕席，親顔冀奉，重啟窀埏，改葬於龍門鄉安全里。刊兹玄石，記其年代。嗚呼哀哉！乃爲銘曰：

降靈山岳，金聲祚土。作鎮南蠻，宣威北虜。像圖麟閣，名高往古。九長承規，七雄師矩。其一。情耽八索，仁重九丘。雅度不濁，從政學優。貪泉匡酌，祑滿犢留。光前鏡後，亨鮮播休。其二。閑居樂道，富經史溢。兩臂難屈，精專守一。無心高盖，豈圖名祑。池竹怙神，擊壤堯日。其三。清文麗藻，齠亂錦章。博達藥石，鬼豎稱良。英奇迥秀，潛輝烏方。庸矣哀哉，奕葉流芳。其四。

垂拱三年閏正月廿五日。

曲瑒，河東郡人，高宗時隨唐軍征伐高句麗，不幸陣亡，龍朔三年（663）八月卒於高句麗都城平壤城南魚鶴之内。史載，龍朔元年（661）五月，高宗命契苾何力爲遼東道大總管，蘇定方爲平壤道大總管，任雅相爲浿江道大總管，以伐高句麗。次年三月，“蘇定方破高麗于葦島，又進攻平壤城，不克而還”[①]。墓誌言曲瑒龍朔三年（663）八月卒，或爲戰事未盡，俘殺之故。當然，這條史料的重點在於高句麗都城平壤城。關於平壤城之都城由來，朝鮮古史書《三國史記》有着較爲系統的記載：247年高句麗東川王“築平壤城”[②]，427年長壽王“移都平壤”[③]，552年陽原王“築長安城”[④]，586年平原王“移都長安城”[⑤]。對此遷都過程，《三國史記》卷三七《地理志》概括爲“長壽王十五年移都平壤，歷一百五十六年。平原王二十八年移都長安城，歷八十三年，寶藏王二十七年而滅”[⑥]。與之不同，中國史籍認爲高句麗“自東晋以後，其王所居平壤城”[⑦]，并未

① 劉昫等《舊唐書》卷四《高宗本紀》，北京：中華書局，1975年，頁83。

② 金富軾《三國史記》卷一七《高句麗本紀・東川王》，長春：吉林大學出版社，2015年，頁210。

③《三國史記》卷一八《高句麗本紀・長壽王》，頁225。

④《三國史記》卷一九《高句麗本紀・陽原王》，頁237。

⑤《三國史記》卷一九《高句麗本紀・平原王》，頁239。

⑥《三國史記》卷三七《地理志》，頁508。

⑦ 杜佑《通典》卷一八六《邊防二・東夷下・高句麗》，北京：中華書局，1984年，頁991。

再遷都，"長安城" 係 "平壤城" 之異名。如《隋書》卷八一《高麗傳》云："都於平壤城，亦曰長安城，東西六里，隨山屈曲，南臨浿水。"[①]《北史·高麗傳》《通典·邊防》《新唐書·高麗傳》載同。此外，唐廷滅亡高句麗前，具有情報書性質的《高麗記》也數見 "平壤（城）"[②]，反映出當時高句麗以平壤城爲政治中心。可見，在高句麗是否從平壤城再遷都長安城問題上，中朝史籍存在不同記載。

　　相比傳世文獻，《曲瑒墓誌》關於曲瑒在龍朔三年（663）八月卒於 "高麗都平壤城南魚鶴" 的記載，爲高句麗後期再遷都問題研究提供了新史料和新視角。因爲龍朔三年（663）已過《三國史記》所謂 586 年 "移都長安城" 七十七年，其時高句麗仍都平壤城。翻閱《三國史記》可以發現，金富軾關於高句麗平原王 586 年 "移都長安城" 的敘述，并非根據中國史籍，而是來自於《古記》。前引《三國史記·地理志》在概述高句麗歷代遷都情況之後，接言："《唐書》云：'平壤城亦謂長安。' 而《古記》云：'自平壤移長安。' 則二城同異遠近，則不可知矣。"[③] 顯然，金富軾在采信《古記》相關內容時，已經注意到其與《唐書》（《新唐書》）的抵牾，并坦言不知 "平壤城" "長安城" 同異遠近等情況。換言之，"《古記》" 并未提供詳細信息，金富軾只是單純地引用 "《古記》"，沒有深入分析和考證。實際上，《古記》也只是説 "移"，并非 "移都"。結合已見例證，《三國史記》但凡言遷都皆明確作 "移都"。如《高句麗本紀》云 209 年 "王移都於丸都"[④]、427 年 "移都平壤" 等。所以，《古記》中的 "移" 字更合理的解釋是 "移居"。如《三國史記》卷一八《高句麗本紀》言 342 年 "春二月，修葺丸都城，又築國內城。秋八月，移居丸都城"[⑤]，及次年 "秋七月，移居平壤東黄城"[⑥] 等，皆作 "移居" 解。與此種判斷相印證的是，《東國輿地勝覽》卷五一《平壤府·古跡》"長安城" 注下云："高句麗平原王二十八年自平

① 魏徵等《隋書》卷八一《高麗傳》，北京：中華書局，2019 年，頁 2040。

② 童嶺《貞觀年間唐帝國的東亞情報、知識與佚籍——舊鈔本〈翰苑〉注引〈高麗記〉研究》，《東方學報》第 92 册，2017 年，頁 390—416。

③《三國史記》卷三七《地理志》，頁 508。

④《三國史記》卷一六《高句麗本紀·山上王》，頁 206。

⑤《三國史記》卷一八《高句麗本紀·故國原王》，頁 220。

⑥《三國史記》卷一八《高句麗本紀·故國原王》，頁 220。

壤移居於此。"① 綜而言之,從《三國史記》"移都長安城"的史源及表述上來看,586 年平原王"移都長安城"只是移居,并非移都。今賴《曲瑒墓誌》所載,可爲確證。

　　需要説明的是,"平壤城"出現於石刻文獻中,并非《曲瑒墓誌》個案。如《泉男生墓誌》開篇即言泉男生爲"遼東郡平壤城人"②,刊刻於武周天册萬歲元年(695)的《高足西墓誌》也云高足西爲"遼東平壤人"③,《南單德墓誌》亦謂南單德"生居平壤,長隸遼東"④。就身份而言,這些人都是高句麗滅亡後移民唐朝的高句麗貴族,作爲第一代移民,均自稱"平壤(城)"人,無一例"長安城"人者。此外,唐軍攻破平壤城,滅亡高句麗,多見載於碑誌文獻。如《泉男生墓誌》有"將屠平壤,用擒元惡",及"直臨平壤之城"之文,其它如《元基墓誌》"殄除平壤"⑤、《高玄墓誌》"大破平壤"⑥、《于遂古墓誌》"奉敕領兵於九都道征平壤"⑦、《李他仁墓誌》"即屠平壤"⑧ 等等,均可佐證高句麗滅亡時仍都平壤城,只是没有《曲瑒墓誌》典型而已。

　　反言之,《隋書》《通典》等關於"平壤城"又名"長安城"的記載是否正確呢? 情況未必如此。考古發掘表明,今平壤地區存在四處較大規模古城址,自西向東分別是平壤市區内古城遺址、清岩里土城遺址、大城山城遺址及安鶴宮遺址⑨。面對如此複雜的局面,日本學者關野貞最早提出高句麗的都城平

---

① 朝鮮民主主義人民和國科學院古典研究室《新增東國輿地勝覽》,東京:國書刊行會,
　　1986 年,頁 453。

② 羅振玉《唐代海東藩閥誌存》,《石刻史料新編》第 2 輯,臺北:新文豐出版公司,1979
　　年,頁 11518—11521;周紹良《唐代墓誌彙編》,上海:上海古籍出版社,1992 年,頁 667;
　　吳鋼《全唐文補遺》第 1 輯,西安:三秦出版社,1994 年,頁 62;郭培育、郭培智《洛陽出
　　土石刻時地記》,鄭州:大象出版社,2005 年,頁 154—155。

③ 周紹良、趙超《唐代墓誌彙編續集》,上海:上海古籍出版社,2001 年,頁 348—349。

④ 王連龍、叢思飛《戰争與命運:總章元年後高句麗人生存狀態考察——基於高句麗移民
　　南單德墓誌的解讀》,《社會科學戰綫》2017 年第 5 期。

⑤ 吳鋼《全唐文補遺》(千唐志齋新藏專輯),西安:三秦出版社,2006 年,頁 58。

⑥《唐代墓誌彙編續集》,頁 317。

⑦《唐代墓誌彙編續集》,頁 374—375。

⑧ 孫鐵山《唐李他仁墓誌考釋》,陝西省考古研究所《遠望集》,西安:陝西人民美術出版
　　社,1998 年,頁 736—739。

⑨ 關野貞《高句麗の平壤及び長安城に就いて》,《朝鮮の建築と藝術》,東京:岩(轉下頁)

壤爲大城山城和青岩里土城,平壤市區内古城是"長安城",高句麗滅亡於"長安城"的觀點①,得到學界的廣泛認同②。不過在高句麗是否再遷都長安城問題上,學者意見并不統一。如三品彰英認爲高句麗没有再遷都長安城,直到滅亡,自始至終就是一個王都③。田中俊明則主張高句麗遷都到"長安城",即平壤市古城,王都也叫"平壤城"和"長安城"④。比較諸家所論,關野貞、田中俊明等所謂平原王遷都後的王都同時叫"平壤城"和"長安城"的論斷,實際上來源自上舉《隋書》《通典》等中國史籍。也就是説,關於"平壤城""長安城"關係的探討又回到了原點。

目前學界認爲,可以與"平壤城"比定的古城遺址有平壤市區内古城及大城山城。考慮到《曲瑒墓誌》提及高句麗都城平壤城南有"魚鶴",且曲瑒卒於其中。對平壤城的比定,可以先從考古發掘角度來分析。今見平壤市區内古城遺址,呈東北走向,長約一公里,北依錦繡山,東、西、南爲大同江和普通江環繞,城址由北向南,依次爲北城、内城、中城及外城。其中,最南面的外城城牆依大同江走勢建於江邊。關於外城的建築年代,根據外城城牆出土的城牆紀年刻石,大體可以推測在 6 世紀後半期⑤。那麽,在龍朔元年(661)唐廷征伐高

（接上頁）波書店,1941 年;蔡熙國《大城山一帶的高句麗遺跡研究》,朝鮮民主主義人民共和國社會科學院考古學及民俗學研究所《遺跡發掘報告》第 9 輯,北京:社會科學院出版社,1964 年;金日成綜合大學考古學及民俗教研室《大城山的高句麗遺跡》,平壤:金日成綜合大學出版社,1973 年;朝鮮民主主義人民共和國社會科學院考古研究所《朝鮮考古學概要》,李雲鐸譯,顧銘學、方起東校,黑龍江文物出版編輯部,1983 年;魏存成《高句麗遺跡》,北京:文物出版社,2002 年;王綿厚《高句麗古城研究》,北京:文物出版社,2002 年。

① 關野貞《高句麗の平壤及び長安城に就いて》,頁 345—370。
② 三品彰英《高句麗王都考——三國史記高句麗本紀の批判を中心として》,《朝鮮學報》第 1 輯,頁 15—54;田村晃一《高句麗山城——大聖山城》,高潔譯,《東北亞歷史與考古信息》1986 年第 2 期;魏存成《高句麗考古》,長春:吉林大學出版社,1994 年,頁 26;田中俊明《後期の王都》,東潮、田中俊明《高句麗の歷史と遺跡》,東京:中央公論社,1995 年;趙俊傑《高句麗後期都城"平壤城"再考》,《社會科學戰綫》2014 年第 12 期。
③ 三品彰英《高句麗王都考——三國史記高句麗本紀の批判を中心として》,頁 15—54。
④ 田中俊明《高句麗長安城の位置と遷都の有無》,《史林》1984 年 67 卷第 4 期。
⑤ 蔡熙國《關於平壤城(長安城) 的築城過程》,《考古民俗》1965 年第 3 期;鄭燦永《關於平壤城》,《考古民俗》1966 年第 2 期;崔羲林《平壤城築造年代和規模》,《考古（轉下頁）

句麗時,平壤市區内古城外城已建築完畢。這樣就會形成一個矛盾,即龍朔三年(663)八月曲瑒卒於“平壤城南魚鶴之内”,而平壤市區内古城外城緊鄰大同江,城南就是大同江,不存在“魚鶴”建築空間。相比之下,大城山城隨山勢而建,大略呈五角形,東西約二千三百米,南部有門,城牆西部過朱雀峰外側,至北國師峰、北將臺,經長壽峰,至東部乙支峰,最後到南部蘇文峰。根據目前發現的遺存,大城山城城牆寬厚,多見馬面,城内有倉庫、瞭望臺、蓄水池及宿守士兵居住所,具備山城防御性特徵。更爲重要的是,大城山城南部城牆外七百米有安鶴宮遺址,再向南經過三公里丘陵平地,到達大同江。比較而言,大城山城外南部空間更符合《曲瑒墓誌》“高麗都平壤城南”的描述。

　　縱觀隋唐二代,幾番征伐高句麗,數次止於“平壤城”下。稽查攻城相關記載,可以發現一些有價值的信息。隋大業八年(612),隋將來護兒攻戰平壤城,《北史》卷七六《來護兒傳》載其事甚詳:“(高麗主)高元弟建驍勇絶倫,率敢死數百人來致師。護兒命武賁郎將費青奴及第六子左千牛整馳斬其首,乃縱兵追奔,直至城下,俘斬不可勝計,因破其郛,營於城外,以待諸軍。”[1] 品味文辭内容,所謂“縱兵追奔,直至城下”,反映出平壤城南應該存在着較大的空地,以供雙方交戰所用。而且,來護兒攻破平壤城郭後,宿營城外,時隋軍“精甲四萬”[2],足見營地規模之大。相比平壤市區内古城南臨大同江,大城山城南面廣闊的丘陵平地更符合大規模宿營要求。與此相印證的是,《舊唐書》卷一九九上《高麗傳》載,“總章元年九月,(李)勣又移營於平壤城南,男建頻遣兵出戰,皆大敗[3]。與來護兒一樣,李勣也曾宿營於平壤城南,二者均與《曲瑒墓誌》所載曲瑒卒於平壤城南相互發明。

　　通過考古發掘與歷史文獻的互證,“魚鶴”與“安鶴”的關係越發明確。安鶴宮,位於大城山城南七百米,爲邊長六百二十米的方形城,東、西、北各有一門,南有三門,城内南、中、北宮以南北門中軸綫對稱分佈,北面又各有東西二

　　(接上頁)民俗》1967 年第 2 期;田中俊明《高句麗長安城の位置と遷都の有無》;閔德植《對於高句麗平壤城築城過程的研究》,《國史館論叢》1992 年第 39 集。

① 李延壽《北史》卷七六《來護兒傳》,北京:中華書局,1974 年,頁 2591—2592。

② 司馬光《資治通鑑》卷一八一《隋紀》“煬帝大業八年(612)六月”條,北京:中華書局,1976 年,頁 5663。

③《舊唐書》卷一九九上《高麗傳》,頁 5327。

宫建築遺址。關於安鶴宫年代，學界雖略有争議，但傾向於高句麗時代宫殿遺址①。至於"安鶴"之來，韓國、朝鮮學者一般認爲該名稱源於後代王宫的内宫"아낙"②。"아낙"在朝鮮語中義爲"内"，方言讀爲[a:nʌk]，本身無對應漢字，但與朝鮮語中"安鶴"（"안학"）發音相似，且"安鶴"文辭古雅，適合於宫城命名，故名"安鶴宫"。在《曲瑒墓誌》發現"魚鶴"之後，"安鶴宫"名稱由來需要重新考慮。因爲在朝鮮古音中"아"與"어"發音相近，"安鶴"讀"안학"，"魚鶴"讀"어학"，"安鶴"即是"魚鶴"。此外，《曲瑒墓誌》提到曲瑒卒於"魚鶴之内"。可推知，"魚鶴"屬於宫城類建築，也與安鶴宫建築相符，爲"安鶴"即是"魚鶴"提供了佐證。這樣就存在兩種可能：一是"安鶴宫"是本名，唐人記城，但記諧音，字不必盡同。二是"安鶴宫"原來叫"魚鶴宫"，白魚、玄鶴皆是祥瑞，命名宫殿，也屬合理。當然，這個問題還需更多的文獻記載支撑，暫且存疑。

　　本文結合傳世文獻、出土文獻及考古資料，對《曲瑒墓誌》"高麗都平壤城南魚鶴"進行了考論，證明誌文"平壤城"即大城山城，"魚鶴"就是大城山城南之安鶴宫。進而揭示出，金富軾《三國史記》錯誤地采用《《古記》》關於高句麗移居長安城的描述，造成高句麗後期再移都長安城的錯誤記載。真實情況是，高句麗遷都平壤城後，又陸續建築了長安城，也就是今平壤市區内古城，并於586年移居長安城。高句麗後期平原王雖然曾移居長安城，但并未遷都，直至668年滅亡，高句麗一直都於平壤城，即今大城平壤山城。城問題是高句麗史研究領域中的一個重要問題。3世紀中期魏麗戰争後，高句麗建築平壤城，至427年遷都，標志着平壤城正式成爲高句麗都城。遷都前後歷時近二百年，是高句麗的重要發展階段，其東西疆域的擴張和政權體制的完善都在這一時期内完成。鑒於平壤城在高句麗歷史上的重要地位，其相關問題也備受中、日、朝、韓學術界關注，特别是高句麗後期平壤城比定問題衆説紛紜。究其原

---

① 關野貞《高句麗の平壤及び長安城に就いて》；町田章《中國都城との比較》，《季刊考古學》1988年第22號；佐藤興治《朝鮮の都城》，《日本考古學協會1990年度大會發表資料集》，日本考古學會，1990年；田中俊明《後期の王都》；魏存成《高句麗考古》；王綿厚《高句麗古城研究》；王飛峰《安鶴宫年代考》，《慶祝魏存成先生七十歲論文集》，北京：科學出版社，2015年。

② 東北亞歷史財團《고구려 안학궁 조사 보고서 2006（2）》，東北亞歷史財團，2007年。

曲場墓誌拓本

因,主要在於研究者對史料的認識及使用角度不同。一方面是《三國史記》等傳世文獻記載的準確性所導致的可信度問題,另一方面是城址、墓葬、遺物等考古資料反映的時代性及其説服力問題。這已經涉及歷史學與考古學在研究理念、方法、角度等方面的差異問題。當然,二者并非截然對立而不可調和,近世學者一直致力於傳世文獻與考古資料的有機結合,"二重證據法" 在學術研究中的廣泛應用即是例證。與高句麗平壤城問題研究有關的是,中古時期石刻文獻中多見平壤城相關記載。這些石刻文獻既存在傳世文獻的記敘性特點,又兼具考古資料的文物屬性。加之,時人記事,可以與傳世文獻形成互證,在提供新史料的同時,也爲相關問題研究開闢了新角度和新思路。就此而言,本文通過《曲瑒墓誌》來探討平壤城比定問題,意在方法論角度的嘗試,拋磚引玉,希望引起學界的關注和共鳴。

(作者單位:王連龍,吉林大學考古學院;
叢思飛,吉林藝術學院)

新羅智仁律師《大鈔記》輯考

——兼論南山律學在東亞的早期傳播 *

國　威

在中國佛教戒律史上，道宣（596—667）所撰《四分律删繁補闕行事鈔》（以下簡稱《行事鈔》）是一部具有里程碑意義的作品。此書在文獻體例上摒棄了隨文注釋的"律疏體"，轉而採用"直取要文，不事義章"的"律鈔體"，形式上更加自由；在内容上則一方面以《四分律》爲主體來融攝諸部廣律，從而整合了印度傳來的不同戒律系統，另一方面從具體的戒條中提煉出以"律宗四科"爲綱領的理論體系，使律學具有了形而上的思辨意義。《行事鈔》的成書，不僅奠定了道宣在戒律領域的祖師地位，也標誌著具有中國本土文化特徵的南山律學正式創立。不過，由於此書的内容過於龐雜，再加上言約意豐、古拙幽深的語言風格，對學人的理解和接受造成了很大困難。因此，早在道宣在世之日，便有弟子開始對《行事鈔》進行注釋，如《宋高僧傳》卷一四《唐京師崇聖寺靈崿傳》載：

> 乾封中，於西明寺躬頂南山宣師法席。然其不拘常所，或近文綱，或親大慈，皆求益也。末塗懼失宣意，隨講收采所聞，號之曰記，以解《删補鈔》也。若然者推究造義章之始，唯慈與崿也。①

---

* 本文爲 2018 年國家社科基金青年項目"日韓所藏南山律宗文獻及文物搜集、整理與研究"（18CZJ011）的階段性成果。
① 贊寧撰，范祥雍點校《宋高僧傳》，北京：中華書局，1987 年，頁 341。標點略有調整。

　　自此以降,撰寫"鈔記"在南山宗内蔚然成風[①],至北宋時期,已達到"流傳四百載,釋義六十家"的規模[②]。然而,這一統計並不準確,日僧戒月在《行事鈔諸家記標目》中便增補了兩家,其中之一即爲新羅智仁所撰:

　　　　《行事鈔記》十卷未詳記名,右一部唐京兆光明寺智仁律師著。《事鈔》一出,諸家著記,以師爲始,係所謂六十家之外矣。[③]

　　這條資料雖爲晚出,但有早期文獻的印證,正倉院《宫一切經散帳》載:"《四分律疏》一部十卷。又《抄》十卷智仁師述。右依次官佐伯宿祢、判官大藏伊美吉天平勝寶四年(752)十一月九日宣令奉請律宗所使維那僧仙主師。"[④] 撰於延喜十四年(914)的《律宗章疏》亦有著録:"六卷鈔記十卷新羅智仁述。"[⑤] 所謂"六卷鈔",即指《行事鈔》也。結合以上三條材料,可知智仁鈔記確實存在,且具有兩個顯著特徵:其一,作者爲外國僧人;其二,此書可能是史上第一部鈔記,早於道宣弟子大慈和靈崿的同類作品。如果確如此論,那麼它在南山律學思想史及交流史上皆凸顯出無可替代的價值。可惜的是,這部作品已經亡佚,殘存的引文和綫索亦寥寥而零散,故少見關注,僅佐藤達玄稍曾提及,但未做進一步研究[⑥]。本文在搜輯佚文的基礎上,首先對此書的作者、書名、卷帙、成書、内容、體例、流傳等基本信息進行考察;其次由點及面,探討南山律學在東亞地區的早期傳播。藉由這些工作,期望在恢復和保存古佚律學文獻的同時,進一步審視其所承載的思想義理和文化交流。

一　智仁及《大鈔記》的成書

　　智仁,亦作知仁、智忍,乃新羅國入唐求法僧。其人傳見《律苑僧寶傳》卷

---

① "鈔記"之稱,其來有自,如唐代志鴻《搜玄録》卷一在羅列了前代鈔記作品後,謂:"上據有鈔記流行於世,自餘耳目未瞻者,莫知其數。"《卍新纂續藏經》,第41册,頁833c欄。日本律學文獻亦多沿用此稱。

② 志磬《佛祖統紀》卷四六,《大正藏》,第49册,頁420b欄。

③ 慧顯集,戒月改録《行事鈔諸家記標目》,《卍新纂續藏經》,第44册,頁303b欄。

④ 東京帝國大學文學部史料編纂所編《大日本古文書》卷之十(追加四),東京:東京帝國大學,1915年,頁327。

⑤ 榮穩《律宗章疏》,《大正藏》,第55册,頁1145b欄。

⑥ 佐藤達玄《行事鈔六十家攷》(一),《駒澤大學佛教學部研究紀要》1977年第35號,頁24。

五,但乃是據數條材料敷演而成,其中最早者當推道宣的《關中創立戒壇圖經》。乾封二年(667),道宣於長安清官鄉創立戒壇,廣開戒法。除了臨壇受戒者外,還有很多僧人作爲"師證"參預其事:"諸有同法之儔、遊方之士,聞余創建,興心嚮赴者,略列名位,取信於後。"① 其中即有"京師光明寺新羅國智仁律師"。此條記載一方面確證了智仁的律師身份,另一方面體現了其與道宣的密切關係。日本文獻多將智仁視爲道宣的弟子,如凝然(1240—1321)《律宗瓊鑑章》:"南山律宗後代久傳,南山是九祖中第九祖師,今立爲第一高祖。師門人甚多,俱提一字:新羅智仁初作鈔記……"② 又如重慶(1658—?)《傳律圖源解集》,亦將智仁律師列於道宣名下③。部分學者亦持此見④。不過,從《關中創立戒壇圖經》的記述來看,智仁並非依道宣得戒,而是以"同法之儔"的身份出席。另外,早期南山宗在性質上更接近於學術團體,法脉意識尚不明顯,轉益多師的現象十分普遍,如前文提到的靈粵,雖然聽法於道宣席下,但亦向其弟子文綱和大慈求教。因此,智仁雖曾向道宣學習戒律,但並非其親傳弟子,二人應爲亦師亦友的關係。

智仁在唐事迹不詳,但據部分佛經題識及佛典目錄,玄奘(602—664)的譯場中曾有一位名叫知仁(智仁)的僧人,如譯於貞觀二十年(646)的《大乘五蘊論》"譯場列位"中即有"翻經沙門知仁",譯於貞觀二十二年(648)的《大菩薩藏經》卷三末則有"弘福寺沙門僧知仁筆受"的記載⑤。又如《瑜伽師地論》卷一《後序》載:

> 弘福寺沙門靈會、靈雋、智開、知仁、會昌寺沙門玄度、瑶臺寺沙門道卓、大總持寺沙門道觀、清禪寺沙門明覺,烝(證?)義筆受。⑥

書末的識語再次確認了上述信息:

> 大唐貞觀廿二年五月十五日,於長安弘福寺翻經院,三藏法師玄奘奉

---

① 道宣《關中創立戒壇圖經》,《大正藏》,第 45 册,頁 816b 欄。
② 凝然《律宗瓊鑑章》卷六,《大日本佛教全書》,第 105 册,頁 34 上欄。"字"一作"宗"。
③ 重慶《傳律圖源解集》卷上,《大日本佛教全書》,第 105 册,頁 71。
④ 勞政武《佛教戒律學》,北京:宗教文化出版社,1999 年,頁 73;이자랑《의상의 계율관》,《韓國思想史學》2019 年第 61 輯。
⑤ 池田温編《中國古代寫本識語集録》,東京:東京大學東洋文化研究所,1990 年,頁 189—190。
⑥ 玄奘譯《瑜伽師地論》卷一,《大正藏》,第 30 册,頁 283c 欄。

詔譯。

　　弘福寺沙門知仁筆受

　　弘福寺沙門靈雋筆受

　　大總持寺沙門道觀筆受

　　瑶臺寺沙門道卓筆受

　　……①

又如《開元釋教録》卷八：

　　《因明入正理論》一卷見《内典録》，商羯羅主菩薩造。貞觀二十一年八月六日於弘福寺翻經院譯，沙門知仁筆受。②

另有《貞元新定釋教目録》卷一一：

　　《般若波羅蜜多心經》一卷見《内典録》第二，與《摩訶般若大明呪經》等同本。貞觀二十二年五月二十四日，於終南山翠微宮譯，沙門智仁筆受。③

　　《因明正理門論本》一卷見《内典録》，大域龍樹菩薩造，初出，與義净出者同本。貞觀二十三年十二月二十五日，於大慈恩寺翻經院譯，沙門智仁筆受。④

　　雖然没有直接證據將此人與道宣筆下的"智仁律師"聯繫起來，但他們在活動時間及空間上皆相重合，且唐代譯場經常吸納新羅僧人，除智仁外，神昉、圓測（613—696）、玄範、惠日等皆曾在中國參與譯經事業⑤。因此，上述"知仁""智仁"很可能就是道宣所記智仁律師。據此，智仁曾駐錫於弘福寺，最晚於貞觀二十年（646）已加入玄奘的譯場，且至少停留了四年時間。智仁能够在玄奘譯場中擔任筆受工作，表明其在漢文及佛學上都有較高的造詣，這也印證了他與道宣並非師資授受的關係，很可能僅是律學上的請益和交流。至於智仁與玄奘的關係，據湯用彤先生的意見，譯場人員不必爲玄奘的弟子⑥。考慮到玄奘貞觀十九年（645）方回到長安，不太可能爲智仁披剃或授戒，故二人應僅爲問學和譯場共事的關係。

---

① 玄奘譯《瑜伽師地論》卷一〇〇，頁881c欄。

② 智昇《開元釋教録》卷八，《大正藏》，第55册，頁556c欄。

③ 圓照《貞元新定釋教目録》卷一一，《大正藏》，第55册，頁855a欄。

④ 圓照《貞元新定釋教目録》卷一一，頁856b欄。"大域龍"乃陳那之異譯，故"樹"字當衍。

⑤ 郭磊《7～8世紀唐代的佛經翻譯和新羅學僧》，《韓國研究》2010年第10輯。

⑥ 湯用彤《隋唐佛教史稿》，武漢：武漢大學出版社，2008年，頁139。

智仁入唐,所學並不限於戒律,事實上,他在法相唯識學領域的建樹似乎更多一些:首先,其筆受的《大乘五蘊論》《瑜伽師地論》《因明入正理論》《因明正理門論本》等皆爲唯識學的經典;其次,據日僧平祚撰於延喜十四年(914)的《法相宗章疏》,智仁還留下了這方面的著述:

《顯揚疏》十卷五百八十紙,智仁述。①

《佛地論疏》四卷智仁述。②

成書於寬治八年(1094)的《東域傳燈目録》和藏俊(1104—1180)撰於安元二年(1176)的《注進法相宗章疏》亦皆著録了上述二書,但前者又補充了一部《雜集論疏》五卷③,亦屬於唯識系統的作品。這些目録雖然沒有明確作者的國籍,但多與元曉(617—686)、璟興(憬興)等海東僧人列於一處,故當爲新羅智仁無疑。其在唯識思想東傳的過程中,應發揮過重要作用④。此外,智仁還撰有《十一面經疏》一卷⑤,那麼其對密教亦應有一定涉入,可惜具體情況已不可考。

較早著録智仁律學作品的是《宮一切經散帳》和《律宗章疏》,前文已揭。另外,《東域傳燈目録》載:“同抄《記》十卷新羅智仁,亦智忍。同律抄《記》十卷學詮師依智仁記,學詮抄出云云。”⑥將智仁的作品與學詮聯繫在了一起。關於學詮及其著作,奈良經録和《律宗章疏》中也有記載,前者如天平勝寶二年(750):“六卷抄私記十卷學詮師撰。”⑦天平勝寶五年(753):“《四分律抄記》十卷學詮師抄出。”⑧神護景雲元年(767)於“四分律疏四部卅六卷”下云:“一部十卷,覺詮

① 平祚《法相宗章疏》,《大正藏》,第55册,頁1139a欄。此書亦爲奈良時期的古經録所著録,見東京帝國大學文學部史料編纂所編《大日本古文書》卷之十二(追加六),東京:東京帝國大學,1918年,頁514、524。

② 平祚《法相宗章疏》,《大正藏》,第55册,頁1139c欄。

③ 永超《東域傳燈目録》,《大正藏》,第55册,頁1157a欄。

④ 金相鉉《〈瑜伽師地論〉の伝来と新羅仏教》,《東アジア仏教研究》2010年第8號,頁107—118。

⑤ 東京帝國大學文學部史料編纂所編《大日本古文書》卷之十二(追加六),頁53。

⑥ 永超《東域傳燈目録》,《大正藏》,第55册,頁1155b欄。所謂“同抄”,乃承上文“六卷抄記一卷”而來,故亦指“六卷抄”也。

⑦ 東京帝國大學文學部史料編纂所編《大日本古文書》卷之十一(追加五),東京:東京帝國大學,1917年,頁260。

⑧ 東京帝國大學文學部史料編纂所編《大日本古文書》卷之十二(追加六),頁538。

師一帙。"① 後者如 :《四分律疏鈔記》十卷覺詮述。"② 但名字互有出入,且未見與智仁有所關聯。那麼,智仁鈔記與學詮到底有何關係呢?《律宗瓊鑑章》解答了這個疑問:

> 釋《行事鈔》,唐朝已□六十一家。傳于日域,現行世者 :《大鈔記》十卷,新羅智仁述。仁公往唐,親承鈔主,出四十餘卷記。于後覺先律師要略抄出,共成十卷。③

則智仁首撰《大鈔記》,原著多達四十餘卷,後由覺先(可能爲"學詮"之形誤)刪減爲十卷,二者實爲一書。值得注意的是,凝然謂當時此書尚存於日本,他的記述可能即本於書中的内容。可資佐證的是照遠(1302—1361)所撰《資行鈔》,其中徵引《大鈔記》數十條,並記載了成書過程:

> 此記新羅釋智仁到於宣律師,一一詰問,出記三十餘卷。學詮依之鈔出,小小釋文之處,或作注文,助顯其宗,或彈其短點,恐不當正理。願也後人更其注,兼不改其本,親承律師云云。④

除了個別文字有出入,與凝然的記載大體相同。不過,照遠曾親自披閲此書,故著録更詳盡,利用也更充分。他所引用的上述文字,比較接近於學詮的口吻,應轉述於此書的序跋或題識,故可靠性較高。結合凝然與照遠的記載,可知《大鈔記》的成型經歷了兩個主要階段:一爲智仁向道宣當面求教,並一一筆録,總爲三十(或作"四十")餘卷;二是學詮將其鈔撮爲十卷,並添加了注文。後世流行者,即爲學詮整理後的版本。學詮其人不詳,或謂爲智仁弟子⑤,但從他提及智仁的語氣及批評《大鈔記》的不足來看,此説恐不確,目前只能推測其爲年代稍晚的一位南山律師。

前人著録或引用此書時,主要有三種稱引方式:一種以奈良經録、《律宗章疏》《東域傳燈目録》爲代表,稱"四分律抄記""六卷抄私記"或"六卷鈔

---

① 東京帝國大學文學部史料編纂所編《大日本古文書》卷之十七(追加十一),東京 : 東京帝國大學,1927 年,頁 87。

② 榮穩《律宗章疏》,《大正藏》,第 55 册,頁 1145b 欄。

③ 凝然《律宗瓊鑑章》卷六,《大日本佛教全書》,第 105 册,頁 28 上欄。凝然另一部著作《雲雨鈔》亦著録智仁《大鈔記》十卷,惜未提供其他信息,見《大日本佛教全書》,第 105 册,頁 45 上欄、頁 50 下欄。

④ 照遠《資行鈔》,《大正藏》,第 62 册,頁 283c 欄。

⑤ 德田明本著,釋印海譯《律宗概論》,北京 : 北京中國佛教文化研究所,1990 年,頁 659。

記”；另一種是《行事鈔諸家記標目》中的“行事鈔記”；最後一種則見於《律宗行事目心鈔》《律宗瓊鑑章》《資行鈔》和《四分律行事鈔資持記扶桑集釋》，稱“大鈔記”或“大抄記”。實際上，這三種命名方式並無本質區別，因“四分律抄”“六卷鈔”和“大鈔”皆指《行事鈔》也。按照道宣的原意，《行事鈔》本應爲三卷，但因篇幅太大，使用頗爲不便，故後人支爲六卷（亦有支爲十二卷者）①，故有“六卷鈔”之稱。至於“大鈔”，乃是道宣及其徒裔對《行事鈔》的別稱，如《四分律刪補隨機羯磨》卷下：“縱舒撰次，非學不知，徒費時功，未辦前務，故闕而不載。必臨機秉御，大鈔詳委。”② 又如《量處輕重儀》卷末：“若現僧共分同賣，皆望常住結之，謂滿五皆須棄，減者偷蘭遮也，並如大鈔隨相釋之。”③ 而宋代允堪（1005—1062）《四分律含注戒本疏發揮記》《四分律隨機羯磨疏正源記》《四分律拾毗尼義鈔輔要記》《浄心誡觀法發真鈔》、元照（1048—1116）《持犯體章》、則安《羯磨經序解》、了然《釋門歸敬儀通真記》、妙蓮（1182—1262）《蓬折箴》等，亦皆稱《行事鈔》爲“大鈔”。當然，這一稱謂並非南山律師自高其宗，實際也是根源於篇幅與規模：道宣另有《拾毗尼義鈔》三卷，人稱“三卷鈔”，而《行事鈔》的篇幅遠超此書，爲示區別，故稱“大鈔”。可見，上述三種書名皆屬於“行事鈔＋（私）記”的模式，只是對於《行事鈔》的稱謂不同而已。雖然如此，本文仍將其定名爲“大鈔記”，原因如下：第一，“四分律鈔”非止《行事鈔》一種，而六卷本的《行事鈔》今已不傳，故二者的指稱皆不够明確；第二，“私記”僅此一見，含意應爲表示自謙，但歷代鈔記皆未有以此爲名者；第三，早期鈔記尚無命名的意識，多稱“記”或“行事鈔記”，故“行事鈔記”極易與其他作品相混淆；第四，凝然與照遠曾親見此書，他們的引述應較爲可靠。

綜上所論，可知智仁乃唐初來華求法的新羅僧人，先後駐錫於長安弘福寺、光明寺，曾參加玄奘譯場及道宣壇場，所習包括唯識學、律學和密教等，撰有《顯揚疏》《佛地論疏》《雜集論疏》《十一面經疏》等作品。《大鈔記》是其已知唯一的律學著述，親承於道宣律師，原本多達三十或四十餘卷，後經學詮刪減鈔撮，並添加注釋，釐爲十卷。此書在中韓兩國皆未見流傳，但日本古經

---

① 元照《資持記》卷上：“舊云有六卷，又云後分十二卷。”《大正藏》，第 40 册，頁 160a 欄。
② 道宣《四分律刪補隨機羯磨》卷下，《大正藏》，第 40 册，頁 507a 欄。
③ 道宣《量處輕重儀》卷末，《大正藏》，第 45 册，頁 848b 欄。

録中已有著録，且直到 14 世紀仍存完本。

二　《大鈔記》的内容、特徵與價值

　　《大鈔記》目前已未見流傳，僅有若干引文存世。這些引文主要集中於照遠的《資行鈔》，有四十餘條；忍仙《律宗行事目心鈔》存一條，但僅爲記述而非直接引用；弘一（1880—1942）《四分律行事鈔資持記扶桑集釋》引四條，未注出處，結合其所引書目，推測可能鈔自《行事鈔資持記通釋》《行事鈔資持記濟覽》等日本律學作品。不過，現存的引文絶不僅限於此，還有一些出處不明的引用也需注意。例如，《資行鈔》謂：“四月及八月云云，一義云：四月、八月也，殊雨時故。一義云：自四月至八月，故云及也。”① 兩處引用皆以“一義云”籠統帶過，未詳所出。然而，《四分律行事鈔資持記扶桑集釋》則提供了重要綫索：“次《大鈔記》云：謂四月八月，謂從四月至八月。”② 可見，《資行鈔》所引第二種觀點實出於《大鈔記》，但若無《四分律行事鈔資持記扶桑集釋》的引證，則無從可知。《資行鈔》中類似的引用方式多達數百處，其中很可能仍有出自《大鈔記》者，可惜在缺少旁證的情況下基本無法指認。

　　通過現存引文來考察《大鈔記》的内容與特徵，必然存在很大的局限和風險：首先，所有引文皆來自於學詮删減注釋後的版本，與智仁的原本已經具有很大差異；其次，照遠在近十萬字的《資行鈔》中，僅僅徵引了數十條，其中顯然也經過了一番斟酌取捨；更重要的是，這些引文都是互不連屬的孤立條目，缺少具體語境和系統性，再加上輾轉傳鈔過程中産生了不少文字訛誤，利用的難度很大。當然，提出這些問題並非否認通過引文來考察《大鈔記》的可行性，相反，這是現有條件下從事研究的唯一途徑。需要我們注意的，是不宜在缺少旁證的情況下過度擴展個別結論的有效範圍。

（一）内容與分卷

　　綜觀歷代鈔記，在内容上可分爲兩種類型：一是對《行事鈔》全書進行隨文注釋，絶大部分鈔記都屬此類；二是僅就《行事鈔》中的部分章節或疑難字

---

① 照遠《資行鈔》，《大正藏》，第 62 册，頁 597b 欄。
② 弘一《四分律行事鈔資持記扶桑集釋》卷七，《弘一大師全集》第 4 册，福州：福建人民出版社，1992 年，頁 229。

詞進行分析解釋,通常規模較小,如無外《持犯四果章記》、崇義《述鈔音訓》、贊寧(919—1001)《音義指歸》三卷等。根據"三十(或"四十")餘卷"的規模來看,《大鈔記》應屬前者。至於具體的內容,從現存鈔記和當時的解經體例推測,其注釋範圍應包括序題、作者、序文以及正文的三十個戒律專題。現存引文亦可印證《大鈔記》基本覆蓋了上述範圍,例如,對序題的注釋:"然《大抄記》釋第一義門,初云前序是抄序,後序是教序也……彼記既不分總別兩序,靈芝釋自然符親承義也。"[1] 再如,《資行鈔》中最後一條《大鈔記》的引文爲:"有聲者,《大抄記》云:下氣,謂下風事。"[2] 屬於正文第二十七個專題"諸雜要行篇"的內容,説明《大鈔記》的注釋範圍已經覆蓋了《行事鈔》的大部分篇幅。最後三個專題"沙彌別行篇第二十八""尼衆別行篇第二十九"和"諸部別行篇第三十"的引文雖然沒有保留下來,但更可能是照遠的主動取捨,而不是原書之闕如。

　　流傳於日本的《大鈔記》是學詮整理後的十卷本,此點當無疑義,但這一版本的內容分布又是怎樣的呢? 照遠的引用有三處提到了所在卷次,可藉此進行粗略的復原:第一處出於卷三,所釋內容爲正文第十一個專題"安居策修篇";第二處出於卷八,所釋爲第十七個專題"二衣總別篇";第三處亦出於卷八,所釋同樣爲"二衣總別篇"[3]。根據這三個確定的坐標,《行事鈔》全部內容在《大鈔記》中的分布應如下所示:

《大鈔記》卷次	《行事鈔》卷次	《行事鈔》內容
一、二、三	卷上 (衆行)	序文、標宗顯德篇第一、集僧通局篇第二、足數衆相篇第三、受欲是非篇第四、通辨羯磨篇第五、結界方法篇第六、僧網大綱篇第七、受戒緣集篇第八、師資相攝篇第九、説戒正儀篇第十、安居策修篇第十一、自恣宗要篇第十二(?)
四、五、六、七	卷中 (自行)	篇聚名報篇第十三、隨戒釋相篇第十四、持犯方軌篇第十五、懺六聚法篇第十六

① 照遠《資行鈔》,《大正藏》,第 62 册,頁 283c 欄。

② 照遠《資行鈔》,《大正藏》,第 62 册,頁 828c 欄。

③ 照遠《資行鈔》,《大正藏》,第 62 册,頁 478b 欄、682a 欄、701b 欄。

《大鈔記》卷次	《行事鈔》卷次	《行事鈔》内容
八、九、十	卷下 （共行）	二衣總別篇第十七、四藥受淨篇第十八、鉢器制聽篇第十九、對施興治篇第二十、頭陀行儀篇第二十一、僧像致敬篇第二十二、訃請設則篇第二十三、導俗化方篇第二十四、主客相待篇第二十五、瞻病送終篇第二十六、諸雜要行篇第二十七、沙彌別行篇第二十八、尼衆別行篇第二十九、諸部別行篇第三十

其中"自恣宗要篇第十二"無法確定具體位置，可能在第三卷，也可能在第四卷。不過，考慮到其内容屬於《行事鈔》卷上的"衆行"（即僧衆集體之事），故置於第三卷似更爲合理。從表中可以看出兩個特點：其一，學詮在釐整卷次時基本遵循了《行事鈔》本來的分卷，從而較爲妥當地處理了外部文本結構與内部意義單元的配合；其二，《大鈔記》對《行事鈔》各部分内容的展開並不均衡，如序文和前十一個專題僅佔三卷，從"二衣總別篇"到"諸部別行篇"的後十四個專題亦只三卷，而"篇聚名報篇""隨戒釋相篇""持犯方軌篇"和"懺六聚法篇"四個專題則有四卷的規模。這一現象和《行事鈔》本身的特點有關，卷中"自行"（即比丘個人須持守的規範）雖只有四個專題，但不僅包括對二百五十戒的概述和逐條解釋，還從中歸納了持守戒律的原則及懺悔方法，篇幅佔比最大。作爲注文，鈔記必然受此制約，從現存作品來看，對這一部分的注釋規模都較大，約佔各自篇幅的三分之一甚至接近一半。因此，《大鈔記》在卷帙上的不均衡根源於《行事鈔》原文，是鈔記文獻的普遍特徵。

（二）體例與特徵

現存鈔記往往於開篇介紹全書體例，如《行事鈔批》以"六門"作爲綱領①，《搜玄録》則以"五別"來統攝②。《大鈔記》很可能也有類似的内容，可惜未能保存下來，故全書的結構體例已不可考，只能對引文的具體注釋體例進行分析。

早期的佛教章疏作品，一般不與所注原文合編，而是獨部別行，這就涉及

---

① 大覺《行事鈔批》卷一，《卍新纂續藏經》，第 42 册，頁 605b 欄。
② 志鴻《搜玄録》卷一，《卍新纂續藏經》，第 41 册，頁 833c 欄。

如何提示原文的問題。現存鈔記主要採用三種標引方式：一是直録原文，或截取原文的一部分，後加“者”“等者”，《行事鈔批》以此種方法爲主；二是舉所注文句的第一字和最後一字，作“從某至某”，以《搜玄録》爲代表；三是僅提示所注文句的第一字，作“某下”，目前僅見於元照的《資持記》。《簡正記》和《詳集記》則綜合運用了前兩種方式，較爲特殊。這三種方法各有利弊：第一種相當於迻録了部分原文，便於對《行事鈔》不太熟悉的學者比照閲讀，缺點是擠佔了不少篇幅；第二種恰恰相反，能够節省篇幅但不利於初學者使用；第三種受原文限制最小，適合闡釋發揮，但在不便閲讀的同時又易失之於蕪蔓。《簡正記》和《詳集記》的做法雖然進一步提高了原文與注釋的關聯度，但問題則在於增加了更多篇幅。從現存引文來看，《大鈔記》主要採用的是第一種方式，如：

> 《大鈔記》云：至於統其大綱，謂更重明此三十門。條流未委者，謂此三十門未具足委曲盡故，更以十門例括三十門也。[①]

> 《大抄記》云：未稟歸戒，謂未受三歸五戒等。[②]

> 《大抄記》云：自陷流俗，謂共俗人一種作俗人業也。[③]

皆爲先引《行事鈔》原文再加以解釋。不過，亦偶見第二種標引方式，如：

> 《大鈔記》第八云：……“授與”至“者得”，謂與者已以手授與，故定囑初人也。[④]

但現存用例太少，可能不具普遍意義。事實上，早期鈔記多採用第一種方式，如大慈記、弘景記、《當陽記》等，雖僅存部分佚文，但仍可看出這一特點。個中原因，應是當時南山律學初創，《行事鈔》流行未廣、獲取不易，故需在注文中盡可能提示原文，一者便於閲讀講解，二者也可推廣《行事鈔》的流傳。而智仁在創作《大鈔記》時，海東尚無南山律學，故鈔、記同傳是十分必要的。彼時既無整體合會鈔記的傳統，那麽在注文中摘引原文就成爲最直接的解決方法。

智仁對《行事鈔》的闡釋是從三個層次展開的。第一爲訓釋字詞，例如：

---

① 照遠《資行鈔》，《大正藏》，第 62 册，頁 300a 欄。
② 照遠《資行鈔》，《大正藏》，第 62 册，頁 315a 欄。
③ 照遠《資行鈔》，《大正藏》，第 62 册，頁 505a 欄。
④ 照遠《資行鈔》，《大正藏》，第 62 册，頁 699c 欄。

《大鈔記》云：冠，灌音，頭上著時各灌。衆象，謂三界内一切山河大地乃至一切色形象也。①

《大鈔記》云：樞，釋俱反，謂扉下肘是也，持扉最要○非謂扉下白也。②

“户牌”，《大鈔記》云：户牌，謂閉門物，或木鐵皮等。曲户鈎，謂閉門曲金也。③

主要從讀音與字意兩方面入手，必要時亦對他人的觀點進行糾正；第二爲疏通句意，如前引對“統其大綱”“條流未委”“自陷流俗”等文句的解釋，皆屬此類；第三是對具體問題展開分析與論述，例如：

問：何必“囑，最後人得之；授，最前人得之哉”？

答：《大鈔記》第八云：“囑與衆多人，最後人得”，謂以非對面故，未決定心，最後人時更非轉移故，其心決定，最後人得也。若囑與，然與其心決定者，即名已與，不可更取，應初入也。“授與”至“者得”，謂與者已以手授與，故定囑初人也。④

臨終之人面對僧衆處置自己的財産時，在“發言囑與”和“親手授與”兩種情境下得物之人並不相同。智仁分析了其中原因，並就過程中的心理活動等細微之處進行了論述與發揮。這三個層面的注釋或獨立出現，或綜合運用，較爲全面地闡述了《行事鈔》的文本與理論。當然，此種注釋方法和層次並非《大鈔記》所獨有，而是見於所有現存鈔記。這表明作爲一種特定的文獻類型，鈔記在闡釋模式和行文邏輯上具有相同的特徵。

另外，《大鈔記》既由外國僧人所撰，其中必然會表現出相應的特點，雖經學詮與照遠的重重過濾，但仍遺留了一些蛛絲馬迹。例如，對於《行事鈔》序文中“自非統教意之廢興，考諸説之虚實者，孰能鬮重疑、遣通累、括部執、詮行相者與”一句中的“與”字，智仁釋曰：“若論矣字，著一句之下。若論與字，五六句及五六行下方著。歟字總結也。”⑤這是從詞法和句法方面進行的基礎

---

① 照遠《資行鈔》，《大正藏》，第 62 册，頁 287b 欄。

② 照遠《資行鈔》，《大正藏》，第 62 册，頁 344b 欄。

③ 弘一《四分律行事鈔資持記扶桑集釋》卷九，頁 311。

④ 照遠《資行鈔》，《大正藏》，第 62 册，頁 699c 欄。

⑤ 照遠《資行鈔》，《大正藏》，第 62 册，頁 294b 欄。

分析。唐宋諸師對此亦有釋,但皆一帶而過,如《搜玄錄》:"歟,語助詞也。"①再如《簡正記》:"者、歟兩字,送句人(之？)詞。"② 又如《資持記》:"與字平呼,即語詞也。"③ 而《大鈔記》不僅對"與"字的用法做了説明,還舉"矣"字進行對比。這一差異可能便根源於智仁外國僧人的身份對注釋風格的主動選擇:佛教章疏一般會根據原文的内容和性質,進行或廣或略的注釋,即志鴻所謂:"若廣若略,皆爲顯行世事,事易故略指,事難故廣釋。"④ 略釋僅羅列名目,稍加注解;廣釋則不僅解釋文意,還往往廣引文證、設爲問答、引申發揮以及提供背景知識等,以作爲核心注解的輔助。作爲新羅求法僧,智仁在撰寫此書時,必然是將本國人作爲首要假想讀者。而《行事鈔》本就難於理解,加以海東戒律基礎薄弱,故他很可能普遍採用了廣釋的方法。書中除了大量文證、問答、引申外,自然也包括類似上述引文中對漢語詞法、句法的分析介紹。不過,由於引文數量所限,目前缺少更多例證來支撐這一推測,但此書在卷帙上的劇烈變動可能即與此有關:據凝然和照遠的記述,《大鈔記》的初本多達三十乃至四十餘卷,歷代數十部鈔記皆無出其右者。但經學詮整理後,僅勒爲十卷,其中還包括添加的注文。當然,有一種可能是卷數減少但每卷篇幅增多,整體規模不變。然而,奈良經録及《東域傳燈目録》《律宗瓊鑑章》既謂"抄出""要略抄出",説明卷帙的壓縮是伴隨著篇幅刪減的。值得注意的是,學詮對此書進行了節略,卻希望後人"不改其本",因爲此乃"親承律師"。據此,學詮所捨棄者,必然不是直接解釋《行事鈔》的部分,而很可能是其他輔助性的内容,其中即包括對漢語語法的分析和介紹。上述引文之所以能保留下來,是因爲"與"字的用法關係到文意理解和行文脉絡。雖然前文已經提到,不宜將個別引文的特徵推廣至全書,但結合作者的身份及卷帙變化,筆者認爲這一推論是有其合理性的。

(三)價值與流傳

凝然和戒月皆認爲《大鈔記》是史上第一部鈔記,此説雖無法確證,但其

---

① 志鴻《搜玄録》卷一,《卍新纂續藏經》,第 41 册,頁 851c 欄。
② 景霄《簡正記》卷三,《卍新纂續藏經》,第 43 册,頁 39b 欄。
③ 元照《資持記》卷上,《大正藏》,第 40 册,頁 162b 欄。智仁與元照所見版本爲"與"字,志鴻和景霄所見則爲"歟"字,故闡釋角度和關注程度略有差異。
④ 志鴻《搜玄録》卷一,《卍新纂續藏經》,第 41 册,頁 856c 欄。

成書很早卻是不爭的事實。更爲重要的是，這部作品乃智仁向道宣"一一詰問"之後的產物，故很大程度上保存了南山祖師的戒律思想，具有獨特的參考價值。現存引文中的一些戒律觀點便與後世注疏截然不同，如《行事鈔》"諸雜要行篇第二十七"曾引《善見律毘婆沙》："若師猶在，應聽律藏及廣義疏。"① 大多數鈔記皆主張此中的"師"指師僧，如《行事鈔批》："若師猶在者，立明：和上既在，須年年常學律藏。"② 又如《簡正記》："若師田（由？）在等者，但隱（憑？）師學，不可競化。"③ 再如《資持記》卷下："師猶在者，即得戒和尚，可從學故，設復師亡，當從依止。"④ 但《大鈔記》卻有不同的見解："《善見》'若師'至'疏'，謂經律教在時，即須依教行。依教行者，即與如來在世時無異故。若師者，謂經律教也，非謂師僧也。"⑤ 此段文字稍顯重沓，可能前二句乃智仁原文，後一句則是學詮見到其他鈔記的異說，故加注以示強調。若據《善見律毘婆沙》的原始語境，釋以"師僧"更爲準確。但作如是解的話，一者與戒律中"五夏已滿，得離依止"的原則相衝突，二者對弟子的要求太過嚴苛，現實中恐難以踐行。因此，道宣在講解時可能有意曲解了原文，將"師僧"發揮爲"經律教"。所謂"經律教"，應指佛經及戒律典籍，如《根本説一切有部毘奈耶雜事》卷三七：

> 若苾芻來，作如是語："具壽！我從如來親聞是語，聞已憶持，説斯經典，説此律教。"此苾芻聞彼説時，不應勸讚，亦勿毀訾，應聽其語，善持文句，當歸住處，檢閲經文及以律教。若彼所説與經律不相違者，應告彼言："具壽！汝所説者真是佛語，是汝善取，依經律教，當可受持。"⑥

以閲讀經律取代依止師僧，則弟子依師滿五夏後，在人身依附關係上便不再受限，對於個人發展和宗派擴張都有助益。後世諸記的闡釋無論在立場還是方法上，皆爲"從文本到文本"，處理的是知識和觀念；而作爲開宗立派的祖師，道宣必須因應人情、風俗、政令等現實因素來調整經律中不合時宜的部分。

---

① 道宣《行事鈔》卷下，《大正藏》，第 40 册，頁 147b 欄。
② 大覺《行事鈔批》卷一四，《卍新纂續藏經》，第 42 册，頁 1044b 欄。
③ 景霄《簡正記》卷一六，《卍新纂續藏經》，第 43 册，頁 456b 欄。
④ 元照《資持記》卷下，《大正藏》，第 40 册，頁 415b 欄。
⑤ 照遠《資行鈔》，《大正藏》，第 62 册，頁 827b 欄。
⑥ 義浄譯《根本説一切有部毘奈耶雜事》卷三七，《大正藏》，第 24 册，頁 389c 欄。

僧傳中曾極力渲染道宣冥感天人的事迹，如《宋高僧傳》卷一四《唐京兆西明寺道宣傳》：

> 乾封二年春，冥感天人來談律相，言《鈔》文、《輕重儀》中舛誤，皆譯之過，非師之咎，請師改正。故今所行著述，多是重修本是也。[①]

可能就是在文獻層面上不斷妥協以化解現實壓力的曲折體現。因此，南山律學看似一脉相承，實則在道宣與後世諸師之間已經産生了微妙的差異。若非《大鈔記》中保留的重要綫索，這一點是難以察覺的。

正是由於《大鈔記》具有成書較早、親承道宣等獨特價值，故照遠給予其很高評價，前文所引對《行事鈔》序文的注釋"彼記既不分總別兩序，靈芝釋自然符親承義也"便是最直接的證明。《行事鈔》的序文較爲特殊，根據結構和内容，可大體劃分爲兩段，前半介紹撰述此書的緣起，後半則整體論述南山律學的宗旨、典據、内容、方法等。《後堂記》《順正記》《增暉記》《簡正記》《義苑記》等大部分唐宋鈔記受到傳統解經體例的影響（如將《法華經》的序分進一步開爲通、別兩部分），皆認爲《行事鈔》序文的前半部分乃"別序"，後半部分則爲"總序"[②]。宋代律師靈芝元照卻不同意此種觀點，他主張《行事鈔》的序文是一個整體，不能割裂爲總、別二部分[③]。照遠奉元照之學爲正統，故舉《大鈔記》爲之張目。實際上，照遠此處頗有詭辭强辯之嫌，《大鈔記》雖没有明確提出總、別二序，但"抄序"和"教序"與之並無本質區別。且不論他們的觀點如何，此處值得注意的是照遠對《大鈔記》的態度，只因元照的主張與其表面上相近，便得出"自然符親承義"的結論，説明他對此書的價值和地位是十分推崇的。

《大鈔記》成書後，在中國流傳並不廣泛，因迄今未見任何著録乃至提及。原因也很明顯：首先，如前所述，《大鈔記》面向的首要讀者應爲新羅人，故無論内容還是行文對於唐人來説都較爲拖沓，這也解釋了其爲何被後人大幅删減；其次，早期鈔記的作者幾乎皆爲道宣親傳弟子，故此書"親承律師"的優勢也不復存在。大覺在成書於太極元年（712）的《行事鈔批》中廣引前代鈔記，卻完全没有提及此書，可能當時已不傳。那麼，智仁與《大鈔記》是否曾返

---

① 贊寧撰，范祥雍點校《宋高僧傳》，頁 329。標點有所調整。
② 照遠《資行鈔》，《大正藏》，第 62 册，頁 283c 欄。
③ 元照《資持記》卷上，《大正藏》，第 40 册，頁 159c 欄。

回新羅？目前没有明確記載,但考慮到大多數海東求法僧學成後一般都選擇回國①,故推測智仁最後也應重歸故土。即便因故未能成行,也會盡可能將自己的著述傳回本國。可惜的是,海東一直未能形成具備一定規模的律學僧團,故此類撰述流通不廣,且很容易散佚。所幸,此書很可能從新羅傳入日本,因較早著錄這部鈔記的奈良經錄和《律宗章疏》中同時還有元曉、太賢等海東僧人的律學撰述,這些作品在中土皆不流行,故應爲從新羅傳入。雖然日本很早便有《大鈔記》之著錄,但流傳情況並不清楚。直到凝然和照遠,纔見具體的介紹和利用。不過,通過照遠的引述,可知此書之前已被日本律學界所知、所傳,如:

　　　　問:五逆之中,破僧難尤大,比丘上可有之,何云白衣哉?

　　　　答:難成事雖有比丘位,其得罷道還家,重欲受大戒之時,即節談難取之,白衣無過也。此《大抄記》釋,有學者傳也。②

　　除了凝然,睿尊(1201—1290)一系的《律宗行事目心鈔》亦曾提及《大鈔記》,不知照遠所指是否與二者有關。但"有學者傳也"的表述方式及語氣也從側面透露了此書當時並未被廣泛接受,在各個律學闡釋傳統中應處於較爲弱勢和邊緣的地位。《資行鈔》之後,此書仍有流傳,《行事鈔資持記通釋》和《行事鈔資持記濟覽》中便有數條引文。不過,彼時很可能已非完本,因引文內容僅涉及"隨戒釋相篇"中的"掘地戒"和"二衣總別篇",其他部分皆已未見。這兩部文獻的作者和時代不詳,前者最早的版本爲享保三年(1718)③,後者則僅存享保十三年(1728)寫本④。因此,《大鈔記》在照遠之後並沒有完全亡佚,至少18世紀初仍有少量遺存。但自此之後再未見提及,現恐已不存。

三　南山律學在東亞的早期傳播

　　由於南山宗在後世成爲佛教戒律的主流,故很容易予人一種印象,即它的

---

① 何勁松《韓國佛教史》,北京:社會科學文獻出版社,2008年,頁75。

② 照遠《資行鈔》,《大正藏》,第62册,頁804b欄。

③ https://bib.otani.ac.jp/cat/itemview.php?id=22/005918,2021年11月10日.

④ 道宣撰,元照記,弘一集釋《四分律行事鈔資持記校釋》第11册,北京:宗教文化出版社,2015年,頁3231。

發展與傳播是一個風行草偃、莫之能御的過程。受此影響，一些關鍵的材料往往也成爲此種認知的注腳，如道宣自述《行事鈔》之流行："貞觀初年，周遊講肆，尋逐名師，若山若世。遂以所解造《鈔》三卷，未及覆治，人遂抄寫。"[①] 又如贊寧所載此書的流播："隋末唐初，道宣律師以首《大疏》爲本，造《删補律鈔》三卷，稍爲會要，行事逗機。貞觀已來，三輔、江淮、岷蜀多傳唱之。"[②] 不過，前者是個人的有限視角，後者則是一種側重結果而忽視過程的"後見之明"，它們在具體語境下自有其價值與合理性，但並不能就此推導出《行事鈔》與南山律迅速風靡天下的結論[③]。實際上，由於其他戒律傳統仍然根深蒂固，再加上相部、東塔兩宗的競爭，南山律從初唐至中唐的早期傳播是一個曲折漸進的過程。例如，直到唐中宗第二次執政時期（705—710），江南地區仍然宗奉《十誦律》，道宣的再傳弟子道岸（654—717）只能奏請皇帝，依靠行政力量的介入，纔使南山律推行於此域[④]。又如，唐代宗時期（762—779），東塔宗勢盛，對南山宗和相部宗施加了很大壓力，最終引發了佛教戒律史上著名的"僉定律疏"事件[⑤]。再如，元和年間（806—820），南山律師曇清與東塔宗義嵩就結界問題反覆辯難，甚至經官動府，最後纔稍佔上風[⑥]。因此，早期南山律雖然發展迅速，但將其置於唐代佛教戒律的整體背景下，亦不過是一家之學。

　　南山律向新羅、日本等東亞鄰國的早期傳播，也經歷了長期的過程，且形成了不同於本國的流傳特徵。這些地區佛教蓬勃發展，對戒律的需求十分迫切，而求法僧入唐之時，恰逢南山律方興未艾，故文獻的搜求與引入較爲順利。除了智仁所撰《大鈔記》外，道宣《四分律拾毗尼義鈔》也曾傳入新羅。此書現存版本於卷末保留了《新羅國寄遺書》與《唐法寶律師批》兩則題跋，記述了此事的始末緣由：道宣於貞觀初年撰成《四分律拾毗尼義鈔》，但草稿隨即被新羅僧人潛帶回國，以致中土長期未見流傳。直到唐武宗、宣宗時期，在兩

① 道宣疏，元照記《四分律含注戒本疏行宗記》，《卍新纂續藏經》，第 40 册，頁 174c 欄。

② 贊寧撰，范祥雍點校《宋高僧傳》，頁 365。

③ 如王建光先生即認爲《行事鈔》從問世到流布於江南，至少經歷了一百年時間。見氏著《中國律宗通史》，南京：鳳凰出版社，2008 年，頁 309。

④ 贊寧撰，范祥雍點校《宋高僧傳》，頁 335—338。

⑤ 王磊《〈僉定四分律疏〉與中唐時期的戒律論爭》，《中山大學學報》（社會科學版）2018年第 1 期。

⑥ 贊寧撰，范祥雍點校《宋高僧傳》，頁 376。

國僧俗的共同努力下,此書的鈔本纔返回中國[①]。可見,新羅僧人很早便曾與道宣接觸,並伴隨著戒律著述的流通,而兩國在南山文獻上的交流,也至少持續到唐代晚期。日本佛教長期受限於戒法未備,故天武天皇即位後,派遣道光入唐求律。道光所學者應主要爲南山律,因其回國後於戊寅年(678)撰寫了《依四分律抄撰録文》一卷,内題即爲"依四分律撰録行事"[②]。從書名和卷帙來看,此書很可能是《行事鈔》的摘録。另外,據凝然推測,道光同時應已將《行事鈔》全書帶回日本。可見,南山文獻在唐朝與新羅、日本之間的流通,還是較爲順暢的。不過,在實踐和思想方面,南山律的普及則緩慢而曲折。在新羅,《大鈔記》長期湮没無聞,《四分律拾毗尼義鈔》亦無傳習,直到流返中國後纔爲人所關注;在日本,《行事鈔》長期無人研讀,約半個世紀以後,方有本國僧人道融、智璟閲讀講解[③]。而《大鈔記》從新羅傳入日本後,雖頻經著録,但亦未見實質性的研究。南山律的傳播與接受之所以遇冷,應是受到兩國佛教發展階段和特徵的制約。慈藏和圓勝雖將戒律引入新羅,但畢竟處於初創階段[④],而日本從百濟和中國零散學習的戒律更加不成系統[⑤]。因此,它們當時最迫切需要的是如法傳戒的戒法與戒師,而不是具有思辨意義的律學理論。慈藏、智仁、道光等人入唐前,可能並不知南山律的存在,只不過道宣及其後裔恰好在唐朝律學界較爲活躍,故成爲他們依學的對象。然而,新羅和日本當時尚處於戒律初傳階段,戒壇、戒師都不完備,《行事鈔》及南山律的很多主張根本無法落實,故引入典籍雖然比較順利,但講授與踐行卻並不廣泛。由此可見,南山律在日韓早期傳播的顯著特徵,是以文獻流通爲主要形式,較少涉及思想及行事等方面的深入交流。

　　當然,在主觀意願上,新羅及日本僧人也力圖在南山律學的早期發展及傳播進程中有所作爲,但限於律學積累不足以及本國佛教現狀,皆未能産生太大

① 道宣《四分律拾毗尼義鈔》卷中,《卍新纂續藏經》,第 44 册,頁 796c 欄—797a 欄。

② 凝然《三國佛法傳通緣起》卷下,《大日本佛教全書》,第 101 册,頁 121 下欄。

③ 楊曾文《日本佛教史》,北京:人民出版社,2008 年,頁 72—73。

④ 金煐泰著,柳雪峰譯《韓國佛教史概説》,北京:社會科學文獻出版社,1993 年,頁 29—30;陳景富《中韓佛教關係一千年》,北京:宗教文化出版社,1999 年,頁 140—146;何勁松《韓國佛教史》,頁 58—71;양숙현《新羅 慈藏의 戒律활동과 전법》,《동아시아불교문화》第 20 輯,2014 年,頁 401—426。

⑤ 楊曾文《日本佛教史》,頁 72。

影響。智仁不僅較早致力於鈔記的創作,而且完成了三四十餘卷的宏篇巨帙,可謂躊躇滿志,可惜不久便遭大幅删減,但即便如此仍未被時人所重。日本道融和智璟曾主動承擔講解《行事鈔》的任務,目前没有證據表明他們曾參考鈔記,故很多内容恐怕只能依靠自悟。而當唐僧道璿於天平八年(736)抵日後,很快便取而代之,成爲南山律學的權威。實際上,道璿在中國名位不顯,且法系上屬於北宗禪,並非南山後裔,由此可見當時日本南山律學的水平是比較有限的。直到鑑真(688—763)東渡以後,律典、律鈔、鈔記、戒壇和具有資格的戒師皆已齊備,日本的南山律學方在理論和實踐上步入了繁榮發展期。

　　總之,無論在本土還是東亞鄰國,南山律學的早期傳播都經歷了曲折而漫長的過程。其在本國的發展主要受到戒律傳統、宗派競爭以及高層偏好等因素的影響,但總體趨勢是不斷壯大的;在新羅和日本則受到佛教發展階段的强烈制約,形成了以文獻流通爲主的傳播方式,較少思想義理與行事規範等方面的深入交流。不過,作爲一種系統的戒律闡釋與實踐傳統,南山律在東亞範圍内逐漸被廣泛接受,不僅成爲重要的學派和宗派,乃至對漢傳佛教格局都產生了一定影響。

(作者單位:四川大學中國俗文化研究所)

鼎正三韓

——高麗漢籍《三國史記》"始祖本紀"解析之一 *

馮立君

　　中外學界以往關於高麗時期金富軾編纂的《三國史記》研究,主要重心在於將其作爲三國時代的記載文獻進行歷史研究[①]。隨著研究深化,也開始有對於《三國史記》史料是否完備、史觀是否妥當、史識是否準確的争論。《三國史記》研究史大致可分爲把《三國史記》視爲唯一信史、一種史料、一種史學三個階段,學者分别强調《三國史記》的某種特性或曰某種面相:歷史建構、記言記事、歷史書寫。所謂歷史建構,指的是該書編纂者如何將新羅及其前史置放並形塑爲一種三國並立而走向統一的歷史框架,也就是歷史正統,落腳點仍大體是新羅及列國史。記言記事,則是其承載的記述具體歷史事件的主要功能。歷史書寫,要求將其視爲一種歷史編纂並回到歷史建構層面審視其唯一留存物即文本自身,往往伴隨歷史建構的逆過程,落腳點已經是史書誕生的時代高麗王朝[②]。

* 本文係國家社會科學基金專項"盛唐東北邊疆統治秩序構建歷程研究"(21VGB006)。

① 池内宏的研究具有典型意義,他較早地將《三國史記》記事稱爲"新羅方面史料",與"唐朝方面"的各種史料(如兩《唐書》《資治通鑑》等)進行參互校勘,以對唐遼東之役及相關的百濟之役、新羅之役相關戰事的真相進行揭示和剖析。參閱池内宏著,馮立君譯《高句麗滅亡後遺民的叛亂及唐與新羅關係》,《中國邊疆民族研究》2016年第9輯。

② 韓國學界在《三國史記》具體文本的剖解工作上成績較多,在全書的統計量化歸納、專門的紀傳表志篇章分析、具體的語詞使用等方方面面均有涉及。中國學者對於唐宋時期官方史籍文獻有充分把握,因而對於《三國史記》史料價值評價普遍不高,總體(轉下頁)

　　高麗將新羅之前的列國史書寫爲"三國史",是構建新羅國家"一統三韓"輝煌歷史的重要前提和基本途徑,高麗時代金富軾編纂的《三國史記》以及一然的《三國遺事》是這一歷史事業的集中代表,反映的是高麗重新整理先史從而凸顯本朝歷史地位的政治意識①。本文集中探討作爲建構"三國史"重要一環的新羅、高句麗、百濟三位始祖本紀,揭櫫高麗時期"鼎正三韓"的歷史建構即政治建構使《三國史記》成爲一部兼有史料與史著雙重屬性的文本,而這種史學即政治的影響在東亞漢字文化圈具有普遍性。

　　新羅本紀是《三國史記》的首卷,而《始祖赫居世居西干本紀》是新羅本紀的開篇,這篇新羅始祖本紀不僅是文本意義上的開篇,編纂者實際上也賦予其"三國史"開端的歷史意義。本紀內容描繪出一幅新羅從最初就在列國之中享有"天選優勢"地位的圖景,"神國"新羅一統三韓並最終紹統於再度一統三韓的高麗,因而似乎也有天命色彩。這是一篇完美的新羅史(三國史)開篇,其間有著史料與史學二者天衣無縫的融合。

　　新羅始祖本紀首句云:

　　　　始祖,姓朴氏,諱赫居世。前漢孝宣帝五鳳元年甲子四月丙辰〔一曰正月十五日〕即位,號居西干,時年十三。國號徐那伐。②

　　12世紀的高麗史家開篇即清楚地交代出距離其一千二百多年前始祖的即位時間,甚至準確到月和日(當然,一般認爲這是有新羅遺存的國史檔案作爲

（接上頁）上對《三國史記》文本的內在結構關注較少,更多的將關注點集中於與高句麗相關記事方面。但也不乏注意並利用《三國史記》蘊含的獨家史料進行創新研究者。詳見拙著《新羅研究》學術史部分(待刊)。

① 高麗史學史與其政治史關係之密切超乎尋常,一方面受到中國官修史學的強烈影響,另一方面高麗在建構國家權威的系統工程中也面臨著獨特的課題。從世界範圍來看,高麗是處於強大文明中心旁側的較小型政治體,它在發展到王權進一步增強、民族意識抬頭階段的這種特性,並不是孤立的。本尼迪克特·安德森通過《想象的共同體》(上海:上海人民出版社,2005年)宣稱的民族是"想象的政治共同體"理念有助於理解這一問題。政權建構異常重要,特別是在東亞漢字文化圈10世紀以後數百年間的發展過程中尤其如此。而有趣的是,諸如高麗這些在建國初期企圖擺脫中國影響、強調民族傳統的政權,在自身建設中最大的效仿對象仍然是大唐帝國。

② 金富軾著,楊軍點校《三國史記》卷一《始祖赫居世居西干本紀》,長春:吉林大學出版社,2015年,頁1。

基礎,可惜這些檔案在後世早已灰飛煙滅）:漢宣帝五鳳元年（前57）四月丙辰即四月十五日（或者正月十五日）。同樣精准的還有人物名諱（朴赫居世）、政治名號（居西干）、人物年齡（十三）、新羅國號（徐那伐）。當然,不可忽視是對人物的定位:始祖。

無法覆核這些精確信息的來源,這種書寫便幾乎是唯一的歷史文本。它一下子便將《三國史記》整部書的時間坐標安置於公元前五十七年國號爲"徐那伐"的國家,居西干已經即位,暗示國家其實在此前已然成型,至此又開創新紀元。關於赫居世本紀該條後文還有補充。

這裡出現的"徐那伐"也是極爲重要的信息,在雞林、斯盧、新羅等稱呼出現以前,它纔是這個政體的本名。韓國學者已經做過很多研究,最爲合理的解釋是可以對應"首爾"（以及中國史書曾出現的"薛羅"）的朝鮮語發音,其義爲"首都",十分類似於華夏自稱"中國"。503年,智證麻立干四年,新羅群臣上言:"始祖創業已來,國名未定,或稱斯羅,或稱斯盧,或言新羅。臣等以爲新者德業日新,羅者網羅四方之義,則其爲國號宜矣。又觀自古有國家者,皆稱帝稱王,自我始祖立國,至今二十二世,但稱方言,未正尊號,今羣臣一意,謹上號新羅國王。"[1] 顯然,國號稱新羅、君號稱王是6世紀初葉纔定下來的事情,而且還賦予其美好的漢字寓意。這些詞其實都是"首爾"（서울, Seoul）的不同漢字拼寫,反映的是新羅人對於漢字雅馴認識的深化,前期用漢字儘量照録本族語音,後期考慮到拼寫的漢字是否雅馴得體。

徐那伐,其實按照讀音寫作"徐羅伐"或"徐伐"更爲準確。高麗時期釋一然所著《三國遺事》的總結較爲全面:"國號徐羅伐,又徐伐（今俗訓京字云徐伐,以此故也）,或云斯羅,又斯盧。初王生於雞井,故或云雞林,以其雞龍現瑞也。一說,脫解王時得金閼智,而雞鳴於林中,乃改國號爲雞林。後世遂定新羅之號。"[2] 斯盧、斯羅之名當爲音譯不同,唐朝編纂的《南史》之《新羅傳》在這一點上殊爲膠柱鼓瑟,"魏時曰新盧,宋時曰新羅,或曰斯羅"[3]。機械地將這幾個不同譯名對應爲不同時期的不同稱謂。而這裡的京字,其實就是首爾。

① 《三國史記》卷四《智證麻立干本紀》,頁45。

② 一然,孫文範校勘《三國遺事》卷一《紀異》"新羅始祖赫居世王",長春:吉林文史出版社,2003年,頁41。

③ 李延壽《南史》卷七九《新羅傳》,北京:中華書局,1975年,頁1973。

　　所涉雞林國號來源，按照《三國史記》記載是其中第二種説法，即脱解尼師今因聽到始林中有雞鳴聲而尋獲男嬰："（脱解）九年（65 年）春三月，王夜聞金城西始林樹間有鷄鳴聲。遲明遣瓠公視之，有金色小櫝掛樹枝，白雞鳴於其下。瓠公還告，王使人取櫝，開之，有小男兒在其中，姿容奇偉。上喜，謂左右曰：'此豈非天遺我以令胤乎？' 乃收養之。及長，聰明多智略，乃名閼智。以其出於金櫝，姓金氏。改始林名雞林，因以爲國號。"[①] 這是脱胎於辰韓諸部的政權第一次有了正式國號，所以此前的"徐（那／羅）伐"應該只是地名。還需多説一句，脱解本人的神話、脱解在雞林發現嬰兒的神話，雖然與始祖赫居世神話形式略異，實際在本質上是相通的。雞林作爲國號，同樣也是新羅王室自我神聖化的重要步驟。

　　新羅始祖本紀第二句回顧了赫居世的誕生和立君過程：

　　　　先是，(1)朝鮮遺民分居山谷之間，爲六村：一曰閼川楊山村，二曰突山高墟村，三曰觜山珍支村［或云干珍村］，四曰茂山大樹村，五曰金山加利村，六曰明活山高耶村，是爲(2)辰韓六部。高墟村長蘇伐公，望楊山麓蘿井傍林間有馬跪而嘶，則往觀之，忽不見馬，只有大卵，剖之，有嬰兒出焉，則收而養之。及年十餘歲，岐嶷然夙成。六部人以其生神異，推尊之，至是立爲君焉。

　　《三國遺事》卷一《紀異》卷首"敘曰"提出，"帝王之將興也，膺符命受圖錄必有以異於人者"，釋一然援引中國古代諸多事例對此予以論證，最後宣稱："然則三國之始祖，皆發乎神異，何足怪哉？"該卷"新羅始祖赫居世王"條對這段神話渲染的細節更爲飽滿連貫，顯然要比《三國史記》所載神話版本加工的成分更多，提供的高麗時期的地理等方面的信息也更爲詳細：

　　　　辰韓之地，古有六村：一曰閼川楊山村。南今曇嚴寺。長曰謁平，初降於瓢岩峯，是爲及梁部，李氏祖。弩禮王九年（32 年）置，名及梁部。本朝太祖天福五年（922 年）庚子改名中興部。波潛、東山、彼上、東村屬焉。二曰突山高墟村。長曰蘇伐都利，初降於兄山，是爲沙梁部，鄭氏祖。今曰南山部，仇良伐、麻等烏、道北、迴德等南村屬焉。三曰茂山大樹村。長曰俱禮馬，初降於伊山，是爲漸梁部，又牟梁部，孫氏之祖。今云長福部，朴谷村等西村屬焉。四曰觜山珍支村。長曰智伯虎，初降於花山，是爲本

---

①《三國史記》卷一《脱解尼師今本紀》，頁 9。

彼部，崔氏祖。今曰通仙部，柴巴等東南村屬焉。致遠乃本彼部人也，今皇龍寺南味吞寺南有古墟，云是崔侯古宅也，殆明矣。五曰金山加里村。長曰祗沱，初降於明活山，是爲漢歧部，又作韓歧部，裴氏祖。今云加德部，上下西知、乃兒等東村屬焉。六曰明活山高耶村。長曰虎珍，初降於金剛山，是爲習比部，薛氏祖。今臨川部，勿伊村、仍仇旀村、闕谷等東北村屬焉。

按照《三國遺事》此處詳細的説明，則六部之祖似皆從天而降，這一點比較重要，似乎凸顯的是新羅早期部落聯盟的政治狀態，六部權力勢均力敵。不過後來，上天又降下凌駕於六部之祖地位之上的王朝始祖"天子"：

弩禮王九年始改六部名，又賜六姓。今俗中興部爲母，長福部爲父，臨川部爲子，加德部爲女，其實未詳。前漢地節元年壬子三月朔，六部祖各率子弟，俱會於閼川岸上，議曰："我輩上無君主臨理蒸民，民皆放逸，自從所欲，盍覓有德人爲之君主，立邦設都乎？"於是乘高南望，楊山下蘿井傍，異氣如電光垂地，有一白馬跪拜之狀。尋撿之，有一紫卵，馬見人長嘶上天。剖其卵，得童男，形儀端美，驚異之。浴於東泉，身生光彩，鳥獸率舞，天地振動，日月清明，因名赫居世王[蓋鄉言也。或作弗矩內王，言光明理世也。説者云："是西述聖母之所誕也。故中華人讚仙桃聖母有'娠賢肇邦'之語是也。"乃至雞龍現瑞産閼英，又焉知非西述聖母之所現耶？]。位號曰居瑟邯[或作居西干，初開口之時自稱云"閼智居西干一起"，因其言稱之，自後爲王者之尊稱]。時人爭賀曰："今天子已降，宜覓有德女君配之。"

兩種文本對照，《三國史記》強調的歷史信息是辰韓六部其中夾雜著朝鮮遺民，根據字面甚至可以解讀爲辰韓六部其實就是朝鮮遺民，即所謂"朝鮮遺民分居山谷之間，爲六村"。《三國遺事》沒有提及朝鮮遺民，只是詳細補充六部／六村的更多信息，包括村名異名、村長及其降生地以及高麗時期的地理沿革、所屬各村、姓氏歸屬。《三國史記》暗示辰韓六部是以朝鮮遺民爲主組成的，但是始祖赫居世卻並非朝鮮遺民，而是一位外來者，《三國遺事》則明確稱其爲"天子"。

新羅始祖是在閼川楊山村卵生降世，《三國史記》的記述是他長到十餘歲，辰韓六部人認爲他生的神異，推而尊之，立爲君主。《三國遺事》增添了六部始祖率子孫大會於閼川、主動尋找有德君主的細節，率先發現者也由《三國

史記》所載高墟村長蘇伐公變成六部衆人,但是楊山下蘿井傍、白馬跪而嘶、
天降大卵等要素並未改變。當然,對於始祖之所以登上大位,除了神化爲"天
子"之外,並無其他詮釋(這和高句麗始祖朱蒙善射顯得相當不同),而神化的
途徑則是其誕生之神異:卵生,出生地有白馬跪而嘶(《三國遺事》還保留了升
天的細節),表明其來自天上,爲天命統治者。在這一點上,赫居世、朱蒙、檀君
都是一致的,來自天上,受命理民。《三國史記》新羅始祖本紀關於赫居世的個
人信息,本條記事後文補充説:

> 辰人謂瓠爲朴,以初大卵如瓠,故以朴爲姓。居西干,辰言王[或云呼
> 貴人之稱]。

　　朴姓由來,與其卵生有關,而其稱號居西干,則被高麗史家視爲辰韓語言
中指王或者貴人的詞語,又據上引《三國遺事》解釋,居西干似是無意義的,
倒是赫居世可能是辰韓語言中表示"光明理世"的詞語,又寫作"弗矩内",則
"弗""赫"分別是新羅時代吏讀訓音之"火、光"(블,讀 bul)。光明崇拜,與
天之崇拜實出一轍。

　　《三國史記》新羅王統神化的另一重要書寫是對於始祖王妃之高度神
聖化:

> 五年春正月,龍見於閼英井,右脇誕生女兒。老嫗見而異之,收養之,
> 以井名名之。及長,有德容。始祖聞之,納以爲妃,有賢行,能内輔,時人
> 謂之二聖。

　　據《三國史記》的記載,閼英與赫居世並爲"二聖","有德容"是其顯著的
特征和被選爲妃的重要因素,作爲王妃她也的確"有賢行,能内輔",而其神聖
性則同樣體現在出生上,即龍右脇所生,顯然並非凡人。透過歷史迷霧,赫居
世與閼英的"出生地"(發現地)與閼川楊山部之間存在密切關聯,彰顯出閼
川楊山部作爲辰韓六部之首的獨特地位,或者説是新羅古史記載者想要彰顯/
建構這一地位的歷史内蕴。

　　新羅始祖本紀對於新羅王室的神聖化只是一個開始,通觀新羅本紀的記
事,這一神聖化歷程愈演愈烈,加之新羅一統三韓並將國祚延續近千年,幾乎
將新羅締造爲"神國":其一,始祖廟、神宮的創建與祭祀,這是貫穿新羅時代
的重要記事鏈。其二,新羅王室其他神聖化舉措或表現,包括山川祭祀、聖骨
與真骨血統的刻意高貴化等。高麗史家在面對業已有之的新羅古史並將其編
纂進《三國史記》時,勢必會保留甚至重新强化這種書寫傾向。其實,僅就始

祖本紀而言,新羅王室神聖化之外,高麗史家還刻意營造新羅國家的優勢形象,當然其中也包含著對始祖德名遠播的書寫。

　　新羅始祖本紀短短六十一年記事,集中記載了新羅相關的許多政權,同時也插入了與新羅並無直接空間聯繫的政權在同一時期的重要大事,同時還留下了介於二者之間模棱兩可的記載。這是歷史紀實,抑或歷史書寫?顯然,新羅始祖本紀的文本蘊含著高麗史家的歷史思想。高麗時代無論官民皆好稱本國"一統三韓","三韓"也成爲高麗的代名詞、"海東"的同義詞,中國稱呼高麗以及高麗對外自稱的多種場合也都使用三韓。三韓的使用案例不勝枚舉,這裡僅提示一處:由新羅入高麗的佛門中人純白爲新羅高僧撰寫碑銘後記時(後周顯德元年,954)説:"高麗國凡平四郡,鼎正三韓。"[①]借用"鼎正三韓"這個詞,似乎恰好可以詮釋高麗時代通過包括編纂《三國史記》等在內的諸多措施彰顯高麗的統一偉業及其豪邁情懷。

　　《三國史記》新羅始祖本紀篇內涉及周邊諸國8條記事摘鈔如下[②]:

　　　　八年,[(3)]倭人行兵,欲犯邊,聞始祖有神德,乃還。

　　　　十九年,春正月,[(4)]卞韓以國來降。

　　　　二十一年,築京城,號曰金城。是歲,[(5)]高句麗始祖東明立。

　　　　三十年,[(6)]樂浪人將兵來侵,見邊人夜戶不扃,露積被野,相謂曰:"此方民,不相盜,可謂有道之國。吾儕潛師而襲之,無異於盜,得不愧乎?"乃引還。

　　　　三十八年,春二月,遣瓠公聘於[(7)]馬韓。馬韓王讓瓠公曰:"辰、卞二韓爲我屬國,比年不輸職貢,事大之禮,其若是乎?"對曰:"我國自二聖肇興,人事修,天時和,倉庾充實,人民敬讓。自辰韓遺民,以至卞韓、樂浪、倭人,無不畏懷,而吾王謙虛,遣下臣修聘,可謂過於禮矣,而大王赫怒,劫之以兵,是何意耶?"王憤欲殺之,左右諫止,乃許歸。前此,[(8)]中國之人,苦秦亂,東來者眾,多處馬韓東,與辰韓雜居,至是寖盛。故馬韓忌之,有

① 純白《新羅國石南山故國師碑銘後記》,董誥等編《全唐文》卷九二二,北京:中華書局,1983年,頁9610。

② 序號、著重號以及"南韓""西韓"等非正式稱謂的下劃線爲引者所加,序號接續始祖本紀前文最先出現的(1)朝鮮、(2)辰韓兩個國號之後。表明編纂者在始祖本紀開篇即建立了一個新羅與周邊世界的體系。

責焉。瓠公者,未詳其族姓。本倭人,初以瓠繫腰,渡海而來,故稱瓠公。

三十九年,馬韓王薨。或説上曰:"西韓王前辱我使,今當其喪征之,其國不足平也?"上曰:"幸人之災,不仁也。"不從,乃遣使弔慰。

四十年,(9)百濟始祖温祚立。

五十三年,(10)東沃沮使者來,獻良馬二百匹,曰:"寡君聞南韓有聖人出,故遣臣來享。"

我們可以看到,始祖八年(前50)至六十一年(3)間的20條記事,除了其中10條爲天文、災異的記載①,以及1條始祖與閼英巡幸、1條始祖去世記事,剩餘8條記事,全部爲涉外關係記事(如上),其中出現了10個不同政權名號〔詳見引文中標註序號者,正與前文(1)"朝鮮遺民"(2)"辰韓六部"相對置〕和兩處與新羅有關的政治名號(劃線的"西韓""南韓")。

首先説"西韓""南韓"這兩個政治稱謂,它們都與新羅／辰韓有關:其一是西韓,新羅君臣稱呼馬韓時所用名稱。其二是南韓,東沃沮稱使者呼新羅時所用名稱。這些稱謂連同本紀構建的新羅周邊世界,傳遞給讀者一種信息:新羅不僅接納卞韓舉國來降、與馬韓分庭抗禮,還代表著辰韓、卞韓的正統。因此,我們在《三國史記》的歷史世界中還能看到,高句麗琉璃王時期,朱蒙開國的名臣陝父進諫不納,憤而"去之南韓"②,當也是去往新羅。

在8條廣泛涉及新羅周邊世界的記事中,大致分爲三種:第一種是完全與新羅始祖無關的記事,包括(5)高句麗、(8)中國、(9)百濟。高句麗、百濟的兩條記事都是始祖在該年份即位,之所以被提及顯然是爲了建構"三國史"的時間坐標,凸顯新羅建國早於這兩國;而秦以來中國人東來辰韓的記事,也是爲了凸顯辰韓即新羅方面的興盛,具有吸引力。第二種是被新羅始祖的德行名聲或者其治下的國家民衆生活祥和所懾服而放棄入侵新羅國境,包括

① 這10條災異記載如下:九年,春三月,有星孛於王良。十四年,夏四月,有星孛於參。二十四年,夏六月壬申晦,日有食之。三十年,夏四月己亥晦,日有食之。三十二年,秋八月乙卯晦,日有食之。四十三年,春二月乙酉晦,日有食之。五十四年,春二月己酉,星孛於河鼓。五十六年,春正月辛丑朔,日有食之。五十九年,秋九月戊申晦,日有食之。六十年,秋九月,二龍見於金城井中,暴雷雨,震城南門。

②《三國史記》卷一三《高句麗琉璃明王本紀》,"王田於質山陰,五日不返,大輔陝父諫曰:'王新移都邑,民不安堵,宜孜孜焉……臣恐政荒民散,先王之業墜地。'王聞之震怒,罷陝父職,俾司官園。陝父憤,去之南韓",頁180。

（3）倭、（6）樂浪、（10）東沃沮。倭人是聽説始祖 "有神德"，樂浪則説新羅是 "有道之國"，而東沃沮也是聽説新羅 "有聖人出" 而遣使。第三種與第二種類似，也是凸顯新羅之優勢，包括（4）卞韓舉國來降、（7）馬韓王責備辰韓、卞韓不尊奉事大之禮，以及新羅始祖拒絶了臣下趁馬韓王去世攻擊馬韓的提議。卞韓舉國來降是非常具有劃時代意義的事件，當然也是新羅始祖偉業的重要組成部分。

馬韓與新羅交涉是一件詳細記述的事件，格外引人注意。事件核心是馬韓王與新羅使者瓠公之間的對話，韓王的話語卻並非僅限於辰韓／新羅，他指出卞韓、辰韓都是馬韓屬國，卻連年 "不輸職貢"，缺乏 "事大之禮"。瓠公代表新羅予以反駁，他逐層遞進展開論辯，其一強調國内 "我國自二聖肇興"，人事、天時、倉庚全都完滿，其二強調外部 "自辰韓遺民，以至卞韓、樂浪、倭人，無不畏懷"，即便這樣，"吾王謙虚，遣下臣修聘，可謂過於禮矣"，並進一步表示，在新羅國家内外形勢大好、國勢隆盛的局面之下，馬韓王的赫怒和威脅太不合常理了。顯然，《三國史記》這條記事的重心在瓠公的話語，意在借他之口描繪新羅在始祖與閼英（或曰六部聯合勢力）的治理之下蒸蒸日上的全新面貌，馬韓王所説的辰韓、卞韓附屬馬韓之事，不僅已是歷史往事，而且新羅已然合併辰、卞，實現了内修外治的目標。

如果説這些都是從側面對始祖的政績和聖明予以烘托，而下一條韓王去世的記事進一步從正面描摹了始祖的仁德，則更進一步暗示新羅已然具備對馬韓作戰的實力。這些是否爲新羅當時真正的實力倒屬於其次問題，關鍵是始祖本紀確然如此描寫的目的。

始祖十七年（前41）赫居世與閼英巡幸的記事也與君主仁德有關，呼應了之前的記事，"王巡撫六部，妃閼英從焉。勸督農桑，以盡地利"。這樣的形象類似黄帝與嫘祖，非常符合漢字文化圈核心價值觀念中的君王及國母形象。而在始祖去世的記載之後，始祖本紀並未直接記載閼英去世。但是，繼任者南解次次雄登基伊始就遭到樂浪進攻，其話語中的信息量不小：一方面既暗示出王妃可能隨始祖一同離世，更增加一層天命色彩；另一方面在呼應始祖當年因爲有德不戰而自退樂浪、倭國來犯之敵的記事，也可視爲 "二聖" 神化的續筆：

> 元年，秋七月，樂浪兵至，圍金城數重，王謂左右曰："二聖弃國，孤以國人推戴，謬居於位，危懼若涉川水。今鄰國來侵，是孤之不德也。爲之若何？" 左右對曰："賊幸我有喪，妄以兵來。天必不祐，不足畏也。" 賊俄

而退歸。

　　二聖棄國,樂浪來犯,南解將之視爲自己的"不德",恰與始祖時期自退敵兵的"有德"形成有趣對照。這一次好在"天必不祐",樂浪退兵。不止如此,南解十一年倭兵與樂浪同時來犯,這次則是"夜有流星墜於賊營,衆懼而退"。新羅不敗事跡,或暗示由於天祐,或明示歸因天星,與始祖本自天生、國母源自龍生一脈相承。此外,值得一提的是,南解三年(6)即建立了始祖廟,雖然與高句麗等相比時間上並不早[1],但是始祖赫居世正式進入東方式的祖先祭祀行列,而且在炤知麻立干時期(487),還在始祖的出生地另外建立一所"神宮",無論新羅王位世系如何在朴、昔、金三家變換,始祖朴赫居世都將受到近一千年的後代君主屢屢親祀。

　　歸結起來,新羅始祖記事是一個精心結構的文本,它描繪出新羅國家在始祖的聖明治理之下內修外治,一登場就分占了"三韓世界"的半壁江山,凸顯出新羅始祖神性光輝、新羅國家的神聖起源。實際上,新羅始祖的神聖化只是《三國史記》史學建構的第一步,對照高句麗和百濟的始祖本紀文本,《三國史記》兼具的史料與史著雙重特性,兼有的新羅和高麗兩個時代歷史書寫特征,可得到進一步揭示。

　　　　　　　　　　　　　　　　(作者單位:陝西師範大學歷史文化學院)

---

[1] 百濟始祖溫祚王立國之初即建立東明王廟(前18),不僅比新羅建始祖廟早,還遠遠早於高句麗大武神王立東明王廟的時間(20)。

《三國史記》"地理志"文獻徵引考論

黨　斌

一　引言

　　《三國史記》是朝鮮半島現存最早的紀傳體正史,其"地理志"篇章雖然短小,却是關於高句麗、百濟、新羅並立時期最重要的地理文獻資料。

　　《三國史記》史料來源包括中國歷代正史和其他典籍文獻、朝鮮半島高麗之前的《三韓古記》《海東古記》《新羅古記》《新羅古事》《帝王年代曆》《海東高僧傳》和其他文集、碑文等①。《三國史記·地理志》已引用中國前代正史

① 關於《三國史記》史料來源問題及與之相關的地理文獻的討論,參見黃純艷《高麗史史籍概要》,蘭州:甘肅人民出版社,2007年;李大龍《〈三國史記·高句麗本紀〉研究》,哈爾濱:黑龍江教育出版社,2013年;楊軍《高句麗官制研究》,長春:吉林大學出版社,2014年;李巖《朝鮮文學的文化觀照》,北京:商務印書館,2015年;劉信君主編《夫餘歷史研究文獻彙編》,哈爾濱:黑龍江人民出版社,2015年;辛兑鉉《〈三國史記·地理志〉研究》,漢城:宇鍾社,1958年;高寬敏《〈三國史記〉原典研究》,東京:雄山閣,1996年;今西龍《朝鮮古史の研究》,東京:國書刊行會,1970年;今西龍《百濟史研究》,東京:國書刊行會,1970年;今西龍《新羅史研究》,東京:國書刊行會,1970年;童嶺《貞觀年間唐帝國的東亞情報、知識與佚籍——舊鈔本〈翰苑〉注引〈高麗記〉研究》,載《東方學報》第92册,2017年,頁416—390;童嶺《唐帝國的地志與公元7世紀的百濟——〈括地志〉百濟佚文之研究》,載《唐研究》第25卷,北京:北京大學出版社,2020年,頁611—650;楊軍《〈三國史記·地理志〉高句麗郡縣考(上)》,載《通化師範學院學報》2016年第1期;楊軍《〈三國史記·地理志〉高句麗郡縣考(下)》,載《通化師範學院學報》2016年第3期;趙智濱《試論〈三國(轉下頁)

《漢書》《後漢書》《晋書》《南齊書》《魏書》《隋書》《舊唐書》《新唐書》、典制體史書《通典》以及地志專書《括地志》等,説明至少在公元 12 世紀中期以前,上述文獻已爲高麗史學家熟悉和使用①。不過宋代以前雕版印刷術並未廣泛傳播和使用,故這些傳入朝鮮半島的文獻應當均爲鈔本形式,數量十分有限。

　　高麗之前的史料亡佚現象十分嚴重,故《三國史記》徵引書目中高麗以前朝鮮半島史料僅列《海東古紀》一種。據《高麗史》記載:高麗睿宗朝曾"命儒臣與太史官會長寧殿,删定陰陽、地理諸家書,編爲一册以進,賜名《海東秘録》。正本藏於御府,副本賜中書省、司天臺、太史局"②。因高麗之前典籍早已散佚,其中"地理之書"的作者和具體内容不得而知。

　　從《三國史記》"地理志"文本内容來看,其書篇幅短小,相對簡略。若金富軾編纂該書時有高麗前代地理典籍可供借鑒,當不至於此。也就是説,即便金富軾所見史料中有與朝鮮半島相關的地理文獻記載,但是在《三國史記・地理志》成書之前,朝鮮半島應當還没地理志專書問世。張伯偉指出,目前對於朝鮮半島早期典籍情況知之甚少,僅可借助《海東文獻總録》和《羅麗藝文志》兩書知其概況,前者著録高句麗文獻 1 種、新羅文獻 20 種、高麗文獻 140 種,後者著録高句麗文獻 2 種、百濟文獻 9 種、新羅文獻 136 種,但其中大多爲佛

（接上頁）史記・地理志〉中百濟和高句麗郡縣名的可信性》,載《博物館研究》2016 年第 2 期,等。李康來《〈三國史記〉典據論》,載《韓國史學報》1996 年第 3 期;田中俊明《〈三國史記〉の板刻と流通》,載《東洋史研究》39—1,1980 年,頁 63—99;荻山秀雄《三國史記新羅紀結末の疑義》,載《東洋學報》10—3,1920 年,頁 384—403;高木雅弘《〈三國史記・地理志〉の高句麗地名漢字:おもに日本語との比較による考証》,載《東洋文庫書報》47,2016 年,頁 1—43;深津行德《〈三國史記〉記載對中國関係記事について:その検討のための予備的考察》,載《學習院史學》27,1989 年,頁 20—67;西田禎元《高句麗の建國説話》,載《日本語日本文學》24,2014 年,頁 77—85,等。

① 有學者研究認爲《三國史記・高句麗本紀》中長壽王之後的部分有 80％的史料引自中國古代文獻。見全德在、潘博星《〈三國史記・高句麗本紀〉的原典與撰述——以長壽王之後的記録爲中心》,載《東北亞研究論叢》2018 年第 1 期。《三國史記》大量引用中國前代文獻的情況在其他卷次也很普遍。

② 鄭麟趾等《高麗史》卷一二《睿宗世家》,重慶:西南師範大學出版社、北京:人民出版社,2014 年,頁 350。

教文獻①。這也可以作爲朝鮮半島早期典籍中暫無地理志典籍成書推測的一個佐證②。因此,《三國史記》“地理志”應當是朝鮮半島現存最早的地理志文獻資料。

　　《三國史記》仿中國正史以紀傳體編纂成書,包括紀、表、志、傳四個部分,全書共50卷。其中“志書”稱“雜志”,共9卷(卷32—40),較爲簡略。金富軾以“雜志”命名《三國史記》志書部分,應當是因爲他將祭祀、樂、色服、車騎、器用、屋舍等不同類目分別雜糅合成兩卷。此外,志書另有地理志、職官志兩個類目。從《三國史記》篇目結構來看,無論是本紀篇幅遠長於列傳,還是表、志部分内容相對簡略,均與前文提及的朝鮮半島早期文獻散佚情况嚴重有密切關繫。

　　與《高麗史》“地理志”相比,《三國史記》“地理志”内容較爲簡略。但在《三國史記》9卷“雜志”中,地理志共4卷,所占篇幅最大。與《三國史記》祭祀、樂、色服等其他志書相比,“地理志”的編纂體例較爲統一,内容也相對詳細。其中,新羅部分共3卷(卷34—36),高句麗、百濟部分合爲1卷(卷37)。每部分均先引用前代文獻,主要是中國前代史書,叙述關於新羅、高句麗、百濟歷史和地理位置情况,之後則細述州、郡、縣各級政區建置沿革。其中,《三國史記》“地理志”的文獻徵引側面反映了朝鮮半島早期文獻流傳和散佚情况,也體現了金富軾關於新羅、百濟、高句麗之間關係的態度,同時對於研究朝鮮歷史地理沿革具有重要的意義和價值。以下按照新羅、百濟、高句麗順序,分析和討論其文獻徵引情况和相關問題。

二　新羅部分的文獻徵引

　　金富軾在《三國史記》“地理志”新羅部分首先引用中國古代史籍中關於

---

① 參見張伯偉《朝鮮時代書目叢刊》前言,北京:中華書局,2004年,頁36、40。

② 按:這一情况存在兩種可能性:一種是在《三國史記》成書之前,朝鮮半島確實没有本土學者編纂的專門地理志著述問世;另一種則是朝鮮半島在高麗之前已有類似“地理志”史料,但經歷了長期的戰亂之後,已經散佚無存。畢竟,從中國古代地理志編纂情况來看,除正史之外,唐宋時期地理志的編纂仍然處於發展階段,地志著述與後代相比數量很少,朝鮮半島應該也是如此。因此,第一種情况的可能性更大。

新羅歷史和地理位置的記載：

> 新羅疆界，古傳記不同。杜佑《通典》云："其先本辰韓種，其國在百
> 濟、高麗二國東南，東濱大海。"劉煦《唐書》云："東南俱限大海。"宋祁
> 《新書》云："東南日本，西百濟，北高麗，南濱海。"賈耽《四夷述》曰："辰
> 韓在馬韓東，東抵海，北與濊接。"新羅崔致遠曰："馬韓則高麗，卞韓則百
> 濟，辰韓則新羅也。"此諸説，可謂近似焉。若新、舊《唐書》皆云："卞韓
> 苗裔，在樂浪之地。"《新書》又云："東距長人，長人者，人長三丈，鋸牙鈎
> 爪，搏人以食，新羅常屯弩士數千守之。"此皆傳聞懸説，非實録也。按兩
> 《漢志》："樂浪郡距洛陽東北五千里。"注曰："屬幽州，故朝鮮國也。"則
> 似與雞林地分隔絶。又相傳：東海絶島上有大人國，而人無見者，豈有弩
> 士守之者？

> 今按新羅始祖赫居世，前漢五鳳元年甲子開國，王都長三千七十五
> 步，廣三千一十八步，三十五里，六部。[①]

其引文中朝鮮半島古代文獻僅有崔致遠"馬韓則高麗，卞韓則百濟，辰韓
則新羅也"一句，説明金富軾所見朝鮮半島早期文獻中關於歷史地理沿革的資
料十分有限。而金富軾生活的時代，許多中國前代史書已通過不同的途徑和
渠道傳入高麗，故金富軾在《三國史記》"地理志"新羅部分中主要引用了《通
典》《舊唐書》《新唐書》等幾種史料，足見唐之於新羅、宋之於高麗的影響。
但核對其他中國正史關於早期朝鮮半島的記載則會發現，《後漢書》《三國志》
《梁書》等史書中的記載較《通典》《兩唐書》更爲詳細，且存在不同説法。這
説明金富軾在選擇和引用材料時是有所取捨的，那麼其標準如何，捨棄史料的
原因是什麼呢？這就需要將金富軾引用的《通典》《兩唐書》與其未引用的其
他正史文獻分類梳理和對比了。

新羅部分首先節録杜佑《通典》之説。《通典》原文云："新羅國，魏時新盧
國焉，其先本辰韓種也。辰韓始有六國，稍分爲十二，新羅則其一也。（初曰新
盧，宋時曰新羅，或曰斯羅。）其國在百濟東南五百餘里，（亦在高麗東南，兼有
漢時樂浪郡之地。）東濱大海。魏將毌丘儉討高麗，破之，奔沃沮。其後復歸
故國，留者遂爲新羅焉，故其人雜有華夏、高麗、百濟之屬，兼有沃沮、不耐、韓、

---

① 金富軾《三國史記》卷三四《雜志第三》，長春：吉林大學出版社，2015 年，頁 461—462。

濊之地。其王本百濟人,自海逃入新羅,遂王其國。”① 金富軾省略了原文的後半部分内容。金富軾還引用了《舊唐書》和《新唐書》,兩書關於新羅的地理位置和疆域的記載與《通典》基本相同,也符合當時的實際情況。

關於新羅的來源,《通典》云“本辰韓種”,《舊唐書》《新唐書》則認爲新羅是弁韓苗裔②。關於這兩種説法,金富軾雖未明確表示贊同哪一種説法,但却借轉引崔致遠的一段話表明了自己的觀點:“馬韓則高麗,卞韓則百濟,辰韓則新羅也。”很明顯,金富軾更認同杜佑的説法。

新羅源自“辰韓”之説的觀點並非杜佑所創,是綜合《後漢書》《三國志》《晋書》《梁書》《隋書》等關於早期朝鮮半島南部三韓以及新羅相關記載的結論。據《後漢書》記載:

> 韓有三種:一曰馬韓,二曰辰韓,三曰弁辰……凡七十八國……大者萬餘户,小者數千家,各在山海間,地合方四千餘里,東西以海爲限,皆古之辰國也。馬韓最大,共立其種爲辰王,都目支國,盡王三韓之地。其諸國王先皆是馬韓種人焉。③

> 辰韓,耆老自言秦之亡人,避苦役,適韓國,馬韓割東界地與之。其名國爲邦,弓爲弧,賊爲寇,行酒爲行觴,相呼爲徒,有似秦語,故或名之爲秦韓。有城柵屋室。諸小别邑,各有渠帥,大者名臣智,次有儉側,次有樊祇,次有殺奚,次有邑借。土地肥美,宜五穀。知蠶桑,作縑布。乘駕牛馬。嫁娶以禮。行者讓路。國出鐵,濊、倭、馬韓並從市之。凡諸貿易,皆以鐵爲貨。俗喜歌舞飲酒鼓瑟。兒生欲令其頭扁,皆押之以石。④

> 弁辰(韓)與辰韓雜居,城郭衣服皆同,語言風俗有異。其人形皆長大,美髮,衣服絜清。而刑法嚴峻。其國近倭,故頗有文身者。⑤

范曄稱辰韓耆老自言爲秦之亡人,後定居馬韓之東境,又説三韓諸王“先皆馬韓種人”。《三國志》稱辰韓爲古之辰國⑥。《晋書》云:“辰韓在馬韓之東,

---

① 杜佑《通典》卷一八五《邊防一》,北京:中華書局,1988年,頁4992。

② 劉昫等《舊唐書》卷一九九上《東夷傳》,北京:中華書局,1975年,頁5334;歐陽修、宋祁《新唐書》卷二二〇《東夷傳》,中華書局,1975年,頁6202。

③ 范曄撰,李賢等注《後漢書》卷八五《東夷傳》,北京:中華書局,1965年,頁2818。

④《後漢書》卷八五《東夷傳》,頁2819。

⑤《後漢書》卷八五《東夷傳》,頁2820。

⑥ 陳壽《三國志》卷三〇《魏書·東夷傳》,北京:中華書局,1964年,頁849。

自言秦之亡人避役入韓,韓割東界以居之,立城栅,言語有類秦人,由是或謂之爲秦韓。"①至《梁書》《北史》均直接稱"新羅者,其先本辰韓種"②。以上内容大致可概括爲:新羅源於辰韓,而辰韓又稱秦韓,爲先秦時期移居古朝鮮半島並定居的中國人後裔,其活動區域在馬韓東方。

《梁書》等文獻説新羅爲古辰韓"六國"之一,所謂"六國",實爲"辰韓六部"。據《三國史記》記載:"先是,朝鮮遺民分居山谷之間,爲六村:一曰閼川楊山村,二曰突山高墟村,三曰觜山珍支村(或云干珍村),四曰茂山大樹村,五曰金山加利村,六曰明活山高耶村,是爲辰韓六部。"③《三國遺事》記載辰韓六部爲六村,且更爲詳細:"一曰閼川楊山村。南今曇嚴寺。長曰謁平,初降於瓢嵒峰。是爲及梁部,李氏祖。二曰突山高墟村。長曰蘇伐都利,初降於兄山。是爲沙梁部,鄭氏祖。今曰南山部,仇良伐、麻等烏、道北、迴德等南村屬焉。三曰茂山大樹村。長曰俱禮馬,初降於伊山。是爲漸梁部,又牟梁部孫氏之祖。今云長福部、朴谷村等西村屬焉。四曰觜山珍支村。長曰智伯虎,初降於花山。是爲本彼部,崔氏祖。今曰通仙部,柴巴等東南村屬焉。致遠乃本彼部人也。今皇龍寺南味吞寺南有古墟,云是崔侯古宅也,殆明矣。五曰金山加利村。長曰祇沱,初降於明活山。是爲漢岐部,又作韓岐部,裴氏祖。今云加德部,上下西知、乃兒等東村屬焉。六曰明活山高耶村。長曰虎珍,初降於金剛山。是爲習比部,薛氏祖。今臨川部,勿伊村、仍仇旀村、闕谷等東北村屬焉。按上文,此六部之祖,似皆從天而降。弩禮王九年始改六部名,又賜六姓。"④

至於《兩唐書》新羅源自"弁韓"之説,則與古朝鮮半島馬韓、辰韓、弁韓長期雜處有關。《梁書》又稱辰韓王不得自立,而多由"馬韓人作之",與《後漢書》中"其諸國王先皆是馬韓種人焉"的記載基本吻合,類似的記載也在其他文獻中出現⑤。三韓中馬韓勢力最爲强大,據《三國志》記載:"(馬韓)凡五十

---

① 房玄齡等《晋書》卷九七《四夷傳》,北京:中華書局,1974年,頁2534。
② 姚思廉《梁書》卷五四《諸夷傳》,北京:中華書局,1973年,頁805;李延壽《北史》卷九四《新羅傳》,北京:中華書局,1974年,頁3122。
③《三國史記》卷一《新羅本紀一》,頁1。
④ 一然撰,權錫焕、陳蒲清譯《三國遺事》,長沙:嶽麓書社,2009年,頁39。
⑤《隋書》《北史》均稱:"其王本百濟人,自海逃入新羅,遂王其國。"魏徵、令狐德棻《隋書》卷八一《東夷傳》,北京:中華書局,1973年,頁1820;《北史》卷九四《新羅傳》,頁3123。

餘國。大國萬餘家,小國數千家,總十餘萬户。”① 當時的馬韓尚處於早期部族聯盟時期,辰韓和弁韓的社會組織情況應當與馬韓類似。三韓活動區域相鄰,部族分支數量頗多,長期交錯雜處,相互侵伐合并,關係十分複雜,很難明確區分。因此,《舊唐書》和《新唐書》均稱新羅源自“弁韓”,《新五代史》承其説,稱“新羅,弁韓之遺種也”②。

金富軾在新羅部分中稱“馬韓則高麗,卞韓則百濟,辰韓則新羅”,否定了《兩唐書》《新五代史》中新羅爲弁韓苗裔的説法。一方面,《兩唐書》的記載與其他中國正史不同,金富軾認爲其缺乏史料佐證。另一方面,高麗統治階層多數爲新羅貴族,而新羅是通過合并百濟、高句麗實現對朝鮮半島南部統一的。因此,金富軾爲了强調新羅的獨立性和正統性,不承認新羅與百濟同源於弁韓。這很可能是金富軾没有徵引《三國志》《梁書》等文獻的重要原因。

三　百濟部分的文獻徵引

百濟與新羅早期歷史關係密切,《三國史記》地理志敍述百濟情況時,引用的中國史料與新羅部分十分相似,其稱:

> 《後漢書》云:“三韓凡七十八國,百濟是其一國焉。”《北史》云:“百濟東極新羅,西南俱限大海,北際漢江,其都曰居拔城,又云固麻城,其外更有五方城。”《通典》云:“百濟南接新羅,北距高麗(高句麗),西限大海。”《舊唐書》云:“百濟,扶餘之别種,東北新羅,西渡海至越州,南渡海至倭,北高麗(高句麗),其王所居,有東西兩城。”《新唐書》云:“百濟西界越州,南倭,皆踰海,北高麗。”③

《後漢書》云:“韓有三種:一曰馬韓,二曰辰韓,三曰弁辰。馬韓在西,有五十四國,其北與樂浪,南與倭接。辰韓在東,十有二國,其北與濊貊接。弁辰在辰韓之南,亦十有二國,其南亦與倭接。凡七十八國,伯濟是其一國焉。”④ 此處稱百濟爲“伯濟”,爲三韓諸部族之一,但没有明確百濟出自三韓的哪一支。

---

①《三國志》卷三〇《魏書・東夷傳》,頁849—850。

② 歐陽修撰,徐無黨注《新五代史》卷七四《四夷傳》,北京:中華書局,1974年,頁920。

③《三國史記》卷三七《地理志》,頁519—520。

④《後漢書》卷八五《東夷傳》,頁2818。

從上文中關於三韓地理位置的記載以及之後百濟的實際活動區域來看,百濟應當與弁韓的關係最近,《周書》《北史》稱百濟之先爲馬韓屬國,所指應當是弁韓實力弱於馬韓,爲馬韓屬國。因此,唐代以來很多學者認爲百濟是在早期弁韓基礎之上發展而來。

同時,文獻記載中的百濟又與高句麗密切聯繫。《後漢書》記載高句麗稱:"東夷相傳以爲夫餘別種,故言語法則多同,而跪拜曳一腳,行步皆走。"① 關於百濟,《魏書》稱"百濟國,其先出自夫餘"②,《周書》稱"王姓夫餘氏,號於羅瑕,民呼爲鞬吉支,夏言並王也。妻號於陸,夏言妃也"③。杜佑《通典》引百濟王上表亦稱:"臣與高麗先出夫餘。"④《舊唐書》《新唐書》也説百濟爲夫餘之別種,《三國史記·百濟本紀》亦云:"其世系與高句麗同出扶餘,故以扶餘爲氏。"⑤《隋書》和《北史》則直接説百濟之先出自高麗 ⑥。但《三國史記》則説百濟始祖温祚王爲朱蒙娶夫餘王第二女後所生之子,並轉引《隋書》《北史》之説,認爲兩種説法"未知孰是"。

由上述内容來看,文獻關於百濟來源的記載各有不同。早期的百濟應當與北方古老的游牧民族夫餘、中國古代高句麗族以及朝鮮半島的馬韓、弁韓部族均有密切的關聯。關於這一點,苗威認爲百濟的建立者不是夫餘族,而應當是朝鮮半島南部土著民族,其與馬韓的一支伯濟密切相關。百濟政權存續期間與樂浪、帶方等中國東北邊郡,高句麗、新羅等民族政權聯繫密切 ⑦。楊軍則認爲百濟的人員構成較爲複雜,"其王室或統治階層源自北夫餘,即中國正史爲之立傳的夫餘,其普通民衆或被統治階層可能源自真番。稱其立國於帶方郡故地,證明也應雜有大量漢人"⑧。馮立君則進一步解釋爲"應將夫餘別種理解爲其(百濟)上層王族及統治者,馬韓則是其原始國土圈域及其人民。立國

①《後漢書》卷八五《東夷傳》,頁 2813。
② 魏收《魏書》卷一〇〇《百濟傳》,北京:中華書局,1974 年,頁 2217。
③ 令狐德棻等《周書》卷四九《异域傳》,北京:中華書局,1971 年,頁 886。
④《通典》卷一八五《邊防一》,頁 4990。
⑤ 金富軾《三國史記》卷二三《百濟本紀》,頁 275。
⑥《隋書》卷八一《東夷傳》,頁 1817—1818。《北史》記載與《隋書》基本相同。
⑦ 參見苗威《百濟前期疆域述考》,載《朝鮮·韓國歷史研究》2013 年第 2 期;苗威《百濟前期歷史與地理述考》,載《韓國研究論叢》2013 年第 2 期。
⑧ 楊軍《百濟起源略考》,載《東疆學刊》2017 年第 4 期。

於帶方的敘事則與馬韓敘事相類,同屬於地理的指涉。因此較爲合理的解釋是,夫餘上層貴族勢力南遷至被中原視爲帶方故地或者馬韓故地的漢江流域建政,統合了當地後馬韓時代諸部落,凝聚爲新的百濟政權"①。因此,文獻中關於百濟起源的不同記載實際上恰好反映了早期百濟複雜的社會構成及其政權建立演變的真實歷史情況。

然而,由於長期戰亂的影響,高麗時期與百濟有關的史料同樣散佚無存。因此《三國史記》"地理志"百濟部分仍以中國前代史料爲基礎展開敘述。

對比《三國史記》"地理志"新羅和百濟兩部分所引文獻,兩者均引用《通典》《舊唐書》《新唐書》,不同之處在於百濟還引用了成書較早的《後漢書》和《北史》等。在中國歷代正史文獻中,《史記》《漢書》關於朝鮮半島的記載均爲"朝鮮傳",自《後漢書》纔有了關於朝鮮半島南部三韓部族的記載。百濟、新羅的社會構成、活動地域、歷史發展與早期三韓部族均有千絲萬縷的聯繫。要敘述百濟,《後漢書》是最重要史料,不可忽略。此外,百濟與中國歷代王朝的往來遠不如新羅密切,唐代及之後文獻中關於百濟的資料同樣十分有限。相比之下,《北史》以《魏書》《齊書》《周書》《隋書》爲基礎,補充了許多雜史資料,增删改訂成書,因此關於百濟的記載就有不同於其他正史文獻之處。可以説,《北史》是唐代以前關於百濟資料彙集最豐富的史書之一。金富軾在《三國史記》"地理志"百濟部分中引用《後漢書》《北史》,説明他對這兩種文獻資料價值的高度重視。故《三國史記》"地理志"百濟部分的史料選擇比新羅部分更客觀、合理。

四　高句麗部分的文獻徵引

在討論《三國史記》"地理志"高句麗部分内容之前,有一點需要首先明確,即《三國史記》雖然將高句麗與新羅、百濟並稱爲朝鮮半島"三國",但高句麗國是中國古代邊疆民族政權之一。正如苗威指出,高句麗民族和政權"全部歷史應當是中國古代史的一部分,這是勿庸置疑的,但這並不意味著因此就要將高句麗排除於朝鮮半島古代史之外。在這里尚有一個'邏輯'問題,即有人

① 馮立君《漢唐時代與百濟歷史——研究内涵、歷史書寫與學術譜系》,載《社會科學戰綫》2019 年第 10 期。

認爲,既然高句麗寫進了朝鮮的古代史書,高句麗自然就不屬於中國而屬於朝鮮。其實這種認識是片面的,我國古代史家也將新羅、百濟、高麗及李氏朝鮮寫入中國之正史,那麼能説明這些古國不是朝鮮的古代國家而是中國的嗎?因此,筆者認爲,金富軾雖然將高句麗寫入了高麗的國史,但並不等於認同高句麗就是朝鮮的古代國家"①。李大龍認爲:高句麗是前37年出現在我國東北地區的邊疆民族政權,其在西漢時期勢力弱小,之後在不斷兼并周圍的邊疆民族的過程中逐漸發展壯大起來。魏晋南北朝時期,高句麗政權和中原地區衆多王朝保持稱臣納貢關係,不再向西擴張,轉而致力於經營南部地區,並在427年將都城遷到了平壤。進入隋唐時期以後,高句麗政權仍想保持割據狀態,而這樣的行爲與中國統一的歷史發展趨勢相悖,遂導致隋唐王朝的多次武力征討高句麗。唐總章元年(668),割據中國東北長達七個世紀的高句麗政權最終又回到中國統一版圖之内,完成了由統一到分裂再到統一的歷史輪回②。

　　正是由於高句麗是中國古代邊疆民族政權之一,故中國歷代正史關於高句麗的記載要比新羅、百濟詳細得多。不過,金富軾在《三國史記》"地理志"高句麗部分中僅引《漢書》和《通典》兩種,其原文如下:

　　　　按《通典》云:"朱蒙以漢建昭二年,自北扶餘東南行,渡普述水,至紇升骨城居焉。號曰句麗,以高爲氏。"古記云:"朱蒙自扶餘逃難,至卒本。"則紇升骨城、卒本,似一處也。《漢書志》云:"遼東郡距洛陽三千六百里,屬縣有無慮,則《周禮》北鎮醫巫閭山也,大遼於其下置醫州。玄菟郡,距洛陽東北四千里,所屬三縣,高句麗是其一焉。"則所謂朱蒙所都紇升骨城、卒本者,蓋漢玄菟郡之界,大遼國東京之西,《漢志》所謂玄菟屬縣,高句麗是歟。昔遼未亡時,遼帝在燕京,則吾人朝聘者,過東京,涉遼水,一兩日行至醫州,以向燕薊,故知其然也。自朱蒙立都紇升骨城,歷四十年,孺留王二十二年,移都國内城。(或云尉那巖城,或云不而城。)

　　　　按《漢書》:"樂浪郡屬縣有不而。"又:"總章二年,英國公李勣奉勅,以高句麗諸城置都督府及州縣。"目録云:"鴨渌以北已降城十一,其一國

---

①　苗威《從金富軾的高句麗觀看高句麗政權的性質及其歷史歸屬》,載《中國邊疆史地研究》2004年第4期。

②　李大龍《〈三國史記·高句麗本紀〉研究》,哈爾濱:黑龍江教育出版社,2013年,頁353—356。

內城,從平壤至此十七驛。"則此城亦在北朝境內,但不知其何所耳。都
國內,歷四百二十五年。長壽王十五年移都平壤,歷一百五十六年。平原
王二十八年移都長安城,歷八十三年,寶臧王二十七年而滅。①

　　據《漢書·地理志》記載:幽州下轄有遼東、玄菟、樂浪等郡。遼東郡初置
於秦,轄襄平、武次、番汗等十八縣;玄菟郡置於漢武帝元封四年(前 109),轄
高句驪、上殷臺、西蓋馬三縣;樂浪郡置於漢武帝元封三年(前 108),轄朝鮮、
䛁邯、浿水、帶方、駟望等二十五縣②。根據金富軾"所謂朱蒙所都紇升骨城、卒
本者,蓋漢玄菟郡之界"的說法來看,他同樣承認高句麗是中國古代邊疆民族
政權之一的歷史事實。

　　《漢書·地理志》雖述及高句麗,但僅從行政區劃角度記載高句麗是玄菟
轄縣之一,尚未單獨立傳。至陳壽《三國志》纔有關於高句麗及其建立政權的
詳細記載:"高句麗在遼東之東千里,南與朝鮮、濊貊,東與沃沮,北與夫餘接。
都於丸都之下,方可二千里,戶三萬……本有五族,有涓奴部、絶奴部、順奴部、
灌奴部、桂婁部。本涓奴部爲王,稍微弱,今桂婁部代之。"③《後漢書》亦稱:
"東夷相傳以爲夫餘別種,故言語法則多同……其置官,有相加、對盧、沛者、
古鄒大加、主簿、優臺、使者、帛衣先人。武帝滅朝鮮,以高句驪爲縣,使屬玄
菟。"④《三國志》和《後漢書》內容基本相近,但關於高句麗王世系,前者記爲
"宮——伯固——拔奇、伊夷模——位宮",後者記爲"宮——遂成——伯固",
兩者差別較大,而產生差別的原因應當是早期史料的散佚。此後的《魏書》
《梁書》《北史》等均以《三國志》所述關係爲準,杜佑《通典》則贊同《後漢書》
的說法。關於此點,目前學界的意見尚不統一。李大龍等學者傾向於《三國
志》的記載更準確,顧銘學、劉子敏、耿鐵華等學者則認同《後漢書》記載⑤。另
有學者作出一種大膽的假設,即公元 2 世紀時,應當有"前伯固"和"後伯固"
兩位高句麗王⑥。當然這樣的推測是否符合真實的歷史情況,仍需要其他史料

①《三國史記》卷三七《地理志》,頁 507—508。
② 班固《漢書》卷二八下《地理志》,北京:中華書局,1962 年,頁 1625—1627。
③《三國志》卷三〇《東夷傳》,頁 843。
④《後漢書》卷八五《東夷傳》,頁 2813。
⑤ 參見李大龍《〈三國史記·高句麗本紀〉研究》,頁 296—299。
⑥ 參見劉炬《高句麗的伯固王及相關史事整理》,載《東北史地》2012 年第 3 期。

的進一步印證。

　　《三國志》《後漢書》之外的《魏書》《南齊書》《周書》《隋書》《南史》《北史》《舊唐書》《新唐書》等中國正史雖然内容互有重複,但仍有很多關於高句麗地理、政治、自然、風俗等方面的記載,且在陸續補充資料的基礎上,逐漸形成了關於高句麗王室譜系較爲完整的記録,本應是金富軾編纂《三國史記》"地理志"高句麗部分的重要參考資料。但從實際情況來看,金富軾在高句麗部分中僅引用《漢書》《通典》兩種中國史書,在新羅和百濟部分中出現過的《北史》《舊唐書》《新唐書》等並未提及。在朝鮮半島文獻散佚嚴重的情況下,雖然金富軾曾詳細翻閱中國前代史書,但其在編寫《三國史記・地理志》"高句麗部分"時仍然放棄了這些重要的中國史料。這應當是金富軾有意爲之。李大龍通過對《三國史記・高句麗本紀》的詳細考證認爲:《三國史記・高句麗本紀》的主要史料來源是包括《資治通鑑》和歷代正史在内的大量中國史書,而金富軾在鈔録這些史料中曾有意删節、改動,斷章取義,造成了叙述的不完整以及後人認識高句麗歷史的新問題[①]。

五　結論

　　兩漢至隋唐數個世紀之間,中原王朝與朝鮮半島的往來日益頻繁,中國典籍在此過程中陸續傳入朝鮮半島,數量和種類越來越多。在漢字、漢文典籍傳播影響之下,朝鮮半島也陸續出現了本土學者編寫的文獻典籍,如《三國史記》所引《三韓古記》《海東古記》《雞林雜傳》等。不過,由於宋代以前雕版印刷術並未廣泛推廣,故至12世紀中期以前,無論是由中國傳入朝鮮半島的典籍,還是朝鮮半島本土作者的著述,大部分以鈔本形式流傳,且數量十分有限。兼之公元7世紀至10世紀前期三個世紀之間,朝鮮半島政局更迭,戰爭頻發,社會動蕩,典籍文獻散佚十分嚴重。

　　金富軾編纂《三國史記》之前,應當十分詳細地閱讀了能夠見到的大量中國典籍。但他在《三國史記》"地理志"中,對這些史料的選擇和徵引則是有選擇性的。通過對金富軾史料選擇情況的分析可以看出,《通典》《新唐書》等唐宋時期史書對高麗史學思想和史書編纂的影響之大,同時也反映了金富軾

---

① 李大龍《〈三國史記・高句麗本紀〉研究》,頁311—315。

因其高麗政治家身份而有選擇性地節選、删改史料,以擬構高麗與高句麗承繼關係的事實。

　　從《三國史記》"地理志"文本内容來看,金富軾承認高句麗是中國古代邊疆民族政權之一的歷史事實,這體現了他作爲史學家尊重史實的基本素養。但另一方面,金富軾作爲高麗的政治家,出於一定的政治目的和需要,他又有意删節史料,將自己服務的高麗與早期的高句麗政權聯繫起來,並通過這樣的方式將中國古代邊疆政權之一的高句麗納入朝鮮半島歷史的範疇之内。

　　限於文獻散佚的客觀條件,《三國史記》"地理志"所記地理沿革内容仍以公元6世紀至8世紀中後期爲主。公元8世紀中後期,新羅景德王更改郡縣名稱,是新羅大規模仿唐制度改革的主要内容之一,對朝鮮半島政區地理沿革有重要意義。《三國史記·地理志》所記郡縣名稱多爲新羅景德王改革之後的情況。而新羅後期地理建置和郡縣名稱至少沿用至公元10世紀中期。因此,儘管相較於成書較晚的《高麗史》,《三國史記》"地理志"體例結構簡單,内容完整性也略顯不足,但其作爲關於朝鮮半島高句麗、百濟、新羅時期的重要史料,仍可在一定程度上反映出朝鮮半島早期地方政區沿革情況,故而具有重要的文獻價值。關於《三國史記》"地理志"反映的政區沿革問題,情況較爲複雜,擬另作專題論述。

（作者單位：陝西省社會科學院）

舊史新談

——《"再造藩邦"之師：萬曆抗倭援朝明軍將士群體研究》讀後 *

劉　陽

　　在古代東亞的歷史上，曾發生過兩場攪動東亞的國際性大戰。第一場戰爭發生於唐代龍朔三年（663），被稱作"白江口之戰"。此戰雖表面上看是唐軍與倭軍的一次海上遭遇戰，實際還牽涉到新羅、百濟乃至高句麗，而且戰後"大唐帝國在文和武兩個領域統禦東亞諸國的格局徹底奠定"[①]。規模更勝的第二場戰爭發生於明代萬曆二十年至二十六年（1592—1598），這是一場中朝聯軍共同抵抗日本侵略軍的三國大戰，亦即本文接下來將述之話題。中國學界稱之爲"萬曆抗倭援朝戰爭"，朝、韓學界稱之爲"壬辰祖國戰争"或"壬辰倭亂"與"丁酉再亂"，日本學界稱之爲"文禄慶長之役"。如何看待此次大戰中的諸多史事、人物及其相關問題，衆説紛紜、褒貶不一，各國學者們分歧不斷、各執一詞，極大地影響了這段戰爭歷史的真實呈現。其中，針對援朝明軍的認識問題尤爲突出。有鑑於此，南開大學孫衛國先生新近出版了《"再造藩邦"之師：萬曆抗倭援朝明軍將士群體研究》（以下簡稱"孫著"，社會科學文獻出版社，2021 年）一書，回應了日、韓有關錯誤認知，澄清了明軍在戰爭中的地位、作用，有著重要的學術價值。

---

* 本文係 2019 年度信陽師範學院 "南湖學者獎勵計劃" 青年項目（Nanhu Scholars Program for Young Scholars of XYNU）的成果之一。
① 童嶺《炎鳳朔龍記——大唐帝國與東亞的中世》，北京：商務印書館，2014 年，頁 106。

一　援朝明軍的"汙名化"現象

　　1592 年,日本"太閣"豐臣秀吉悍然發動了全面入侵朝鮮半島的戰爭,大戰持續七年,在中朝聯軍的英勇抗擊下,1598 年以日軍敗退而告終。這就是在近世東亞區域世界産生深遠影響的萬曆抗倭援朝戰爭。在戰爭的整個過程中,應當引起世人重視的是援朝明軍在戰爭中的地位、作用和功績。明朝出於"字小"(案:指宗主國關愛、保護藩屬國)之義傾力援朝抗倭,而大明軍隊則遠赴異國作戰,成爲中朝聯軍的主力,付出了巨大犧牲,確保了戰爭的最終勝利。正如著名明史先輩吳晗先生曾指出的那樣"在甲午戰爭前三百年,中國就出兵援助過朝鮮,共同反抗外來的侵略"①。

　　戰爭結束後,中、朝、日三國圍繞這場戰爭留下了大量文獻史料,只是各國的相關記載不僅詳略不盡相同,而且對其定位與評判更是完全不同。其中就包括對於援朝明軍的評述。從中國的史籍來看,由於明朝基於"天下"觀念,僅僅將這場國際性戰爭定性爲"萬曆三大征"之一的"朝鮮之役",對援朝明軍的認識先天不足。加之黨同伐異、明清易代等因素,一些戰功卓著的援朝明軍將領甚至被強加"罪行",背負"汙名",像《明神宗實錄》《明史紀事本末》、清官修《明史》等明清史料中,就皆有這般如出一轍的相關記載。與之不同,朝鮮史籍作爲"他者",對於援朝明軍有著相對客觀的認識,相關記載可見於《朝鮮王朝實錄》等朝鮮官方史料以及一些朝鮮私人文集。日本史籍雖也可作爲"他者",但同時也作爲"失敗者",故對於援朝明軍的認識真僞摻雜,比如川口長孺的《征韓偉略》中的相關記載即如此。此外,朝、日史籍出於自身的視角和立場,所濃墨重彩處主要是本國軍隊的戰鬥情況,這也會或多或少地影響到對援朝明軍的總體評價。

　　在民族主義史觀的支配下,當今韓國許多學者無視援朝明軍對戰爭勝利的貢獻,或將援朝明軍打造爲戰爭勝利的輔助或配角,或者完全剔除了明軍作爲戰爭勝利方的角色。一些日本學者甚至不認可中朝聯軍贏得了戰爭的最終勝利。更爲嚴重的是,韓、日學者對援朝明軍的這些偏頗看法,還被一些西方學者所吸納或轉述,他們隨意發出醜化援朝明軍形象的論調,乃至産生了極端扭曲的歷史認知,最終致使援朝明軍之英名被"汙"上加"汙"。比如,美國漢

---

① 吳晗《吳晗論明史》,南京:江蘇人民出版社,2015 年,頁 91。

學家羅茲·墨菲(Rhoada Murphey)所著《東亞史》認爲"明朝軍隊在朝鮮的表現差强人意……這個時候明朝軍隊主要由刑滿釋放人員、流浪漢、歸順的土匪和遊手好閒的市井無賴組成……軍事裝備和其他補給品質量低下,軍隊士氣萎靡不振,軍官隊伍良莠不齊",隨後把戰爭的勝利歸功於朝鮮名將李舜臣發明的"龜船"以及豐臣秀吉的巧合死亡①。顯然,這是毫無憑據、自我想像的認知,對人們正確地瞭解援朝明軍將士的整體形象,乃至正確看待整場戰爭,都將産生極爲不利的負面影響,從而也導致戰爭中的許多歷史真相變得更加撲朔迷離。

　　2021年4月,孫著由社會科學文獻出版社適時出版,爲解决以往史料特別是國外學界在援朝明軍認知上的"汙名化"現象提供了新的有益思路。孫先生自1994年首次去韓國進修時起就開始關注萬曆抗倭援朝戰爭的研究,至今已近30年。基於學術敏感及深厚的學術素養,孫先生發現了加强援朝明軍相關問題研究的必要性與迫切性。在長年思考研究該戰爭的過程中,孫先生陸續發表了多篇高品質的學術論文,並多次通過國際學術會議與國際學人進行了深入交流。此次孫著的問世,即是作者基於多年來學術積累的一次研究總結。該書以援朝明軍將士群體的研究爲主線,詳細分析考察了大明將士入朝艱苦作戰、再造"藩邦"的經歷,不僅深化了有關援朝明軍將士群體的研究,而且對史料中刻意貶低甚至抹殺他們功績的問題給予了澄清及正名,對當前國外學界無端醜化他們的一些"謬論"也進行了批判及糾正,從而還原了這場戰爭歷史中的諸多真相,是一部具有重要學術意義和現實意義的高水平佳作。

二　萬曆抗倭援朝戰爭研究的新思考與新見解

　　孫著全書主要包括緒論、正文、餘論和附錄四大核心部分。緒論部分,作者基於對中國學界近百年的學術研究歷程的系統總結,以及對韓、日等國外有關學者現存問題的關照,引出了該書的研究目的與價值。即"以明代將士群體爲研究對象,試圖還原明朝將士在戰爭中的真實面貌,展現他們的貢獻,以深化對這場戰爭的認識"(孫著頁27)。從此學術史綜述可以看出,關於萬曆抗

---

① 羅茲·墨菲著,林震譯《東亞史》,北京:世界圖書出版公司北京公司,2012年,頁185、235—236。

倭援朝戰争的研究並非新課題,但有關援朝明軍的問題卻是基於以往研究疏漏或弊病的新思考,實爲"舊史新談"。這爲豐富乃至完善這場戰争的研究,尤其爲回應國際上的相關研究,做出了示範,起到了抛磚引玉的作用。

正文部分共有九章。第一章考察了明軍援朝將士群體的人數、來源及軍事指揮體制三個方面的問題。針對這些問題,學界既有研究分歧較大,也不全面,卻是呈現援朝明軍將士總體面貌的首要問題。其中最爲關鍵的問題是確定大明援朝動用軍隊的數目,但因明清史料語焉不詳,限制了以往中國學界對於該問題的探討,而朝鮮王朝的相關史料記載卻較爲翔實。作者搜尋到以申欽的《象村集》爲代表的幾部重要的朝鮮文獻,通過研究,考察出明軍在"壬辰"年(1592)與"丁酉"年(1597)分別爲5萬餘人與14萬餘人,總數不低於23萬人。多種史料比證得出的資料是可信的,而作爲中朝聯軍主力並打敗了20餘萬日軍的大明軍隊,該數據也是符合客觀實情的。

接下來,作者進一步考察了援朝明軍的來源和指揮體制。依據當時作爲援朝明軍主帥的宋應昌、邢玠等人的奏疏並結合朝鮮史料,作者考證出大明所徵調的援朝軍隊主要來自於九邊兵、京營兵、南兵以及西南土兵等,兵種涵蓋馬兵、步兵和水兵。在這些兵源中,九邊兵由遼、薊、宣、大等明朝北方邊防軍鎮調發而來,衆所周知,他們是長年固守於"九邊"長城沿線的明軍精鋭,也是此次援朝明軍的主要來源;京營兵是鞏固京畿重地的部隊,而調發於浙、閩、粵等地的南兵多出自戚家軍,二者無疑也是明軍精鋭,何況他們還帶去擅使火槍、火炮的專業化火器部隊參戰,更極大地增強了援朝明軍整體的戰鬥力;西南土兵包括川兵和西南土司的夷兵,甚至還有緬甸、暹羅等地的外國士卒隨行參戰,他們要麽如夷兵作戰向來英勇無畏,要麽是主將的貼身家丁,以保護主將爲使命,其戰鬥力自然也不可小覷。對於徵調於不同地域且不同兵種的複雜援軍來源狀況,明朝還專門制定了經略統攝全局、提督前線執行作戰命令的戰時軍事體制,以便於後勤能順利供給、文武能各展其長、水陸軍能協調並進,從而最終保障戰鬥的順利推進。通過對兵源及其軍事指揮體制的考察分析可知,援朝明軍總體上皆爲選自全國各地的大明精鋭部隊,並有系統化的戰時指揮制度和作戰方略,而將此大明的"骨幹"兵力大規模且有組織地調去援朝,充分展現了對於朝鮮危局的全力相助。

第二至九章,作者選取了兵部尚書石星、經略宋應昌、提督李如松、經理楊鎬、提督董一元、水師提督陳璘六位主導援朝或入朝作戰的重要大明將官,和一場圍繞兵部主事丁應泰的彈劾事件,以及一部兵書即《紀效新書》在朝鮮王朝的流傳與影響爲切入點,詳細闡述了這些將官援朝參戰的前因後果與戰場作爲。通過對不同將官(包括丁應泰)在不同戰争場景下(包括促成《紀效新書》傳揚朝鮮)的專題式論述,作者不僅展示出明軍將士在朝鮮戰場上的重要地位、突出表現與卓越戰功,印證了這場戰争得以取勝正是有賴於明軍的參與、把控和傾力付出,也由此揭示出諸多歷史問題,尤其使一些史籍中厚誣明軍的荒謬記載得以"翻案"。

　　具體而言,作者先考察了以上六位將官成爲援朝主導者的原因,或被選爲前線將領入朝參戰的背景,包括他們的性格特徵、職責所系、家族身世、行事特色、所率援軍的戰力以及參戰時的形勢等方面,藉以説明他們之所以能夠參與這場戰争的必要性與特殊性。緊接著,作者分别翔實探討了他們在幕後指揮或前線作戰的各自不同經歷,生動展現了他們各具特色的戰場情節,包括以一場丁應泰彈劾事件貫穿其中,更加突顯了戰争的曲折性與戰場的複雜性。若將這六位大明將官參與這場戰争的不同情節片段以及丁應泰彈劾事件貫通一體,大體勾畫出這樣一個戰争線索。即:1592 年八月,朝鮮使臣基於緊迫的戰場形勢向兵部尚書石星陳情請兵,在石星的鼎力推動和堅持下,明朝任命宋應昌爲經略、李如松爲提督,令二人率大軍前往救援。經過平壤大捷、碧蹄館之役,明軍的進攻受挫。由於石星一開始就制定了戰、和兩手兼備之策,戰争進入封貢和談階段,宋應昌與李如松因而均被召回國。只是石星輕信沈惟敬,不僅導致封貢和談失敗,自身也遭致下獄冤死的結局。1597 年,明朝再次應請援朝。其中,先是經理楊鎬指揮大軍在漢城保衛戰中取得了稷山大捷,又取得了蔚山之戰的勝利,但因未全殲日軍,受到兵部主事丁應泰的誣告而被革職;隨後,提督董一元指揮勝於日軍的優勢兵力,在泗川之役中主動圍攻日軍,但因陣中火藥爆炸而使戰事遺憾失敗;不過,水師提督陳璘作爲中朝水師聯軍的最高統帥,在朝鮮水師統帥李舜臣的配合下取得了露梁大捷,並由此徹底打敗了日軍,贏得了這場戰争的最終勝利。

　　經過作者對上述這六位將官參與戰争的歷程以及丁應泰彈劾事件細緻入微的論析,大明援朝的積極態度、援朝明軍的英勇形象、戰役進程的艱難程度、明軍將士的輝煌戰績以及中朝聯軍聯合抗戰的友誼與精神都完全得以呈現,與此同時,一些戰争内情、歷史細節或史實真相也隨之浮出水面。其中,在戰争内情方面,比如作者分析這些明軍將官對戰事進程的影響問題,前線將帥的關係往往反映了南兵與北兵的關係,甚至背後更深刻反映了明廷中的文武之爭、南北勢力集團之爭、主和派與主戰派之爭乃至朝中黨爭等明朝內部問題,像宋應昌與李如松的矛盾糾葛、楊鎬被丁應泰誣告等皆反映的是此類問題。在歷史細節方面,比如明軍參加歷次戰役的人數、與日軍的實力對比以及戰役的結局如何,作者根據論述所需進行了不同程度的推敲,而即使明軍在個別戰役中一時失敗了,那麼造成失敗的關鍵原因是什麼,以及損失的程度如何,在作者看來也有值得考究之處,因爲這往往是評判這場戰役乃至負責此次戰役的明軍將領的重要問題。像李如松在碧蹄館之役中的失敗,僅僅是敵衆我寡遭遇的一場小敗;董一元在泗川之役中的失敗,也只是敗於自身在陣中的失誤,這些都是基於作者對歷史細節的分析得出的新認識。在史實真相方面,全書反映出的問題最多,以上六位將官以及丁應泰彈劾事件的相關記載中幾乎都有史實謬誤的問題,作者都逐一進行了嚴密的考證。比如,最典型的例子就是楊鎬被誣陷的問題,先是丁應泰罔顧事實地連續上疏彈劾,又經明清史書以訛傳訛的載述,作爲“一個辦事雷厲風行、敢作敢爲的大將”(孫著頁 162),且是指揮過多場勝仗的楊鎬,無辜地被刻畫成一個無能之輩和敗軍之將。對此,作者都在文中予以糾正,得以還歷史上真實的楊鎬以“清白”。

正文最後一章討論的是《紀效新書》,這是明朝著名抗倭軍事將領戚繼光創作的一部兵書。作者指出,《紀效新書》東傳朝鮮源於大明南兵在平壤大捷中的突出表現,故而使朝鮮王朝產生了求購此書、學習此書,乃至大量刊刻、不斷增修此書的想法,其目的就在於欲依據此書練兵,以增強其軍隊的戰鬥力。由此深刻揭示了明朝出兵抗倭援朝對於朝鮮後期深遠的影響:一方面,其訓練都監是依照《紀效新書》而創立的,成爲朝鮮後期新的軍事制度,充分説明明軍援朝的影響;另一方面,有力批駁了所謂明軍在戰爭中可有可無,甚至危害大過戰績的謬論。正因爲以南兵爲代表的明軍戰功赫赫,纔贏得了朝鮮君臣的尊重,並以南兵爲榜樣,重建了朝鮮的軍隊體制。

在深入探討了上述六位將官、丁應泰彈劾事件和《紀效新書》東傳的問題後,作者在餘論中從史料選取與考證、援朝明軍人數與來源的再確認、明軍將士在戰爭中起主導作用的事實認定以及針對明軍將士後人東渡朝鮮傳説的理解四個方面,提煉出該書的主旨要義和核心觀點,並與前文所述相呼應。

最後一篇書評作爲附録,以加拿大學者塞繆爾·霍利(Samuel Hawley)的著作《壬辰戰爭》爲代表,評述了西方人所認知的壬辰戰爭。作者全面考察了該著作的創作背景、主要內容、特色和缺陷。尤其是在援朝明軍認識上,因該著作完全沿用了韓、日學界對明軍的諸多偏見之説,幾乎與上述羅茲·墨菲所述如出一轍,可見這似乎成了目前西方許多學者的共性認識。對此現狀,作者直擊其背後的問題,即中國學者就此研究"幾乎沒有任何國際話語權,説明中國學術界研究的滯後性"(孫著頁 322),所言振聾發聵、發人深省。

總的來看,孫著通過對萬曆朝明軍將士抗倭援朝歷史的系統化研究和論述,全面展示了援朝明軍的戰力、素質與實際表現和功績,從而爲我們勾勒出一幅盡顯在朝明軍風采的全景式畫卷。在這幅壯麗畫卷中,既有援朝明軍群體的總體面貌描繪,又有具體將官的參戰細節刻畫,二者相輔相成、渾然一體,充分彰顯了作者對整個萬曆援朝戰爭在宏觀與微觀上思考、把握問題的能力。更爲重要的是,該戰爭畫卷經作者深入、明確的演示,使得上述針對援朝明軍由史及今的所謂"汙名化"現象,也已然不攻自破。

三 採用"東亞視野"的研究範式

長期以來,基於民族國家角度的國別史敍事,是學界研究東亞國家歷史問題的普遍模式。但其弊端在於,看待問題難免有視閾邊界和視角的局限。正如葛兆光先生指出的那樣:"如果僅僅站在一國歷史的立場、角度和視野來觀看發生在東亞的歷史,會出現'死角'或'盲點'。因爲只有一個圓心(國家)的歷史敍述,會使得歷史有中心有邊緣,中心雖然清晰,但邊緣常常含糊甚至捨棄。其實,邊緣的歷史未必不重要,如果歷史敍述有若干個圓心,形成多個歷史圈,在這些歷史圈的彼此交錯中,就會有很多重疊,這些重疊的地方就會顯示出很重要的意義,可以讓我們重新觀看歷史。"[1]這就是葛先生對於如何突破國別史敍事的限制,重新思考東亞國家歷史的方法論詮釋。在葛先生早先的宣導下,"從周邊看中國"的研究方法風靡中國學界,並在近些年來逐漸成爲一種研究熱潮,"東亞視野"的研究範式也隨之漸趨流行。對於這種研究範式,張伯偉先生曾給予過精妙的定義解析:"觀看不止是一方對另一方的注視,也不僅是彼此的對看,有時是左顧右盼,而在這遊目騁懷的過程中,發生了交

---

[1] 葛兆光《在"一國史"與"東亞史"之間——以 13~16 世紀東亞三個歷史事件爲例》,載《中國文化研究》2016 年第 4 期。

錯複雜的關係,從而產生了意想不到的結果。因此,我們的考察也不能是單向的,而應是多向的;不是單義的,而是複義的。”[1] 孫衛國先生則結合自身的研究特色,也發展形成了對於“東亞視野”的獨特理解,並就此範式對於中國史研究的意義有過如下總結:“第一,可以補充和完善中國史料與視野的缺陷與不足;第二,可以糾正中國史料與視野的偏差與謬誤;第三,可以開拓新的研究領域與新的學科分支。”[2] 由此可見,這種新的研究範式,要求從東亞整體的角度立體地觀察、思考和研究古代東亞區域世界内的具體歷史問題,特別是一些對東亞多國歷史産生交織影響的重大歷史問題。該範式對於包括中國史在内的東亞各國歷史的研究大有裨益。此次孫著的問世,正是作者基於其所主持的國家社科基金項目“東亞視野下萬曆朝鮮之役研究”的階段性成果,即體現出作者對於其所提出的這種新研究範式的一次全面實踐。因此,採用“東亞視野”研究萬曆抗倭援朝明軍將士群體,也成爲該書最重要的特色。

那麽,孫著具體是如何貫徹“東亞視野”的研究範式? 首先看選題,是立足於“東亞視野”的選擇。萬曆抗倭援朝戰争是直接關涉彼時的中、朝、日三國的重大歷史事件,甚至據一些學者研究,該戰争還牽涉東南亞乃至一些歐洲國家。戰争波及的廣泛性決定了其國際性,而絶非如明代史書所言,被簡單地視爲例同國内戰事的“萬曆三大征”之一。所以説,這場戰争本身的國際性要求我們應當採用“東亞視野”。但事實上,無論是中、朝、日三國的史籍記載,還是現今各國的研究,其側重與偏向主要本著本國的歷史敘述需要,特別是現今有關援朝明軍的敘述相當片面,以至失真,甚至製造“汙名”,産生“謬説”。孫著研究旨趣的確定,正是基於作者看到了前述問題的存在,以及落實“東亞視野”的研究範式對於解決這些問題,從而妥善完成該戰史研究的優勢。不僅如此,作者專門選取問題較突出的援朝明軍相關史事,作爲該戰史中的代表性課題方向進行研究,更加突顯了該範式在這場戰争研究中的重大意義。

再看孫著中將援朝明軍放置於東亞場域的研究思路,顯然也是基於“東亞視野”的立體化思考。如上所述,全書先從援朝明軍的人數、來源和軍事指揮體制三方面考察其總體狀況,就是爲了説明在中朝聯軍中的比重以及與日軍的實力對比,這樣纔能凸顯出明軍作爲抗倭主力以及日軍主要對手的主體地

---

① 張伯偉《從朝鮮半島史料看中國形象之變遷》,《韓國研究》第 12 輯,2014 年。
② 孫衛國《東亞視野下的中國史研究》,載《史學理論研究》2016 年第 2 期。

位,可見正文一開篇就在秉持"東亞視野"進行立論。隨後,作者依次將六位大明將官、丁應泰彈劾事件和一部兵書放在這場東亞戰爭的氛圍中,逐一展開詳述,並依然延續保持"東亞視野"。這主要表現在以下三個方面:(一)作者非常注意這些大明將官所處戰爭階段的國際背景。正如,石星、宋應昌、李如松三人處於整場戰爭的初期,而楊鎬、董一元、陳璘三人則處於戰爭後期,針對每個將官率軍參戰時的國際局勢變化、與朝鮮王朝的時下關係,或者與日軍在戰役前的軍力對比等狀況,作者根據具體情形都一一予以闡釋,以便於更好地說明這些將官在戰爭中突出的地位、作用和功績。(二)作者還極爲重視從朝鮮君臣的言行中反觀這些大明將官(包括丁應泰)的表現,這在相應章節中均有此類論述。比如,朝鮮君臣對丁應泰異常反感,但對石星、李如松、楊鎬等人卻不惜爲之上書伸冤,或建祠崇祀、稱頌感恩。(三)作者雖以探討這些大明將官的事蹟爲主,但也會兼及他們參戰對於朝、日軍隊或國家的影響。比如,在這些大明將官主導下的幾次大捷扭轉了戰局,最終日軍戰敗,實現了"藩邦"再造;再如,《紀效新書》更是直接對朝鮮後期的軍制產生了全面影響。

最後看孫著中的史料篩選與相互比勘,"東亞視野"在此方面的貫徹表現得最爲充分。檢視全書,參稽的中、朝、日史料多達近百種,而如此豐富的史料搜集,甚至不乏一些稀見史料,又保證了該書深入研究的需要。不過,對於這麼多史料,作者並非拿來就用,而是根據具體問題進行了充分的史料篩選。一般而言,研究援朝明軍將士,理應首選參考中國明、清史料,但明、清史料一如上述,存在記載缺失甚至"汙名化"等固有的缺陷,致使許多相關問題尤其明軍在朝風采的史實真相被掩蓋。在這種情況下,作者發現大量朝鮮史料作爲"他者"對明軍的記載,正可彌補明、清史料之不足。因爲明軍是在幫助朝鮮王朝驅趕日本侵略者,按照作者的話說:"明朝將領如果不是真的有功,根本不可能贏得朝鮮君臣的稱頌,從情理上來說,這本身就說明其材料是真實可信的。"(孫著頁 304)在選取了相關的朝鮮史料後,還需要與相關的中國史料乃至日本史料進行仔細比勘。因爲中國史料雖有缺陷,但朝鮮史料也不是完美無缺,本身也存在自我認識立場和角度的問題,故其客觀性只是相對的,更何況不是所有有關援朝明軍的記載,朝鮮史料都比中國史料翔實。正如作者所言"哪一種都並非絕對,哪一種都有局限,關鍵是要具體情況具體分析,以便能夠用多重史料、從多重視角去儘可能地接近歷史的真實,還原歷史真相"(孫著頁 305)。顯然,這是一種綜合、立體式的史料互證思維,也正是"東亞視野"在史料運用上的典型體現。

　　具體到孫著文中來看,這種基於"東亞視野"的史料運用,從第一章考察明軍的總體面貌時即開始呈現,並成爲後文一以貫之的準則。下面只略舉幾例:比如,第三章提到了宋應昌的《經略復國要編》,這本書曾是世人研究萬曆抗倭援朝戰爭引述參考的重要資料,但作者利用朝鮮史料並結合其他中國史料考證出該書編撰的原因和目的,旨在自我辯白、自彰其功,因此決不能僅憑其説、輕斷其功,可見正是作者基於"東亞視野"的多方史料對勘,纔讓我們得以瞭解此中真相。再如,碧蹄館之役中明、日雙方的戰果本來不相上下,卻被中、日史料均記載爲明軍大敗;蔚山之戰本爲明軍的一場勝仗,卻被中國史書衆口一詞地記載爲大敗;泗川之役雖爲明軍的一場敗仗,但並非如某些朝、日史料所言"因日軍的主動進攻而敗";還有露梁海戰中明水軍統帥陳璘的功績在朝鮮史料中被否定,而僅僅認可朝鮮水軍統帥李舜臣的功績,等等。這些戰役同樣是經作者綜合中、朝、日三方史料的比勘、考證後,纔得出了史實真相。甚至在利用這些史料考察其中的某些人物或事件時,作者還挖掘到了隱藏在史料文獻背後的歷史書寫與史實建構等深層次問題,由此充分突顯了作者在"東亞視野"下對多元史料文獻的合理、有效運用。

　　綜上所述,孫著開啓了全面以"東亞視野"研究萬曆抗倭援朝戰爭的嶄新一頁,而以"東亞視野"研究該戰爭相關問題,不僅極大地延展了以東亞各國爲中心的歷史認知範圍,還看到了基於單一視角難以發現的歷史面相。因此,採用這種研究範式就等於在相關學術史上走出了極爲關鍵的一步。這對於揭開歷史"迷霧"、洗脱援朝明軍的歷史"汙名",乃至糾正現今國外的錯誤認知,從而重現歷史真實,無疑都具有相當重要的意義。

四　與"尊周思明"問題的關聯

　　孫著研究援朝明軍,並非單純地考察這些明軍將士在戰爭進程中的經歷與表現,還考慮到了戰後與之相關的事宜。比如,在論述石星、李如松、楊鎬、陳璘的最後,作者繼續延伸探討了朝鮮君臣在他們退軍回國後,對他們祭祀以禮或者找尋、關照他們後人的事情,表達了對他們援朝之恩無比感念的情感與訴求。朝鮮君臣對援朝明軍的這種追憶、感恩舉動,就涉及"尊周思明"的問題。關於該問題,作者有著長年不輟的研究心得,先前曾相繼出版了《大明旗號與小中華意識：朝鮮王朝尊周思明問題研究（1637—1800）》（商務印書館，2007 年）與《從“尊明”到“奉清”：朝鮮王朝對清意識的嬗變（1627—1910）》（臺灣大學出版中心，2018 年）兩部大作，可謂明清中朝關係史方面研究的扛鼎之作，在學界引起了巨大反響。此次孫著的研究正與前兩部著作有著密切的關聯，可以説是作者在之前“尊周思明”問題研究的基礎上，進一步往前追溯，探尋朝鮮王朝後期“尊周思明”的根源。

　　具體而言，朝鮮王朝爲什麼會在整個清代産生乃至長存這種“尊周思明”的思想？作者在之前的研究中談到這是源於朝鮮王朝與明朝的獨特關係。衆所周知，古代朝鮮半島國家與中原王朝存在著傳統的封貢關係。但作者研究發現，朝鮮王朝與明朝之間不僅延續繼承了這種傳統關係，而且因認同明朝爲中華正統而至誠“事大”，嚮往明朝攜華夏文明遺風而傾心“慕華”，甚至自視爲“小中華”。此外，“在事大、慕華的思想中對明朝更增入一種無法償還的感恩思想，這種感恩思想使朝鮮對明朝的認同更進一步，達到不分彼此”[①] 的狀態。顯然，朝鮮王朝對明朝的這種感恩思想，是其與明朝特殊關係中的極爲關鍵處，而其淵源正基於萬曆年間援朝明軍匡扶朝鮮的壯舉。當朝鮮王朝遭受日軍大舉入侵而使國祚危如累卵之時，在兵部尚書石星的呼籲和堅持下，大明萬曆皇帝毅然派出重兵援朝，救亡圖存。而後，李如松、楊鎬、陳璘等前線將領統帥大軍浴血奮戰，終於使屬國恢復、“藩邦再造”。因此，戰後爲了感念這些“皇恩”的踐行者，朝鮮王朝建造了衆多碑、祠、廟，以便崇祀祭拜、思恩報德，比如有爲祭奠上述石星、李如松、楊鎬所修之武烈祠、宣武祠，爲祭奠陪享關公的陳璘而崇祀關王廟，甚至發展成爲朝鮮的關公信仰，等等。不僅如此，當明清鼎革使得“神州陸沉、華夏傾覆”之際，朝鮮王朝進一步加强了思明感恩之信念，並將原先僅僅祭奠援朝明軍的活動發展爲感懷萬曆等明朝皇帝的自發行動，爲此增修了大報壇、萬東廟、大統廟等崇祀場所，從官方到民間都全面表現出對明朝自皇帝以下乃至援朝將士的追思感恩之情。這就是朝鮮王朝在明亡後從前期與明朝的特殊關係中所衍化形成的“尊周思明”理念。該理念支配影響了整個朝鮮王朝後期的對清觀，故而到了清代，朝鮮王朝面對其所認爲的“夷狄”所建之清朝，纔會産生“思明”“尊明”以至於“貶清”的思想，甚至

---

① 孫衛國《大明旗號與小中華意識：朝鮮王朝尊周思明問題研究（1637—1800）》，北京：商務印書館，2007 年，頁 62。

到了晚清時期轉變觀念爲“奉清”，在政治上接受清朝爲“中國”，但“從儒家思想上論及華夷觀之時”，依然“不承認清朝的中華正統地位”①。

由此可見，萬曆援朝明軍“再造藩邦”是導致後來朝鮮君臣“尊周思明”的重要淵源，而朝鮮君臣“尊周思明”則是援朝明軍“再造藩邦”的結果和影響，其中“施恩”與“報恩”是促成二者關聯的紐帶。所以説，孫著中續談戰後朝鮮君臣對援朝明軍的感恩舉動，不僅使全文敍述顯得更爲完善，而且相當於爲研究作爲“施恩”者的援朝明軍，搭建一座從“報恩”者“尊周思明”的角度對之深化認識的橋樑。即，作者通過對朝鮮君臣崇祀大明將官並善待其在朝後人的描述，把援朝明軍“再造藩邦”的光輝形象和奉獻精神與朝鮮王朝的“尊周思明”問題有機統一了起來，辯證地、長時段地表達出作爲明軍援朝的受益方對援朝明軍功績的認可，從而使全文研究的重大理論意義得以進一步昇華。

最後，還需附帶提及的是，類似於上述“尊周思明”問題的關聯性研究，孫先生近期的一些研究成果，也與孫著有著密切的關聯，可能是因與主題不甚相符等緣故，未及收録於孫著中。比如，作者已發表的《谷應泰〈明史紀事本末〉對萬曆朝鮮之役的書寫》（《史學集刊》2019 年第 2 期）、《清官修〈明史〉對萬曆朝鮮之役的歷史書寫》（《歷史研究》2018 年第 5 期）二文，正是以“東亞視野”從明清史學史的角度，深度剖析明軍援朝乃至整場戰爭相當重要的文章。此外，還有其他一些相關論文，不再贅述。作者的這些相關著述皆可作爲孫著的補充，有助於我們從多種角度深化對這場戰爭的理解和認識。

總之，孫著是一部基於援朝明軍的“汙名化”現象，在選題、內容、研究方法等方面具有諸多創見，並融通作者前期研究，集前沿性、創新性、嚴謹性、啟發性於一體的萬曆抗倭援朝戰爭專題研究的經典力作。通過孫著的研究，援朝明軍得以正名，歷史真實得以還原，由此不僅有助於推動萬曆抗倭援朝戰爭的全面研究進入新階段，更有助於推動中國學者全面爭取相關研究的國際學術話語權打開新局面。當然，正如孫著中所言，此次研究並未完結，“有關明軍將領的選擇還不夠全面，邢玠、劉綎、麻貴甚至沈惟敬等，都是深入研究明軍將士群體的重要對象，留待以後進一步拓展”（孫著頁 312），還有援朝明軍糧餉

---

① 孫衛國《從“尊明”到“奉清”：朝鮮王朝對清意識的嬗變（1627—1910）》，臺北：臺灣大學出版中心，2018 年，頁 284。

等其他相關問題,也"留待以後再作專門討論"(孫著頁 33)。再者,全書對於現今韓、日學者在援朝明軍"汙名化"問題上的關注度比重較少,也有進一步加强闡釋的必要。但白璧微瑕,期待作者未來相關新著的持續推出,進一步給予我們對這場戰爭真實、系統、完整的認識。

(作者單位:信陽師範學院歷史文化學院)

漠北與安南

漠北回鶻汗國的突厥碑銘

——希內烏蘇碑北面銘文的再討論

鈴木宏節 撰　晏梓郁 譯　胡　鴻 校

序　言

　　從 6 世紀中葉到 9 世紀中葉，在以蒙古高原爲主的北亞、中央歐亞草原地帶生活著操突厥語的騎馬遊牧民們。具體來説，這三百年就是從突厥勃興的 552 年開始，直到回鶻（回紇）滅亡的 840 年爲止的時期。這兩個遊牧帝國中都使用突厥語，歷代君主用古突厥語中意爲"王、君主"的可汗（qaɣan）稱號自稱，故而被分別稱爲突厥汗國（552—744）、回鶻汗國（744—840）[①]。

　　現在的蒙古高原曾經被突厥系遊牧民所支配，講述這一事實的文獻史料是突厥碑銘。它們是由被稱爲"突厥魯尼文"（Turkic Runic）的所謂突厥文字刻寫的石碑。這些史料是由内陸歐亞遊牧民記錄的最古老的歷史文獻。起初遊牧民自身没有特定的文字，在 8 世紀前半葉突厥人建立古突厥文碑銘以前，用他們自己的語言與文字記錄的史料并不存在。直到古突厥文碑銘誕生後，我們纔能够直接地解析古代遊牧民的語言。

　　這篇小文擬在回顧蒙古高原上突厥系帝國的文字使用之後，聚焦於回鶻

[①] 也稱爲東回鶻汗國。840 年在點戛斯的攻擊下瓦解四散。其中西遷集團的一部後來在河西走廊建立甘州回鶻政權，另外一部建立起西回鶻王國（天山回鶻王國），加速了内陸歐亞綠洲居民的突厥化。

汗國初期建立的突厥碑銘之一——希内烏蘇碑(Šine-Usu inscription)。本文將整理針對希内烏蘇碑銘的研究史,并介紹對其北面部分碑文的再考察①。

一　突厥碑銘的誕生

突厥碑銘,據推測是在 720 年前後在突厥汗國誕生的。在此之前,突厥系遊牧民没有書寫自己語言的文字,而是接受了粟特人的書寫文化。

粟特人是屬於印歐語系的伊朗系民族,在以中亞阿姆河與錫爾河之間的澤拉夫善河流域(即索格底亞那地區)爲中心的緑洲地區經營著農耕生産。公元後第一個千年,隨著連接歐亞大陸東西的絲綢之路上的貿易日益活躍,沿著天山山麓東西展開的緑洲道路成爲遠程貿易的中繼,粟特人在這類貿易中嶄露頭角。他們作爲商業民活躍起來之後,粟特語和粟特文字在當時占據了國際語的地位。

本來在遊牧民的生活之中,文字并非必需品,根據漢文史料記載,他們處在一種 “刻木爲數” 的狀態。但是,突厥系遊牧民在和同樣在乾燥地帶生活的緑洲居民接觸之後不久,就接納了粟特人以及他們的書寫文化②。這大概是由於突厥系遊牧民進入了構建遊牧國家的階段,在國内行政與對外交往等事務中,文字書寫變得必要了。6 世紀後半葉,用粟特語和粟特文刻寫的石碑,即學者所説的布谷特碑(Bugut Inscription),被建立在了蒙古高原上。7 世紀時

---

① 本文是在拙稿《モンゴル現存古代トルコ碑文箚記—ウイグル〈シネウス碑文〉北面の再検討—》〔收入嶋田義仁(編)《ユーラシア文化における東西交流》(アフロ・ユーラシア内陸乾燥地文明研究叢書 14),春日井 : 中部大學中部高等學術研究所,2016 年〕基礎上,加以增補而成。

② 通過對粟特語資料的探討來研究粟特人和突厥人關係的成果有 : 吉田豊《ソグド人とトルコ人の関係についてのソグド語資料 2 件》,《西南アジア研究》67,2007 年 ; 同《ソグド人と古代のチュルク族との関係に関する三つの覚え書き》,《京都大學文學部研究紀要》50,2011 年 ; Kasai, Y., "The Chinese Phonetic Transcriptions of Old Turkish Words in the Chinese Sources from 6th-9th Century: Focused on the Original Word Transcribed as *Tujue* 突厥",《内陸アジア言語の研究》29,2014 年。

突厥可汗在國家政事上重用粟特人的記録也留存下來①。這應該就是當時粟特語成爲突厥官方公文用語的原因②。

　　此後，在蒙古高原上誕生了用古代突厥語、突厥文字製作的石碑。突厥語本是屬於阿爾泰語系的一種語言，而突厥文字是表音文字的一種，但是爲了與阿爾泰語系語言那獨特的元音和諧法則相對應，輔音字母（甚至一部分元音字母）在與元音字母結合的時候，設置了前舌系字母和後舌系字母相互區分的兩套系統。此外，也存在不論前舌系還是後舌系都能表示的兩舌系字母。因此，所謂突厥文字，可説是爲了記録古代突厥語所創造的文字。

　　被推測爲突厥汗國最早建立的突厥文碑銘，是獻給輔佐三代可汗的武人宰相暾欲谷（阿史德元珍）的暾欲谷碑，現存於今烏蘭巴托市東郊 60 公里處③。還有利用毗伽可汗兄弟逝世之際唐玄宗贈送的漢字石碑的側面與背面，用古突厥文刻寫的毗伽可汗碑（建於 735 年）和闕特勤碑（建於 732 年），以其最大的文字量而著稱於世。這兩種碑銘被收録進了世界遺産名録，現在仍保

---

① 關於粟特語粟特文的布谷特碑銘，近年，婆羅米（Brahmi）文字一面的解析取得了進展，可以判明刻寫的是蒙古系語言（Para-Mongolic），甚至可以説就是柔然語。參看吉田豊《ブグト碑文のソグド語版について》，《京都大學文學部研究紀要》58，2019 年。

② 護雅夫《突厥第二可汗國における‘ナショナリズム’》，《古代トルコ民族史研究 Ⅱ》，東京：山川出版社，1992 年。但是關於雀林銘文（Choiren Inscription）的建立背景和立碑的位置，現在根據對拓本的重新釋讀進行了修正。參考拙稿《突厥チョイル碑文再考》，《内陸アジア史研究》24，2009 年。

③ 關於暾欲谷碑的研究狀況，請參考拙稿《トニュクク碑文研究史概論》，收入森安孝夫編《シルクロードと世界史》，大阪大學 21 世紀 COE 項目“インターフェイスの人文學”，2003 年；中譯版：羅新譯《暾欲谷碑文研究史概論》，《中國史研究動態》2006 年第 1 期。上述論著可在“大阪大學學術情報庫 Osaka University Knowledge Archive”網站（http://ir.library.osaka-u.ac.jp）閲覽。此後筆者也繼續在重新解讀暾欲谷碑及其他碑的碑文，相關成果有：①鈴木宏節《三十姓突厥の出現——突厥第二可汗國をめぐる北アジア情勢》，《史學雑誌》115—10，2006 年；②同《突厥可汗國の建國と王統観》，《東方學》115，2008 年；③同《突厥トニュクク碑文箚記——斥候か逃亡者か》，《待兼山論叢（史學篇）》42，2008 年；④同《唐代漠南における突厥可汗國の復興と展開》，《東洋史研究》70—1，2011 年。①是關於突厥部族結構的論文。②是對鄂爾渾碑的釋讀，對突厥史中的歷史記述的作用進行了討論。③論文考證了暾欲谷碑中未解決的一個詞語。④論文對散見於各種史料中的“黑沙”的地理信息做了比定。

存於鄂尔渾河谷的和碩柴達木地區。此地就在蒙古帝國首都——和林,也就是今哈拉和林市以北 45 公里左右。另外還有翁金碑(Ongi Inscription)和闕利啜碑(Küli—Čor Inscription)等,都被認爲是從突厥第二王朝,即第二汗國(682—744)的王族或首領層的埋葬遺址中發現的墓碑。

如上所述,古代突厥文碑銘多來自突厥汗國,也就被習慣性地稱爲"突厥碑銘"。然而實際上,在繼突厥之後的回鶻汗國,突厥文的碑銘仍在被製作著。

二　回鶻時代的突厥碑文

回鶻汗國是推翻突厥可汗而建立的遊牧國家。初代可汗稱爲骨力裴羅(懷仁可汗),他消滅了曾共同攻擊突厥的拔悉密(Basmïl)族與葛邏禄(Qarluq)族,於 744 年即位。747 年,骨力裴羅卒,其子即位。這位第二代可汗,古突厥語稱爲 Täŋridä Bolmïš El Etmiš Bilgä Qaɣan (從天而生集衆建國賢可汗),據漢文史料,則是被册封爲葛勒可汗的磨延啜(古突厥語 Moyun Čor 的音譯)這一人物。他跟隨並輔助父親完成了回鶻的建國,在其父死後,他統一了蒙古高原。753 年,他在回鶻汗國根據地所在的鄂爾渾河谷修築了名爲斡魯朵巴里克(Ordu Balïq)的城郭都市,這裏就是現在稱爲哈喇巴喇噶遜(蒙古語 Хар барагс)的遺址。

不過,他最大的功績是介入了唐朝爆發的安史之亂(755—763),并將回鶻提升爲可與唐朝相匹敵的强國。磨延啜本人死於 759 年,但介入唐或者安史勢力的方針仍爲其子牟羽可汗(759—779 年在位)所繼承。回鶻不僅從唐獲得了極大量的歲幣與財貨,還將中亞的緑洲納入了自己的勢力範圍,獲得了絲綢之路貿易的主導權。

在如上所述的回鶻時代初期,突厥文碑銘仍在被製作著。特別是與第二代可汗相關的碑銘,現存的仍有三種,即在他生前鑴刻的紀功碑塔里亞特碑(Tariat Inscription)與特斯碑(Tes Inscription),另一種是被推測爲其墓碑的希内烏蘇碑。

此後作成的是第八代保義可汗(808—821 年在位)的紀念碑哈喇巴喇噶遜碑(karabalgason Inscription),該石碑雖已殘斷,但仍存留至今。這一碑銘是在回鶻汗國的都城哈喇巴喇噶遜發現的,上面刻有三種文字和三種語言:古突厥文書寫的古突厥語、漢字書寫的漢語以及粟特文書寫的粟特語[①]。

以上就是回鶻汗國時期主要的幾種突厥文碑銘。此外，2013 年，在長安（即今天的西安）發現了《故回鶻葛啜王子墓誌》。這是 795 年去世的回鶻王族的漢文墓誌，在墓誌石的左邊刻有多達 17 行的魯尼文突厥語[②]。這是在已知突厥碑銘的空白期，即回鶻汗國中期作成的碑銘，其發現具有重大意義。湊巧的是，795 年正是回鶻爆發 "易姓革命"，其王統由藥羅葛氏（Yaɣlaqar）轉入阿跌氏的那一年[③]。這一發現的價值還在於證明了，在回鶻的霸權之下，突厥文字不僅在蒙古高原，而且在當時的中原王朝首都長安也得到了使用。

綜上所述，以蒙古高原爲根據地的回鶻汗國所作成的文獻史料，也主要是突厥碑銘[④]。

三 希内烏蘇碑銘及其研究史

如上一節所述，希内烏蘇碑是回鶻的第二代可汗磨延啜的墓碑。除了這個碑銘外，他還留下了另外兩個紀功碑，即在 1970 年代始爲學界所知的塔里亞特碑和特斯碑[⑤]。幸運的是，這兩個碑銘包含有和希内烏蘇碑銘內容相對應的部分。因此，對於這一位回鶻可汗的事迹，我們能夠利用三種古代突厥碑文來進行研究。處理希内烏蘇碑文的重要性，首先就在於此。

---

① 對該碑銘文本的最新研究是：森安孝夫、吉田豊《カラバルガスン碑文漢文版の新校訂と譯註》，《内陸アジア言語の研究》34，2019 年。

② 張鐵山《〈故回鶻葛啜王子墓誌〉之突厥如尼文考釋》，《西域研究》2013 年第 4 期。又參看《唐研究》第 19 卷，北京：北京大學出版社，2013 年。該卷是《葛啜墓誌》的專號。

③ 關於回鶻汗國後半期的可汗系譜，近年村井恭子對中日研究者的問題點進行了整理：村井恭子《ウイグル可汗の系譜と唐宋漢籍史料——懷信と保義の間》，《東洋學報》100—2，2018 年；《漠北回鶻可汗世系問題與唐宋漢籍——懷信與保義之間》，《西域文史》13，2019 年。

④ 突厥系游牧民在中亞一帶的綠洲定居以後，也就是 9 至 11 世紀左右，在西回鶻王國，回鶻文字得到了使用。雖然同樣是爲了表記古代突厥語而創造的文字，但是與主要被運用在草原世界的石碑上突厥文字相比，時代和地域都有所不同。此外，回鶻文字是直接起源於粟特語的文字，在後世被蒙古文和滿文所繼承了下來。

⑤ 這兩塊碑現在都被保存在蒙古國科學院的考古研究所。

這一碑銘現存於被推測爲回鶻第二代可汗磨延啜之墓地的希内烏蘇遺址。因爲所在地是布爾干省賽汗縣的毛高銀·希内烏蘇，碑銘和遺址也就以地名命名了。該地在首都烏蘭巴托西北偏西大約 360 公里，屬於鄂爾渾河流域，遺址位於希内烏蘇湖所在的小型盆地狀草原的中部。遺迹是由各邊長達約 50 米的正方形的矮土墻，以及土墻之中的積石冢所構成。碑銘是在被土墻包圍的區域中與龜趺（雕刻成龜形的臺座）一起被發現的。

希内烏蘇碑本來是用接近 4 米的四角石柱製作而成的。但十分遺憾的是，該碑被發現的時候，已經斷成了兩截。現在留下的是 1.2 米左右的"小斷片"和 2.7 米左右的"大斷片"。希内烏蘇碑的銘文是在這個石柱的四面用突厥文字刻寫的。留下最多文字的地方是"小斷片"的北面和"大斷片"的東面，情況稍微差一些的是"小斷片"的東面和南面，還有"大斷片"的南面。因爲常年經受風吹雨淋，能够辨認文字的部分只占整個碑文的一半左右。

發現希内烏蘇碑銘，并最先進行學術報告的是芬蘭的阿爾泰語言學家蘭司鐵（G. J. Ramstedt）。他在 20 世紀初對蒙古高原的實地考察中，調查了希内烏蘇遺址和碑銘。利用這些成果，他在 1913 年發表了碑文的全部照片和突厥文字的換寫（transliteration）及古代突厥語的轉寫（transcription），進而還有德語的翻譯（translation）和注釋①。他的研究成果非常出色，以至後來的研究者們都以他釋讀的碑文文本作爲依據。例如，土耳其共和國的文獻學者奧爾昆（Orkun）在編輯古代突厥語文獻的集成時，也收録了希内烏蘇碑的碑文②，但其收録的文本和蘭司鐵的完全没有差異。另外，中國的王静如將希内烏蘇碑文作爲回鶻史料加以介紹③，但也基本上是對蘭司鐵成果的中文翻譯。還有在蘇聯時代，馬洛夫（S. Malov）和艾達洛夫（Aidarov）曾對希内烏蘇碑文進

---

① Ramstedt, G. J.,"Zwei uigurische Runeninschriften in der Nord-Mongolei", *Journal de la Société Finno-Ougrienne* 30—3, 1913. Cf. Рамстедт, Г. Ж., "Как был найден «Селенгиский камень», Перевод надписи Селенгинского камня", *Труды Троицкосавско-Кяхминского Отделения Приамурского Отдела Императорского Русского Географического Обшества* 15—1, 1914.

② Orkun, H. N., "Şine-Usu yazıtı", *Eski Türk Yazıtları I*, İstanbul, 1936.

③ 王静如《突厥文回紇英武威遠毗伽可汗碑譯釋》，《輔仁學誌》第 7 卷第 1—2 期，1938 年。

行研究[1]，但他們發表的碑文文本和解釋也并没有超過蘭司鐵的研究水準。

　　在研究史上的問題點是，蘭司鐵本來就没有發表拓本的照片。因此，在他之後的研究者們不能對蘭司鐵的碑文釋文進行根本上的史料批評，無論怎樣也只能立足於他對碑文的釋讀。當然蘭司鐵公開了碑文的照片，但要從照片進行文字的重新判讀是極爲困難的[2]。

　　在芬蘭的國家檔案館（The National Archives of Finland）中，收藏有蘭司鐵在碑銘現場製作的拓本[3]。筆者在 2004 年和 2006 年訪問赫爾辛基，檢查了蘭司鐵的拓本。蘭司鐵拓本是西洋式的模壓拓本（將特殊紙張壓在碑石上使之産生凹凸），但是現在這個拓本的紙張老化得非常嚴重，將此拓本作爲重新檢討碑文文本的原典已經不可能了。

---

[1] Малов, С. Е., "Памятник Моюн-Чуру", *Памятники дребнетюркской письменности Монголии и Киргизии,* Ленинград, 1959; Айдаров, Г., *Язык орхонских памятников дребнетюркско письменности VIII века,* Алма-Ата, 1971. 此外，關於碑文譯注的主要研究還可舉以下幾種：Berta, Á.,"A Šine-usu felirat (759)", *Szavaimat jól halljátok... : A türk és ujgur rovásírásos emlékek kritikai kiadása*, Szeged, 2004; Тугушева, Л. Ю., "Памятник в честь Моюн-чора", *Тюркские рунические письменные памятники из Монголии*, Москва, 2008; Кляшторный, С. Г., "Надпись из Могойн Шине-Усу", *Рунические памятники Уйгурского каганата и история Евразийских степей*, Санкт-Петербург, 2010.

[2] 根據蘭司鐵拓本照片對文本進行再檢討的成果是：片山章雄（研究代表者）《迴紇タリアト・シネ＝ウス両碑文（8 世紀中葉）のテキスト復原と年代記載から見た北・東・中央アジア》，1993 年度東海大學文學部研究助成金研究成果報告書。雖然可從中獲得一些知見，但义本釋讀受到巳發表的照片的限制，這點後來也被認識到了。不過，片山章雄仍是在日本展示實見拓本研究方法的有用性的先驅研究者。其成果例如：片山章雄《突厥闕特勤碑文漢文面の刻文月について》，《紀尾井史學》4，1984 年；同《突厥第二可汗國末期の一考察》，《史朋》17，1984 年；同《突厥ビルゲ可汗の即位と碑文史料》，《東洋史研究》51—3，1992 年。

[3] 希内烏蘇碑文的拓本，過去曾經編號爲 SUS 2.20 被芬–烏古爾學會所保管，參見 Halén, H., *Handbook of Oriental Collections in Finland*, (Scandinavian Institute of Asian Studies Monograph Series 31), London / Malmö, 1978。現在已經被移至芬蘭國家檔案館（The National Archives of Finland）保管〔所藏編號 SUS 2.20（3）〕。筆者於 2004 年和 2006 年訪問此館，順利查閱到了這一套希内烏蘇碑銘拓本。

四　對希内烏蘇碑北面碑文的再討論

爲解決以上問題,1996 年到 1997 年間,日本與蒙古國聯合進行了名爲 "Bichees"(蒙古語 "碑銘" 之意)的調查項目。以日方大阪大學的森安孝夫 和蒙方當時任職於科學院的敖其爾(Ochir)博士爲核心的團隊,調查了突厥 回鶻時代和蒙古時代諸遺址。至於希内烏蘇碑文,則與塔利亞特碑文及特斯 碑文一樣,被兩次採集了拓片。

在該研究成果報告書中,載有關於遺址現狀的報告和碑銘文本,包括日語 和英語的譯文以及注釋 ①。然而,該報告僅僅是一份(暫定的)報告書,還留有 未刊載拓本照片的問題。

此後,森安與在大阪大學的筆者等人共同推進了對希内烏蘇碑碑文的重 新釋讀,并刊行了其譯注論文 ②。當時利用了 1996 年和 1997 年採集到的兩份

---

① 森安孝夫、敖其爾(Ochir)編《モンゴル國現存遺蹟・碑文調查研究報告》,大阪大學 文學部、中央ユーラシア學研究會,1999 年。本書與被採集帶回的拓本照片等一起,可 以在 "大阪大學學術情報庫" 網站進行閱覽。該報告書將日本和海外與突厥碑銘相關 的研究基本都搜羅並加以介紹,敬請參考。森安和敖其爾的碑銘調查計劃,由大澤孝和 鈴木宏節繼續推進。大澤孝、鈴木宏節、P. МӨНХТУЛГА(共著)《ビチェース II—— モンゴル國現存遺跡・突厥碑文調查報告》,日本和蒙古共同調查項目 "Bichees II", Ulaanbatuur, SOFEX Co., LTD., 2009 年。這份報告書也可以在 "大阪大學學術情報 庫" 中閱覽。此外,由這一後續項目所產生的代表性論著如下 : ① Ôsawa, T., "Site and Inscription of Ongi revised: On the basis of rubbing of G. Ramstedt and our field works of Mongolia", *Festschrift in Honor of Talat Tekin*, (Türk Dilleri Araştırmaları 18), 2008 ; ②大澤孝《ホル・アスガト(Хөл Асгат)碑銘再考》,《内陸アジア言語の研究》25, 2010 年 ;③鈴木宏節《新発現のブンブグル碑文とモンゴル高原の覇権抗争——カルルクか ら見た八世紀中葉の北アジア》,荒川慎太郎、高井康典行、渡邊健哉編《遼金西夏研究 の現在(3)》,東京 : 東京外國語大學アジア・アフリカ語言文化研究所,2010 年。①是 根據蘭司鐵採拓的,芬蘭國家檔案館所藏的翁金碑拓本所作的最新譯著。②是涉及突厥 王族阿史那氏名稱問題的論考。③考察了新發現碑銘所示的突厥回鶻交替時期的政治 動向。
② 森安孝夫、鈴木宏節、齊藤茂雄、田村健、白玉冬 :《シネウス碑文訳注》,《内陸アジア言 語の研究》24, 2009 年。此後共同作者中的白玉冬以《〈希内烏蘇碑〉譯注》爲題,將此 共同譯注的節譯發表在《西域文史》2012 年第 7 輯。

拓本,也參照了塔里亞特碑和特斯碑的拓本。

這篇譯注論文揭載了 1996 年在蒙古國製作的拓本的照片。爲了進一步改善史料條件,在此文中刊出的拓本照片,已經可以在大阪大學的電子資料庫"大阪大學學術情報庫 OUKA = Osaka University Knowledge Archive"(http://ir.library.osaka-u.ac.jp/portal/)和"大阪大學総合學術博物館 Museum of Osaka University"網站(http://www.museum.osaka-u.ac.jp/en/index.html)中閱覽。此外,在這兩個網站上,Bichees 項目採集到的希内烏蘇碑文之外的古代突厥文碑銘拓本也多數可供閱覽,敬請參考。

在那篇論文中,通過對拓本的比較,有了可以大幅改變目前認識的發現。長久以來,希内烏蘇碑的北面文本被認爲只有 12 行。但是,經過仔細觀察被帶到大阪大學的拓本,結果發現希内烏蘇碑北面刻有 13 行文字。本來希内烏蘇碑就被打斷了,發現之時就已分爲"大斷片"和"小斷片"。由於大斷片上大部分的文字已被磨滅,大斷片上僅存的一些文字應當與小斷片上的哪些文字對應這一點,曾十分令人頭疼。

這一發現是通過對帶回大阪大學的拓本進行精細檢查得到的,筆者又於 2010 年 6 月實地踏查了希内烏蘇遺址,再一次對碑銘原物進行了調查。當時爲了解決在上述發現中所提出的關於行數的問題,針對石碑的北面實施了特殊的照相拍攝。具體來説,就是采取了從不同的方位對同一對象進行重複攝影,并對兩張一組的相片(立體相片)進行解析的照相測量技術。此種照相測量,能讓人們完全不用擔心拓本用紙接縫造成的分歧,更好地觀察大斷片和小斷片上文字行列的行進。也就是説,可以根據殘存的文字和碑的欄綫,對行的接續進行光學分析,從而能够期待將原本的行數立體地復原出來。

下面的合成照片和實測圖(圖 1、圖 2)展示了復原的結果。雖然第 13 行的文字遠不至於達到拓本水平的一目了然,但是第 13 行外側的欄綫被照相測量技術檢查出了一部分。進而,大、小斷片一起,由於找到了可做每行標識的文字,就能以此爲基礎復原大、小斷片的欄綫,也能確定大、小斷片各行的對應關係。通過照相測量技術,希内烏蘇碑銘第 13 行的存在變得明確了。

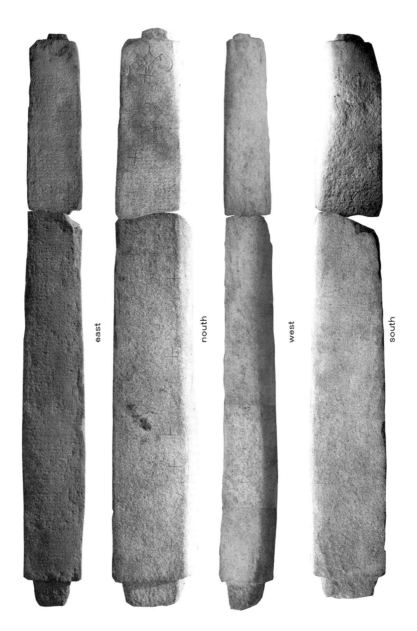

east　　　nouth　　　west　　　south

圖 1　希內烏蘇碑合成照片

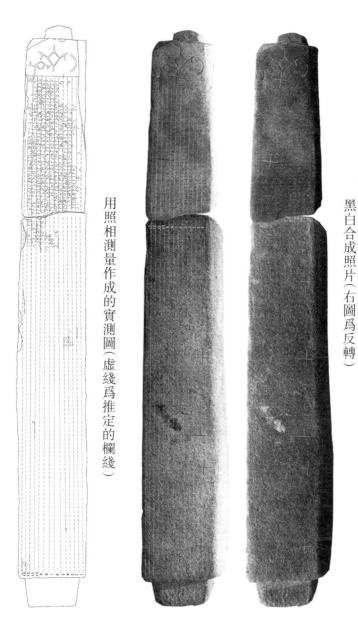

用照相測量作成的實測圖（虛綫爲推定的欄綫）

黑白合成照片（右圖爲反轉）

圖2　利用照相測量作成的希内烏蘇碑實測圖和黑白合成照片

　　既然第 13 行的存在已被確證,接下來就整理一下該行文本的釋讀結果。

　　在之前的研究中,北面第 11 行末尾到第 12 行相接的部分(N.11) tay bilgä totoquγ(N.12) yabγu atadï 被釋讀作“大毗伽都督(Tay Bilgä Totoq) 被任命爲葉護(yabγu)”。在此出現的大毗伽都督是九姓鐵勒之一拔野古部(Bayïrqu)的首領。在此之前的諸研究,都無法很好地説明爲何身爲拔野古部首領的大毗伽都督會被任命爲回鶻的右翼長(西翼長)。一般而言,葉護和殺(šad)一類的左右翼長會由可汗的子弟來充任。在突厥和回鶻的交替時期,該職確實由回鶻和葛邏禄的部族首領擔任過,但那是旨在使拔悉密、回鶻、葛邏禄三部爲推翻突厥而聯合起來的臨時措施。回鶻將這兩部族打倒之後,反而特別讓和回鶻并無血緣關係的拔野古族長身居汗國的一角,這是十分不自然的。

　　根據拓本以及通過照相測量的一系列檢測結果(圖 3),北面碑文第 13 行是存在的,故而之前所設想的文本,其文字可能并不是相互連接的[1]。也就是説,大毗伽都督并没有被任命爲葉護。不僅如此,若考慮到塔里亞特碑南面第 4—5 行的釋文,則可判明在希内烏蘇碑北面的第 11—12 行上,記載的是初代可汗將葉護的稱號授予了其子磨延啜。然後,文本在大斷片的北面第 12 行上繼續,(N.12) küšgü yïlqa “在鼠年(748 年)”,(N.12) tay bilgä totoquγ “把大毗伽都督” 等等事件爆發了。進而,碑文經過僅可確認幾個字母、基本没留下多少文本的北面第 13 行,繼續接上了東面的記事。

---

[1] 卡爾扎伍拜依(Каржаубай)在研究古代突厥游牧國家時采用了希内烏蘇碑文。他所做的碑銘示意圖,在小斷片和大斷片上的北面都有第 13 行的存在。但是,在碑文文本的譯注(Транскрипция Могойн Шинэ Усунской стелы)中卻只有 12 行。Каржаубай, С., *Объединенный каганат тюрков в 745—760 годах*, Астана, 2002. 近年,編纂了回鶻時代碑文史料集成的 Mehmet Ölmez,在書中言及森安、鈴木等人認爲北面存在第 13 行的論文(2009),並原樣轉載了文中的示意圖,但對北面的銘文録文時仍只有 12 行。Mehmet Ölmez, *Uyghur Hakanlığı Yazıtları*, Ankara, 2018.

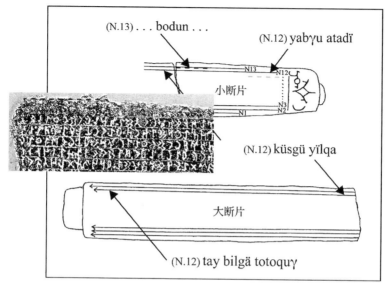

圖 3　希內烏蘇碑北面示意圖

結　語

在希內烏蘇碑被鐫刻的時代,經歷了安史之亂的回鶻帝國,進入了向與唐帝國相匹敵的遊牧帝國演變的發展期。在這個發展過程中,回鶻對蒙古高原的支配日益鞏固,很快就圍繞中央歐亞、絲綢之路的霸權,與古代吐蕃帝國決一雌雄。在 8 世紀中葉到 9 世紀中葉之間,回鶻、唐和吐蕃三大帝國共同推動著歐亞大陸東部的歷史。

因此,希內烏蘇碑上銘文內容不僅可用來復原回鶻汗國早期的歷史,我們也十分期待用它來構築歐亞史。此次所介紹的對碑文的重讀只是希內烏蘇碑銘的一個問題點,僅僅涉及了其北面部分,應該繼續討論的問題還有不少[①]。在

[①] 白玉冬使用希內烏蘇碑為首的回鶻時期突厥碑銘,研究了蒙古高原北部的遊牧諸族。例如,在其著作《九姓韃靼遊牧王國史研究:8—11 世紀》(北京:中國社會科學出版社,2017 年)中得出這樣的結論:諸碑銘所記載的九姓韃靼(Toquz Tatar),就是原本以蒙古高原東部為根據地的三十姓韃靼,向色楞格河至貝加爾湖、庫蘇古爾湖方向(轉下頁)

碑銘拓本及其照片的公開讓史料批判成爲可能的今天，發端已逾百年的突厥碑銘研究終於能够再次出發了。對突厥碑銘的更深入探討之所以讓人期待，原因正在於此。

（作者單位：神户女子大學；

譯、校者單位：武漢大學歷史學院）

（接上頁）移動而分派出的集團。另參看白玉冬《8世紀の室韋の移住から見た九姓タタルと三十姓タタルの関係》，《内陸アジア史研究》26，2011年。這是關於與後來蒙古族相連的韃靼的爲數不多的考察之一，其論證中有很多推論部分，這些仍可期待今後的再討論。

實證與創新

——荒川正晴《歐亞交通、貿易與唐帝國》讀後 *

馮培紅

　　2010 年，日本大阪大學荒川正晴教授出版了《歐亞交通、貿易與唐帝國》一書，這是他於 2008 年向該校提交的博士學位論文的修訂本 ①。需要説明的是，荒川氏於 1981—1986 年攻讀博士課程的學校並非阪大，而是早稻田大學。其本科、碩士、博士均就讀於早大，分别於 1979、1981 年獲學士、碩士學位。1986 年博士畢業後，過了 22 年纔向阪大申請博士學位，獲得通過。荒川氏生於 1955 年，獲博士學位時已 53 歲。老一代的日本學者大多是這樣的求學經歷，幾乎是用一輩子的所學去申請博士學位，博士論文的含金量是很高的。

　　2008 年荒川氏獲得博士學位後，對論文内容略作修訂，並且調整了篇章結構(頁 553)，兩年後正式出版成書。從書後所附的《論文初刊一覽》可知，此書是作者在 1982—2008 年間所撰部分論文的基礎上修改、增補，部分章節係新寫而成的。若從 1981 年開始攻讀博士課程算起，至 2008 年獲得博士學位，長達 27 年；若至 2010 年出版成書，則達 29 年之久。可以説，這本厚達 630 餘頁的著作，凝聚了荒川氏一生的心血，無疑是他在學術領域中的代表作。

　　荒川氏長期任教於大阪大學，同時還是日本“吐魯番出土文物研究會”的成員，該研究會成立於 1987 年，成員由荒川正晴、片山章雄、白須浄真、關尾史

* 本文係國家社科基金中國歷史研究院重大研究專項“草原—沙漠文化帶研究專題”重大
　委託項目“絲綢之路與中原帝國興衰”（20@WTS004）、國家社科基金重點項目“中古粟
　特人與河西社會研究”（19AZS005）的子成果。
① 荒川正晴《ユーラシア交通・交易と唐帝國》，名古屋：名古屋大學出版會，2010 年。

郎、町田隆吉五人組成[1]。另外,熊本裕、森安孝夫、高田時雄、武内紹人、吉田豐五人組成了"敦煌青年委員會(YTS)"。這兩個學術團體成爲近半個世紀日本敦煌吐魯番學研究的核心隊伍。作爲日本學界該領域的代表性人物,荒川氏的治學特點是:利用吐魯番、敦煌、于闐等地出土的文書等資料,研究6—8世紀中國西北地方的歷史,尤其是以麴氏高昌、西突厥、唐及粟特爲重點,注重實證,見微知著,多有創新。《歐亞交通、貿易與唐帝國》一書以交通與貿易爲研究内容,關注粟特人這一中介羣體,將其置於從西突厥到唐朝的時代轉換過程中觀察,通過歐亞世界的宏觀視野與細緻入微的分析考證,揭示出了6—8世紀歐亞東部地區的歷史實相與圖景。

　　此書分爲序言、3部10章、結語等部分。每部均以小序、各章、小結的形式呈現,形式規整,井然有序。序言的標題爲《本書的視角與課題》,交待了此書的研究對象與内容,特别强調從中亞自身的視角入手研究,但又不僅限於中亞地域,而是探討中亞内部之間及中亞内外的政治統屬關係,將視野擴展到整個歐亞地區;就課題内容而言,此書探討從西突厥汗國到唐朝統治時代的交通與貿易,抓住粟特人這一流動性羣體的特點,將研究内容有機地串連起來,可謂别致新穎,頗有靈韻。

　　第I部《突厥系遊牧國家與緑洲國家》,由小序、第1章《突厥系遊牧國家的建立與交通系統》、第2章《緑洲國家、遊牧國家與粟特人》、第3章《緑洲國家的接待事業與財政基礎》、小結構成,主要探討西突厥汗國控制下的中亞交通系統及其伴生的稅役供應,並以麴氏高昌國爲例,考察高昌國的粟特人及其與王權的關係、接待以粟特人爲主的西突厥遊牧使節及其接待事業的經濟基礎。關於西突厥的交通體制,作者的切入點是 ulaγ,目光獨到,並由此引出西突厥控制下的交通系統,具體體現在吐魯番文書所反映的麴氏高昌國的遠行制。在討論遊牧國家與緑洲國家的關係時,作者從流動於兩者之間的使節切入,敏鋭地發現使節中充斥著粟特商人的現象;並通過西突厥遊牧汗國派遣使節、麴氏高昌國接待遊牧使節及其財政供應所需的稅役,提出兩者之間建立共生關係的概念。這對於認識歐亞内陸社會具有重要意義。

---

[1] 吐魯番出土文物研究會《吐魯番出土文物研究會會報》1988年8月26日第1號;收入吐魯番出土文物研究會編《吐魯番出土文物研究情報集録——吐魯番出土文物研究會會報1—50號》,1991年,頁1。

第 II 部《唐帝國與歐亞東部的交通體制》，由小序、第 4 章《唐代公用交通系統的構造》、第 5 章《唐代河西、西域的交通制度（1）》、第 6 章《唐代河西、西域的交通制度（2）》、小結構成。這是繼第 I 部探討西突厥時代之後，進入唐朝統治中亞時期的交通制度。作者首先交待了唐朝的驛傳制及其研究史，然後再來談河西、西域的交通制度。然而，根據敦煌、吐魯番文書的記載，驛傳制並非如想像中的那樣被推行到唐朝的所有控制區；實證的結果顯示，西突厥時代的遠行制持續影響到了唐代，而且在地域上還進一步擴延至河西走廊，亦即唐朝在河西、西域實行的長行坊制。這樣的觀點無疑具有新意，甚至衝擊了以往對唐代驛傳制的認識。最後，作者討論了承擔這一交通制度的經濟基礎，發現 ulaγ 稅役負擔照樣存在，這也爲作者提出的長行制的觀點提供了有力的證據。

第 III 部《唐帝國與胡漢商人的流動和貿易》，由小序、第 7 章《唐帝國與胡漢商人》、第 8 章《唐朝的通行證制度與公、私交通》、第 9 章《唐朝向河西、西域運送軍需物資與商人》、第 10 章《唐朝的統治與貿易、經濟環境的變動》、小結構成。如此書標題所示，其主要內容是研究唐帝國的交通與貿易，第 II 部考察的是交通制度，第 III 部考察的是貿易活動。作者在第 I 部關注到麴氏高昌國中的粟特官員、西突厥遊牧使節中的粟特商人，在第 III 部更是集中討論了唐代的胡漢商人，尤其是粟特胡商的貿易活動。作者提出了一個新見，即強調粟特商人在唐朝向河西、西域運送軍需物資中扮演了特殊的角色，發揮了重要的作用。

書的最後是結語，在總結全書的基礎上，對序言中提出的"唐帝國爲什麼因統治中亞而承受如此沉重的財政負擔""唐帝國的統治給中亞帶來了什麼變化"這兩個問題作了回答，使全書前後呼應。作者再次強調中亞的交通與貿易不只是遊牧國家和綠洲國家之間的關係，而是必須與中亞外部的動向一併予以把握，指出從廣域視角開展研究的重要性。

閱讀此書，可以鮮明地感受到以下幾個特點：

第一，立足西域與河西的自身立場，放眼歐亞世界的廣域視角。

雖然此書依據的史料基本上是碎片性的出土文書，但書名中的"歐亞"一詞展現了作者宏闊的學術視野與系統的理論思考。尤其是序言的標題中旗幟鮮明地道明《本書的視角與課題》，並在開篇首句開宗明義地指出"本書將 6~8 世紀中亞地區活躍的交通與貿易置於歐亞東部地區的廣域空間中來重新把握，以揭明它的實際狀況與興盛原因"，以及第一段的末句直言強調"本書從中亞自身的視角入手進行探討"（頁 1）。作者的思路非常清晰，就是基於絲路沿線各地出土的文書，通過考析文書的内容，將這些出土地點串連起來，來探討6—8世紀絲綢之路的交通與貿易實相。作者所説的"中亞"，原意是指以帕米爾高原和天山山脈爲中心的亞洲腹地，但由於文書的出土地點主要在帕米爾以東地區，所以書中討論的實際上只是今中國新疆地區，以及向東延伸至河西走廊。作者批判了日本學界主要依靠漢文史籍以及從中原政權經營西域的視角，强調應該從中亞（西域）自身出發，運用西域及敦煌出土的文書來開展相關研究。作者的這一批判雖説是針對日本學界，但實際上中國學者大多也同樣如此。從書中的論述來看，作者利用西域及敦煌當地出土的文書，貼近绿洲民衆的生活，完全是從當地人的視角出發研究的。這一研究立場無疑更爲客觀，所得出的結論自然也更加可信。

　　從歐亞世界或絲綢之路整體來看，西域地區的绿洲各國並不具備獨立性，經常依附於周邊的强大政權，這是西域绿洲各國的自身特點，因此研究這一地區必須放到整個歐亞世界中去觀察。早在 2003 年，作者出版《绿洲國家與隊商貿易》一書①，書中第五部分的小標題爲《歐亞的變動與粟特商人》，就已經關注整個歐亞世界，尤其該書重點探討的粟特人是個極爲活躍的商業民族，隨著他們的足跡所履而擴大了地域範圍。作者是著名的粟特研究專家②，對粟特

---

① 荒川正晴《オアシス國家とキャラヴァン交易》，東京：山川出版社，2003 年。
② 在粟特研究領域，荒川正晴先後發表以下系列論文：《唐帝國とソグド人の交易活動》，《東洋史研究》1997 年第 56 卷第 3 號，頁 171—204 ；《唐代トゥルファン高昌城周辺の水利開発と非漢人住民》，森安孝夫主編《近世・近代中國および周辺地域における諸民族の移動と地域開発》，1995—1996 年度科學研究費補助金　基盤研究（B）（2）研究成果報告書，1997 年，頁 49—64 ；《北朝隋・唐代における"薩寶"の性格をめぐって》，《東洋史苑》1998 年第 50、51 合併號，頁 164—186 ；《ソグド人の移住聚落と東方交易活動》，樺山紘一等編《商人と市場》（岩波講座世界歴史 15），東京：巖波書店，1999 年，頁 81—103 ；《唐代前半の胡漢商人と帛練の流通》，《唐代史研究》2004 年第 7 號，頁 17—59 ；《唐代粟特商人與漢族商人》，榮新江、華瀾、張志清主編《粟特人在中國——歷史、考古、語言的新探索》，北京：中華書局，2005 年，頁 101—109 ；《麴氏高昌國の王権とソグド人》，《福井重雅先生古稀・退職記念論集　古代東アジアの社會と文化》，東京：汲古書院，2007 年，頁 337—362 ；"Aspects of Sogdian Trading Activities under the Western Turkic State and the Tang Empire." *Journal of Central Eurasian Studies* 2, 2011, pp. 25—40 ；《唐代天山東部州府の典とソグド人》，森安孝夫編《ソグドからウイグル（轉下頁）

人及其商業活動以及對唐代交通體制的研究^①，直接催生了《歐亞交通、貿易
與唐帝國》一書，其學術視野自然也隨著粟特人在絲綢之路上的活動而擴至整
個歐亞世界。祇不過研究依憑的文書主要出土於帕米爾以東各地，而 6—8 世
紀歐亞大陸的形勢發生巨大變動，嚈噠、柔然走向衰落，突厥、隋唐相繼崛起，
中亞地區的粟特人成批地向東遷徙，所以作者此書的研究視野也就定在了歐
亞東部。如上所言，西域各國不具有獨立性，先依附於西突厥，後來被唐朝征
服。也正因此，作者在提倡中亞自身立場的同時，又非常注重與外部世界的聯
繫，強調此書"考察特定地域的交通與貿易，不憚其煩地討論超越該地區的廣
域範圍的政治、社會、經濟關係的性質，尤其是將中亞、乃至包含中亞的中央歐
亞置於近代以前'世界'的中心地位"（頁 5）；"本書從中亞內部之間及中亞
內外的政治統屬關係，以及在此基礎上構築的共生關係與地域秩序入手進行
探討"（頁 13）；"本書抓住 6~8 世紀中亞的交通與貿易，不僅在其內部世界，
而且將之放在歐亞東部地區來探討，是不可或缺的"（頁 16），並且提出了"共
生關係"的概念。在正文中也同樣如此，第 I 部考察遊牧國家與綠洲國家，是
把麴氏高昌國放在西突厥的政治統治下論述的，兩者之間結成共生關係；第
II、III 部考察唐朝的交通體制與商人貿易，也是把西州、沙州、于闐等地放在唐
朝統治中亞的框架內討論的。

　　第二，此書是實證研究的典範之作，在史料運用上最引人注目的是使用了
大量出土文書，並對之進行精細的分析考證，然後將其考證結果用於本書的論
證中。

　　這些文書出土於吐魯番、敦煌、庫車、和田、穆格山等地，尤其是以前兩地
所出之文書爲主；此外，還使用了《唐六典》《唐律疏議》等唐代史籍，以及個
別日本和阿拉伯史料。運用出土文書是由此書的特定研究地域決定的，或者

（接上頁）へ——シルクロード東部の民族と文化の交流》，東京：汲古書院，2011 年，頁
47—66；《西突厥汗國的 Tarqan 達官與粟特人》，榮新江、羅丰主編《粟特人在中國：考
古發現與出土文獻的新印證》，北京：科學出版社，2016 年，下冊，頁 13—23；"The Silk
Road Trade and Traders." *Memoirs of the Research Department of the Toyo Bunko* 74,
2016, pp. 29—59；《ソグド人の交易活動と香料の流通》，《專修大學　古代東ユーラシア
研究センター年報》2019 年第 5 號，頁 29—48。
① 荒川正晴《唐代の交通システム》，《大阪大學大學院文學研究科紀要》2000 年第 40 號，
頁 199—335。

反過來説,正因爲以上這些地點出土了文書資料,纔能有效地開展由各出土地點串連起的絲綢之路的交通與貿易研究。書後的《索引》分列事項、人名、文書三類,其中文書類列舉了239件(有1件係由多個編號拼合,有的還被多次引用),它們主要出自吐魯番,特別是出自阿斯塔那墓群的文書至少達170件[①],這構成了該書史料運用的最大特色。其次,此書使用的敦煌文書雖然件數不多,僅有22件(分藏於法、英、俄、日四國),但價值極高,對於研究河西、西域的交通制度與貿易問題至爲重要。最後,書中還使用了庫車、和田、穆格山出土的文書,尤其是第6章第2節《安西四鎮地區與ulaγ》中,運用了和田麻札塔格出土的《鄔落馬帳》等文書,探討了安西、于闐等地的交通及關聯的税役問題,這對於説明吐魯番以外的西域地區的交通制度起到了填補空白的作用,也使此書在對整個歐亞世界的交通與貿易研究上更具有代表性。

這些出土文書爲作者的研究提供了豐富堅實的史料,其所開展的研究主要基於對出土文書的分析,實證性强,特別是對一些重點探討的文書,在釋録上力求精準。這些重點文書大多篇幅較長,内容豐富,價值極高,在每章中都有運用。兹每章各舉一件於下:第1章第3節之《給價文書》、第2章第3節之《供糧食帳》、第3章第2節之《車牛役簿》、第4章第3節之《傳馬坊牒》、第5章第3節之《長行坊狀》、第6章第1節之《西州館牒》、第7章第3節之《唐垂拱元年(685)康義羅施等請過所案卷》、第8章第3節之《唐開元廿一年(733)唐益謙、薛光泚、康大之請給過所案卷》、第9章第3節之《唐開元廿一年西州都督府案卷爲勘給過所事》、第10章第2節之《唐開元十六年(728)末庭州輪臺縣錢帛計會稿》。從該書頁34注45、頁60注41、頁114注25、頁184注59、頁243注37、頁273注1、頁349注38、頁392注15、頁480注79、頁523注16可見,以上10件文書中,有8件作者曾親往收藏機構調查過文書原件,有1件是拜託在巴黎留學的森安孝夫幫助調查的,還有1件只是參照了陳國燦的著作。類似的重點文書在書中還有不少,約略統計可知,作者於1992、1998、2000、2003、2007年先後5次出國,或赴新疆,或至歐洲,總共實地調查過27件文書。有些文書還調查過兩遍,如《給價文書》《高昌内藏奏得稱價錢帳》《車牛役簿》《唐開元二十年(732)瓜州都督府給西州百姓遊擊將軍石染典過所》。因此,作者對文書的釋録相當精準,也進一步修正了原先録文

---

① 另外,大谷文書也有部分可能來自於吐魯番阿斯塔那墓羣。

之誤,既包括《吐魯番出土文書》及柳洪亮、朱雷、童丕(Éric Tromber)等人所録之誤,也包括作者自己的初録之誤。這些出土文書是作者分析討論的基礎性史料,可以説藉之構築起了此書的基本骨架。

當然,作者也不是僅限於對單篇重點文書的考證分析,書中還綜合利用大量文書開展相關問題的研究,充分顯示出他對出土文書的熟悉程度,對文書的蒐集運用也已經到了"竭澤而漁"的地步。例如,第2章第2節考察麴氏高昌國的粟特官員,列有表2—1《麴氏高昌國粟特諸姓人物任官表》(頁51),展列了23位史、康、何、安等姓粟特官員,從表中的出處一欄可以看到是從衆多的吐魯番文書與墓誌中輯録出來的;第3節考察西突厥、中原王朝、西域諸國或勢力集團派至麴氏高昌國的遊牧使節,列舉了14件吐魯番文書及表2—2《麴氏高昌國使節、客人一覽表》(頁72—74),表中所列使節派遣者及其所遣的使者、客人多達59欄,也都是從大量的吐魯番文書中蒐輯出來的。此外,第3章使用的税役文書,第4、5、6章的馬牛驢文書,第7、8、9、10章的粟特商人貿易與交通文書,以及表10—2《吐魯番出土西州時期買賣與借貸契中的絹、錢表》(頁524),從中可以看到作者使用了吐魯番及其他各地出土的大量文書。

可以毫不誇張地説,如果没有這些敦煌、西域出土的文書,根本無法還原麴氏高昌國與西突厥、唐朝在西域與河西地區的交通制度和貿易活動,更無法串連起貫通歐亞的絲綢之路貿易路線。而作者長期浸淫於出土文書的整理研究及對内陸亞洲歷史的探索,以其對出土文書的熟稔掌握,信手拈來地運用到對絲綢之路的交通與貿易研究中,從而在實證中作出創新。

第三,作者根據出土文書所作的微觀考證,極爲細緻綿密,分析層層深入,探賾索隱,從而得出一些以前不爲人知的新觀點。

舉例來説,第1、6章對 ulaγ 的考證,是從《大慈恩寺三藏法師傳》中的"鄔落馬"入手的,作者不僅從日本奈良興福寺所藏鈔本中發現"驛馬也""傳馬也"等附注文字,而且還揀出吐魯番出土的三件《西州館牒》中的"烏駱子"之記載,對之作了十分精彩的考證剖析,認爲鄔落(烏駱)是古突厥語 ulaγ 的音譯漢字,但其使用範圍又不僅僅局限於突厥語,在蒙古語、滿語及包括西藏和印度在内的歐亞大陸廣闊地區也都在用,甚至唐代西州漢人官吏在公文書中也在使用該詞。然後在此基礎上,進一步論證了西突厥交通體制中的 ulaγ 及其伴生的税役負擔。麴氏高昌國時期的出土文書記録了跨越緑洲諸國的遠行馬、遠行車牛，作者將這種使用遠行馬或車牛的交通制度稱爲"遠行制"；第5、6章研究指出，西突厥及其控制下的麴氏高昌國滅亡以後，唐朝在西域地區並未推行驛傳制框架下的傳馬坊制度，而是繼承了遠行制的衣鉢，只不過將遠行馬更名爲長行馬，在節度使體制下設置了"長行坊制"，而且公文中仍然使用"烏駱（ulaγ）子"一詞，無論是緑洲民衆抑或遊牧民衆都要承擔相關的税役。更值得注意的是，作者通過實證分析，進一步提出唐朝還將長行坊制推廣運用到河西走廊。換言之，唐朝雖然控有河西、西域，但在交通制度上卻未施行驛傳制，而是接受了高昌國、西突厥的制度遺産。這一新觀點的提出可謂獨具慧眼，在很大程度上顛覆了以往的認知，也加深了對唐朝制度實施與統治差異性的理解。

　　第1章中引用《大慈恩寺三藏法師傳》所記高昌王麴文泰相送玄奘的史料，作者所作的點逗考辨同樣體現出精到細緻之功。他對"並書稱"後面的書信内容，提出了與高田修截然不同的斷句法，認爲不是到"願可汗憐師如憐奴"爲止，而把"仍請敕以西諸國給鄔落馬遞送出境"也包含進來。當時能給緑洲諸國發敕的人非西突厥可汗莫屬，顯然作者的觀點是正確的。對這段史料的細緻閱讀，更典型地體現在第2章對"殿中侍御史歡信"的點逗上。以往的學者毫無例外地皆釋讀爲"殿中侍御史／歡信"，認爲前者是官名，後者是人名。然而，作者卻獨闢蹊徑，指出高昌國並未設置殿中侍御史，而認爲殿中侍御是官名，史歡信爲姓名，且與同時代吐魯番文書中的史歡隆、史歡太爲兄弟輩人物，故釋讀作"殿中侍御／史歡信"。這一細緻的考證辨析，充分體現出日本學者在研讀史料中的細膩特點。不僅如此，作者還進一步從吐魯番文書與墓誌中蒐揀出麴氏高昌國的粟特官員，所列23人中，史姓14人、康姓6人、安姓2人、何姓1人，史姓人物佔了61%。這個結論以前没人作過統計，所以也未曾注意及此。如今作者的統計列表，讓人很直觀地看到了史姓在麴氏高昌國獨樹一幟的地位。

　　第2章重點考察遊牧使節，作者指出遊牧國家並非鐵板一塊，而是具有多樣性，並將之分爲遊牧國家與遊牧集團；緑洲諸國也存在不同的形態，分爲聚落型與國家型；另外，他特别注重遊牧國家與緑洲國家之間形成的共生關係。通過對大量吐魯番文書的分析，作者發現遊牧使節的派遣者來自不同的勢力，並非都由可汗（qaγan）所派遣，珂頓（qatun）、提勤（tegin）、移浮孤（yabγu）、拽（šad）、大官（tarqan）、希瑾（irkin）等也都派出使節，這對於認識突厥汗國的性質具有重要的價值,也豐富了對西突厥各部落及階層的認識。作者還特別留意到,這些遊牧使節中有不少是粟特人,並從粟特語角度對使節人名進行考證,揭示出充當使節兼商人的粟特人與西突厥遊牧國家之間的共生關係,同時指出粟特人除了作爲使節出使麴氏高昌國外,還在積極地開展個體私人貿易。這樣的實證考析對於深入認識粟特人的特性至爲重要。

類似這樣的細緻分析,在書中不勝枚舉,如第 6 章注意到吐魯番文書中記載的"漢道",以及行走在漢道上的長行馬與失卻此馬而逃亡的突厥閻洪達家人,具體而微地揭示了唐朝西域地區的交通制度以及對少數民族的統治;第 9 章揭出粟特人在唐朝向河西、西域運輸軍需物資中扮演的角色,視角獨特,言前人之所未言,讀了令人耳目一新[1]。與以往的粟特研究不一樣,此書給人的一個深刻印象是,作者將粟特人鑲嵌進西突厥、麴氏高昌、唐朝等各個政權中,進而通過考察出使、貿易、運輸等流動行爲,藉由交通體制再將其統領起來觀察,這也非常符合粟特人的特性及其實際情況。

第四,此書涉及西突厥、麴氏高昌、粟特、唐朝及絲綢之路等多領域的歷史學研究,且都是國際上學術研究的熱點,作者不僅積極吸收各國學者的觀點,而且還努力向國際學術界介紹自己的研究成果。

書後所附的《引用文獻目録》臚列了大量日文(344 種)、中文(204 種)、歐文(67 種)論著,初步展現出作者寫作此書的學術視野。若就具體而言,書中對 ulaγ 一詞的考證,參閱了歐美學者 S. Julien、S. Beal、P. Pelliot、W. Kotwicz、D. Sinor、G. Doerfer、G. Clauson 與中國學者岑仲勉、楊廷福等人的觀點,並在他們研究的基礎上提出了自己的新説。書後所附長達 7 頁的英文摘要,也體現了作者努力將其研究成果介紹給西方學者的願望。此外,他還積極地用英文發表多篇學術論文[2],以便西方學者閱讀;也有不少論文用中文寫作或被

---

① 近年,李錦繡發表《從敦煌吐魯番文書看唐代絲綢之路上的劍南絲綢》一文,也提到"在劍南絲綢在絲路上更深入的前行中,粟特商人發揮了不可替代的作用",見《敦煌學輯刊》2019 年第 3 期,頁 39。

② Masaharu Arakawa, "The Transit Permit System of the Tang Empire and the Passage of Merchants." *Memoirs of the Resarch Department of the Toyo Bunko* 59, 2002, pp.1—21; "Passports to the Other World: Transformations of Religious Beliefs among（轉下頁）

譯爲中文 ①，他在《後記》中表達了年輕時代没能到中國留學的遺憾，但有意思的是，落款卻寫著 "2010 年 11 月 2 日於北京中關村"（頁 556），當時他在北京

（接上頁）the Chinese in Turfan (Fourth to Eighth Centuries)." D. Durkin-Meisterernst, S. Raschmann, J. Wilkens, M. Yaldiz & P. Zieme (eds.), *Turfan Revisited -The First Century of Research into the Arts and Cultures of the Silk Road*, Berlin, Dietrich Reimer Verlag, 2004, pp. 19—21, 1pl; "Sogdian Merchants and Chinese Han Merchants during the Tang Dynasty." É. de la Vaissière and É. Trombert (eds.), *Les Sogdiens en Chine*, Paris, École Française d'Extrême-Orient, 2005, pp. 231—242; "Sogdians and the Royal House of Ch'ü in the Kao-ch'ang Kingdom." *Acta Asiatica (Bulletin of the Institute of Eastern Culture)* 94, 2008, pp. 67—93; "Aspects of Sogdian Trading Activities under the Western Turkic State and the Tang Empire." *Journal of Central Eurasian Studies* 2, 2011, pp. 25—40; "The Transportation of Tax Textiles to the North-West as part of the Tang-Dynasty Military Shipment System." *Journal of the Royal Asiatic Society* 23—2, 2013, pp. 245—261; "The Silk Road Trade and Traders." *Memoirs of the Research Department of the Toyo Bunko* 74, 2016, pp. 29—59.

① 前者有：荒川正晴《唐代粟特商人與漢族商人》，榮新江、華瀾、張志清主編《粟特人在中國——歷史、考古、語言的新探索》，頁 101—109；《唐代天山東部州府的典和粟特人》，中國人民大學國學院主編《國學的傳承與創新——馮其庸先生從事教學與科研六十周年慶賀學術文集》，上海：上海古籍出版社，2013 年，下册，頁 952—966；《西突厥汗國的 Tarqan 達官與粟特人》，榮新江、羅丰主編《粟特人在中國：考古發現與出土文獻的新印證》下册，頁 13—23。後者有：王忻譯，李明偉校《唐政府對西域布帛的運送及客商的活動》，《敦煌學輯刊》1993 年第 2 期；樂勝奎譯，李少軍校《關於唐向西域輸送布帛與客商的關係》，武漢大學歷史系魏晉南北朝隋唐史研究室編《魏晉南北朝隋唐史資料》第 16 輯，武漢：武漢大學出版社，1998 年，頁 342—353；章瑩譯《唐代于闐的 "烏駱"——以 tagh 麻札出土有關文書的分析爲中心》，《西域研究》1995 年第 1 期；李德範、孫曉林譯《關於吐魯番出土漢文文書中的 ulaɣ》，胡厚宣等編《出土文獻研究》第 3 輯，北京：中華書局，1998 年，頁 198—211；陳海濤譯，楊富學校《唐帝國和粟特人的交易活動》，《敦煌研究》2002 年第 3 期；歐陽暉譯，朱新校《唐過所與貿易通道》，《吐魯番學研究》2005 年第 1 期；尹磊譯，于志勇校《北庭都護府的輪臺縣和西州長行坊——以對阿斯塔那五〇六號墓所出與長行坊有關文書的討論爲中心》，《吐魯番學研究》2006 年第 1 期；田衛衛譯，西村陽子、榮新江校《英國圖書館藏和田出土木簡的再研究——以木簡内容及其性質爲中心》，朱玉麒主編《西域文史》第 6 輯，北京：科學出版社，2011 年，頁 35—47；殷盼盼譯《粟特人與高昌國麴氏王室》，劉進寶主編《絲路文明》第 3 輯，上海：上海古籍出版社，2018 年，頁 27—42。

大學訪學三個月，時年 55 歲，終於完成了一樁心願；作者甚至還翻譯過俄文論文 ①，《引用文獻目錄》中也列有 2 本俄文著作。總的來看，作爲該領域的一線研究者，作者積極躋身於國際學界，同時也以他的傑出研究贏得了國際學界的讚譽 ②。

　　第五，此書還給人留下一個印象，即作者對已刊論文作了大幅的增補、修改乃至新撰。

　　此書雖然以已刊論文爲基礎，但作者聲稱 "原則上儘量不照搬這些論文，而是對原論文進行析分，再編成本書"（頁 557）。這些已刊論文最早的發表於 1982 年，最晚的遲至 2008 年，中間跨度長達 26 年，特別是吐魯番文書自 1981 年起纔陸續刊佈，庫車、和田文書更是刊佈較晚，早年舊作確實需要參考新刊文書而作修訂，更何況作者還要實地調查原件。其中，新寫的有第 1 章第 1 節，第 6 章第 3 節之（3），第 10 章第 1 節；大幅增補的有第 2 章第 3、4、5 節，第 7 章第 1 節，第 9 章第 1 節之（2）；修訂或改編的有第 2 章第 2 節，第 3 章，第 5 章第 1 節，第 6 章第 1 節之（2）、第 2 節，第 7 章第 2、4 節，第 9 章第 1 節之（1）（3）（4）、第 2 節、第 3 節之（1）（2）（3），第 10 章第 2 節。作者這種增補、修改乃至新寫的做法，固然與部分舊作發表較早、未能參考當時尚未刊佈的文書有關，但比起日本學界的通常做法，還是顯得有所不同。2015 年森安孝夫出版論文集《東西迴鶻與中央歐亞》③，就採取 "原文主義" 的方式，對舊作原文不作改動，另外採用頁下腳注與文末 "〔書後〕" 的形式進行補訂或説明。在今日中國學界，將已刊論文重新結集出版論文集之風甚盛，但大多學者不再對舊作進行修訂，再版時因爲重排之故往往新添錯誤，以致新書價值反趨低劣，像劉浦江、劉安志等個別學者對已刊舊作精加修訂的極爲少見 ④，在當下

① Л. И. チュグイェフスキー著，荒川正晴譯《ソ連邦科學アカデミー東洋學研究所所藏、敦煌寫本における官印と寺印》，《吐魯番出土文物研究會會報》第 98、99 號，1994 年，頁 1—14。

② 如耶魯大學歷史系韓森（Valerie Hansen）稱 "荒川教授已經發表了許多關於絲綢之路貿易和吐魯番的傑出之作"，見其《絲綢之路貿易對吐魯番地方社會的影響：公元 500—800 年》，榮新江、華瀾、張志清主編《粟特人在中國——歷史、考古、語言的新探索》，頁 130。

③ 森安孝夫《東西ウイグルと中央ユーラシア》，名古屋：名古屋大學出版會，2015 年。

④ 劉浦江《松漠之間——遼金契丹女真史研究》"自序" 云："有的學者在將論文結集出版時，聲稱爲保持原貌而不對文章加以改動，那樣一來，豈不祇是舊文的彙集重刊（轉下頁）

的學風中尤顯難能可貴。

　　此書立基於出土文書，以實證研究見長，論證紮實有據，加之善於發現，考證精微，所以新見迭出，但也出現一些疏誤，有的地方論説欠充分。

　　第一，此書對出土文書校錄極精，甚至對不少文書作了實地調查，但在引錄文書時仍然存在失誤。例如，頁 35 文書第 20 行“陰世校”之“校”，當作“皎”；頁 233 文書第 26 行“前狀如前”之第一個“前”，當作“件”；頁 409 文書第 99 行“虞侯”之“侯”，當作“候”。有些文書中的文字頗爲潦草，不易識讀，如頁 190 文書第 136 行“賈德”、第 140 行“氾行德”，核之圖版（圖 1、圖 2），末字均非爲“德”，且頁 198 表 4—2 中又分別寫作“賈悥”“氾行悥”，前後也未作統一。從文書圖版來看，實際上兩字既非“德”字，亦非“悥”字。前後未作統一的異寫之誤，在書中其他地方也時有出現，如頁 85 正文中“骨邏佛斯”與注 81 中“骨邏拂斯”、頁 92 注 98 的“TkM”與書中大量出現的“TKM”、頁 144 的“畳壹疋”和“畳一疋”，自應統一。

圖 1　　　圖 2

（接上頁）而已？ 我頗疑心這是懶惰的一個借口……作者編選自己的文集，怎麽可以一仍其舊呢？ 我有一個長年養成的習慣，在每篇論文發表之後，都會隨時將所知所得記錄下來，以備它日修改之用。因此需要説明的是，收入本書的論文都做了不同程度的修訂。”北京：中華書局，2008 年，頁 2；劉安志《敦煌吐魯番文書與唐代西域史研究》，北京：商務印書館，2011 年。關於後書，筆者曾撰寫過書評，稱：“還值得提倡的是，作者在編集本書時，對收錄的每一篇舊作論文都作了不同程度的修改，尤其是《讀吐魯番所出〈唐貞觀十七年（643）六月西州奴俊延妻孫氏辯辭〉及其相關文書》《從吐魯番出土文書看唐高宗咸亨年間的西域政局》《對吐魯番所出唐天寶間西北逃兵文書的探討》《唐代西州的突厥人》等四篇成文較早的論文，更是進行了大幅度的修改。學術研究譬如積薪，從來都是逐漸進步的，可貴的是能夠不斷地進行自我修正，從而推進學術的進展。作者除了對舊作進行修改之外，有時還在注釋中指出自己以前的錯誤觀點，進行糾正。”見馮培紅《出土文書與傳世史籍相結合的典範之作——劉安志〈敦煌吐魯番文書與唐代西域史研究〉介評》，《敦煌學輯刊》2012 年第 3 期，頁 168。

　　第二,此書據以成稿的博士論文完成於 2008 年,出版於 2010 年,但卻未使用 2008 年出版的《新獲吐魯番出土文獻》①,殊爲可惜。這固然是因爲兩書出版時間相差較近,但荒川此書以吐魯番文書爲研究重點,日本學者向來以迅捷獲取資料信息著稱,加之作者在 2008 年獲得博士學位後也略作修訂,卻未及時吸收利用最新出土的吐魯番文書,無疑是令人遺憾的。事實上,在《新獲吐魯番出土文獻》出版的前一年(2007),"新獲吐魯番出土文獻整理小組" 在《敦煌吐魯番研究》《西域研究》《西域歷史語言研究集刊》《西域文史》《歷史研究》《文物》《中華文史論叢》等刊物上發表了多組專欄論文②。從時間上看,荒川氏照理應該讀到這些論文及相關文書,《歐亞交通、貿易與唐帝國》一書中也確實引用到刊於《歷史研究》2007 年第 2 期上的榮新江《闞氏高昌王國與柔然、西域的關係》及其研究的 97TSYM1:13-4,5v 文書(頁 31);然而通觀全書可知,關於這些新獲吐魯番文書及其研究論文,書中也就祇引用了上舉榮文一篇而已,但該文書屬於闞氏高昌國時期,時代偏早。而有些文書及其研究論文倒是應該參考,如榮新江《新獲吐魯番文書所見的粟特人》《新出吐魯番文書所見唐龍朔年間哥邏禄部落破散問題》《吐魯番新出送使文書與闞氏高昌王國的郡縣城鎮》,李肖《交河溝西康家墓地與交河粟特移民的漢化》,畢波《吐魯番新出唐天寶十載交河郡客使文書研究》《怛邏斯之戰和天威健兒赴碎葉——新獲吐魯番文書所見唐天寶年間西域史事》,文欣《吐魯番新出唐西州徵錢文書與垂拱年間的西域形勢》等論文及其引用研究的文書。

　　第三,書中有些地方的論説欠充分。第 2 章考論麴氏高昌國的王權與粟特人,列有表 2—1《麴氏高昌國粟特諸姓人物任官表》,表中共列史、康、何、安 4 姓、23 人。首先,作者對史料的蒐集尚不完整,如吐魯番出土的麴氏高昌國官員史伯悦(鎮西府省事、□□□主簿)、曹仁秀(鎮西府户曹參軍)、曹孟祐

---

① 榮新江、李肖、孟憲實主編《新獲吐魯番出土文獻》,北京 :中華書局,2008 年。荒川書後所附《引用文獻縮略號》中未列此書,而《吐魯番出土文書》《斯坦因所獲吐魯番文書研究》《大谷文書集成》《新出吐魯番文書及其研究》《寧樂美術館藏吐魯番文書》等書則均在列。

② 這些論文後來編集爲兩本論文集 :榮新江、李肖、孟憲實主編《新獲吐魯番出土文獻研究論集》,北京 :中國人民大學出版社,2010 年 ;孟憲實、榮新江、李肖主編《秩序與生活 :中古時期的吐魯番社會》,北京 :中國人民大學出版社,2011 年。除了 2007 年在多家刊物集中發表專欄論文外,二書還收了個別發表於 2008、2009 年的論文。

（户曹參軍）、曹智茂（兵曹參軍）、曹武宣（鎮西府曲尺將）、康業相（商將）、康延願之父（交河郡内將）等人的相關墓誌①，皆未統計入内；其次，如作者所言，除康姓外其他人均帶有漢式名字，既然如此，將表中之人均視作爲粟特人，則頗有泛化之嫌，至少是缺乏充足的論證。儘管書中提到高昌國的交河史氏源自甘州的史姓集團，而固原粟特史氏也出自甘州的建康史氏，從而爲判斷交河史氏是粟特人提供了證據鏈，但書中對這一證據鏈的論證過於薄弱，自然也削弱了作者的觀點。又如，第6章將北庭都護府推定設在西州境内，關於此點，作者只是讓參看他在2002年發表的一篇論文，而未在書中作較充分的論説，以至於影響了這一推斷的説服力。

第四，此書總的來説校對精良，但也存在一些錯別字。第一是引用史料出現錯誤，如：頁23注9引《大慈恩寺三藏法師傳》，衍一重文符“々”，“絹”當作“綃”；頁247引《新唐書》卷四〇《地理志》，“茨讚水”之“讚”當作“其”。第二是誤書個別學者的姓名，如：頁159“王青冀”當作“王冀青”，頁191“廬向前”當作“盧向前”。第三是行文中的錯別字，如：頁282“《西州圖形》”之“形”當作“經”，頁456“穎州”之“穎”當作“潁”，以及頁377注103“trnslated”脱漏了字母“a”。

2020年荒川正晴教授從他長期工作的大阪大學退休了，此前他出版了2本書，除了本文所評之書外，另一本《綠洲國家與隊商貿易》是僅有82頁的小薄册。可以説，荒川氏在一生中主要撰寫了《歐亞交通、貿易與唐帝國》一書。如果放在今日急劇膨脹的出版業與大多著作等身的學者中看，荒川氏一生只做一件事、只寫一本書，似乎顯得有些格格不入，但他卻立足於世界學術之林，此種現象豈不令人深思？此書出版以後，荒川氏又與人合作撰書，陸續出版了《寫給市民的世界史》《絲綢之路與近代日本的邂逅——西域古代資料與日本近代佛教》《中央歐亞史研究入門》等書②，2022年初又出版了由他領銜主

① 前5人見侯燦、吴美琳《吐魯番出土磚志集注》，成都：巴蜀書社，2003年，頁360、91—92、103—104、223—224、370；後2人見榮新江、李肖、孟憲實主編《新獲吐魯番出土文獻》下册，頁378—379。

② 大阪大學歷史教育研究會編《市民のための世界史》，大阪：大阪大學出版會，2014年；《シルクロードと近代日本の邂逅——西域古代資料と日本近代仏教》，東京：勉誠出版，2016年；《中央ユーラシア史研究入門》，東京：山川出版社，2018年。

編的新著《巖波講座世界歷史》第 6 卷《中華世界的重組與歐亞東部　4~8 世紀》[①]。荒川氏儘管已經退休離開了阪大,移居到日本海一側的島根縣松江市,但仍在繼續從事學術研究,他表示將要研究唐代通行證、粟特人兩個課題,衷心地期待他迎來學術第二春。

（作者單位:浙江大學歷史學院、凉州文化研究院）

---

① 荒川正晴主編《巖波講座世界歷史》第 6 卷《中華世界の再編とユーラシア東部　4~8 世紀》,東京:巖波書店,2022 年。

"拓跋國家"還是"關隴集團"?

——評森安孝夫《絲綢之路與唐帝國》

梁　爽

　　森安孝夫的《シルクロードと唐帝國》①最初出版於 2007 年,是講談社"興亡的世界史"中的一部。作爲一部普及性作品,這部著作仍然呈現出了學術嚴肅性和創新性,無疑是一部難得的佳作。因此 2016 年又出版了修訂本,收入講談社學術文庫,森安孝夫在這一版的後記中寫道:"我最初撰寫本書時,是針對一般讀者所寫的概論書,但是配合高中社會科的教師與大學史學系學科的大學生、研究生,以概論書來説内容屬高階。即使如此,不只是我國的知識界,包括企業界也精讀本書,紛紛給予高度評價,甚至得知有讀者推薦給朋友閱讀,我感到驚喜萬分。"最後,作者不無感慨地説:"實際上我深刻體會到,寫概論書比寫學術論文更加困難。"(繁體本頁 408,簡體本未收)這樣的寫作目標與態度使得《絲路》一書在普通讀者群體和學術界都大受歡迎。2018 年,臺灣八旗文化出版社率先翻譯出版了講談社"興亡的世界史"系列的中譯本,《絲路》一書由張雅婷翻譯、林聖智審訂,這部"概論書"很快在中文學界引起關注和討論,中正大學朱振宏教授爲此撰寫的長篇推薦語即相當於一篇嚴肅的書評,大陸學界也有書評發表②,2020 年理想國策劃,北京日報出版社出版

---

① 臺灣繁體中文版譯爲《絲路、遊牧民與唐帝國》(森安孝夫著,張雅婷譯,臺北:八旗文化,2018 年),大陸簡體中文版譯爲《絲綢之路與唐帝國》(森安孝夫著,石曉軍譯,北京:北京日報出版社,2020 年),下簡稱《絲路》,引文從簡體譯本,並標注繁體、簡體兩版頁碼,原因詳第四節。

② 孔令偉《"中央歐亞"的流動》,最初發表於澎湃新聞·上海書評,2019 年 1 月 29 日,後收入簡體中文版"推荐序",更名爲《粟特人與絲綢之路》,序頁 1—11。

了由石曉軍翻譯的簡體中文版,兩年之内即有兩種中譯本問世,也可見該書的影響力。

　　森安孝夫是研究中亞的專家,他的博士論文《回鶻摩尼教史之研究》是較早運用非漢文文獻對回鶻汗國的研究之一[①],對敦煌寫本、吐魯番文書也有深入的研究,森安孝夫也注重實地考察和對碑刻、墓葬、城市遺跡等考古成果的利用,和俄國學者共同編有《モンゴル國現存遺蹟·碑文調查研究報告》[②]。《絲路》一書則將重點放在了粟特人和突厥人身上。全書包括序章和終章,分爲十個章節,通過探討唐代歷史、文化與突厥、粟特千絲萬縷的聯繫而構建出了一種"絲路史觀",即由絲綢之路串連起的世界史。本書有不少抓人眼球的觀點,例如認爲安禄山的叛亂實則是過早興起的征服王朝;粟特商人構建的商業情報網絡;活躍在長安城中的胡姬應來自粟特而非波斯等等。由於森安孝夫對非漢文史料的熟悉,書中呈現出的材料十分豐富。此外,本書也介紹了不少日本學界對絲路的研究成果,例如在進入粟特的敘述之前,開列"粟特研究小史"一節,討論"絲路"問題時,也針對這一概念回顧了學術史,基本涵蓋了日本學界的經典研究,同時涉及西方東方學的成果,作者在介紹魏義天(Etienne de la Vaissière)的《粟特商人史》[③]一書時,感慨道"此類單行本著作理應首先在日本出現的,卻被法國搶先了"(簡頁 79,繁頁 98),中文世界的讀者讀到此恐怕也會體會到作者的抱負和坦率吧。總而言之,本書可謂充分做到了通俗性與學術性結合。以上的諸多優點已經爲學界所津津樂道,本文將不再贅述。然而,森安孝夫的著作也帶來了一些争議,由於對遊牧民的强調,本書相應地對唐帝國中傳統的、儒家式的因素的相關論述有所削弱[④]。和傳統的唐史分期一樣,森安孝夫也將安史之亂作爲唐王朝的重要轉折,本書實際上也根據時間順序排列章節,除了概論性質的序章和第一章之外,第二章至第

① 參考榮新江書評,載《中古中國與外來文明》,北京 :三聯書店,2001 年,頁 460—468。

② 森安孝夫,オチル(A.Ochir、敖其爾) 責任編集《モンゴル國現存遺蹟·碑文調查研究報告》,豐中 :中央ユーラシア學研究會,1999 年。

③ 中譯本參魏義天著,王睿譯《粟特商人史》,桂林 :廣西師範大學出版社,2012 年。

④ 中文書評除孔令偉外,趙凌飛《中央歐陸視域下的絲路民族與唐帝國》(《唐都學刊》第 36 卷第 6 期,2020 年,頁 19—27)也指出這一問題,此外日本學者岩本篤志也認爲森安孝夫對漢文史料一味質疑是較爲草率的(《世界史の舞臺にたったソグド人》,《東方》2007 年 319 號,頁 23—26)。

六章敘述初盛唐與粟特、突厥，第七章至終章敘述安史之亂後的唐朝與登場的回鶻。森安孝夫在討論唐帝國這一世界性帝國的興衰時，一條重要的線索是原本作爲拓跋國家的唐朝逐步“漢化”，而北方政權卻作爲“征服王朝”逐漸興起的過程。這樣的敘述遭到了不少學者的質疑，即强調走出“西方中心”史觀的森安是否反而陷入了“遊牧民中心主義”。以下，本文試圖對這一問題作討論。

一　漢唐不同論與森安孝夫的歷史分期

區分漢唐是森安立論的前提之一，他在書中反復强調“漢文化與唐文化”是不同的（簡頁 25，繁頁 36），“漢帝國與唐帝國乃是性質完全不同的兩個世界”（簡頁 70，繁頁 88），因爲漢唐之間已經融合了多樣的族群和文化，唐朝面對的是與漢朝完全不同的世界。

“漢唐”連稱不但是漢語中的慣用語，也常見於學術著作。例如傅樂成《漢唐史論集》、汪籛《漢唐史論稿》、黎虎《先秦漢唐史論》、《漢唐外交制度史》、葛曉音《漢唐文學的嬗變》、顧濤《漢唐禮制因革譜》[①] 等專著，都選用“漢唐”作爲標題。這些著作大部分是承襲了漢語的用詞習慣，並未對“漢唐”的含義做出具體區分。有意識地討論這一問題的是牟發松的《漢唐歷史變遷中的社會與國家》一書，作者强調漢唐是“一個完整的歷史發展階段”（並非意味著漢唐二朝的“性質相同”）。牟發松也引用了唐長孺和宫崎市定這兩位中日學界的重要學者的名著，《魏晉南北朝隋唐史三論》的緒論叫作《漢代社會結構》，接續第一篇《論魏晉時期的變化》，而宫崎市定《九品官人法研究》的緒論則是《從漢到唐》[②]。由此可見，“漢唐”連稱的語境中有時候指稱的其實是從東漢末年到唐代的一個時間段，這樣的劃分接近於京都學派對於“中世”的歷

---

① 參童嶺《五禮通議的嘗試與續命河汾的嚮往——顧濤〈漢唐禮制因革譜〉書後》，《中古中國研究》第 3 卷，上海：中西書局，2020 年，頁 267—288。文章討論了書名中“漢唐”的使用，或許是受到了黄侃《漢唐玄學論》的影響。

② 牟發松《漢唐歷史變遷中的社會與國家》，上海：上海人民出版社，2011 年，頁 1—12。又可參牟發松主編《社會與國家關係視野下的漢唐歷史變遷》，上海：華東師範大學出版社，2006 年。

史分期,前引宫崎市定的著作既是一例。

　　但是,從漢代到唐代的"漢唐"在不少東京大學的學者筆下卻是一個完整的歷史時間段。東京學派與京都學派對中國歷史的分期截然不同,一批學者在戰後進行了長期論戰,東京一派的學者將秦漢—隋唐視爲一個統一的歷史時期,其中的代表作是前田直典的《古代東亞的終結》,以及西嶋定生《中國古代社會構造特殊性質的問題所在》《中國古代國家與東亞世界》等研究。中文研究則有臺灣學者高明士的《中國中古政治的探索》,由於高明士曾經在東京大學留學,他的書中常以"漢唐"連稱,另有《戰後日本的中國史研究》一書對東京、京都兩方學者對歷史分期問題的爭論進行了較爲詳細的梳理。西嶋定生主要從皇帝權利支配、租佃制度、土地制度等方面論證漢唐間社會的同質性,另一重要的視角則是漢唐帝國與東亞社會的聯繫,就此,西嶋定生提出了著名的"漢字、儒學、律令制度、佛教"構成的古代東亞社會一說[1],此後的堀敏一也強調"天下秩序""朝貢制度"等問題在漢唐間的發展變遷[2]。

　　儘管從學術史的角度來看,東京與京都學派關於歷史分期的爭論産生了不少名著,但在森安孝夫看來"把西洋史上産生的概念生搬硬套到整個世界史上顯然過於牽強,没有什麽實際意義"(簡頁70,繁頁88)。於是,森安從中央歐亞的視角出發,爲世界史劃分了以下的分期:

農業革命(第一次農業革命)	約從 11000 年前開始
四大文明出現(第二次農業革命)	約從 5500 年前開始
鐵器革命(遲到的第三次農業革命)	約從 4000 年前開始
遊牧騎馬民族登場	約從 3000 年前開始
中央歐亞型國家優勢時代	約從 1000 年前開始
火藥革命與基於"海路"的全球化	約從 500 年前開始
工業革命與鐵道、蒸汽船(外燃機)的出現	約從 200 年前開始
汽車與飛機(內燃機)的出現	約從 100 年前開始

(簡頁 75,繁頁 92—93)

---

[1] 西嶋定生《古代東アジア世界と日本》,東京:巖波書店,2000 年。

[2] 堀敏一著,韓昇譯《隋唐帝國與東亞》,蘭州:蘭州大學出版社,2010 年。亦可參考韓昇《東亞世界形成史論》,上海:復旦大學出版社,2009 年;堀敏一著,鄒雙雙譯《中國通史:問題史試探》,北京:社會科學文獻出版社,2015 年。

　　森安孝夫不但批評東京學派和京都學派的學者生搬西洋史的劃分方式，也不滿意從羽田亨到間野英二的“雅利安時代——突厥、伊斯蘭時代——近現代”的劃分，因爲這無疑過分强調了伊斯蘭化的影響，但是森安的嘗試顯然也是站在了騎馬民族的立場。然而，歷史分期原本就是一種歷史研究中的後見之明，而非真正的歷史事實，所採用的視角不同自然會有不同的分期産生，這似乎是一個無可厚非的問題，未必需要非此即彼的定論。森安孝夫直言自己的視角是從“中央歐亞”出發，構成了《絲路》一書最爲鮮明的特色，因此，本書對粟特的敘述最詳，如商人的課稅賬本、奴隷買賣、交通網絡的研究，以及討論粟特人在南北朝至隋唐政治、外交中發揮的重要作用，無疑爲我們看待唐朝提供了新的視角。

　　如果站在隋唐帝國與世界關係的立場上看，本文完全認同森安孝夫區分漢唐的做法 ①。巴菲爾德（ Thomas J. Barfield ）在《危險的邊疆》一書中曾經提出出身遊牧民族的北魏在面對柔然時所採取的應對方式與漢朝完全不同，他們更爲進取，並且始終維持著一支戰鬥力優良的騎兵 ②。雖然巴菲爾德同樣將唐朝放入了漢朝的系統，但是沿著這樣的思路，也可以看到唐朝在處理突厥問題的靈活性和進取性 ③。唐與突厥的對峙不能完全説是遊牧民族對農耕民族的對峙，而是兩個帝國之間的博弈。從一個小的戰爭技術方面來看，傳統上被認

---

① 注意到隋唐與外部世界的學者多持此論，如吕思勉：“論者率以漢唐並稱，其實非也。隋唐五代，與後漢至南北朝極相似，其於先漢，則了無似處。何以言之？ 先漢雖威加四夷，然夷狄之入居中國者絶鮮，後漢則南單于、烏丸、鮮卑、氐、羌紛紛入居塞内或附塞之地，卒成五胡亂華之禍。而唐亦然……”《隋唐五代史·總論》，上海：上海古籍出版社，2005年，頁 1—2；日本學者如羽田亨：“這樣看來，唐代以前天山南路西域的漢文化，實際上是爲住在那裡的漢人所具有的漢文化，尚未能給予西域人以大的影響……這種情況到了唐代爲之一變。至少在天山南路西域地方唐朝官吏直接深入地干預了當地人民的政治。”《西域文化史·西域與漢文化》，烏魯木齊：新疆人民出版社，1981 年，頁 99—105。
② 巴菲爾德著，袁劍譯《危險的邊疆：遊牧帝國與中國》，南京：江蘇人民出版社，2014 年，頁 152—157。費子智在《天之子李世民：唐王朝的奠基者》一書中也有類似觀點。童嶺譯，北京：社會科學文獻出版社，2022 年。
③ 王貞平在《多極亞洲中的唐朝》一書中討論了唐與突厥多樣而靈活的外交關係。上海：上海文化出版社，2019 年。

爲是北族王朝"專利"的騎射技術,同時也被隋唐的將領所掌握[1]。騎射的學習尤其爲北朝貴族所重視,《周書》和《北齊書》的列傳中,無論文臣武將,幾乎大部分的傳主都"善騎射"或者"便弓馬",因此,北朝至隋唐的將領在面對突厥人時也能够展現出令對方敬佩的騎射技術,這應是隋唐在面對北方帝國時能够積極進取的原因之一。唐太宗長孫皇后的父親長孫晟就是一例,他在出使時被突厥可汗留在境内教貴族射箭,並且借機獲得了大量的情報。

不過,我們也需要注意到,作爲一種觀念的"漢唐"是長期存在的。杜希德指出:"作爲重新統一中華帝國的主人,隋唐兩代都充分意識到自己是漢代的繼承者。在 6 和 7 世紀,它們想收復漢朝領土的雄心,爲中國在越南北部的擴張,爲一再發動旨在恢復中國對以前在南滿和朝鮮領土控制的征戰,和爲佔領位於通往中亞和西方的絲綢之路上的諸綠洲王國的行動提供了動力。"[2] 唐詩中常用"以漢喻唐"的筆法[3],也意味著"漢唐"並稱在唐代精英階層中是廣爲接受的。作爲觀念的"漢唐"與面對外部世界的唐帝國實際上是兩個問題,也是兩種不容忽視的視角,森安孝夫側重於後者,因此在對唐朝漢文化的討論中就難免陷入片面。

二　"拓跋國家"與"征服王朝"

由絲路串連起的唐帝國、遊牧帝國,以及東亞的朝鮮半島和日本島,共同構成了 7 世紀的世界史。因此,講談社的這套"興亡的世界史"叢書中,中國歷史上的王朝只有唐、元、清入選,"世界性"或者説"開放性"是森安孝夫的著眼點,對此作者有如下論述:

> 把唐朝本來是中國歷史上的黃金時代一事,視爲唐代是漢民族歷史上的黃金時代,並由此得出此一民族非但不歧視反而優待各少數民族的

---

[1] 馬之於遊牧民族的重要意義,正如内田吟風所總結的:"馬是古代遊牧民族畜牧生活得以安定的最有用的動物,同時也是與農耕圈進行物資交換最適合的物品。"童嶺譯《匈奴雜史考——匈奴的制度文物》,載《中外論壇》2020 年第 3 期。

[2] 杜希德主編《劍橋中國隋唐史》,北京:中國社會科學出版社,1990 年,頁 29。

[3] 程千帆《論唐人邊塞詩中地名的方位、距離及其類似問題》,《古詩考索》,上海:上海古籍出版社,1984 年,頁 79。

結論,這一主張本身就是典型的以上所言主義的想法。實際上,唐朝是以
異民族,即接受了以漢語爲主的中國文化的民族爲中心而建立起來的國
家,或者至少應該是受到了異民族輸血的漢民族即"唐民族"建立起來的
國家。所以,唐朝的統治者對漢民族以外的少數民族毫無抵觸心理……
唐代的世界主義、國際性、開放性,既來自唐朝國家的本質,即唐朝本來就
是由漢民族與異民族混血、文化融匯所產生的能量而創建的國家;另一方
面,也是因爲唐朝是多民族國家,其世界主義、國際性以及開放性總會不
斷地受到促進與推動。在這一方面,唐朝與後來的蒙古帝國、現代的美國
其實是相通的。(簡頁 131,繁頁 152)

這樣繼承自北族的唐朝,有著漢族與異民族血統混合的唐朝,森安孝夫沿用杉
山正明的方式,稱之爲"拓跋國家"(簡頁 49,繁頁 66)。"拓跋國家"的概念
一開始是指拓跋部族建立帝國之前的政治體,即"自從東漢末年鮮卑族的檀石
槐帝國瓦解以後,許多鮮卑以及號稱鮮卑的部落、氏族各自帶著一個不甚熟習
的稱號在魏晉的北方邊境活動,拓跋部落就是其中之一,這個部落在西方另外
有一個另外譯成禿髮的分支。我們現在所討論的只是後來建立北魏的那個部
落並以此爲名的部落聯盟與部族"[1]。而杉山正明和森安孝夫則將這一特指的
概念推演成一種國家形式,因爲"一般被歸類爲中華王朝典型的隋或唐,無論
是王室還是國家,其實都和先前存在的北魏、東魏、西魏、北齊、北周等以鮮卑
拓跋部爲核心的遊牧民聯合體的血脈和體質緊密相系……與其將這些王朝依
照中華傳統的王朝史觀,用中國風格的王朝名稱細分爲不同國家,不如以'拓
跋國家'之名從北魏到唐作涵蓋性的掌握,後者可能更符合歷史現實。尤其是
王朝和政權的核心部分,遊牧民的風貌可説是相當濃厚"[2]。

　　是多元的文化共同構成了唐帝國,無論是繼承自北朝的胡族血統,還是在
唐朝歷史上發揮重要作用的粟特人、突厥人、高句麗人,不但是本書的重點,也
是近年來唐史研究的熱點話題。森安孝夫儘管運用了"混合""融合""多民
族"這樣的詞匯,但是在後文的論述中卻鮮有提到多民族之一的漢族的因素,

---

① 唐長孺《拓跋國家的建立及其封建化》,《魏晉南北朝史論叢》,北京:中華書局,2011 年,
　　頁 185。又可參谷川道雄著,李濟滄譯《北魏的統一及其結構》,《隋唐帝國形成史論》,上
　　海:上海古籍出版社,2011 年,頁 97。
② 杉山正明著,周俊宇譯《蒙古顛覆世界史》,北京:三聯書店,2016 年,頁 49。

這是借用“拓跋國家”這一理論帶來的結果。

　　然而“胡族國家”或者“拓跋國家”是唐朝具有世界性的唯一原因嗎？森安孝夫過於强調“異民族混血”也給全書的論證帶來一些困境。作者在第四章中就指出，白居易的詩歌中體現出了鮮明的排外主義，他解釋爲“安史之亂後，唐朝迅速轉爲封閉”（簡頁 206，繁頁 238）。可是，即使是在安史之亂後，非漢民族依然在中晚唐的舞臺上發揮著重要作用，唐代的人口構成和民族多樣並没有與安史之亂前，即森安孝夫所謂的“拓跋國家”有何區别，這種“迅速封閉”的轉向又是如何形成的呢？就連被森安斥爲“中華中心主義”的白居易本身也出身非漢族，這一點陳寅恪早已指出[①]。與白居易一同創作《胡旋女》的元稹也寫道：“天寶欲末胡欲亂，胡人獻女能胡旋。旋得明王不覺迷，妖胡奄到長生殿。”[②]然而元稹從血統上來説豈不更是“拓跋國家”的繼承者？那麽，元稹和白居易真的排外嗎？擁有異民族混血的唐朝人真的更加開放嗎[③]？如果以上這些問題值得更深入的討論，那麽森安孝夫書中所謂的排外主義者白居易，或許也值得做更深入的文史結合的思考，尤其是特定文體、特定語境中的文學作品表達與時代精神之間到底有怎樣的關係。就元白的批評胡風的作品而言，與其説它體現了當時唐代社會的保守主義，不如説詩歌中所謂的“時弊”正是當時仍然胡風盛行的體現。

　　簡單使用“多民族（尤其是遊牧民族）構成了唐朝，遊牧民族決定了唐朝是開放的”這樣的邏輯，難以解釋中唐以後的突然轉折。因此，在論述中唐以後唐帝國的戰略時，森安孝夫只好重新使用起在討論初盛唐時期時抛棄的概念：“漢化”。在前文解釋“拓跋國家”問題時，森安孝夫强調“漢化”並非是狹義的“漢族”，是經過了魏晉南北朝時代的大融合形成的“唐族”的文化（簡頁 130，繁頁 151），而此後卻又將唐朝的封閉、失敗簡單推到了“漢化”政策之上，至於遊牧民族出身的唐朝統治者何時開始走向漢化、漢化的策略究竟如何

①　陳寅恪《白樂天之先祖及後嗣》，《元白詩箋證稿》，北京：三聯書店，2001 年，頁 316—330。陳寅恪認爲白居易父母的婚姻爲禮法不容，是胡族風俗的保留。此説後來學者又多有辯證，但白氏爲“蓄姓”並無不妥，參謝思煒《白居易的家室和早年生活》，《白居易集綜論》，北京：中國社會科學出版社，1997 年，頁 157—201。

②　元稹撰，冀勤點校《元稹集》卷二十四《胡旋女》，北京：中華書局，2010 年，頁 330。

③　陳三平著，蔡長廷譯《木蘭與麒麟》一書同樣强調唐朝皇室的“非漢族”性，然而也提出了白居易與元稹身份與認同的矛盾問題，臺北：八旗文化出版社，2019 年。

導致了唐的衰敗和封閉,作者並没有詳細地論述[①]。

　　森安孝夫缺乏詳細論證的唐朝的 "漢化",或許可以用唐長孺提出的 "南朝化" 來做一解釋。即唐代中葉以後,由莊田制代替均田制、募兵制代替府兵制,賦役制度也相對應出現了南朝化因素,進士科注重文學,學術風尚和文化也南風北漸。起於北朝的 "胡化" 現象主要集中於生活、藝術等方面,南朝化則 "最足以反映歷史發展過程"。唐長孺認爲唐朝中葉之後的新變 "最重要的部分,卻只是東晉南朝的繼承。從更長的歷史視野來看,唐代的變化和對東晉南朝的銜接,即唐代的南朝化傾向,絶非偶然,乃是封建社會合乎規律的必然發展"[②]。由此可見,與森安孝夫略帶惋惜的態度不同,"南朝化" 一説則從更遠的歷史進程評估了中唐之後的制度新變。

　　實際上,這種由於漢化而導致胡族國家衰落的論述很類似於一些學者對於北魏孝文帝改革的研究[③],漢化使得鮮卑貴族丢失了胡族性格,導致了國家的内亂和滅亡。但是,更爲精細的研究卻使得我們需要重新審視所謂的 "漢化" 策略,川本芳昭在强調去 "中華中心化" 的同時,也主張 "意識到 '漢族的' 與 '胡族的' 兩種視角,選擇不偏向於其中任何一個綜合性視角"[④],他認爲將北魏之後的北周、北齊簡單概括爲 "胡族國家" 而忽視 "漢族的" 因素是不合理的,由於存在著强有力的胡族統治,"將把北朝後期的國家北周、北齊都當作胡族國家也不

<hr />

① 唐朝走向 "封閉" 有著極其複雜的原因,是東亞世界歷史上的一大轉折,參童嶺《隋唐時代的東亞文明圈五期説芻議》,黄留珠、陳峰主編《周秦漢唐文化研究》第 7 輯,西安 : 三秦出版社,2009 年,頁 170—181。

② 唐長孺《魏晉南北朝隋唐史三論》,武漢 : 武漢大學出版社,1992 年,頁 491。

③ 最值得注意的是宫崎市定的《東洋的樸素主義民族與文明社會》,"樸素" 的遊牧民族不可避免的 "文明化" 進程導致了北魏朝廷的孤立,而以樸素主義爲基調的大唐帝國也漸染 "浮華的文明之風",發展停滯。宫崎市定指出 :"未開化的野蠻民族,一旦接觸到了文明社會以後,不管是否願意,必定會走上文明化的道路,關鍵是時間的問題。" 樸素與文明的交替相互作用,是宫崎市定這篇名文的主題 (張學鋒、馬雲超譯《宫崎市定亞洲史論考》上册,上海 : 上海古籍出版社,2017 年,頁 84)。森安孝夫的論述與此非常相似。中文史學界對北魏滅亡有類似的觀點,如錢穆《國史大綱》:"一輩南遷的鮮卑貴族,盡是錦衣玉食,沉醉在漢化的綺夢中。而留戍北邊的,卻下同奴隸。貴賤遷分,清濁斯判。朝政漸次腐敗,遂激起邊鎮之變亂。"(北京 : 商務印書館,1991 年,頁 286—289)。

④ 川本芳昭著,劉可維譯《北朝國家論》,《東亞古代的諸民族與國家》,北京 : 社會科學文獻出版社,2020 年,頁 7。

算離譜。然而如果再將胡族國家這一概念往下推用,就不僅僅是筆者一個人感到躊躇了吧”,川本芳昭以西魏北周參照《周禮》推行的官職改革爲例,認爲這樣的“漢化”是主動的,而且並非是“同化”,是與南朝和北齊對抗時“富國强兵政策的一環”①。在北周的例子中,“漢化”似乎並没有扮演著削弱國家實力的角色。

隋唐帝國繼承自北朝,自然帶有鮮明的北族血統和色彩,但是如果説這樣的國家等同於“拓跋國家”,只是“拓跋國家”的因素促使了唐朝的繁榮和强大,而漢化直接導致了隋唐帝國的衰落,這樣的結論或許不够妥當。如果唐朝是“拓跋國家”,又爲何不是森安在本書後半部分討論安禄山時所謂的“征服王朝”? 由於强調隋唐帝國的遊牧民族屬性,森安孝夫不得不面對這樣的質疑。在本書第三章的最後,作者用一小節的篇幅解釋爲什麽唐朝並不是遼夏金元清那樣的“征服王朝”,最終歸因於漢字仍然作爲官方語言。然而,正如不少反駁“新清史”的學者所强調的那樣,漢字和漢語始終在清一代發揮重要的作用②,而被森安孝夫視爲過早興起的征服王朝的安禄山、史思明的政權,也並没有完全抛棄漢語、律令制度等等被森安視爲典型“漢化”的因素。造成森安這套理論左右爲難的原因,只需追溯到魏特夫的“征服王朝”框架便知。魏特夫將中國王朝分爲兩種體系,即“典型中國王朝”和“征服(和滲入)王朝”。而非漢民族中的征服王朝,也不是體現在對漢文化的單純抗拒,魏特夫提出的重要概念是“涵化”(acculturation),在征服階段告終之後,文化依然會混合,最終形成“第三種文化”,而如果社會融合没有完成,文化上的差異就依然存在。因此,征服王朝也分爲如遼這樣在文化上抵制的亞型,和金這樣文化上讓步的亞型,清朝則是一種過渡類型。“涵化”的背後有一套複雜的政治體系,魏特夫對於“征服王朝”和“滲透王朝”的區分,也强調“界限是不明確的”,“取得政權的道路絶不相同”③。杉山正明和森安孝夫放棄了對北朝—隋唐政治制

① 川本芳昭《論胡族國家》,谷川道雄主編《魏晉南北朝隋唐史學的基本問題》,北京:中華書局,2010 年,頁 70—71。
② 對新清史的批評近年來層出不窮,論文的集合可參考汪榮祖主編《清帝國性質的再商榷:回應“新清史”》,北京:中華書局,2020 年;鍾焓《清朝史的基本特徵再探究:以對北美“新清史”觀點的反思爲中心》,北京:中央民族大學出版社,2018 年。
③ 魏特夫《中國社會史——遼(907—1125):總論》,載王承禮主編《遼金契丹女真史譯文集》,長春:吉林文史出版社,1990 年,頁 8—57。繁體譯本有鄭欽仁、李明仁譯注《征服王朝論文集》,臺北:稻鄉出版社,2002 年。

度、經濟體系的詳細分析，僅僅對文化因素進行勾連，其實在方法上和視野上與魏特夫大不相同。因此，如果仍然試圖採納魏特夫的框架，將隋唐從魏特夫所謂的"傳統中國王朝"這一系統中擇出，卻會發現隋唐帝國又無法被安放到"征服（和滲入）王朝"這一系統中去，這是"拓跋國家"這一理論面臨的天然困境[①]。

因此，將"拓跋國家"或者"胡族國家"簡單等同於開放和包容恐怕難以成立。實際上，用森安孝夫自己的類比即可看出這種論述的不恰當，那就是用來以古喻今的美國。今天的美國仍舊擁有多民族的國民，然而保守主義、排外主義卻愈演愈烈，這難道是因爲美國近二十年來的"盎格魯—撒克遜化"嗎？倘若森安孝夫結合 2021 年的國際新聞，或許會修改這樣的論斷吧。

三　"走出陳寅恪"

森安孝夫也承認"拓跋國家"這一說法與陳寅恪"關隴集團"的密切關係，他相信對於中國學者而言，這一"新論"並不難以接受。同時，他也指出：

> 歷來標榜關隴集團的學說中，中華中心主義的色彩向來比較濃厚，大都是把北朝和隋唐的歷史放在自秦漢以來中國史自身的框架裡來加以解釋。與此相對，我們則是從北亞史、中亞史甚至是中央歐亞史的角度來把握這一段歷史。因而在表現形式方面，我們會經常使用"鮮卑系王朝"以及"拓跋國家"這樣一些術語。站在這一立場來看，我們可以斷言說，唐朝絕非狹義的漢民族國家。（簡頁 130，繁頁 150—151）

森安孝夫所謂的"我們"至少包括提出"拓跋國家"這一概念的杉山正明。杉山正明並非專研唐史的學者，但近年來他的蒙元史著作被譯爲中文，讓中文讀者瞭解到了一些頗具衝擊力的觀點，例如杉山認爲唐代是一個"瞬時性"的大帝國，"全球化"的開端應該是蒙古等等，但同時，以杉山正明爲代表的"新元史"也受到學者的質疑和批評[②]。鍾焓注意到日本內亞史的學者中有兩類研究

---

① 對此問題的辨析，參鍾焓《"唐朝系拓跋國家論"命題辨析——以中古史上"陰山貴種"問題的檢討爲切入點》，《史學月刊》2021 年第 7 期。

② 孫江《新清史的源與流》，載《新史學》第 13 卷，北京：社會科學文獻出版社，2020 年，頁 177—188。

取徑,一類以森安孝夫、杉山正明等人爲代表,利用非漢文文獻,習慣使用"内亞"或者"征服王朝史"等術語;另一類則以妹尾達彦、川本芳昭、森部豐等人爲代表,仍然主要利用漢文文獻,習慣使用"東部歐亞"這一術語[①]。鍾焓認爲,由於複雜的學術史原因,前者構建出的"中央歐亞"中心世界史具有難以回避的缺陷,森安孝夫也不例外,鍾焓批評説:"與杉山氏所倡導的'依附學説'異曲同工的還有前述森安孝夫將唐宋之際的五代沙陀系王朝、遼、西夏、黑汗王朝和西州—甘州回鶻汗國等均劃入'中央歐亞國家'的處理歷史的思路。按照這一史觀,作爲中國歷史前後分水嶺的唐宋變革恰恰是發生在起源於内亞世界的'中央歐亞國家'紛至沓來,席捲中華世界的時代大背景下,或者更形象地説,此一時期的中國史已完全内化爲内亞史的一分子,故當時的情況不是内亞史從屬於中國史,而是以'中央歐亞國家'集群爲載體的内亞史全然覆蓋了中國史。"[②] 由於努力擺脱"中華中心主義"("漢民族中心主義")而過於强調北方民族的作用,反而陷入"遊牧民族中心主義",確實是杉山正明、森安孝夫這一系學者的顯著缺陷,就連一貫以强調"内亞"著稱的羅新也批評杉山正明的世界史觀實際上仍然深受他所批判的"歐洲本位"主義影響,只不過將沃勒斯坦的"西方中心"置換爲"遊牧民中心"[③] 而已。

　　不過,如果擱置對這一問題的政治性批判,也能發現森安孝夫並非是一個狹隘的學者,他在本書中對前述運用漢文文獻的"東部歐亞"一系學者的成果十分熟悉,並且大力表彰。此外,儘管充分利用回鶻文書是森安研究的特長,但他並非對漢文史料不熟悉,《絲路》一書還是充分利用到了傳統史料,並且包括上文舉出的集部文獻(森安在書中對白居易的詩歌做出了詳細的翻譯,見繁體本頁215—217),對唐詩中"胡姬"的考證更是本書的一大亮點。森安

---

① 關於"東部歐亞"的概念研究,參考黄東蘭《作爲隱喻的空間:日本史學研究中的"東洋"、"東亞"與"東部歐亞"概念》,《學術月刊》2019 年第 2 期。倘若"推源溯流",無論是"内亞"還是"東部歐亞""中央歐亞",都與那珂通世、桑原騭藏等戰前學者提出"東洋史"、强調去中華中心化密切相關。然而政治上與學術上的"去中心化"終究是兩個問題,東洋史學者立論時的企圖並不能完全決定其論點的學術價值。

② 鍾焓《重寫以"中央歐亞"爲中心的世界史——對日本内亞史學界新近動向的剖析》,《文史哲》2019 年第 6 期。

③ 羅新《忽必烈的歷史挑戰——讀杉山正明〈忽必烈的挑戰〉》,《有所不爲的反叛者》,上海:上海三聯書店,2019 年,頁 202—205。

孝夫的恩師護雅夫 ① 曾經對正史北族傳記做出大量精細的工作,有學者批評"新元史"和"新清史"之輩不通中國古典,這樣的評價並不完全適用於本書的作者。

　　如果不對森安孝夫的政治立場多做揣測,回到學術觀點本身,森安孝夫的"拓跋國家"與陳寅恪"關隴集團"之間的同與異則是值得探討的問題。陳寅恪論述隋唐政治的理論框架主要體現在其"三稿"中,即《隋唐政治淵源略論稿》《唐代政治史述論稿》和《元白詩箋證稿》。陳寅恪指出了隋唐帝國統治階層屬"關隴集團",而"關隴集團"融合了很多胡族的血統、文化因素。與森安孝夫不同的是,陳寅恪從未忽視胡族之外的其他因素對隋唐帝國的影響。對於唐代的認識,陳寅恪有一經典的判斷:"李唐一族之所以崛興,蓋取塞外野蠻精悍之血,注入中原文化頹廢之軀,舊染既除,新機重啟,擴大恢張,遂能別創空前之世局。" ② 這一結論與"拓跋國家"說顯然是有些相似的。但陳寅恪對"胡"的強調與森安孝夫確實有所不同,森安斥之爲"中華中心主義"的那種立場,周勛初稱之爲陳寅恪的"中國文化本位論" ③,陳寅恪將李唐的興起視爲中華文化的振興,所擁有的仍是"中原文化"的軀幹,而森安孝夫將這一軀幹置換爲了"鮮卑"。另一值得關注的區別是森安孝夫特別強調的"世界性帝國",絲綢之路將唐朝的文化血脈不斷延伸,遊牧民族除了締造唐朝之外,又承擔起了溝通世界的新的重任。

　　陳寅恪在《淵源稿》中提出了隋唐政治的三個源頭:"一曰(北)魏、(北)齊,二曰梁、陳,三曰(西)魏、周。" ④ 一般總結稱,北魏北齊的文物制度承襲漢魏,梁陳制度是江左舊制,自然代表著"漢化"的因素,而西魏北周一系的鮮卑化因素對隋唐制度影響最小。這樣的總結並沒有什麼大問題,但也需要指出的是,簡單使用"漢化""胡化"來概括山東、江左以及關隴都是不全面的。陳

---

① 中譯可參考《〈魏書·高車傳〉箋注》《〈新唐書·西突厥傳〉箋注》《〈隋書·西突厥傳〉箋注》《〈舊唐書·西突厥傳〉箋注》,余大鈞譯《北方民族史與蒙古史譯文集》,昆明:雲南人民出版社,2003 年,頁 68—78,97—136。又有對中亞古文字的考證,如李樹輝譯《回鶻語譯本〈金光明最勝王經〉》,《語言與翻譯》1997 年第 4 期、1998 年第 1 期。

② 陳寅恪《金明館叢稿二編》,北京:三聯書店,2001 年,頁 244。

③ 周勛初《陳寅恪先生的中國文化本位論》,《當代學術研究思辨》,南京:南京大學出版社,1993 年,頁 30—52。

④ 陳寅恪《隋唐制度淵源略論稿》,北京:三聯書店,2001 年,頁 3。

寅恪的原本表述爲,關隴制度中有“陰爲六鎮鮮卑之野俗,或遠承魏(西)晉之遺風,若就地域言之,乃關隴區内保存之舊時漢族文化,所適應鮮卑六鎮勢力之環境,而産生之混合品”①。“混合品”不但可以用來概括西魏北周的制度,解釋隋唐制度無疑也是合適的。姚大力在反駁杉山正明“拓跋國家”説時亦引據《略論稿》説:“陳寅恪早已論證過,隋唐制度有三個淵源……唐代制度體系,是融合了不少胡文化元素於其中的外儒内法的專制君主官僚制。就認定它的這一性格而言,李唐氏族的出身究竟爲何,甚至已變得不再重要……既然唐朝無論怎樣也不能被看成與遼、金、元等王朝處於同一個國家建構模式的譜系内,那麽唐朝是否‘拓跋國家’,這個問題本身究竟還有多少意義呢?”② 由此看來,陳寅恪的觀點仍然是反駁森安孝夫等學者的一種重要的聲音,與片面强調“拓跋國家”相比,陳寅恪“三稿”的顯著長處在於不僅有打通中西的眼光,也有串通起魏晉南北朝隋唐的長時段眼光,不將隋唐的歷史僅僅局限於此前的數十年,陳寅恪在隋唐史領域的成就是與對魏晉南北朝史精深造詣結合在一起的③。

　　陳寅恪對於隋唐政治史的建構無疑具有深遠的影響,是一切討論隋唐時代的學者都無法繞開的經典研究。但與此同時,“三稿”也給後來的學者帶來了“影響的焦慮”,不少學者都試圖走出,或者補充陳寅恪的框架。例如,田餘慶和閻步克提倡的“北朝出口”説顯然是發展了陳寅恪所謂的“胡化”,前文舉出的唐長孺的“南朝化”既是與“北朝出口”立異,也受到了《淵源稿》中指出的“南朝源頭”的影響,黄永年更是有一系列論文對三稿商榷或再補充④。而陳寅恪同輩的大史學家錢穆則質疑南朝淵源説:“近人陳寅恪著《隋唐制度淵源論略稿》,詳舉唐代開國,其禮樂輿服儀注,大體承襲南朝。然禮樂制度,秦漢以下,早有分别。史書中如職官田賦兵制等屬制度,封禪郊祀輿服等屬禮樂。宋歐陽修《新唐書·禮樂志》,辨此甚明。隋唐制度,自是沿襲北朝。陳君混

① 陳寅恪《隋唐制度淵源略論稿》,頁4。
② 姚大力《讀史的智慧》(修訂本),上海:復旦大學出版社,2016年,頁81—82。
③ 陸揚《視域之融合:陳寅恪唐史研究特點與貢獻的再考查》,《北京大學學報》(哲學社會科學版)2020年第4期。
④ 如《對宇文周和關隴集團的再認識》《從楊隋中樞政權看關隴集團的開始解體》《關隴集團到唐初是否繼續存在》《漢皇與明皇——讀陳寅恪先生〈長恨歌箋證〉劄記稿》《〈辛公平上仙〉是諷憲宗抑順宗》等,參《黄永年文史論文集》,北京:中華書局,2015年。

而不分,僅述南朝禮樂,忽於北方制度,此亦不可不辨。”[1] 則是另一種回應的角度。

如果梳理陳寅恪之後的隋唐史學史,一定需要不小的篇幅。森安孝夫嘗試從“中央歐亞”的視角出發,強調陳寅恪所謂“胡漢雜糅”中“胡”的一面,與其説是“居心叵測”,或者是對陳寅恪的推翻,不如説是一種補充,也是諸多“走出陳寅恪”的嘗試之一。因此,儘管本書的不少論點因過於強調“胡風”而有失偏頗,但森安孝夫對絲路上的東西方互動、唐朝與世界的聯繫等問題的關照依然具有重要的參考價值。

反思“關隴集團”説的不只是所謂的“内亞”學者,在運用“東部歐亞”這一概念的石見清裕的著作中,也聲明:“包括‘關隴集團’説在内,過去的研究未能十分清楚地説明隋唐形成的原因之一,在於將隋唐的歷史當作秦漢以來的中國的自我發展來對待。但事實上,唐建國時曾得到五胡民族之一的南匈奴的援助。另外,唐初北方民族中突厥強盛,當時突厥庇護著隋室殘存的亡命政權,在突厥威脅下唐朝廷内甚至提出過遷都方案。因此我認爲,從五胡到唐初的時代,可以説是蒙古高原南部與中國北部在聯動中不斷變化的時代,在克服由此産生的種種問題之後,唐的新時代大幕纔被拉開。”[2] 石見清裕這段話的論述與前引森安孝夫的觀點十分接近,不同之處如鍾焓所説,石見並不採用“内亞”“中央歐亞”的用詞,因此很少受反“内亞史”一派學者的批判。其次,石見清裕強調唐與周邊政權的互動,而非完全站在突厥或南匈奴的立場,這也是他的研究中最引人注目的貢獻[3]。不過,“關隴本位”“三種淵源”這些框架在今天是否真的已經被超越,就從森安孝夫和石見清裕文章的開頭仍需屢屢回應陳説來看,恐怕答案是否定的。

石見清裕的中文版序中的坦誠自述很能説明這一問題:“不管怎樣,以陳寅恪先生的高論爲首,大量的研究成果已經存在。爲了從與前人不同的視點來考察研究,我絞盡腦汁,備嘗辛苦。”他也承認“年輕時寫作的論文中,也許

---

[1] 錢穆《略論魏晉南北朝學術文化與當時門第之關係》,《中國思想史論叢》三,北京:三聯書店,2009 年,頁 146—147。

[2] 石見清裕著,胡鴻譯《唐代北方問題與國際秩序》,上海:復旦大學出版社,2019 年,頁 8。

[3] 參考景凱東相關書評《石見清裕:〈唐代北方問題與國際秩序〉》,載《唐宋歷史評論》第 7 輯,2020 年,頁 199—207。

存在著略過於强調自己的觀點的傾向",儘管所謂的外部視角難免有所偏頗,但是學者的苦心與學術志向還是能够從這些不同的視點中體現的。

四　關於兩種譯本

在短時間内先後出版兩種中文譯本,也是近年來兩岸學術獨特的現象。此前講談社中國史系列則是大陸首先出版中譯本,臺灣也很快推出繁體字版本,由此可見講談社史學系列的學術價值和商業價值。就森安孝夫這部著作而言,相較於大陸譯本,繁體版除了多出了兩篇序言之外没有其他基本内容的不同。通讀下來,簡體字本較爲文從字順,在學術的準確度上也做得更好。以下略舉幾例:

繁體頁 200—201 : 所謂的 "漢化" 是程度之差而已,我認爲不能够因爲 "漢語" 是宮廷語言、統治語言,就將隋唐與遼、西夏、金、元、清這樣層級的 "征服王朝"(中央歐亞型國家)等同並論。

簡體頁 177 : 只不過由於 "漢語" 已經成爲當時宮廷語言以及統治語言這一原因,我纔没有把隋唐與遼、西夏、金、元、清等所謂 "征服王朝"(中央歐亞型國家)相提並論。

這一對比中,顯然繁體版語句並不通順,語義也不明了,用詞上也是簡體版更爲恰當。

在術語的翻譯上也有一些不同。如序章中的一節,簡體本爲 "以突厥族爲例"(頁 19),繁體譯爲 "土耳其民族的情形"(頁 30),日語爲片假名トルコ或者テュルク、チュルコ,亦即英文中的 turk。突厥與土耳其含義並不相同,且牽涉到複雜的近代政治,但一般認爲,土耳其指代的是一個現代國家,此處翻譯爲 "土耳其民族" 並不合適 ①。而且,即使在臺版書的後文中,譯者也還是用回了 "突厥" 一詞。

---

① "突厥" 與 "土耳其" 不同應該是學術界的共識,將突厥與土耳其混淆多有泛突厥主義的背景,參考昝濤《現代國家與民族建構 : 20 世紀前期土耳其民族主義研究》,北京 : 三聯書店,2011 年。

　　近來有學者提出"臺灣譯本未必適合大陸讀者"[1]的觀點,由此可見是具有合理性的。就本文所討論的著作而言,無論從譯文的準確度、流暢度和文辭優美程度來説,2020年大陸出版的石曉軍譯本都可謂後出轉精。

(作者單位:南京大學文學院)

---

[1] 張金勇《不太希望譯者個人發揮,臺灣譯本未必適合大陸讀者》,載"甲骨文"公衆號,2021年9月3日。

早期中華帝國的南方腹地：
唐代的安南地區

何　肯　撰　魏美强　譯

　　貞觀元年(627)，初定不久的唐帝國出於"山川形便"的考量，將天下劃分爲十道[①]，而嶺南道即屬其一。嶺南道內低山環繞，將其與帝國北部隔絶，形成了自成一體的東南濱海地帶，轄境包括今兩廣以及越南北部。作爲一個新型政區，嶺南道轄域廣大，設州七十三、縣三百一十四[②]。及至調露元年(679)，嶺南道的最南端另立安南都護府，治宋平縣(即今越南河內一帶)[③]。雖然"(嶺南)道"是新設政區，而其南端析置"都護府"的做法似乎帶有"裂土"的傾向，但就諸多層面而言，作爲一個廣義的地理與政區概念，"嶺南"始終是早期中華帝國南方腹地的代名詞。

　　儘管安南(越南語作"Annam")都護府的辟置，並未將其與嶺南絶然分開，但其設立無疑意味著唐廷權威在此地的直接確立，這一點可從都護的職掌中窺見一斑，"(都護)掌所統諸蕃慰撫、征討、斥堠"，總判府事[④]。然而，進入8世紀50年代，治於廣州的嶺南五管經略討擊使與理於交州的安南管內經略使

---

① 歐陽修、宋祁《新唐書》卷三七《地理志一》，北京：中華書局，1975年，頁959。

②《新唐書》卷四三上《地理志七上》，頁1095。關於文中職官名稱的翻譯，可參賀凱（Charles O.Hucker）《中國古代官名辭典》（*A Dictionary of Official Titles in Imperial China*），斯坦福：斯坦福大學出版社，1985年。

③《新唐書》卷四三上《地理志七上》，頁1111。

④ 杜佑撰，王文錦等點校《通典》卷三二《職官十四・州郡上》，北京：中華書局，1984年，頁896。又參《新唐書》卷四三上《地理志七上》，頁1144—1145。

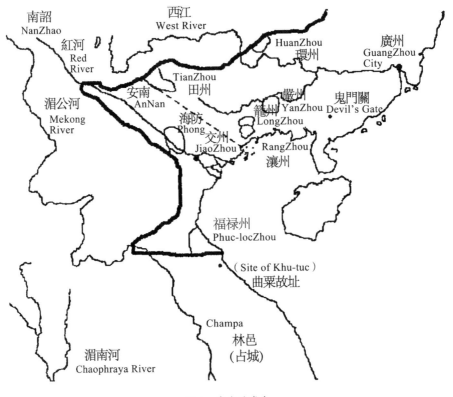

圖 1　唐代的嶺南

相繼升爲節度使府,從而標誌著安南與嶺南的正式割裂[①]。不過,較之廣州,在時人眼中,安南也被視作唐帝國不可分割的疆土。譬如,貞元八年(792),當唐德宗有意採納建議,將嶺南節度使的地位凌駕於安南之上時,朝中重臣(陸贄)力諫,稱"嶺南、安南,莫非王土"[②]。此處,陸贄無意主張唐代越南已是中國的領土。相反,當時尚無所謂的"越南",而僅有所謂的安南與嶺南之分。

　　上古時期,包括廣州在內的整個嶺南地區實際上逸出了華夏古典文明

---

① 《新唐書》卷六九《方鎮表六》,頁 1933—1935。
② 司馬光等編《資治通鑑》卷二三四《唐紀五十》,德宗貞元八年(792)六月條,北京:古籍出版社,1956 年,頁 7532—7533。

圈①。及至秦始皇三十三年（前 214），在兼并北方諸國後，因覬覦南粤之地的珍寶奇玩，秦始皇下令發兵南征嶺南②。此後，除 939 年越南走向獨立之外，嶺南大部分地區長期歸屬華夏版圖。不過，嶺南也在一定程度上保持了其地域特性。據載，7 世紀末，禪宗五祖弘忍就曾質疑嶺南人缺乏"佛性"③。在其看來，嶺南土民不可全其爲人。

一　越、粤之名

中國學界目前的主流觀點是將嶺南視爲新石器時代中國三大地方考古學文化系統的發源地之一，並最終合流形成了所謂的華夏文明④。不過，從另一視角看，史前時期的嶺南是南島語族或非漢語族（non-Sinitic）人群的發祥地。該地先民使用的語言與中原迥異，從親緣關係上看似與北起泰國、南抵印尼，甚至更南端的非漢族群更爲接近。要言之，史前的嶺南與今天東南亞的關係更爲緊密，而與中國北方相對疏遠⑤。

在中國境内，這些形色各異的南方人群常被泛稱爲"越人"或"粤人"（現

---

① 《通典》卷一八八《邊防四·南蠻下》，頁 5079；酈道元注《水經注》卷三七《浪水》，上海：上海古籍出版社，1990 年，頁 693。譯者案，原文所附頁碼有誤。

② 劉安等《淮南子》卷一八《人間訓》，臺北：中華書局，1965 年，頁 16a；司馬遷《史記》卷六《秦始皇本紀》，北京：中華書局，1959 年，頁 253；黎崱《安南志略》卷四《前朝征討》，北京：中華書局，1995 年，頁 93。不過，秦帝國征討嶺南的戰事最南可抵越南的何地，尚不明晰，可參呂士朋《北屬時期的越南：中越關係史之一》（下文略作《北屬時期的越南》），香港：香港中文大學新亞研究所，1964 年，頁 25—26。

③ 志磐《佛祖統紀》卷三九《法運通塞志第十七之六》，見影印本《大藏經》第 49 册，臺北：中華佛教文化館，1957 年，頁 368a。

④ 格勒《中華大地上的三大考古文化系統和民族系統》，載《中山大學學報》（哲學社會科學版）1987 年第 4 期。

⑤ 查爾斯·海厄姆（Charles Higham）《東南亞的青銅時代》（*The Bronze Age of Southeast Asia*），紐約：劍橋大學出版社，1996 年，頁 1、3、246；呂士朋《北屬時期的越南》，頁 3；戈岱司（George Coedès）著，蘇珊·布朗·考因譯《東南亞的印度化國家》（*The Indianized States of Southeast Asia*），火奴魯魯：東西中心出版社，1944 年出版，1968 年再版，頁 8—10；琳達·沙菲爾（Lynda N.Shaffer）《1500 年以前的海上東南亞》（*Maritime Southeast Asia to 1500*），阿蒙克：夏普出版社，1996 年，頁 5—7。

代越南語一般作"Việt"），而該詞原本出自古代的國名^①。不過，與族稱同名的越國，其統治核心區並不在嶺南，而在更北部的長江中下游一帶，亦即所謂的"江南"。公元前 5 世紀，越國的國力臻於極盛，統治範圍一度向北推進到今山東省，但所謂的"越人"則主要活動於今浙江、福建、廣東、廣西，以及越南的北部^②。一種觀點認爲，越、粤二字本是遠古江南土著表示"人"的讀音^③。新石器時代，這群百越民族共同創造了一種文化綜合體（cultural complex），就考古學特徵而言，體現爲栽植水稻，干欄巢居，使用極具特徵的（幾何印紋）陶，這些均與北方新石器先民植粟穴居的做法形成了鮮明對比^④。

　　或許，這群越民身上最爲突出的族群特徵在於他們使用的語言。因無更貼切的表述，這一語言可籠統地歸入今天意義上的南方大語系（Austric）——即南亞語系、南島語族、壯傣語族等諸語言——的前身，並與北方通行的漢語族差異懸殊^⑤。史前時期，南方大語系無疑也曾流行於北起長江中游、南抵大海的廣闊區域，甚至公元 2 世紀時仍見嶺南的族群沿用^⑥。直至今天，嶺南仍是中國語言最多元的地區，而早期南亞語系的餘響在越南語中表現得最爲突出。然而，由於嶺南内部南方大語系的語言多樣，在華夏帝國統治的最初幾個世紀

① 蒙文通《越史叢考》，北京：人民出版社，1983 年，頁 1。
② 吕士朋《北屬時期的越南》，頁 1；影印永樂大典本《紹興府》，《中國方志叢書·華中地方》第五三六號，臺北：成文出版社，1983 年，頁 31。文獻中提及越王（勾踐）在山東拜訪孔子之事，詳參袁康、吳平輯錄《越絕書》卷八《越絕外傳記地傳第十》，長沙：嶽麓書社，1996 年，頁 122—123。
③ 何光嶽《百越源流史》，南昌：江西教育出版社，1989 年，頁 12。
④ 白海思（Heather Peters）《文身穴居：誰是"百越"？》（Tattooed Faces and Stilt Houses: Who Were the Ancient Yue?），載《中國柏拉圖文庫》（Sino-Platonic Papers）1990 年第 17 輯，費城：賓夕法尼亞大學東方學系，頁 1、7、9、12。
⑤ 關於南方大語系的歷史，可參彼德·貝爾伍德（Peter Bellwood）《印度—馬來群島史前史》（Prehistory of the Indo-Malaysian Archipelago），火奴魯魯：夏威夷大學出版社，1997 年，頁 112。
⑥ 羅傑瑞（Jerry Norman）、梅祖麟（Tsu-lin Mei）《古代華南的南亞語系》（The Austroasiatics in Ancient South China, Some Lexical Eviendence），載《華裔學志》1976 年第 32 期；饒宗頤《吳越文化》，載《中央研究院歷史語言研究所集刊》，1969 年第 41 本第 4 分册，頁 618—620；蒙文通《越史叢考》，頁 17；王川《南越國史研究概述》，載《中國史研究動態》1995 年第 11 期，頁 15。

內，彼此之間往往不能互通[①]。

　　同樣與越文化有關的是早期水稻的馴化。大約距今 7000 年前，在長江下游地區，這群南方大語系的先民開始從事稻作活動。隨後，連同其他文化因素一道，逐漸向嶺南及東南亞擴散[②]。就物質遺存而論，考古學界主張史前的（吳）越文化以流行幾何印紋陶爲鮮明的標誌[③]。史前末期，嶺南的銅器鑄造，特別是銅鼓文化發達，這可能受到了北方中原地區青銅國家的間接影響[④]。

　　在中國傳統文獻的記載中，古越人最持久、最典型的形象是斷發文身。這一做法可能起源於長江下游地區，進而傳播至今天的印尼、日本，乃至朝鮮半島南部[⑤]。譬如，史前時期部分日本先民可能是南方大語系人群，他們最初可能是從中國南方浮海而來，因此與越人一樣，也流行文身鑿齒的習俗[⑥]。而且，日

---

① 《通典》卷一八八《邊防四·南蠻下》，第 1006 頁（譯者案，原文頁碼有誤，應爲 "頁 5085"）；張楚金《翰苑》，東京：吉川弘文館，1977 年，頁 56。截至目前，按照語言之間互通與否的標準看，南亞語系之下尚有 150 個語種，南島語系之下更是多達 1200 個語種，可參彼德·貝爾伍德：《印度—馬來群島史前史》，頁 7。

② 查爾斯·海厄姆《東南亞的青銅時代》，頁 70—71、76、297、309、324；彼德·貝爾伍德《印度—馬來群島史前史》，頁 206、208；李惠林《中國本土植物：生態地理學上的考慮》（ The Domestication of Plants in China: Ecogeographical considerations ），載吉德偉（ David N.Keightley ）編《中國文明的起源》（ The Origins of Chinese Civilization ），伯克利：加州大學出版社，1983 年，頁 42；何炳棣《華北地區的古環境評述》，載《亞洲研究》1984 年第 43 卷第 4 期，頁 728—729。

③ 饒宗頤《吳越文化》，頁 610—612。

④ 查爾斯·海厄姆：《東南亞的青銅時代》，頁 94、96。

⑤ 《安南志略》卷一《風俗》，頁 41；王金林《漢唐文化與古代日本文化》，天津：天津人民出版社，1996 年，頁 148；關於日本，可參《翰苑》，頁 50—51；關於朝鮮半島，可參陳壽撰，裴松之注《三國志》卷三〇《魏書·烏丸鮮卑東夷傳》，北京：中華書局，1959 年，頁852—853；姚思廉等《梁書》卷五四《東夷傳》，北京：中華書局，1973 年，頁 805。

⑥ 約翰·馬赫（ John C. Maher ）《北九州的克里奧爾語：日本人起源的語言接觸模式》（ North Kyushu Creole: A Language-Contact Model for the Origins of Japanese ），載唐納德·狄儂（ Donald Denoon ）等編《多元文化的日本：從舊石器到後現代》（ Multicultural Japan: Palaeolithic to Postmodern ），劍橋：劍橋大學出版社，1996 年，頁 32、38；片山一道《作爲亞太人口的日本人》（ The Japanese as an Asia-Pacific Population ），載唐納德·狄儂（ Donald Denoon ）等編《多元文化的日本：從舊石器到後現代》（ Multicultural Japan: Palaeolithic to Postmodern ），頁 24；王金林《漢唐文化與古代日本文化》，頁 48、148—150；諏訪春雄《古代中國越人的馬橋文化與日本》，載其編《和俗與古代日本》，東京：雄山閣出版社，1993 年。

本的甕棺葬俗及其他陶質器具也與東南亞十分相似①。據 7 世紀的史書記載，倭國的物産與海南相近，而海南則屬嶺南政區的一部分②。此外，日本早期文獻中記載了一種趣俗，即採用手探沸湯、驗定真僞的斷獄之法。按該書所載，此事被系於 415 年。巧合的是，中國史家在描述東南亞第一個國家——扶南國（位於今柬埔寨，大約活動於公元 1 至 6 世紀）的習俗時，也留下了類似的記載③。

換言之，史前的嶺南地區其實是一個更大範圍的文化集合體中的分支，它大到足以覆蓋整個東南亞，並將長江以南及日本在内的東亞世界囊括其中。在這一廣闊地域的文化共性之下，内部的文化多樣性同樣不可忽視。比如，生活在越南境内的"駱越"人，可輕易地與嶺南其他的越人相互區分，更遑論與日本、印尼先民的族群差異④。不過，駱越人或駱越遺存並不完全局限於越南國境之内，北至今天的湖南、湖北兩地也有分佈⑤。

二　唐以前的嶺南

據越南早期史書中的模糊記載，公元前 7 世紀時，越南本土曾出現過所謂的"文郎國"，並在秦帝國掃平六合的前夕亡國⑥。那麼，一種很自然的傾向就

---

① 彼德・貝爾伍德《印度—馬來群島史前史》，頁 306—307。

②《梁書》卷五四《東夷傳》，頁 806。

③ 舍人親王等敕撰《日本書紀》卷一三《允恭天皇》，東京：吉川弘文館，1993 年，頁 340 ；關於扶南的風俗，可參王欽若等編《册府元龜》卷九五九《外臣部・土風》，臺北：中華書局，1981 年，頁 11288 ；關於扶南國史，可參肯尼思・霍爾（ Kenneth R.Hall ）《早期東南亞的海上貿易與國家發展》(*Maritime Trade and State Development in Early Southeast Asia*)，火奴魯魯：夏威夷大學出版社，1985 年，頁 48—77 ；希芒舒・普拉布哈・雷（ Himanshu P. Ray ）主張扶南更像是酋邦聯合體，而非現代意義上的國家，可參其著《改易之風：佛教與早期南亞的海上聯繫》(*The Winds of Change: Buddhism and the Maritime Links of Early South Asia*)，德里：牛津大學出版社，1994 年，頁 159—160。

④ 蒙文通《越史叢考》，頁 17 ；王川《南越國史研究概述》，頁 14。

⑤ 高至喜《楚文化的南漸》，武漢：湖北教育出版社，1995 年，頁 389—392 ；何光嶽《百越源流史》，頁 101。

⑥ 無名氏《越史略》卷上《國初沿革》，臺北：藝文印書館，1968 年，頁 1a ；吳士連《大越史記全書》外紀卷之一《蜀氏紀》，東京：東京大學東洋文化研究所，1986 年，頁 98。

是，學界期望在文郎國的敘事中找到越南的起源[①]。然而，關於文郎國的零星記載，似乎不過是對華夏帝國南征傳説的裁剪，這一點唐代的史家已有關注[②]。毫無疑問，早在秦帝國平定嶺南的幾個世紀以前，越南已孕育出高度發達且極具特色的青銅文化。而在早期中華帝國征服以後，這一地域的青銅文化仍然保持著相當程度的辨識性，並且繼續向周邊地區傳播[③]。同樣地，從某種程度上説，越南半島新石器時代及青銅時代的先民可能是今天越南人遺傳學及文化學意義上的祖先。當然，"越南"一詞本身卻是很晚近的表述。

　　"越南"作爲國名，最早出現於 1802 年，由當時滿清帝國的皇帝賜予[④]。對於任何地區而言，民族國家都是一個相對較新的概念。比如，如今的"越南"就是一個很好的例證，而對於整個東亞諸國而言，亦是如此[⑤]。或許，某種程度的族群劃分，海内皆有。但是，族群民族的認同卻始終有賴於社會的不斷演化。"世界上從來没有亘古不變的文化，而相較於同時代的其他文化，所謂土著族群的説法也並非嚴謹的概念"[⑥]。激發現代民族主義情緒高漲的"土著主

---

① 凱斯·泰勒（Keith W.Taylor）《越南的誕生》（*The Birth of Vietnam*），伯克利：加州大學出版社，1983 年，頁 4。

② 馬伯樂（Henri Maspero）《安南史研究之四：文郎國》（Etudes d'histoire d'Annam IV: Le royaume de Van-lang），載《法國遠東學院學報》（*Bulletin de L'École francaise d'Extréme-Orient*）1918 年第 18 輯；饒宗頤《吴越文化》，頁 628。

③ 可參理查德·皮爾森（Richard Pearson）《東山及其起源》（Dong-Son and its Origins），載《中央研究院民族學研究所集刊》1962 年第 13 輯；彼得·貝爾伍德《印度—馬來群島的史前史》，頁 269、271、278。

④ 本尼德克·安德森（Benedict Anderson）《想像的共同體：民族主義的起源與散佈》（*Imagined Communities: Reflections on the Origins and Spread of Nationalism*），倫敦：沃索出版社，1991 年，頁 157—158。

⑤ 倫納德·蒂維（Leonard Tivey）《民族國家：現代政治的形成》序言，紐約：聖馬丁出版社，1981 年，頁 1；關於中國的民族國家形成，可參詹姆斯·湯森（James Townsend）《中國民族主義》（Chinese Nationalism），載安戈（Jonathan Unger）編《中國的民族主義》（*Chinese Nationalism*），阿蒙克：梅龍·夐普出版公司，1996 年。

⑥ 普利普·考爾（Philip L.Kohl）、戈查·切茨赫拉澤（Gocha R.Ttsetskhladze）《高加索地區的民族主義、政治與考古學實踐》（Nationalism, Politics, and the Practice of Archaeology in the Gaucasus），載普利普·考爾、克萊爾·福賽特（Clare Fawcett）編《民族主義、政治與考古學實踐》（*Nationalism, Politics and the Practice of Archaeology*），劍橋：劍橋大學出版社，1995 年，頁 150—151。

義理論"（ideology of indigenism），似乎忽視了歷史進程中的變化、互動與演替，它是"歷史化"思維不足的產物[1]。

將現代族群國家身份投射到過去，並假定其永恆不變的做法，無論多麼便於理解，也會産生致命的缺陷。實際上，史前時期的嶺南原住民既非中國人，也不是越南人[2]，可稱之爲前中國人（pre-Chinese），有時也是前前越南人（pre-pre-Vietnamese）。從某種程度上説，那些最終演變形成的越南人首先需要成爲中國人。此外，這一地域還有部分原住民可能既非中國人，也不是越南人。

霍夫曼·艾博華（Wolfram Eberhard）通過研究證實，今天我們所説的"華夏"文化，實際上是由古代十大地方文化融合而成[3]。與之類似，（羅泰）提出地方文化對華夏身份認同形成過程中的貢獻，目前已成爲中國大陸學界的主流觀點[4]。傳統儒學更是助推了文化適應的進程，因爲他們不提倡"夷夏對立，而是主張用夏變夷"[5]。一個統一的多民族帝國，將天下凝爲一個整體，漢語被奉爲通行語言，儒家倫理成爲普世規範，這些都被視爲華夏族群的共同身份標識。如此一來，華夏身份的有無，並不完全由其出身所決定[6]。

---

① 謝爾頓·波洛克（Sheldon Pollock）《世界的方言》（The Cosmopolitan Vernacular），載《亞洲研究》1998 年第 57 卷第 1 期，頁 33。

② 查爾斯·海厄姆《東南亞的青銅時代》，頁 133—134。

③ 霍夫曼·艾伯華（Wolfman Eberhard）著，艾萊德·艾伯華（Alide Eberhard）譯《中國東部與南方的地方文化》（The Local Cultures of South and East China），萊頓：布里爾書店，1968 年，頁 13—14、19—20、24。

④ 羅泰（Lothar Von Falkenhausen）《中國考古學的地方區系》（The Regionalist Paradigm in Chinese Archaeology），載菲利普·考爾、克萊爾·福賽特編《民族主義、政治與考古學實踐》，頁 198—199。

⑤ 王賡武《中國的文明化：反思變革》（The Chinese Urge to Civilize: Reflections on Change），載《亞洲歷史學刊》1984 年第 18 卷第 1 期，頁 4。

⑥ 司馬虛（Michael Strickmann）《中國鏡像中的印度》（India in the Chinese Looking Glass），載金伯格（Deborah E. Klimburg-Salter）編《絲綢之路與金剛之路：穿越喜馬拉雅山的貿易之路上的密教藝術》（The Silk Road and the Diamond Path: Esoteric Buddhist Art on the Trans-Himalayan Trade Routes），洛杉磯：加州大學洛杉磯分校藝術研究會，1982 年，頁 52；許倬雲、林嘉琳（Katheryn M. Linduff）《西周文明》（Western Chou Civilization），紐黑文：耶魯大學出版社，1988 年，頁 30—32；孔邁隆（Myron L. Cohen）《中國化：傳統身份的邊緣化》（Being Chinese: The Peripheralization of Traditional Identity），（轉下頁）

　　與此同時，可以預見的是，在儒學的普天之下，還隱伏著大量的地方文化變體。正如儒家經典中所提倡的那樣，"修其教，不易其俗；齊其政，不易其宜"①。大業三年（607），《禮記》中的這段話被隋煬帝奉爲施政綱領。據載，當北方胡族政權首領（突厥啟民可汗）向隋廷表請改易服飾、"一同華夏"時，隋煬帝婉拒了他的請求，並下璽書答復，稱"君子教民，不求變俗"②。

　　秦平嶺南後不久，很快就走向滅亡。自秦二世二年起（前208），嶺南地區爲定都番禺（今廣州市）的割據政權南越（粵）國所控制，國祚延續近一個世紀③。南越國的開國君主（趙佗），曾在秦朝爲官，籍出中原。據載，他在嶺南起勢之後，"頗有中國人相輔"。而在會見亡秦後繼立的西漢使節時，他又以"蠻夷"的形象示人，"椎髻箕踞"④。

　　元鼎六年（前111），漢廷發兵平討南越，將其故地分爲九郡⑤。據載，當時的兩廣之地，將近四十餘萬甌駱土民歸降⑥。而在最南端的交阯等三郡，雒王、雒將"治民如故"的局面則繼續維持了一個半世紀之久⑦。不過，在漢平南越後所分置的九郡之中，僅有三郡落在了今天越南的版圖內。"嶺南"仍是一個重要的地理概念，實際上，東漢建武中期（40—42）爆發的交阯徵氏叛亂，所波及的範圍就橫跨了今天中、越兩國的邊界線⑧。

　　公元前1世紀末，由北方派往南方邊郡戍守的兵士，備感越地"絶殊遼

（接上頁）載杜維明編《常青樹：當下中國化的意涵變遷》（*The Living Tree: the Changing Meaning of Being Chinese Today*），斯坦福：斯坦福大學出版社，1994年，頁92。

① 王夢鷗注譯《禮記今注今譯》卷五《王制》，臺北：商務印書館，1984年，頁230。另參孔邁隆《中國化：傳統身份的邊緣化》，頁96—97。

② 魏徵等《隋書》卷八四《突厥傳》，北京：中華書局，1973年，頁1874。

③ 班固《漢書》卷九五《西南夷兩粵朝鮮傳》，北京：中華書局，1962年，頁3859。

④《史記》卷一一三《南越列傳》，頁2967；《安南志略》卷三《前朝奉使》，頁78；荀悦《前漢紀》卷四《前漢高祖皇帝紀》，臺北：商務印書館，1974年，頁34。

⑤《漢書》卷九五《西南夷兩粵朝鮮傳》，頁3859；《越史略》卷上《國初沿革》，頁3a；《安南志略》卷一《郡邑》，頁17；《安南志略》卷一一《趙氏世家》，頁272。

⑥《漢書》卷九五《西南夷兩粵朝鮮傳》，頁3858—3859；虞世南編《北堂書鈔》卷四七《封爵部中·異域降附》，臺北：宏業書局，頁183。

⑦《安南志略》卷四《前朝征討》引《交州記》，頁93—94。

⑧《通典》卷一八八《邊防四·南蠻下》，頁1006。譯者案，原文所附頁碼有誤，應爲"頁5086"。

遠”,懷鄉之情無法抑止 ①。不過,隨著 1 至 3 世紀北方人口不斷南徙,中原文化不斷向南開拓,江南地區已高度華夏化。這裏所説的“江南”,即位於長江與嶺南之間,原是越國的統治大本營 ②。

　　進入 1 世紀後,王充(27—約 100)注意到,越民皆已“被朝服” ③。公元 3 世紀初,孫吳丹陽太守(諸葛恪)爲剿平山越,曾設計將邑居百姓圈隔在城内,又縱兵刈割城外的穀稼,於是“山民饑窮,漸出降首” ④。

　　自 4 世紀始,由於北方長期陷入半華夏、半遊牧的胡族政權之手,大量北人紛紛湧向南方,江南的華夏化進程大大加快 ⑤。3 世紀以降,文獻中所見的越人,似乎完全從最初的發源地——越國故地所在的浙江地區消失。而在嶺南這樣的南方腹地,華夏化的進程顯得尤爲遲緩。

　　東漢建武十九年(43),隨著交阯徵氏叛亂的平息,雒越土民在嶺南的統治基本宣告解體。此後,北人陸續南遷嶺南,並因此奠定了帝國南疆華夏化進程不斷加深的基本格局 ⑥。不過,直到孫吳黄龍三年(231),在華夏帝國對嶺南的

---

① 桓寬《鹽鐵論》卷七《備胡》,上海:上海古籍出版社,1990 年,頁 123。譯者按,原文誤作卷八,今改之。

② 畢漢思(Hans Bielenstein)《漢代的中興》卷三(The Restoration of the Han Dynasty, 3),載《遠東古文物博物館通報》第 39 卷第 2 期,頁 79—83;川勝義雄《中國的歷史》第三卷《魏晉南北朝史》,東京:講談社,1981 年,頁 21;Frank Fa-ken Chin《中古中國的地域元素:基於東晉建國的觀察》(The Element of Regionalism in Medieval China: Observations on the Founding of the Eastern Chin),載《第 29 屆國際東方學會議會刊:古代中國》(Actes du XXIXE congrès international des orientalistes; Chine ancienne),1977 年,頁 67。

③ 王充《論衡》卷一九《宣漢篇》,臺北:臺灣中華書局,1981 年,頁 8b。

④《三國志》卷六四《吳書十九·諸葛恪傳》,頁 1431。

⑤ 王仲犖《魏晉南北朝史》,上海:上海人民出版社,1980 年,頁 345;何偉恩(Herold J. Wiens)《中國向熱帶進軍:中國華南地區的文化及歷史地理研究》(China's March into the Tropics: A Study of the Cultural and Historical Geography of South China),華盛頓特區:美國海軍研究辦公室,1952 年,頁 103。

⑥ 馬伯樂《安南史研究之五:馬援遠征記》(Etudes d'histoire d'Annam, V: L'éxpdition de Ma Yuan),載《法蘭西遠東學院通報》1918 年第 18 卷第 12 期,頁 18—19、27;詹妮弗·霍姆格倫(Jennifer Holmgren)《中國對越南北部的殖民:西元一至六世紀越南東京灣的政區地理與政治演進》(Chinese Colonization of Northern Vietnam: Administrative Geography and Political Development in the Tongking Delta, First to Sixth Centuries A.D.)(下文略作《中國對越南北部的殖民》),堪培拉:澳大利亞國立大學出版(轉下頁)

統治綿延近四個世紀後，根據地方官員（薛綜）的奏文，遠離嶺南地方郡邑的婚俗及裸俗似不見改易。若以儒家正統倫理視之，這些異俗無疑都令人震驚[①]。

三　交、廣分治

在早期中華帝國統治時期，嶺南矗立著兩座大都市，並且都是繁榮的貿易都會，它們分別是廣州（亦稱番禺、南海，英文中常作 "canton"）和交趾（也稱交州，位於今越南河内以東）[②]。早在漢初，最主要的貿易港口其實位於交、廣之間，毗鄰粵西、桂東之間的珠市（合浦）。不過，由於合浦周邊並不適宜農業開發，很快它就被崛起的交趾所取代[③]。自漢末以至南北朝的大分裂時期，四個世紀中間，交趾可能是中國南海貿易沿線上最爲重要的港口[④]。

廣州作爲重要的貿易中心，很早就迎來了繁榮，而且早在公元前 2 世紀時就被確立爲南越國的國都[⑤]。不過，隨著漢帝國對南越的武力吞并，廣州也毁於兵燹。相較於珠江流域附近的廣州城，兩漢時期紅河三角洲（今屬越南）的人

（接上頁）社，1980 年，頁 1—2、16—21、171—172；關於北方移民對華夏化進程的影響，可參周振鶴《從"九州異俗"到"六合同風"：兩漢風俗區劃的變遷》，載《中國文化研究》1997 年第 4 期，頁 68。

①《三國志》卷五三《吳書八·薛綜傳》，頁 1251—1252；《安南志略》卷五《前朝書疏》，頁 118；凱斯·泰勒《越南的誕生》，頁 76—77；羅馬帝國對大不列顛的統治長達四個世紀，但同樣收效甚微，僅城堡以外地區實現了羅馬化，可參彼得·布萊爾（Peter Hunter Blair）《羅馬征服時期的大不列顛與早期英國史（B.C.55—A.D.871）》（Roman Britan and Early England, 55 B.C.-A.D.871），紐約：諾頓出版社，1963 年，頁 118—119。

②《隋書》卷三一《地理志下》，頁 887—888；馮承鈞《中國南洋交通史》，臺北：商務印書館，1993 年，頁 35。

③ 王賡武《南海貿易：中國早期海貿易的研究》（The Nan-Hai Trade: A Study of the Early History of Chinese Trade on the South China Sea）（下文略作《南海貿易》），載《皇家亞洲文會馬來支會會刊》1957 年第 31 卷第 2 期，頁 21、29；呂士朋《北屬時期的越南》，頁 100；關於合浦郡周邊不適宜發展農業，可參房玄齡等撰《晉書》卷五七《陶璜傳》，北京：中華書局，1974 年，頁 1561；《水經注》卷三六《溫水》，頁 679。

④ 可參張華《博物志》卷一《水》，臺北：中華書局，1983 年，頁 2a；《梁書》卷五四《海南諸國傳》，頁 798。

⑤《漢書》卷二八下《地理志下》，頁 1670。

口更爲稠密,因此漢廷也將今河内附近的(贏婁)選爲嶺南(交趾刺史部)的治所①。交趾之地土壤肥沃,在并入漢帝國的版圖之前已被深度開發②。農耕人口的大量聚集,加之繁榮的海上貿易,確保了交趾經濟地位的不斷提升。而且,隨著徵氏叛亂的平定,交趾迎來了漫長的安定平和期,並一度成爲漢末天下大亂之際的天然避難地③。

東漢中平四年(187)至孫吳黄武五年(226),當天下陷入分裂動盪的局勢中無法自拔時,交趾卻因孤懸一隅而維持著難得的安定局面。但是,對於意圖恢復中央集權的帝國而言,交趾無疑是地方上重大的政治威脅。爲了剷除交趾地方豪族的割據勢力,建安二十二年(217),吳將步騭將交州遷治番禺,並於此地築立城郭,意圖“綏和百越”④。吳黄武五年(226),交趾豪帥士燮去世後,嶺南首分爲交、廣二州。雖然交州割據勢力被肅清後,吳復合交、廣爲一州,但是永安七年(264),吳再次將交州一分爲二,並且永爲定制⑤。

在南北朝的大分裂時期,最令人詫異的變化在於交、廣二州地位的反轉。兩漢時期,帝國的都城僻在西北。進入南朝以後,歷代政權均以建康(今南京市)爲都。這就意味著,溝通中央政府與嶺南之間的主要交通線也會發生改變,需要取道廣州。由於與南洋諸島的貿易日益頻繁,商船無需循著海岸線緩緩北上,而能够沿著開闊海域離岸航行,扶南(今柬埔寨與越南南部)作爲船隻停靠的中轉站的地位逐漸被室利佛逝(今爪哇)取代,而海舶也往往越過交州而直抵廣州⑥。

---

① 王賡武《南海貿易》,頁 17—18 ;詹妮弗・霍姆格倫《中國對越南北部的殖民》,頁 64 ;呂士朋《北屬時期的越南》,頁 48。

② 李昉等編《太平廣記》卷四八二《蠻夷三・交趾》引《南越志》,北京 :中華書局,1981年,頁 3971 ;《水經注》卷三七《葉榆河》,頁 694 ;《安南志略》卷一《古跡》,頁 29。

③ 詹妮弗・霍姆格倫《中國對越南北部的殖民》,頁 67—69、71 ;呂士朋《北屬時期的越南》,頁 53 ;吳廷璆、鄭彭年《佛教海上傳入中國之研究》,載《歷史研究》1995 年第 2 期,頁 34。

④《水經注》卷三七《浪水》,頁 708。

⑤《安南志略》卷七《漢交州九真日南刺史太守》,頁 173 ;《大越史記全書》外紀卷之四《屬吳晉宋齊梁紀》,頁 137—139。

⑥ 可參李東華《中國海洋發展關鍵時地個案研究(古代篇)》,臺北 :大安出版社,1990 年,頁 150—154。

開皇九年（589），隋朝再度統一全國時，廣州的户口數似乎已經與交州持平。進入 7、8 世紀後，廣州逐漸取代交州成爲南洋貿易的樞紐[①]。譬如，8 世紀中期，當鑒真和尚途徑廣州時，目睹廣州港的海面之上，"有婆羅門、波斯、昆侖等舶，不知其數。並載香藥珍寶，積載如山"[②]。

四　族群飛地

自漢以降以至南北分裂時期，中央王朝的政策始終是盡可能地將非漢族群整編到帝國的政治框架之中，並由此將其化夷爲"華"[③]。不過，貫穿整個南北朝，在中國的南方，特徵鮮明的非漢族群所占的人口比例似乎超過了一半以上，而且族群之間的武鬥十分頻仍[④]。從帝國的視角來看，4 世紀以後散處川蜀山險之地的獠人最爲難治[⑤]。同樣難以招懷的，還有廣布於湖北、湖南、江西、安徽等地的諸蠻[⑥]。

東漢建武二十三年（47），分佈在湖南西部的武陵蠻發動叛亂，兩年後叛蠻纔被遠征徵氏之亂、剛剛得勝而歸的伏波將軍馬援所擊破。不過，漢章帝建初元年（76），武陵蠻又叛。五年後（80），在取得伐蠻戰爭的決定性勝利後，漢政府決定"罷武陵屯兵，賞賜各有差"。但是，和帝永元四年（92）冬，澧中、澧中的蠻民復反。到了安帝元初二年（115）、三年，澧中、澧中蠻兩次起兵略郡後，州郡遂募歸降的"善蠻"將其討平。順帝永和元年（136），因感"蠻夷率服，可

---

① 吕士朋《北屬時期的越南》，頁 99、103、119；關於户口數，可參《隋書》卷三一《地理志下》，頁 880、885。

② 真人元開《唐大和上東征傳》，見竹内理三編《奈良遺文》，東京：東京堂出版，1967 年，頁902。

③ 余英時《漢代貿易與擴張：漢胡經濟關係結構研究》（ *Trade and Expansion in Han China: A Study in the Structure of Sino-Barbarian Relations* ），伯克利：加州大學伯克利分校出版社，1967 年，頁 85—86、203；朱大渭《南朝少數民族概況及其與漢族的融合》，載《中國史研究》1980 年第 1 期，頁 60、73—74。

④ 朱大渭《南朝少數民族概況及其與漢族的融合》，頁 59—60、67。

⑤《通典》卷一八七《邊防三·南蠻上》，頁 999。譯者案，原文所附頁碼有誤，應爲"頁5052"。

⑥ 川勝義雄《中國的歷史》第三卷《魏晉南北朝史》，頁 33。

比漢人”,武陵太守上書請求增其租税,結果又引發了當年冬天蠻民的暴動。桓帝元嘉元年(151,譯者案,原文作 153 年,當誤)秋,武陵蠻再次反叛[1]。

南朝之際,雖然政府任命“校尉”,對盤踞湖北的蠻民加以經略。據載,那些與華民大量雜處的蠻人,族群特徵似與華夏無異;但是,僻居山險的蠻民,則依然採用本族的語言與習俗,脱離帝國的有效控制。雖然順蠻也須向國家繳税,但賦役極輕,因此苦於苛斂的華夏貧民選擇“逃亡入蠻”,以避重賦[2]。

儘管這一時期大量族群被編入華夏户籍,但族群飛地依然遍佈於帝國各處。譬如,7 世紀時,唐王朝重新統一,並積極向周邊擴張勢力、充實户口。據載,僅在貞觀三年(629),就有將近 120 萬外族及塞外流民歸附大唐,而粟特商隊一如大唐登記在册的齊民,可在帝國境内遊走行商[3]。帝國内部由土著酋帥控制的政區,被稱之爲“羈縻州”,並以此將土著族群納入到華夏的政治秩序中[4]。在大唐劍南道(今四川省境)内,設有“羌州百六十八”“諸蠻州九十二”。據載,這些蠻州“皆無城邑,椎髻皮服,惟來集於都督府,則衣冠如華人焉。”[5]而在長江以南的江南道,辟出羈縻州“五十一”,隸屬嶺南者,則“爲州九十二”[6]。

由於中央政府派往邊地監守的官吏多貪暴不法,因此與族群飛地的土民關係十分緊張。1 世紀時,與漢人雜處的涼州降羌,因“習俗既異,言語不通”,而“數爲小吏黠人所見侵奪”[7]。漢武帝元封元年(前 110),海南島被并入帝國

① 徐天麟《東漢會要》卷三九《蕃夷上·南蠻》,上海:上海古籍出版社,1978 年,頁 569—570;李昉等編《太平御覽》卷七八五《四夷部六·南蠻一》,臺北:商務印書館,1980 年,頁 3607;《翰苑》,頁 54。

② 李延壽等《南史》卷七九《夷貊下》,北京:中華書局,1975 年,頁 1980;《隋書》卷三一《地理志下》,頁 897。

③ 黄烈《魏晉南北朝民族關係的幾個理論問題》,載《歷史研究》1985 年第 3 期,頁 86;《新唐書》卷二《太宗本紀》,頁 31;荒川正晴《唐帝國與粟特人的交易活動》,載《東洋史研究》第 56 卷第 3 號,1997 年。

④ 薛愛華(Edward H. Schafer)《朱雀:唐代南方的景象》(The Vermilion Bird: T'ang images of the South),伯克利:加州大學出版社,1967 年,頁 71;《新唐書》卷四三下《地理志下》,頁 1119。

⑤《新唐書》卷四三下《地理志下》,頁 1137—1138、1140。

⑥《新唐書》卷四三下《地理志下》,頁 1119—1120。

⑦《後漢書》卷八七《西羌傳》,頁 2878。

的版圖，並置儋耳、珠厓二郡。此後，由中央派駐地方的吏卒多侵陵土民，致其"數歲一反"①。西晉泰始七年（271），將拜朝官的阮种，曾向晉武帝諷諫，稱朝中"受方任者"，常常因爲"干賞啖利"，而對邊夷妄加討戮②。此外，史書中還記載了一則故事：公元800年前後，潘州陵水郡（屬今廣東省）守十分荒淫，因喜蹴鞠，但嫌南方馬小不善馳騁，每次嬉戲時都令夷民數十人肩輿行走。夷民稍有懈怠，便以馬鞭抽打③。

　　雖然整個嶺南地區族群飛地仍散落分佈，但令人意外的是，它們很少位於今越南境内。與交州北緣的蠻荒狀態形成對照，紅河河谷周邊地區似乎成爲了華夏文明的"綠洲"。譬如，吳黃龍三年（231），武陵五溪蠻叛亂，吳主以"南土清定"，便詔交州刺史呂岱北還討亂，但被合浦太守薛綜諫阻，認爲"交州雖名粗定"，但兩廣之間的高涼、南海、蒼梧、鬱林等郡尚有夷賊作寇，須設兵防範④。晉太康元年（280），西晉平吳，實現了全國範圍内的短暫統一。隨之，西晉政府推行"普減州郡兵"的政策。然而，使持節、交州牧陶璜上表反對，稱"廣州南岸，周旋六千餘里，不賓屬者乃五萬餘户，及桂林不羈之輩，復當萬户。至於服從官役，纔五千餘家"，提出要維持兵力加以震懾⑤。

　　5世紀時，廣州諸山皆被俚獠族群所占，"種類繁熾"⑥。在今廣東、廣西兩省的廣闊地域内，俚人蠻部往往散佈於交、廣之間的山地，各爲村落，別有長帥⑦。而沿著今中越兩國的邊境，亦即交、廣的分界地帶，還生活著一群"啖人"的烏滸部落，"恒出道間，伺候二州行旅，有單迴輩者，輒出擊之"⑧。在兩廣之間，還棲息著一群"文郎野人"部落，他們"居無室宅，依樹止宿，食生肉，采香

---

① 《漢書》卷二八下《地理志下》，頁1670。
② 嚴可均輯《全晉文》，見《全上古三代秦漢三國六朝文》第6册卷七八，京都：中文出版社，1981年，頁1908—1909。
③ 《太平廣記》卷二六九《酷暴三·胡澔》引《投荒雜錄》，頁2112。
④ 《三國志》卷五二《吳書八·薛綜傳》，頁1253；《大越史記全書》外紀卷之四《屬吳晉宋齊梁紀》，頁138。
⑤ 《晉書》卷五七《陶璜傳》，頁1560。
⑥ 《南史》卷七八《夷貊傳上》，頁1951。
⑦ 《太平御覽》卷七八五《四夷部六·南蠻一·俚》引《南州異物志》，頁3609。
⑧ 《太平御覽》卷七八六《四夷部七·南蠻二·烏滸》引《南州異物志》，頁3611。

爲業"①。此外,在廣東的濱海沿岸,直至晚唐以前,當地掠賣土著的生口貿易似乎十分活躍②。

<h1 style="text-align:center">五　城邑與鄉村</h1>

即便是在華夏帝國的鼎盛時期,中央政府對於鄉村社會的直接控制也十分有限。而且,在對嶺南進行經略時,政府的主要興趣在於控制少數幾個貿易大港,這些港口基本上是與嶺北市場進行貨物交換的中轉站,而與其後方腹地的經濟交換並不頻繁③。可以想見的是,除了周边環繞的農田之外,這些地方中心城市對於内陸山險之地的土著族群所産生的影響可能微乎其微④。由於遠離帝國都城,且多瘴癘,嶺南往往被視作刑徒流放的場所,而不是一處理想的任官之地⑤。甚至,中央政府很難尋覓到合適的吏才願意前往嶺南。貞觀二年(628),唐太宗準備改任盧祖尚爲交趾都督,卻被其直接謝絶,這也令太宗震怒⑥。自漢迄唐,願意冒著瘴癘之險前往嶺南爲官者,恐怕都是循著厚利而去。由於南洋貿易的日益繁榮,歷任刺守往往無法抵擋厚利的誘惑,紛紛"貪其珍賂,漸相侵侮"⑦。

早期華夏帝國的政治權威基本上集中於城牆圍繞的城邑,這反過來有時

----

①《太平御覽》卷一七二《州郡部十八・峰州》引《林邑記》,頁 971。

②《梁書》卷三三《王僧孺傳》,頁 470 ;《新唐書》卷一六三《孔戣傳》,頁 5009 ;韓愈《韓昌黎全集》卷三一《碑誌十》,北京 :中國書店,頁 416。譯者按,原文誤作卷三三,今改正,下同。

③ 李東華《中國海洋發展關鍵時地個案研究(古代篇)》,頁 154。

④ 劉淑芬《六朝南海貿易的開展》,載其著《六朝的城市與社會》,臺北 :臺灣學生書局,1992 年,頁 338。

⑤ 關於(唐代)嶺南的刑徒流放,可參《新唐書》卷四《則天皇后紀》,頁 88 ;卷五《睿宗本紀》,頁 133。

⑥《安南志略》卷九《唐安南都督經防略使交愛驩三郡刺史》,頁 208—209 ;《大越史記全書》外紀卷之五《屬隋唐紀》,頁 158—159。

⑦《東觀漢記》卷一二《傳七・馬援傳》,頁 2b ;《安南志略》卷七《漢交州九真日南刺史太守》,頁 167 ;《越史略》卷上《國初沿革》,頁 5b ;《晉書》卷五七《陶璜傳》,頁 1558 ;《晉書》卷九〇《良吏傳・吳隱之》,頁 2341 ;《晉書》卷九七《四夷傳・南蠻》,頁 2546 ;《韓昌黎全集》卷三一《碑誌十》,頁 416。

也會對城市周邊的鄉村産生影響。在政治動盪的時代,譬如大分裂時期的北朝,華北諸政權的勢力範圍,往往不以山川爲界,而是以其擁有的城郭數量來計算[①]。考慮到早期嶺南的鄉村人口從文化和語言上看均呈現爲“前華夏人”的特徵,因此華夏帝國對嶺南的控制主要是以城市戰略要地爲基點展開的。

嶺南乃至整個印支半島上最早的城市——“古螺城”,據傳始建於秦帝國南征以前,但也有傳説稱,古螺城是由古蜀國王子開明泮於公元前 257 年所築。如果這則傳説有一絲的真實性,那麽這應當視作北方勢力對越南的第一次入侵[②]。

至少根據華夏人的刻板印象,嶺南在華夏勢力滲透以前,應是不築城池的。譬如,建元六年(前 135),當漢武帝意欲興兵征討閩越時,淮南王陳奏上疏,云:“南越非有城郭邑里,處溪谷之間,篁竹之中。”[③]

據載,在行商貿易的同時,嶺南土民掌握了築城與軍事技術。東晉永和九年(353),晉軍逆戰討平扶南王,破其“連壘五十餘里”。宋元嘉二十三年(446),朝廷遠征林邑,並架“飛梯雲橋”,攻破區粟城(Khu-tuc)。由此,整個4、5 世紀間,日益印度化的林邑國(位於今越南中部,約 191—1720)再也不敢襲擾疲弱的交州[④]。由於林邑國的城邑發展相對成熟,也使其一度成爲了華夏帝國的政治對手。不過,就帝國疆域內部而言,族群飛地仍主要以分散的鄉村聚落的形式存在。

---

① 劉淑芬《魏晉南北朝的築城運動》,載其著《六朝的城市與社會》,頁 367。

②《大越史記全書》外紀卷之一《蜀氏紀》,頁 100。可參呂士朋《北屬時期的越南》,頁 14 ;查爾斯·海厄姆《東南亞的青銅時代》,頁 122。越南與四川的接觸似乎發生於史前末期,並經由雲南、貴州兩地,可參呂士朋《北屬時期的越南》,頁 11。

③《安南志略》卷五《前朝書疏》,頁 113。

④ 關於占人,可參查爾斯·海厄姆《東南亞的青銅時代》,頁 304、308、331 ;戈岱司著,蘇珊·布朗·考因譯《東南亞的印度化國家》,頁 42—43。關於築城、攻城的技術,可參《晉書》卷九七《四夷傳》,頁 2545—2546。關於永和九年(353)之事,可參《水經注》卷三六《溫水》,頁 681—682 ;《晉書》卷八《穆帝本紀》,頁 199 ;《大越史記全書》外紀卷之四《屬吳晉宋齊梁紀》,頁 142。關於區粟城,可參《水經注》卷三六《溫水》,頁 680—681。關於林邑的襲擾,可參《晉書》卷八《穆帝本紀》,頁 193 ;《南史》卷七八《夷貊傳》,頁 1949 ;《梁書》卷五四《諸夷傳》,頁 785 ;《通典》卷一八八《邊防四·南蠻下》,頁 1008。譯者案,原文所附頁碼有誤,應爲“頁 5092”。

　　實際上,嶺南的地方統治者,也曾試圖突破主要的港口城市,將政治勢力向外延伸。譬如,宋元嘉三年(426),鎮南將軍檀道濟在雷州半島北部的陵羅口築城設防,此城向外伸出,正對南端的海南島[①]。而在陵羅口與廣州之間的濱海地帶,因"俚人不賓,多爲海暴",6世紀初,蕭勱奏升高涼郡爲州,使之成爲威懾俚人的重鎮[②]。

　　大唐立國以後,主動加強了對蠻夷部衆的經略,試圖將其納入到華夏郡縣體系之中。貞觀十二年(638),在嶺南西端與今越南交界處,李弘節招慰生蠻三千七百六十七户,並辟其地爲籠州,又開夷獠一千六百六十六户新置瀼州。他還開拓生蠻另立環州,唯編户數不明,復開夷獠置古州,户二百八十五。乾封二年(677),唐軍招致生獠,新辟嚴州。8世紀初,又開拓蠻洞置田州。總章二年(669),在唐代嶺南的南緣之地,生獠七千餘落被官軍降服,唐廷以其地爲福禄州,然編户僅有三百一十七[③]。

　　不過,中央政府武力伐蠻的行動有時會産生逆反效應。垂拱三年(687),安南都護劉延祐因向俚户徵收全租,而招致民怨。當時,他被叛蠻困於安南府城之中,兵力不支,而廣州大族馮子猷按兵不救,最終劉延祐城破遇害[④]。

　　元和十四年(819),在唐廷野心勃勃討平黃蠻洞的戰事中,由江西、湖北、湖南抽調而來的士卒因罹瘴疫,而死傷慘重。嶺南諸城遭到蠻賊洗劫,安南都護(李象古)也被襲殺。此前,對於大唐發兵伐蠻之舉,嶺南節度使孔戣(752—824)再三苦諫,稱"遠人急之則惜性命,相屯聚爲寇;緩之則自相怨恨而散"。遺憾的是,由於其他官員急於用事争功,否定了他的諫議[⑤]。

　　9世紀,盧鈞(776—862)官拜嶺南節度使時,並不主張對蠻民的同化。相反,他下令"蕃華不得通婚,禁名田産",以此緩解地方官吏與蕃獠之間的矛盾[⑥]。

---

①《太平御覽》卷一七二《州郡部十八・嶺南道・羅州》引《十道志》,頁970。

②《南史》卷五一《梁宗室傳上・蕭勱》,頁1262—1263。

③《新唐書》卷四三上《地理志上》,頁1005、1008、1014。

④《大越史記全書》外紀卷之五《屬隋唐紀》,頁159;《越史略》卷上《國初沿革》,頁9b—10a;《安南志略》卷九《唐安南都督防經略使交愛驩三郡刺史》,頁212—213;《新唐書》卷四《則天皇后本紀》,頁86;《舊唐書》卷二〇一《文藝傳上・劉延祐》,頁5732—5733。

⑤《韓昌黎全集》卷三一《碑誌十》,頁417;《大越史記全書》外紀卷之五《屬隋唐紀》,頁161—162。

⑥《新唐書》卷一八二《盧鈞傳》,頁5367。

六　南方堡壘

對於嶺南而言，最關鍵的兩座城市是廣州與交州（交趾）[①]。而在交、廣兩座要塞之間，則是連綿分佈的蠻荒之地。特別是在今廣西、廣東南部，活躍著大量半開化的部落族群。8世紀中葉，安史之亂爆發，唐帝國被迫將注意力轉向北方，此時嶺南的土著豪酋乘亂占據了廣西大部，建立了大大小小的割據政權，切斷了中央政府與交、廣二鎮的陸路聯繫[②]。相比於交州北部臨境地區，華夏帝國對於交趾周邊地區的政治控制相對穩固，並且這裏一度較廣州更爲繁榮。然而，中央權威在交趾的勢衰，地方統治在交州的確立，很大程度上與交州的地理環境有關，棲身交、廣之間的族群直接阻隔了其與嶺北的溝通。

武德元年（618），交州府城築成，但此後遭遇多次洗劫。大曆二年（767），州城陷於昆侖闍婆，安南經略使張伯儀在亂後重築羅城[③]。貞元七年（791），因都護（高正平）"爲政重斂"，交州土民起兵圍府。亂平以後，新任都護（趙昌）再度增修羅城，"稍復牢固"[④]。貞元十九年（803），都督裴泰改築城池，結果被嘩變的州將所逐[⑤]。元和三年（808），張舟擔任交州都護，下令"增築大羅城"，以造艨艟短船三百艘。同時，爲應對占城的襲擾，他又修築"驩、愛二城"[⑥]。

元和十四年（819），唐軍遠征黃洞蠻的行動遭遇重大挫折，並造成唐廷權威在嶺南南部的瓦解。會昌三年（843），安南經略使武渾役使部將修繕府城，結果將士起兵作亂，"劫府庫，（武）渾奔廣州"[⑦]。

---

① 杜希德指出，"如何推測某郡城邑人口與鄉村人口的比例，目前尚無十分理想的方法"，詳參杜希德（Denis Twitchett）《唐代的市場制度》（The T'ang Market System），載《泰東》（Asia Major）復刊，1966年第12卷第2期，頁202。

②《資治通鑑》卷二二四《唐紀四十》，代宗大曆六年（771）春二月條，頁7216—7217；《新唐書》卷六《代宗本紀》，頁157、175—176；《新唐書》卷二二二下《南蠻傳下》，頁6329；凱斯·泰勒《越南的誕生》，頁196—200。

③《大越史記全書》外紀卷之五《屬隋唐紀》，頁158—160；凱斯·泰勒《越南的誕生》，頁174、198—199。

④《大越史記全書》外紀卷之五《屬隋唐紀》，頁160—161。

⑤《大越史記全書》外紀卷之五《屬隋唐紀》，頁161；《新唐書》卷一七〇《趙昌傳》，頁5175；呂士朋《北屬時期的越南》，頁129。

⑥《大越史記全書》外紀卷之五《屬隋唐紀》，頁161。

⑦《大越史記全書》外紀卷之五《屬隋唐紀》，頁162。

　　與此同時,8世紀末,隨著南詔國在雲南的崛起,嶺南開始面臨新的外部威脅。南詔的族群成分雖然十分多元,但其主體人群是蠻民①。大中八年(854),都護李琢爲政貪暴,聽信讒言將峰州舊有的六千防冬戍兵遣散,並命七館洞蠻酋長李由獨專掌防遏之事。隨後,勢單力孤的李由獨率衆投奔南詔,"自是交州始有蠻患矣"②。

　　大中十二年(858),新任交州都護王式罷除歲賦,環城立柵十二里,"外植刺竹,寇不可冒"③。儘管交州的防禦設施堪稱完備,但由於咸通元年(860)王式被改授浙東觀察使以平定裘甫之亂,安南都護一職一度空虛,結果當地蠻民聯合南詔兵攻陷府城。咸通四年(863),交州再度陷落,唐廷無奈之下棄守安南,並將諸道援兵分保嶺南西道,置交州行營於廣西的海門鎮④。

　　次年(864),唐廷爲示收復安南的決心,命高駢(821—887)擔任安南都護、經略招討使,領海門鎮兵二萬五千人。咸通七年(866),高駢的大軍攻下交州羅城,南詔之兵被驅逐出境,土蠻酋帥二人被誅,一萬七千蠻民歸附。隨後,高駢大幅擴建羅城,内設敵樓五十五所,並疏通安南與邕、廣之間的海路⑤。

　　雖然高駢爲大唐重新奪回了安南的控制權,但作爲獨霸一方的鎮將,他的不臣之心日漸凸顯,最終加速了唐朝的崩解⑥。乾符六年(879)至光啟三年(887),高駢領淮南節度使職,並在唐廷與黄巢陣營之間首鼠兩端⑦。與此同時,唐代詩人對南詔的入侵不無怨恨,"南荒不擇吏,致我交趾覆。綿連三十

---

① 詳參查爾斯·巴克斯(Charles Backus)《南詔國與唐代的西南邊疆》(*The Nan-Chao Kingdom and T'ang China's Southwestern Frontier*),劍橋:劍橋大學出版社,1981年,頁46—52。

②《大越史記全書》外紀卷之五《屬隋唐紀》,頁163。

③《大越史記全書》外紀卷之五《屬隋唐紀》,頁163;《新唐書》卷一六七《王式傳》,頁5120。

④《大越史記全書》外紀卷之五《屬隋唐紀》,頁163—165;《越史略》卷上《國初沿革》,頁11a。

⑤《大越史記全書》外紀卷之五《屬隋唐紀》,頁166—167;《越史略》卷上《國初沿革》,頁12a—12b;《新唐書》卷二二四下《叛臣傳下·高駢》,頁6392。

⑥ 高駢傳被收入《新唐書·叛臣傳》内,見卷二二四下,頁6391—6404。

⑦ 羅伯特·薩默斯(Robert M. Somers)《唐朝的覆滅》(The End of the T'ang),載杜希德編《劍橋中國史3:隋唐帝國(596—906年)》(*The Cambridge History of China*, Vol.3; Sui and T'ang China, 589—906, part 1),劍橋:劍橋大學出版社,1979年,頁742—744、758、764—765。

年,流爲中夏辱”①。

七　兄弟之國與華夏之子

及至唐代,嶺南成爲華夏帝國的疆域已近千年之久。這片沃土深受自然眷顧,物産富饒,又得海上貿易之便,但長期以來一直是半開化的土著族群的棲息地。嶺南的最南方腹地——交州,亦稱安南,地處懸遠,地理上與外界隔絕,並且四面深受林邑、南詔及南洋諸國的滋擾。交州北部、今廣西境内所活躍著的非漢族群,將其與嶺北地區相互阻隔。通往交州的陸上通道須經過所謂的“鬼門關”,它位於今天兩廣的交界處,這裏雙峰對峙,地勢險要,自成一道天然的關口。由於交州尤多瘴癘,自古以來流傳著一則諺語,“鬼門關,十人去,九不還”②。

唐時,廣州轄郡的户籍數已逾交州的兩倍,由此改變了自漢以來交、廣二州的户籍對比。並且,對於華夏帝國而言,廣州的戰略地位也首次凌駕於交州之上③。從戰略角度而言,交州開始成爲帝國的軍事負擔。進入9世紀末,廣州甚至需要爲財政空虚的中央政府分擔部分嶺南戍卒的軍糧壓力④。而遠赴交州的戍兵,則深受瘴疫之苦與南詔頻繁的襲擾⑤。正如前文所述,晚唐以後,交州羅城極易被鎮兵、土民以及入侵的外敵所劫掠。此外,可以預見的是,交州的地方士人與朝廷任命的地方官長之間也摩擦不斷。

自漢武帝元封元年(前110),嶺南首次被華夏帝國納入郡縣體制以來,當地官吏“皆北人除授”⑥。終漢一世,“南越”出身的地方人士極少躋身仕途⑦。魏晉南北朝時期,嶺南乃至整個南方的官職仍主要被南遷北人所壟斷⑧。不過,

---

① 引自吕士朋《北屬時期的越南》,頁137—138。
②《太平御覽》卷一七二《州郡部十八·嶺南道·羅州》引《十道志》,頁970;《新唐書》卷四三上《地理志上》,頁1109。
③《新唐書》卷四三上《地理志上》,頁1112。
④《安南志略》卷一六《雜記》,頁380。
⑤《安南志略》卷一〇《歷代羈臣》,頁265—266。
⑥《越史略》卷上《國初沿革》,頁3a。
⑦《安南志略》卷一五《人物》,頁344。
⑧ 可參武仙卿《南朝大族的鼎盛與衰落》,載《食貨半月刊》1935年第1卷第10期,頁4。

另一方面,無論中央集權帝國是亂是離,比如在兩漢之交,交阯諸郡多傾向於
"閉境自守"①。華夏政局一旦陷入動盪之際,正是嶺南離心趨勢逐漸加强之時。

　　正如上文揭示,嶺南第一個獨立政權——定都番禺的南越國即由秦朝的
地方官吏所建,當時秦的天下滿目瘡痍。2 世紀末,當漢帝國行將分崩離析
時,地方上的豪族紛紛割據自立②。漢中平四年(187),蒼梧廣信(屬今廣西省)
大族士燮取得了嶺南的控制權。據載,士燮受學京師,其祖輩自中原避亂南遷
已歷五百餘年③。儘管士燮名義上仍向中央政府稱臣,但他實際割據交阯的時
間長達四十餘年之久,直到三國吳初其家族的勢力纔被根除。而士燮在嶺南
所確立的地方家族統治模式,一直貫穿於整個南朝始終④。

　　這一時期,正是華夏帝國政治衰微的時代,因此爲東亞世界新興國家的崛
起創造了條件,這其中朝鮮半島即是顯例⑤。反觀交州,劉宋泰始四年(468),
交阯人李長仁起兵叛亂,標誌著交州自立運動的日益公開化。梁大同七年
(541),交州豪族李賁率衆起兵,並得到并韶、趙肅、趙廣復等地方人士的回應,
交州刺史蕭諮無奈逃亡廣州。據載,李賁雖爲"龍興太平人",但"其先北人,
西漢末苦於征伐避居南土,七世爲南人"。最終,李賁在交州建立了越南史上
第一個獨立政權,並自稱"南越帝"⑥。雖然李賁政權很快被蕭梁政府的大軍討
平,他本人也戰敗潰逃,不久死去,但他的親屬及部將仍把持著交州的政局,與
梁陳政權頑强抗衡。直到仁壽二年(602),隋軍遠征並搗毀僭臣李佛子的勢力
後,交州纔重新回到華夏的懷抱⑦。

---

①《安南志略》卷七《漢交州九真日南刺史太守》,頁 158—159。

② 狩野直禎《後漢末期地方豪族的興起:地方分裂與豪族社會》,載宇都宮清吉編《中國中
　　世史研究——六朝隋唐的社會與文化》,東京:東海大學出版社,1970 年,頁 66。

③《安南志略》卷七《漢交州九真日南刺史太守》,頁 171—172 ;《越史略》卷上《國初沿
　　革》,頁 4b—5a。

④ 詹妮弗·霍姆格倫《中國對越南北部的殖民》,頁 60—61、115、119、129—130 ;呂士朋
　　《北屬時期的越南》,頁 58。

⑤ 谷川道雄《東亞世界形成時的歷史結構——以册封體制爲中心》,載唐史研究會編《隋唐
　　帝國與東亞世界》,東京:汲古書院,1979 年,頁 104。

⑥ 關於泰始四年(468)之事,可參呂士朋《北屬時期的越南》,頁 67—68 ;關於李賁之事,
　　可參《大越史記全書》外紀卷之四《屬吳晉宋齊梁紀》,頁 147—148。

⑦《大越史記全書》外紀卷之四《屬吳晉宋齊梁紀》,頁 148—153。

不過，這一時期地方自立的趨勢並不是交州所獨有的現象。侯景之亂（548—552）的爆發，沉重打擊了勢衰的南朝政府，並促使地方割據勢力紛紛抬頭。譬如，晉安（今福建福州）豪族陳羽、陳寶應父子世襲晉安郡守之職①。又如，陳末，欽州土豪寧氏控制著交阯、合浦的大片土地，政治上長期維持半自立的局面，直至唐初纔歸附中央②。

而在廣州，地方大族馮盎與越人大姓冼氏通婚。隋仁壽元年（601），馮盎官拜漢陽太守，受命征討嶺南的獠亂，並"發江、嶺兵擊賊"。隋祚短暫，猶如曇花一現。在隋末亂世之中，馮盎逃奔嶺表，"嘯署酋領"，迅速集結起一支五萬餘人的武裝，並實際控制了蒼梧、高涼、珠崖、番禺之地。此時，馮盎的謀臣向其獻策，勸其自立名位，稱"南越王號"，但被他駁回。最終，武德五年（622），馮盎選擇向大唐獻土稱臣。作爲對其歸附的褒獎，唐廷封其爲越國公，而馮盎則以高州爲大本營，繼續維持高度自治的局面③。

從煬帝被弒、隋末大亂，直至大唐初定，這期間蕭銑定都於江陵，建立了所謂的梁國政權，國祚延續近五年。而在江西境內，鄱陽人林士弘締造了短暫的太平楚政權。此時，前文提及的欽州寧氏降於蕭銑，而高州馮盎則以番禺等地附於林士弘。不過，梁、楚兩大敵對政權均無法獲取嶺南腹地——交州的支持④。

與兩廣的情形不同，交州的地方家族勢力因仁壽二年（602）隋軍的軍事行動，而被徹底剿滅⑤。大業末年，交州局勢動盪，隋煬帝派遣洛陽出身的丘和（551—637）出任交阯太守。史載，丘和"恃隋威勢，巡邊徵諸溪洞"，林邑諸國多次向其進獻珍寶，遂致其"富埒王者"。唐初，丘和被授予交州大總管之職，直接統領交州事務"凡六十年餘"，與割據政權無異⑥。

唐帝國是中國歷史上最爲强盛、最爲輝煌的王朝之一。不過，自唐中期以

---

①《資治通鑑》卷一六六《梁紀二十二》，敬帝紹泰元年（555）十二月條下，頁5139—5140。
②《新唐書》卷二二二下《南蠻傳下》，頁6326。
③《新唐書》卷一一〇《諸夷蕃將傳·馮盎》，頁4112—4113。
④《新唐書》卷九〇《丘和傳》，頁3777；《大越史記全書》外紀卷之五《屬隋唐紀》，頁158。
⑤《隋書》卷五三《劉方傳》，頁1357—1358。
⑥《新唐書》卷九〇《丘和傳》，頁3777—3778；《大越史記全書》外紀卷之五《屬隋唐紀》，頁158。

後,國力不斷衰退,而國家興亡始於方鎮的規律再度凸顯①。天祐元年(904),上蔡人(今河南上蔡)劉隱(874—911)受任清海節度使一職,以番禺爲其藩鎮大本營。開平三年(909),篡唐自立的後梁政權加封劉隱爲"南平王"。乾化元年(911),劉隱病卒,其弟劉巖接掌節度使職,最終於後梁貞明三年(917)即皇帝位於番禺,定國號爲"大越",後改國號爲"(南)漢"②。

當據有番禺的劉氏家族漸漸壯大之時,静海節度使、安南都護曲顥(？—908)則據有交州一帶,並遣其子曲承美奉使廣州。曲顥死後,曲承美襲位。一方面,他假意與南漢通好;另一方面,他又向北方的中原王朝稱臣,"求節鉞於梁"。公元930年,後唐滅梁,南漢君主乘機發兵攻打交州,"擒節度使承美以歸",方除心頭大患。曲氏死後,一時間交州出現了權力真空,由此引發了交州地方的混戰。直到後晉天福三年(938),交州政局纔重新穩定。當時,吳權(898—944)設計將南漢的艦隊誘至白藤江中的"杙"內不得動彈,並輕而易舉將漢軍殲滅。次年,吳權稱王③。

由此,交州的地方豪族通過擊敗廣州的南漢(或"大越")政權,而取得了永久自立。此後,嶺南也一分爲二,一個新興的獨立國家開始崛起於華夏文明世界的最南端,並最終演變成我們今天所説的越南。

(作者單位:美國北愛荷華大學;

譯者單位:南京大學博物館)

---

① 《新唐書》卷六四《方鎮表》,頁1759。

② 《資治通鑑》卷二七〇《後梁紀五》,均王貞明三年(917)八月庚寅條,頁8817。案,一年後,"大越"改國號爲"南漢",見《資治通鑑》卷二七〇《後梁紀五》,均王貞明四年(918)十一月壬申條,頁8836。

③ 吕士朋《北屬時期的越南》,頁140、142;《大越史記全書》外紀卷之五《屬隋唐紀》,頁169;《越史略》卷上《國初沿革》,頁13b—14b;《安南志略》卷四《征討運餉》,頁99—100。

稀覯文獻研究與輯存

喀喇崑崙山道上的北魏使臣
題記及其意義

孫英剛

　　中巴友好公路進入巴基斯坦一側,沿途罕薩(Hunza)、齊拉斯(Chilas)等地保存了不少岩刻題記,主要是佉盧文、婆羅米文、粟特文,有少量漢文和吐蕃文。漢文題記在罕薩發現了 1 處,齊拉斯發現了 5 處,沙迪爾(Shatial)發現了 2 處。最北一處位於洪扎靈岩(Sacred Rock of Hunza)岩刻群,刻有 "大魏使谷巍龍今向迷密使去"[①] 十二字。中巴友好公路和公元 6 世紀中期之前興盛的喀喇崑崙山道吻合。谷巍龍題記並非是公路沿線發現的唯一漢文題記,谷巍龍只不過是跋涉在這條道路上的衆多商旅、僧侶、中原和諸國使臣之一。結合文獻可以知道罕薩、吉爾吉特(Gilgit)和印度河交匯的區域在公元 6 世紀中期以前,是絲綢之路的重要組成部分,也是中國僧人西行求法的必經之處。同時,來自犍陀羅的高僧、商旅也經過這個地區往北進入新疆然後進入中原。

　　谷巍龍出使迷密的時間約爲公元 444—453 年,正值北魏太武帝拓跋燾在位的晚期。題記中出現的地名 "迷密",應該就是粟特昭武九姓中的米國,玄奘譯爲 "弭秣賀"(Māymurgh)。米國位於中亞澤拉夫善河流域。北魏使臣谷巍龍從平城(今大同)出發前往粟特地區,沒有直接往西翻越帕米爾高原,反而

---

① 馬雍《巴基斯坦北部所見 "大魏" 使者的岩刻題記》,《南亞研究》1984 年第 3 期;此據馬雍《西域史地文物叢考》,北京:文物出版社,1990 年,頁 129—137。因爲岩刻題記磨滅不清,也有意見認爲是 "大魏使者魏龍今向迷密使去"。

大魏德若魏靚金向迷惑使去

往南翻過喀喇崑崙山經過罕薩前往今天的巴基斯坦,迂迴繞遠前往米國,令人費解。有學者從路徑帕米爾的道路因政治軍事原因阻塞來解釋[1]。但是尼古拉斯·辛姆斯·威廉姆斯(Nicholas Sims-Williams)分析後指出,當時塔里木盆地的政治形勢不能解釋爲什麼北魏使團繞如此之遠。他的解釋是粟特人當時是絲綢之路貿易的主要擔當者,不但做粟特本土和塔里木盆地綠洲王國、河西走廊、中原地區的貿易,也承擔著中國和印度的貿易往來——喀喇崑崙山道上的粟特文題記可以作爲證據。北魏使臣谷巍龍可能是跟著前往印度做生意的粟特商團一起行動,所以纔迂迴繞遠,路徑罕薩[2]。

粟特人的商業網絡並非只有前往印度一條道,谷巍龍完全可以選擇跟隨直接前往粟特米國的商團一起行動。假設谷巍龍要跟隨粟特商團渡過印度河前往印度的話,就會跟前往米國的目的南轅北轍,他必然要在犍陀羅地區和印度商團分道揚鑣。辛姆斯·威廉姆斯的解釋並沒有打消我們的疑問。谷巍龍穿越喀喇崑崙山到達了罕薩,下一步會往南經過波倫(Bolor,鉢露羅,今天吉爾吉特)、陀歷(Darel,達麗羅川)、宿呵多(Swat,斯瓦特谷地),到達犍陀羅。這條路,其實就是公元4—5世紀聯繫犍陀羅和塔里木盆地及中原地區的主要路線。或者説,谷巍龍選擇的是很正常的路線,並不令人奇怪。

往來犍陀羅和中國之間的僧徒,走的也主要是這條路。在佛教初傳中國之後的數百年中,一方面,法顯等西行求法的高僧們經歷千辛萬苦,翻越喀喇崑崙山,進入斯瓦特谷地,再經數日跋涉,進入佛教中心犍陀羅;另一方面,佛圖澄等東行傳教的異域僧徒,沿著同一條路相反而行。至少在4到6世紀,活躍在中國歷史舞臺的異域高僧們,大多數來自犍陀羅地區,比如佛圖澄、鳩摩羅什、佛陀耶舍、佛陀跋陀羅、曇摩讖、卑摩羅叉、曇摩密多、僧伽跋澄、僧伽提婆、弗若多羅等。這條喀喇崑崙山道,連通塔里木盆地和北印度,在喀喇崑崙山西側與興都庫什山東側相互交叉地段通過。當地自然條件極其惡劣,但爲什麼會成爲當時犍陀羅和塔里木盆地主要的交通路線呢?主要的原因是犍陀羅,這裡是東行僧徒的起點,也是西行求法的目的地。通過這條道路,無論去

---

[1] Jettmar, Karl. 1985. *Chinesen am Indus. Ruperto Carola 72—73*: 137—141。

[2] N. Sims-Williams, "The Sogdian Merchants in China and India", Cina e Iran da Alessandro Magno alla Dinastia Tang, ed. A. Cadonna e L. Lanciotti, Firenze 1996, pp. 45—67。

犍陀羅，還是再西行那竭，都是一條捷徑。所以僧徒們抱著宗教犧牲的精神，踏上險惡的旅途。在公元 6 世紀中期交通路線變遷之前，這條路就是中國僧人西行求法主要的路線。而且大部分西行求法的僧人不會渡過印度河南下，而停留在犍陀羅，學習語言教義，獲取經像之後就打道回府。部分僧人會繼續往西到那竭（今天賈拉拉巴德地區）參拜保留在那裡的佛教聖物。谷巍龍如果前往米國，必然也是經過犍陀羅，然後往西經過那竭。公元 6 世紀中期，犍陀羅佛教衰落，佛教中心轉移到迦必試和巴米揚。喀喇崑崙山道逐漸廢棄，取而代之的是繞行中亞的興都庫什山道（或者叫巴米揚—迦必試道）[①]。

早在魏晉南北朝時期，佛教在印度本土就衰落了。犍陀羅成爲新的佛教中心。連接犍陀羅和中國的路線，變成僧侶、商團、使臣行走的主要路線。在這條路上，我們看到智猛、曇無竭、法顯的身影，也看到其他北魏使臣的行蹤。這條線上的犍陀羅、烏仗那、陀歷、庫車成爲重要的佛教中心。今天中巴友好公路沿線的岩刻題記，主要是佉盧文、婆羅米文，還不是粟特文[②]。以佉盧文字母書寫的犍陀羅語是早期佛典主要的語言。中國早期漢文譯經主要就是從犍陀羅語翻譯過來的[③]。

跟谷巍龍同時代的很多高僧、使團也以犍陀羅爲目的地。法顯於公元 399 年從長安出發，走的是跟谷巍龍一樣的路，於元興元年（402）夏抵達並逗留於弗樓沙（今白沙瓦，犍陀羅核心地區，貴霜帝國首都）。弗樓沙或者富樓沙保存著佛教的重要聖物佛鉢，有當時最高的佛教建築雀離浮圖，是 4—5 世紀中國僧人西行求法的主要目的地[④]。饒宗頤先生認爲，公元 4 到 5 世紀，乃至到 6 世

① 相關討論參看桑山正進撰，王鉞譯《巴米揚大佛與中印交通路線的變遷》，《敦煌學輯刊》1991 年第 1 期；桑山正進撰，徐朝龍譯《與巴米揚大佛有關的兩條交通路線》上、下，分別載《文博》1991 年第 2 期、第 3 期；孫英剛、李建欣《月光將出、靈鉢應降——中古佛教救世主信仰的文獻與圖像》，《全球史評論》第 11 輯，北京：中國社會科學出版社，2017 年，頁 108—140。

② T. O. Höllmann, "Chinesische Felsinschriften aus dem Hunza- und Industal", K. Jettmar, et al. ed., Antiquities of Northern Pakistan, Reports and Studies, II, Mainz, 1993, pp. 61—75。

③ 相關研究參看辛嶋静志著，裘雲青、吴蔚琳譯《佛典語言及傳承》，上海：中西書局，2016 年。

④ 有關弗樓沙的重要性，參看孫英剛《從富樓沙到長安：隋唐建都思想中的一個佛教因素》，《社會科學戰線》2017 年第 12 期。

紀初,存在一個去弗樓沙禮拜佛鉢的熱潮①。也正是在4、5世紀,出現了大量佛鉢與中土各種因緣的觀念和傳說,甚至出現了《佛鉢經》之類進行政治、宗教宣傳的偽經。

　　404年,智猛從長安出發,一行15人經涼州,出陽關,入流沙,經過鄯善、庫車,南穿塔克拉瑪干大沙漠進至和田。再往西南行兩千里,登蔥嶺。此時同行者9人退還。其餘6人繼續南行到波倫,再往南到印度河。但他們並沒有渡河南下,而是掉頭往西去了犍陀羅。420年初,曇無竭等效仿法顯,糾集志同道合者25人,攜帶幢蟠、華蓋,出吐谷渾,經流沙,到高昌、庫車、沙勒等地,翻越雪山到達犍陀羅。惠覽走同樣一條路,不晚於439年抵達了犍陀羅。

　　518年,北魏宋雲使團出使嚈噠之後,沒有走我們今天看來最便利的巴米揚——迦必試道前往那竭和犍陀羅,而是繞了一個大圈子,又走回前面我們所說的喀喇崑崙山道。經過陀歷、斯瓦特到達犍陀羅,之後再西行到那竭——這和法顯等高僧的行走路線是一致的。如果谷巍龍使團出使時間是公元444—453年之間,他們前往犍陀羅的路線,必然就是喀喇崑崙山道。考慮到宋雲使團的做法,如果谷巍龍也同時肩負著前往犍陀羅巡禮的責任,那麼先走傳統喀喇崑崙山道前往犍陀羅,然後西行前往米國就是一個理智的選擇。總體來說,在谷巍龍的時代,中國和犍陀羅之間的主要交通路線就是喀喇崑崙山道,罕薩是這條道上的一個重要節點,谷巍龍經過罕薩前往犍陀羅,然後西行前往粟特地區,很可能是一個理智的選擇。

(作者單位:浙江大學歷史學院)

---

① 饒宗頤《劉薩河事跡與瑞像圖》,《1987年敦煌石窟研究國際討論會文集》,瀋陽:遼寧美術出版社,1990年,頁336—349。

傅斯年圖書館藏劉鄩碑拓本跋

仇鹿鳴

一

柯昌泗《語石異同評》中曾提及後梁名將劉鄩神道碑,云:"光緒初出山東濰縣。濰人郭子嘉處士(廛)專爲拓釋其文,人無知者。予傳鈔釋文,以呈羅師。"[1] 劉鄩碑雖早已被發現,一直罕爲人知。迄今爲止,尚未見拓本刊佈,學者幾無注意。昔年陳尚君師纂輯《全唐文補編》《舊五代史新輯會證》,雖據柯氏著錄,知此碑或存於世,囿於當時的條件,未能寓目。2008 年,筆者參與新舊《五代史》修訂之初,尚君師便囑我留心查訪,後檢《中央研究院歷史語言研究所藏歷代碑誌銘、塔誌銘、雜誌銘拓片目錄》,獲知傅斯年圖書館藏有劉鄩碑拓本,因此 2010 年藉訪問臺北的機會,申請複製了拓本的清晰照片。傅圖所藏拓本存劉鄩碑左下部,長 192 釐米,寬 93.5 釐米,鈐"膠西柯氏藏金石文字"印記,即柯昌泗之舊藏。

後因諸事繁雜,一直藏於行篋,未暇成文。近年,致力於調查唐末五代碑誌的郭鵬先生又向筆者提示了兩條重要的線索:一是民國三十年《濰縣志稿》中已收錄劉鄩碑錄文[2]。其次,青島收藏家劉樹慶在博客中公佈了陳蜚聲題跋

* 本文係上海市曙光計劃項目"出土碑誌所見五代政治變遷"的成果之一,論文寫作過程中蒙郭鵬、夏婧提示意見,特此致謝。

① 葉昌熾撰,柯昌泗評《語石·語石異同評》,北京:中華書局,1994 年,頁 39。

②《濰縣志稿》卷三八,《中國地方志集成·山東府縣志輯》第 41 冊,南京:鳳凰出版社,2004 年,頁 152—153。

劉鄩碑拓本,云出自王文祥舊藏①。該拓本文字殘損的情況與傅圖藏拓同,博客的照片雖欠清晰,陳萏聲的長篇題跋尚可識讀,該跋不但已對殘碑做了初步考釋,也提供了若干清末民初金石家往來的信息,頗具價值。以下先據傅斯年圖書館藏拓本,參酌《濰縣金石志》《濰縣志稿》錄文,釋文如下:

　　　■□□賊□□」■□□□□□□州□□□災□歟□□□□□□□□□□□方亂□」■□□□□夏□□□□□之■平,遽下」■金□□□□□□□□非□念□□,顧被浩穰■」■於□功,閉門但期於息訟。旋屬并汾□□,相魏□疑,公■」■□□□□□□,遂致逆豎□焚州□□□□□公入彼閫闈之內,□□□□」■□□□□□公撫駁□□□寧■」■□□□□□九月□□□□去留不撓於襟懷,□□罔形於顏色。臬達刺部,□詠來蘇。纔□□扇之風,□」■公即□□鳳詔,直抵□山,訓練甲兵,撫安黎庶。行將軍之令,峻若秋霜;導」■俄□□還北闕,奉命西征。十年□行□□□勇。比及關輔,徑指□□,親令皷旗,躬披鎧甲。豈謂大功將□」■不視朝三日,遣使左常侍□文矩、使副比部郎中朱□□□□□□吊,賻賵布帛粟麥有加。旋追□」■□□遺□□□退繼勳賢,致茲追感。功高名遂,居將相八年,懃■清風□」■河陽節度使寇氏之女,後娶天下副元帥、中書令、魏王張公之女,又娶天水趙氏□□□倚任知忠孝□□□□氣不□□每」■郡。次子遂膺,任兗州衙內都指揮使、檢校工部尚書,娶宣徽使趙氏之女,素□□□,實継家聲。次子遂□,□□出身□□□工」■騎常侍,娶鄆州節度使、中書令王公之女,幼承鳳誥,便戴貂冠,修途必紹於良弓,淑譽乃馳於美箭。親弟珣,少依儒素■」■聖上念茲友愛②,特被渥恩,俾遥領於六條,仍寵昇於八座。洎當斷手,常解含酸,每興終鮮之悲,益抱孔懷之痛。親姪遂清,■」■封□歧國夫人,後婚天水姜氏,封許國夫人,皆輔佐元勳,柔□美譽,睦娣姒而有節,肅蘋藻以仍□。公姊妹之所從,皆國□之令望□□□世□□□」■絲言。余忝秋官,仍■蒙恩宣召,俾述英風。自揣謏才,難潤聖□,□□□□之筆,敢期幼婦之辭,以述洪勳,乃爲銘曰:」　　　■,爰降雄才,俾□濟世。□□五常,優游六藝。遭遇昌期,股肱大帝。

---

① 劉樹慶《偶翻檢出(清代陳萏聲題跋)可補五代之缺的"梁贈中書令劉鄩"墓碑舊拓片》,http://blog.sina.com.cn/s/blog_a88946a301018azm.html.
② "聖上念茲"四字,拓本已損,據《濰縣金石志》《濰縣志稿》錄文補入。

眈眈劉公，標表雍容。河濟九□」■。旋建隼旗，豪强自息。及展龍韜，機謀莫測。嘗統驍雄，□下□蒙。心惟感激，義保始終。尺寶夜啓，堅壁晨通。□歸真王，□」■，逾承恩顧。當年丁卯，鳳矞夷門。重新日月，再造乾坤。胡塵驟起，潞帥忘恩。俄隨翠輦，■」■復當建牙。甄酬底績，屏翰皇家。門施旌旆，風動龍虵。威傳遠邇，路絶喧譁。及殿咸秦，重延賓命。■」■。洎丁荼蓼，毀瘠過哀。幾□楊社，常奔蔡雷。先聖登遐，」■親王。輕干國紀，□亂天常。俄當天佑，遽復金湯。進秩掌武，闔境生光。又屬魯郭，暗連并□。屠害忠良，招呼□□。■」■凋弊，漸復流離。實期巨屏，永固丕基。汾晉興兵，同蒲拒命。爰整旆旗，明申號令。靡憚辛勤，必期□定。偶被微災，頃■」■兵符，公提相印。出遇聖君，兼符景運。獨仗丹心，連平二鎮。衆仰嚴明，時推英儁。名光竹素，誓著山河。■」■□紹。自邁哀迷，畢遵典教。悲動□□，血殷丹旐。著龜告吉，絲綍旌功。鳳池應兆，馬鬣□崇。既安深厚，必慶延洪。碩人君□，■」

　　　　　　　　　　　　　■□從押衙韓殷都勾當
　　　　　　　　　　　　　斲字劉宗等建□」

復據劉樹慶博客中的照片，過録陳蜚聲跋如下：

　　憶光緒壬辰赴春官試，謁柯鳳蓀先生於陶［齋］尚書家①。先生曰余居安邱也，殷殷垂詢梁贈中書令劉鄩墓碑之殘毀與否，并囑爲覓工擅揭數紙寄都，曰據碑文能補五代史之缺，兼可攷訂其譌誤也。數十年來奔走南北，未暇及此。間詢諸師友，知鄩爲安邱人，墓在今濰境之石馬墳莊後，碑及葬儀畧具，龜趺坼毀，文字殘缺，蓋迄今已千餘年矣。比讀郭子嘉先生《濰縣金石志》著録之文，與今拓少有出入。邇來從諸先生後纂修《濰志》，爰慫恿局董出貲，砌碑曰磚石，并精揭數紙，與丁稼民詳加攷校，庶告無罪於鳳蓀先生云。按碑稱"去留不撓於襟懷"，蓋指貞明三年河朔失守，鄩貶亳州團練使時事。又稱"還北闕西征"，酒指討朱友謙時事。按碑文鄩當係三子，而史迺云子二：遂凝、遂雍。碑云"陽節度使寇公女，後娶天下兵馬副元帥、中書令、魏王張公女，又娶天水趙氏"，三氏當是鄩長子遂凝之妻。寇公即寇彦卿，"陽"字上當是"河"字，史傳寇任河陽節度使，而郭志"河"作"淮"，誤。魏王張公乃張全義，即宗奭也，開平元年封魏王，

――――――――――

① 按題跋最後一行後另有"陶下遺一齋字"，據補。

末帝即位授副元帥。又"次子遂"下缺一字，"娶鄆州節度使、中書令王公女"，王公即彥章，歐陽文忠《畫像記》云"公得保鑾五百人之鄆州，呂力寡敗于中都"，史未明著其爲節度使也，當是彥章歿後之郵典，史缺載耳。鄩親弟珣、親姪遂清，攷《舊史》遂清青州北海人，父琪呂鴻臚卿致仕，與碑文"遙領六條"之旨合，顧"珣""琪"二字必有一誤。至"忝居秋官"云云，時梁掌刑部尚書者爲張璉，見葛從周神道碑，由葛碑推測，此碑當是璉撰文無疑。又鄩於貞明六年被末帝酖死，族伯文懿先生云碑當立在龍德時説頗合。《舊史》云遂凝、遂膺別有傳，今本缺。至第二十一行之"左常侍梁文矩"，《舊史》祇云官至兗州觀察判官，或亦史之漏載歟。

甲戌三月既望鶴儕陳蜚聲跋於習盦

　　陳蜚聲，字翼如，號鶴儕，山東濰縣人。光緒十七年（1891）辛卯科中舉，光緒三十年（1904）甲辰恩科進士，曾任禮部主事、禮部祠祭司員外郎、典禮院恩恤科科長，民國建立後，攜母返回山東安丘縣景芝鎮定居，雅好金石，以書法知名[1]。跋文記光緒十八年（1892）赴春官試，於端方（陶齋）處見柯紹忞，柯氏囑其代爲尋訪劉鄩碑拓本，即是他中舉次年入京參加會試時事。跋文落款題甲戌三月，即民國二十三年（1934），則與陳蜚聲參加纂修《濰縣志稿》有關。濰縣志初修於明萬曆，後於清康熙、乾隆年間兩次續修，之後一直未能續纂。1931年濰縣設縣志局，聘陳蜚聲、劉金第（東侯）爲正副總纂，丁錫田（字卓干，號倬民）爲採訪主任。編纂未竟，逢日本侵華，濰縣淪陷，陳蜚聲、劉金第、丁錫田分別避居青島、上海、北平。1941年僞萊濰道署督學劉祖幹（遜聰）據丁氏保存的舊稿稍事董理後刊行，全書四十二卷，含金石志四卷[2]。

　　《濰縣志稿》金石部分多本自郭麐《濰縣金石志》[3]。郭麐，字子嘉，未履宦

① 關於陳蜚聲的生平，參考劉秉信、譚先民、陳似緒《書法家陳蜚聲事略》，《濰城文史資料》第12輯，頁158—161。

② 常之英《濰縣志稿》序，《中國地方志集成·山東府縣志輯》第40册，頁207；劉祖幹《濰縣志稿》跋，《中國地方志集成·山東府縣志輯》第41册，頁254—255。另參高默之《〈濰縣志稿〉的編修及内容簡介》，《濰城文史資料》第5輯，頁174—175。

③《濰縣志稿》卷三八："清同光中，濰縣考古學肇興。經陳介琪之鑑別收藏，郭麐之搜訪纂輯，成《濰縣金石志》八卷、《金石遺文録》一卷。吳縣潘文勤、福山王文敏兩公皆極推許。惜未刊行，流傳不廣。今又補録五十餘種，彙爲一編。"《中國地方志集成·山東府縣志輯》第41册，頁130。

途,酷嗜碑版,"斷碑殘碣,剥苔剔蘚往往而獲",亦長史地考證,撰有《濰縣金石志》等著述十餘種,傳見《濰縣志稿》卷二九[①]。柯昌泗對郭麐的金石學成就有很高評價,云:"濰縣郭子嘉處士麐,生年較早於尹。有其《濰縣金石志》稿,亦未刊。近年濰縣修志,金石志即以郭書爲藍本,頗有通行著録所未知者。"[②]王懿榮《濰縣金石志》跋亦云:"吾東縣志金石一門,往往闕略,乾隆間儀徵阮文達公視學山東,輯《山左金石志》,廑據各縣舊志所載目録訪拓,故罅漏大半……濰縣郭君子嘉今輯《濰縣金石志》既成,余從膠州柯君鳳孫處藉讀……而竊幸郭君此書之有成也。讀竟輒爲書後,而還柯君。"[③]潘祖蔭、王懿榮的序、跋皆作於光緒二年(1876),知成書在此之前。書成之後,不久即有傳鈔本行世。

　　藉此也串聯起一以鄉梓、師生關係爲紐帶、因金石之癖而形成的學術網絡。柯紹忞少時因避捻亂隨父僑寓濰縣,與當地士紳過從甚密,陳蕡聲赴京會試時的拜訪,當藉此紐帶。故柯氏不難獲知郭麐訪求金石的業績,因讀《濰縣金石志》而知劉鄩碑存世,復囑陳蕡聲訪求拓本,陳氏藉編纂縣志的機會,修葺原碑,並獲精拓數紙。柯昌泗即鳳蓀長子,他所藏的拓本或即得自陳蕡聲。郭麐雖僅一地方學人,家境貧寒,以至生前無力將著述付梓,然藉助這一網絡,成就不但爲王懿榮、柯紹忞等大儒聞知,身後亦受鄉間推重。丁錫田治史地之學,曾撰《後漢郡國令長考補》,故於郭麐著述尤爲留意,校印郭氏遺著《兩漢北海郡國縣摘案》《濰縣古城考》[④],丁氏1936年曾在《禹貢》上發表《濰縣疆域沿革》一文,多次引及郭麐考證,當即本於此[⑤]。由此個案亦可稍窺清季樸學的深入與成績,在地方上亦不乏專精之士。

　　劉鄩碑同光間被發現後,郭麐最早在《濰縣金石志》中著録並釋讀文字,云:"右殘碑龜趺高可隱人,額已裂去,僅存至高者八尺三寸,至廣者三尺一寸,

---

① 《濰縣志稿》卷二九,《中國地方志集成·山東府縣志輯》第40册,頁619。另參孫敬明《郭麐與〈濰縣金石志〉》,《濰坊金石學》,濟南:濟南出版社,2019年,頁206—215。

② 按尹係指尹祝年,嘗著《東武金石志》。柯昌泗又云:"同邑之專心訪碑者,爲郭子嘉處士文(麐),撰《濰縣金石志》,縮刻濰縣四漢碑圖。其人寒士,無力收藏。"《語石·語石異同評》,頁87—88。

③ 郭麐《濰縣金石志》稿本近年方影印出版,收入《北京師範大學圖書館藏稿抄本叢刊》第40册,北京:國家圖書館出版社,2011年。王懿榮跋見頁673。

④ 王桂雲《學者丁錫田與鄉邦文獻》,《濰城區文史資料》第23輯,頁243—244。

⑤ 丁稼民《濰縣疆域沿革》,《禹貢》第5卷第1期。

二十八行,行五字至四十六字不等,真行書,碑陰亦仿佛有字,已不可辨。"① 今比勘拓本與郭麐録文,兩者相差無幾,知碑出土時殘泐已甚,至民國時仍大體維持原狀。另陳蜚聲等組織修繕時,注意到村北有劉鄩墓,"地有下陷處,更爲封之"②。劉鄩碑今仍存世,碑高 3.4 米,寬 1.55 米,石灰石質,下由一石贔屭馱負,現爲濰坊市重點保護文物,碑周圍仍有散落的石像生,墓未見報道。1932年加固維修後,在碑的背面、兩側和頂部鑲嵌青磚和瓦頂,形成碑樓,並嵌方形碑記,書"此梁贈中書令劉鄩墓碑"③。由於早期保護工作的局限,用水泥加固碑身,致碑面文字更不可識。

二

《濰縣志稿》劉鄩碑跋由三部分構成:首先,過録《濰縣金石志》所記碑的保存狀況。其次,考訂碑文所涉人物史事,這部分實以陳蜚聲跋爲藍本,僅删落跋文有關人事往還的内容,知出鶴儕之手。其三,記録維護修繕的工作。劉鄩碑雖僅存碑文後半之一部,但保存了其家族的婚姻狀況,仍可補史之闕。下文在陳蜚聲跋的基礎上,略作考釋。

關於劉鄩之死,説法不一。《舊五代史》本傳云梁末帝因懷疑劉鄩與朱友謙交通,"逼令飲酖而卒"④。《舊五代史·唐莊宗紀》則記其因兵敗"憂恚發病而卒"⑤。不管兩説何者爲是,劉鄩死後,仍備享哀榮,歸葬家鄉,賻贈有加。碑云:"不視朝三日,遣使左常侍□文矩、使副比部郎中朱□□□□□吊,賻賵布帛粟麥有加。"又其弟劉琪妻蘇氏墓誌記劉鄩諡"武節"⑥,知末帝確未加顯

①《濰縣金石志》卷二,《北京師範大學圖書館藏稿抄本叢刊》第 40 册,頁 256。
②《濰縣志稿》卷三八劉鄩碑跋文記録了修繕過程,云:"碑在濰境,石半剥落,恐再日就傾圮,迺重砌之。墓在村北,亦濰境也,地有下陷處,更爲封之。督工第九區區長韓會士、安樂鄉鄉長田鳳德、石馬墳莊莊長張永德。"《中國地方志集成·山東府縣志輯》第 41 册,頁 153。
③ 劉冠軍《安丘發現五代劉鄩墓碑》,1995 年 6 月 11 日《文物報》。
④《舊五代史》卷二三《劉鄩傳》,點校修訂本,北京:中華書局,2016 年,頁 359。
⑤《舊五代史》卷二九《唐莊宗紀三》,頁 453。《通鑑》卷二七一《考異》引《莊宗實録》同,知此説出自後唐實録,或得自傳聞,北京:中華書局,1956 年,頁 8866。
⑥ 吳鋼主編《全唐文補遺》第 9 輯,西安:三秦出版社,2007 年,頁 423。

戮。奉命吊贈的兩位使臣□文矩、朱□，其中比部郎中朱□不可考①。□文矩，陳蜚聲比定爲梁文矩，恐誤。《舊五代史》卷九二有《梁文矩傳》，云："時莊宗遣明宗襲據鄆州，文矩以父母在鄆……遂間路歸鄆，尋謁莊宗。莊宗喜之，授天平軍節度掌書記。"②檢《舊五代史·明宗紀》，下鄆州在天祐二十年（923）③，梁文矩蓋自兖州觀察判官任上奔鄆降唐，未嘗歷左散騎常侍。另檢《舊五代史·莊宗紀》同光二年（924）三月詔："先省員官，除已別授官外，其左散騎常侍李文矩等三十人却復舊官。"④詔書與劉鄩碑立碑時間較近，官職相同，碑文中"□文矩"當是李文矩。

碑文續記劉鄩諸子婚對，云其長子凡三娶："河陽節度使寇氏之女，後娶天下副元帥、中書令、魏王張公之女，又娶天水趙氏。"陳蜚聲據新舊《五代史》劉鄩本傳記其子名遂凝、遂雍，考長子即劉遂凝，其中寇氏指寇彥卿，魏王即張全義，可從。按寇彥卿，《舊五代史》卷二〇有傳，嘗歷華州、河陽、鄧州三鎮，貞明四年（918）卒⑤。張全義，梁太祖賜名爲宗奭，《舊五代史》卷六三有傳。近代以來，洛陽地區出土張全義家族墓誌已達九方，已有多位學者據此對其家族的通婚網絡作了詳細考論⑥，劉鄩碑補充一則新材料。

又云："次子遂膺，任兖州衙内都指揮使、檢校工部尚書，娶宣徽使趙氏之女。"劉遂膺不見於史傳，其蓋循唐五代藩鎮節帥多以兄弟子侄統領衙内親軍之成例，時任兖州衙内都指揮使。宣徽使趙氏當指趙巖，《舊五代史·梁末帝紀》載貞明四年"夏四月丁未，以宣徽院使、右衛上將軍趙巖權知青州軍州

---

① 朱□，《濰縣金石志》《濰縣志稿》皆録作"朱栗"，今檢拓本，不可識，故以□代之。

②《舊五代史》卷九二《梁文矩傳》，頁 1417。

③《舊五代史》卷三五《唐明宗紀一》，頁 556。

④《舊五代史》卷三一《唐莊宗紀五》，頁 492。

⑤《舊五代史》卷二〇《寇彥卿傳》，頁 318—319。

⑥ 山根直生《五代洛陽の張全義について——「沙陀系王朝」論への応答として——》，《集刊東洋學》114 號，頁 48—66；羅亮《五代張全義家族與政權更替——以張氏家族墓誌爲中心的考察》，《魏晉南北朝隋唐史資料》第 37 輯，頁 166—187；柳立言等編著《冤家聚頭文武合》，《世變下的五代女性》，桂林：廣西師範大學出版社，2021 年，頁 103—200；閆建飛《京藩之間：張全義的洛陽經營與社會關係網絡的展開》，《中山大學學報》2021 年第 5 期。按，閆建飛已注意到劉鄩碑中的此則記載。

事”①，即其人。趙轂，一作趙鵠，事跡附録於《舊五代史》卷一四《趙珝傳》後，後梁降將康延孝曾告莊宗云：“趙巖、趙鵠、張漢傑居中專政。”②可知其本是末帝親信，梁滅後逃亡，莊宗目之爲前朝罪臣，曾下詔搜捕，“其朱氏近親，趙鵠正身，趙巖家屬，仰嚴加擒捕”③。

　　又云：“次子遂□，□□出身□□□工」■騎常侍，娶鄆州節度使、中書令王公之女。”此當指劉遂雍，陳尚君考王公爲王彦章，誤。檢《舊五代史·王彦章傳》，彦章貞明六年（920）正月授許州節度使，七年正月，移領滑州，未嘗歷鄆州，亦未帶中書令④。此處王公當是王檀，本傳云其貞明二年（916）二月襲太原未克後，“尋授天平軍副大使、知節度使事，充鄆齊曹等州觀察等使”，此前因平王彦温之亂，加兼中書令⑤。

　　《舊五代史·劉鄩傳》末云：“子遂凝、遂雍别有傳。”⑥清輯本已佚。《新五代史·劉鄩傳》附傳記遂凝、遂雍事跡較詳⑦，《通鑑》亦多有述及，蓋皆本自舊史。又劉鄩侍兒王氏有美色，後因緣際會成爲唐明宗淑妃，“劉鄩諸子，皆以妃故封拜官爵”，略知遂凝、遂雍等發跡之原由⑧。王淑妃母王萬榮妻關氏墓誌亦發現⑨，王萬榮仕至鎮國軍節度使，蓋以父以女貴。《舊五代史》本傳云“鄩與河北朱友謙爲婚家”，由於碑已敘及劉鄩三子的婚姻，劉鄩或以女嫁朱友謙子。

　　出土墓誌中，亦有兩則與劉鄩家族婚對有關的材料需辨正。羅周敬墓誌云其母秦國夫人劉氏，“即故兗州節度使、太師公之第三女也”⑩。錢大昕《潛研

①《舊五代史》卷九《梁末帝紀中》，頁153。
②《舊五代史》卷二九《唐莊宗紀三》，頁463。按寫作“趙鵠”者，出自後唐實録系統，蓋史源不同所致。
③《舊五代史》卷三〇《唐莊宗紀四》，頁471—472。
④《舊五代史》卷二一《王彦章傳》，頁334—335。
⑤《舊五代史》卷二二《王檀傳》，頁348—349。
⑥《舊五代史》卷二三《劉鄩傳》，頁359。
⑦《新五代史》卷二二《劉鄩傳》，點校修訂本，北京：中華書局，2016年，頁258。
⑧《新五代史》卷一五《唐明宗家人傳》，頁186—187。按《舊五代史》後唐后妃傳不完，王淑妃傳亦佚。
⑨周阿根編《五代墓誌彙考》，合肥：黄山書社，2012年，頁280—282；另參柳立言等編著《虚實王妃》，《世變下的五代女性》，頁79—97。
⑩《五代墓誌彙考》，頁286。

堂金石文跋尾》認爲劉氏即劉鄩女 ①,恐誤。按劉鄩天復三年(903)十一月降
於朱溫 ②,羅周敬天福二年(937)卒,享年三十三,當生於天祐二年(905)。劉
鄩歸附後,雖頗受朱溫賞識,最初不過是元從都押牙,與魏博節度使羅弘信身
份懸殊,恐無聯姻可能。而《舊五代史・劉鄩傳》記其仕宦經歷甚詳,亦未見
檢校太師之授。揆諸史籍,此處"故兖州節度使、太師公"或是劉仁遇。關於
劉仁遇的記載很少,僅知他天祐二年四月自棣州刺史遷兖州節度使,與朱溫爲
姻親 ③。又夏光遜墓誌云:"故梁掌武彭城公是公之諸院初從舅也。"④"掌武"蓋
指劉鄩貞明元年(915)加檢校太尉 ⑤,劉鄩碑銘文亦提及他"進秩掌武",則夏
光遜母劉氏蓋劉鄩從姊妹,其父夏魯巖乃夏魯奇之弟。夏魯奇青州人,"初事
宣武軍爲軍校,與主將不協,遂歸於莊宗"⑥,夏魯巖仍仕於梁,這椿婚事亦屬後
梁軍將階層間的聯姻。

　　劉鄩本王師範舊部,歸降朱溫後,深受委信,所謂"太祖牙下諸將,皆四鎮
舊人,鄩一旦以羈旅之臣,驟居衆人之右"⑦,其後屢建功勛,成爲梁末帝朝與
晉抗衡的重要將領。今以劉鄩碑爲中心,復原家族的婚姻網絡,他聯姻的對象
寇彥卿、張全義、趙毅、王檀、朱友謙等,無不是梁之勳臣親貴,可知通婚確屬凝
聚後梁功臣集團的重要手段。不過需注意的是,劉鄩因與朱友謙聯姻而遭猜
忌,他的另兩位親家,趙毅與藉機進讒的段凝一樣,皆是末帝親任的近臣,張全
義則奉朝廷密旨,將劉鄩鴆殺,這一過程中未見兩人曾施援手。既往學者受史
料局限,多傾向強調聯姻這一社會關係對政治行爲的影響,從劉鄩這一個案來
看,亦不宜過高估計其作用,輕率地將社會網絡與政治傾向相聯繫 ⑧。

---

① 錢大昕《潛研堂金石文跋尾》卷一〇 :"其母秦國夫人劉氏,故兖州節度使太師公之女,
　　當是劉鄩也。"《嘉定錢大昕全集(增訂本)》第 6 冊,南京 :鳳凰出版社,2016 年,頁 242。
②《舊唐書》卷二〇上《昭宗紀》,北京 :中華書局,1975 年,頁 777。
③《舊唐書》卷二〇下《哀帝紀》,頁 791—792 ;《鑑誡録校注》卷三,成都 :巴蜀書社,2011
　　年,頁 72。此條蒙郭鵬先生提示,特此致謝。
④《五代墓誌彙考》,頁 429。
⑤《舊五代史》卷二三《劉鄩傳》,頁 356。
⑥《舊五代史》卷七〇《夏魯奇傳》,頁 1082。
⑦《舊五代史》卷二三《劉鄩傳》,頁 355。
⑧ 後梁國祚短促,因權力爭奪發生過多次篡位與屠戮,統治集團內部缺少穩定性,而通婚
　　未經幾代人的累積,難以形成具有凝固性的社會網絡,不宜一概而論。

三

殘碑又提及劉鄩弟珣與侄遂清兩人，劉遂清，《舊五代史》卷九六有傳。《全唐文補遺》第 9 輯收録武功縣君蘇氏墓誌①，原石存山東淄博拿雲博物館。由於一直未刊佈拓本，原録文錯訛致關鍵信息缺失，學者一直未注意此方墓誌與劉鄩家族的關聯，現據筆者私藏拓本重録如下：

故武功縣縣君蘇■墓銘記」

前鄧州觀察巡官■侍兼御史大夫楊觀光奉命撰」

故武功縣縣君蘇氏■」故泰寧軍節度使、開府儀同三司、檢校太尉、同中書門下」平章事、大彭郡開國公、食邑五千户、贈中書令、謚武節侯」弟之嫡婦。夫見任泰寧軍節度行軍司馬、檢校工部尚書、使持」節梧州諸軍事、守梧州刺史琪之正室也。故縣君淑德遐揚，」賢和瑩異，事上禮合□□□，敬夫儀等於齊眉。可謂心比石」堅，質凝玉瑞，曹大家應懃□訓，謝道韞寧類多能。昔稱閨秀林」風，雖傳讚頌，以今並古，□以偕焉。何期命婦明時方聞享福，」忽差頤養，倏致疾侵，枕席三四秋，行年五十七，藥真醫極，効絶」所徵，丙戌年正月十三日終於營□□市街私弟。鸞藏曉鏡，月落」夜泉，清波無西復之期，荒野卜權安之兆。六親咸嘆，九族含悲。」長子遂清，雍州兵馬都監、檢校尚書右僕射。淚唯抆血，思□□之無由；□慕慈顔，念斷機之嘉訓。今奉尊命，以恐喧幽聽□」■之郊，擇丁亥天成二年十一月二十五日權厝於青州益縣永固鄉。」■周后土，禮倩凶儀，刊石亦紀於歲年，敍事罔同於墓」■讚，勿惜載焉。」

前守太僕寺主簿孫沼篆頂

前攝萊州司馬楊贊書」

誌石長 46 釐米，寬 45 釐米。誌主蘇氏係劉鄩弟劉琪之妻，天成二年（927）蘇氏落葬時，劉琪見任泰寧軍節度行軍司馬，他檢校工部尚書、遥領梧州刺史的官職，與碑文中“俾遥領於六條、仍寵昇於八座”的描述相若。陳尚聲認爲“劉珣”“劉琪”係同一人，云“顧‘珣’‘琪’二字必有一誤”。然檢拓本“珣”字跡清晰，《舊五代史·劉遂清傳》亦記載遂清父名琪②。按碑文“少依

① 録文見《全唐文補遺》第 9 輯，頁 423。
②《舊五代史》卷九六《劉遂清傳》，頁 1490。

儒素■」■聖上念茲友愛”間雖有脱文，從行款推斷，所脱文字不多於十字，恐不足以插敘另一人事跡，姑誌之存疑。

《舊五代史》本傳云劉鄩密州安丘縣人，劉琪青州北海人。劉琪妻蘇氏墓誌云葬於青州益都縣永固鄉[①]，劉鄩碑今在安丘，兩家確實未葬在同地。按劉鄩祖綬，密州户掾，父融，安丘令，似三代世居安丘，但劉鄩本人初仕青州節度使王敬武、王師範父子[②]，曾一度移居青州，或因此導致兄弟兩人魂歸異處。另《舊五代史·劉遂清傳》云：“遂清性至孝，牧淄川日，自北海迎其母赴郡，母既及境，遂清奔馳路側，控轡行數十里。”[③]據誌文可知，蘇氏去世時，劉遂清仍在雍州兵馬都監任上，之後方相繼遷易州、淄州刺史，則劉遂清乃庶出，從北海迎至淄州者，乃其生母。

陳蜚聲據碑文中“忝居秋官”一語，認爲劉鄩碑的撰者即葛從周神道碑的書丹者張珣，恐誤。且不論兩碑立碑時間有五六年之差，張珣刑部尚書係檢校官，本人實是以書藝供奉宫廷的翰林待詔[④]，地位不高，不可能受命撰碑，亦不會自稱“忝居秋官”。

劉鄩碑雖大部已損，但銘文相對完整，不難據此推斷碑文殘缺的内容。《劉鄩傳》則是《舊五代史》中少見的長篇傳記，由於後唐視梁爲僞，未給末帝修實録，《劉鄩傳》的史料來源仍有進一步推考餘地。比較劉鄩碑銘文與《舊五代史·劉鄩傳》，敘事先後與重點基本一致，包括一些細節上的雷同，如本傳記劉鄩偷襲兗州時，“宵自水竇銜枚而入”[⑤]，銘文云“尺竇夜啓”。梁末帝龍德元年（921）二月壬申史館請“勑内外百官及前資士子、帝戚勳家，並各納家傳，

---

① 按誌石“益”下漏刻“都”字。

②《舊五代史》卷二三《劉鄩傳》，頁353。

③《舊五代史》卷九六《劉遂清傳》，頁1491。

④ 與張珣身份相若的有著名書法家閻湘，其書重修内侍省碑時的結銜是“翰林待詔、朝散大夫、檢校刑部尚書、守太子少詹事、兼御史大夫、上柱國、賜紫金魚袋閻湘書”，亦帶檢校刑部尚書銜。保全《唐重修内侍省碑出土記》，《考古與文物》1983年第4期。

⑤《舊五代史》卷二三《劉鄩傳》，第354頁。按奇襲兗州的經過，《金華子》所敘即有不同，“鄩乃詐爲回圖軍將……又於大竹内藏兵仗入，監門皆不留意。既而迎曉突入州，據其甲仗庫”，亦從側面證明碑、傳同源。《金華子雜編》卷下，《奉天録（外三種）》，北京：中華書局，2014年，頁289。

劉郭碑拓本

歷史語言研究所藏品

劉琪妻蘇氏墓誌拓本

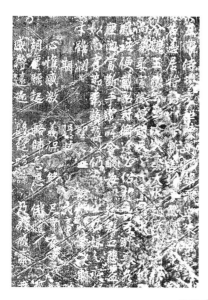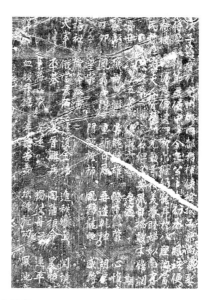

劉郪碑拓本局部

歷史語言研究所藏品

具述父祖事行源流及才術德業灼然可考者，並纂述送史館"，詔從之①。學者推測龍德中據此修成《梁功臣傳》十五卷②。此詔恰在劉鄩去世次年，則劉鄩碑、傳或出自同源。

清代以來，與劉鄩生平有交集的梁、晉名將葛從周、牛存節、張守進、李存進等人碑誌相繼出土，其中孔謙墓誌、李存進神道碑中各保留了一段劉鄩率軍與晉人爭奪魏博，兩次奇襲太原、鄴都未果的記錄。

> 自是之後，劉鄩屯洹水，提六七萬衆，晨夜直抵河東，至榆次迴，歷宗城、夾漳水，與周太師德威並道而進。劉鄩入貝州，息兵數日，至莘縣跨河而營，與周太師三十里隔大堤相拒，連日求戰。當是時，兩軍至十餘萬，梁人得一城，北軍擊之；莊宗降一縣，則南師寇之。膏血塗地，鋒刃匝野，兵食馬草，盡出公之心計耳。③

> 僞將劉鄩在莘縣，日與主上對壘經年。時公在都城，每設嚴備。有日，私謂人曰："此賊固險不戰，必有多謀，俾於南門多排弓弩以待之。"其夜果有劉鄩賊黨，忽攻都城之南門。弓弩齊發，死傷者甚衆。遂令單騎潛報主上於東寨，於是王師盡出。及旦，兩軍相遇於中途。五萬兇徒，劗戮將盡，惟劉鄩遁而獲免。夫破大陣，主上之神功也；守都城，公之長算也。④

這不但是劉鄩"一步百變"戎馬生涯的巔峰，他貞明二年三月的兵敗，也是梁、晉之爭的轉折點⑤，或亦從敵方的視角稍補劉鄩碑殘損的遺憾。

（作者單位：復旦大學歷史學系）

---

① 《舊五代史》卷一〇《梁末帝紀下》，頁167。
② 郭武雄《五代史料探源》，臺北：商務印書館，1996年，頁32、58。
③ 《五代墓誌彙考》，頁172—173。
④ 《全唐文》卷八四〇，北京：中華書局，1983年，頁8836。
⑤ 《舊五代史》卷八《梁末帝紀上》，頁143；卷二八《唐莊宗紀二》，頁439—442。

梁武帝撰《軍勝》新證 *

——《日本國見在書目録》所見唐前佚存書小考

陳　翀

一

　　室生寺本《日本國見在書目録·卅三兵家》所録 "軍勝十(卷)"(參見圖 1)①,狩谷棭齋《日本見在書目證注稿》將其考爲《隋志》録 "軍勝見十卷許昉撰" 及新舊《唐書》録 "許子新書軍勝十卷"②。不過,矢島玄亮《日本國見在書目録——集證と研究》中就已經注意到了現存室町鈔本梁武帝《軍勝》極有可能就是此書殘帙③。近年,孫猛《日本國見在書録詳考》(下簡稱 "孫書")按圖索驥,第一次對室町寫本進行了調查與考證,遺憾的是其在結論時仍未突破

* 本文為 JSPS 21K00327(基盤研究 C)及 19H01237(基盤研究 B)之階段性研究成果。

① 有關室生寺本《日本國見在書目録》之新考證,可參見拙稿《室生寺本〈日本國見在書目録〉鈔寫時間考——以〈玉海〉東漸爲線索》,劉玉才、潘建國主編《日本古鈔本與五山版漢籍研究論集》,北京:北京大學出版社,2015 年,頁 133—145;又,《室生寺本〈日本國見在書目録〉鈔注體例及書名新證》,《域外漢籍研究彙刊》第 20 輯。此外,有關日存六朝隋唐佚存書之綜合研究,可參照童嶺《六朝隋唐漢籍舊鈔本研究》中的相關考證,北京:中華書局,2017 年。

② 參見正宗敦夫編纂校訂《狩谷棭齋全集第七　日本見在書目證注稿》,東京:日本古典全集刊行會,1928 年,頁 178。

③ 參見矢島玄亮《日本國見在書目録——集證と研究》,東京:汲古書院,1984 年,頁 149。

狩谷舊説,得出了"'梁武帝'乃好事者妄題"的結論①。

　　筆者曾有機會對現藏於日本國立公文圖書館的這册梁武帝《軍勝》鈔本做過一次比較細緻的考查,發現無論是在此本之鈔寫時間、鈔校人物的確認上,還是在此本之公私屬性的判斷上,都有必要對前人考證予以較大幅度的修正。恰巧筆者近時又在日本中世五山文獻中發現了一篇敘述了此書傳承的跋文,足以證明梁武帝《軍勝》一書乃日本兵家歷代傳承之秘笈,具有不二之地位,確實屬於唐前傳入日本的佚存書。因試作此文,以求海内外方家斧正。

圖 1

二

對於今存室町時期鈔本殘帙,孫書考如下:

　　此書殘卷今藏日本國立公文書館,存卷八、卷九、卷一〇,乃日本舊鈔本。卷八首題"《軍勝》卷第八　梁武帝撰";卷九、卷一〇卷首,但題書名、卷數,不題梁武帝名。第十卷末,題"《軍勝》卷第十終",其次,有題識二則,一曰:"本云,建德二年(1371年)辛亥閏三月晦日。"空一行,又一則,曰:"以安倍淳房一部十卷一校了,但彼本非證本哉,重得正本,可加校合而已。嘉吉三年(1443年)七月四日,曆博士賀茂朝臣在盛。"建德,室町初期長慶天皇年號,時值中土明初,乃此鈔本抄寫年代,内閣文庫蓋據此著録爲室町鈔本也。嘉吉,室町中期後花園天皇年號,乃曆博士賀茂在盛校書時間。所校用安倍淳房本,一部十卷,卷數與《日本國見在書目録》此條相符,蓋即此書。

同時,孫書又在文末"參考"一欄中,對現存鈔本之相關書誌作了如下補述:

　　封面題《軍勝》,室町時期舊鈔本。凡十卷,存卷八、卷九、卷一〇。藏

---

① 參見孫猛《日本國見在書録詳考》中册,上海:上海古籍出版社,2015年,頁1289—1294。又,以下引文均同。

日本國立公文書館。藏書號：漢 9538,299 函 /237。和紙。書縱二十七點五釐米,横二十一點五釐米,共二十九葉。卷八首題“《軍勝》卷第八 梁武帝撰”;卷九、卷一〇卷首,但題書名、卷數,不題梁武帝名。卷八卷首依次有“林氏藏書”、“昌平坂學問所”、“淺草文庫”印。是此書嘗爲江户時期林羅山及其創設家塾昌平坂學問所藏。

以上考證詳細,但仍有幾所重要之處需要澄清與訂正。一是孫書考證忽視了日本舊鈔本之“奥書”(即書卷末題識)之書寫規則,對本書之書寫時間及底本、參校本等判斷有誤;二是未能結合江户時期林家昌平坂學問所性質之變遷,對本書所藏機構之性質判斷略顯曖昧。

按,日本古鈔卷、書册卷末所書題識,日本書誌學中稱之爲“奥書”,是今人判斷該鈔卷或寫本之最爲重要的原始根據。如果卷末題識筆跡一致的話,鈔寫者所留下的“奥書”基本上可分爲“本奥書”與“書寫・校合奥書”之兩大類型:“本奥書”一般是在文頭右旁用小字體標上“本”字或“本云”二字,表示此奥書乃是據原本奥書所轉鈔入的文字。也就是説,録有“本奥書”的卷册肯定是重鈔本,我們可以根據其來確定今存鈔本之底本來源與傳承經緯;“書寫・校合奥書”則爲書寫於卷軸上的鈔寫者或使用者本人的親筆奥書,其内容多爲何時何地何人爲何所鈔寫或校了,主要用來記録該鈔本之鈔寫時間、地點及所用校注別本等重要的事項①。

反觀今存室町本書末“奥書”(圖 2)。首先,可以看出卷末兩條題識與本文字跡相同,可以判斷鈔書與書寫題識同爲一人。其次,第一條題識右上用小字標注了“本云”二字,也就是説這條題識本是書寫於此鈔本之底本上的“奥書”,孫書未能領會“本云”二字之含義,誤據此判斷該本爲建德二年(1371)鈔本,應予以訂正。再次,根據書寫内容可以判斷出後一條爲“鈔寫・校合奥書”。由其内容可知此鈔本乃嘉吉三年(1443)曆博士賀茂在盛用建德二年鈔

---

① 如果進一步細分的話,又可分爲“書寫奥書”、“抄出奥書”、“校合奥書”、“願文奥書”、“加點奥書”、“訓讀奥書”、“傳授奥書”、“讓與奥書”、“相傳(傳與)奥書”、“感得奥書”、“披見(一見)奥書”、“寄進(奉納)奥書”、“補寫奥書”、“修理奥書”等,具體考證可參見山本信吉《古典籍を語る—書物の文化史》第二章《奥書—誰がいつ何のために書いたのか—》,東京:八木書店,2004 年,頁 99—140。又,有關日本古鈔卷奥書之文獻價值,可參考拙著《日宋漢籍交流史の諸相—文選と史記、そして白氏文集》第五章《中世漢籍書寫史料としての奥書》,東京:大樟樹出版社合同會社,2019 年,頁 115—140。

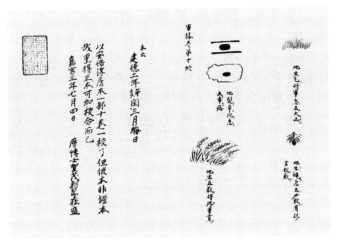

圖 2

本爲底本鈔出之後,又借用了安倍淳房家本對其本文進行了校注與訓點。

　　另外,如圖 3 所示,此書第一頁右下角蓋有一方"江雲渭樹"的朱印,這是江户初期德川幕府大儒林羅山(1583—1657)的私人藏書印。由此可知賀茂在盛所鈔的這部《軍勝》後傳入了林羅山之手。不過,此書右上角又加蓋有一方"林氏藏書"朱印,這是林家第八代當主林述齋(1768—1841)的藏書印。林述齋(1768—1841)雖被後人譽爲林家中興之祖,然其本人並非林家子弟。其父乃美濃國岩村藩主松平乘藴,屬於德川將軍家血統。寬政五年(1793),林家第七代當主林錦峯(1767—1793)突然病逝,林家血脈至此斷絕。鑒於此,德川幕府決定將之前推行享保改革的重臣松平乘邑(1686—1746)的孫子、學識出衆的松平乘衡過繼到林家掌門,改名林衡(字熊藏、叔紞、德詮。號述齋、蕉軒、蕉隱等,晚年自稱"大内記")。並藉此機會將林家私塾之昌平坂學問所改組爲幕府官學,罷黜異學,獨尊朱子,史稱"寬政異學之禁"[1]。寬政九年(1797),在昌平坂學問所正式改組爲官學之際,林述齋將林家私人藏書蓋上"昌平坂學問所"黑印(參照圖 2、圖 4),並在一些特別重要書籍上加蓋了"林

---

① 參照永井一孝《江户文學史》第四期第二章《寬政異學の禁》中的相關敘述,東京:敬文堂書店,1935 年,頁 261—274;又渡邊年應《復古思想と寬政異學の禁》,東京:國民精神文化研究所,1937 年。

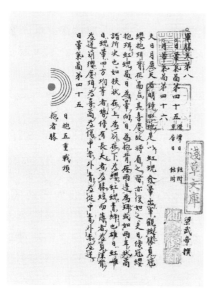

圖 3　　　　　　　　　　　　圖 4

圖 5

氏藏書"之朱印。衆所周知,室町江户時期的公家用印,唯有將軍纔被允許蓋用朱印,其他大名、公家機構只被允許使用黑印①。因此,從加蓋在封面及書末的這兩枚黑印,即可判斷出此書已非林家之私人藏書,屬於幕府公家藏書系統中的珍貴之物。

　　還有一個小細節值得我們注意,就是此書之封面右上角書"軍勝八之十",右下貼有一細長條的藏書標籤,上用朱筆書入"兵家一之四"(參見圖5)。從這個標籤不難看出,此鈔本原來有四册,共十卷,且被林羅山家列入兵家首部。由此可以推測,藏於林家昌平坂學問所的這部賀茂在盛鈔梁武帝《軍勝》本爲十卷四册之足本。現已不存之前三册,當是昌平坂學問所書籍移入大學、書籍館再轉入淺草文庫之明治二年(1869)至七年(1874)的這段時期所散佚(亦不能排除存在混入了内閣文庫或日本國立國會圖書館其他尚未整理的稿本資料群中之可能性)。後來到了淺草文庫正式編目之時,碩果僅存之一册被重新歸入了"漢書門",編號爲9538(參見圖4),爾後内閣文庫在歷次整理書籍時仍沿用此書號,遵舊例將其歸入"漢書·子部",定爲室町寫本,留存至今。

三

　　今存《軍勝》卷末"奧書"時還有一個值得我們注意的細節,就是無論是其所鈔底本之建德二年本,還是其校合用所借的安倍淳房鈔本,都没有被賀茂在盛視爲代表主流學統之"正(證)本"。要知道,賀茂家與安倍家均爲平安時期以來陰陽寮之最爲重要的兩大門閥,是曆法占卜的主流學派。安倍淳房(生卒年不明)是陰陽大屬安倍業氏之子,正四位下,天文博士,陰陽頭(陰陽寮之最高長官)。而賀茂在盛(生卒年不明)更是高居從二位,是後花園天皇時期(1419—1471)最著名的學者之一,至今尚存有《長禄二年在盛卿日記》(一

---

① 於此可參考小野則秋《日本の藏書印》中的相關考證,京都:臨川書店,1954年;又,《内閣文庫藏書印譜》,1969年。另外,今存書籍中亦有"昌平坂學問所"朱印者,不過此朱印專鈐於江户末期諸藩進獻本,非昌平坂學問所舊藏本。另外,鈐朱印者秘藏於大成殿,不予以公開。

名《大膳大夫有盛記》)、《吉日考秘傳》等日記著述 ①。賀茂在盛在 “奧書” 中提到今後還需 “重得正本,可加校合”,也就是意味着這部《軍勝》並非屬於陰陽寮學統解釋職權範圍内之書,因此賀茂、安倍兩家所鈔文本及訓注均不能算爲 “正本”。

那麼,在古代日本,這部《軍勝》究竟屬於哪一部門的權威之書呢,又是何時東漸入日本的呢? 最近筆者在閲讀五山文學資料之時,發現了一篇室町中期著名學僧桃源瑞仙(1430—1489)爲武將真木嶋貞清在軍中推講《軍勝》時所寫的一則跋文。這則跋文對該書之作者、流傳經緯及書籍性質做了比較詳細的説明,足可正本清源,澄清現存種種疑問。此文雖不見於桃源瑞仙各種著述 ②,然被彦龍周興(1458—1491)收入了《半陶庚戌藁》,題名《軍勝跋》,全文如下 ③:

> 兵也者平也,平不平之器,莫兵之如焉。黄帝湯武以降,無世不亂,無亂不治,無治不以兵。然則不可以無兵,則可無其書哉? 有書而不傳者,學者之罪也,是《軍勝》之所以起於今日也。初我國求兵書於中華,得梁武所撰軍書十卷,實至寶也。而我國治日長而亂日淺,家學者少而途説者多,故此書雖不厄秦火而無藏魯壁,惜哉! 細川源(政國)府君幕下有嶋真(真木嶋)貞清者,問其官,則軍門校尉也。尋其譜,則八田判官之華冑也。不墜先緒,講武爲勤。平日概念此書之不行於世,遂傭能書謄寫一本,價於人請余題其後。嗚呼! 兵之於余,夏蟲之冰也,何以應命乎而有可言者? 楊文公《談苑》載我國書籍有五經、《文選》、《史記》、《漢書》等,而無兵書之名,余竊疑之。近來聞南遊者,説曰:“中華不敢以兵書與我,蓋渠以爲我君知用兵之道,爲中華大患也!” 余於是爬著癢處。按,大元至元、大德間,渠遣阿刺罕、危文虎輩,以十萬人征我,而渠喪今師而還。阿塔海

---

① 兩書均收入塙保己一編《續群書類從》第 31 輯下,東京:續群書類從完成會,1940 年。又,有關室町時期陰陽寮之研究,可參見中村璋八《日本陰陽書の研究》,東京:汲古書院,1985 年;又,木村純子《室町時代の陰陽道と寺院社會》,東京:勉誠出版,2012 年。

② 桃源瑞仙著作今存有《百衲襖》(《周易》注釋書,京都大學附屬圖書館藏)、《史記桃源抄》(市立米澤圖書館、京都大學附屬圖書館等藏)、《三體詩抄》等。又,桃源瑞仙之生平事蹟,可參見今泉淑夫《桃源瑞仙年譜》,東京:春秋社,1993 年。

③ 參見玉村竹二編《五山文學新集》第四卷收《半陶集》卷三,東京:東京大學出版會,1970 年,頁 1120—1121。又,本文内標點多有改正之處。

復以十萬人來，而民勞寢兵，竟通書於我，稱曰“蒙古皇帝奉書日本國王”，末云“不宣白”，其辭懇欵懇欵，自抑之意，溢於簡册。由是視之，中華之雌伏於我者，不翅一日也。南遊者言，亦有所謂耳。兵書之名不見於前，兵書之來不見於後，維此一書，中流之檝也！失之可乎？公之用心，可謂至矣！抑我國有兵尚矣。昔天照大神疑弟素盞鳴有惡心，起兵詰問，帶十握九握八握之劍，背負韜，臂著鞆，手捉弓箭，親迎防禦，是我國用兵之權輿也。自爾兒童走卒，有血氣者胸甲連兵，有仁氣者籌成帷幄，皆所生知也。區區韜略七書，功無所施也。雖然無書則已，有書而不傳者，學者之罪也，則繼絕存亡，捨公其誰？可嘉矣！頃者吾征夷大將軍（足利義尚），治兵於國而欲罪於江東，是所謂平不平之秋也。源府君特奉嚴命爲之先鋒，公屬其麾下，忠肝義膽，擊强摧枯，翹足以待矣。今也，《軍勝》之有書，霧針夜斗，一編足而已，祝！祝！湛堂準公（文準）讀《出師表》發省，生湛堂爲死諸葛（諸葛亮）所瞞，可笑！余讀《勝》書，與梁武帝對談於千百年之後，無許多亂做。而九年之弓，廓然之箭，皆吾家之事也。公講武之間，幸一至此焉。長享初元仲秋日，竺乾猛將五十八代孫桃源（瑞仙）叟書。

桃源瑞仙是日本中世最爲著名的五山學僧之一，京都相國寺第八十世主持，精通中華易、史、詩學。在這篇跋文中，桃源瑞仙首先指出，這部梁武帝《軍勝》是日本最初傳來的兵書，也是日本用於實戰參考過的唯一兵書。雖然日本一向治世太平，其學不顯，但一直傳承於皇家，並在兩次元寇之戰中均發揮了重要的作用。另外，跋文中所提到“細川源府君”細川政國（1428—1495），乃細川典厩家的當主，是室町第八代將軍足利義政（1436—1490）手下最重要的將領之一，曾追隨足利義政出家。此後又復出任攝津西成郡分郡守護，成爲第九代將軍足利義尚（1465—1489）的右牓。長享元年（1486），近江守護六角高賴（？—1520）叛亂，足利義尚親自領軍平叛，史稱“六角征伐”，也就是跋文中所提到的“征夷大將軍，治兵於國而欲罪於江東”。值此征戰之際，細川政國手下大將真木嶋貞清將其家藏《軍勝》頒布軍中並予以傳講。跋文云“初我國求兵書於中華，得梁武所撰軍書十卷，實至寶也”，與《日本國見在書目録》及今存室町鈔本卷數、題名正相吻合，又在文末提到“余讀《勝》書，與梁武帝對談於千百年之後”，再次强調其爲梁武帝所撰。可見其與隋唐志中所録身世不顯之許昉《軍勝見》（《新書軍勝》）絕非同一書籍，不應該混爲一談。

四

　　從桃源瑞仙的這篇《軍勝跋》可以看出，這部十卷本梁武帝撰《軍勝》，確實是一部名副其實的具有實戰價值的兵學用書。如果回溯到平安時期，此書極可能爲兵部省系統的教學用書。正因如此，屬於陰陽寮系統的賀茂家纔未將自家及安倍家傳本視爲"正(證)本"。或也正因爲"維此一書，中流之楫也"，江户時期林家亦遵舊例將其編爲兵家之第一部。

　　另外，考《日本國見在書目録·兵家》還著録了"梁武帝兵法二(卷)"，《隋書·經籍志》亦著録有"梁主兵法一卷""梁武帝兵書鈔一卷""梁武帝兵書要鈔一卷"等，是知梁武帝確實曾撰有兵法書並流傳於後世。許昉《軍勝見》（《新書軍勝》），則當乃其據梁武帝《軍勝》所撰之續篇。又，這部《軍勝》，雖不見著録於隋唐兩史，當至少在唐代尚有流傳，如唐人薩守真撰《天地瑞祥志》卷一二就引録有《軍勝》文一則，云："雷電風雨者，將軍宜賞勞士卒，揚威武以應也。大雲甚雨，軍中滂沛者，軍無功也。"[1]

　　又，考"軍勝"之書名極可能源自佛教之菩薩名，語源爲《大日經》中戰無不勝的燃燈佛。《大日經》，全名《大毗盧遮那成佛神變加持經》，據傳成立於六朝初期，梁武帝時似未有漢譯本。後至玄宗開元時期經善無畏與一行譯出，目爲當時鎮國密教之最根本經典。一行所著《大毗盧遮那成佛經疏》卷一八《受方便學處品第十八之餘》（參見圖 6）云："中路至寶定城（此城近捷駄羅界也），王名軍勝（以軍戰必勝，

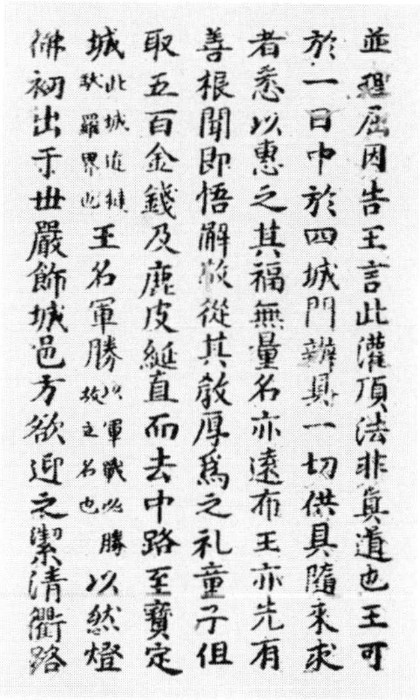

圖 6

---

① 參見新美寬編、鈴木隆一補《本邦殘存典籍による輯佚資料集成·子部》，京都：京都大學人文科學研究所，1968 年。只是新美寬在輯佚此條時仍沿襲了狩谷棭齋之誤，將其列爲許昉《軍勝見》逸文。又，有關《天地瑞祥志》之研究，可參考中村璋八《日本陰陽書の研究》餘論第二章《天地瑞祥志について（附引書索引）》，頁 503—513；名和敏光編《東アジア思想·文化の基礎構造—術數と〈天地瑞祥志〉》，東京：汲古書院，2019 年。

故立名也），以然（燃）燈佛初出於世。”① 如果這一考證成立的話，則《軍勝》書名正與梁武帝"天子菩薩"之身份契合，或可視之爲澄清此書作者問題的又一重要佐證②。

（作者單位：日本國立廣島大學文學部
中國文學語學研究室）

---

① 參見沙門一行阿闍梨記《大毘盧遮那成佛經疏》第 18 册，安達泰盛建治年間高野山刊本。此書是空海高野山真言密教的根本經典，亦是幕府武家的重要信仰、加持法典之一。刊行者安達泰盛（1231—1285），是鎌倉幕府執權北條氏的中心人物，後於高野山金剛三昧院出家，法名大蓮房覺智，是高野山開版事業的重要支持者。

② 另外，在傳統的研究之中，梁武帝的佛教信仰一直被認爲拘囿於個人範疇，然從《軍勝》這一命名淵源來看，其佛教信仰不能排除已經帶有某些密教鎮國護軍的色彩了。又，傳統之梁武帝佛教信仰的研究，可參考森三樹三郎《梁の武帝：仏教王朝の悲劇》，京都：法藏館，1956 年。另外，有關《軍勝》本文，今後或還可結合李淳風撰《乙巳占》及曾公亮《武經總要》來做更進一步的研究。

南監本《陳書》志村楨幹批識輯考

童　嶺　鄭宏宇

凡　例

　　一、本輯考所用底本爲昭和四十五年(1970)十二月,日本汲古書院影印志村楨幹批校明代萬曆年間南監本《陳書》,版心爲單魚尾,刻有"寶永三年"及"松會堂"等字。"寶永三年"爲公元1706年,清康熙四十五年;"松會堂"指江户長谷川町書店的松會三四郎所經營的松會堂。此書爲"大明南京國子監祭酒趙用賢校正"、"日東志村三左衛門楨幹句讀"並批識。每卷之末,有"正誤凡幾 志村楨幹謹識"字樣。

　　二、該書前有長澤規矩也《和刻本〈陳書〉解説》,中譯稿參《和刻本魏晉南北朝正史解題》(同收録《域外漢籍研究集刊》第23輯)。

　　三、該書是日本江户川越藩主柳澤吉保,覆刻明萬曆南監刊正史計劃中的一種,該計劃主要由同藩的儒生志村楨幹(シムラテイカン)與荻生徂徠擔任校勘、批識,他們二人合作句讀訓讀過和刻本《晉書》[1],荻生徂徠則批識過《南齊書》[2],志村楨幹批識過《宋書》與《陳書》等。

---

[1] 童嶺《汲古書院和刻〈晉書·載記〉序論及漢趙部校證——五胡十六國霸史基礎文獻研究之一》,文載劉玉才、潘建國主編《日本古鈔本與五山版漢籍研究論叢》,北京:北京大學出版社,2015年,頁273—282。

[2] 童嶺《南監本〈南齊書〉荻生徂徠批識輯考》,載《南齊時代的文學與思想》,北京:中華書局,2013年,頁179—280。

四、中華書局 1972 年點校《陳書》者,爲張維華先生(事跡生平參考馬婧《〈陳書〉點校本出版始末》)。底本最初擬用殿本,後來改用百衲本爲底本,殿本與金陵局本參校。

五、2021 年中華書局雖然出版了《陳書》"點校本二十四史修訂本",但是没有利用這一份日藏南監本《陳書》,導致有不少失誤未能改正,甚至原有正確之處誤改者。關於"點校本二十四史修訂本"系列,誠如丁福林先生所云,"修訂本"絕不是替代原點校本,而是互參(《丁福林談〈宋書〉的編纂、點校與修訂》)①。甚至如 2017 年《南齊書》"點校本二十四史修訂本",對於日藏荻生徂徠批校本等成果的大量忽視,導致修訂本《南齊書》難以超越 1972 年王仲犖點校本,修訂本《南齊書》的某些校勘記甚至連"互參"意義都難以達到。因此,將日藏《陳書》批識據 1972 年張維華點校本重新整理刊佈,極有必要。

六、本稿考異部分取志村禎幹之校語與中華書局校勘記、張元濟《百衲本陳書校勘記》、林礽乾《陳書異文考證》等覆核參校。原文後括號內阿拉伯數字,爲 1972 年中華書局張維華《陳書》點校之頁數。本文中凡云"中華書局點校本"者亦指 1972 年舊版。

七、本稿體例爲:首頂格列南監本《陳書》原文,次行退兩格輯録志村禎幹批校語,又次行退兩格爲童嶺、鄭宏宇之"考異"。日本影印南監本不作"陳書卷一",而作"陳書一",今照此不改。

紀第一　陳書一

前寧遠石城公外兵參軍王位於石頭沙際獲玉璽四紐,高祖表以送臺。(頁 10)

志批:"王位"舊作"三位",刊誤,今正。凡舊作,後放之。

考異:"王"舊作"三",形近而誤也。"外兵"乃曹魏始置,隸"五兵尚書"(《宋書·百官志》),"外兵參軍"一職又云"外兵參軍事",司馬睿始置於丞相府,東晉南朝承之不變。《册府元龜》卷第二百二《閏位部二十一·祥瑞第二》云:"二年二月,前寧遠石城公外兵參軍王位於石頭沙際獲玉璽四紐,陳高祖表以送臺。"同書《閏位部二十二·徵應》亦云:"梁敬帝紹泰二年二月,寧遠石

---

① 童嶺《丁福林談〈宋書〉的編纂、點校與修訂》,載 2018 年 8 月 12 日《澎湃新聞·上海書評》。

城公外兵參軍王位於石頭沙際獲玉璽四。”

戮帶圍溫，行宮之寵斯茂。（頁 13 ）

　　志批：“圍溫”舊倒，今正。凡舊倒，後放之。

　　考異：此乃徐陵代擬之《封陳公九錫詔》或題云《封陳公詔》之文辭。又見於《册府元龜》卷第一百八十六《閏位部五·勳業第四》，嚴可均輯《全上古三代秦漢三國六朝文》之《全陳文》卷六。“戮帶圍溫”，典出《左傳》僖公二十五年：“晉侯辭秦師而下。三月甲辰，次於陽樊，右師圍溫，左師逆王。夏四月丁巳，王入于王城。取大叔于溫，殺之于隰城。戊午，晉侯朝王。王享醴，命之宥。請隧，弗許，曰：‘王章也。未有代德，而有二王，亦叔父之所惡也。’與之陽樊、溫、原、欑茅之田。晉於是始啟南陽。”

昔在休期，早隆朝寄，遠踰滄海，大拯交、越。（頁 13 ）

　　志批：“大拯”舊作“大極”。

　　考異：中華書局點校本以百衲本爲底作“大極”，《册府元龜》及《全上古三代秦漢三國六朝文》皆襲百衲本之誤作“大極”。張維華校勘記云：“按極訓至，‘大極’與上‘遠踰’相對成文，作‘極’是。”然北監本、汲本、殿本及日藏南監本均作“大拯”，張元濟校勘記云：“依上文‘康濟黔首’則‘拯’字通，頂上‘遠踰滄海’則‘極’字誇張其幅員，但綴以‘大’字仍未盡愜當。”另據林礽乾《陳書異文考證》，上句言“遠踰滄海”，其目的即在“大拯交越”。“大拯交越”者謂梁大同末，交趾李賁叛，高祖鳳鳴南討，拯救交趾南越之亂。另魏徵《諫太宗十思疏》有“大拯橫流，削平區宇”之語，句法與“大拯交越”同。作“大拯”當屬無誤，“極”字當是“拯”字形誤。“大極”於文意不通，2021 年中華書局修訂本《陳書》校勘記云作大極：“義自可通。”此乃整理者不通六朝文法，妄爲斷語。

紀第二　陳書二

自有氤氳混沌之世，龍圖鳳紀之前。（頁 33 ）

　　志批：“自有”舊倒，今正。

　　考異：中華書局點校本以百衲本爲底作“有自”，北監本、汲本、殿本及日藏南監本作"自有",張元濟校勘記云:"'有'作'又'字用,如殿本則'有'字不可通。"此爲徐陵代擬《陳武帝下州郡璽書》之文辭。百衲本"有自"不辭,當從南監本及《册府元龜》卷第二百一十三《閏位部三十二·命使》作"自有"。又《册府元龜》"鳳紀"作"凰紀"。

郢田雖疏,鄭渠終涸,室靡盈積之望,家有填壑之嗟。(頁39)

　　志批:"雖疏"舊作"雖呪"。

　　考異:中華書局點校本以百衲本爲底作"雖呪"。"呪"俗作"咒",《集韻》:"祝,或從口。""祝""呪"本同一詞。"呪"爲祝禱祈雨意,如《後漢書·諒輔傳》:"時夏大旱,太守自出祈禱山川,連日無所降。輔乃自暴庭中,慷慨呪曰……"本處上文有"吴州緝州,去歲蝗旱",故祝禱祈雨。又張元濟校勘記云:"'郢田',楚田也,'田'不可疏,用淳于髡語。"按,《史記·滑稽列傳·淳于髡傳》:"髡曰:'今者,臣從東方來,見道傍有禳田者,操一豚蹄,酒一盂,祝曰:'甌窶滿篝,汙邪滿車,五穀蕃熟,穰穰滿家。'臣見其所持者狹而所欲者奢,故笑之。'"此爲陳武帝《分卹東陽詔》之文辭,《册府元龜》卷第一百九十五《閏位部十四·惠民》作"郢田雖祝"。故應爲"呪"或"祝","疏"乃誤。

癸卯,高祖臨訊獄省訟。(頁40)

　　志批:一本"獄"下無"省"。

　　考異:志村楨幹所謂"一本"當指北監本、汲本、殿本。中華書局點校本"獄"下括注"省"字,張元濟校勘記云:"'訊獄',獄名,見何處可注入。"《南史》卷九《陳本紀》云:"癸卯,上臨訊獄訟。"《册府元龜》卷第一百九十六《閏位部十五·勤政》云:"六月癸卯,帝疾小瘳,臨訊獄訟。"同無"省"字。又《三國志》卷二四《高柔傳》云:"誠非所以息奸省訟,緝熙治道也。"南監本有"省"字,案"省"字不可徑删,亦不可妄加,張維華舊本括注爲最妥。2021年中華書局修訂本《陳書》僅據《太平御覽》即徑加"省"字,頗爲失考。

紀第三　陳書三

其都尉所部六縣爲沅州。別置通寧郡,以刺史領太守,治都尉城,省舊都尉。(頁50)

　　志批:"其都尉"下,一本無"所部"至"治都尉"二十一字。

考異：“其”者，從上文指陳文帝分荆州之天門、義陽、南平、郢州之武陵四郡爲“武州”。《資治通鑑》卷第一百六十八《陳紀二》天嘉元年（560）“甲子，置沅州、武州”句下胡三省注云：“梁置武州於武陵，帝分荆州之義陽·天門郡、郢州之武陵郡，置武州，督沅州，領武陵太守，治武陵郡。其都尉所部六縣爲沅州，別置通寧郡，以刺史領太守，治都尉城，省舊都尉。”

三年春正月庚戌，設帷宮於南郊，幣告胡公以配天。（頁54）

志批：“胡”舊從“文”。

考異：作“胡公”爲是。案此“三年”謂陳文帝天嘉三年（562），《資治通鑑》卷第一百六十八《陳紀二》云：“辛亥，上祀南郊，以胡公配天。”胡三省注云：“胡公始封於陳，故郊祀之以配天。”陳朝帝王將家譜追溯至陳寔並祭祀“胡公”，至唐代亦有例證，如《唐故宣節校尉守左衛河南府淇梁府左果毅都尉胡府君墓志銘并序》云：“陳有胡公，始派承家之族。”此舉據王鳴盛《十七史商榷》卷五五“陳高祖其本甚微”條云：“夫謂之甚微，誰曰非微者，謂之自云，實祇自云耳。”

紀第四　陳書四

太傅麾下，恆遊府朝，啗以深利，謀興肘腋。（頁70）

志批：“恆”舊從“貫”①。

考異：此爲《廢少主爲臨海王目安成王入纂令》之文辭，“恆”或作“恆”，乃刻工之由。核諸本及《南史·陳本紀》皆無異文。唯嚴可均《全陳文》卷四錄爲：“慣遊府朝，啗目深利。”然未知嚴可均所見作“慣”字底本爲何。

兵力殊彊，指期挺亂。（頁70）

志批：“挺”舊從“廷”。

考異：此亦爲《廢少主爲臨海王目安成王入纂令》之文辭。《説文·手部》云：“挺，長也。”王念孫《廣雅疏證》卷二云：“挺之言延也。”故可知挺、延義通。《晉書·食貨志》云：“於時石勒勇鋭，挺亂淮南。”即《陳書》此處之意也。

---

① 承蒙南京師範大學蘇芃兄惠示，此乃“貫”字的殘泐。

然從“廷”者，即“挺”也，“挺亂”不詞。

紀第五　陳書五

丁酉，分命大使巡行四方，觀省風俗。（頁77）

志批：“大使”舊作“八使”。

考異：中華書局點校本以百衲本爲底爲“大使”。此爲陳宣帝《即位改元大赦詔》之文辭。案《後漢書》卷六《順帝紀》：“遣侍中杜喬、光禄大夫周舉、守光禄大夫郭遵、馮羨、欒巴、張綱、周栩、劉班等八人分行州郡，班宣風化，舉實臧否。”《後漢書》卷五六《張皓傳》附《張綱傳》云：“漢安元年，選遣八使徇行風俗，皆耆儒知名，多歷顯位，唯綱年少，官次最微。”杜喬、周舉等八人即“八使”，後以“八使”指稱頌美使臣，劉長卿《送薛據宰涉縣》“頌德有輿人，薦賢逢八使”，皎然《送德清衛明府赴選》“八使慎求能，東人獨薦君”。《北史·隋本紀·高祖文帝》云：“遣八使巡省風俗。”“大使”乃指奉帝王之命行事的臨時使節，如《後漢書·荀彧傳》：“臣今當濟江，奉辭伐罪，宜有大使肅將王命。”《陳書》此處既爲“分命”“巡行四方”，疑以“八使”亦無不可，然南朝史籍亦有“大使”出巡者（即一位使者出巡四方），如《宋書·文帝紀》記元嘉三年劉義隆詔書云：“可遣大使巡行四方。”又如《南齊書·祖沖之傳》：“建武中，明帝使沖之巡行四方，興造大業。”《陳書·宣帝紀》太建二年亦云：“乙巳，分遣大使巡行州郡，省理冤屈。”北朝史籍如《魏書·肅宗紀》：“庚寅，詔遣大使巡行四方。”《魏書·薛虎子傳》：“世宗時，遣使巡行四方。”故此處存疑。

乙未，陳桃根又表上織成羅文錦被裘各二百首，詔於雲龍門外焚之。（頁88）

志批：“被”下脱“裘”，今補。異無“百首”二字。

考異：中華書局點校本以百衲本爲底爲“織成羅又錦被各二百首”，“被”下無“裘”，“織成羅”下“文”字爲“又”。《南史·陳本紀》云：“乙未，桃根又上織成羅紋錦被表各二，詔於雲龍門外焚之。”高敏《南北史考索》上編《南史》卷一○條云：“《建康實録》卷二七《宣帝紀》同條‘又上’作‘又獻’，餘悉同《南史》；《通志》卷一四《陳紀》同條全同《南史》，《南史》校勘記未引及，特爲補之。”《資治通鑑》爲：“監豫州陳桃根……又表上織成羅文錦被各二百首。”《册府元龜》卷第一百九十八《閏位部十七·節儉》云：“宣帝太建七年四月,監豫州陳桃根上織成羅紋錦被表各二,詔於雲龍門外焚之。”

又,《陳書》張元濟校勘記云:“‘織成羅’與‘錦被’各二百端。‘端’古文爲‘耑’,傳寫訛‘首’耳。”另林初乾《陳書異文考證》云:“‘錦被’下殿本衍一‘裘’字,則不知‘錦被裘’何以爲詞?”志村禎幹謂“異”指北監本與殿本。原文既有“各”字,前當不只一類物事,故“文”疑作“又”。“百首”二字,據文義當有“百”字,“首”作爲量詞,北宋《太平廣記》有“樹上掛纈,纈窠勝絕細,凡劁三十餘首”之語,用以稱量布帛絲綢。詞義演進緩慢又不明顯,此處當作“首”是。

紀第六　陳書六

壬午,太子加元服,在位文武賜帛各有差。(頁110)

志批:“賜”下脱“爵”。

考異:中華書局點校本以百衲本爲底“賜”下無“爵”。此處指陳後主爲第四子陳深加皇太子元服。《南史·陳本紀》云:“秋七月壬午,皇太子加元服,在位文武賜帛各有差。”《建康實錄》卷一二《後主長城公叔寶》條記載此事亦爲:“七月壬午,皇太子加元服,在位文武賜帛有差。”(無“各”字)元服禮即冠禮,考兩晉南朝的賜位制度,皇帝加元服時常有賜位,如《晉書·成帝紀》:“咸康元年春正月庚午朔,帝加元服,大赦,改元,增文武位一等……”太子加元服則是賜“帛”等財物。又,《陳書·世祖本紀》:“皇太子加元服,王公以下賜帛各有差。”此指陳文帝爲皇太子陳伯宗(陳廢帝)加元服,“賜”下無“爵”字,是以推測本則此處應亦無“爵”字。

今雅道雍熙,由庚得所。(頁112)

志批:“由庚”舊倒。

考異:此爲陳後主《改築孔子廟詔》之文辭。《册府元龜》卷第一百九十四《閏位部十三·崇儒》及嚴可均《全陳文》卷四均作“由庚得所”。“由庚”爲《詩經·小雅》之逸篇名。《詩·小雅·由庚序》云:“《由庚》,萬物得由其道也。”後以“由庚”爲順德應時的典實。《文選·束晢〈補亡詩〉之四》中,李善注云:“由,從也;庚,道也。言物並得從陰陽道理而生也。”

列傳第一　陳書七

太建元年卒,時六十七。（頁 128）

　　志批：“時”下舊脫“年”。

　　考異：百衲本有“年”字,南監本無。

后無子,養孫姬子胤爲己子。（頁 130）

　　志批：舊作“樣孫”。

　　考異：“后”謂陳後主沈皇后,“孫姬”謂陳後主嬪妃之一也。《南史·後主沈皇后傳》亦云：“養孫姬子胤爲己子。”“養”“樣”二字,義無通例,乃音近而誤也。

列傳第二　陳書八

薈哀之,乃隨文育至家。（頁 137）

　　志批：“薈”舊從“口”。

　　考異：周文育之養父爲周薈,《南史》及《册府元龜》引此皆作“周薈”。《說文解字·口部》云：“嚕,咽也,從口,會聲。讀若快。”《說文解字·艸部》云：“薈,艸多皃。從艸,會聲。”“嚕”“薈”二字,義無通例,乃音近、形近而誤也。

慶之壯其節,厚加賵遺而遣之。（頁 138）

　　志批：“賵”一作“贈”。

　　考異：“慶之”乃陳慶之,“其”爲周薈之義子周文育。周薈戰死,周文育馳取父尸。《南史·周文育傳》傳亦作：“厚加賵遺而遣之。”唯《册府元龜》卷第八百三《總録部五十三·義第三》作：“厚加贈遺而遣之。”《說文》云：“賵,贈死者。從貝從冒。冒者,衣衾覆冒之意。”鄭玄《儀禮·既夕注》：“賵,所以助主人送葬也。”段玉裁《說文解字注》：“贈,玩好相送也……何休云‘知死者賵賻,知生者贈襚’,按以玩好送死者亦贈之一端也。”“贈”即贈送人物品,據上下文義,當作“賵”。

列傳第三　陳書九

乃掩衡、岳，用清氛沴，實吞雲夢，即敍上游。（頁 162—163 ）

　　志批：“氛沴”舊作“氣沴”。

　　考異：據嚴可均《全陳文》卷三，此乃陳宣帝《目吳明徹爲豫州刺史詔》之文辭。《左傳・襄公二十七年》“楚氛甚惡”句杜預注云：“氛，氣也。”《玉篇・氣部》亦云：“氛，氣也。”然又專指惡氣，《廣韻・文韻》：“氛，氛侵，妖氣。”“氛沴”專謂當時之胡亂也。

而奄中霜露，埋恨絶域，甚可嗟傷。（頁 164 ）

　　志批：“埋恨”舊作“推恨”。

　　考異：《册府元龜》卷第二百一十《閏位部二十九・旌表》亦作“埋恨絶域”。嚴可均《全陳文》卷三録文爲陳後主《追封吳明徹詔》。“絶域”謂吳明徹死於北周之長安，“推恨”不詞，當爲“埋恨”。

列傳第四　陳書十

魏朝猛將，名配宗祧，功烈所以長存，世代因之不朽。（頁 170 ）

　　志批：“祧”舊從“手”。

　　考異：此陳文帝《目周鐵虎配食高祖廟庭詔》之文辭。“宗祧”即謂宗廟也。作“挑”乃形近而誤。

秦郡前江浦通塗水，齊人並下大柱爲杙。（頁 174 ）

　　志批：“浦”舊從“辵”。

　　考異：此太建五年（ 573 ）吳明徹北伐秦郡事。作“逋”乃涉下字“通”形近而誤也。

列傳第五　陳書十一

昭達與戰不利，因據其上流，命軍士伐木帶枝葉爲筏，施拍於其上。（頁 182—183 ）

　　志批：“木帶”舊作“木帚”。

考異："帶""帚"均爲上下結構的象形字,因形近而誤。"拍"乃南朝水軍戰船上類似投石機之武器。

每飲會,必盛設女伎雜樂,備盡羌胡之聲。(頁 184)

志批："羌胡"舊作"差胡"。

考異："羌""差"形近音異。《説文》云:"羌,西戎牧羊人也。从人从羊,羊亦聲。""差,貳也。差不相值也。从左从㐬。初牙切。"或因形近誤。中華書局點校本以百衲本爲底作"羌胡"。"羌",同"羌"。《篇海類編・獸類・羊部》:"羌,俗作羌。"當以"羌"爲正字。

此"羌胡"之樂又見於《宋書・後廢帝紀》:"皆奏鼓吹羌胡伎,鼓角横吹。"《南齊書・柳世隆傳》云:"而平西將軍黄回軍至西陽,乘三層艦,作羌胡伎,泝流而進。"朱季海《南齊書校議》云:"是黄、柳並好羌、胡伎,雖臨敵用之,蓋當時風氣如此。"不特宋齊如此,梁陳亦是。此處章昭達行軍亦愛羌胡伎。《南史・章昭達傳》云:"每飲會,必盛設女伎雜樂,備羌、胡之聲。"趙翼《陔餘叢考》卷九《南史敘事失檢處》云:"'昭達出征,每飲食必盛設女伎,音律姿容,皆極其妙,雖臨敵弗之廢也',豈妓樂佐食盡供一軍耶?"

列傳第六　陳書十二

於東關大破之元建。三年,高祖圍廣陵,齊人東方光據宿預請降。(頁 188)

志批："元建"二字衍,一無此二字。

考異:張維華校勘記云:"按南監本亦有'元建'二字,或删'之'字,作'於東關大破元建'。"按,南監本"元建"二字加圈,"元建"指原侯景部將郭元建,後以廣陵降北齊。《册府元龜》卷第三百四十五《將帥部六・佐命第六》誤作"建元"。後文"東方光"即《資治通鑑・梁紀》中"東方白額"。

列傳第七　陳書十三

悉達雖仗氣任俠,不以富貴驕人。(頁 199)

志批："仗氣"舊作"伏氛"。

考異:"氣""氛"二字形近音異,考訂參考本稿《陳書九》。據文義此處當爲"仗氣",疑形近而誤。《南史·魯悉達傳》及《册府元龜》卷第四百一十七《將帥部七十八·德義》均作"仗氣任俠"。

列傳第八　陳書十四

及軌等誅,齊人亦害曇朗於晉陽,時年二十八。（頁 211）

志批:"時"下舊脱"年"。

考異:張維華校勘記云:"據北監本、汲本、殿本補。"案,中古史書多有作"時年"者,如《宋書·武帝紀下》:"癸亥,上崩於西殿,時年六十。"《宋書·少帝紀》:"追以門關踏之,致殞。時年十九。"《南齊書·東昏侯本紀》:"十二月丙寅,新除雍州刺史王珍國、侍中張稷率兵入殿廢帝,時年十九。"《梁書·武帝紀下》:"高祖崩於净居殿,時年八十六。"此處陳曇朗爲陳霸先之侄,當補"年"字。日藏南監本《陳書》"時二"之間小字側補一"年"字。

列傳第十　陳書十六

按山陵鹵簿吉部伍中,公卿以下導引者,爰及武賁、鼓吹、執蓋、奉車,竝是吉服。（頁 229—230）

志批:"部伍"舊作"部位"。

考異:此徐陵之語,嚴可均定名爲《決斷大行俠御服議》。《南史·劉師知傳》云:"按《山陵鹵簿》吉部伍中,公卿以下導引者。"

凡人有喪,既陳筵几,繐帷靈房,變其常儀,蘆箔草廬,即其凶禮。（頁 230）

志批:"靈房"舊作"靈爲"。

考異:中華書局點校本作"靈屏",作"爲"乃形近而誤。張元濟校勘記云:"殿誤。按'靈屏'猶言'靈庪','房'當是'庪'之訛。按'庪',狀如屏風。"下文謝岐議禮文有"梓宫靈庪"句,故知"屏"當作"庪"。又,嚴可均《全陳文》卷一五録文亦爲"靈房",2021 年中華書局修訂本《陳書》徑作"靈屏",亦誤。

世祖崩,預受顧命。及高宗爲尚書令,入輔。（頁 232）

志批:"高宗"舊作"高祖"。

考異：前有“世祖”，故後爲“高宗”，“高祖”誤。陳宣帝廟號爲“高宗”，《南史·到仲舉傳》作：“宣帝受遺詔爲尚書令入輔。”

列傳第十一　陳書十七

遷太子詹事，行東宮事，侍中竝如故。（頁239）

志批：舊作“東宫”。

考異：疑此處“舊作”有誤，諸本皆爲“東宫”。

車服不繫，顯於詩人之篇。（頁240）

志批：“顯”舊作“㰖”。

考異：“㰖”當爲“獻”字，承蘇芃兄告示，古籍校勘中“顯”作“獻”亦有用例。又案，《毛詩序》謂《何彼襛矣》云：“雖則王姬，亦下嫁於諸侯，車服不繫其夫。”從《陳書》用《毛詩》之文意，當爲“縣”。

列傳第十二　陳書十八

衆好學，頗有文詞，起家梁鎮衛南平王法曹參軍、太子舍人。（頁243）

志批：“詞”一作“才”。

考異：此謂沈衆，《建康實録》卷一九亦云：“衆好學，頗有文詞。”

仍遣載族弟翽，齎書喻載，以誅王僧辯意，並奉梁敬帝勑，載解兵。（頁249）

志批：“勑”下脱“勑”。

考異：張維華校勘記云：“據北監本、汲本、殿本及《南史》補。”案，《南史》卷五八《韋載傳》云：“陳武帝聞文育軍不利，以書喻載以誅王僧辯意，并奉梁敬帝敕，敕載解兵。載得書，乃以衆降。”“載”前亦有一“勑”，於文意爲通。故《陳書》此處當爲：“並奉梁敬帝勑，勑載解兵。”2021年中華書局修訂本《陳書》不僅缺一“勑”字，且標點亦誤。

列傳第十三　陳書十九

宦成梁朝，命存亂世，冒危履險，百死輕生。（頁 254）

志批："百死"舊作"自死"。

考異：《説文・白部》云："百，十十也。从一白。數，十百爲一貫。百，古文百从自。博陌切。"古籍多"伯""百"互通例，然鮮有"自""百"互通例。此處作"自"者，疑與古文"百"形近而誤也。據上下文義，當作"百死"。中古史書多有出典，如《宋書・謝晦傳》："雖百死其何雪。"《宋書・虞丘進傳》云："百死而不顧一生。"《陳書・高祖本紀上》："正當共出百死，決力取之。"嚴可均《全陳文》卷一四及《札樸》卷六引此《沈炯表》均作"百死輕生"。2021 年中華書局修訂本《陳書》誤改爲"自死輕生"，且校勘記妄云："明本作'百死輕生'，宋本義長。"實乃不通文意之説。

不欲使頓居草萊，又復矜臣温凊，所以一年之内，再三休沐。（頁 255）

志批："萊"舊從"采"。

考異："萊""菜"乃形近而誤也。《説文・艸部》："萊，蔓華也。从艸，來聲。洛哀切。"《詩・小雅》"北山有萊。"段玉裁《説文解字注》云："菜，艸之可食者。菜字當冠於芑葵等字之上。从艸采聲，此舉形聲包會意。古多以采爲菜。蒼代切。"鄭玄注《周禮・地官・縣師》云："郊外謂之萊。"然明本《册府元龜》卷第七百五十四《總録部四・孝第四》原作"頓居草茅"，宋本亦作"草萊"。

列傳第十四　陳書二十

仲舉無他藝業，而立身耿正。（頁 267）

志批："耿正"舊作"耿中"。

考異：薛綜注《文選・東京賦》"農祥晨正"句云："正，中也。"阮逸注《中説》"叔達簡而正"句云："正，中正。""正""中"二字意近，然古籍鮮有通假例，此處乃意近而誤也。

夜宿仲舉帳中,忽有神光五采照於室内,由是祗承益篤。(頁 267)

志批:“篤”一作“恭”。

考異:中華書局點校本以百衲本爲底作“恭”,新舊本均無校勘記。《南史·到仲舉傳》亦作“祗承益恭”。案,《説文·心部》:“恭,肅也。”《爾雅·釋詁下》:“恭,敬也。”篤,《説文·馬部》:“篤,馬行頓遲。”《爾雅·釋詁下》:“篤者,厚也。”兩字義近。

列傳第十五　陳書二十一

遷右丞,建康令、太府卿、揚州别駕從事史,兼散騎常侍。(頁 281)

志批:“太府”舊作“太舟”。

考異:中華書局點校本以百衲本爲底作“太舟卿”,張維華校勘記云:“南監本、汲本、殿本作‘太府卿’,疑後人妄改。”案,梁武帝七年(508)改都水使者爲太舟卿,掌舟航河堤。《隋書·百官志上》:“天監七年……都水使者爲太舟卿……太舟卿,梁初爲都水臺,使者一人,參軍事二人,河堤謁者八人。七年,改焉。位視中書郎,列卿之最末者也。主舟航堤渠。”太府卿官職高於太舟卿,“天監七年……加置太府卿……太府卿,位視宗正,掌金帛府帑。統左右藏令、上庫丞,掌太后倉、南北市令。關津亦皆屬焉”。據林礽乾《陳書異文考證》,早出宋浙本作“太舟卿”,作“太府卿”者,疑是後人不識梁陳列卿之末有“太舟卿”而改。

高宗嘗披奏事,指引署名曰:“此字筆勢翩翩,似鳥之欲飛。”(頁 289)

志批:“奏事”舊作“奉事”。

考異:“奏事”爲向皇帝當面陳述。如《宋書·武帝紀中》云:“既加殊禮,奏事不復稱名。”《唐律疏議·詐僞》:“諸對制及奏事、上書,詐不以實者,徒二年。”“議曰:對制,謂親被顧問;奏事,謂面陳事由。”“奉事”有“侍奉”意,《宋書·謝晦傳》云:“且臣等奉事先朝,十有七年。”又有“信奉”意,如《後漢書·皇甫嵩傳》:“鉅鹿張角自稱‘大賢良師’,奉事黄老道。”據上下文義,此處應爲“奏事”。《南史·蕭引傳》亦作:“宣帝嘗披奏事。”

列傳第十七　陳書二十三

才所生母憂,歸於丹陽。(頁 301)

　　志批 :"才" 當作 "丁"。

　　考異 :當爲 "丁母憂",形近而誤也。

列傳第二十　陳書二十六

若鄙言爲謬,來旨必通,分請灰釘,甘從斧鑊。(頁 331)

　　志批 :"謬" 舊作 "戮"。

　　考異 :中華書局點校本以百衲本爲底作 "謬"。此爲徐陵《與齊尚書僕射楊遵彦書》之文辭,《册府元龜》卷第六百六十三《奉使部十二・羈留》亦作 "若鄙言爲謬"。案,《説文・力部》云 :"戮,殺也。从戈,翏聲。力六切。"《説文・言部》云 :"謬,狂者之妄言也。从言,翏聲。靡幼切。"古籍有 "戮" "繆" 通例,王鳴盛《蛾術編》卷三一 :"其字從力,秦詛楚文作繆。"朱駿聲《説文通訓定聲・言部》云 :"謬,叚借爲繆。"審其文意,此處當爲 "謬",或因形近而誤。又案,此文中之 "分請灰釘",後徐陵《册陳王九錫文》亦用 "遽請灰釘" 句。

列傳第二十二　陳書二十八

長子元基,先封湘潭侯,隋大業中爲穀熟縣人。(頁 363)

　　志批 :"人" 當作 "令"。

　　考異 :陳元基,陳文帝之孫,江夏王陳伯義之子,曾封穀熟縣令。

隋大業中爲高苑令。(頁 372)

　　志批 :"苑" 舊作 "死"。

　　考異 :"死" 从歹从人,"苑" 从艸夗聲,音義皆不同,形近而誤也。《南史・宣帝諸子傳》亦云 :"入隋,大業中,爲高苑令。"又《隋書・地理志》云 :"高苑,後齊曰長樂。開皇十八年改爲會城,大業初改焉。"

湘東王叔平字子康，高宗第二十子也。（頁 373 ）

　　志批："平"舊作"羊"。

　　考異：湘東王陳叔平，陳高宗第二十子，形近而誤也。

列傳第二十三　　陳書二十九

忠肅在公，清正立己，治繁處約，投軀殉義。（頁 388 ）

　　志批："殉"舊從"水"。

　　考異：此爲陳後主《贈諡司馬申詔》之文辭。當爲"殉義"不誤，如《宋書·袁淑傳》云："袁淑以身殉義，忠烈邈古。"又，段玉裁《説文解字注·水部》："洵，過水也。經有假借'洵'爲'均'者，如'洵直且侯'是也。有假爲'恂'者，如'洵美且都，洵訏且樂'是也。有假爲夐者，如'於嗟洵兮'，即韓詩之'於嗟夐兮'是也。有假爲'泫'者，國語'無洵涕'是也。"未見叚借爲"殉"之例者。

列傳第二十四　　陳書三十

瓊以母老，不欲遠出，太子亦固請留之，遂不行。（頁 397 ）

　　志批："太"舊作"本"。

　　考異：陸瓊時任太子(陳叔寶)中書侍郎、太子家令，二字形近而誤。

侯景平，太尉王僧辯深嘉之，使監海鹽縣。（頁 399 ）

　　志批："深"舊從"手"。

　　考異：段玉裁《説文解字注·手部》云："探之言深也。"又凌曙注《春秋繁露》"上探正天端"句云："探，亦作深。"二字雖有通例，然"探嘉"不詞，作"探"字乃形近而誤。

讎敵鬬訟，豈我事焉；罪業聚集，鬬諍者所畏耳。（頁 402 ）

　　志批："所畏"舊作"所謂"。

　　考異：此傅縡《明道論》之文辭。《册府元龜》卷八二一《總録部七十一·崇釋教》作"在鬬諍者所謂耳"。《詩·召南·行露》"謂行多露"句，馬瑞辰《毛詩傳箋通釋》云：“《釋名》謂猶謂也，言得赦不自安謂謂然也。謂謂，即畏畏也耳。”細審《陳書》此處録文，當言“鬮諍者”即爲“罪業聚集”也，故疑“謂”字爲佳。

列傳第二十五　　陳書三十一

周軍攻陷豫、霍二州，南、北兗、晉等各拔，諸將竝無功，盡失淮南之地。（頁 419 ）

　　志批：“各”下脱“自”。

　　考異：張維華校勘記云：“據北監本、汲本、殿本及《南史》補。”此舉爲是。然 2021 年中華書局修訂本《陳書》徑删“自”，甚誤。案，中古史書多有作“各自”者，如《宋書·律曆志》：“當日者各自爲宫。”又《宋書·五行志》：“若至華里，不得不各自還也。”《南齊書·州郡志上》：“十家五落，各自星處。”又《南齊書·禮志上》：“漢、魏各自討尋。”又《南齊書·魏虜傳》：“衆至十萬，各自保壁。”

廣達長子世真在新蔡，乃與其弟世雄及所部奔擒虎，遣使致書，以招廣達，時屯兵京師，乃自劾廷尉請罪。（頁 420 ）

　　志批：“虎”下“遣”上脱“擒虎”二字，“達”下“時”上脱“廣達”二字。

　　考異：所缺“擒虎”“廣達”四字，中華書局點校本張維華校勘記云：“據北監本、汲本、殿本及《南史》補。”案，《册府元龜》卷第二百九《閏位部二十八·宥過》亦作：“乃與其弟世雄及所部奔擒虎。擒虎遣使致書以招廣達，廣達時屯兵京師。”2021 年中華書局修訂本《陳書》徑删此四字，非也。

列傳第二十六　　陳書三十二

但可三月施小牀，設香水，盡卿兄弟相厚之情。（頁 428 ）

　　志批：“盡”舊作“蓋”。

　　考異：此謝楨《遺疏告族子凱》之文辭。《南史·謝楨傳》及《册府元龜》卷九百七《總録部一百五十七·薄葬》均作“盡”，二字形近而誤也。

列傳第二十七　陳書三十三

蓋今儒者，本因古之六學，斯則以教之典籍，先聖所以明天道，正人倫，致治之成法也。（頁433）

　　志批："斯則"二字，當移"籍"下"先"上。

　　考異：中華書局點校本作"斯則王教之典籍，先聖所以明天道"，志村批點作"以教之典籍，斯則先聖所以明天道"，當是以北監本及殿本爲底改動。從文意言，"斯則"屬下似爲佳。《漢書·儒林傳》"古之儒者，博學乎六藝之文，六學者，王教之典籍，先聖所以明天道，正人倫，致治之成法也"爲此句所本。

長想洙、泗之風，載懷淹、稷之盛，有國有家，莫不尚已。（頁446）

　　志批："淹稷"之"淹"疑當作"濟"。

　　考異：此沈不害《上文帝書請立國學》之文辭。《册府元龜》卷第六百三《學校部七·奏議第二》亦作"淹、稷之盛"。於文意言，亦可爲"濟"，然諸本皆作"淹"，留此存疑。

後生敦悦，不見函丈之儀。（頁447）

　　志批："丈"舊從"木"。

　　考異：中華書局點校本以百衲本爲底作"杖"。然《册府元龜》卷第六百三《學校部七·奏議第二》與南監本同，皆作"函丈"。嚴可均輯《全陳文》卷一二，亦録爲"函丈"。《陳書》沈不害"函丈"之意，出自《禮記·曲禮上》"席間函丈"，鄭玄注云："丈，或爲杖。"陸德明《經典釋文》云："丈，王肅作杖。"又《康熙字典》云："《正譌》丈借爲扶行之杖。老人持杖，故曰丈人。別作杖，通。"故知作"函丈"爲本字，中華書局新舊點校本此處皆徑作"函杖"無校記，失考也。

列傳第二十八　陳書三十四

所司收僧辯及其子頠，於方山同坎埋瘞，至是無敢言者。（頁459）

　　志批："頠"下舊脱"屍"。

　　考異：張維華校勘記云："據北監本、殿本及《南史》補。"日藏南監本"頠"

側亦補"屍"字。案,此言梁末陳霸先自京口襲殺王僧辯父子之舊事,故而"所司收"者,只可能爲屍,不可能爲"僧辯及其子頠"。2021 年中華書局修訂本《陳書》删"屍"字,於文意不通也。

勅中書舍人朱异執《孝經》,唱《士章》,武帝親自論難。(頁 461)

志批:"士"下脱"孝"。

考異:百衲本、北監本等諸本及《南史·岑之敬傳》同爲"士孝章","士章"爲《孝經》第五章。然中古時期緯書亦有作"士孝"者,如《孝經援神契》云:"士孝曰究,究者以明審爲義。"

列傳第二十九　　陳書三十五

及侯瑱鎮豫章,曇朗外示服從,陰欲圖瑱。(頁 477)

志批:"侯瑱"之"瑱"舊作"鎮"。

考異:"瑱"之異體字有"鎮"。《釋名》云:"瑱,鎮也。懸珠當耳旁,不使妄聽,自鎮重也。"然此處爲人名,《南史·熊曇朗傳》均無異文,"瑱"恐爲涉下字"鎮"而誤也。

濯其泥沙,假以毛羽,裁解豚佩,仍剖獸符。(頁 480)

志批:明李騰芳校本"獸"作"虎",此史本諱"虎",代以"獸"。

考異:李騰芳(1565—1631),湘潭人,明萬曆二十年(1592)進士。據丁丙《善本書室藏書志》,明北監本《二十一史》的校刊官師有十餘人,其中李騰芳參校之史籍有《南齊書》《梁書》《陳書》《北齊書》與《周書》等。又據張元濟《涵芬樓燼餘書録》,李騰芳校《陳書》刊刻於萬曆三十三年。志村禎幹所見李騰芳校本《陳書》,或爲當時江户日本購自中國之書物。案,此處文字爲陸瓊《下符討周迪》之辭。"獸"爲避唐諱改,張維華校勘記云:"作'虎'乃後人回改也。"

雖復朽株將拔,非待尋斧,落葉就殞,無勞烈風。(頁 481)

志批:"朽"舊作"丂"。

考異:此處文字亦爲陸瓊《下符討周迪》之辭。"丂"隸同"於"(《説文·亏部》徐鉉注),《字詁·亏》云:"亏,當讀爲汙。"亦同"汙"。"朽"之異體字有"殀",或因形近誤。

(作者單位:童嶺,南京大學文學院;
鄭宏宇,山東畜牧獸醫職業學院)